中华水文化专题丛书

水与流域文化

◎ 刘　军　侯全亮　靳怀堾
　伍海平　张宇明　相玉梅　编著

中国水利水电出版社
www.waterpub.com.cn

内 容 提 要

本书从各流域水系特点的文化内涵出发，通过文化视角介绍各流域古今江河变迁和治理对本流域政治、经济、文化、军事及人们生产生活方式的密切关系。同时围绕各流域的重要人物及重大事件与水的关系，深入挖掘其文化内涵。本书共分六个篇章：黄河篇、长江篇、淮河篇、海河篇、珠江篇、松辽篇。本书适合于水利行业职工、水文化研究学者、社会大众的阅读。

图书在版编目（CIP）数据

水与流域文化 / 刘军等编著. -- 北京：中国水利水电出版社，2015.12
（中华水文化专题丛书）
ISBN 978-7-5170-4004-0

Ⅰ．①水… Ⅱ．①刘… Ⅲ．①水－文化－中国 Ⅳ．①K928.4

中国版本图书馆CIP数据核字(2015)第321344号

书　名	中华水文化专题丛书 水与流域文化
作　者	刘军　侯全亮　靳怀堾　伍海平　张宇明　相玉梅　编著
出版发行	中国水利水电出版社 （北京市海淀区玉渊潭南路1号D座　100038） 网址：www.waterpub.com.cn E-mail：sales@waterpub.com.cn 电话：（010）68367658（发行部）
经　售	北京科水图书销售中心（零售） 电话：（010）88383994、63202643、68545874 全国各地新华书店和相关出版物销售网点
书籍设计	李菲
排　版	中国水利水电出版社微机排版中心
印　刷	北京嘉恒彩色印刷有限责任公司
规　格	170mm×230mm　16开本　30印张　564千字
版　次	2015年12月第1版　2015年12月第1次印刷
印　数	0001—3000册
定　价	58.00元

凡购买我社图书，如有缺页、倒页、脱页的，本社发行部负责调换
版权所有·侵权必究

《中华水文化书系》编纂工作领导小组

顾　问：张印忠　中国职工思想政治工作研究会会长
　　　　　　　　中华水文化专家委员会主任委员
组　长：周学文　水利部党组成员、总规划师
成　员：陈茂山　水利部办公厅巡视员
　　　　孙高振　水利部人事司副司长
　　　　刘学钊　水利部直属机关党委常务副书记
　　　　　　　　水利部精神文明建设指导委员会办公室主任
　　　　袁建军　水利部精神文明建设指导委员会办公室副主任
　　　　陈梦晖　水利部新闻宣传中心副主任
　　　　曹志祥　教育部基础教育课程教材发展中心副主任
　　　　汤鑫华　中国水利水电出版社社长兼党委书记
　　　　朱海风　华北水利水电大学党委书记
　　　　王　凯　南京市水利局巡视员
　　　　张　焱　中国水利报社副社长
　　　　王　星　中华水文化专家委员会副主任委员
　　　　王经国　中华水文化专家委员会副主任委员
　　　　靳怀堾　水利部海委漳卫南运河管理局副局长
　　　　　　　　中华水文化专家委员会副主任委员
　　　　符宁平　浙江水利水电学院党委书记

领导小组下设办公室
　　主　任：胡昌支
　　成　员：李　亮　淡智慧　周　媛　杨　薇　李晔韬　王艳燕　刘佳宜

《中华水文化书系》包括以下丛书：
《水文化教育读本丛书》
《图说中华水文化丛书》
《中华水文化专题丛书》

《中华水文化专题丛书》编委会

主　任　李中锋
副主任　周　媛
委　员（按姓氏笔画排序）
王国永　王瑞平　毛佩琦　史月梅　史鸿文　白音包力皋　朱海风　伍海平　刘少华　刘　军
刘树坤　刘冠美　邱艳艳　张宇明　张艳斌　张朝霞　陈文学　相玉梅　侯全亮　饶明奇
董文虎　靳怀堾　翟志强　魏天辉

丛书主编　李宗新

《水与流域文化》编写人员

刘　军　侯全亮　靳怀堾　伍海平　张宇明　相玉梅　编著
赵　炜　蔡铁山　白　波　张焯文　张　帆　王　飞　陈予倩　张孝南　参编
李宗新　主审

责任编辑：周　媛
美术编辑：李　菲

丛书各分册编写人员

《水与治国理政》：毛佩琦　刘少华　魏天辉　翟志强　著／靳怀堾　主审
《中外水文化比较》：刘冠美　编著／李宗新　主审
《水与水工程文化》：董文虎　刘冠美　编著／李宗新　主审
《水与文学艺术》：朱海风　史月梅　张艳斌　著／舒　怀　主审
《水与生态环境》：刘树坤　白音包力皋　陈文学　编著／王晓松　主审
《水与民风习俗》：王瑞平　史鸿文　邱艳艳　编著／王培君　主审
《水与流域文化》：刘　军　侯全亮　靳怀堾　伍海平　张宇明　相玉梅　编著／李宗新　主审
《水与哲学思想》：李中锋　张朝霞　著／朱海风　主审
《水与制度文化》：饶明奇　王国永　著／尉天骄　主审

弘扬先进水文化
推进治水兴水千秋伟业
——《中华水文化书系》总序

水是人类文明的源泉。我国是一个具有悠久治水传统的国家,在长期实践中,中华民族创造了巨大的物质和精神财富,形成了独特而丰富的水文化。这是中华文化和民族精神的重要组成,也是引领和推动水利事业发展的重要力量。面对当前波澜壮阔的水利改革发展实践,积极顺应时代发展要求和人民群众期盼,大力推进水文化建设,努力创造无愧于时代的先进水文化,既是一项紧迫工作,也是一项长期任务。

水利部党组高度重视水文化建设,近年来坚持从水利工作全局出发谋划水文化发展战略,着力把水文化建设与水利建设紧密结合起来,与培育发展水利行业文化紧密结合起来,与群众性宣传教育活动紧密结合起来,明确发展重点、搭建有效平台、突出行业特色,有力发挥了水文化对水利改革发展的支撑和保障作用。特别是2011年水利部出台《水文化建设规划纲要(2011—2020年)》,明确了新时期水文化建设的指导思想、基本原则和目标任务,勾画了进一步推动水文化繁荣发展的宏伟蓝图。

水文化建设是一项社会系统工程,落实好规划纲要各项部署要求,必须统筹协调各方力量,充分发挥各方优势,广泛汇聚各方智慧,形成共谋文化发展、共建文化兴水的强大合力。为抓紧落实规划纲要明确的编纂水文化丛书、开展水文化教育等任务,中国水利水电出版社在深入调研论证基础上,于2012年组织策划"中华水文化书系"大型图书出版选题，并获得了财政部资助。为推动项目顺利实施，水利部专门成立《中华水文化书系》编纂工作领导小组，启动了编纂工作。在编纂工作领导小组的组织领导下，在各有关部门和单位的鼎力支持下，在所有参与编纂人员的共同努力下，经过历时一年的艰辛付出，《中华水文化书系》终于编纂完成并即将付梓。

《中华水文化书系》包括《水文化教育读本丛书》《图说中华水文化丛书》《中华水文化专题丛书》三套丛书及相应的数字化产品，总计有26个分册，约720万字。《水文化教育读本丛书》分别面向小学、中学、大学、研究生和水利职工及社会大众等不同层面读者群，《图说中华水文化丛书》采用图文并茂形式对水文化知识进行了全面梳理，《中华水文化专题丛书》从理论层面分专题对传统水文化进行了深刻解读。三套丛书既有思想性、理论性、学术性，又兼顾了基础性、普及性、可读性，各自特色鲜明又在内容上相互补充，共同构成了较为系统的水文化理论研究体系、涵盖大中小学的水文化教材体系和普及社会公众的水文化知识传播体系。《中华水文化书系》作为水利部牵头组织实施的一项大型图书出版项目，是动员社会各界人士总结梳理、开发利用中华水文化成果的一次有益尝试，是水文化领域一项具有开创意义的基础性战略性工程。它的出版问世是水文化建设结出的丰硕成果，必将有力推动水文化教育走进学校课堂、水文化传播深入社会大众、水文化研究迈向更高层次，对促进水文化发展繁荣具有十分重要的意义。

文化是民族的血脉和灵魂。习近平总书记明确指出："一个国家、一个民族的强盛，总是以文化兴盛为支撑的，中华民族伟大复兴需要以中华文化发展繁荣为条件。"水文化建设是社会主义文化建设的重要组成部分，大力加强水文化建设，关系社会主义文化大发展大繁荣，关系治水兴水千秋伟业。我们要以《中华水文化书系》出版为契机，紧紧围绕建设社会主义文化强国、推动水利改革发展新跨越，认真践行"节水优先、空间均衡、系统治理、两手发力"新时期水利工作方针，不断加大水文化研究发掘和传播普及力度，继承弘扬优秀传统水文化，创新发展现代特色水文化，努力推出更多高质量、高品位、高水平的水文化产品，充分发挥先进水文化的教育启迪和激励凝聚功能，进一步深化和汇集全社会治水兴水共识，奋力谱写水利改革发展新篇章，为实现"两个一百年"奋斗目标和中华民族伟大复兴的中国梦提供更加坚实的水利支撑和保障。

是为序。

2014 年 12 月 28 日

丛书序

文化，是一个国家和民族的灵魂和精神家园，是民族凝聚力和创造力的重要源泉，是国家发展和民族振兴的精神支撑，是衡量社会文明和人民生活质量的显著标志。文化是一种软实力，是一个国家或地区凝聚力、生命力、创造力、传播力、感召力和影响力的根基。人类历史充分表明，一个国家，一个民族，如果没有先进文化的积极引领，没有人民精神世界的极大丰富，没有全民族创造精神的发挥，就不可能屹立于世界民族之林。当今时代，文化在综合国力竞争中的地位日益重要，谁占据了文化发展的制高点，谁就能在激烈的竞争中更好地掌握主动权。灿烂的文化之花必然结出丰硕的经济之果。因此，提高国家文化软实力已成为重要的发展战略。

水文化，是以水为载体、以人与水的关系为纽带形成的一种独特的文化形态，是中华文化的重要组成部分。水是生命之源、文明之母、生产之要、生态之基。我们的祖先很早就以文化的眼光来看待水。早在2600多年前，管仲在《管子·水地篇》中说："水者，何也？万物之本原也，诸生之宗室也。"老子在《道德经》中说："上善若水，水善利万物而不争，处众人之所恶，故几于道。"孔子在《论语》中说："智者乐水"，如此等等，不胜枚举，都说明水具有显著的文化意义。

水文化，作为文化领域的一个重要方面，逐步成为全国乃至全球关注的热门话题。2006年，联合国为第十四个世界水日确定的主题为"水与文化"。水文化之所以越来越为人们所重视，是因为在当今社会中，人与水的矛盾、人类所面临的水问题，比以往任何一个时代都更为突出。为了实现人与水的和谐相处，在科技手段之外，需要借助文化的视野进行思考和定位。当前，我国水利事业正面临着前所未有的历史机遇和新的挑战。水利事业的发展需要以先进文化和科学理论为引领，形成新的工作思路，开创新的局面。加强水文化研究和建设正适应了现实社会的客观需求。

文化的功能不仅取决于其内容和形式的独特魅力，还取决于传播能力的强弱。20世纪人类最大的嬗变是文化传播对人类社会和人类生产生活的全面渗透。水文化在传播过程中有着增值功能，主要是继承和传播、选择和创造、积淀和享用。在水利部和财政部的大力支持下，由中国水利水电出版社组织各方力量，以庞大的阵容和宏大的规模实施的"中华水文化书系"及其数字化项目，对挖掘、整理、弘扬和传承先进的中华水文化具有重要的现实意义和深远的历史意义，是我国水文化传播史上的空前壮举。"中华水文化专题丛书"作为项目的三大丛书之一，选取博大精深的水文化中若干重大课题进行较为深入的探讨，对于深入了解中华水文化的丰富内容，构建中华水文化的理论体系有着十分重要的作用。经过广大作者的艰苦努力，"中华水文化专题丛书"终于同广大读者见面了，这是一件可喜可贺的大好事。

水文化的精髓是水的哲学和水的精神。我国著名学者北京大学教授王岳川，在美国马里兰大学和乔治梅森大学以"中国文化的美丽精神"为题的讲演中说："只有认识了中国文化中的几个'关键词'，才能认识中华文化。其中最重要的一个'关键词'就是水，因为水体现了中华文化精神的几大美德：公正、勇敢、坚韧、洁净；体现出了生命时间的观念。'水的哲学、水的精神'是中国人在人与人、人与自然、人与社会的和谐中把握自己本真精神的集中体现。了解了水文化，就了解了中华文明的根本。"

老子说"上善若水"，认为水具有"居善地，心善渊，与善仁，言善信，正善治，事善能，动善时"等七种美德；孔子说"智者乐水"，认为水具有"德、仁、义、智、勇、察、贞、善、正、度、意"等十一种美德。这些都是"水的哲学、水的精神"的生动体现。在波澜壮阔的新中国水利事业中发扬光大这些"水的哲学、水的精神",成为中华民族核心价值观的重要内容,成为一座照亮人们心灵的精神灯塔,在这种核心价值观和精神灯塔的照耀下,人们为国家、为民族、为事业、为自己去创造更加美好的未来。发扬光大中华水文化的哲学和精神,对建立我们对中华文化的自觉、自信和自豪,创新和发展先进的中华文化;对坚定中华民族追求"真、善、美"的信仰,重振民族精神雄风;对践行社会主义核心价值观,铸牢中华文化之魂都有十分重要的意义。

加强水文化建设是发展和繁荣水文化的根本途径。水文化建设不仅是水利行业的大事,也是全社会都应关注的大事。水文化和一般文化一样,有其落后和糟粕的一面,但我们倡导和弘扬的是先进和优秀的水文化,这种水文化的主旋律是一曲颂扬水伟大、水贡献、水精神的高亢赞歌,是一幅描绘人水相亲、人水和谐、人水共荣愿景的美好蓝图,是一部记述人们爱水、治水、管水、护水思想智慧的鸿篇巨制。因此,我们要大力加强水文化建设,促进水文化的发展繁荣。

为加强水文化建设,促进水文化的发展繁荣,就要通过大力传播水文化,动员和吸引全社会特别是水利行业的职工,更加积极地投入水文化建设的行列,有计划、有步骤地实施水文化建设的各项任务。在当前和今后一个时期,水文化建设任务的重点是:培育全社会"人水和谐"的生产生活方式,增强全社会的水意识;弘扬优秀的"水的哲学、水的精神",培育和践行社会主义核心价值观,全面提高人民思想道德素质和科学文化素质;践行"节水优先,空间均衡,系统治理,两手发力"的治水新思路,奋力开创水利事业新局面;不断充实民生水利的文化内涵,使水利工作真正做到保障民生、服务民生、改善民生;加强水生态文明建设,为建设"美丽中国"做出应有贡献;提高水工程的文化品位,满足人民精神文化需求;繁荣水文化事业,发展水文化产业,增强水文化实力;保护和整理优秀的水文化遗产,服务当代水利建设;加强水文化研究,构建水文化的理论体系;加强水文化教育和传播,扩大水文化在国内及国际上的影响力，为人类文明的进步做出更大贡献。

恩格斯在《自然辩证法》中说："一个民族想要站在科学的最高峰，就一刻也不能没有理论思维。"（《马克思恩格斯选集》第三卷467页）水文化研究正是一项艰苦的理论思维活动。一个拥有五千年中华文明，又在为实现中华民族伟大复兴的"中国梦"而奋斗的伟大民族，在攀登水文化科学最高峰中一定会大有作为！"中华水文化书系"及其数字化项目告成以及"中华水文化专题丛书"的出版，必将使水文化常青的理论之树开出鲜艳的实践之花，为推进我国水事业的改革发展、为建设社会主义文化强国做出新的贡献！

李宗新

2014年12月

前言

江河是大地的血脉与灵魂。在辽阔的中华大地上，有数以万计的江河在奔涌着，其中尤以黄河、长江、淮河、海河、珠江、松花江与辽河等最为著名。

中华文明享有无与伦比的规模和连续性，而这背后的原因又在其强大的文化支撑力，从而产生了吸引力。中华文明本质上是大河文明。因为没有任何一个文明享有黄河、长江、淮河、海河等流域这么适合农耕的巨大陆地板块。这里大部分没有崇山峻岭和湍急河流把各地区隔断，即使隔断，自古人们也通过栈道、运河将其沟通；而河流流向又大体一致，极有利于发展先进生产力，也极有利于政治文化整合。从文明整合力和文明规模来看，中华文明从一开始就占有地缘优势，河流在造就物质文化成果和文化传播与交流上起到了巨大的作用。它们流淌出物华天宝的大地，改造出多姿多彩的山川，使星罗棋布的城镇与乡村围绕其间，众多民族在其间演绎着万种风情，创造出厚重多姿的古今文化，其中也包括水文化。由多种文化组成的中华文明不断推动着中国历史向前发展。

一个水系干流和支流所流过的地区被称为流域。由于气候、土壤和水环境的不同产生的流域文化，鲜明地打上了各自流域特征与烙印。《中华水文化专题丛书·水与流域文化》以七大流域为主线（太湖流域含在长江流域内），从水与流域文化的角度，显现出丰富多彩的地域文化景观。

河流与地域文化的关系首先表现在它的自然属性，即河流的冲刷对流域板块的演变上。本书较为系统地介绍了七大流域水系状况，这些河流不但为人类的繁衍生息提供了饮用、水产、舟楫、灌溉等方面的物质资源，还成了人们创造文化、文明进步的精神的载体。由于受自然条件和人文环境影响而形成了不同内容与风格的流域文化，这些流域文化因河流孕育，受河流滋养，随河流流淌，与河流共存。

中国"昔"字的甲骨文、金文字形上面都是水波浪，下面是"日"字。可见在远古时代，滔滔洪水对我们祖先的印象太深了，他们对水的依赖性也太强了，认为水下的日子就是往昔的时光。本书所介绍的许多内容也的确是与水有关的"往昔"。

本书遵循一个全新的中华文明进化史观。过去，人们习惯地认为仅有黄河才是中华文明的摇篮。首先，本书各流域作者用翔实资料再现了最近几年越来越多的考古发现，不仅是黄河，还有长江、淮河、海河及松花江与辽河远古时期都有人类祖先活动，也就是说它们都是中华民族的发祥地之一。

其次，作者们用大量的事实说明了为何黄河、长江等流域成为中华文明的摇篮，最主要的是这里的人们逐步掌握了治河权——治理和开发利用江河的能力。一部恢弘的中国史，从一定意义上说就是中华民族与江河泛滥和干旱缺水进行斗争而披荆斩棘不断进步的历史。因而治水文化（或称水利文化）也成了中华文化的重要组成部分。中国自 4000 年前大禹治水催生第一个奴隶制国家以来，治水便成了历代王朝治国安邦的要务。不知造字者是否因此将"治"安个"氵"，但"治"字肯定是缘于治水，其中的奥妙连德国海德堡大学教授马克斯·韦伯也都略知一二，他说：中国统治的"治"和治水的"治"是一个字，中国历代皇帝对整个社会的治理方法，用的都是治水的规则，也只有治水，才能使中华民族有如此绵长的凝聚力和持久的战斗力，一直延续至今。

由于各流域地形地貌的多样性，也造成各流域水利在发展形式上、内容上的差异性。为了治水，让水为人民创造效益，不同历史时期各流域都建造了一些为历代人民趋利避害的水利工程，有些至今还在发挥效益。本书作者本身就是水利人，他们在本书中按照不同时代、水事活动类型，都从各流域水利治理开发的角度介绍了古今重点水利工程的基本情况及它们对社会的贡献，实现水利工作内容与水文化知识的"对接"，水利事业毕竟是中国水文化一个重要组成部分。

中华文化是由各地区、各民族、各种类型的文化组成，是多元的、变化的、发展的，不同流域各种文化都是在本流域主流文化的基础上派生出来的。本书重点介绍了各流域发展简史，以及文化的发展概况。读者从书中可以了解到从夏王朝到北宋，黄河流域一直是中华民族社会、政治、经济、文化的中心，黄河文明首先领先于中华其他大江大河文明，到了宋代以后，经济重心南移后，它依然在中国的经济社会发展中扮演着重要角色。长江流域在先秦时就诞生了对中华文明产生深远影响的巴蜀文化、吴越文化、荆楚文化。经济文化重心南移后，它在中国经济、文化中领头羊的地位再也没有动摇过，后诞生的湖湘文化与海派文化对中国近代文明进程起到了较大的推动作用。淮河流域对中国古代文化也做出过重要贡献，我国传统的儒家、道家、墨家都相继在这里创立。海河流域诞生了以"燕赵悲歌"为主要特质的燕赵文化。后来崛起的融南北文化和中西文化于一体的珠江文化，即岭南文化得风气之先，到了近现代则独领风骚。松辽河流域不仅先后有渤海、契丹、女真、满等少数民族生活其间，辽、金、元、清诸王朝均发轫于此，形成了独特的松辽文化。

在以自然水系为单位的流域内，工农业、交通，包括战争等方面都因与水的关系或深或浅，而构成了不同的水文化体系，作者对此作了一定的介绍。沿各流域干流而兴起的城市更是因水而兴、因水而建，因水而发展，本书作者从不同的角度描写了水与城市发展的关系及这座城市的主要贡献。

横向比较不难发现，由于自然环境、历史文化传承的不同，各流域文化风格特点不尽相同，从另一方面更证明了中华文化的丰富性和多样性。纵观全书，你不难体会到：中国的文化与经济一样，是从大河发展到大江，再由大江发展到海洋的经济文化。华夏文明之所以能够成为唯一不中断的文明，是不断流淌的大河、大江孕育的结果，更是"大河""大江"汇入"海洋"的结果。

历史是河床，流域文化是河床上流淌的一部分水流，流域文化中含有水文化。人在文化中生活，更在文化中不断升华。水利人之所以对水文化格外地热衷，只因为在依赖于水的同时，水更是他们的工作对象、研究对象。在文化大发展的今天，将水及与水相关的文化现象结合起来研究，创造一种崭新的文化体系，这是对中华大文化的一大贡献，也是编写《水与流域文化》一书的目的所在。中国字"永"字本身也是从水流而来。它的甲骨文、金文字形、小篆字形，就像是一个人形在水中行走，水流从身边穿过。这是"永"字的本义，水流曲折，永不枯竭。只要河流奔腾不息，对流域文化的滋养奔腾不息，流域文化就会发展下去，研究者的使命就会永不停息。

本书主要反映的是七大流域的内容，我国内陆河、西南部分诸河及港、台、澳河流的文化内容并没有收入书内，以后应加大这些地区的研究力度。另外，太湖流域没有设专章，放在长江流域内写。同时，东南沿海现归太湖局行使水行政管理职能，其有关内容也在长江流域内涉及。

本书各章的撰写者为：黄河篇：侯全亮、赵炜、蔡铁山、白波、张焯文、张帆（黄河水利委员会）；长江篇：刘军（长江水利委员会）；淮河篇：伍海平、王飞、陈予倩（淮河水利委员会）；海河篇：靳怀堾（海河水利委员会）；珠江篇：张孝南、张宇明（珠江水利委员会）；松辽篇：相玉梅（松辽水利委员会）。

由于本书稿出于多位作者，尽管作者都做了很大的努力，但由于各自的学养、写作风格上存在着一定的差异，因而表达的内容和形式不尽相同。加之黄河与海河、淮河流域历史的变迁，每个流域的作者都是根据其流域内容的轻重而确立其先后次序，好在并不影响阅读，故不必强求统一。另外，有些工程是跨流域的，不同流域的作者都做了介绍。尽管介绍的对象相同，但由于叙述的角度不一样，内容并没有太多重复。每个流域独立地看本书，是一个个体；但合并到一起它又是一个整体，这就是本书形式上的特点。

更由于多方面的原因,全书定会存在不少粗疏、错讹之处,敬请专家、学者、广大读者批评指正。

刘军

2015 年 5 月

目 录

弘扬先进水文化　推进治水兴水千秋伟业
——《中华水文化书系》总序

丛书序

前言

黄 河 篇

第一章　中华民族的母亲河　　001
第一节　九曲黄河万里沙　　002
第二节　民族的摇篮　文明的起源　　009
第三节　历史长河中的文明古都　　013

第二章　黄河文明的起源与融合　　017
第一节　中华文明第一缕曙光　　018
第二节　中原文化与河洛文化　　021
第三节　人文始祖与圣贤时代　　026

第三章　黄河与中国社会发展　　035
第一节　黄河洪灾与治理　　036
第二节　黄河水利与古代中国经济　　041
第三节　色彩斑斓的黄河水运文化　　044

第四章　光辉灿烂的黄河文化　　　　　　　　　　　　　　　　　　055

第一节　文字、科技与思想成就　　　　　　　　　　　　　　　056
第二节　灿若星河的文学艺术成就　　　　　　　　　　　　　063

第五章　水上长城与大河明珠　　　　　　　　　　　　　　　　　　069

第一节　黄河堤防的沿革　　　　　　　　　　　　　　　　　070
第二节　发展中的黄河水利水电事业　　　　　　　　　　　　072

第六章　黄河流域经济文化展望　　　　　　　　　　　　　　　　　075

第一节　华北、西北的重要水源　　　　　　　　　　　　　　076
第二节　黄河与流域经济社会发展　　　　　　　　　　　　　079
第三节　黄河流域的城镇化建设　　　　　　　　　　　　　　083
第四节　流域经济与水文化　　　　　　　　　　　　　　　　086

参考文献　　　　　　　　　　　　　　　　　　　　　　　　　　089

长 江 篇

第一章　中华大地第一河　　　　　　　　　　　　　　　　　　　　091

第一节　源远流长纳百川　　　　　　　　　　　　　　　　　092
第二节　中华文明的重要一脉　　　　　　　　　　　　　　　094

第二章　水与沿江重要地区及城市　　　　　　　　　　　　　　　　099

第一节　川水孕古城　　　　　　　　　　　　　　　　　　　100
第二节　湘江四水、洞庭湖畔的芙蓉国——湖南　　　　　　　102
第三节　长江、汉水畔的江城——武汉　　　　　　　　　　　104
第四节　赣江畔的"客家摇篮"——赣州　　　　　　　　　　106
第五节　新安江畔徽商诞生地——徽州　　　　　　　　　　　108
第六节　雄居长江三角洲内的名城　　　　　　　　　　　　　109
第七节　长江入海口、黄浦江畔的国际大都市——上海　　　　116

| 第三章 | 长江与社会经济发展 | 119 |

第一节	流域内农业、近现代工业概述	120
第二节	长江的交通运输	122
第三节	长江与古今战争	127

| 第四章 | 长江与水利工程文化 | 131 |

| 第一节 | 古代水利工程 | 132 |
| 第二节 | 当代水利工程 | 138 |

| 第五章 | 长江流域文化聚焦 | 147 |

第一节	巴蜀、荆楚、吴越文化——中华文化的重要一脉	148
第二节	长江智者在"四大发明"中的贡献	155
第三节	长江流域古代教育集锦	156
第四节	古代长江流域主要文化学派和著名学者	161
第五节	对中国社会产生深远影响的近现代长江文化	166

参考文献　　　　　　　　　　　　　　　　　　　　　175

淮 河 篇

| 第一章 | 千里走淮河 | 177 |

第一节	淮河流域概况	178
第二节	淮河水系变迁与水患	180
第三节	一条大河的新生	185

| 第二章 | 追寻千年流淌的印迹 | 191 |

第一节	灿烂的古代文明	192
第二节	中华文化杰出的奠基者	197
第三节	诗情词韵咏淮河	201

第三章　古今的军事战略要地　　209

第一节　兵家必争之地　　210
第二节　农民战争策源地　　214
第三节　以水代兵的争战　　217
第四节　新民主主义革命战争主战场　　219

第四章　淮河水利与沿河城市兴衰　　221

第一节　沿淮城市兴衰　　222
第二节　沿运城市兴衰　　226

第五章　异彩纷呈的治淮文化　　231

第一节　壅防百川与疏川导滞　　232
第二节　团结治水与以邻为壑　　233
第三节　蓄泄与灌溉　　235
第四节　蓄清刷黄与分黄导淮　　238
第五节　复淮与导淮　　241
第六节　淮河流域古代水利工程　　244

参考文献　　250

海　河　篇

第一章　海河的生命历程　　251

第一节　广义的海河——海河水系　　252
第二节　狭义的海河——海河干流　　257
第三节　现代海河流域及水系　　261
第四节　海河流域的洼淀　　270

第二章　上游河畔燃起远古文化之火　　275

第一节　开辟洪蒙　　276

第二节	磁山——粟文化的发祥地	278
第三节	千古文明开涿鹿	280
第四节	治水传说	282

第三章　水利与文明进步　　285

第一节	防洪保平安	286
第二节	灌溉促发展	288
第三节	运河孕育发达经济文化带	292

第四章　依河而兴的城市　　295

第一节	早期城市与河流	296
第二节	"魏都"与河流	299
第三节	运河名城	300
第四节	永定河畔的大城——北京	305
第五节	"海河明珠"——天津	310

第五章　海河与燕赵文化　　315

第一节	燕赵文化的形成	316
第二节	燕赵文化形成的原因	324
第三节	京津文化对燕赵文化的影响	328

参考文献　　330

珠　江　篇

第一章　珠江水系的特点和岭南文明的形成　　331

第一节	珠江流域概况	332
第二节	流域片内各水系的形成和演变	338
第三节	秦征百越与岭南文明的形成	342
第四节	广州与海上丝绸之路的形成与发展	345

第二章　各具特色的地域文化　　347

第一节　梅江、汀江与客家文化　　348
第二节　韩江与潮汕文化　　352
第三节　珠三角与广府文化　　355
第四节　郁江、红水河与壮文化　　358

第三章　珠江古代水利和古代水利名迹　　363

第一节　古代珠江水利发展的特点　　364
第二节　古代水利名迹　　370

第四章　珠江现代水利与经济社会发展　　381

第一节　珠江现代水利各阶段的发展特点　　382
第二节　珠江流域影响较大的水利工程　　388
参考文献　　397

松　辽　篇

第一章　纵横捭阖松辽水　　399

第一节　松江水韵　　400
第二节　辽河变迁　　401

第二章　松辽流域的文明印迹　　405

第一节　松花江与靺鞨族及满族文化　　406
第二节　辽河与红山文化　　415

第三章　水在东北地区文明发展中的作用　　419

第一节　水与水利工程的建设　　420
第二节　水与水田农业的发展　　428
第三节　水与松辽航运的贡献　　435

第四章　松辽流域的冰雪文化	**443**
第一节　"乘木逐鹿"与松花江雪道	444
第二节　松花江浪木与雾凇	448
第三节　冰雪艺术与滚冰节	450
参考文献	453

黄河篇

第一章 中华民族的母亲河

黄河，我国第二大河，世界第五大长河。干流全长约5464公里，流域面积79.5万平方公里。它发源于青藏高原巴颜喀拉山北麓的约古宗列盆地，自西向东流经青海、四川、甘肃、宁夏、内蒙古、山西、陕西、河南、山东等9省（自治区），在山东省垦利县注入渤海。

黄河之水天上来　　　　黄宝林　摄

第一节　九曲黄河万里沙

一、黄河流域地形地貌

黄河流域西起巴颜喀拉山，东临渤海，北抵阴山，南达秦岭，横贯青藏高原、内蒙古高原、黄土高原和华北平原四个地貌单元，大致分三个阶梯，地势由西向东沿阶而下。

第一级阶梯是流域西部的青藏高原，海拔3000米以上。黄河迂回于一系列西北——东南向山脉之间，形成S形大弯道。南部巴颜喀拉山脉是黄河与长江源流区的分水岭，亦被称为江河之源。这一带沼泽湖泊遍布，其中星宿海、扎陵湖和鄂陵湖最为著名。祁连山横亘北缘，是青藏高原与内蒙古高原的分界。阿尼玛卿山耸立中部，主峰高达6282米，是黄河流域最高点，冰峰起伏，景象万千。近年来，考古学家通过对比研究发现：早在旧石器时代，青藏地区的原始居民就与黄河中下游地区早期人类有密切的文化联系，到新石器时代，这种联系进一步加强，形成一种文化上的深刻渊源关系。

第二级阶梯大致以太行山为东界，海拔 1000～2000 米，包含河套平原、鄂尔多斯高原、黄土高原和汾渭盆地等较大的地貌单元。黄土高原是第二级阶梯的主体，地形破碎、千沟万壑。许多复杂的气象、水文、泥沙现象多出现在第二级阶梯。历史文化概念上的河套地区地域范围更加广泛，包括了河套平原、鄂尔多斯高原和黄土高原的一部分，地处中原与漠北的通衢要冲，北方蒙古文化，阴山渔猎文化，黄河农耕文化，西域边塞文化在这里交错汇聚、融合嬗变，催生出既有奔放马背风格，又有奔涌大河精神的区域文化。黄土高原和汾渭盆地，则是黄河文明孕育、发展的核心区域之一。

第三级阶梯从太行山脉以东至渤海，由黄河下游冲积平原和鲁中南山地丘陵组成。冲积扇的顶部位于沁河口一带，海拔 100 米左右。鲁中南山地丘陵一般海拔 200～500 米之间，其中泰山山势雄伟，主峰海拔 1524 米，为我国"五岳之首"。黄河河口三角洲为近代泥沙淤积而成，近百年来，黄河填海造陆，形成大片新的陆地。这一阶梯同样是黄河文明的重要肇始地，也是培育中华思想文化传统的儒家学说诞生地。

黄河流经的地域广袤辽阔、地貌复杂多变，这是黄河文明能够兼收并蓄、色彩丰富的一个重要因素。

二、黄河水系特征

黄河水系的特点是干流曲折蜿蜒，支流分布不均。自河源至内蒙古托克托县的河口镇为上游，干流河道长 3472 公里。玛多以上属河源段，玛多至玛曲区间，大部分河段河谷宽阔，间有峡谷；玛曲至龙羊峡区间，黄河流经高山峡谷，水流湍急，水力资源较丰富；龙羊峡至宁夏境内的下河沿，川峡相间，落差集中，是重要的水电基地；下河沿至河口镇，黄河流经宁蒙平原，河道展宽，两岸分布着大面积引黄灌区，沿河平原不同程度存在洪水和冰凌灾害。

河口镇至河南郑州桃花峪为黄河中游，干流河道长 1206 公里，绝大部分支流地处黄土高原，水土流失十分严重。河口镇至禹门口河段（也称北干流）是黄河干流上最长的一段连续峡谷，峡谷下段石壁峭立，河口狭如壶口，

黄河壶口瀑布　　黄宝林　摄

中国第二大瀑布壶口瀑布因此得名,其奔腾汹涌的气势是中华民族精神的象征。禹门口至潼关河段(也称小北干流),河道宽浅散乱,冲淤变化剧烈,河段内有汾河、渭河两大支流相继汇入。潼关至小浪底,是黄河由山区进入平原的过渡河段。

桃花峪以下至入海口为黄河下游,是举世闻名的"地上悬河",现状河床高出背河地面4~6米,成为淮河和海河流域的分水岭。从桃花峪至河口,除南岸东平湖至济南区间为低山丘陵外,其余全靠堤防挡水,历史上堤防决口频繁,目前悬河、洪水依然是中华民族的心腹之患。下游防洪保护区涉及河南、山东、安徽、江苏、河北5省24个地市110个县,面积12万平方公里,耕地1.12亿亩,人口9000多万人。黄河下游两岸大堤之间滩区面积约3100多平方公里,有耕地340万亩,人口189.5万。

黄河支流众多,其中流域面积大于1000平方公里的一级支流有76条,占黄河流域总面积的77%。其中,位于上游的主要支流有白河、黑河、湟水与洮河,中游的有大黑河、窟野河、无定河、汾河、渭河、洛河与沁河,下游支流较少,仅有金堤河、大汶河两条支流。

洮河是黄河上游右岸的一条大支流,发源于青海省河南蒙古族自治县西倾山东麓,于甘肃省永靖县汇入黄河,全长673公里,流域面积2.55万平方公里。根据实测水文资料,洮河年平均径流量53亿立方米,是黄河上游来水量最多的支流,其年水量仅次于渭河,在黄河各支流中居第二位。洮河年输沙量0.29亿吨,平均含沙量仅5.5千克每立方米,是水多沙少的支流。

湟水是黄河上游左岸的一条大支流,发源于青海省海晏县境,于甘肃省永靖县汇入黄河,全长374公里,流域面积3.29万平方公里。

无定河是黄河中游右岸的一条多沙支流,发源于陕西省定边县境,于陕西清涧县注入黄河,全长491公里,流域面积3.03万平方公里。根据实测水文资料,无定河平均年径流量15.35亿立方米,年输沙量2.17亿吨,平均含沙量141千克每立方米,输沙总量仅次于渭河,居各支流第二位。

渭河位于黄河腹地大"几"字形基底部位,西起乌鼠山,东至潼关,北起白于山,南抵秦岭,流域面积13.48万平方公里,为黄河最大支流,也是向黄河输送水、沙最多的支流。渭河流域包括陕西、甘肃、宁夏三省(自治区)87个县市,人口2406万,耕地5867万亩,分别占黄河流域人口的28.5%和耕地的30.4%。宝鸡峡以东区域是著名的关中平原,灌区连片,城市众多,经济地位十分重要。

大汶河是下游为数不多的较大支流。它发源于山东沂源县境内,由东向西汇注东平湖,出陈山口后入黄河。干流河道长239公里,流域面积9098平方公里。习惯上称东平县马口以上为大汶河，干流长 209 公里，流域面积 8633 平方公里；马口以下称东平湖区，流域面积 (不包括新湖区)465 平方公里。

黄河流域位于我国北中部，属大陆性气候，各地气候条件差异明显，东南部基本属半湿润气候，中部属半干旱气候，西北部为干旱气候。流域年平均气温 6.4℃，由南向北、由东向西递减。近 20 年来，随着全球气温变暖，黄河流域的气温升高了 1℃左右。

降水量总的趋势是由东南向西北递减，降水最多的是流域东南部湿润、半湿润地区，如秦岭、伏牛山及泰山一带年降水量超过 800 毫米；降水量最少的是流域北部的干旱地区，如宁蒙河套平原年降水量只有 200 毫米左右。流域降水量的年内分配极不均匀，连续最大 4 个月降水量占年降水量的 68.3%。流域降水量年际变化悬殊，湿润区与半湿润区最大与最小年降水量的比值大都在 3 倍以上。

黄河近几十年天然来水量呈递减趋势，由 580 亿立方米每年减至 535 亿立方米每年。黄河流域水资源有三个显著特点：一是水资源贫乏。黄河流域面积占全国国土面积的 8.3%，而年径流量只占全国的 2%。流域内人均水量 473 立方米，为全国人均水量的 23%。耕地亩均水量 220 立方米，仅为全国耕地亩均水量的 15%。考虑向流域外供水后，人均、亩均占有水资源量更少。二是径流年内、年际变化大。干流及主要支流汛期 7—10 月径流量占全年的 60% 以上。自有实测资料以来，出现了 1922—1932 年、1969—1974 年、1990—2000 年连续枯水段，其年均河川天然径流量分别相当于多年均值的 74%、84% 和 83%。三是地区分布不均。黄河河川径流大部分来自兰州以上，年径流量占全河的 61.7%，而流域面积仅占全河的 28%。兰州至河口镇区间流域面积占全河的 20.6%，年径流量仅占全河的 0.3%。

黄河洪水按成因可分为暴雨洪水和冰凌洪水两种类型。暴雨洪水主要来自上游和中游，多发生在 6—10 月，黄河暴雨洪水的开始日期一般是南早北迟，东早西迟。由于流域面积广阔，形成暴雨的天气条件有所不同，上、中、下游的大暴雨与特大暴雨多不同时发生。受降雨特点以及产汇流条件的影响，上游洪水过程具有历时长、洪峰低、洪量大的特点。黄河中游洪水具有洪峰高、历时短、陡涨陡落的特点。黄河下游的主要致灾洪水来自中游。历史上花园口站大于 8000 立方米每秒的洪水以中游来水为主。冰凌洪水主要发生在上游宁蒙河段特别是内蒙古三盛公以下河段和下游山东河段。由于两河段均为自低纬度流向高纬度，在严冬季节，易形成冰凌洪水灾害。

黄河泥沙主要来自中游的黄土高原，这片 64 万平方公里的高原，水土流失面积达 45.4 万平方公里,其中侵蚀模数大于每年每平方公里 15000 吨的剧烈侵蚀面积有 3.67 万平方公里,占全国同类面积的 89%,治理难度很大。黄河多年平均输沙量 16 亿吨,是亚马逊河的 1.8 倍,长江的 3 倍,若堆成高、宽各 1 米的土堤,可绕地球赤道 27 圈。多年平均含沙量 35 公斤每立方米,实测干流最大含沙量 911 公斤每立方米(1977 年),输沙量与含沙量均为世界大江大河之最。黄河水沙异源,时空分布极为不均,兰州以上产水量占全流域的 62%、产沙量占 7%,中游河口镇至龙门区间产沙量占全流域的 90%、产水量占 28%,全年 60% 的水量和 90% 的沙量来自汛期,汛期来水来沙又主要集中于几场暴雨。水少沙多,水沙关系不协调是黄河复杂难治和诸多问题产生的根源。

三、黄河的历史变迁

黄河孕育于距今 150 万年以前的早更新世年代,在距今 50 万~10 万年之间,黄河基本贯通,初具规模。黄河在不断运动中发育,其水系、河道的变化也时刻没有停步。

黄河重大而频繁的变迁,主要发生在下游。在上中游的部分地区,河道的摆动变化也经常发生。如在宁夏的银川平原,在历史时期内,黄河就曾经发生过西徙东侵的变化,摆动范围约 10~15 公里。其他如内蒙古河套平原、龙门以下的中游河段,河道的变迁也屡屡发生。

在黄河下游,历史上水旱灾害十分剧烈。据不完全统计,黄河下游堤防在 1949 年以前 2000 多年的时间里,有记载的决口改道就有 1500 余次,平均三年两决口。在西起郑州,北至天津,南达江淮的黄淮海大平原上,它时而北流注入渤海,时而南流注入黄海,洪水波及的范围达 25 万平方公里。

黄河下游河道的变迁,据《禹贡》最早的文字记载,周定王五年(公元前 602 年)黄河的迁徙,为有史以来黄河第一次大改道。从周定王五年到中华民国年间,黄河大致沿着北、中、南三个方向的路线,交替入海。北路,从马颊河以北至天津入海,约 670 年;南路,以南夺淮河入海,约 720 余年;中路,即沿现行河道于山东垦利附近入海,总历时 1211 年。黄河在三条路线交替行河的过程,也是黄河决溢改道的过程。

据史料记载,历史上黄河下游共发生 26 次改道,最大的改道变迁有 5 次:

周定王五年(公元前 602 年),河决浚县宿胥口。从此大河离开禹河故道,自宿胥口以下,东至濮阳向东北,经今内黄、清丰、南乐及河北省大名、馆陶东至黄骅入渤海,逐渐形成了新的河道,即西汉大河。

王莽始建国三年（公元11年）河决魏郡（今濮阳西）。这次改道后，黄河经今山东聊城以东，大清河以北东流，而濮阳以上仍是西汉的原河道。自濮阳以下，大河自由泛滥近60年，至汉明帝永平十二年（公元69年）王景治河后，才筑堤使大河经今河南濮阳、范县及山东高唐、平原至利津一带入海。

宋仁宗庆历八年（1048年）河决濮阳商胡。这年黄河在濮阳商胡埽决口向北改道，大河基本流向自今濮阳以东经馆陶、清河、冀县东到乾宁军（今青县境）入海，宋代称为"北流"。

南宋建炎二年（1128年）杜充决河。当时南宋王朝开封留守杜充为了阻止金兵南进，在河南滑县以西决开黄河，河分数股入淮，造成很大危害。金章宗明昌五年（1194年）河决阳武（今原阳）。当时大河流向大致经今原阳、封丘、长垣、砀山到徐州入泗夺淮入黄海。

清文宗咸丰五年（1855年）河决铜瓦厢。汛期时因兰考铜瓦厢险工发生险情，抢护不及致决口。因正值太平天国运动期间，朝廷无力堵口，从此黄河夺大清河由山东利津入渤海，酿成又一次大改道，并经演变，逐渐形成黄河下游现行河道。

黄河频繁决溢改道，"善淤、善决、善徙"的特性，症结在于水少沙多，水沙不平衡。由于泥沙含量很大，导致黄河下游淤积严重，成为地上悬河。一遇汛期涨水，防守不力，极易发生决溢。而一旦决口后，原河道淤塞不畅，易于造成堤防连续决口，形成"愈决愈淤，愈淤愈决"的恶性循环，最后导致河道排洪能力减小，遇有大洪水时，河道因不能满足排洪需要，就决口夺溜改走新道，酿成大改道。

随着时代的发展，人们对黄河洪水泥沙的观念也在转变。由过去只看到它危害的一面，希望黄河有朝一日会变清，到今天认识到它的有利的一面，从而把它看作一种宝贵的资源，利用它来发展生产，造福社会。实际上，即便是泥沙淤积本身，也具有两面性。一方面，它确实严重淤积河道，导致黄河的复杂难治。另一方面，它也为中华民族的繁衍生息创造了广袤的肥沃的原野，成为民族文化的发祥之地。

地质时期，华北平原区域原是一个大海湾，山东丘陵是海湾中的岛屿。由于黄河、海河、淮河的长期淤积，这片大海才淤积成了陆地。黄淮海三条河流的冲积扇逐渐连成一片，形成了华北大平原。其中以黄河冲积扇最大，也就是说，黄河在塑造华北平原时贡献最大。

时至今日，黄河这种造陆运动仍在进行之中。在黄河河口区域，黄河每年输入的泥沙约达11亿吨，其中2/3淤积在利津以下滨海区，1/3输往深海。由于泥沙的不断堆积，海岸线逐渐向外延伸。河道出口处的沙嘴延伸速度更快，一般每年达2公里左右，最快时每年能延伸七八公里。从 1855—1953 年，扣除决口改道年份，实际走河 64 年，造陆面积 1510 平方公里，平均每年造陆 20.6 平方公里。由于黄河日夜不停地填海造陆，这里也成为全国唯一能大量"生产"土地的地方。

黄河河口地区辽阔肥沃的土地，在新中国成立后得到了充分开发和利用，在国家经济社会发展和文化建设中发挥了重要作用，已成为名副其实的大富源。

四、黄河流域的重要地位

在我国 5000 年文明史中，黄河流域长期处于政治、经济、文化的中心地位。在世界四大文明古国中，唯有起源于黄河流域的华夏文明一脉相承、绵延不断。大约从北宋以后，我国的经济重心向南方转移，南北和东西之间经济发展差距不断加大。1949 年新中国成立后，这种状况逐步改观，黄河流域在国家经济社会发展中所处的重要地位日益显现。

黄河流域是国家经济增长后发区域。黄河流域国内生产总值 1.65 万亿元（2007 年），随着西部大开发、中部崛起等国家战略的实施，2000 年以来年均增长率达 13.1%，高于全国平均水平。

黄河流域是重要的农牧业生产基地。流域总土地面积 11.9 亿亩，其中耕地 2.44 亿亩，占全国的 13.3%，农村人均耕地 3.5 亩，约为全国农村人均 1.4 倍。流域内有林地 1.53 亿亩，牧草地 4.19 亿亩，林牧业发展前景广阔。

黄河流域是重要的矿产和能源生产基地。矿产、能源资源丰富，在全国已探明的 45 种主要矿产中，黄河流域有 37 种，具有全国性优势的有煤、稀土、石膏等 8 种。煤炭保有储量约 5500 亿吨，占全国煤炭储量的 50% 左右，在全国已探明储量超过 100 亿吨的 26 个煤田中，黄河流域有 12 个。流域内探明的石油储量分别约为 90 亿吨，占全国总地质储量的 40%。黄河水力资源可开发装机容量 3494 万千瓦，居全国七大江河第二位。

黄河流域是生态建设的重要载体和依托。上游河源区是重要的水源涵养和水源补给区，被誉为"中华水塔"。中游流经荒漠戈壁，为改善沿河生态，防止土地荒漠化发挥着重要作用。下游河道淤积摆动变化大，形成沿河呈带状分布湿地，黄河河口处于海陆生态交错区，是我国暖温带最广阔、最完整的原生湿地生态系统。流域内有三江源草原草甸湿地生态功能区、黄土高原丘陵沟壑水土保持生态功能区等国家重点生态功能区 12 个。国家"两屏三带"生态安全战略布局中，青藏高原生态屏障、黄土高原—川滇生态屏障、北方防沙带等均位于或穿越黄河流域。

第二节　民族的摇篮　文明的起源

翻开黄河的历史文化地图，不难发现，中国古人类的进化、中华民族的形成，中华文明的演进都能在这里找到最初的落点和关键的节点，可以说，从来没有一条河流如黄河那样深刻、深远地影响我们的民族和国家。

一、华夏先民的繁衍生息之地

黄河和黄土高原都是大自然对中华民族的慷慨赠予，在塑造华北平原的历程中，均曾发挥主导作用。黄土高原属风积高原，遇水易崩解的特性使流经此地的黄河含沙量陡增。携大量泥沙的黄河向东一路奔腾游荡、巡回行淤，填满了湖泊沼泽，堵塞了大小河流，引发了滔天洪水，同时亦不停填海造陆，淤积良田沃土，为炎黄子孙创业奠定了基础。

历史上中国农业的开发与发展，大致是沿着旱作农业(黄河流域)—稻作农业(长江流域)—高寒农业(东北与青藏地区)的次序逐渐推开的，体现了人类开发利用自然由易向难的梯度选择。

从居住条件看，在生产力水平限制下，人类必须选择容易栖身的地方来定居。黄土高原地区土层厚达100～200米，黄土直立性强、保暖性好，易于开凿洞穴，可以为原始人类提供遮风挡雨、躲避野兽侵袭的理想居所。中下游降雨量不大，简易居所也能适应。

从耕种的土壤条件看，黄土高原的黄土富含多种矿物质，是一种优良的成土母质，富含大量腐殖层，土壤肥力强。黄土由大量粉尘构成，土质疏松易于耕种发苗。黄土还具有多孔性和垂直节理，在干旱时深层水分可以借助垂直节理的毛细管作用达于地表。加上旱有密布的河网之水，涝有众多的丘岗可退，河旁台地又易于排水，简单的耕作技术易于创造出较高的效率。《诗经·大雅·生民》这样描述："诞后稷之穑，有相之道。茀厥丰草，种之黄茂。"意思是后稷种植庄稼，好像有神人相助，除掉茂密的野草，就能长出金黄色的庄稼。由此可见土地之肥沃，种植之便利。

从气候条件看，黄河中、下游的汾河、渭河、洛河等支流及太行山东南麓地区，属大陆性季风气候，四季分明又没有极热、极寒的气温，使人类比较长寿。这里降水虽不如南方丰沛，但养分的淋溶损失也较少，非常适合树木生长，繁茂的森林能够给人类提供大量动物性、植物性食物。猪、狗、牛、羊、马、鸡、鸭等在远古时代的黄河流域都已存在。这一地区光照时间也比较长，温度条件适宜作物存活，年降水量主要集中在夏秋两季，雨热同步且无霜期短，粟、黍等旱作作物能在得天独厚的气候条件下自由地生长。

《孟子·滕文公上》曾记载黄河流域"草木畅茂，禽兽繁殖"，关中平原直到战国时期依然"山林川谷美，天才之力多"。黄河流经和塑造的绿林旷野，宜狩猎、宜采集，更宜耕种，为华夏先民们创造文明提供了广阔的舞台。

二、中华文明的主要发祥地

古人类出现后，经历了直立人、早期智人和晚期智人三个发展阶段，而这三大阶段的远古人类化石均在黄河流域先后被发现，有迄今已知的亚洲北部最古老的直立人，有距今10万～30万年前的早期智人，还有早期智人向晚期智人过渡的"河套人"等。其数量之多、类型之全，以及所展现出的完整性、系统性，是其他地区无法比拟的。在漫长的原始蒙昧阶段，我们的祖先在黄河流域斩荆棘、辟蒿莱，胼手胝足劳作，等待文明曙光的出现。

新石器时代，黄河流域中下游地区人口急剧增加，人们的活动范围进一步扩大。距今6000年左右的仰韶文化是这一时期最具代表性的文化类型。有专家认为，中国人自称华人，源自仰韶文化的玫瑰花纹陶盆，玫瑰花是"花族"图腾，花族即华族。从传说以及文字记载来看，大约在4000年以前，黄河流域已经聚居着许多血缘氏族和部落。以三皇五帝为代表的中华人文始祖群体，主要活动在中原地区。这一时期也是中国历史上的第一次大融合时期，部落联盟的出现，为氏族向民族演化做了准备。夏、商、周王朝都是黄帝后裔。夏人活动在黄河早期文明的中心区域。商人屡迁都城，始终不离黄河南北。周人兴于黄河重要支流渭水，立足黄河向外扩展。他们自称"诸夏"或"华夏"，也称"华"或"夏"当时的华族居住在中原地区，中原居四方之中，又称"中华"。春秋战国时期，战乱导致人口大范围流动，民族融合步伐进一步加快，秦横扫六合，建立统一的多民族国家。后来，"中华"就成了整个中华民族的代称。可以说，中华民族的发端和初步形成是在黄河流域完成的，世界各地的炎黄子孙视黄河流域为民族的摇篮，尊崇黄河为"母亲河"。

黄河岸边的炎黄二帝大型塑像　黄宝林　摄

黄河文明与中华民族的形成发展轨迹是对应的。公元前4000年至公元前2000年之间是黄河文明形成期，夏、商、周进入发展期，自秦入汉唐进入兴盛期。以农耕为主要生产方式的黄河文明，比草原文明和渔猎文明更具先进性和早熟性，拥有众多领先世界的发现和发明。最早的月食记录，最早种植谷和水稻，最早饲养家禽，最早用十进位记数法，最早生产漆器，最早出现原始形式的炼丹术等，都显示了早期黄河文明的成熟与发达。黄河文明成熟早的另一证据是它最早发育出国家形态。洪涝灾害的大规模治理推动了区域社会组织的发育，率先实现了由原始社会向文明社会的过渡。中国第一个奴隶制政权、第一个封建统一王朝均在黄河流域诞生。

黄河文明进入发展和兴盛时期后，黄河流域不仅是我国经济、文化的中心区域，在科技方面也长期位居全国前列，创立了磁学、声学、数学、光学、力学、地学、医学、药学、建筑学等学科，并得到极大的发展。肇始于黄河流域的"四大发明"，对整个人类文明进程产生了重大影响。

按照英国剑桥大学的考古人类学教授丹尼尔在《最初的文明：关于文明起源的考古学研究》中提出的观点，文字、城市、复杂的礼仪中心是文明产生的三项要素，在中国，这三项要素最先诞生在黄河流域。按照日本学者贝冢茂树在《中国古代史学的发展》中提出的观点，青铜器、文字和宫殿基址是文明产生的三大要素，黄河流域为中国最先贡献了这三大要素。中国著名考古学者夏鼐在《中国文明的起源》中提出，青铜器、文字和城堡是文明产生的三个标志和要素，黄河流域也最早给出了这三个文明标志。

黄河文明孕育时期，神州大地也出现了许多地区性文明，如在长江流域有成都平原文明、江汉文明、太湖文明等。这些地区性文明都发展到相当高的水平，在不同文明的碰撞、交流中，有的文明中断了，有的文明走向低谷，只有黄河文明吸纳、融合了诸多文明精华，连绵有序，相衔如环，不断向更高层次迈进。尽管其间几度出现边疆少数民族入主中原，但黄河文明却并未因此停滞，在中华文明多元一体的发展趋势中，最终成为最具影响力的主体文明。

三、黄河熔铸了中华民族的灵魂与精神

中华民族的形成史也是一部人类与自然、与黄河的关系史。一辈又一辈华夏儿女在对黄河的认识、治理和利用过程中，获得生存智慧、汲取创造灵感、塑造精神世界，同时也赋予黄河文化生命，使之逐渐成为最能体现中华民族精神特质的文化图腾。

黄河赋予了中华民族最本初的思想智慧。传说中黄河龙马负"河图"，伏羲受之而作八卦，洛水神龟呈"洛书"，禹受之创五行思想。八卦和五行把自然作为多种性质、多种因素、多种成分的

物质组合，并进而把构成自然的各种物质概括成阴阳二气。这种从河流中获取的思想智慧，包含了朴素的唯物论和自发的辩证法思想，深刻影响了中国古代人类认识世界的方法和角度，古代天文学、气象学、化学、算学、音乐和医学，都是在阴阳五行学说的哲学思想启发下发展起来的。

黄河铸就了中华民族"大一统"的思想观念。历史上黄河水灾为害范围之广、程度之烈，世所罕见，无论是氏族制度还是小农经济制度下的小规模群体，都无力对抗，局部的治理也难以达到长久的效果，只有协调各方，统一治水意识和行动，才能求得生存和发展。大规模有组织的治水活动，导致了公共权力的诞生和完善，而中华民族有关治河的历史记忆，使政治权力集中成为一种共识和趋势，强烈的"大一统"观念对国家的巩固和稳定发挥了至关重要的作用。

黄河培育了中华传统文化的独特气质。黄河孕育了黄河文明，而黄河文明的传承、积淀与礼乐文化背景息息相关。周公制礼作乐，形成了系统化的典章制度和行为规范。礼的作用是使人们按礼数去行动、生活，乐的作用是教化与协调，以增强亲和、凝聚功能，由此形成了有别于西方功利文化的中华礼乐文化。礼乐文化以鲜明的人文主义精神、深刻的道德伦理内涵，为中国传统文化发展确定了基调。后来，礼和乐成为儒家思想内核，儒家思想也成为中国封建社会的正统思想。礼乐文化所包含的"教养、和谐、秩序"等理念，至今仍有积极的现实意义。

黄河造就中华民族独特鲜明的民族性格。在与黄河灾害抗衡和斗争的过程中，先民们屡战屡败又屡败屡战，锤炼了忍受巨大痛苦的能力，磨砺了百折不回的意志，使中华民族能够受尽磨难而始终屹立世界民族之林。黄河在给中华民族带来深重灾难的同时，也把忧患意识根植于先民们的心灵深处，如履薄冰、如临深渊的危机感，激励着中华民族不断觉醒和奋发图强。治河先贤大禹"身执耒锸，以为民先"，三过家门而不入，这种忧民之忧、公而忘私的奉献精神，为后来执掌政权者树立了道德标杆。黄河流域长期的农耕实践，让先民们深刻认识到天道酬勤，一分耕耘一分收获的道理，形成了脚踏实地、务实重干的价值取向，推崇"桃李不言、下自成蹊""君子敏于行而讷于言"的精神品格，为财富积累、文明发展提供了精神动力。黄河流域以血缘群体为基本生产单位的农业社会，衍生了家国同构的社会结构，培养了中华民族浓重的"家国情怀"，即"家是小国，国是大家"，这种思想融入华夏子孙血脉，构成了重要的民族性格内涵。

黄河培育了中华民族朴素的生态意识。在与自然、与黄河长期相处的过程中，先民们对人与自然的关系进行了深入思考，通过对春种夏长秋收冬藏周期性变化的观察总结，黄河流域农耕社会产生了特有的约束制约体系，在这一体系中，天序四时，地生万物，人治诸业，人与天地相参，强调秩序、平衡与和谐，衍生了朴素的生态保护意识。夏朝规定春天不准砍伐树木，夏天不准捕鱼，不准捕杀幼兽和获取鸟蛋。周朝根据气候节令，严格规定了打猎、捕鸟、捕鱼、砍伐树木、烧荒的时间。秦朝禁止春天采集刚刚发芽的植物，禁止捕捉幼小的野兽，禁止毒杀鱼鳖等都是这一观念的具体体现。

第三节 历史长河中的文明古都

一、中国最早的政治中心——商都郑州

在很长历史时期内，黄河流域一直是中国政治、经济、文化的中心。流域内一座座古代都城，正是这一历史进程的缩影。

古郑州西北有荥泽大湖与黄河、济水相通，周围又有小河分布，西可到伊河、洛河，南可到淮河、泗水，水源丰足，土地肥沃，气候温和，具有良好的生产和生存条件。当中华文明之火点燃之际，郑州便成为最早的政治中心。

传说黄帝出生于今天的新郑，并在此建都。大禹治水后，威望大增，被封为"夏伯"，浩大的治水活动有力促进了民族融合、社会进步，也使国家政权形态得以稳固和强化。禹在成为部落联盟首领后，选择物产丰饶、地势险要的阳城为都，禹都阳城就在今天郑州西南告成镇一带，此后不断迁徙的夏王都也多在郑州境内。取代夏朝的商朝也定都于郑州，1955年发现的郑州商城遗址在今日郑州闹市区，被学术界主流认为是商代建立者成汤的亳都，其始建年大约在公元前1600年左右，早于安阳殷墟商代都城遗址。

在早商的近200年间，郑州地区一直是商王朝的统治中心。郑州商城由宫城、内城、郭城和护城河组成，规划布局规整，每一区域都有自己的独特功能。地表残留有高大的城垣，断断续续长达七公里。城中发现有宏伟的宫殿，有供排水管道、祭祀遗址等。城周围有冶铜、制骨、制陶等手工业作坊，出土有数量可观的青铜礼器，制作精细、纹饰优美。出土的日用器皿也种类繁多，尤其是原始青釉瓷尊的发现，将我国烧制瓷器的历史提前了约1800年。郑州商都面积达25平方公里，其规模在中国早期都城中名列榜首，也超过了同时期两河流域的巴比伦城和亚述城。20世纪80年代在郑州西北发现的小双桥遗址，被认为是商代第十二任国王仲丁所建隞都所在地，接郑州商城而持续繁荣。

西周时期，周天子用分封诸侯的办法来稳定统治。郑国、韩国先后在今郑州新郑建都，前后经营500余年。

郑州是华夏文明发端的重要地区，是中国古都发展历史的源头。在中华文明探源工程全国已经确定的9个考古项目中，郑州占有5个，就是一个有力的佐证。

二、九朝古都传奇——古都洛阳

洛阳自古就有"河山拱戴，形胜甲天下"的美誉，这里不但群山环抱，还有中国北方内陆罕见的河网。其中最重要的河流就是洛河，它左携涧水，右带伊河，东出平原，北入黄河，在与黄河相交的这片黄土地上，哺育滋养了这座"九朝古都"。东周、东汉、曹魏、西晋、北魏、隋、唐以及五代时期的后梁、后唐先后在此建都。

周武王灭殷后开始营建洛阳城，后逐渐成为西周王朝的东方重镇。公元前770年，内忧外患交迫之下，周平王迁都洛阳，史称东周，共有23王都居洛阳。东汉时期洛阳是丝绸之路的东方起点，游牧民族与农耕民族大融合催生了独特的城市文化。

隋唐是洛阳古城史上的最鼎盛时期，人口逾百万。605年，隋炀帝迁都洛阳后，重新选址营建，唐代沿用并扩建，分宫城、皇城和外郭城，周长27公里。外郭城设3市103坊，仅丰都市就有3400多个店铺。此时城内的给养主要靠漕运。一条是通济渠，从洛阳的西苑由洛水到洛口与黄河汇合，又自今荥阳县汜水镇东北，引黄河水为水源与汴渠分流，向东南注入淮河，再通过邗沟直达长江。另一条是永济渠，引沁水南达黄河，北至涿鹿（今北京市西南）。两条渠成为当时重要的交通动脉，往来船舶数以万计，富庶的江淮地区粮食和物资被快捷地运往京师洛阳。唐安史之乱中，洛阳沦为中心战场，"比屋荡尽，士民皆纸衣"，后又屡受兵火侵袭，繁华落幕，不复隋唐盛况。

洛阳作为古代都城，积淀丰厚、底蕴深沉。"东周礼乐"奠定了中国典章制度的坚固基石，道家孕育于洛阳、佛学首传于洛阳、理学根植于洛阳，史学方家在这里留下了《汉书》《资治通鉴》《三国志》等彪炳史册的鸿篇巨著，文学巨匠在这里留下了"汉魏文章半洛阳""洛阳纸贵"的文坛佳话，造纸术、印刷术、浑天仪等许多重大发明在这里诞生。龙门石窟是中国三大石刻艺术宝库之一。白马寺是佛教传入中国后兴建的第一座寺院。东周以来诸皇陵形成我国最大的古墓葬群，目前已建成世界上第一座古墓博物馆。遍地的遗迹遗址，佐证着洛阳曾经的荣耀。

三、八水环绕帝王城——长安气象

西安是我国建都王朝最多、时间最长的城市，这里位居关中平原，四周河流密集、水源充足，泾、渭、浐、灞、沣、滈、涝、潏诸水环绕，有"八水帝王都"之称。先后有西周、秦、西汉、前赵、前秦、后秦、西魏、北周、隋、唐等10个朝代以西安为都城。王莽、汉献帝、晋愍帝也在此短期建都。

西周时西安称"丰镐"，是丰京和镐京的合称，丰、镐分处沣河两岸，有舟桥相通，它的建成为关中地区持续繁荣奠定了基础。秦都咸阳地跨渭河南北，南岸修建有庞大宫殿群，最有名的当属规模浩大的阿房宫，但未及完工就被项羽付之一炬。随着渭河河道不断北移，如今秦咸阳大部分已经没入水底，但秦帝国在咸阳创立的政治体制被历代王朝所传承，秦王朝留下的秦始皇兵马俑，则展现着中国古代劳动人民的卓绝智慧。

汉长安是在秦咸阳基础上兴建的，刘邦夺得天下定都关中，取当地长安乡之含意，立名"长安"，意即"长治久安"。长乐宫、未央宫、建章宫是汉长安城最著名的三大宫殿群。西汉长安城不但为封建社会京畿规划奠定了基础，还是中国最早对外开放的城市，丝绸之路开辟后，中外商贾往来不绝，长安成为东方文明的中心。

隋唐长安城位于沣水和灞水之间。隋文帝于汉长安城东南建造新都大兴城，唐改隋大兴城为长安城并增修扩建。唐长安城的外郭城为长方形，达84多平方公里，数倍于现存明代西安城。其布局"百千家似围棋局，十二街如种菜畦"，一条南北中轴线纵贯全城，东西左右均衡对称，全城划分为一百零九个坊和东西两个市，人口超百万，是当时世界上最大的城市。唐长安城堪称古代城市建设的典范之作，其规划布局对后世及周边国家产生了重要影响，宋代开封城和元、明、清北京城就沿袭了长安城的特点，日本仿照唐长安城布局兴建平城京和平安京。这一时期，南亚的佛学、历法，中亚的音乐、舞蹈，西亚的伊斯兰教、医术等，如同八面来风，为这座城市增添了万千风姿。

随着城市规模扩大，用水问题凸显，隋朝时，分别开龙首渠、永安渠、清明渠引浐水、交水、滈水入城。为解决水上交通运输问题，汉时建关中漕渠。隋初，开渠引渭水经大兴城北，东至潼关，名广通渠，唐天宝年间重修此渠，大量物质由关东溯黄河、渭水漕运入长安，每年运粮250万~400万石。

西安城的鼎盛期是和中国历史上的鼎盛期同步到来的。汉、唐时期，长安自信、开放的国际大都市气质辐射八方，引领中华文明走上了历史的巅峰。

四、流沙难湮盛时华——汴京图景

"开封城，城摞城，地下埋有几座城。"这座被称为"七朝古都"的古老城市，因黄河而兴，也屡次毁于黄河，但越挫越勇的先人们，每每"从头再来"，丝毫不差将城市轴线固定在原位置，执着地守望家园，承继文明，重塑繁华。

战国时代，开封迎来了历史上第一个繁荣时期。公元前364年，魏惠王为称霸中原，迁都到距黄河不远，水道四达的开封，兴建了著名的大梁城。魏惠王大兴水利，组织大批人力用20余年时间建成人工运河——鸿沟。从今河南荥阳北引黄河水，东流经今中牟、开封北，折而南经通许，太康，西至淮阳入淮河，成为连接中原地区河淮之间的重要水道。鸿沟的开通，不仅促进了农业和漕运发展，也加快了开封城的建设，成就了魏国的霸主地位。在秦统一六国的过程中，由于久攻不下，秦兵引鸿沟水灌大梁，水围三月后，盛极一时的大梁城化为废墟。开封第一次因水患而遭遇灭顶之灾。从鸿沟演变而来的汴河，后来成为隋唐运河的重要组成部分。

秦汉以后直至唐代，以黄河为主、汴河为辅的水运交通大动脉逐步形成。开封因其特有的地理优势和方便快捷的水运条件而成为黄河下游乃至广大地区的漕运中枢。得益于此，唐代，汴州城成为富甲一方的中原重镇。五代时的后梁、后晋、后汉、后周，金代自宣宗后均建都于此。

北宋时期，汴河成为水路运输的主动脉，加上蔡河、五丈河、金水河辐辏开封，被称为"四水贯都"，汴水上接黄河、下通淮河、长江，可以将江淮一带的粮食，南中国的物资源源不断运往开封，汴河漕运粮食最高年份可达700万石。此时作为国都的开封，集中国政治、经济、军事、科技、文化、商业中心于一身，成为"八荒争凑，万国咸通"的国际大都市，人口达100多万。专门经营大宗贸易的商店有几百家，酒楼、茶坊鳞次栉比，夜市喧嚣鼎沸、华盖云集。《清明上河图》就是八百年前开封都市生活和社会风貌的完美呈现。

金代后，黄河南迁，此后1000多年，黄河决口300多次。在开封附近泛滥10次之多，大水进城7次。黄河的一次次吞噬，使这座城市逐渐被泥沙掩埋。开封最下面的城池魏大梁城在今地面下10米左右，北宋东京城距地面8米，金汴京城约6米，明开封城5～6米，清开封城3米。至今开封地下还有"墙摞墙""路摞路"等遗存古迹。

在人类依存河流发展的历程中，许多大大小小的城邑伤毁于河流泛滥，但像开封这样叠压层次之多、规模之大，在我国5000年文明史上绝无仅有，它立体地展现了开封建城2000多年的城市变迁、王朝更替，浓缩了两岸人民对黄河爱恨交织的复杂情感。

第二章 黄河文明的起源与融合

黄河文明的形成期大体在公元前4000年至公元前2000年之间。这一时期，中华大地上出现了许多地区性文明，如在长江流域有成都平原文明、江汉文明、太湖文明，在黄河流域有甘青文明、中原文明、海岱文明，在东北有燕山文明。但到后来，有的中断，有的迁移，有的消失。而黄河文明则如中流砥柱，吸纳融合了各地区文明精华，向更高层次发展。黄河文明大交融的形成时期，也是华夏文明的初级阶段。此后历经夏、商、周三代，黄河文明进一步发展升华，至秦汉时期，整个黄河流域、长江流域，实现空前统一，从而奠定了中国文明的基本框架。

第一节　中华文明第一缕曙光

一、从裴李岗文化到仰韶文化

勤劳勇敢的先民们，在黄河流域创造了璀璨的古代文明，给我们留下了丰富的文化遗产，与完整的人类发展轨迹相对应，黄河流域文化遗迹无论从数量上还是从其完整性上，在我国都是首屈一指的。

裴李岗文化由于最早在河南新郑的裴李岗村发掘认定而得名，是黄河中游地区的新石器时期文化，是中华民族文明发源地之一，其年代约在8000年前左右。根据出土文物分析，中国的农业革命最早在这里发生，这个时期，裴李岗居民已进入锄耕农业阶段，处于以原始农业、手工业为主，以家庭饲养和渔猎业为辅的母系氏族社会。先人住在丘岗临河处，建造房屋，种植粟类作物，制作使用耒耜、石斧、石铲、石镰、石磨盘、石磨棒等工具，还建有许多陶窑，烧制钵、缸、杯、壶、罐、瓮、盆、甑、碗、勺、鼎等。该文化的分布以新郑为中心，东至河南东部，西至河南西部，南至大别山，北至太行山。裴李岗文化的典型遗址除裴李岗外，还有新郑的沙窝李和唐户村，新密莪沟，长葛岗河，临汝中山寨，许昌丁集，郏县水泉，巩县铁生沟等。

继裴李岗文化之后是仰韶文化，这是我国新石器时代母系氏族社会最典型的考古发现，仰韶文化遗址分布在黄河中游及其附近地区，以黄河支流渭河、汾河、洛河汇集的陕西中部、河南西部和山西南部为中心，并不断向外辐射，据统计，从1921年渑池仰韶村遗址发现到2000年，全国有统计的仰韶文化遗址共5000多处，可谓是星罗棋布，其分布范围，北到长城沿线及内蒙古河套地区，南抵江汉，西到甘肃渭河上游，东至山东，分布省份有陕西、河南、山西、甘肃、河北、内蒙古、湖北、青海、宁夏9个省（区）。其中典型的遗址有陕西省西安半坡遗址、河南省安阳后岗遗址、河南省陕县庙底沟遗址、内蒙古自治区凉城王墓山遗址、甘肃省武山石岭下遗址、河南省荥阳秦王寨遗址等。仰韶文化是新石器时期黄河流域经济文化大发展的繁荣阶段，因其遗址首先在河南省三门峡市渑池县仰韶村被发现，所以被命名为"仰韶文化"。从其分布情况及与周边其他考古文化相比，我们不难想象，在这一时期是处于中心地位的强势文化，主导着对中国境内各类文明的发展。

渑池县，本是河南省西部三门峡市的一个普通县，却因为在这里发生的"完璧归赵"故事载入《史记》而扬名天下，1923年，又被瑞典地质学家安特生写入《中华远古之文化》这部重要著作。1921—1923年，安特生对仰韶村及渑池县其他村庄发现的同一时期遗址中发掘出的石器和陶器残片进行研究，认为这些遗址便是中国新石器时代文化遗址，并将其称为"仰韶文化"。安特生在《中华远古之文化》指出，仰韶文化是中国古代文化的前身。仰韶文化遗址从发现至今共经过三次有计划的发掘。其主要出土器物有石器、骨器、陶器、蚌器。用于农耕的石器有斧、铲、凿、锛等工具；用于狩猎的有石镞、弹丸、石饼等；用于纺织的有线坠、纺轮、骨针、骨锥等。当时人们的生活用具均为陶质，出土器中物有鼎、罐、碗、盆、钵、杯、瓮、缸等。特别引人注目的是陶器上精美的装饰图案，其纹饰有宽带纹、网纹、花瓣纹、鱼纹、弦纹和几何图形纹等。这些纹饰充分反映了古代劳动人民的聪明智慧和对生活美的追求。精美的彩陶是仰韶文化独具的特征。1994年，中国历史博物馆组织中国和美国、英国、日本等国的考古专家进行国际田野文物考察，在仰韶村附近的班村，发现了大量珍贵文物，其中最有价值的是数十斤5000年前的小米，说明中国农业发展具有悠久的历史。如今建造的仰韶文化博物馆，为人们了解和研究原始社会提供了直观的场所。

陕西省西安市附近的半坡村遗址，是仰韶文化的一个重要代表。半坡文化以房屋建筑为主，半坡人把他们的建筑分为房屋、窑厂和墓坑，他们用木材和草泥建成的房屋虽然简陋，但已经摆脱了漂泊无定、穴居洞藏的处境。半坡人的制陶技术相当成熟，氏族中不乏具有较高制陶技术和艺术水平的能工巧匠，他们制出的陶器，不仅是当时人们的生活必需品，而且在几千年后，仍是具有强大艺术感染力的作品。在这里出土的陶器品类很多，有钵、碗、盆、壶、杯、盘、罐、缸、釜、瓮等。其中的人面网纹陶盆，形象古朴生动，充分体现了半坡先民的审美情趣；而彩陶图案以红色为主，上面大多绘有丰富美丽的动物、几何花纹等图案，更是表现了当时人们日趋丰富的生活内容和源自生活的审美取向。制陶工具——陶轮的出现，则可以说是当时世界上最精密的一种手工机械，有的陶钵口沿刻有符号，可能是中国原始文字的起源。

马家窑遗址位于甘肃省临洮县城南马家窑村南面的麻峪沟口，它是黄河上游甘青地区新石器时代文化的首次发现，是仰韶文化向西发展的一种地方类型，因其首先发现于甘肃省临洮县的马家窑村，故名马家窑文化。马家窑文化的重要遗址有东乡林家、临洮马家窑、广河地巴坪，以及兰州的青岗岔、花寨子、土谷台、白道沟坪与永昌鸳鸯池和青海乐都柳湾等20多处。马家窑文化的村落遗址一般位于黄河及其支流两岸的台地上，接近水源、土壤发育良好。房屋多为半地穴式建筑、也有在平地上起建的，其墓葬随葬品在数量和质量上都存在着差别，而且越到晚期差别越大，这种贫富差别的增大，标志着原始社会逐步走向解体和中国文明曙光的来临，彩陶的发达是马家窑文化显著的特点，它的器型丰富多姿，图案极富于变化和绚丽多彩，出现了专门的制陶工匠师，已开始使用慢轮修坯，并利用转轮绘制同心圆纹、弦纹和平行线等纹饰，彩陶的绘制中以毛笔作为绘画工具、以线条作为造型手段、以黑色（同于墨）作为主要基调，奠定了中国画发展的历史基础与以线描为特征的基本形式。

仰韶文化时期，持续时间为距今约 5000 ~ 7000 年，属氏族公社时期，社会结构表现出一定的复杂性，在村落中已经按照血缘划分出不同层次的组织，人们也出现了显著的等级差别，并有祭祀活动。已经能够建造房屋，开展农业生产和渔猎活动，粟的种植也已经相当普及，人们还会饲养家畜。

如果把仰韶文化时期看做是黄河文化的第一个繁荣时期，那么，处于枢纽位置的黄河中游就宛如一个熔炉，在它的影响下，分布在广大黄河流域的原始居民，在人类社会早期的经济活动和意识形态上表现出令人惊讶的一致性。

二、如歌岁月的龙山文化

继仰韶文化而起的龙山文化遗址广泛分布在黄河中下游，早期以河南省三门峡庙底沟遗址为代表，晚期在晋、陕、鲁、豫均有表现，其中典型的遗址有河南的黑堌堆遗址、山东的城子崖遗址、河北尚县遗址等。龙山文化遗址有许多薄、硬、光、黑的陶器，尤其是蛋壳黑陶最具特色，表面光亮如漆，是中国制陶史上的顶峰时期，所以也有人称它为"黑陶文化"。龙山文化时期，黄河流域的氏族部落开始由母系氏族公社时期进入父系氏族公社时期，龙山文化是中国原始社会迈向文明时代的历史标志。

1928 年的春天，考古学家吴金鼎在山东省济南市章丘附近发现了一处深埋在黄土中的新时期时代遗址，这就是后来举世闻名的城子崖遗址，因遗址隔阂相望就是龙山镇，于是被命名为"龙山文化"。而与它同时期的河南、陕西、山西的文化遗址则分别被命名为"河南龙山文化""陕西龙山文化""山西龙山文化"。

龙山文化时期的生产较仰韶文化时期有了较大进步，黄河流域以粟为主的原始农业空前发展，种植面积和产量都有了较大提高。农业在山东龙山文化经济生活中占据主导地位，形成了以种植业为主、家畜饲养业为辅的综合经济。人们过着定居生活，农作物种植的种类有所增加，除种植粟黍外，还种植小麦、水稻，以及油菜、白菜等蔬菜。在山东胶县三里河遗址中，就发现一个面积约为4平方米、深约1.4米的窖穴内藏有的已经碳化的1立方米多的粟，1980年秋在栖霞杨家圈遗址龙山文化灰坑中也发现过粟、黍和稻谷的痕迹。生产工具也得到改进，出现了耒、石镰、蚌镰。制陶、制玉等手工业生产开始专门化，陶轮被普遍使用，这一时期的陶器以灰陶为主，山东龙山文化中的蛋壳黑陶造型优美典雅、薄如蛋壳，代表了当时制陶工艺的最高水平。建筑营造技术也有了巨大的进步，已经大量使用土坯砌墙，用石灰涂抹墙壁和地面新技术。有的房屋有夯土台基。夯筑技术的广泛应用，为营建大规模的城堡奠定了技术基础。水井被普遍应用，开辟了新的水源，方便了人民的生产和生活，减少了对江河湖泊的依赖，人们可以离开河旁、湖畔，到广阔的平原上去定居生活，从事农业生产。

社会经济的发展和变化，给龙山文化时期的氏族社会带来了深刻的变化，私有制产生，贫富分化加剧，出现祭祀和占卜，母权制让位给父权制，进入父系社会。这是原始社会的尾声，人类社会的发展距离阶级社会只有一步之遥了。

黄河流域的远古文化遗存，像一部史书，记载了我国远古人类活动的历史。那一处处人类遗迹，宛如一幅幅画卷，述说着中华民族的先民们在漫长历史岁月里艰难的繁衍生息，在劳动中推动着人类的进化和文化的发展。

第二节　中原文化与河洛文化

一、中华文化之源——中原文化

在中华文明的数千年演进历程中，在黄河流域的中原文化和河洛文化，一直是中国传统文化的源泉和主流，在华夏文明史上占有十分重要的地位。

中原文化作为中华文化的重要源头和核心组成部分，其历史最悠久、辐射力最强、最富有代表性，内容十分丰富。中原文化最早可追溯至公元前约6000年至公元前约3000年的中国新石器时代，它是以中原为基础的物质文化和精神文化的总称，而在中国历史上，中原一直是中国的政治、经济、文化中心，而中原文化，在某种程度上就代表着中国传统文化。根据《辞源》解释：狭义的中原，指今河南一带。广义的中原，指黄河中下游地区，中原文化是以黄河中下游地区为腹地逐渐形成并向外辐射的广大区域。

中原文化具有很强的祖根性，在整个中华文明体系中具有发端和母体的地位。无论是口头相传的史前文明，还是有文字记载以来的文明肇造，都充分体现了这一点。从"盘古开天"的神话传说到"三皇五帝"的人文传说，都在中原地带。考古上，对早期的裴李岗文化、仰韶文化、龙山文化和二里头文化的发掘，中原的核心河南省有大量遗址遗物，尤其是1977年在河南新郑裴李岗发现的裴李岗文化，时间距今约有8000年，将我国农业文明往前推进了1000年。夏、商、周三代，被视为中华文明的根源，同样发端于河南。儒、道、墨、法等各个流派，也是在春秋战国时期中原地带逐渐形成的，根都在中原。中原还是中华民族的姓氏根。据姓氏专家研究考证：中国56个民族，有11890多个姓，可查的就有8000多个，其中有较大影响的占400多个。在400多个有影响的姓氏中，其起源在河南的有232个。其中100个大姓中有77个姓氏起源于河南，或部分源头在河南。

中原文化具有原创性和创造性。中原人民在历史长河中，依据自己的生存方式，创造了独特的文化。《周易》中："天行健，君子以自强不息"，"地势坤，君子以厚德载物"，形象地形容了中原人民的精神。从燧人氏的钻木取火到嫘祖教民养蚕缫丝做衣，从居山洞到建造房屋城郭，从狩猎捕鱼到农耕种植，从结绳记事到汉字传播，从黄帝置百官到秦设郡县制，从以石器为材到铜铁的使用，以至天文、历法、医药等先进文化的发明和应用，无不显示着中原人民的创造力和中原文化对整个中华文明体系构建的创造，在中国历史乃至世界历史上占据举足轻重的地位。在整个文化过程中，可谓圣贤名流辈出，如谋圣姜太公、道圣老子、墨圣墨子、商圣范蠡、医圣张仲景、科圣张衡、字圣许慎、诗圣杜甫、画圣吴道子、律圣朱载堉等，思想家、哲学家、政治家、军事家、科学家、文学家等不计其数，在二十四史中立传的历史人物5700余人，其中仅河南籍的历史名人为912人。科技发达，被称为四大发明的指南针、造纸术、火药和活字印刷术均发轫于中原。

延续性是中原文化的另一个重要特征。中原文化绵延8000年之久，在漫长的历史演变过程中，中原文化始终自成体系，虽经历了时盛时衰，但始终没有中断。从裴李岗文化、仰韶文化、龙山文化、夏商周文化，以至于秦汉及其以后，历朝历代始终延续发展。虽然也屡次遭到北方游牧民族的军事冲击，如春秋以前的"南蛮与北夷交侵"，十六国时期的"五胡乱华"等，这些勇猛剽悍的游牧民族甚至多次建立起强有力的统治政权，但在文化方面，却总是自觉不自觉地被以华夏农耕文化为代表的中原文化所同化。而我国别的地区出现的文化，很多都消散在历史长河之中，如在龙山时期出现的文化，海岱地区的龙山文化，其继承者是岳石文化，文化水平明显地衰退；我国东南地区最灿烂的一支文化——太湖地区的良渚文化，结果不知所终，而石家河文化最后融入中原龙山文化之内，在中原龙山文化的基础上，中原地区绵延不断，蓬勃发展。

中原文化具有极强的包容性和融合力。在长期的发展过程中，中原文化兼容并蓄，海纳百川，有机地吸取周边地区其他区域文化、民族文化的优长之处，在物质文化、制度文化和思想观念等方面不断升华。如传说中的黄帝时代，黄河流域多种文化并存，通过战争、通婚、联盟，使各部族之间不断融合。如传说中"龙"的出现就是包容的典型例证，闻一多先生在《神与诗·伏羲考》写道：蛇图腾兼并吸收了许多别的形形色色图腾，它接受了兽类的四脚、马的头、鹿的角、狗的爪、鱼的鳞和须……于是便成为我们现在知道的龙。"黄帝得六相而天下治，神明至。蚩尤明乎天道，故使为当时。"蚩尤是黄帝的敌人，黄帝战胜蚩尤后，并没有将其驱逐或杀绝，而是采取了兼容的态度，让他担任六相之首，黄帝族的兼容性为华夏族的形成打下了基础，历经尧、舜和夏、商、周三代，形成了多元一体格局的华夏族。再如，中原地区的大汶口文化是东夷的海岱民族和中原民族交往、融合的结果；郑州大河村遗址中出土的一些富有山东大汶口文化特征的陶器，说明中原文化那时就开始吸收周边文化成果，熔铸自己的文化。进入秦、汉以后，中原文化吸收外域文化的能力更强，且从来没有被外来文化所中断，正如孟子所说："吾闻用夏变夷者，未闻变于夷者也。"中原文化长期以来以明显的先进性多次"同化"以武力入主中原的北方游牧民族，反复上演出"征服者被征服"的史剧，在这一过程中，游牧人的骑射技术，边疆地区的物产、技艺，为中原文化提供了多方面的新鲜养料，从而增添了新的生命活力。

在漫长的历史长河中，中原文化具有超地域的特征。主要表现在：一是向国内各地辐射。如岭南文化、闽台文化以及客家文化，中原文化中的一些基本礼仪规范也常常被统治者编成统一的范本，向全国推广。二是向异域远播。秦汉以来，中原文化不仅影响了朝鲜、日本的古代文明，而且开辟了延续千年的丝绸之路，如唐朝时，周边国家的遣唐使，回国后都成了中原文化的传播者，从宋代开始，中原文化凭借当时最发达的航海技术，远播南亚、非洲各国，开辟了世界文明海路传播的新纪元,《马可·波罗游记》对当时和谐的东方国度的赞誉,至今还为人们所称道。

中原文化的特质决定了中原文化对于历史进程的推动,对于中华文明的形成,对于民族精神的塑造,对于经济社会的发展,都发挥了独特而重要的作用。中原文化的核心思想,如"大同""和合",成为中华文化的核心思想;中原文化的核心价值观,如礼义廉耻、仁爱忠信,成为中华民族的核心价值观;中原文化的重大民俗活动,如婚丧嫁娶、岁时节日等,成为中华民族的民俗活动。长期以来,中原文化以其先进的文化理想引领着东方文明的进程,"福祸相倚"的辩证思想,"以法为教"的法治思想,"兼爱互利"的社会和谐思想,"民为贵,社稷次之,君为轻"的治国思想,"上兵伐谋,其次伐交,其次伐兵,最下伐城"等军事思想等,至今仍闪烁着真理的光芒。

二、黄河文化的核心——河洛文化

河洛地区指黄河中游潼关至郑州区间黄河南岸的洛水、伊水及嵩山周围地区。河洛文化指产生在这一地区的区域性文化,其以洛阳盆地为中心,西至潼关、华阴,东至荥阳、开封,南至汝颍,北跨黄河至晋南、济源一带。河洛文化是中原文化为代表的黄河文明的核心和发祥地,它不仅直接影响到中原地区,向四周传播,还吸收齐鲁、秦晋、荆楚、燕赵文化的精华,成为中原文化的耀眼明珠。

古代的河洛地区气候温暖湿润,土地肥沃,河岸边,是最适合古人生活的地方,远古的人们在这里辛勤劳作,创造了灿烂文化。河洛地区是河南龙山文化的重要分布地区。早在旧石器时代,河洛地带的原始文化,就呈现出一种勃发的形势。而新石器时代就是传说中的三皇五帝时代,三皇五帝的传说都集中在河洛地带。文字的产生是人类古代社会进入文明时代最重要的标志,考古在河南舞阳贾湖遗址发现的8000年前原始文字,被学术界确认为是原始文字符号和数字符号的一个源头,在洛水中游的洛宁县长水,留有"仓颉造字"的传说,商代后期的甲骨文已是相当成熟的文字。河图洛书,数千年来被认为是中华传统文化的源头,是中国儒家经典来源,蕴含着中国哲学最古老的原创思想和高度智慧,并由此生发出了中国古代哲学、医学、天文、历算以及兵、刑、道、法等方面的重要内容。《易·系辞上》说:"河出图,洛出书,圣人则之",《论语》上讲:"凤鸟不至,河不出图","龙马负图,神龟贡书"是河图洛书最早的传说。

由于农牧生产的先进和手工业经济的发达,河洛地区率先进入奴隶制社会,河洛文化产生了质的飞跃,跨入了文明的门槛,奠定了中国古代文明发祥地地位。进而,中国最早的国家——夏王朝建立，在河洛地区出现了更为成熟的文字、城市、礼制和青铜器，标志着中华文明发展到了全新的阶段，之后"商都西亳""周都洛阳"，河洛地区文化更加发达。在一代代精英人士的不断努力下，儒、道、法、兵、纵横等诸多文化流派在河洛地区形成，并产生了《诗》《书》《易》《礼》《乐》《春秋》等特色的典籍，这些典籍被后人尊称为"修身、齐家、治国、平天下"和安身立命之经典。

河洛文化源远流长，博大精深，长期在中华文明体系中处于主流地位。河洛地区称为"天下之中"，传说时代，这里是黄帝、炎帝活动的主要地区。夏、商、周三代，其统治中心均在河洛地区，在此建都长达2000多年，成就了辉煌文明，尤其是西周时，周公营建洛邑、制礼作乐，形成了完备的制度与文化体系，对后世中国的思想文化、制度文化的发展奠定了坚实的基础。

先秦时期，河洛地区人文荟萃，老子、庄子、墨子、商鞅、韩非、苏秦等诸子在此著书立说，形成了"百家争鸣"，开创了中华学术史上的辉煌时代。东汉、曹魏、西晋、北魏相继以洛阳为国都，唐朝以洛阳为东都。几千年的建都历史，形成了具有极大影响的国都文化，奠定了河洛地区全国政治经济文化中心的地位，汉代经学、魏晋玄学、宋明理学以及与儒、释、道思想相融合的文化在河洛地带发迹发展，在中华文明发展史上具有十分重要的意义。宋元到明清时期，随着政治经济中心转移，河洛地区在文化上逐渐失去了中心地位，但河洛文化脉络未断，泽惠深远。

河洛文化具有强大的吸引、包容、凝聚的力量，不断兼容吸收古代周边地域文化、周边学术流派的精华，形成了独具特色的文化内涵。如孔子带领弟子在河洛游学期间，河洛文化就吸收了孔子带来的仁德为政、孝悌理论等新的文化基础。同时，河洛文化又不断向外辐射和渗透。如周朝的分封制度，几百年间，把大批在河洛地区成长并深谙周礼的人分封出去，这些人带去了先进的河洛文化，对封地内进行改革，从而使苗蛮、东夷、西戎等各部族华夏化。秦汉以后汉人逐渐外迁，与当地的民族交往融合，河洛文化不断向四周扩展，派生出诸多文化体系。如范围甚广的客家文化，就是河洛人到各地后，以河洛文化为祖根，吸收当地的优秀文化资源，融合而形成的文化，甚至有客家人移居世界各地之后，汲取了当地的民族文化精华和西方文明，创造了具有国际性特点的海外客家文化，河洛文化也随之广泛传播于世界各地。

在中国数千年的历史发展过程中，河洛文化所倡导的大一统思想一直深入人心，人们反对分裂，维护国家统一强大。从秦王朝的统一六国，到三国归晋，从隋朝对南北朝长期分裂局面的结束，到清王朝收复台湾使国家完整统一，无不显示着河洛文化所倡导的大一统思想坚如磐石的凝聚力。爱国主义精神是河洛文化的另一表现形式。每当民族矛盾尖锐、国家危难之际，爱国将领、民族英雄应运而生。如唐朝著名的爱国诗人杜甫、南宋的岳飞、明末的史可法，等等。河洛文化还提倡厚德载物的人道主义精神，如正直、宏大、仁义，作为中华民族中的文化精神，成为中华民族的精神财富。

"若问古今兴废事，请君只看洛阳城。"河洛文化的生命力、辐射力、同化力及其根源性、厚重性、融合性等，充分反映了中华文化的精宏和伟大。认识河洛文化，对于探寻华夏文明之源，弘扬传统文化，增进民族文化认同感，加强民族凝聚力，具有深远的意义。

第三节　人文始祖与圣贤时代

一、关于三皇的传说

三皇五帝是中国在夏朝以前出现在传说中的"帝王"，是中华上古杰出首领的代表。"三皇五帝"之说起于战国，语见《周礼·春官》："外史掌三皇五帝之书。"从三皇时代到五帝时代，属中国上古时期，距今久远，少有文字实物资料流传，主要靠传说流传至今。

传说盘古开天辟地以后，由于三皇五帝的出现，推动人类走向了新的时代，三皇五帝率领民众开创了上古中华文明，后人为了表示对祖先的尊敬和缅怀，把他们奉为神灵，以各种美丽的神话传说来宣扬他们的英雄业绩，同时以口传历史来记录。

"三皇五帝"的所指有不同的说法。对"三皇"的解释有六种：一曰伏羲，神农，黄帝（孔安国伪《尚书·序》）。二曰天皇，地皇，泰皇（西汉司马迁《史记·秦始皇本纪》）。三曰伏羲，神农，祝融（东汉班固《白虎通》）。四曰伏羲，女娲，神农（东汉应劭《风俗通·皇霸篇》）。五曰天皇，地皇，人皇（唐司马贞《三皇本纪》）。六曰燧人，伏羲，神农（东汉应劭《风俗通》引《礼纬·含文嘉》）。各种说法不一，但不可否认的是，他们都在远古文明发展中起到了巨大作用，具有重大的意义和影响，以《尚书》影响力及推广力之大，史籍承用此说最多，即以伏羲、神农、黄帝为"三皇"。

伏羲，又称宓羲、庖牺、包牺、伏戏或牺皇、皇羲及太昊等，是中华民族敬仰的人文始祖，居三皇之首。伏羲生于陇西成纪（今甘肃天水），传说中，他的出生具有相当的神话色彩。据传上古时代，华胥国有个叫"华胥氏"的姑娘，到一个叫雷泽的地方去游玩，偶尔看到了一个巨大的脚印，便好奇地踩了一下，于是就有了身孕，怀孕十二年后生下一个儿子，这个儿子有蛇的身体、人的脑袋，取名为伏羲。伏羲团结统一了华夏各个部落，定都于陈宛丘（今河南淮阳），风姓是中国传说时代伏羲的姓。伏羲取蟒蛇的身，鳄鱼的头，雄鹿的角，猛虎的眼，红鲤的鳞，巨蜥的腿，苍鹰的爪，白鲨的尾，长须鲸的须，创立了中华民族的龙图腾，龙的传人由此而来。

伏羲仰观天上的云彩、雨雪、雷闪，看地上刮大风、起大雾，又观察飞鸟走兽，根据天地间阴阳变化之理，创造了八卦，以八种简单却寓意深刻的符号来概括天地之间的万事万物，这是中国最早的计数文字，是一组代表自然界天地水火山川雷电的象形文字，也是中国文字的起源，结束了"结绳记事"的历史。而其中所蕴含的博大精深的文化内涵，成为古代东方哲学的标志，并吸引着国内外无数学者探索和研究。

据史载，伏羲还模仿自然界中的蜘蛛结网而制成网，并教人们织网捕鱼打猎，从而使人类原始的狩猎状态进入到初级的畜牧业生产；他制定了婚嫁制度，创造了历法，发明了乐器，教会人们制作和食用熟食，结束了人类身披树叶，茹毛饮血的野性状态。

随着部落的兼并和迁徙，伏羲所创立和倡导的古代文明沿渭水到黄河流域，与其他民族相融合，形成了以炎黄部落为核心，以伏羲文化为本体的华夏民族。因为伏羲人面蛇身而崇奉的蛇图腾，也由黄土高原蔓延到中原大地，演变成为龙图腾，成为中华民族的象征。伏羲因此成了全世界华人的始祖。如今，每年在农历二月初二到三月初三周口淮阳举办的人文始祖祭祀活动，绵延千年历久不衰，每年都有世界各地几百万人涌向淮阳县太昊陵庙朝圣伏羲。

神农氏生于姜水（今陕西宝鸡境内），为上古时期姜姓部落首领，传说是其母亲有蟜氏安登，在伊川游玩时看到此地巨大的天然神（石）龙首所感而生。神农氏长大后有盛德，发明农具以木制耒，教民种五谷，发展农业，尝百草，创中医中药，称为农业之神，故名曰"神农氏"。据司马贞《三皇本纪》载："神农氏，姜姓以火德王。母曰女登，女娲氏之女，感神龙而生，长于姜水，号历山，又曰烈山氏。"传说神农氏的肚皮是透明的，可以看见各种植物在肚子里的反应。因此他亲尝百草，以辨别药物作用。并以此撰写了人类最早的著作《神农本草经》，教人种植五谷、豢养家畜，使中国农业社会结构完成，神农氏的出现结束了一个时代。

关于神农氏的传说，最有名的当是其种五谷、尝百草的故事。这些神话传说反映了中国原始时代从采集、渔猎进步到农业生产阶段的情况。神农尝百草的神话，流传久远，至今不衰。传说，神农教给人们种植五谷，解决了粮食问题。但是人们还是经常生病，神农氏为"宣药疗疾"，救治人命，使百姓益寿延年，他跋山涉水，尝遍百草，了解百草平毒寒温之药性。在寻找治病解毒良药过程中，他历经磨难，还曾经"一日遇七十毒"，经过艰苦努力，识别了百草，发现了具有攻毒祛病、养生保健作用的中药。人们为了纪念他的恩德和功绩，奉他为药王神，并建药王庙四时祭祀。

轩辕氏黄帝被尊称为"华夏始祖"。炎帝、黄帝是起源于陕西省中部渭河流域的两个血缘相近的部落首领。后来，两部争夺领地，展开阪泉之战，黄帝打败了炎帝，两个部落渐渐融合成华夏族。

黄帝在位时间很久，国势强盛，政治安定，有许多发明和制作，如文字、音乐、历数、宫室、舟车、衣裳和指南车等。黄帝时期，最有名的传说，当是他与九黎族蚩尤之间的战争，涿鹿之战无疑是其中最具决定性的战役。相传黄帝即位的时候，有蚩尤兄弟81人，号称是神带的后裔，不服从黄帝的命令，残害黎庶，诛杀无辜。又制造兵杖刀戟大弩，与黄帝为敌。黄帝遂顺民意，征召各路诸侯兵马讨伐蚩尤。战争迁延了不少时日，也未能打败蚩尤。于是便派部下在天下访寻贤能。结果在海隅找到了风后，在泽边找到了力牧。黄帝以风后为相，力牧为将，开始大举进攻蚩尤。在涿鹿郊野，两军大战，经过激战，黄帝取得了最后胜利。涿鹿战争之后，华夏进入了一个新的历史时期。

二、关于五帝的传说

传说中，继"三皇"之后，出现了"五帝"时代。对"五帝"的解释，相关典籍中共有五种，这里以《尚书》记述为论，少昊、颛顼、帝喾、尧帝、舜帝为"五帝"。

少昊，又名少皞、少皓、少颢，相传是黄帝长子，是远古时华夏部落联盟的首领。传说少昊在少年时即被黄帝送到东夷部落联盟的最大部落凤鸿氏部落历练，并取凤鸿氏之女为妻，后来成为整个东夷部落的首领。东夷人崇拜鸟，少昊时代对鸟的崇拜达到登峰造极的程度，鸟也就成为他们的崇拜图腾。少昊国是凤凰的国度，少昊时期是凤文化繁荣鼎盛时期，凤文化和龙文化是华夏文化的两大支柱。

少昊先在东海之滨建立一个国家，后迁都曲阜，其所辖部族以鸟为名，有凤鸟氏、玄鸟氏、青鸟氏，共24个氏族，并建立了一套奇异的制度，形成一个庞大的以凤鸟为图腾的氏族部落社会。他以各种鸟的特点命名文武百官，具体如：凤凰总管百鸟，燕子掌管春天，伯劳掌管夏天，鹦雀掌管秋天，锦鸡掌管冬天。还有五种鸟管理日常事务：孝顺的鹁鸪掌管教育，凶猛的鸷鸟掌管军事，公平的布谷掌管建筑，威严的雄鹰掌管法律，善辩的斑鸠掌管言论；此外，还有九种扈鸟掌管农业，五种野鸡分别掌管木工、漆工、陶工、染工、皮工等五个工种。根据这些特点，部落各种人才物尽其用，各司其职，协调活动，而一国之君少昊论功行赏，论过行罚。可见，少昊的智能和才华在此体现得淋漓尽致。

颛顼，姓姬，本名乾荒，黄帝次子昌意的儿子，居帝丘（今河南濮阳县），号高阳氏，为华夏杰出先祖之一。颛顼生于穷蝉，是舜的高祖。据说他在位七十八年，九十八岁逝世，葬于濮阳。

关于共工氏和颛顼争夺帝位，怒撞不周山的传说，流传久远。共工氏是颛顼时期另一个部族的首领，活动在太行山东麓冀州一带。共工氏勇猛彪悍，欲霸九州，要与颛顼争夺帝位，于是对颛顼部落发动战争。双方大战于澶渊（今河南濮阳西），颛顼足智多谋，沉着应战，利用神箭手羿作为先锋，经过激烈战斗，终于打败了共工氏，共工氏逃到大西北（现宁夏），怒触不周山而死，颛顼即统一华夏。

颛顼是一位有文治之功的帝王，他即位后，创制九州，使中国首次有了版图界线；建立统治机构，定婚姻，制嫁娶，研究男女有别，长幼有序；改革甲历，定下四季。颛顼在位期间还进行了一次重要的宗教改革，相传被黄帝征服的九黎族，当时信奉巫教，杂拜鬼神。颛顼禁绝巫教，强令他们顺从黄帝族的教化，促进了族群之间的融合。

帝喾，姬姓，名俊，出生于高辛（今河南商丘睢阳区高辛镇），黄帝的曾孙，是上古时期一位著名的部族联盟首领。相传帝喾从小聪明好学，德行高尚，聪明能干，十二三岁便有盛名，十五岁时，被堂叔父帝颛顼选为助手，因有功受封为辛侯，三十岁受禅即位，以亳（今河南商丘）为都城，号高辛氏，被商族认为是其第一位先祖。

帝喾即位后，科学探索天象，物候变化规律，划分四时节令，指导人们按照节令从事农畜活动，极大地促进了社会生产力的发展。使华夏农业出现一次伟大的革命，也让农耕文明走进了一个崭新的时代。帝喾以仁爱治国，生活俭朴；广施恩惠、仁爱、讲究信誉，了解民间的疾苦，对天下人都平等对待。同时，他遵循自然规律，又恭敬地祭祀天地鬼神，祈求神灵降福万民，在他的治理下，社会富足，人民安居乐业，因此深受百姓的爱戴。帝喾知人善任，他选拔射箭技术天下无双的羿担任射官，赐给他彤弓和蒿矢，当白难反叛时，羿也不负帝喾深望，一举将其平定。咸黑、柞卜长于音乐和制作乐器，帝喾命他们为乐官，终于创作出《九招》之乐和鼙鼓、笭、管、埙、帘等新乐器。

对此，司马迁在《史记》中感叹道："高辛生而神灵，自言其名。普施利物，不於其身。聪以知远，明以察微。顺天之义，知民之急。仁而威，惠而信，脩身而天下服。取地之财而节用之，抚教万民而利诲之，历日月而迎送之，明鬼神而敬事之。其色郁郁，其德巍巍。其动也时，其服也士。帝喾溉执中而遍天下，日月所照，风雨所至，莫不从服。"

尧帝，姓尹祁，号放勋，帝喾之子，十三岁封于陶地，十五岁改封于唐地，故称"唐尧"。唐尧建唐国初都太原，当地的志书、碑石多有记载，后沿着汾河南流的方向继续迁徙，最终落脚于今日的临汾盆地——平阳。

尧生活简朴，吃粗米饭，喝野菜汤，非常勤政，传说"谏言之鼓""诽谤之木"就是从这时开始出现的。为了时刻倾听民众的意见，在简陋的宫门前设了一张"欲谏之鼓"，天下百姓只要对他或国家有意见或建议，随时可以击打这面鼓，尧听到鼓声，立刻接见，认真听取来人的意见。为方便民众找到朝廷，他还让人在交通要道设立"诽谤之木"，即埋上一根木柱，木柱旁有人看守，民众有意见，或发现他的过错，可以向看守人陈述，如来人愿去朝廷，看守人会给予指引。由于能时刻听到民众的意见，尧对百姓的疾苦就非常了解，民众也对尧非常爱戴，《史记》说：尧帝"其仁如天，其知如神，就之如日，望之如云"。他还命羲氏、和氏测定推求历法，制定四时成岁，为百姓颁授农耕时令。测定出了春分、夏至、秋分、冬至。

尧非常重视人才的使用，常常深入穷乡僻壤，到山野之间寻查细访，求贤问道，察访政治得失，选用贤才。尧最为人们称道的是让贤，不以天子之位为私有，到年老时，由四岳十二牧推举部落联盟军事首长继承人，大家一致推荐舜。尧帝对他经过长期考察，最后禅让于舜。

舜帝，姓姚又姓妫，号有虞氏，故称虞舜。治都在蒲阪（今山西省运城市永济）。相传舜以孝行而闻名，《二十四孝》中第一孝就是舜的故事。舜帝从小受父亲瞽叟、后母和后母所生之子象的迫害，屡经磨难，但他仍和善相对，孝敬父母，爱护异母弟弟，故深得百姓赞誉。

舜曾辛勤耕稼于历山，渔猎于雷泽（今山东菏泽），在黄河之滨烧制陶器，在寿丘（今山东曲阜）制作日用杂品，在顿丘（今河南浚县）、负夏（今山东兖州）一带经商做生意。因品德高尚，民间威望很高。他在历山耕田，当地人不再争田界，互相很谦让。人们都愿意靠近他居住，两三年即聚集成一个村落。时尧年事已高，欲选继承人，经过一致推举，选择了舜，于是，尧分别将自己的两个女儿娥皇、女英嫁给舜，让九名男子侍奉于舜的左右，以观其德；又让舜职掌五典、管理百官、负责迎宾礼仪，以观其能。尧去世后，舜即位。他选贤任能，举用"八恺""八元"等治理民事，放逐"四凶"，任命禹治水，完成了尧未完成的盛业。《尧典》曾记载，舜知人善任选用贤能，任命了许多官职：命禹作司空，主平水土；命弃作后稷，主管农业；命契作司徒，主管五教；命皋陶管理五刑等。

传说舜巡狩四方，整顿礼制，减轻刑罚，统一度量衡。要求人民"行厚德，远佞人"，"以夔为典乐，教稚子，直而温，宽而栗，刚而毋虐，简而毋傲"，孝敬父母，和睦邻里。在其治理下，政教大行，八方宾服，开创了上古时期政通人和的局面。因而《史记》称"天下明德，皆自虞帝始"。舜帝是道德文化的鼻祖。舜帝文化精神之魂可称为"德为先，重教化"，被视为人类由野蛮走向文明的历史转折。总之，以农耕文化为内涵的炎帝文化，以政体文化为内涵的黄帝文化，以道德文化为内涵的舜文化，共同构成了中华文化的三座里程碑。

三、千古传颂的禅让故事

"禅让"制度，是中国古代以传贤为宗旨的民主选举首领制度，尧帝开创了帝王禅让之先河，禅让给舜，舜把帝王又禅让给了禹。尧舜禹禅让被千古传颂，很多古籍都有记载。

我国原始社会后期，生产力落后，生存环境恶劣。据《尚书·尧典》篇记载："汤汤洪水方割，荡荡怀山襄陵，浩浩滔天。下民其咨"；《孟子·滕文公上》写道："当尧之时，天下犹未平，洪水横流，泛滥于天下。草木畅茂，禽兽繁殖，五谷不登，禽兽逼人。兽蹄鸟迹之道，交于中国"，可见当时水灾的严重。于是尧先后命共工、鲧治水，舜时期，又命禹去治水。禹用疏导的方法，把水引入大海，才最终战胜了洪水。尧舜禹时期的洪水很可能就是指黄河在下游地段屡屡改道，河水泛滥成灾，给中原地区居民带来了巨大的灾难和威胁。同时，部落之间战争不断，史书也有记载尧攻打苗蛮的传说："尧南攻占于丹水之浦，无结果；舜南征苗蛮，'道死苍梧'"。夏禹王权确立后，大举南攻，才征服了苗蛮。在这种特定的历史背景下，中原地区居民若要生存和发展，除协力消除水患外，还必须共同抵御周围部族的进犯，长期处于较为激烈的对抗状态。因此人们需要选出贤能公正的人当首领，以抵御外来的侵袭，进行生产劳动和平均分配食物。

尧在位期间，德高望重，使邦族之间团结如一家，海内政治清明，得到人民的爱戴，最后禅位于舜，而被人们广为称道。舜即位后，没有辜负尧的期望，他励精图治，在政治上选贤任能，加强了对地方上的统治，明功绩，定赏罚，让人们心悦诚服。同时勤劳俭朴，跟老百姓一样劳动。通过一番治理，呈现出前所未有的清平局面，"四海之内咸戴帝舜之功"。

舜帝时，全国范围内的洪水依然泛滥成灾，而受尧之命治水的鲧，治理九年未见成效。于是，舜把治水无功的鲧流放到羽山，改用鲧的儿子禹担任司空，治理水土。

禹又称大禹、夏禹、伯禹，据传姓姒氏。禹接到命令后，立即与益和后稷一起，召集百姓前来协助，他视察河道，并检讨鲧治水失败的原因，他总结了其父鲧以筑堤堵水而遭失败的教训，采用了疏导的方法,"导河积石""岷山导江""导淮自桐柏"等,引全国主要河流入海,孟子所称的"疏九河,瀹济、漯而注诸海,决汝汉,排淮泗而注之江",就是说分导水流以分其量,疏睿河以安其势之法。我国古籍如《尚书》《诗经》《礼记》《论语》《孟子》等,都记载有禹的传说。《尚书·禹贡》记载了禹治平洪水,定天下九州的故事。

禹治水在外十三年,期间,栉风沐雨,餐风露宿,翻山越岭,淌河过川,测地势、树标杆、划水道,逢山开山,遇洼筑堤,为的就是把平地的积水导入江河,再引入海洋,早日治理好水患,以至于整天泡在泥水之中,过家门而不入。《国语·周语下》称其:"高高下下,疏川导滞,钟水丰物,封崇九山,决汩九川,陂障九泽,丰殖九薮,汩越九原,宅居九隩,合通四海"。《墨子·天下》说他:"亲操橐耜而九杂天下之川,腓无胈,胫无毛,沐甚雨,栉疾风,置万国"。《史记·夏本纪》记载道:"劳身焦思,居外十三年,过家门不敢入。薄衣食,致孝于鬼神。卑宫室,致费于沟淢。陆行乘车,水行乘舟,泥行乘橇,山行乘檋"。经过其前后十三年不断的努力,终于取得了成功,消除了中原洪水泛滥的灾祸,人民得以安居乐业。这就是人们广为传颂的大禹治水的故事,大禹因此被称为上古时期伟大的治水英雄。

舜帝三十三年时,也采取尧的办法,把天子位禅让给治水有功的禹。17年以后,舜在南巡中逝世。史载,舜帝去世三年,治丧结束后,禹避居在阳城,将帝位让给舜的儿子商均("禹亦乃让舜子,如舜让尧子"),但天下的诸侯都离开商均去朝见禹王。于是,在诸侯的拥戴下,禹正式即位,居住在阳城,国号夏,改定历日称为夏历,以建寅之月为正月。

大禹的重大功绩不仅在于治理洪水,发展国家生产,使人民安居乐业,更重要的是结束中国原始社会部落联盟的社会组织形态,创造了"国家"这一新型的社会政治形态,禹成为中国第一个王朝夏的开国之君。大禹时期,由于洪水得到治理,生产力发展,人们生活水平提高,导致生产资料的私有化加剧,结果就是阶级的分化,原始社会的瓦解,奴隶制的形成,禹也从部落联盟的首领转变为奴隶制国王。夏建立后,大禹在阳城东南的涂山召开诸侯大会,这次涂山之会被认为是中国夏王朝建立的标志性事件。禹即位后,得益于在治水的过程中,走遍天下,充分了解了各地的地形、习俗、物产等,重新将天下规划为九个州,并制定了各州的贡物品种,还规定:天子帝畿以外五百里的地区叫甸服,再外五百里叫侯服,再外五百里叫绥服,再外五百里叫要服,最外五百里叫荒服。甸、侯、绥三服,进纳不同的物品或负担不同的劳务。

禹继位后,举皋陶为继承人,皋陶早亡,又以伯益为继承人。禹在浙江会稽去世后,其儿子启通过武力击败伯益后继位。自此,原始社会结束,开始了奴隶社会。中国社会开始了家天下的世袭制历史。

其实，传说中的尧舜禹之间并不存在所谓的君臣关系，也不是统一的中央王朝中依次继位的君主。他们所代表的部族各有其历史渊源，经历了漫长的发展过程，先后在中原地区的晋南、豫东和豫西建立起几个早期城市国家，应属于平等的联盟关系，在这种平等式的联盟体内，最高首领之位的终身制和世袭制显然是无法实现的。尧舜禹禅让可能就是的集团联盟时，为了协调各集团的关系、维系联盟体的存续而采取的一种领袖和政权的诞生与更替方式。这也是尧舜禹禅让故事发生的社会基础。但这一基础却十分脆弱和不稳定。一旦外部环境有所变化或内部力量对比失衡，这种基础必然会被打破。

当基于黄河水患以及苗蛮集团北上威胁的消除、中原地区局势得以稳定时，而夏禹又在治水的过程中扩大了夏后氏集团的影响和势力，联盟体内力量对比的均衡态势便被打破了，禅让制存在的社会基础不复存在，夏禹父子便开启了废除禅让制、开始世袭制这一历史。当然，长时期的联盟机制，使各部落之间相互间的敌对心理和敌对行为大为减弱，并逐渐形成了较为统一的思想观念，也为禹、启能够比较顺利地实现这一重大政治变革奠定了基础和条件。

第三章 黄河与中国社会发展

黄河历史上洪水灾害频繁，为治理黄河水害，历代先人进行了艰难的探索。同时，流域人口密集，资源丰富，经济发达，在很长历史时期内，社会发展水平居于全国前沿，有力引领了中国社会的持续发展。

第一节 黄河洪灾与治理

一、黄河洪水灾害及其成因

历史上，黄河曾是一条桀骜不驯的河流，以"善淤、善决、善徙"著称于世。从周定王五年（公元前602年）到中华民国27年（1938年）的2540年间，黄河下游共决口1593次，改道26次，"三年两决口，百年一改道"，因此被称为"中华民族之忧患"。

黄河洪水灾情重、范围广。洪灾波及范围北达天津，南抵江淮，包括冀、鲁、豫、皖、苏5省，纵横25万平方公里。如汉武帝元光三年（公元前132年），河决濮阳瓠子堤，"东南注巨野，通于淮泗"，有16郡被淹，并导致黄河发生大的改道。宋太平兴国八年（983年）五月，黄河在今滑县境内决口，"泛澶、濮、曹、济诸州民田，坏居人庐舍"。"夏及秋，开封、浚仪、酸枣、阳武、封丘、长垣、中牟、尉氏、襄邑、雍丘等县，河水害民田"。明成化十四年（1478年），"南北直隶、山东、河南等处，五月以后骤雨连绵河水泛涨，平陆成川，禾稼漂没，人畜漂流，死者不可胜计"。清乾隆二十六年（1761年），黄河在中牟杨桥决口夺溜，由贾鲁河、惠济河分道入淮，使河南、山东、安徽3省的28个州县被淹。民国22年（1933年）8月，河南温县、武陟、长垣、兰封、考城5县决口50多处，淹及当时的河南、山东、河北、江苏4省67县，受灾面积达1.1万平方公里，364万人遭灾，1.8万人死亡。

历史上黄河除自然决口外，还常因以水代兵造成毁灭性灾害。如明崇祯十五年（1642年），闯王李自成率农民起义军采取"长期围困，围点打援"的作战方针，攻打中原重镇开封城。在持续围困100多天后，当时开封城内的明朝将领周王恭枵、巡抚高名衡、推官黄澍等人密谋策划水淹闯王军，在朱家寨（今开封黑岗口）扒决黄河大堤。滔滔洪水直灌开封城，全城37万居民淹死34万，造成全城覆没的历史悲剧。

抗战时期，国民党当局为了阻止日军西进步伐，于1938年6月下令扒开花园口黄河大堤。咆哮的洪水吞噬了无数生命，沃野良田尽成泽国，河南、安徽、江苏等3省44个县市1250多万人受灾，89万人死于非命，造成了广大的黄泛区，导致了一场空前的大浩劫。

究其黄河洪患严重的原因，主要有以下三个：

一是黄河来沙众多，下游河道淤积严重，难以防守。黄河上中游流经黄土高原水土流失区面积达45.4万平方公里。区内沟深坡陡，土质疏松，气候干旱，但暴雨集中。一遇暴雨，大量泥沙由沟壑、支流进入黄河，干流实测最大含沙量达941公斤每立方米。中游河段多为峡谷，比降大，挟沙能力强，进入地势开阔的下游后，比降渐缓，挟沙能力逐步降低，这种输沙能力上大下小的不平衡状况，使得大量泥沙沉积在河道里，导致河床不断抬高，久而久之，形成河床高于两岸的地上悬河。人们为了发展生产和生活安定，力图限制河道摆动范围，从"壅防百川"到"疏川导滞"，逐渐形成了堤防。堤防在缩小灾害损失的同时，也缩小了河道堆沙的范围，进一步加快了堆积速度和摆动频率。泥沙淤积，河床抬高，是黄河灾害频繁的直接原因，也是黄河难以治理的症结所在。

二是黄河水沙异源。黄河60%的水量来自兰州以上，90%以上的泥沙主要来自河口镇至龙门区间与泾河、北洛河及渭河上游地区。全年60%的水量和80%的泥沙量集中来自汛期，汛期又主要集中来自几场暴雨洪水。这种水少沙多，水、沙分布的集中性，给开发利用黄河水资源和下游防洪增加了很大的难度。在黄河洪水集中爆发的7—9月，也是历史上决溢灾害发生最多、最重的时期。

三是历史上治河，在治河方略上，限于当时的生产水平和技术条件，突出表现为头痛医头，脚痛医脚，上中下游难以统筹兼顾。不同地域和利益集团出于本位利益考虑，疏于治理，延误战机。如黄河在濮阳瓠子决口后，汉武帝当即命大臣汲黯和郑当时主持堵口，但因水势凶猛，堵而复决。此后，在丞相田蚡的阻挠下，未再堵塞，致使黄河泛滥达20余年之久。西汉元封二年（公元前109年）汉武帝派汲仁、郭昌率数万军民再次堵塞决口，并亲临现场指挥，取得成功。西汉末年，黄河先是在魏郡（今南乐县一带）以东决口泛滥，接着在今郑州河段发生剧烈变化，河道大幅度南滚，以至于进一步发展成黄河、济水、汴水各支派乱流的险恶局面。进入东汉后，黄河下游的灾患不仅没有减轻，而且更加恶化，黄河、淮河间数十个县被淹。面对如此严重的黄河灾患，光武帝刘秀曾一度有意治理，但因当时尚处于战后的恢复期而作罢。明帝执政后，在泛区民众的纷纷指责下，也酝酿要治理，因意见不统一，一时拿不定主意而未能及时动手。直到东汉永平十二年（公元69年）才决定修治，并依照王景陈述的意见，开始了一场大规模的治理活动。

再如宋庆历八年（1048年）河决澶州商胡，尽管朝廷特别重视，下了很大力气，并三次回河，但始终未获成功。究其原因，重要的一条是统治者片面地从防契丹出发，执意要逆水之性，强使回河而至。

元代的贾鲁堵口也极具代表性。贾鲁治河虽然赢得了当权者的大力支持，但反对方却认为他是在拿朝廷的命运做抵押。早在讨论堵塞白茅决口时，反对者就明确指出："济宁、曹、郓（今山东省济宁、菏泽等地），连岁饥馑，民不聊生。若聚二十万人于此地，恐后日之忧，又有重于河患者。"意思就是害怕聚众兴工，会引起农民起义。结果不幸而被言中。"休道石人一只眼，挑动黄河天下反。"参加此次堵口的河工们因不满统治者的沉重压迫，借机起义，引发了规模浩大的元末红巾大起义，直至元朝灭亡。

二、艰难的治河历程

黄河是一条多泥沙河流，黄河下游是一个强烈堆积型的河道。它有着与一般河流不同的特点和规律，在治理上也有着特殊的复杂性和艰巨性。为认识和掌握这些规律，古人对黄河治理方略经历了长期的实践和不懈探索。

有学者将黄河治理方略的发展划分为三个阶段：第一阶段为大禹治水到春秋末期（公元前476年前后），这一时期的治理方略以疏导和分流为主；第二阶段是从战国到明代后期（16世纪中叶），为分流治理到合流治理的过渡阶段，主要措施是筑堤和分流并用或交替使用；第三阶段是从明代后期到新中国成立，是以筑堤合流、束水攻沙为主的治理阶段。

1. 疏导和分流为主的治理阶段

夏以前，黄河自然流淌，含沙量较小，洪水灾害时有发生。如在尧舜时代，有许多大水成灾的传说。据《尚书·尧典》记载，"汤汤洪水方割，荡荡怀山襄陵，浩浩滔天。下民其咨"；《尚书·益稷》记载，"洪水滔天，浩浩怀山襄陵，下民昏垫"；《孟子·滕文公》记载，"尧之时，天下未平，洪水横流，泛滥于天下，草木畅茂，禽兽繁殖，五谷不登，禽兽逼人，兽蹄鸟迹之道，交于中国"。以上所描绘的都是尧舜时期洪水横流的凄惨景象，并深深刻印在人们的记忆里，代代相传。由于洪水大面积漫溢，山包、丘陵被洪水包围成了一个个孤岛，鸟兽虫蛇也都集中在人们居住的高地之上，人们充满了忧虑和无奈。发生这样的洪水有两种可能的情况：一是长时间的暴雨洪水，致使水位居高不下；二是没有泄水通道或排泄不畅。譬如洪水在高水位时漫入低洼地带，洪水回落后积水无法排出；或者山体崩塌堵塞河道，造成水位持续上升等等。尽管当时的降雨量比今天要大，但根据中国北方降雨的特点，第一种情况基本可以排除，当时的洪水灾害主要是排水不畅造成的。大禹之前通常的治水方法是围堵。共工"壅防百川，堕高堙庳"，取得了治水的成功。然而，这种方法只是一种局部的防洪措施。传说中修筑的"九仞之城"，不过是堵塞串沟或保护部落的围堰而已。鲧治水时沿袭了共工的办法修筑防水围堰，治水9年非但没有成效，反而造成了巨大的损失。大禹治水接受了鲧的教训，从更广阔的范围审视洪水成灾的原因，顺应水流的自然规律采取以疏导为主的治理方略。《尚书·益稷》载："禹曰：予决九川，距四海，浚畎浍距川"。大禹说，我的治水方法就是疏浚河道使它流入大海。疏通田间的大小沟洫使它进入河道，这种在今天看来并不复杂的治理方法，却成就了大禹的旷世伟业。经过13年的努力，他疏通了河道，沟通了黄河与济水、漯水的联系，实现分流入海。他还引导河流进入湖泊，并对湖泽的低洼缺口进行堵塞。于是，"九川既疏，九泽既洒，诸夏艾安，功施于三代"（《史记·河渠书》）。也就是说河道得到疏通，湖泽得到治理，华夏实现安流，使夏、商、周三代都受惠于他的功德。

分析夏、商、周1000多年间黄河长期安流的原因：①河道径流丰沛，中游水土流失较轻，水流含沙量小，基本是相对稳定的地下河；②经过疏导分流，下游排洪通畅，沟通济、漯两个支津可以分杀水势，干流排洪压力较轻；③大陆泽等沿河湖泽提供了巨大的调节库容和广阔的容沙空间。

2. 筑堤和分流相结合的治理阶段

战国以后的黄河发生了两个重要的变化：①径流减少，沙量增加，水沙关系由相对平衡变为不平衡，泥沙淤积部位从主要淤积在河口、湖泽，发展到下游河道，使下游河道由地下河逐渐变为地上河；②堤防形成。一方面黄河淤积摆动，华北平原整体抬升，一些丘、陵、冈、阜被掩埋，湖沼洼地大面积消失，地形变得更加平坦；另一方面随着人口的增加和土地的开垦，下游已成为国人生产、生活的重要场所。为了保护居住安全和经济发展，黄河堤防出现了。春秋时期已有了修筑堤防的记载，战国时期迅速发展，秦统一六国后逐步形成了系统的堤防。堤防的形成是经济社会发展的必然要求，也是治河方略的一大进步。此后数千年传承不绝，就是其重要意义的最好说明。当然堤防修筑也带来负面的影响——泥沙集中淤积在两堤之间，形成地上悬河并不断发展。堤防越加越高，河防越来越险，决口时有发生，甚至酿成巨大的灾难。堤防的功过是非千百年来引发过无数的争论，黄河治理在不断的争论中探索前行。这一时期疏导分流的治理方略依然占主导地位，但修筑堤防则是实行家们主要的治河措施。西汉时由于河道淤积，悬河发展，决溢灾害频繁，贾让提出"治河三策"对修筑堤防进行强烈的抨击，虽然名为"三策"，实际主张则唯有分流。他的上策是不再修筑堤防，中策是只修一岸堤防，在一定范围内放任黄河自流，使其"宽缓而不迫"。他对"缮完堤防"持完全否定的态度。贾让的主张在历史上褒贬不一，虽然受到一些人的推崇，但从未被认真采纳过。东汉时的王景则是一个实行家。他没有按照当时流行的主张去寻找和恢复"禹河故道"，而是就改道后的新河修筑堤防，因势利导取得了治河成功，迎来了大禹之后第二个安澜时期。该时期长期安澜的原因史学家们有诸多争论，但新河道流程短，比降大，地势低洼，沿河又有大野泽等大型湖泊，具有较大的调节库容和容沙空间，则是有识之士的共识。北宋在治河方略上没有什么建树，唯有修堤与堵口而已。金、元和明代前期，由于南北对峙和"保漕"等原因，实行弃南保北，北岸筑堤，南岸分流的治理策略。实行的结果并没有像分流论者想象的那样"期月自定，千年无恙"，而是"忽南忽北，靡有定向"，成为黄河历史上灾害最为频繁的时期。

3. 合流攻沙为主的治理阶段

经过战国至北宋1500多年的河道变迁，现今黄河以北的广大地区已严重淤积抬高，许多大型湖泊也相继消亡。北宋以后改行徐淮河道，至明代中期又行河400多年，太行堤以南的广大地区也堆积了大量泥沙，实行分流策略，造成泥沙淤积，河道乱流，已经到了难以收拾的地步。这时万恭、潘季驯等人提出了"筑堤束水，以水攻沙"的治河思想。"分流"与合流的争论，自此展开。主张分流的人认为，疏导分流是大禹治水的成功经验，是亘古不变的圣人之法。如明代宋濂在《治河议》中说："河之分流其势自平也……河之流不分其势益横也……譬犹百人为一队，其力则全，莫敢与争锋。若以百分而为十，则顿损。又以十各分为一，则全屈矣。治河之要孰逾于此……此非濂一人之言也，天下之公言也。"可见分流之法是当时多数治河者的共识。主张合流的人则从水和沙的相互作用提出了不同的见解。潘季驯在《河议辨惑》中指出："水分则势缓，势缓则沙停，沙停则河饱，尺寸之水皆由沙面，止见其高，水合则势猛，势猛则沙刷，沙刷则河深，寻丈之水皆由河底，止见其卑。筑堤束水，以水攻沙，水不奔溢于两旁，则必直刷乎河底。一定之理，必然之势，此合之所以愈于分也。"当时虽然还没有对泥沙运动的定量研究，潘季驯却精辟地阐明了水沙运动的相互关系。现代泥沙研究显示，水流的挟沙能力近似与流量的平方成正比。筑堤束水显然大大地提高了输沙能力。他指出筑堤束水，可以增加水势，刷深河道，有利于输沙入海，减少河道淤积，和现代泥沙运动理论是吻合的。早在400多年前就能有如此见解，是十分难能可贵的。

在水流运动的过程中，水和泥沙是相互矛盾又相互关联的两个方面。矛盾的主要方面决定着事物的性质和发展方向，在含沙量小于水流挟沙能力时，水是矛盾的主要方面，这时的河道不会发生淤积，实行分流治理可以分杀水势，减轻洪水威胁，取得较好的治理效果；在含沙量大于水流的挟沙能力时，泥沙成为主要的矛盾方面，河道淤积就成了不可避免的发展趋势，这时再实行分流，将会造成更加严重的淤积，不利于河道治理。明代后期中游水土流失加剧，年平均含沙量已大大超过维持河道冲淤平衡的临界值，减少河道淤积是治理者面临的主要任务，实行合流治理无疑是一个明智的选择。潘季驯在其主持治河期间（1565—1592年）堵塞决口，截支强干，筑堤束水，以水攻沙，并利用洪泽湖蓄清刷黄，改变了此前河道"忽东忽西，靡有定向"的乱流局面，取得了为后人称道的治理成就。清代的靳辅、陈潢继承了潘季驯的治河方略，也取得了显著的治理成就。

治河方略的历史性的转变，对后世的黄河治理有着重大的影响。当然，束水攻沙的方略也不是一剂万应灵丹，源源不断的泥沙必须有堆放的空间，即使不淤在河道，也必然淤积在河口，使河口延伸，比降变缓，输沙能力降低，造成自下而上的溯源淤积。此后，大都实行合流治理，虽然在归顺河道、减少灾害方面起到了积极的作用，但河道的淤积抬高始终没有得到解决。1855年黄河终于在铜瓦厢决口改道。

第二节　黄河水利与古代中国经济

一、历代帝王都城的水源支撑

中华民族的治水传统源远流长。春秋战国时期大政治家管仲说："善治国者，必先除其五害"（"五害"即水、旱、风雾雹霜、瘟疫和虫灾）。"五害之属，水为最大。五害已除，人乃可治。"第一次把治水列为治国安邦的头等大事。而后，历朝历代每个有作为的统治者都把水利作为施政的重点。中国历史上出现的一些"盛世"局面，也在很大程度上得益于当局对水利的重视及其成效。水利兴，则天下兴，已为世人所共识。

黄河是西北、华北最大的客水资源，多年平均河川径流量达574亿立方米，约占华北水系（黄河、淮河、海河）总径流量的40%。在中华民族5000年文明史中，黄河流域是全国开发最早的经济区。

这些王朝之所以选择在黄河流域建都，除自然条件优越，农业发达，有着良好的经济基础外，关键是水运方便。周朝建立不久，周公认为洛阳"居天下之中，四方入贡道里均"是建都的理想之地，于是在洛邑（阳）大规模营建都城。后来迁都洛阳称为东周。西汉初年，张良劝刘邦西都关中时曾说："夫关中左崤函，右陇蜀，沃野千里，南有巴蜀之饶，北有胡苑之利，阻三面而守，独一面东制诸侯，诸侯安定，河渭漕挽天下，西给京师；诸侯有变，顺流而下，足以委输。此所谓金城千里，天府之国也"（《史记·留侯世家》）。张良看重的是漕运在稳定国家政权，繁荣封建经济方面的重大作用。604年，隋炀帝在诏书中也曾高度评价了洛阳的政治中心地位："洛邑自古之都，王畿之内，天地之所合，阴阳之所和。控三河（黄河、伊河、洛河）以固四塞、水陆通，贡赋等……"因此，自西周至北宋之前，凡是统一的王朝，其都城不在西安就在洛阳。秦、西汉、隋、唐在西安建都时，也把洛阳作为陪都。

帝都所在，必为人烟繁盛的大都会，要满足其需要，必须从改善交通状况入手。在落后的生产技术条件下，开发水利，发展漕运就成为统治者的首选方式。当然，随着都市的扩大，供需的增加，漕运也随之膨胀。而都城的迁移，漕运路线也势必以新的都城为中心，重新加以调整。进一步研究漕运与都城迁移的关系，还可发现封建都城所在除与地方经济发展水平有关外，在某种程度上也为漕运的难易所限，为漕运路线所左右。后来，西安逐步偏离全国的政治经济中心，除去其他因素外，在某种程度上也是漕运难而造成的。

漕运的开通，也为调剂各地盈虚，满足各方所需，维护封建统治，加强管理，提供了方便条件。《史记·平准书》记载，西汉初期从崤山以东通过黄河向关中的漕运量并不很大，文帝之前"漕转山东粟以给中都官，岁不过数十万石"。到武帝时，已增至400万石，最多时曾达600万石，即"山东漕益发六百万石"。到了唐代，随着城市人口的急剧增长，都城的日益繁华，黄河、汴渠已成为封建统治阶级赖以生存的大动脉，日日夜夜为京都输送着大批的粮食和日用物资。唐人杜佑在谈到汴渠时说："自是天下利于传输"，"漕运商旅，往来不绝"。（《通典》，卷一〇及卷一七七）皮日休在论及这条运河时也说："在隋之民不胜其害也，在唐之民不胜其利也"。（《汴河铭》）正说明了汴渠对唐王朝的重要意义。另据考证，唐天宝二年，通过黄河、汴渠一年内运抵关中的粮食达400万石，创造了唐代漕运量的最高纪录。北宋的漕运比唐代更为兴盛。大量的物产通过汴渠运至京都开封。据《宋史·食货志》记载，宋初，"京师岁费有限，漕事尚简。"宋开宝五年（972年），运江、淮米不过数十万石。到了太平兴国六年（981年），"汴河岁运江、淮米三百万石，菽一百万石"，运输量急剧增多。至道初（995—997年），"汴河运米五百八十万石"，上升到一个新的高峰。大中祥符（1008—1016年）初年，汴河运米猛增至"七百万石"，不但远远超过了唐代汴渠的漕运量，也创造了宋朝的最高纪录，可见汴渠漕运的繁忙程度。这一时期，也是黄河航运体系发展的鼎盛时期之一。

二、黄河流域农业灌溉

水利是农业的命脉，以农业经济为主的封建社会更是离不开水利。宜人的气候和便利的灌溉，为黄河流域的农业发展创造了条件。

黄河流域的农田水利事业历史悠久。战国前，对沟渠分类、排灌方法、管理运用，以及利用水流特性修筑渠道，重视解决蓄水和排灌问题等，史书已有了大量而又明确的记述。战国初期，黄河流域开始出现了大型水利工程。漳水十二渠就是人们破除迷信，消除严重的水患灾害而兴建的。据史书记载，十二渠建成后，古漳河两岸盐碱地得到了改良，土壤肥力增加，粮食产量大大提高，"亩收一钟"。一钟，折合后相当于现在的亩产250斤。这在当时的生产水平下，是十分可观的。

郑国渠是黄河流域的古老灌区。修建该渠本是韩国为防秦国出兵东伐，而使出的"疲秦"之计。没想到十多年的工程建设，不仅未能起到疲惫和消耗秦国力量的作用，反而因此使秦国大大受益，日益强大起来，并最终成就了秦统一中国的大业。据史载，郑国渠长"三百余里"，流经今泾阳、三原、高陵、富平、蒲城、白水等6县，干渠横跨冶峪水、清峪水、浊峪水、漆沮水（石川河），最终流入洛水，4万顷土地（合今280万亩）得到有效灌溉，而且全部是自流灌溉，足见其设计之精妙。到了汉代还曾流传着这样一首民谣来歌颂这一工程："举锸为云，决渠为雨。泾水一石，其泥数斗。且溉且粪，长我禾黍。衣食京华，亿万之口。"

汉武帝是中国历史上较有作为的封建帝王之一，曾颁发诏令要求各地加强水利建设，充分发挥水利对农业生产的促进作用。黄河流域作为汉武帝文功武治的活动中心，在开发与治理黄河上倾注了大量的心血。据记载，在汉武帝统治的50余年中，先后在关中地区修建了漕渠、龙首渠、六辅渠和白渠等一系列大型水利工程。这些工程的建设运用，不仅为当时的经济繁荣、社会稳定奠定了基础，也为汉武帝对匈的长期作战提供了坚强的物质保证。

长安漕渠是汉武帝诏令兴建的第一个大型水利工程。数年后，汉武帝又发动军卒上万人开始了龙首渠的建设，十多年后建成。在汉武帝的大力倡导下，在泾河下游开凿了六辅渠，在渭水中游建成了成国、灵轵、湋和蒙茏4渠，在郑国渠南引泾水兴建了白渠。其中，白渠的效益尤为显著。当时留下这样一首歌谣："田于何所？池阳、谷口。郑国在前，白渠起后……衣食京师，亿万之口。"① 意思是白渠引来了肥水，粮食丰收了，人民丰衣足食。因白渠与郑国渠齐名，后人习惯上把两渠合称为郑白渠。

汉武帝对关中地区水利建设的重视，使这里迅速发展成为当时全国著名的经济区。据史书记载，关中在仅占当时全国土地的 1/3 的情况下，创造的财富则占全国的 60%。这一成果，不仅巩固了京都长安在全国的政治、经济中心地位，也为汉武帝实现其雄才大略奠定了坚实的物质基础。

宋代组织开展的淤田活动，也很有名。熙宁二年（1069 年），王安石入朝辅政。当年主持制定并颁发了《农田利害条约》。在宋神宗皇帝的大力支持下，王安石大刀阔斧，狠抓落实，不仅在全国各地设立了农田水利官，而且还由朝廷直接委派官员巡视、督察各地兴修水利事宜，很快便在全国形成了"四方争言水利"、兴修水利工程的高潮。据史书记载，从熙宁三年到元丰元年（1070—1078 年）的 9 年中，全国兴修和恢复水利工程达 1 万多处，有 36 万多顷土地受益，变成了旱涝保收田。为了淤田，朝廷专门设立了沿汴淤田司。黄河下游沿黄各府、路兴修水利工程达 750 余处，灌溉面积 10 万顷之多，据《续资治通鉴长编》记载，都水监丞侯叔献在熙宁五年（1072 年）的一次上奏中说，淤出的官田，好的，每亩卖价 3 贯至 2.5 贯钱；差一点的，也要卖到 2.5 贯至 2 贯，并且有 70 多户争相购买。每年仅开封一地，因淤田而带来的粮食增产就高达数百万石。当时，下游两岸竞相引浑水淤地，改良土壤，使大片荒漠变为良田，由此引发了一场引黄放淤的革命。

第三节　色彩斑斓的黄河水运文化

一、黄河漕运的发展演变

黄河航运有着悠久的历史。郑州、西安、洛阳、开封等重要历史文化古都都曾是黄河漕运的中枢。以黄河为主体，长安漕渠、汴渠等为骨干，构成庞大的航运交通网络，将全国各地的大批粮食和物资源源不断地输送至都城，以满足统治者的需要。因此，黄河漕运在流域经济社会的发展中不仅有着举足轻重的作用，而且在某种程度上也极大地促进了中国的历史发展进程。

---

① ［东汉］班固. 汉书·沟洫志. 北京：中华书局，1962.

黄河漕运的发展演变，按运道的性质可分为天然河道、人工运河与天然河流并存和再回复到天然河道等三个阶段；按中心区域划分则大致经历了以中原地区为中心的先秦时期，以西安为中心的西汉时期，以洛阳为中心的东汉、隋唐时期和以开封为中心的北宋时期等。

人工运河，不仅是社会生产力发展水平的标志，也是黄河漕运繁荣发展的标志。在黄河漕运开发史上，正是由于人工运河的出现，才使得黄河的开发利用得到了前所未有的发展，同时为流域经济社会的繁荣奠定了良好的基础。

（一）先秦时期的鸿沟水系

"剡木为舟"，是说原始社会人们用石器创造了最早的水上交通运输工具。大禹治水时，有"陆行载车，水行载舟"①的传说。到了商周时期，关于航运的记载不仅逐渐增多，也更加具体。如在商代的甲骨文中就有"乙亥卜，行，贞王其纤舟于河，亡灾"的记载。武王伐纣时，"遂率戎车三百乘，护贲三千人，甲士四万五千人，以车伐纣……师毕渡孟津"等等。

春秋时期，黄河水系的航运已有相当的规模。公元前647年，当时的晋国向秦国购买大批粮食，"秦于是乎输粟于晋，自雍及绛，相继。命之曰'泛舟之役'"。也就是经渭水、黄河、汾水运到晋的首都绛。通过水陆运输，将大批的粮食由陕西运至山西，不难想见这一时期的航运能力。

至战国，先秦水运已相当发达。长江与黄河间的水陆交通路线有三条：一是"浮于潜、逾于沔，入于渭，乱于河"，就是由长江入嘉陵江，过汉水，陆运入渭水再进入黄河；二是"浮于江、沱、潜、汉，逾于洛，至于南河"，即由嘉陵江，过汉水出丹水，陆运与洛水相接于河；三是"沿于江海，达于淮泗"，由长江出海，转淮河口入淮，然后由淮入泗。再"浮于淮泗，达于河（菏）"，由淮河入泗水达菏水，接济水通黄河。在山东，可以"浮于济、漯达于河"，还可以"浮于汶，达于济"，再由济通河。黄河上游自青海以下也可以通航："浮于积石，至于龙门西河，会于渭汭。"这就是《禹贡》中描述的以黄河为中心的主要天然河道水运交通路线的联系状况。

而鸿沟水系开挖，则使先秦时期黄河水系的航运发展达到了顶峰。它不仅促进了魏国的经济发展，而且也极大地改变了当时黄河下游的交通状况，促进了诸侯各国的经济繁荣，在一定程度上也影响和促进了中国政治历史发展进程。

据史书记载，该项工程的建设分两期完成。第一期工程是在魏惠王十年（公元前361年）着手进行的。"入河水于甫田，又为大沟而引甫者也"（《水经·渠水注》引《竹书纪年》），是这期

---

① [西汉]司马迁.史记·河渠书.北京：中华书局，1982.

工程的重点。即从西北面的黄河或荥泽引水入中牟县西圃田（古湖泊），然后从圃田泽开大沟东至大梁（今开封）。这样，荥泽、圃田泽便成了天然的蓄水库，"水盛则北注，渠溢则南播"（《水经·渠水注》）。魏惠王三十年（公元前340年）开始了第二期工程。"为大沟于北郛，以行圃田之水"。即从大梁城开挖一条大沟，引圃田水东流，然后再折向南，与淮河水系联系起来。经过数十年的建设，终于完成了这一宏大的水利工程。

（二）漕运对雄汉盛唐的重要作用

西汉时期，国家的统一为黄河漕运奠定了重要的发展基础，开漕渠发展航运占有非常重要的地位，并奠定了以西安为中心的漕运中枢地位。据《史记·平准书》记载，西汉文帝之前，从崤山以东通过黄河向关中的漕运量有数十万石，到武帝时，已增至400万石，最多时曾达600万石。从《汉书·沟洫志》的记述中，也可看出西汉时的漕运盛况。成帝时，有一次黄河发生决口，为此曾"发河南以东漕船五百艘徙民避水"。500艘，不会是当时黄河下游全部漕船的数量，由此可见西汉时黄河漕运的繁荣景象。

汉元光末年（公元前126—前128年），大司农郑当时鉴于京城长安对粮食需求的大大增加，对漕运的依赖日益严重，建议汉武帝开凿漕渠以避开渭水的航运险阻，增加运量。汉武帝接受了郑当时的建议，调集数万人经过3年的艰苦施工，开挖了长安至黄河长达150多公里的长安漕渠。该漕渠的开通，不但节省了时间和运费，还极大地满足了渠道两岸的农业灌溉需要，上万顷土地因此而受益。这条人工运河一直沿用到唐代，成为京师长安给养运输的生命线。

鸿沟水系，在西汉时也称荥阳漕渠，在沟通河、淮，运输东南物资方面，仍然起着十分重要的作用。另外，在这一时期对于边远地区的航道也有所开发，大约在湟水中、下游和朔方、金城之间的黄河干流上，当时都有漕船往来。如赵充国在建议开发边塞时曾一再提到黄河、湟水通漕的事。

进入东汉后，国家政治中心东迁洛阳。洛阳也随之成为黄河漕运的中枢。封建统治者不仅多次在洛阳附近兴建漕运工程，而且在王景治河时还对汴渠（即荥阳漕渠）进行了大规模的整治，以利漕运。

隋唐时期，黄河漕运又一次进入了发展的快车道。隋朝的建立，结束了中国长期分裂的局面，使社会生产力获得了恢复和发展。在统一全国短暂的几十年中，黄河中下游先后完成了广通渠、通济渠和永济渠等大型人工运河，形成了以西安、洛阳为中心，西通关中，南至余杭，北抵涿郡，沟通长江、淮河、黄河、河北水系，长达2500多公里的水运交通网。及至唐代，仍发挥着重要的作用。据《隋书·食货志》记载，在杨坚晚年，全国已呈现出"户口滋盛，中外仓库，无不盈积"的局面。隋炀帝时，则结合漕运兴建了大量的粮仓。如洛阳附近的含嘉仓、回洛仓等。新中国成立后，在已发掘探明这一时期的粮仓中，大的可储粮10000多石，小的也可储粮数千石。有一个窖内尚存留有50万斤已碳化了的谷子。在唐代，通过黄河、汴渠从关东和江淮地区运往京都的粮食每年多达数百万石。如天宝二年，一年内运抵关中的粮食达400万石，创造了唐代运输的最高纪录。由此可见隋唐时期黄河漕运的繁荣景象。同时，为保证漕运畅通，还多次对运道加以修缮和整治。如开元二年(714年)，唐玄宗李隆基准河南尹李杰奏，命整修梁公堰——隋代的汴渠堰。13年后，该堰"新漕塞，行舟不通"，又命建筑大师范安并"发河南府、怀、郑、汴、滑、卫三万人疏开旧河口"，即重开郑州附近的板诸口以通漕运。

隋唐以后，江淮等南方地区因受战乱影响较小，经济发展速度加快，逐步成为中国的经济中心，但黄河中下游仍是当时的政治中心。政治中心与经济中心的分离，在很大程度上也促进了漕运事业的发展。因此，尽管战乱不断，但黄淮间的漕运仍相当发达。

（三）汴河漕运——北宋王朝的输血管

北宋时，黄河漕运进入了鼎盛时期。以汴河、广济河、惠民河、金水河等构成的水运交通网，在漕运方面发挥了重要作用。特别是汴河，在当时的经济交流中作用尤为突出。它上接黄河，下通淮河、长江，像输血管一样，将江、淮一带的粮米，四面八方的百货，源源不断地运到开封，供应宋统治者和100多万军民的需要。据《宋史·河渠志》记载，宋太宗赵炅在一次汴河决口后，曾亲自出乾门视察，并对群臣说："东京（即开封）养甲兵数十万，居人百万家，天下转漕，仰给在此一渠水，朕安得不顾？"可见，汴河与宋王朝的关系是何等的密切。

元代以后，北京成为全国的政治、经济中心，创建于元代的南北大运河成为明清时期的经济交通命脉。南北大运河沟通后，由于徐州北至临清一段往往受黄河北决冲淤，徐州南至清河一段以黄河为运道，漕运常受黄河干扰，时通时塞。穿黄而过的运河始终难以摆脱黄河的影响，并在相当长的时期内对漕运的发展产生过重要的作用。运河长期受黄河干扰、破坏的严峻现实，让明代统治者逐渐认识到，另开新的河道，避开黄河，可能是保持漕运畅通的有效办法，于是在明代出现了另开新运道以避黄河之险的主张与实践。如在明代，先后有陈瑄凿清口、李化龙开洳河之创举，目的就是避黄河风涛之险。不过，明朝避黄行运的目的直到明末也未完全实现，仍有90公里的路程借黄河为运道，风涛之险，洪水漫溢之灾仍不可免。而因黄河决口改道，造成运道阻塞，则时有发生。至清代，靳辅在前人的基础上，予以彻底根治。康熙二十五年（1686年）在骆马湖（今江苏西北之骆马湖）凿渠，历宿迁、桃源，至清河之仲家庄出口，名曰中河，又名中运河。漕船北上后，出清口，入黄河仅行数里，即入中河，直达张庄运口，从而避开90公里黄河之险。自此，除清口上下运河穿黄处外，南北大运河与黄河基本脱离，以黄代运的局面才最终结束。但利用黄河河道，发展航运事业，直至民国时期仍有相当的规模。

（四）黄河漕运的特点

综观北宋以前黄河漕运有以下特点：

一是在工程布局上以京都为中枢，黄河为骨干，形成庞大的航运交通网，并随着时代的发展，政治、经济中心的转移而各有侧重。如在西汉时期，西安处于全国的政治经济中心。漕运建设的重点是围绕改善和解决通往长安的漕运困难而展开的。长安漕渠的修建，解决了通往潼关的漕运难题，而围绕三门峡险段所做的一系列工程也是如此。隋代，则以长安、洛阳为中枢兴修了广通渠、通济渠、永济渠等水运工程。到了北宋，开封成为全国的政治经济中心，汴渠更是发挥着举足轻重的作用。如在北宋末年，统治者为避免汴渠受黄河泥沙的影响，不惜人力、财力实施了"引洛入汴"工程，来改善其漕运条件。

二是重视对汴渠的开发利用。以战国时期鸿沟水系的形成为标志，对汴渠的开发建设历经秦、汉、魏晋南北朝、隋、唐、五代、北宋等多个历史时期，有1500余年的历史。特有的地理位置，使其成为黄河漕运的重要工程，并发挥了巨大的社会、经济效益。因此，也受到了历代统治者的高度重视，不断对其进行开发和建设。如在东汉时期，王景在整治黄河的同时，也对汴渠进行了大规模的治理。隋朝时，通济渠的开挖，也可以说是对汴渠又一次大规模的开发和治理。北宋时期对汴渠的重视就更不用说了。

三是重视对漕运工程的管理。这在唐代和北宋黄河漕运的鼎盛时期表现得尤为突出。封建统治者为确保漕运畅通，不仅设置有专门的管理机构，而且还针对漕运工作中所存在的问题和不足制定出一些具体的制度和管理措施。这在唐宋时期的典籍中都有明确的记述。漕运的发展推动了社会的进步，生产力水平的提高，国家得到了繁荣昌盛。

二、黄河桥梁文化

与政治、经济发展相适应，黄河的桥梁文化也充分昭示了它的灿烂与辉煌。一座座形如彩练、美如彩虹的大河纽带，以其位居要冲、横跨天堑的独特交通功能，闪耀着璀璨夺目的光芒，见证了劳动人民的勤劳与智慧，并在中国乃至世界桥梁发展史中占有十分重要的地位。

中国有文字记载最早的简支木梁桥，为商代在黄河重要支流漳水上修建的钜桥。据记载，公元前1066年周武王伐纣王，攻克商都朝歌（今河南淇县），曾发钜桥头积粟，以赈济贫民。

战国时期，单跨和多跨的木、石梁桥已普遍在黄河流域建造。秦汉之后，大河两岸古都首府众多，物资运输多赖骡马大车、手推板车，出于经济和军事的需要，修建了更多的桥梁。如中国历史上规模宏大的木梁石柱桥当属修建在黄河最大支流——渭水上的渭桥。据《三辅黄图》记载，这座桥始建于战国时期的秦昭王。秦始皇统一中国（公元前221年）建都咸阳后，为了把渭河南北的兴乐宫和咸阳宫联为一体，又作了改建和加固。该桥共有68孔，桥墩由750根木柱桩组成，总长约544米，桥宽达19.4米。到了汉代，此桥得以重修，并增建了东渭桥和西渭桥，史称"渭水三桥"，成为汉唐时期朝廷迎来送往的重要场所。据遗址发掘，该桥桥梁基础由青石砌成，青石之间由用铁水浇铸的铁栓板相连，石缝中灌以铁水，石头之间打有松木桩，规模之大，施工之精细，在古桥梁史上确属罕见。

黄河古代桥梁的另一个高峰是浮桥的出现。这种桥梁的构架，一般是用几十或几百只大船或筏子代替桥墩，横排于河中，上铺梁板作桥面，桥与河岸之间用挑板、栈桥等连接，以适应河水的涨落。因此，浮桥也有"浮航"和"舟梁"之称。建桥所用木船有的挂在锚于两岸的竹索或铁索上，桥随水流而弯曲，故称"曲浮桥"。有的浮桥则将每只木船单独抛锚于河底，桥面比较顺直，因此叫"直浮桥"。中国建造浮桥最早的记录为《诗经·大雅·大明》中的"亲迎于渭，造舟为梁"。说的是周伯姬昌（即后来的周文王）为娶妻而在渭水上架起的浮桥。它比西方历史记载的波斯王入侵希腊在博斯普鲁斯海峡所建造的浮桥还早500多年。

黄河干流上的第一座浮桥为春秋时期建造的夏阳津浮桥。据记载，秦国富豪公子鍼因所储财物过多，恐怕被秦景公杀害，便带着"车重千乘"的财富由今陕西投奔晋国，途中为渡黄河在今山西省临晋附近架起了这座浮桥。不过由于只是一次性使用，不久即被拆除。

黄河上最著名的浮桥是山西永济蒲津浮桥，为沟通秦晋的交通要冲和必经之路。秦昭襄王五十年（公元前257年）秦国为出征河东，用竹索和木船建造了这座"曲浮桥"。该浮桥历尽沧桑，经过多次修固，一直沿用了近千年。唐玄宗开元十二年（724年），朝廷决定将此桥"以铁代竹"，两岸各铸4个几十吨重的铁牛锚住铁链，以锚定约360米跨度的浮桥。明穆宗隆庆年间，因黄河改道，西边的铁牛沉入河底，东边的铁牛也于清末被淤埋失踪。1989年，这一具有1200多年历史的珍贵文物经探测开挖出土。有关专家研究认为，蒲津浮桥的建桥技术和冶炼艺术是中国乃至世界古代桥梁史上的一大奇迹。

在类型众多的黄河古代桥梁中，后来居上的拱桥以其新颖的构造，为祖国河山增添了壮丽的色彩，并为近代桥梁所借鉴。据历史记载，东汉末年黄河流域就已建有砖石拱桥，如魏都邺地（今河北临漳西南）的石窦桥、晋代洛阳的石拱桥等。规模最为宏大的拱桥，为建于隋文帝开皇二年（582年）的灞桥。该桥为40多孔石拱桥，总长约400米，每个桥墩宽2.5米，长9米，桥跨5米。其恢弘气势和壮观景象，在古代桥梁建筑史上所罕见。"灞水东南来，逶迤绕长安。"隋唐时期，该桥作为自东部进入长安的要道咽喉，扼守要冲、济渡往来，发挥了至关重要的作用。可惜，由于后来生态环境不断恶化，大量泥沙流入灞河，致使这座大桥淹埋水下，最终被废弃。

北宋名家张择端笔下《清明上河图》中的汴京木拱桥，展现的则是一幅人群熙攘、车马往来、繁华非常的"桥市"景象。这座结构精巧的桥梁坐落在当时京都闹市区的汴河上，桥跨度达19米，宽约8～9米。结构为叠木梁，系用较短木条，纵横交错搭置、互相承托、组成拱骨架受力，上部铺设桥面，设置栏杆而成。因其叠梁架构，形如飞虹，故称"虹桥"，具有很高的技术含量和艺术价值。据传，此桥为北宋一位监狱兵卒发明。后来北宋败于金兵，赵氏王朝偏安杭州。南宋时期这种拱桥技术广泛流行于豫、晋、浙、闽、甘等地，相继诞生了一批结构精巧、规模宏大的桥梁，被誉为"飘舞的世界"。如杭州西湖的苏堤六桥、泉州的安平桥等，成为当时的巅峰之作，在中国桥梁史上写下了浓墨重彩的一笔。

北宋之后，中国的政治中心逐步移离中原。元朝时期，桥梁建设建树甚少。明清时期，修缮和模仿成为主流，桥梁技术、结构和材料也无多少创新。黄河流域的桥梁建设渐渐失去了优势。

到了近代，由于政治社会腐朽和科学技术水平的落后，中国桥梁建设被西方国家远远拉开了距离。清朝末年，随着铁路建设引入中国，黄河成了外国人建造现代桥梁的"演武场"。1905年竣工、由比利时工程师沙多设计的京汉铁路郑州黄河大桥，以全长3015米、共102孔的规模，成为当时中国最长的钢桥；1907年建成、由美国桥梁公司设计、德国商泰来洋行承建的兰州黄河铁桥，所用桁架构件钢材、水泥及其他各种器材、设备全部从德国购置；1909年开工建设、由德国孟阿恩桥梁公司设计和监造的津浦铁路济南泺口黄河铁路大桥，以其164.7米的悬臂梁跨度，为中国当时跨度最大的悬臂式结构桥。

新中国成立后，伴随着经济建设高潮的兴起和新建铁路与公路的迅速发展，中国桥梁建设开创了新的纪元。万里黄河上一处处横空出世的现代新型桥梁，犹如一座座巨型的丰碑，见证着神州大地阔步前进的足迹。

新中国成立初期，继 1955 年新中国第一座黄河铁桥——兰新铁路黄河大桥在甘肃兰州建成通车之后，20 世纪 50 年代至 60 年代，包兰铁路的交通咽喉工程兰州东岗黄河大桥、内蒙古乌海市三道坎黄河铁路大桥、三盛公黄河铁路大桥、焦枝铁路黄河大桥等相继开工。新中国的桥梁建设者们在施工条件比较落后、没有经验可供借鉴的情况下，自力更生，艰苦创业，采用连续 T 形梁钢板、钢筋混凝土肋拱、下承式钢桁梁和混凝土连续箱梁等结构形式，在黄河上创造了桥梁建设史上的一个个奇迹。这些大桥的建成，沟通了西北、华北广大地区的铁路干线，有力地推动了沿线各地的经济建设，为构建中国交通大动脉、完善全国铁路交通运输网局发挥了至关重要的作用。

随着国外建桥经验的逐步引入，黄河公路桥梁也有了较大发展。如兰（州）青（海）公路的重要枢纽工程——兰州新城黄河大桥、西沙黄河大桥、宁夏吴忠叶盛黄河公路大桥，晋陕峡谷中的府（谷）保（德）黄河公路大桥、壶口黄河公路大桥、禹门口黄河公路大桥，黄河下游河段的山东平阴公路大桥、北镇公路大桥等。大河上下，一座座新建的大桥如彩虹飞架，天堑变成通途。曾经喧闹数千年的古老渡口也沉寂下来，转而由现代桥梁文明所代替。

改革开放之后，经济建设复苏，交通突飞猛进，中国桥梁建设进入了高速发展的快车道。这一时期，黄河上先后诞生了吴忠大古铁路黄河大桥、洛阳公路大桥、郑州公路大桥、济南公路斜拉大桥、东营胜利公路大桥、东明公路大桥、长东铁路大桥、京九铁路孙口大桥等一批大型桥梁。它们采用不同的结构型式，在大跨径、高强度、轻材质、整体性等方面，全面跨入世界桥梁技术先进行列。

进入 21 世纪，高速公路的异军突起，给黄河桥梁建设注入了现代化活力。从甘肃靖远新田黄河特大桥，到内蒙古磴巴高速公路黄河特大桥，从石中高速吴忠黄河公路特大桥，到银古高速公路辅道黄河大桥，从太澳高速公路洛阳黄河特大桥，到阿深高速公路开封黄河特大桥，从京福高速济南黄河特大桥，到滨博高速滨州黄河公路大桥……一条条规模恢宏、结构轻巧、造型优美的铿锵彩虹，遥相呼应，向世人显示着它们的英姿与神韵。

新中国成立 60 余年来，黄河干流上已经建造了 100 多座桥梁，黄河流域的桥梁更是星罗棋布。作为交流的使者，沟通的象征，它们或锁钥上游峻岭峡谷，或雄峙中游关隘通衢，或盘卧下游大河天堑，不仅牵系着祖国的山河要冲，连接着纵横的交通干线，也连接了黄河的昨天、今天和明天。

三、黄河与军事

群雄逐鹿，农民起义或改朝换代的战争，在黄河流域多有上演。

传说中的炎帝与蚩尤三次鏖战，和有文字记载的春秋五霸、战国七雄的争夺战，历史上著名的楚汉鸿沟、袁曹官渡之战，都发生在黄河流域；秦末陈胜、吴广，隋末瓦岗义军，北宋的晁盖、宋江，以及明末的李自成农民起义大军，都曾纵横驰骋于黄河流域。流域内有许多地方由于地势险峻，是交通要冲，而在历史上成为军事重镇或兵家必争之地。如唐玄宗称为"关门限二京"的潼关，人们用"人间路止潼关险"的诗句来形容其险峻，在这里有据可查的重要战争就多达40余次；汉代命名为"金城"的兰州，因其地处通往河西与青海、新疆的咽喉要塞，故有"河西雄郡，金城为最"的美誉；榆林、靖边、绥德等地也是历代军事重镇。抗日战争和解放战争年代，在黄河流域建立有陕甘宁、晋绥、冀鲁豫等革命根据地，"风在吼，马在叫，黄河在咆哮！"保卫黄河、保卫全中国的歌声响彻黄河流域的上空，亿万军民浴血奋战在黄河两岸，为中国人民的解放事业做出了卓越贡献。结束国民党的统治、解放全中国的决战——淮海战役也是在黄河下游两岸展开的。

黄河在军事对抗中的重要作用，大致有四个方面：一是直接利用黄河洪水，赢得战役的胜利。据史书记载，春秋战国时期，诸侯各国互相攻伐，出于军事需要，曾多次扒决黄河。从公元前359年至公元前225年的百余年间就有魏惠王十二年（公元前359年），楚国出兵伐魏，扒决黄河，水淹长垣（今河南长垣县）；赵肃侯十八年（公元前332年），齐、魏联合攻打赵国，赵国扒决黄河逼联军退兵；赵惠王十八年（公元前281年），赵国派兵入卫，决河水淹卫军；秦王政二十二年（公元前225年），秦国将领王贲率军攻魏，决河水淹大梁（今开封市）等4次之多。宋以后，黄河仍不时出现扒决之害。1128年，宋朝将领杜充为抵御金兵，又一次扒决黄河。金天兴三年（1234年）金兵决黄河寸金淀，迫使南宋军引师南还；等等。

二是利用黄河的自然之险，行军事之实。如在北宋后期，原河道已经到了行河晚期，河道严重淤塞，河患频频发生。1048年黄河自然决溢改行新道，这时本应因势利导治理新河，但当权者为利用北方沼泽阻挡辽兵进攻，强行回河维持故道，先后历经数十年，不仅劳民伤财，而且此堵彼决灾害不断。再如，1127年金灭北宋的后150多年中，形成金、元和南宋南北对峙的局面。金、元政权在黄河治理上采取"以宋为壑"的治理方针，北岸筑堤，南岸放任自流，老百姓只能靠民堰自保。

清咸丰五年（1855年），黄河在铜瓦厢决口。关于口门是否堵复，争论长达30余年。赞同者多以恢复漕运和消除山东水患为理由；反对者，除言工程艰巨，府库空虚，经费难筹，就河筑堤方便外，借河泛山东以阻捻军北进的用意，也是明显存在的。倘若河复淮徐故道，那就会"北岸干涸无黄河天险可受，逆捻北犯，路路可通"。从而导致黄河决溢灾害的进一步加重和又一次大改道的发生，使长期夺淮入海的局面归于终结。

三是开发黄河漕运，适应军事需要。在魏晋时期，黄河下游两岸开挖修建的人工运河，史书中有记载的就有10条。如曹操当政时期，从军事征战和改善交通条件出发在北方先后兴修了白沟粮道、平虏渠等水运工程，从而沟通了大河南北，为曹操扫平群雄、统一北方铺平了道路。后来，在曹丕和司马懿父子的相继统治下，在黄、淮间又先后兴建了贾侯渠、广济渠、淮阳渠、百尺渠等渠道。自此，"每东南有事，大军出征，泛舟而下，达于江淮，资食有储，而无水害"①，从而为晋最终灭吴，统一三国奠定了基础。

四是取黄河之利，戍边屯田，抵御外患。历史悠久的宁夏灌区，是中国古老大型灌区之一。春秋战国时期，宁夏平原为"羌戎所居"的游牧地区。公元前221年，秦王嬴政统一中国后分设36郡，其中宁夏南部地区属于北地郡管辖。当时，来自北方最大的边患是驰骋于草原上的匈奴，为了形成良好的防御体系，将河套地区固定在秦帝国的版图内，戍边大将蒙恬在黄河沿岸开始筑城屯驻，从此拉开了宁夏北部地区移民开发序幕，其中一项重要的举措就是开凿水渠，利用黄河水进行农田垦殖。

至汉代，随着对匈奴战争的胜利，大规模移民实边、开发河套平原又有了长足的发展。元朔二年（公元前127年），卫青率军出击匈奴，收复河南地，建立朔方、五原郡，调动大批军民和物资到西北。据《史记·平准书》载："又兴十余万人筑卫朔方，转漕甚辽远，自山东咸被其劳，费数十百巨万，府库益虚。"当时适逢东方饥荒，于是就大量移民西北。"徙贫民于关以西及充朔方以南新秦中七十余万口，衣食皆仰给县官……费以亿记，县官大空"。这种情况大大加重了国家的财政负担，不可能长久维持。实行屯田，使西北军民实现自给显得十分必要。可是西北地区气候干旱，雨水稀少，在这里屯田，首先就要解决灌溉问题，于是大规模的农田水利建设在西北展开，东到河套一带，西至河西走廊最西边，都有西汉军民在垦殖。"又数万人渡河，筑令居，初置张掖、酒泉郡。而上郡、朔方、西河、河西开官田，斥塞卒六十万人戍田之"。"自朔方以西至令居（汉置县，治所在今甘肃靖远县西北），往往通渠置田官，吏卒五六万人"。《史记》所言这一屯田带，北端应起于朔方郡之三封、窳浑二县，再沿黄河西岸上溯，经北地郡之灵武、廉县、灵州，

---

① [唐]房玄龄，褚遂良，许敬宗，等.晋书·食货志.北京：中华书局，2000.

安定郡之鹯阴（县城故址在今甘肃靖远县西北），金城郡之媪围（县城故址在今甘肃皋兰县东北），南至于令居。令居即今永登县，在今兰州市北，庄浪河东岸。田官是主持屯垦事务的官员。银川平原上有其住所遗址，即南北"典农城"。南城在今青铜峡市境，北城在今永宁县境。这里是西汉最早的屯田点，也是我国最早开辟的引黄灌溉农业区。

第四章 光辉灿烂的黄河文化

在中华文明的历史长河中，黄河流域曾长期是我国的政治、经济、文化中心，中华民族在创造举世瞩目的物质文明的同时，也肇造了诸如四大发明等光辉灿烂的文化财富。这些创造和发明，极大地推动了中华民族的文明进程，对中国乃至世界政治、经济、文化的发展产生了深远影响。

第一节　文字、科技与思想成就

一、汉字的起源与演变

在中华民族的形成过程中，汉字作为汉语的最重要的交流手段，作为记录汉语信息的载体和传媒，在汉民族和以汉民族为主体的整个中华民族的政治、经济、文化生活中，一直起着无可替代的重要作用。汉字的产生是中华民族历史上划时代的创举。它让华夏先民告别了洪荒愚昧，结束了结绳记事，完成了中华民族的第一次信息革命，开创了中华民族历史的新纪元。

文字作为人类记录思想、交流思想的符号，是经过漫长的发展演变才得以形成和完善的。文字在发展早期都是图画形式的表意文字（象形文字）。我国的汉字（象形文字）大体经历了结绳记事、河图、洛书、伏羲文王画八卦、甲骨文、金文、钟鼎文、大篆、小篆、隶书、行书、草书、楷书等发展阶段。

根据考古和研究发现，证明汉字形成于黄河流域。在距今 7800～4800 年的大地湾文化时期，就出现了中国文字最早的雏形。大地湾文化是中国黄河中游已知最早的新石器时代文化，其遗址位于甘肃省天水市秦安县境内。大地湾遗址出土的陶器上发现了十几种彩绘符号，这些符号比西安半坡陶器刻画符号的时间早了 1000 多年，且有一些符号与半坡符号基本一样。专家们认为，它们可能就是中国文字最早的雏形。在公元前 5000 至前 3000 年的仰韶文化时期，在其文化遗址中就有文字、绘画等多种考古发现，同文献记载中炎帝黄帝时代的创造发明相吻合。至于在龙山文化早期的陶罐上发现的朱书可以肯定是文字，充分表明中国的汉字至少已有 4000 余年的历史。

汉字的出现也有着美好的传说，这就是仓颉造字的故事。仓颉，称苍颉，复姓侯刚，号史皇氏，轩辕黄帝史官，传说是他创造了文字，因而被后世尊为"造字圣人"。文字的出现应是人们在长期的社会生活中不断积累、不断总结的结果，所以汉字由仓颉一人创造只是传说，他很可能是总结整理了文字，在汉字成为系统性成熟性文字中发挥了重要作用，为中华民族的繁衍和昌盛作出了不朽的功绩。

相传，仓颉"始作书契，以代结绳"。在此以前，人们结绳记事，即大事打一大结，小事打一小结，相连的事打一连环结。后又发展到用刀子在木竹上刻以符号作为记事。随着历史的发展，文明渐进，事情繁杂，物名繁多，用结和刻木的方法，远不能适应需要了，这就有了创造文字的迫切要求。黄帝时代是上古发明创造较多的时期，那时不仅发明了养蚕，还发明了舟、车、弓弩、镜子和煮饭的锅与甑等，在这些发明创造影响下，仓颉也决心创造出一种文字来。

仓颉造字的传说在我国流传甚广。《淮南子·本经训》载："昔者仓颉作书，而天雨粟，鬼夜哭"。《说文解字·序》说："黄帝之史仓颉，见鸟兽蹄迒之迹，知分理之可相别异也，初造书契。"由于仓颉造字的贡献巨大，所以关于仓颉造字的传说和遗迹遍布黄河中下游许多地方。这其中，山西临汾的洞儿村（今尧庙镇西赵村）有关仓颉的传说影响较大。据说，汉唐以来，村中一直建有仓颉祠堂，称作"仓颉圣祠"，每年春天都要进行祭祀活动。这或许可以印证，今西赵村或是仓颉故里，或是仓颉造字之地。

随着象形文字的出现，书法也出现了。河南安阳小屯殷墟出土的甲骨文，已具有很高的艺术性。书法的风格虽不尽一致，但都达到了较高的水平。甲骨文上一般都有"贞人"（史官）的名字，他们应是中国最早的一批书法家。春秋战国时出现了石刻，著名的《石鼓文》是此时期石刻的代表，刻字笔画圆健，风神典雅，被誉为千古篆法之祖。

晋代书法以王羲之、王献之最为著名，其中，最能代表魏晋精神、在书法史上最具影响力的书法家当属王羲之，人称"书圣"。王羲之的行书《兰亭序》被誉为"天下第一行书"，其笔势飘若浮云，矫若惊龙，王献之的《洛神赋》字法端劲，所创"破体"与"一笔书"为书法史上一大贡献。唐代是书法史上的一个黄金时代。初唐有欧阳询等书法家，中唐有颜真卿等书法家，晚唐有柳公权等书法家。欧阳询的书法，字的结构已到了十分精严的程度。颜真卿的正楷端庄雄伟，气势开张，行书遒劲有勃，古法为之一变，开创了新风格，人称"颜体"。柳公权的书法骨力遒健，结构劲紧，自成面目，与颜真卿并称"颜柳"。北宋书法家以苏轼、黄庭坚、米芾等为代表。苏轼擅长行书、楷书，能自创新意。黄庭坚擅行、草书，自成风格。米芾行、草书有"风樯阵马、沉着痛快"的赞誉。其他如文彦博、欧阳修、司马光、王安石等人，也都有很高的书法造诣。

二、彪炳千秋的四大发明

指南针、造纸术、印刷术和火药，产生在黄河流域的四大发明是中国古代极其重要的科学技术成就，是中国古代劳动人民的伟大创造。它们不仅对中国古代的政治、经济、文化发展产生了巨大的推动作用，而且经由各种途径传至西方后，对于促进世界的文明和进步都产生了极其深远的影响。

指南针大约出现在战国是用以判别方位的一种简单仪器。前身是司南。中国是世界上公认发明指南针的国家。指南针的发明是我国汉族劳动人民在长期的实践中对物体磁性认识的结果。据古书记载，远在春秋战国时期，由于正处在奴隶制社会向封建社会过渡的大变革时期，生产力有了很大的发展，特别是农业生产更是兴盛发达，因而促进了采矿业、冶炼业的发展。在长期的生产实践中，由于生产劳动，人们接触了磁铁矿，开始了对磁性的研究和了解。人们首先发现了磁石吸引铁的性质，《管子·地数》中说："上有慈石者下有铜金。"所谓"慈石"就是磁石。后来人们又发现了磁石的指向性，经过多方面的实验和研究，终于发明了实用的指南针——司南。

司南是用天然磁石制成的。它的样子像一把汤勺，圆底，可以放在平滑的"地盘"上并保持平衡，且可以自由旋转。当它静止的时候，勺柄就会指向南方。《韩非子》中有："先王立司南以端朝夕。""端朝夕"就是正四方、定方位的意思。《鬼谷子》中记载了司南的应用，郑国人采玉时就带了司南以确保不迷失方向。

指南针发明后，在航海、大地测量、旅行及军事等方面得到了广泛应用。北宋朱彧在《坪洲可谈》一书中，最早记载了航海中使用指南针的情况，"舟师识地理，夜则观星，昼则观日，隐晦观指南针"。其后，南宋福建路市舶司（当时管理对外贸易的政府机关）提举赵汝适在所著《诸蕃志》中也提到，"舟舶来往，惟以指南针为则。昼夜守视惟谨，毫厘之差，生死系矣"。

北宋末南宋初（约1180年左右），中国的指南针（或者说罗盘）通过阿拉伯商人传入欧洲。此后，罗盘在世界航海事业上被广泛应用，对欧洲的航海业乃至整个人类社会的文明进程，都产生了巨大影响。

造纸术是人类历史上一项杰出的发明创造，大约产生于西汉早期，东汉蔡伦对造纸术进行改良，成为对人类文明进程和社会进步影响久远、成效卓著的一项发明。它引起了书写材料的一场革新，使之成为交流思想、传播文化、沟通信息、发展生产和科学技术的强有力的工具。

人类创造了文字之后，最重要的就是要有一个很好的载体，也就是书写材料，才能便于思想交流与文化传播。古代埃及人利用尼罗河的纸草来记述历史；在古代的欧洲，人们还长时间地利用动物的皮比如羊皮来书写文字；而中国，在造纸术发明以前，甲骨、竹简和绢帛都是用来书写、记载的材料。大约在3500多年前的商朝，中国就有了刻在龟甲和兽骨上的文字，称为甲骨文。到了春秋时，用竹片和木片替代龟甲和兽骨，称为竹简和木牍。甲骨和简牍都很笨重，战国时思想家惠施喜欢读书，每次外出游学时身后都跟着五辆装满竹简的大车，所以有学富五车的典故。绢帛虽然轻便，但是成本非常昂贵，也不适于书写。

到了汉代，由于西汉的经济、文化迅速发展，甲骨和竹简已经不能满足发展的需求了，从而促使了书写工具的改进——纸被发明出来了。造纸是一项复杂的化学工艺，纸的发明是中国人民在人类文化的传播和发展上所做出的一项十分宝贵的贡献。造纸术——尤其是东汉蔡伦改进的造纸术，是书写材料的一次革命，它便于携带，取材广泛，推动了中国、阿拉伯、欧洲乃至整个世界的文化发展。

纸是汉族劳动人民长期经验的积累和智慧的结晶。根据考古发现，西汉时期（公元前206—前8年），中国已经有了麻质纤维纸，但是质地粗糙，且数量少，成本高，不普及。1957年在西安东郊的灞桥出土了公元前2世纪的古纸，纸呈泛黄色，是以大麻和少量苘麻的纤维为原料，其制作较为原始。以后又在其他地域陆续发现了西汉时期的纸张，对于研究造纸起源、造纸原料、造纸技术具有重大价值。

东汉元兴元年（105年），宦官蔡伦总结了西汉以来造纸的经验，大胆试验与革新，对造纸术进行了改进。他用树皮、麻头、渔网、破布等作为原料，经过挫、捣、抄、烘等工艺制造的纸，是现代纸的渊源。这种纸，原料容易找到，又很便宜，质量也提高了，使用逐渐普遍。为纪念蔡伦的功绩，后人把这种纸叫做"蔡侯纸"。

造纸术发明后，不断从河南向经济文化发达的其他地区传播。蔡伦被封到陕西洋县为龙亭侯，造纸术就传到汉中地区并逐渐传向四川。公元2世纪造纸术在我国各地推广以后，纸就成了和绢帛、简牍的有力竞争者。公元3—4世纪，纸已经基本取代了帛、简而成为我国唯一的书写材料，有力地促进了我国科学文化的传播和发展。

造纸术也不断向中国周边地区和世界传播。在蔡伦改进造纸术后不久，造纸术就传到了朝鲜和越南，随后传到了日本。8世纪中叶造纸术传到阿拉伯联合酋长国，到12世纪，欧洲才仿效中国的方法开始设厂造纸，到了17世纪欧洲各主要国家都有了自己的造纸业，到19世纪中国的造纸术已传遍世界各国。

活字印刷术是北宋毕昇发明的，它源自隋唐之际（公元7世纪左右）出现的雕版印刷术。印刷术发明之前，文化的传播主要靠手抄的书籍。手抄费时、费事，容易抄错、抄漏，阻碍了文化的发展与传播。后来，人们从印章、碑石拓印技术和印染技术中得到启发，在隋唐时期发明了雕版印刷术。

雕版印刷是在一定厚度的平滑的木板上，粘贴上抄写工整的书稿，薄而近乎透明的稿纸正面和木板相贴，字就成了反体，笔画清晰可辨。雕刻工人用刻刀把版面没有字迹的部分削去，就成了字体凸出的阳文，和字体凹入的碑石阴文截然不同。印刷的时候，在凸起的字体上涂上墨汁，然后把纸覆在它的上面，轻轻拂拭纸背，字迹就留在纸上了。

早期印刷活动主要在民间进行，多用于印刷佛像、经咒以及历书等。唐末至北宋主要是木版印刷。唐初，玄奘曾用雕版印制普贤像，施给僧尼信众。1966年在韩国发现木刻陀罗尼经，约刻于704—751年间，为目前发现最早的印刷品。据有关学者研究，认为该经是在西安翻译和刻印的。到宋代时雕版印刷术更加发展，趋于鼎盛时期。但是随着印刷品种和数量的急剧增长，每印一种书就要雕刻一回板，耗费的人力物力相当可观。于是，就向人们提出寻求一种更简便、更经济的印刷技术。北宋仁宗时，毕昇发展、完善了印刷术，发明了活字印刷的方法，在世界印刷史上是一件伟大的创举。

活字印刷的方法是先制成单字的阳文反文字模，具体做法是用胶泥做成一个个规格一致的毛坯，在一端刻上反体单字，字划突起的高度像铜钱边缘的厚度一样，用火烧硬，成为单个的胶泥活字。为了适应排版的需要，一般常用字都备有几个甚至几十个，以备同一版内重复的时候使用。遇到不常用的冷僻字，如果事前没有准备，可以随用随制。排版时按照需要把单字挑选出来，排列在字盘内，涂墨印刷，印完后再将字模拆出，留待下次排印时再次使用。

活字印刷术的发明是印刷史上一次伟大的技术革命，为知识的广泛传播、交流创造了条件。这种印刷方法先后传到朝鲜、日本、中亚、西亚和欧洲地区，对世界文化发展产生了深远影响，毕昇也被后人称为印刷术的始祖。

火药始于古代的炼丹术，诞生于一千多年前的隋唐时期。火药的研究开始于古代道家炼丹术。隋代时，诞生了硝石、硫黄和木炭三元体系火药。黑色火药则在唐代正式出现，是有烟火药，它由硝酸钾、木炭和硫黄按一定比例混合而成，最初均制成粉末状，以后一般制成大小不同的颗粒状，可供不同用途之需。

唐代有一本炼丹书叫《真元妙道要略》，书中谈到用硫黄、硝石、雄黄和蜜一起炼丹失火的事，火把人的脸和手烧坏了，还直冲屋顶，把房子也烧了。书中告诫炼丹者要防止这类事故发生。这说明那时的炼丹者已经掌握了一个很重要的经验，就是硫、硝、碳三种物质可以构成一种极易燃烧的药，这种药被称为"着火的药"，即火药。火药不能解决长生不老的问题，又容易着火，炼丹家对他并不感兴趣。火药的配方由炼丹家转到军事家手里，就成为中国古代四大发明之一的黑色火药。

火药发明之后，唐朝末年已被用于军事。到了宋代，战争接连不断，促进了火药武器的加速发展。据《宋史·兵志》记载，北宋开宝三年（970年）兵部令史冯继昇阐述了军用火箭的制作方法。那时，人们将火药装填在竹筒里，火药背后扎有细小的"定向棒"，点燃火管上的火硝，引起筒里的火药迅速燃烧，产生向前的推力，使之飞向敌阵爆炸，这是世界上第一种火药火箭。以后又发明了火枪和炮，这些都是用竹管制成的原始管形火器，是近代枪炮的老祖宗。

火箭的发展，使人产生了利用火箭的推力飞上天空的愿望。根据史书的记载，14世纪末，明朝的一位勇士万户坐在由47个当时最大的火箭捆绑的椅子上，双手各持一个大风筝，试图借助火箭的推力和风筝的升力实现飞行的梦想。尽管这是一次失败的尝试，万户也为此献出了生命的代价。但万户却成为利用火箭飞行的第一人。为了纪念万户，月球上的一个环形山以万户的名字命名。

火药发明后，辗转传至世界各地，欧洲人约在13世纪时懂得了黑火药的作用，经过数个世纪的发展与改良，黑火药兵器逐步取代冷兵器，在陆战、海战等方面，造成革命性的影响，而黑火药作为爆炸药和推进剂，一直到19世纪中后期才逐渐被无烟火药等新炸药所取代。

火药的发明和传播对人类社会的文明进步，对经济和科学文化的发展，发挥了重要的推动作用。恩格斯曾高度评价了中国在火药发明中的首创作用："现在已经毫无疑义地证实了，火药是从中国经过印度传给阿拉伯人，又由阿拉伯人和火药武器一道经过西班牙传入欧洲。"火药动摇了西欧的封建统治，昔日靠冷兵器耀武扬威的骑士阶层日渐衰落了，火药的传入成为欧洲文艺复兴、宗教改革的重要支柱之一。

三、学派辈出的百家争鸣

春秋战国处于社会大变革大动荡时期，各诸侯国为富国强兵，纷纷招贤纳士。这个时期，无论政治制度、经济状况和社会组织都发生了剧烈变化，许多问题亟待解决。在这个新的时代中，代表各阶级、各阶层、各派政治力量的学者或思想家，都试图按照本阶级（层）或本集团的利益和要求，对政治经济发展和社会变革，提出自己的主张，探究政治、经济、哲学上的各种问题，论辩历史上的兴衰成败，他们著书讲学，互相论战，出现了思想上、学术上的繁荣景象，后世称为"百家争鸣"。

据《汉书·艺文志》记载，当时列出名字的思想流派一共有189家，4324篇著作。其后的《隋书·经籍志》《四库全书总目》等书则记载"诸子百家"实有上千家，但流传较广、影响较大、较为著名的不过几十家而已，其中儒、道、墨等10家被发展成学派。这些学派的代表人物有孔子、孟子、墨子、荀子、韩非子、左丘明等，他们的代表作有《春秋》《孟子》《墨子》《荀子》《韩非子》《左传》《国语》等，诸子百家的学说在政治思想文化领域对后世影响深远。

儒家是中国古代最有影响的思想学派，是由春秋时期孔子创立的以维护周礼为核心的思想体系，后来逐步发展为以教化为核心的思想体系。孔子是春秋末期著名的思想家、政治家、教育家，其儒家思想对中国和世界都产生了巨大影响。

"仁"是儒家学说的核心，强调人要注重自身修养，彼此之间建立起和谐的关系。对待长辈要尊敬，朋友之间要言而有信，人与人要博爱，"幼吾幼，及人之幼。老吾老，及人之老"，推己及人。对待上司要忠诚，"君事臣以礼，臣事君以忠"。对待父母要孝顺，"父母在，不远游，游必有方"。人要有抱负且有毅力，"士不可不弘毅，任重而道远"。要尊重知识，"朝闻道，夕死可矣"。要善于吸取别人的长处，"见贤思齐焉，见不贤而内自省也"等。

儒家政治上主张"德治"和"仁政"。"仁"者爱人，强调统治者要仁政爱民，"为政以德，譬如北辰，居其所而众星共之"。儒家的"德治"思想就是主张以道德去感化教育人。认为这种教化方式，是一种心理上的改造，使人心良善，知道耻辱而无奸邪之心。

儒家学派崇尚"礼"。"礼"包括两个方面：一是指根本政治制度方面的规定，所谓"礼，务国家、定社稷，序人民，利后嗣者也。"[①]也就是说，礼是治理和安定国家，巩固国家的制度和维护社会所需要的秩序。二是指具体礼仪上的规定，也叫"仪"。儒家学说主张"克己复礼"，强调人要有道德自觉，通过克制自己，达到自觉守礼的境界，达到非礼勿视，非礼勿听，非礼勿言，非礼勿动。

墨家是战国时期重要学派之一，创始人为墨翟。这一学派以"兼相爱，交相利"作为学说的基础。政治上主张尚贤、尚同和非攻；经济上主张强本节用；思想上提出天志（掌握自然规律）、明鬼（尊重前人经验、智慧）。同时，又提出"非命"的主张，强调通过努力奋斗改变自己的命运。墨家有严密的组织，成员多来自社会下层，相传皆能赴汤蹈火，以自苦励志。其徒属从事谈辩者，称"墨辩"；从事武侠者，称"墨侠"；领袖称"巨子"。墨家纪律严明，相传"墨者之法，杀人者死，伤人者刑"。墨家是一个有领袖、有学说、有组织的学派，他们有强烈的社会实践精神。墨者们吃苦耐劳、严于律己，把维护公理与道义看作是义不容辞的责任。墨者大多是有知识

---

① [春秋]左丘明.左传.刘利，等 译注.北京：中华书局，2008.

的劳动者。前期墨家在战国初即有很大影响，与儒家学派并称显学。秦汉以后由于统治者的束缚和自身的局限，日趋式微。

法家是提倡以法制为核心思想的重要学派，主张以法治国，"不别亲疏，不殊贵贱，一断于法"，其代表人物有商鞅、韩非、李斯等。法家经济上主张废井田，重农抑商、奖励耕战；政治上主张废分封，设郡县，君主专制，以严刑峻法进行统治；思想和教育方面，则主张罢黜百家，以法为教，以吏为师。其学说为君主专制的大一统王朝的建立，提供了理论根据和行动方略。战国、秦朝时期，法家理论得以全面实践。特别是秦国通过商鞅变法结束了自春秋起五百年来诸侯分裂割据的局面，建立了中国历史上第一个统一的中央集权制国家。

此外，当时的思想学派还有阴阳家、名家、杂家、农家、小说家、纵横家、兵家等，这些学派的代表人物也针对当时存在的社会问题四处游说，推行自己的政治和思想主张，对百家争鸣思想文化繁荣局面的形成发挥了重要作用。

在中国历史上，春秋战国是思想和文化最为辉煌灿烂、群星闪烁的时代。这一时期出现了诸子百家争鸣的盛况空前的学术局面，成为政治学术思想大融合的重要时期，在中国思想发展史上占有重要地位。中国伟大的思想家大多出现于这个时代，构成了中华文明的精华和基础。但到汉武帝时，推行"罢黜百家，独尊儒术"的政策，于是以孔子、孟子为代表的儒家思想成为正统，统治汉民族思想、文化两千余年。

第二节　灿若星河的文学艺术成就

一、从《诗经》到唐诗宋词

黄河中下游地区是我国文学艺术发展最早的地区。从诗经到唐诗、宋词等大量文学经典，以及大量的文化典籍，都产生在这里；吴道子、张择端等著名画家，以及颜真卿、柳公权、米芾等大书法家也都在这里涌现；这里还有龙门石窟等一系列精美的雕塑；音乐、舞蹈、杂技等艺术也都有漫长的历史和精深的造诣。黄河流域的悠久历史和灿烂文化，是我们民族的骄傲。

《诗经》是我国最早的一部诗歌总集，先秦时期称《诗》，它收集了自西周初年至春秋中叶的诗歌，共有305篇。这些诗歌的艺术形式和表现手法对于后世诗歌创作有着重大的影响，西汉时被尊为儒家经典，始称《诗经》。《诗经》分为风、雅、颂三部分，它全面展示了周王朝的社会生活，反映了中国奴隶社会从兴盛到衰败时期的历史面貌。

秦汉时期的文学、史学有相当的造诣。荀子的赋、李斯的铭是汉赋酝酿时期的重要著作，在文学发展史上有着重要意义。西汉时期文学的主要形式为散文、赋和乐府诗。贾谊的《陈政事疏》和《过秦论》、晁错的《言兵事疏》和《论贵粟疏》都是最具说服力的论说性散文。

汉赋是汉代的一种新兴的独特文体，是诗歌和散文相结合的文学形式，是诗歌的散文化和散文的诗歌化。赋既有诗歌讲求押韵和形式整饬的特点，又有散文句型自由，无严格的格律限制的特点。赋源于古诗，奠基于楚辞，形成和兴盛于两汉。也就是说，汉赋吸收综合了此前的多种文学因素，继承了《诗经》《楚辞》和先秦散文的传统，形成了新的独特的文学形式。

汉赋是汉代赋体文学的总称，它包括骚体赋、汉大赋和小赋（抒情小赋），但典型的汉赋是大赋。贾谊写了《吊屈原赋》等作品是汉赋的先声。到了司马相如的《子虚赋》和《上林赋》等作品出现，逐渐建立了汉赋的固定形式。

汉代文学虽以辞赋著称，但其文学成就的代表却是司马迁的历史散文巨著《史记》。作为当时一部百科全书式的通史，《史记》不仅在两汉，甚至在整个古代文学史上都是鲜与伦比的散文杰作。班固的《汉书》是继《史记》之后又一部杰出的历史散文著作。

汉末魏初是诗歌发展史上一个崭新时期。在黄河流域涌现出的建安诗人中，曹操是一位开风气之先的大家，并以他的身份推动了建安文学的兴盛。曹操的儿子曹丕、曹植的诗也很有名。还有"建安七子"中的王粲、陈琳以及著名女作家蔡琰（蔡文姬）等人的诗作，都有很高的文学价值。北朝的民歌，由于地理环境和人文条件的关系，也很有特色，刻画了黄河流域北方边疆的社会生活和民族风貌。如《敕勒歌》《木兰辞》等。三国两晋南北朝的文学评论也在黄河流域发展起来，曹丕的《典论·论文》，是中国文学评论史上重要论著之一。北朝还出现了两部与黄河流域有关且很有价值的著作——《水经注》和《洛阳伽蓝记》。它们既是地理著作，也是优秀的散文作品。

唐代文学艺术空前繁荣。古典诗歌到了唐代已发展到炉火纯青的成熟时期，孕育了李白、杜甫、白居易、王维等举世闻名的大诗人。唐诗是汉民族珍贵的文化遗产，是汉民族文化宝库中的一颗明珠，同时也对周边民族和国家的文化发展产生了很大影响。唐代大部分诗歌都收录在《全唐诗》中。按照时间，唐诗的创作分为初唐、盛唐、中唐、晚唐四个阶段。唐代诗人创作了大量歌咏黄河的脍炙人口的诗句，如李白的"君不见，黄河之水天上来，奔流到海不复回"，王之涣的"黄河远上白云间，一片孤城万仞山"，王偃的"一双泪滴黄河水，应得东流入汉家"等。

宋词历来与唐诗并称双绝，都代表一代文学之盛。宋词是一种新体诗歌，句子有长有短，便于歌唱。因是合乐的歌词，故又称曲子词、乐府等。它始于唐，盛于宋。宋词是中国古代文学一颗光辉夺目的明珠，在古代文学的百花园里，她以婉约、豪放的神韵，与唐诗争奇，与元曲斗艳。宋词中也有不少吟咏黄河的名句，比如元代文学家元好问的《水调歌头·赋三门津》中有："黄河九天上，人鬼瞰重关，长风怒卷高浪，飞洒日光寒"，就写得极有气势，使黄河的雄奇景观跃然纸上。

唐宋的散文也取得了很高的成就，唐代的韩愈、柳宗元和宋代的欧阳修、苏洵、苏轼、苏辙、王安石、曾巩，在散文方面都有精深的造诣，被誉为"唐宋八大家"。他们是主持唐宋古文运动的中心人物，提倡散文，反对骈文，给予当时和后世的文坛以深远的影响。唐宋八大家中以韩愈的成就最著，这位唐代著名的文学家、哲学家、思想家，是唐代古文运动的首要倡导者，宋代苏轼称他"文起八代之衰"，明人推他为"唐宋八大家"之首，与柳宗元并称"韩柳"，有"百代文宗"之名。韩愈的著作都收在《昌黎先生集》里。

元曲是盛行于元代的一种文艺形式，包括杂剧和散曲，杂剧是戏曲，散曲是诗歌，属于不同的文学体裁。散曲是元代文学主体，不过，元杂剧的成就和影响远远超过散曲，因此也有人以"元曲"单指杂剧。元曲是汉民族灿烂文化宝库中的一朵奇葩，它在思想内容和艺术上都达到了很高的成就，和唐诗宋词明清小说鼎足并举，成为我国文学史上一座重要的里程碑。元曲的兴起对于我国民族诗歌的发展、文化的繁荣有着深远的影响和卓越的贡献。元曲的著名作家有关汉卿、马致远、郑光祖、白朴等四位，被誉为"元曲四大家"，他们的代表作有《窦娥冤》《汉宫秋》等。

明清两代是中国文学发展史上的重要时期，出现了不少的文学家和文学名著。如明代弘治以来的文学复古运动，以"前后七子"影响较大，其中属于黄河流域的有李梦阳、何景明等人，分别著有《空同集》《大复集》等著作。

明清两代的文学以小说成就最为突出，这个时代的小说从思想内涵和题材表现上，最大限度地包容了传统文化的精华，充分显示出其社会作用和文学价值，打破了正统诗文的垄断，在文学史上取得了与唐诗、宋词、元曲并列的地位。

二、源远流长的古代艺术成就

黄河流域的艺术发展历史久远，孕育了绘画、书法、雕塑等多种多样的艺术形式和一大批声名远播的艺术大师，留下了众多令人叹为观止的艺术珍品。

根据考古资料，我国最早的绘画发现于大地湾文化遗址中。专家们确认，大地湾编号为

"F411"的房址地面上发现的一幅黑色颜料绘制的画作,是我国目前发现的时代最早的独立存在的绘画。这幅画长约1.2米、宽约1.1米,将中国美术史向前推进了2000多年。在黄河流域的广大地区,在不同文化时期出土的陶器上发现了很多图画样式。仰韶文化是以各种线条为其主要纹饰的,龙山文化以几何形花纹为其主要纹样,以此表示出人物、动植物和事物的形象。

此后,绘画艺术不断发展。商朝青铜器表面的纹饰,向我们展现了绘画的广泛与普遍,而且各种后世出现的祥瑞与神怪,在商朝的绘画中渐渐定型,其中最重要的就是龙的形象被确立。到了周朝,绘画上各种形、色的规则,已经成了社会最重要的规范之一。这时,无论是题材、色彩、材质以及描绘方式,都已形成了定制,成了礼仪的重要内容,绘画亦用来表述历史人物与历史事件,成为文化教育的组成部分。相传孔子曾见过周朝的各种绘画而大为赞赏,认为这是周朝重视文化的表现,也是周朝之所以强盛的重要原因。

汉代的画师们,已有高超的状物技巧。皇帝选妃,要通过画工所画的美人图像来定夺。相传王昭君因为不愿贿赂画师毛延寿而落选,日后被迫远嫁匈奴和亲。汉代的一些军事家、政治家、科学家,要画地图、要制作典籍的插图,因而在绘画上也有很深的造诣,如张衡、诸葛亮等。

唐宋时期,中国绘画取得了前所未有的发展,涌现了一批绘画大家和传世佳作。吴道子善画佛教和道教人物,他落笔磊落、势状雄峻,生动而有立体感。在天水麦积山等地石窟中的精美壁画中,有一些还保留着当时绘画的基本风貌。阎立本善画人物,他以"描法"为表现手法,具有独到的艺术魅力。阎立本的《历代帝王图》《步辇图》和张萱的《虢国夫人游春图》《捣练图》堪称当时人物画中最著名的精品。动物画中,则以韩滉的《五牛图》最受人推崇。北宋画家张择端,善画风俗画,他的《清明上河图》是一副杰出的风俗画佳作。张择端以真实生动的笔工,画出了节日时开封郊外和城内的景象,是一件具有重要历史价值的艺术珍品。

明清画风基本上承袭了宋代以来的山水画和人物画,也出现了一些著名的书画家。明代书画家邢侗,善画兰竹。清代大书画家郑板桥,曾任山东范县(今属河南)知县,亦以画兰竹著称,他以草书中竖长撇法运笔,体貌疏朗,风格劲峭,为世称道。

黄河流域的雕塑艺术起源也很早。夏代最具代表性的雕塑艺术是陶塑,在河南偃师二里头夏文化遗址中出土的文物中,就有龟、蛤蟆、猪和羊头等陶塑。商代青铜冶炼技术已达到相当高的水平,所以商朝的雕塑艺术莫过于青铜器的制作了,如司母戊大方鼎,重达875公斤,它是复合铸造的一件珍品,造型也十分雄伟。西周青铜器铸造艺术大放异彩,《大盂鼎》和《毛公鼎》等青铜器的花纹和形态非常优美,制造十分考究,也是中国古代艺术和工艺极宝贵的资料。

秦代雕塑艺术获得重大发展，在中国雕塑史上占有非常重要的地位。陕西西安出土的秦始皇兵马俑，艺术价值空前。其主要艺术特点是：形体高大，崇尚写实，手法严谨；类型众多，个性鲜明，形象生动；在总体布局上，利用众多直立静止体的重复，造成排山倒海的磅礴气势，令人产生敬畏而难忘的印象。陶俑以数量大，分布广，内容丰富为特色，再现了秦军奋击百万、战车千乘、英勇善战的精神风貌，是秦朝雕塑艺术高超技巧的集中体现，充分展示了秦代雕塑艺术的卓越成就。

三国两晋南北朝时期，随着佛教的传入，佛像造像活动随之产生。北魏黄河流域的石窟造像在今甘肃、河南、山西、陕西、山东等省均有发现。其中以河南洛阳龙门石窟和山西大同云冈石窟造像为代表。龙门石窟的造像，面容清秀，两肩削下，身着"褒衣博带"式袈裟的风格，符合中原汉民族的特色。而云冈石窟造像，受外来造像风格的影响，面形圆润，深目高鼻，两肩平阔，身着偏袒右肩通肩大衣服饰。

洛阳龙门石窟　　黄宝林　摄

唐代雕塑也取得了很高的艺术成就，留下了西安菩萨立像、昭陵六骏等艺术珍品。出土于唐大明宫遗址的大理石菩萨立像，虽然残缺不全，但整体匀称，造型优美，华丽典雅，落落大方，堪称唐代雕像之杰作。昭陵的石雕艺术很有创新，精美的"昭陵六骏"浮雕，是其中最负盛名的作品，六匹骏马雄劲有力，生动体现了唐代雕塑的艺术水平。

宋元明清时期，雕塑艺术在延续前代题材和技法的基础上，又不断有新的发展。

音乐、舞蹈、杂技在黄河流域由来已久。在黄河流域新石器时代遗址中，发掘出了骨笛、陶埙等乐器。在青海省大通县上河家寨出土的一件新石器时代的彩陶盆上，彩盆壁的带纹上绘有三组舞人形象，为我们复活了原始先民们的舞蹈，其中五人一组的舞者手携手，踏着统一的步伐，体态鲜活，生机盎然。黄河流域的原始杂技主要表现原始劳动技能，如渔猎、上树、走索等。

中国素有"礼乐之邦"美誉，黄河流域的音乐也是一脉相承。

商代音乐有"大护""晨露""九招""六列"等乐章，殷墟出土的乐器有陶埙、石埙、铜铃、铜铙等。商代还有编钟、编磬、编铙等乐器，编钟、编磬、编铙都是三种成一套，每套发三个音，三音之间纯四度与三小度的音程关系很突出。埙到商代晚期已趋于定型，成为一种有五音孔，至少能发九个音的民间旋律乐章，特别是它能发四五个半音。实际上已为七声音阶和十二音律的出现提供了条件。

源于周王朝的宫廷礼乐规模宏大，乐器种类繁多，观乐人数众多，观演规矩也十分繁杂。当时使用的各类乐器已达70多种，而且逐渐形成了按乐器制作材料区别的八音分类法，即金、石、丝、竹、匏、土、革、木。

春秋战国的音乐在文化生活中是很繁盛的，当时民间演唱水平已相当高，如韩国的韩娥，沿街卖唱乞讨，其歌"余音绕梁，三日不绝"。此外还值得一提的是，中国杂技的雏形也出现在春秋战国，此前所谓的杂技只不过是劳动技能的演习，并不是严格意义上的杂技。春秋战国民间已有杂技表演，《刘子·说符》中，记述了宋国有两个叫兰子的在表演高跷、飞剑和燕戏中技艺高超，令人叫绝。

秦朝在宫廷里设有掌管音乐的机构——乐府，主要是收集、整理、改编民间音乐，供宫廷欣赏享用。汉承秦制，乐府也被继承下来，并发扬光大。据记载，西汉时期采集的民歌中，著名的就有130余首。

隋朝在中国音乐史上占有一个特殊的位置，它继承了汉以来相和曲、清商大曲的乐舞传统，同时也接受了汉族音乐与西域音乐几个世纪间长期并存共同繁荣的局面。两相交融，使宫廷"燕乐"得到空前的发展，当时已置有九部乐，唐代扩充为十部乐。唐代"燕乐"的演出阵容庞大，参与演出的乐工29人，歌者2人，舞者20人。当时的舞蹈则以《霓裳羽衣舞》最为有名，诗人白居易在其作品中作了动人的描述。

明清时期黄河流域也出现了一些音乐家、演奏家和乐曲。明代今河南沁阳的朱载堉，在音律研究方面成绩显著，首创的"十二平均律"为世界近代音律学家所推崇。

新中国成立以后，黄河流域文化艺术事业继往开来，取得了巨大成就。广阔的自然风貌，浓郁的民族风情，深厚的文化底蕴，多彩的生活习俗，为流域各省广大文学艺术工作者提供了丰厚的创作源泉。他们勇于承担社会和历史责任，深入农村、牧区、工矿等一线体验生活，把握时代脉搏，撷取生活营养，激发创作激情，在创作手法和艺术形式上，进行了多方面探索，成就了一大批知名作家，创作出众多高质量的文学作品。绘画、书法、戏剧等领域，也都出现了一批艺术大师和优秀作品。这些作品讴歌国家独立、民族解放，讴歌社会主义建设与改革开放的巨大成就，在繁荣社会主义文学事业，弘扬主旋律，和社会主义精神文明建设中发挥了重要作用。

第五章 水上长城与大河明珠

历史上，黄河下游决溢泛滥频繁，平均三年两决口，百年一改道，给沿黄河两岸人民造成了惨重损失。自秦代黄河下游第一次出现连贯的长堤之后，黄河大堤就成为抗御黄河洪水的主要屏障。新中国成立后，黄河经过四次大修堤，绵延的堤防宛如水上长城，有效地减轻了黄河洪水威胁。

第一节 黄河堤防的沿革

关于堤防的起源，古今众说纷纭。传说上古时候的共工以及鲧、禹治水，均曾修过简单的堤防。西周时曾有"防民之口，胜于防川，川壅而溃，伤人必多"的谚语。春秋以后，修堤活动逐渐增多。公元前651年，齐桓公与诸侯在葵丘会盟时，提出了"无曲防"的禁令，目的在于限制诸侯国之间修堤时以邻为壑的做法。

战国时，大规模的堤防开始出现，西汉贾让在"治河三策"中说："盖堤防之作，近起战国。壅防百川，各以自利。"当时修筑堤防，诸侯国各从自己的利益出发，使得修成的堤防无法达到整齐划一，堤防在防御洪水的同时，也存在着以邻为壑或阻碍行洪的情况。

秦统一六国之后，对黄河堤防进行了整治，"决通川防，夷去险阻"，黄河下游第一次出现了连贯的长堤。不仅如此，秦王朝还拓展了堤防的功能，把黄河大堤加固后兼作驰道，在堤防上栽植青松进行绿化，即《汉书》中所说的"厚筑其外，隐以金椎，树以青松"。

进入西汉，河患日多。王莽始建国三年（公元11年），河决魏郡，黄河改道。由于时值战乱时期，朝廷无暇治理，大河南泛，导致河、济分流处堤岸严重坍塌，造成后来黄河、济水、汴水交败的局面。直到永平十二年（公元69年），东汉王朝派王景进行大规模治理，修筑了荥阳东至千乘海口的堤防千余里，加上其他措施，达到了筑堤、理渠，实行河、汴分流的目的。此后至北宋，文献记载中黄河决溢灾害明显减少，出现了一个相对的安流期。

北宋期间，黄河的决溢灾害大大超过前代，河道变迁十分剧烈。南宋建立后的第二年（1128年），为阻止金兵南进，宋将杜充掘开黄河，泛水自泗入淮，成为黄河长期南泛的开始。此后，黄河在河南原武、阳武等地的决口甚为频繁，金朝统治者塞决修堤，付出了不少努力。金明昌五年（1194年），河决阳武故堤，主流经徐州以南会泗入淮，黄河南流的局面完全形成。元代对黄河长期实行多股分流。至正十一年（1351年），贾鲁受命治河，采用疏、塞、筑堤等措施，获得成功。

在这次治河中，贾鲁修复了砀山以上北堤等堤防，挽河东南由泗入淮，形成著名的贾鲁河道。

明初弘治六年（1493年），刘大夏受命治河，在黄河北岸筑起长180公里的太行堤，并在太行堤之南另筑一道内堤。两条长堤筑起后，防治了黄河北决，黄河南侧仍维持多支分流。嘉靖年间，治河大臣潘季驯推行"筑堤束水，以水攻沙"之策，大筑两岸堤防，创造性地构建了遥堤、缕堤、格堤、月堤相互配合的堤防体系，把黄河下游两岸的堤防全部连接起来加以固定。清代河康熙、雍正、乾隆三朝重视河政，黄河两岸堤坝渐趋完整，未再发生大的改道。乾隆以后，河患不断加重。清咸丰五年（1855年），长期积重难返的黄河在河南铜瓦厢决口，泛水分三股流向东北，夺大清河由利津注入渤海。从1860年开始，在新河道两岸陆续开始修筑民埝、大堤，至1884年，新河道两岸连贯的大堤修建完成，这条河道大体就是现今的黄河河道。

1938年6月，为了阻止日军侵犯，当时的国民政府当局命令挖开郑州花园口黄河大堤，滔滔黄水而下，豫皖苏三省44县成为黄泛区，给人民带来了深重的灾难。不久，国民政府动工修建泛区西岸黄河堤防，命名为防泛新堤，于1939年7月完成。新河堤防自广武黄河老堤起，经郑县、尉氏、项城至安徽太和县界首集，长158公里。与此同时，日伪政权也在黄河东岸修起了防泛堤防，形成隔岸对峙局面。因时值战争时期，所修新堤单薄，稍有大水，极易酿成决口。

1946年，开始了中国共产党领导的人民治黄事业，解放区政府和治河机构组织沿黄群众开展了大规模堤防建设，使遭受严重破坏的故道堤防得到初步修复。1947年3月，改道8年的黄河回归故道，即目前的现行河道。

新中国成立以后，在"宽河固堤"的方针指导下，以防御陕县站23000 m³/s洪水为目标，开展了第一次大规模的堤防建设，为战胜1958年黄河特大洪水奠定了工程基础。1962年，随着三门峡水利枢纽由"蓄水拦沙"改为"滞洪排沙"运用方式，黄河下游开始第二次大修堤，至1965年完成，共计加高培厚临黄大堤和金堤580公里，整修补残堤段1000公里，下游排洪排沙能力逐步得到恢复。1974年年初开始的黄河下游第三次大修堤，重点对堤防进行加固。至1985年，黄河大堤平均加高2.15米，普遍达到防御花园

黄河下游千里堤防　　　黄宝林　摄

口 22000 立方米每秒洪水的设防标准，黄河下游防洪能力进一步增强。

进入 21 世纪，黄河大洪水的威胁仍是中华民族的心腹之患。在这种情势下，实施的黄河标准化堤防建设，目标是把下游两岸大堤建成集防洪保障线、抢险交通线和生态景观线三种功能于一体的标准化堤防体系。截至"十一五"末，共建成黄河下游标准化堤防 745 公里，一期工程全线贯通，二期工程建设正在进行。

古老的黄河大堤，经过多年建设，如今如同两道"水上长城"，抵御着黄河洪水，为黄河岁岁安澜发挥着巨大作用。

第二节　发展中的黄河水利水电事业

新中国成立后，黄河流域灌溉事业飞速发展，宝贵的水资源得到有效开发利用。经过大规模的水利建设，在改造扩建老灌区的基础上，兴建了一批新的大中型灌区。20 世纪 60 年代，三盛公、青铜峡水利枢纽相继建成，宁夏、内蒙古平原灌区引水得到保证；陕西关中地区兴建宝鸡峡引渭灌溉工程和交口抽渭灌区，晋中地区的汾河灌区和文峪河灌区相继扩建，汾渭平原的灌溉发展进入一个新的阶段。20 世纪 70 年代，上中游地区先后兴建了甘肃景泰川灌区、宁夏固海灌区、山西尊村灌区等一批高扬程提水灌溉工程，使干旱高原变成了高产良田。据统计，目前黄河流域内已建成蓄水工程 19025 座，总库容 715.98 亿立方米，引水、提水工程 3.5 万处，灌溉面积 1.2 亿亩。截至 2007 年，设计规模 10 万亩以上的灌区有 87 处，占流域有效灌溉面积的 52.9%；设计规模 100 万亩以上的特大型灌区 16 处，占流域有效灌溉面积的 35.2%，大中型灌区的投入使用，在黄河流域农业生产中发挥了支柱作用。

黄河上游的宁蒙平原，中游的汾渭盆地以及下游的黄淮海平原已经成为我国粮食、棉花、油料的重要产区。流域内的内蒙古、河南、山东、宁夏、陕西、山西等省（自治区）的 81 个县、黄河下游引黄灌区的 59 个县列入全国产粮大县。截至 2007 年，黄河流域有效灌溉面积达到 8554 万亩，黄河流域及下游引黄灌区粮食总产量约 6685 万吨，占全国粮食总产量的 13.4%，为保障国家粮食安全做出了重要贡献。

人民胜利渠是黄河下游第一个大型自流引黄灌溉工程，渠首位于河南省黄河北岸武陟县秦厂村。黄河下游由于洪水威胁严重，历史上很少有人在黄河大堤上开闸引水灌溉。新中国成立不久，国家批准修建引黄灌溉济卫工程，1952年3月建成，设计引水流量55立方米每秒。当年浇地28万亩。为了纪念人民共和国黄河下游建闸的胜利，定名为"人民胜利渠"。人民胜利渠的建成，揭开了黄河下游大规模开发利用黄河水资源的序幕。经过60多年发展，现在黄河下游河南、山东两省引黄灌溉面积已发展到3300多万亩。

同时，黄河还为沿河两岸50多座大中城市、420个县（旗）城镇、晋陕宁蒙地区能源基地、中原油田、胜利油田等工业发展提供了水源保障。

黄河流域可能开发的水电装机容量为2800万千瓦（按大于500千瓦水电站统计），年发电量1170亿千瓦时占全国可开发电量的6.1%，在全国七大江河中居第二位。这些水电资源主要集中在玛曲至龙羊峡、龙羊峡至青铜峡、河口镇至龙门和潼关至桃花峪四个河段。其中以龙羊峡至青铜峡最为集中，占黄河干流可开发水电资源的48%左右，被称为我国水电资源的"富矿"。

新中国成立后，在"根治黄河水害，开发黄河水利"总方针指引下，黄河流域建设事业迅速发展。目前，黄河干支流上共建成大中小型水库和水电站3000余座，其中干流上建成水利枢纽工程28座，总库容611.79亿立方米，电站装机1711.08万千瓦。它们犹如一颗颗璀璨的明珠，镶嵌在大河上下上，在防洪、发电、灌溉、供水等方面产生了巨大的综合效益。

龙羊峡水电站，位于青海省海南藏族自治州境内，踞黄河干流梯级之首，处于"龙头"地位。它控制着黄河流域面积的17.5%，黄河年径流量的36%，总库容247亿立方米，电站总装机容量128万千瓦。龙羊峡水电站以发电为主，兼顾防洪和灌溉等功能，它库容大，具有多年调节性能。它与已建的刘家峡水电站、拟建的黑山峡水利枢纽联合运行，将从根本上控制黄河上游洪水，消除宁蒙河段凌汛威胁，满足青海、甘肃、宁夏、内蒙古四省（自治区）工农业用水的需要，并为黄河下游河段每年提供70亿～95亿立方米的水量。

刘家峡水电站工程，位于甘肃省临夏回族自治州境内，控制着黄河流域面积的24.2%，年径流量的60%，总库容57亿立方米，电站总装机容量116万千瓦。1974年建成以来，经过多年运行，工程质量良好，效益显著。

1957年动工兴建的三门峡水利枢纽，是万里黄河上兴建的第一座大型工程，是治理和开发黄河的一次重大实践，它提高了人们对于黄河水沙规律特殊性和治理长期性的认识，为在多沙河流上修建大型水利工程积累了宝贵经验。

小浪底水利枢纽位于河南省洛阳市以北40公里的黄河干流上，控制全河流域面积的92.3%，年径流量的90%，水库总库容126.5亿立方米，总装机容量180万千瓦。小浪底水利枢纽以防洪、防凌、减淤为主，兼顾供水、灌溉和发电，处在承上启下控制黄河下游水沙的关键部位，既可较好地控制黄河洪水，又可利用其淤沙库容拦截泥沙，进行调水调沙运用，以减缓下游河床的淤积抬高。

黄河流域支流水库建设也有了长足发展。一座座干支流水库，以肥美的黄河水，强劲的水电能源，成为流域经济社会发展的重要支撑和发展动力。

水利工程是人类改造自然、利用自然的成果，它的设计、建设和管理既反映人们对水利科学的认知水平，而工程的结构形式、建筑布局、建筑目的等，也赋予了水利工程文化的价值。

一定时期一定地域的水利工程，反映了一定的文化价值取向。战国时期的秦国及统一全国后的秦王朝，兴建的水利工程数量多、规模大、影响深远，在中国历史上极为突出。分布在黄河流域的有郑国渠、枋口水利工程、银川秦渠、河套灌区等。秦为了实现一统华夏的目标，实行重农、奖励耕战的一系列政策。发展农业生产必然要以兴建水利工程作为依托，秦国的水利建设，成为其促进农业生产、富国强兵的价值取向和精神追求，从而为水利工程中赋予了深刻的文化含义。

山东东平县境内的戴村坝，是另一处富有文化意义的水利工程。明朝永乐年间，工部尚书宋礼奉命疏浚运河，采纳民间治水专家白英的建议，在汶水下游大清河东岸戴村附近拦河筑坝，遏汶水入小汶河南流。大坝修成之后，汶水顺小汶河南下，流向南旺运河最高处，再分水南北。"七分朝天子，三分下江南"，从而使这段运河畅通无阻，分享其利。

黄河流域当今的水利工程，在带来显著经济社会效益的同时，其文物价值也日益显现。如引大入秦水利工程，地处崇山峻岭地带，地质条件复杂，工程艰巨，建筑物繁多，并以隧洞为主，是中国目前规模最大的跨双流域调水自流灌溉工程，被称为"中国的地下运河"。它的修建，把甘肃、青海两省交界处的大通河水，跨流域东调120公里，引到兰州市以北干旱缺水的秦王川盆地。工程建设中，中外承包商共同奋战，创造了很多奇迹，被称为多国合作的水利工程杰作。2011年，该工程渠首、隧洞、渡槽等工程被列入甘肃省级文物保护单位。

水利工程的兴建，改善了水体的质量与规模，改善了工程所在地的自然面貌，形成了许多新的自然和人文景观。小浪底水库，原来只是一个荒芜的峡谷，小浪底水利枢纽建成后，这里成为一个景色优美、交通便利的水利风景区。雄伟的水库大坝与库区的柏崖山、红崖山、黄鹿山等20多个风景点交相辉映，近有曲折蜿蜒的河湾，远有烟色浩渺的湖面，形成湖光山色、千岛星布的自然景观。从码头登舟，击水搏浪，出入高峡平湖，观赏沿岸山水风光，尽情领略母亲河的风采，以景观上的美、幽、奇、胜、典，满足人们高雅的享受和回归自然的追求，在风格上既有田园风情的古朴悠适，又有现代时尚的典雅气派，是我国北方少有的山水景观。

第六章 黄河流域经济文化展望

黄河流域矿产资源丰富，能源富集，黄河在保障流域及相关地区防洪安全、粮食安全、生态安全等方面具有重要的地位。随着"一带一路"战略的实施，黄河流域及相关地区将迎来新的发展机遇。经济与文化相伴而生，互相促进。

第一节　华北、西北的重要水源

一、农业的命脉，工业的基础

黄河流域耕地资源丰富、土壤肥沃、光热资源充足，但由于地处西北、华北干旱、半干旱地区，因此，水资源条件成为保障农业生产和粮食安全的首要条件。

根据《国家粮食安全中长期规划纲要》和《全国新增1000亿斤粮食生产能力规划》，2030年黄河流域粮食综合生产能力将达到525.5亿公斤，比现状增加118.5亿公斤。提高单产，提高灌溉保证率和适度发展灌溉面积是保证流域农业高产稳产的重要手段。通过加大节水和灌区改造力度，在粮食主产区和粮食后备基地，建设一批以农业灌溉用水为主要目的供水工程，农田有效灌溉面积将从2007年的7765万亩增加到2030年的8697万亩，农田灌溉定额从2007年的434立方米每亩减少到2030年的359立方米每亩，灌溉水利用系数由2007年的0.49提高到2030年的0.61，需水量由2007年的336.8亿立方米下降到2030年需水量为312.5亿立方米。农村生产需水量由2007年的366.6亿立方米减少为347.1亿立方米，黄河流域将为国家粮食安全再立新功。

作为西北、华北地区的主要水源，黄河承担着沿河50多座大中城市、420个县（旗）城镇以及晋陕宁蒙地区能源基地和中原油田、胜利油田水源保障的任务。

黄河流域除四川省外，其余8省（自治区）的省会城市，均在黄河供水范围内。其中，兰州、银川、郑州、济南4市依傍黄河干流，西宁、呼和浩特、太原、西安位于黄河主要支流岸边。天水、石嘴山、包头、乌海、榆次、临汾、宝鸡、咸阳、铜川、延安、三门峡、洛阳、开封、新乡、泰安、滨州、东营等城市，也都位于黄河干支流两岸，依赖于黄河水资源推进其经济发展和城市建设。

新中国成立以来，依托丰富的煤炭、电力、石油和天然气等能源资源及有色金属矿产资源，流域内建成了一大批能源和重化工基地、钢铁生产基地、铝业生产基地、机械制造和冶金工业基地，初步形成了工业门类比较齐全的格局，为流域经济的进一步发展奠定了基础。形成了以包头、太原等城市为中心的全国著名的钢铁生产基地和豫西、晋南等铝生产基地，以山西、内蒙古、宁夏、陕西、河南等省（自治区）为主的煤炭重化工生产基地，建成了我国著名的中原油田、胜利油田以及长庆和延长油气田，西安、太原、兰州、洛阳等城市机械制造、冶金工业等也有很大发展。近年来，随着国家对煤炭、石油、天然气等能源需求的增加，黄河上中游地区的甘肃陇东、宁夏宁东、内蒙古西部、陕西陕北、山西离柳及晋南等能源基地建设速度加快，带动了区域经济的快速发展，与此同时，能源、冶金等行业增加值比重上升。

目前，黄河流域用水量从1980年的343.0亿立方米增加到近年的422.7亿立方米，年均增长率0.8%。工业生活用水的比重由11.7%提高到25.1%，尤其是宁夏宁东、内蒙古西部、陕西陕北、山西西部的能源和煤化工工业，发展迅速，用水增加较快。

据测算，随着城镇化率和居民生活水平的提高，以及第三产业和建筑业发展迅速，流域生活总需水量将由2007年的36.5亿立方米增加到2030年的65.2亿立方米。城镇生产需水量将由2007年的69.7亿立方米增加到110.4亿立方米，其中宁夏宁东、内蒙古西部、陕西陕北、山西西部、甘肃陇东等能源基地用水需求增长强劲，需水将由2007年的8.2亿立方米增加到2030年的33亿立方米。

黄河流域属于资源型缺水地区，由于资源禀赋上的先天不足，加之经济社会发展，水资源供需矛盾将更加突出。为缓解黄河水资源供需矛盾的严峻形势，实现黄河水资源可持续利用，支撑经济社会可持续发展和维持黄河健康生命，近期必须采取强化节水、加强调度管理、兴建干流调蓄工程，远期必须实施跨流域调水。

据预测，通过节水型工业和节水型城市等节水型社会的建设，2020年和2030年，黄河流域节水量分别为56.9亿立方米和76.4亿立方米。通过黄河干流古贤、黑山峡等枢纽工程的建设，将能有效增加水量调控能力，优化水资源配置和提高供水保证程度。在支流有条件的地区，续建、新建一批水库工程，例如泾河的东庄水库和马莲河水库、沁河河口村水库、洮河九甸峡水库等，可以显著改善当地生活生产用水需求。在甘肃、内蒙古、陕西、山西、河南等省（自治区），从黄河干流及渭河等主要支流建设提水工程，能够缓解当地水资源紧缺状况。

长远来看，跨流域调水是解决黄河缺水的根本措施。预计，2020年实现引汉济渭调水一期工程，可为关中地区年调供水10亿立方米，2030年引汉济渭工程全部生效，可再增加调水量5亿立方米。适时建设的南水北调西线一期工程，从雅砻江、大渡河干支流调水80亿立方米，为黄河流域及邻近的相关地区增加供水，可显著改善相关地区生态环境，促进当地及流域经济社会发展。

二、生态环境的保障

水资源是生态环境的主要控制性因素，水生态文明是生态文明的核心组成部分。黄河流域具有较丰富的生境类型，沿河形成了各具特色的生物群落。黄河作为联结河源、上中下游及河口等湿地生态单元的"廊道"，是维持河流水生生物和洄游鱼类栖息、繁殖的重要基础。同时由于特殊的地理环境，黄河流域也是我国生态脆弱区分布面积最大、脆弱生态类型最多、生态脆弱性表现最明显的流域之一。

黄河源区　　　　黄宝林　摄

黄河源区湖泊和沼泽众多，孕育了多种典型高寒生态系统，其中湿地是源区最重要的生态系统，面积约占源区总面积的8.4%，是生物多样性最为集中的区域，且具有较强的水源涵养能力；黄河上游河道外湖泊湿地多属人工和半人工湿地，依靠农灌退水或引黄河水补给水量，湿地对黄河依赖程度较高；中游湿地主要分布在小北干流、三门峡库区等河段；黄河下游受多沙特点的影响，河道淤积摆动变化大，形成了沿河呈带状分布的河漫滩湿地；黄河河口处于海陆生态交错区，湿地自然资源丰富，生物多样性较高，是我国暖温带最广阔、最完整的原生湿地生态系统，也是亚洲东北内陆和环西太平洋鸟类迁徙的重要"中转站"及越冬、栖息和繁殖地。

由于自然因素和历史的原因，黄河两岸曾经风沙弥漫，荒碱遍地，许多地方甚至是寸草不生，自然条件十分恶劣。新中国成立以后，引黄灌溉的发展，有计划的引黄放淤、改良土壤，改变了沿黄地区的自然风貌。如甘肃省的景泰川电力提灌工程，在改变当地生态环境方面的效益就十分显著。景泰川东临黄河，北靠腾格里沙漠，有荒原7万多公顷。1973年建成的景泰川电力提灌工程，设计引水10立方米每秒，灌溉面积2万公顷。工程发挥效益之后，使茫茫荒滩逐步成为万顷良田，条田成方，渠道成网，绿树成行，生态环境转向良性循环。再如，河南省兰考县曾饱受风沙之苦，经过引黄河水放淤改土，栽植泡桐，改善了土壤，挡住了风沙，显现出良好的生态效益。

1999年黄河实施水量统一调度以来，通过多次实施黄河下游生态调度，保障了黄河干流连续十多年不断流，增加了河道基流及入海水量，改善了河流生态系统功能和水环境质量，尤其是黄河河口三角洲湿地萎缩趋势得到遏制，生物多样性明显提高，河口三角洲生态系统再现碧野万顷、鸥鸟翔集的盎然生机。

随着流域经济社会发展，黄河流域水生态形势十分严峻，近年废污水、污染物排放量逼近甚至超过黄河纳污能力。受流域经济社会布局、沿河地形条件等影响，黄河流域污染物入河状况相对集中，与流域纳污能力分布不相一致，主要纳污河段以约20%的纳污能力承载了全流域约90%的入河污染负荷，尤其是城市河段入河污染物超载情况严重。加强流域水资源保护、修复河流生态系统功能，是保障流域及相关地区的供水安全、支撑流域经济社会可持续发展刻不容缓的重要任务。

按照国务院批复的《黄河流域综合规划》(2012—2030年)，黄河流域尤其是城市河段在严格执行污水集中处理、达标排放等国家标准的基础上，实行更为严格的水资源和水环境保护制度，采取转变生产方式、调整产业结构、推进清洁生产等综合治理措施，黄河流域水功能区限制排污总量较现状需削减70%左右，实现2020年"饮用水水源区、黄河干流等重要水功能区水质达到或优于Ⅲ类，重要支流水质达到或优于Ⅳ类"、2030年"流域水功能区全部达到水质目标要求"的总体目标。

同时，将河流生态环境用水作为黄河流域水资源配置的重点目标之一，合理规划和安排流域生活、生产和生态用水，优化流域水资源配置。坚定不移地实施黄河干流和重要支流的水资源统一调度和管理，维持河流一定的自净能力，保障黄河干支流主要断面的生态环境水量，使黄河实现从一般意义上的"不断流"到"功能性不断流"的重大转变。

第二节　黄河与流域经济社会发展

一、潜力巨大的增长极

黄河流域经济发展具有显著的后发优势和区位特色。一是流域上中游地区矿产资源、能源十分丰富，开发潜力巨大，在全国的能源和原材料供应方面占有十分重要的战略地位，能源、重化工、有色金属等行业在相当长的时期还要快速发展；二是黄河流域土地资源丰富，是我国粮食的主产区，农业生产在我国占有重要地位，上中游地区还有宜农荒地约2000万亩，占全国宜农荒地总量的20%，只要水资源条件具备，开发潜力很大，是保障我国粮食安全的重点后备发展区域；

三是经过新中国成立后 60 年特别是改革开放三十多年的建设，黄河流域已具备地区特色明显且门类比较齐全的工业基础。这些特色和优势将为黄河流域经济社会的发展和腾飞提供良好基础和有利条件。

资源优势、区位优势、后发优势，加之国家区域经济发展战略带来的难得机遇，黄河流域未来经济社会发展大有可为，前景广阔，其未来发展重点，一是发展高效节水农业，形成以黄淮海平原主产区、汾渭平原主产区、河套灌区主产区为主的全国重要的农业生产基地，保障国家粮食安全；加强草原保护和人工饲草料基地建设，形成以上游青藏高原和内蒙古高原为主的畜牧业基地。二是合理有序开发能源资源和矿产资源，建设山西、鄂尔多斯盆地为重点的能源化工基地，包括黄河上中游的甘肃陇东、宁夏宁东、内蒙古中西部、山西北中部、陕西陕北、河南豫西等能源重化工基地，加快西北地区石油、天然气资源的开发，优化建设山西、陕西、内蒙古、宁夏、甘肃等煤炭富集地区的煤电基地，结合西电东送、西气东输等重大工程的建设和上中游水电开发，保障国家能源安全；形成以内蒙古、陕西、甘肃为重点的稀土生产基地，以山西、河南为重点的铝土资源开发基地。三是充分重视流域加工工业的发展，加强资源的深加工，提高其综合开发利用程度和经济效益，强化流域的综合经济功能，增强自我发展能力，变资源优势为经济优势，带动流域经济社会的又好又快发展。四是对青藏高原东缘地区、秦巴山—六盘山区以及其他集中连片的特殊困难地区，继续实施扶持革命老区发展的政策措施，实施扶贫开发攻坚工程，加大以工代赈和易地扶贫搬迁力度。

目前我国已进入全面建设小康社会、加快推进社会主义现代化的新的发展阶段，党的十八大明确提出了"两个一百年"的奋斗目标，到 2020 年工业化和城市化将处于"双快速"发展阶段，产业结构不断优化升级，第三产业稳步增长，经济总量快速增加，城市化进程快速推进；2021—2030 年，我国将处于"一稳一快"的发展阶段，工业化进程相对稳定，城市化继续较快推进，能源和原材料工业的比重不断下降，高加工度制造业比重不断上升，经济继续保持较快增长水平。

在我国经济社会整体较快发展的态势下，随着能源基地开发、西气东输、西电东送等重大战略工程的建设，在未来相当长一段时期内，黄河流域特别是上中游地区发展进程将明显加快。据有关部门测算，预计至 2030 年黄河流域经济增长率的范围为 7.1% ~ 8.4%，将高于全国平均水平。从产业结构发展看，第一产业占国民经济的比重由现在的 9% 逐步下降到 2030 年的 5% 左右；第二产业比重由 2007 年的 55% 逐步下降到 2030 年的 53% 左右，其中煤炭、电力、冶金、化工、建材等行业仍将是黄河流域的主导产业和支柱产业；第三产业比重由 2007 年的 36% 逐步增加到

2030 年的 42% 左右。

二、流域内的主要经济区

基于国家整体发展战略和黄河流域在我国经济社会发展中的重要地位，把流域资源禀赋和区域发展定位结合起来，以重要经济区建设为龙头，持续推动流域经济社会的全面协调发展。

兰州—西宁经济区，位于全国"两横三纵"城市化战略格局中陆桥通道横轴上。其功能定位是：全国重要的循环经济示范区，新能源和水电、盐化工、石化、有色金属和特色农产品加工产业基地，西北交通枢纽和商贸物流中心，区域性的新材料和生物医药产业基地。

发展方向和开发原则是：构建以兰州、西宁为中心，以白银、格尔木为支撑，以陇海兰新铁路、包兰兰青铁路、青藏铁路沿线走廊为主轴的空间开发格局；提升兰州、西宁综合功能和辐射带动能力，推进兰州与白银、西宁与海东的一体化。壮大白银、格尔木等城市规模，增强产业集聚能力，加强产业合作和城市功能对接，建设重要的能源、化工和原材料基地。建设柴达木循环经济试验区；强化向西对外开放通道陆路枢纽功能，提升交通通道综合能力；发展旱作农业和生态农业，推进特色优势农牧产品基地建设，加强草原保护，构建农产品加工业产业集群；加强黄河干流和湟水河、大通河流域生态环境保护和污染治理，加大青海湖保护力度，做好水土流失治理和沙化防治，提高植被覆盖率，着力扩大绿色生态空间。

宁夏沿黄经济区，位于全国"两横三纵"城市化战略格局中包昆通道纵轴的北部，包括以银川为中心的黄河沿岸部分地区。功能定位是：全国重要的能源化工、新材料基地，清真食品及穆斯林用品和特色农产品加工基地，区域性商贸物流中心。

发展方向和开发原则是：构建以银川—吴忠为核心，以石嘴山和中卫为两翼，以主要交通通道为轴线的空间开发格局；培育发展金融、物流、信息等产业，提高产业和人口集聚能力，增强辐射带动作用。壮大石嘴山、吴忠、中卫等节点城市的规模，加强产业分工和城市功能互补；加强宁东能源化工基地建设，建成全国重要的大型煤炭基地、"西电东送"火电基地、煤化工产业基地和循环经济示范区；推进节水型灌区建设，加强农田设施建设和盐碱地改造，调整农牧业结构，稳定粮食生产；保护和合理利用沙区资源，建设全国防沙治沙示范区，构建以贺兰山防风防沙生态屏障、黄河湿地生态带，以及自然保护区、湿地公园、国家森林公园等为主体的生态格局。

呼包鄂榆经济区，位于全国"两横三纵"城市化战略格局中包昆通道纵轴的北端，包括呼和浩特、包头、鄂尔多斯和陕西省榆林的部分地区。功能定位是：全国重要的能源、煤化工基地、农畜产品加工基地和稀土新材料产业基地，北方地区重要的冶金和装备制造业基地。发展方向和开发原则是：构建以呼和浩特为中心，以包头、鄂尔多斯和榆林为支撑，以主要交通干线和内蒙古沿黄产业带为轴线的空间开发格局；增强呼和浩特的首府城市功能，建成民族特色鲜明的区域性中心城市；包头、鄂尔多斯、榆林依托资源优势，促进特色优势产业升级，增强辐射带动能力。统筹煤炭开采、煤电、煤化工等产业的布局，促进产业互补和产业延伸，实现区域内产业错位发展；加快城市人口的集聚，促进呼包鄂榆区域一体化发展。加强农畜产品生产及其加工基地建设；加强节能减排、灌区节水改造以及城市和工业节水，加强黄河水生态治理和草原生态系统保护，完善引黄灌区农田防护林网，构建沿黄河生态涵养带。

关中—天水经济区，位于全国"两横三纵"城市化战略格局中陆桥通道横轴和包昆通道纵轴的交汇处，包括陕西省西安和甘肃省天水地区。该区域的功能定位是：西部地区重要的经济中心，全国重要的先进制造业和高新技术产业基地，科技教育、商贸中心和综合交通枢纽，西北地区重要的科技创新基地，全国重要的历史文化基地。

该区的发展方向和开发原则是：构建以西安—咸阳为核心，以陇海铁路、连霍高速沿线走廊为主轴，以关中环线、包茂、京昆、银武高速公路关中段沿线走廊为副轴的空间开发格局；强化西安科技、教育、商贸、金融、文化和交通枢纽功能，推进西安、咸阳一体化进程和西咸新区建设，加强产业合作和城市功能对接，建设全国重要的科技研发和文化教育中心，高新技术产业和先进制造业基地，区域性商贸物流会展中心以及国际一流旅游目的地；壮大陇海沿线发展主轴，扩大交通通道综合能力，强化产业配套功能，壮大宝鸡、铜川、渭南、商洛、杨凌、兴平、天水等城市的规模，形成西部地区重要的城市群；培育高速公路沿线发展副轴，依托现有的开发区和工业园区，加强产业配套对接，提高沿线中小城市的人口承载能力，集聚人口和经济，成为地区对外辐射极；加大中低产田改造力度，加快农业结构调整，建设特色农产品生产和加工基地，提高农业产业化水平；加强渭河、泾河、石头河、黑河源头和秦岭北麓等水源涵养区的保护，加强地下水保护，修复水面、湿地、林地、草地，构建以秦岭北麓、渭河和泾河沿岸生态廊道为主体的生态格局。

中原经济区，位于全国"两横三纵"城市化战略格局中陆桥通道横轴和京哈京广通道纵轴的交汇处，包括以郑州为中心的中原城市群部分地区。该区域的功能定位是：全国重要的高新技术产业、先进制造业和现代服务业基地，能源原材料基地、综合交通枢纽和物流中心，中部地区人口和经济密集区。

其发展方向和开发原则是：完善城市群一体化发展机制，构建以郑州为中心，以郑州开封一体化区域为核心层；强化郑州先进制造、科技教育、商贸物流和金融服务功能，重点建设郑汴新区，推进郑汴一体化，建设区域性经济中心和全国重要的交通枢纽；提升洛阳区域副中心的地位，重点建设洛阳新区。壮大许昌、新乡、焦作、平顶山等重要节点城市的经济实力和人口规模，促进城市功能互补；建设郑州、开封、洛阳工业走廊和沿京广、南太行、伏牛东产业带，加强产业分工协作与功能互补，共同构建中原城市群产业集聚集；加强粮油等农产品生产和加工基地建设，发展城郊农业和高效生态农业，建设现代化农产品物流枢纽；依托黄河标准化堤防和黄河滩区加强黄河生态保护，推进平原地区和沙化地区的土地治理，构建横跨东西的黄河滩区生态涵养带和纵贯南北的南水北调中线生态走廊。

黄河三角洲高效生态经济区，是以黄河历史冲积平原和鲁北沿海地区为基础，向周边延伸扩展形成的经济区域，包括东营、滨州、潍坊、德州、淄博、烟台6市的19个县（市、区）。该经济区的功能定位是：建设全国重要的高效生态经济示范区、特色产业基地、后备土地资源开发区和环渤海地区重要的增长区域。

其发展方向和开发原则是：在保护中开发，科学确定区域功能定位和产业空间布局，积极发展园区经济，大力发展高附加值产业和高端产品，维护渤海湾和黄河下游流域生态安全；实行陆地海洋统一布局、重要资源统一管理、重大基础设施建设统一推进，促进生产要素合理流动和优化配置；加快与天津滨海新区、辽宁沿海经济带及山东半岛在重大基础设施建设、产业发展、企业合作等方面的全面对接，促进环渤海地区互动并进、共同繁荣。

第三节　黄河流域的城镇化建设

一、城镇化建设的优势

以大城市为依托，以中小城市为重点，逐步形成辐射作用大的城市群，促进大中小城市和小城镇协调发展，是走有中国特色的城镇化道路的必由之路。

黄河流经9省（自治区）66个地市（州、盟）、340个县（市、旗），青海、甘肃、宁夏、内蒙古、陕西、山西6省（自治区）的省会或首府均在流域内，河南、山东两省省会位于黄河干流之滨，黄河与流域相关省（自治区）城市群建设密切相关。

黄河流域及其下游平原孕育了我国最早的城市，历史上长期是国家的政治、经济、文化和交通中心，西安、洛阳、开封、郑州列入了我国八大古都。新中国成立后，老城市建设得到迅速发展，并出现了一批新兴现代工业城市，成为当地的商业中心与交通枢纽。2007年黄河流域总人口为11368万人，占全国总人口的8.6%。其中城镇人口4543万人，城镇化率为40.0%。

黄河流域总土地面积11.9亿亩（含内流区），占全国国土面积的8.3%，其中山区和丘陵分别占流域面积的40%和35%，平原区仅占17%。流域水资源先天不足，黄河多年平均河川天然径流量534.8亿立方米，仅占全国的2%，人均年径流量470立方米，仅占全国均值的23%。黄河流域上游青藏高原和内蒙古高原，是我国主要的畜牧业基地，上游的宁蒙河套平原、中游汾渭盆地、下游防洪保护区范围内的黄淮海平原，是我国主要的农业生产基地，在全国农业生产中占有重要地位。因势利导推进以城市群为载体的城镇化建设，对于黄河流域节约用地，推动农业集约化经营也具有重要意义。

黄河流域推进城镇化建设的有利因素之一是劳动力资源。下游的河南、山东是劳动力资源大省，甘肃、山西、陕西是传统的劳务输出大省，黄河流域特别是中西部地区劳动力成本相对较低，近年来，随着西部大开发、中部崛起等战略的实施，国家经济政策向中西部倾斜，沿海产业向中西部梯度转移的趋势明显加快。黄河流域实施城市群建设，可以通过中心大城市的辐射作用，增强中小城市产业和人口集聚能力，对于推动区域协调发展、扩大内需和促进产业升级具有重要意义。同时，让更多的人就地城镇化，可以减少黄河流域城镇化进程中的"候鸟型"和"钟摆式"人口流动带来的巨大社会代价。

二、流域内的主要城市群

加快黄河流域省（自治区）以省会、首府城市为中心的城市群规划布局，在中国特色新型城镇化的浪潮中赢得发展契机，具有独特优势，是带动区域经济社会协调发展的引擎。

山西省中部以太原为中心的部分地区，是山西省经济社会发展的引擎区。太原城市群城框架体系为：以太原为中心，以太原盆地城镇密集区为主体，以主要交通干线为轴线，以汾阳、忻州、长治、临汾等主要节点城市为支撑。未来，太原经济区将强化太原的科技、教育、金融、商贸物流等功能，推进太原—晋中同城化发展；增强主要节点城市集聚经济和人口的能力，强化城市间经济联系和功能分工，承接环渤海地区产业转移，促进资源型城市转型；依托中心城镇发展劳动密集型城郊农业、生态农业和特色农产品加工业；实施汾河清水复流工程和太原西山综合整治工程，加强采煤沉陷区的生态恢复，构建以山地、水库等为基础，以汾河水系为骨架的生态格局；打造资源型经济转型示范区，全国重要的能源、原材料、煤化工、装备制造业和文化旅游业基地。

以西安为中心，包括咸阳、宝鸡、渭南、铜川以及杨凌农业示范区的关中城市群，是陕西政治、经济和文化的核心区。其体系框架为：第一层为核心层，即西安中心城区；第二层为紧密层，即四大副中心临潼、长安、咸阳、三原；第三层为中间层，即西安都市圈三大外围中心城市渭南、铜川、杨凌；第四层次为开放层，即关中城市群五大周边中心城市宝鸡、彬县、黄陵、韩城、华阴、商洛。未来，关中城市群将着力打造西安都市圈，发展壮大一批区域中心城市，加快建设一批新兴城市，培育一批特色鲜明的小城市和中心镇，形成西安都市圈、宝鸡大城市以及三个城镇带，把关中城市群建设成国家级高新技术产业开发带和现代制造业基地。

中原城市群是以郑州为中心，以开封为副中心，以洛阳、商丘、周口、许昌、漯河、平顶山、焦作、新乡、济源、长葛等地区性中心城市为节点构成的紧密联系圈，是河南省乃至中部地区承接发达国家及中国东部地区产业转移、西部资源输出的枢纽和核心区域。其体系框架为：第一层次是郑州都市圈，包括中牟以及郑汴一体化区域；第二层是以郑州都市圈为中心，以开封、洛阳、新乡、焦作、许昌、平顶山、漯河、济源、巩义、禹州、新郑、长葛、汝州等中心城市为结点，构成中原城市群紧密联系圈；第三层是外围带。未来，中原经济区将建成全国重要的制造业基地、能源基地、现代物流中心和区域性金融中心，产业整体竞争力显著提高，要素集聚和承载能力全面增强；确立在中西部乃至全国城市群中的重要地位，带动全省并辐射周边地区发展。

山东半岛城市群包括青岛、济南、淄博、潍坊、东营、烟台、威海、日照辖区及邹平县。该城市群是山东省城镇最密集、生产力也最活跃的区域。其框架体分为六级节点和三个城市联合区：包括以青岛为对外开放的龙头城市，以济南、青岛为区域双中心城市，以烟台为区域为副中心等。未来，山东半岛城市群将成为黄河经济带与环黄海经济区的日韩等发达国家经济交流的桥头堡之一，也是中国黄河中下游地区的主要出海门户。

随着东部沿海地区经济转型升级，中西部地区承接产业转移的步伐明显加快，中西部地区新型工业化和城镇化迎来了新的发展机遇。青海、甘肃、宁夏、内蒙古等省（自治区）根据自身经济规模和发展水平提出的兰白西城市群、酒嘉玉城市群、银川平原城市群和呼包鄂城市群正处于提速发展阶段，这些城市群的培育壮大，必将成为相关区域城市体系的中坚力量和经济增长的重要源泉。

第四节　流域经济与水文化

一、治水思路的新特色

水是生命之源、生产之要、生态之基，水也是人类文明的源泉。水文化是中华文化和民族精神的重要组成，在发展中做好水文化设计，在挖掘和传承中赋予其新的时代内涵，在更深层次将水文化弘扬传播，具有重要而深远的意义。

当前，我国水利正处于传统水利向现代水利、可持续发展水利转变的关键阶段，干旱缺水、洪涝灾害、水污染和水土流失等问题，依然是制约经济社会可持续发展的突出因素。解决复杂的水问题，不仅要充分利用现代科学技术，也需要从文化的视角审视人们的观念和思维、对策和方略、目标和行动。实践表明，科学的治水理念和思路只有被人们理解和掌握，才能得到遵循和实践。因此，大力加强水文化建设，不断丰富完善可持续发展治水思路的文化内涵，深刻理解、全面把握、积极践行可持续发展治水思路，是实现水利事业科学发展、和谐发展的一项重要基础工作。

黄河文化具有鲜明特色和宏阔前景。当前，黄河治理开发面临着水资源供需矛盾尖锐、水沙调控体系不完善、水土流失防治任务重、水生态保护压力大等问题。这些问题的产生既有自然、社会和历史的原因，也有深层次的体制机制原因，必须通过全面深化改革来解决。长期的治黄实践培育了丰富的治河方略，留下了弥足珍贵的治河经验，从中提炼科学的文化内核，将为新时期黄河治理开发提供有益借鉴。

二、民生水利的新要求

随着经济社会的不断发展，人民群众不仅盼望加快解决防汛抗旱、城乡供水、农田水利、水土保持等物质性问题，而且希望从建设和谐的人水关系中获得精神的愉悦，从高品位、个性化的水文化服务中得到理性的启迪，从而对创新和发展现代水文化提出了新的期待。大力发展民生水利，迫切需要把水文化建设放在更加突出的位置，立足波澜壮阔的治水新实践，着眼当代社会文化生活的新特点，顺应人民群众精神文化生活的新期待，加快水文化发展步伐，更好地满足人们的精神需求，丰富人们的精神世界。

黄河文化建设应注重从满足人们日益增长的物质和文化需求的角度，把文化元素融入到治黄规划和治黄工程设计中，提升治黄工程的文化内涵和文化品位，展示治河兴水的人文关怀和文化魅力。深入挖掘传统黄河文化遗产，切实保护好各种物质和非物质黄河文化遗产。大力宣传治河为民、人水和谐理念，引导全社会更加关心黄河、支持黄河。创作出更多的反映黄河精神、彰显治黄成就、凝聚治黄力量、推动治黄发展的优秀作品。

三、时代呼唤生态文明

生态文明是人类对传统文明形态特别是工业文明进行深刻反思的成果，是人类文明形态和文明发展理念、道路和模式的重大进步。中共十八大把生态文明建设放在突出地位，纳入社会主义现代化建设总体布局，强调了生态文明建设的地位和作用，昭示了加强生态文明建设的意志和决心。建设生态文明，必须大力倡导先进的生态文化观，营造良好的生态文化氛围。要把水文化建设与生态文明建设紧密结合起来，广泛汲取水文化中蕴含的生态文化内涵和生态文明成果，牢固树立节约资源、保护环境的理念，从人与自然的对立走上人与自然的和谐，推动我国生态文明建设的深入实践。

黄河既是西北、华北地区最重要的水源，是我国北方地区的生态保障，同时，黄河又是资源性缺水的河流，水资源承载能力低，流域生态环境脆弱。近年来，黄河水利委员会通过对传统治河思路的反思，探索创立了河流伦理研究，丰富了生态文明建设的内涵和实践。今后，应进一步挖掘黄河文化的生态内涵，从中汲取有益营养，不断丰富和发展新时期的治黄思路，在治黄规划和项目论证中，更加注重生态问题，充分发挥治黄工程的生态功能，着力落实最严格的水资源管理制度，合理配置、高效利用、节约保护水资源，积极推进跨流域调水，强化水生态环境预防保护和综合治理，不断完善流域水生态保护格局，努力打造山清水秀的美好家园。

四、做好水文化顶层设计

水文化建设是社会主义文化建设的重要组成部分，把社会主义核心价值体系融入水文化建设并使之成为全社会的价值观念和自觉行动，以人与自然和谐的治水理念引导人们形成节约保护水资源、维护良好水环境的行为和风尚，传承和弘扬优秀传统水文化，推进水文化创新，不仅是水利工作者的重大责任，也是全社会的崇高使命。要坚持社会主义先进文化方向，把握文化发展规律，顺应时代发展，更加自觉、主动地推进水文化建设，以水文化的繁荣发展促进社会主义文化大发展大繁荣。

黄河文化是水文化的重要内容，是实现治黄事业又好又快发展的重要支撑。面对人民群众的新期待，要以治黄实践为载体，积极推进黄河文化建设，创造无愧于时代的先进黄河文化，是摆在我们面前的一项重大而紧迫的任务。黄河文化建设应从治黄事业发展全局出发，把黄河文化建设与治黄实践结合起来，谋划发展战略，明确发展重点，突出黄河特色，推进黄河流域文化建设，把黄河文化优势转化为治黄科学发展优势，为实现中华民族伟大复兴的"中国梦"而奋斗。

参 考 文 献

[1] 王化云. 我的治河实践. 郑州：河南科学技术出版社，1989.
[2] 侯全亮，魏世祥. 天生一条黄河. 郑州：黄河水利出版社，2003.
[3] 黄河水利委员会. 人民治理黄河六十年. 郑州：黄河水利出版社，2006.
[4] 李国英. 维持黄河健康生命. 郑州：黄河水利出版社，2005.
[5] 陈维达，彭绪鼎. 黄河——过去、现在和未来. 郑州：黄河水利出版社，2001.
[6] 卢旭，袁仲翔. 中央领导与黄河. 郑州：黄河水利出版社，1996.
[7] 黄河水利委员会黄河志总编辑室. 黄河流域综述. 郑州：河南人民出版社，1998.
[8] 黄河水利委员会黄河志总编辑室. 黄河防洪志. 郑州：河南人民出版社.1991.
[9] 黄河水利委员会勘测规划设计研究院. 黄河水利水电工程志. 郑州：河南人民出版社，1996.
[10] 邓修身. 黄河万古流. 郑州：海燕出版社.1989.
[11] 水利部黄河水利委员会编写组. 黄河水利史述要. 北京：水利电力出版社.1982.

长江篇

第一章 中华大地第一河

长江，是中国第一大河，也是世界第三大河，论长度、水量和总落差均居世界大河的前列。长江流域位于中国社会经济的腹地，横贯中国东西，跨越西南、华中、华东三大经济区，自然资源非常丰富。世界"四大文明"全是大河文明，都与所在的河流有密切的关系，中华文明也不例外，黄河流域、长江流域是中华文明的主要诞生地，要了解中华文明与这两条河流的关系，首先要了解黄河、长江的基本自然概况。

第一节 源远流长纳百川

长江从"世界屋脊"的冰川雪岭中奔流而下，汇千流百川，浩浩荡荡，万里归海。这条全长为6300余公里的大河，干流就像她的主动脉，从西向东，横卧中华大地的中部，流经青海、西藏、四川、云南、重庆、湖北、湖南、江西、安徽、江苏、上海11个省（自治区、直辖市）。她的700条支流就似她的毛细血管，南北延伸到贵州、甘肃、陕西、河南、浙江、广西、福建及广东8个省（自治区）。干支流编织成的庞大的长江水系，使她的流域面积达180万平方公里，几乎占中国土地总面积的1/5。自1194年黄河夺淮河出海之路之后，淮河大部分水也是通过大运河汇入长江。如此推算，长江流域的总面积就接近了200万平方公里。另外，钱塘江、姚江是独流入海的河道，由于紧靠长江流域，一般都将其纳入长江流域的范围，尤其在论述历史文化时。

长江流域水系丰沛，支流众多。在众多支流中，流域面积超过1000平方公里的就有437条。其中，超过3000平方公里的有170条，超过1万平方公里的有49条，超过5万平方公里的大支流有雅砻江、岷江及其支流大渡河、嘉陵江、乌江、沅江、湘江、汉江、赣江等8条。在长江众多的支流中，嘉陵江的流域面积最大，达16万平方公里。

在长江众多的支流中，多年平均流量在100立方米每秒以上的有90多条，最大的8条大支流多年平均流量都大于1500立方米每秒，均超过黄河。

论长度，她比黄河长800多公里，在世界范围内仅次于非洲的尼罗河和南美洲的亚马逊河，排行第三。

论水量，她的水量是黄河的20倍，在世界范围内，仅次于赤道雨林地带的亚马逊河和非洲的刚果河（扎伊尔河），位居第三位。论流域面积，她虽然比不上北美洲的密西西比河，但水量却比它大，密西西比河排第三，但水量只有长江的60%。

另外，其他三条河流像国际孩子，属于几个国家所有。唯有长江，只属于中国，为中华儿女独享。

长江流域的湖泊面积接近 2 万平方公里，接近全国湖泊总面积的 1/5。长江中下游是我国最大的淡水湖区，相当于长江中下游平原面积的 1/10 左右，占流域湖泊面积的 92%。平原上大大小小的湖泊，数以千计，其中比较大的、著名的有洞庭湖、鄱阳湖、巢湖和太湖等。这些湖泊都是淡水湖，和长江相通，大多具有调节江水的功能。

根据河流的自然特征和经济情况，长江水系的河流有三种类型：

一是位于青藏高原、云贵高原及其边缘山地、秦岭、大巴山地峡谷型河流。其流域面积占长江流域总面积一半以上，水能资源蕴藏量占全流域 70% 以上，矿藏和森林资源丰富，但人口不及全流域的 1/5，土地利用率不高，交通不便，经济落后。

二是位于四川盆地河段、长江中下游及支流的丘陵平原型河流。其水能资源较少，而人口较密集，土地利用率较高，交通便利，经济开发程度较高。

三是位于长江中下游直接汇入江湖的中小河流，其特点是流域面积小，水能资源缺乏，可耕地面积大，人口密集，经济发达但洪涝灾害较频繁。

长江是中华民族又一条生命河，更是中华民族的又一条母亲河。她尽管有时也狂暴、肆意纵横，但她更多的时候像一位慈祥的母亲，用她那甘甜的乳汁哺育着占祖国大家庭 1/3 以上的人口，几乎滋润着神州大地的半壁河山。

不知是皇天厚爱长江，还是厚土钟情于长江。自从经济重心南移后，长江一直是中国最富饶、适合于人类生存的地区，而这些地区主要是分布于上、中、下游的五大平原，它们是位于长江上游的成都平原（又称川西平原），位于长江中下游两湖平原、皖中平原、鄱阳湖平原和长江三角洲平原。虽说长江流域的耕地仅占全国耕地总面积的 1/4，但由于农业复种指数和单产水平较高，粮食产量约占全国的 34%，水稻产量约占全国的 70%，棉花产量占全国的 1/3 以上。

长江流域主要处于中亚热带和北亚热带两个植被区。长江流域所在的亚热带植被区，有许多天然森林和人工经济林，是各类木材和果木的重要基地，森林面积共约 30 万平方公里，约合 4.5 亿亩，森林蓄积量共约 23 亿立方米，均约占全国的 25%。

长江流域同样是动物的天堂，各种陆栖脊椎动物都占很大的比重。四川省约占 1100 种；鄂、湘、赣其他三省约有 4000～6000 种，而享有"动植物王国"之称的云南省的动物种类则远远超过四川。

长江流域是中国重要的矿产资源地，在全国已探明的 130 余种矿产中，长江流域拥有 110 余种，占 80% 左右。黑色金属、有色金属及能源矿藏丰富，储量大，部分矿种达中国乃至世界之最，主要有铁、锰、铬、镁、钛、钒、锡、铅、锌、钨、金、银、铂、钼、磷等，其中保有储量占全国储量50%以上的就有30多种。

　　长江丰沛的水量加上5400多米巨大的落差，使长江的水能蕴藏量达到2.68亿千瓦，占我国水能蕴藏量的40%，相当于美国、加拿大、日本三国的水能蕴藏量的总和。据有关普查资料显示，长江流域可开发的水力资源，总装机容量近2亿千瓦，占全国的一半以上。

　　主动脉长江干流全长6300公里，目前通航里程已达3600多公里，在铁路、公路、航空还未普及的时候，已是我国东西交通的主要通道。

　　长江共有3600多条支流，有700多条支流有通航能力。再加上京杭大运河和洞庭湖、鄱阳湖、巢湖、太湖四大湖的湖区航道，它们与干流纵横交织，组成了巨大的树枝状水网，占全国内河通航总里程的70%，居世界首位。

　　长江流域山清水秀，风光绚丽，景色宜人，自然旅游资源非常丰富。凌云山、峨眉山、青城山、衡山、神农架、武当山、庐山、井冈山、天柱山、九华山、黄山、莫干山……，岷江、嘉陵江、大宁河、清江、湘江、大运河……，泸沽湖、滇池、洞庭湖、洪湖、武汉东湖、鄱阳湖、巢湖、太湖……，金沙江虎跳峡、嘉陵江小三峡、长江三峡、大宁河小三峡……，长江真是集山川之胜于一江，展锦绣画卷于万里。

　　正因为有了长江的富有和慷慨，才在养育万物哺育生灵的同时，有实力培育着长江文化由小到大、由少到多地从几千年前走过来。

第二节　中华文明的重要一脉

一、华夏民族南方一脉

　　长江流域诞生了中华民族的重要一脉。长江流域很早就有古人类活动了，据专家论证，在中国金沙江流域的云南省禄丰县石灰坝发掘出的一个距今800万前的古猿头骨化石，又称禄丰腊玛古猿。它是正在形成中的人的化石代表，已是长江流域人类的准祖先。距今200万年前的三峡巫山人化石和距今170万年前的元谋人化石的发现，宣布了长江流域从170万年到200万年前，已有人类活动了。巫山猿人与元谋猿人都是迄今为止所知的中国境内最古老的直立猿人。

旧石器时期早期文化发现于贵州观音洞和湖北大冶县章山乡石龙头。观音洞遗址是中国迄今为止在长江以南发现的旧石器时代早期最大的文化遗址。它和北京猿人文化分别代表以小石器为主体的旧石器文化传统在中国南北方的两个支系。

除此之外，还发现了郧县猿人、郧西猿人、和县猿人、巢县猿人，以及长阳人、桐梓人和南京汤山立人化石。也就是说，上、中、下游都有中国的古猿人活动。由此证明，长江流域和黄河流域同样都是中华民族的发祥地之一，而长江流域则是中华民族重要的一脉。

中华民族有炎黄子孙之说，传说其代表为黄帝、炎帝和蚩尤，分别居于北方与南方。湖北随州有一座山，名"厉山"，据考证炎帝诞生于此而闻名。黄帝与炎帝联合打败蚩尤，然后炎帝又被黄帝打败，黄帝从此霸占北方，炎帝退居到南方的湖北神农架一带，所以又被称为神农氏。炎帝后来到了神农架活动，传说他来此架木为巢，教人以居；搭架采药，编撰药书，开医药之先河；教民耕种，种植树木，养蚕织布制陶；教人饲养禽兽；他还创作歌舞，与民同乐。这时的神农氏已不是一个人，而是集人类许多才智与能耐于一身的神。从此，长江流域诞生了中华民族的重要一脉，即炎帝的一脉。

炎帝陵　　　宁应城　摄

二、中国文明又一摇篮

长江流域不仅是中华民族重要的一脉，更是南方文明的摇篮。

进入新石器时代，人类已开始由单纯地使用工具到制造工具了。20世纪30年代至21世纪，人们先后在长江流域的上、中、下游发现多处新石器时代的文化遗址。这些古文化都是傍河流而生，而河流的变迁也影响着文化的兴衰。

长江上游有径流丰富而稳定的金沙江水系，长江洪水主要来源的川江水系及乌江水系，拥有众多河流这一必备条件使长江上游的云南、贵州、四川等地发现新石器遗址最多。在云南，已知的新石器时代遗址和石器出土地点达300多处，其中较重要的有元谋大墩子遗址、宾川白羊村遗址和怒江流域遗址等；在四川，以西南的礼州遗址最典型，被定为"大墩子——礼州文化"。上游最值得一提的是四川广汉三星堆遗址，其年代大约起始于中原地区新石器时代晚期，而其辉煌一直延续到殷末周初。从已出土的文物可以看出，那时三星堆的先民们已开始以农业为主，并能够饲养牲畜和捕鱼。当时的陶器制作已达到一定的水平，而且已开始养蚕从事纺织业了。

在长江入海水量中，中游水系约占一半，其中近90%的水量来自洞庭湖、汉江和鄱阳湖三大水系，为人类的发展提供了良好的条件。长江流域最早发现人类文明是在中游，位于江西万年县的万年仙人洞遗址和湖南道县玉蟾岩最久远，据考证在公元前9000年左右，它们一个在鄱阳湖流域，一个在洞庭湖流域。大溪文化出现在公元前6000年左右，主要分布于三峡、鄂西南与湘北。屈家岭文化出现在公元5000年左右，主要分布于汉江流域、鄂北等地。

长江下游水系主要有皖河、青弋江、水阳江及黄浦江、太湖水系。紧靠长江下游，新石器时代文化主要有属于宁绍平原的浙江河姆渡文化，距今约7000年；太湖的马家滨文化（以后发展成为崧泽文化），距今约6000年；浙江余杭县的良渚文化，距今约5000年；还有江苏的北阴阳营文化，安徽的薛家岗文化，距今约4000年。

在长江流域发现的早期稻谷遗址已有150余处，最值得一提的是20世纪90年代，江西万年仙人洞和湖南道县玉蟾岩发现水稻遗存，经鉴定为公元前9000年左右，比早先发现长江三角洲河姆渡的水稻遗存早近3000年，这些都是目前世界上最古老的人工栽培水稻遗存，对于探讨世界水稻栽培的起源及其中国在世界稻作农业史上的地位，具有十分重要的意义。

另外，长江流域的祖先从以江西万年仙人洞文化为代表的穴居，经过以河姆渡文化为代表的干栏式建筑，终于进入到以良渚遗址为代表的地面建筑时代。

综上所述，长江文明是中华文明的发祥地之一，更是南方文明的摇篮。

早期的长江文明有两大特点：一是先支流后干流；二是星状分布而不集中。这些都与水有密切关系。

纵观长江流域的新石器时期文化诞生地都是在海拔近千米到几十米的地方，很少在长江干流边，例如沱江上游的三星堆文化、汉江中游的石家河文化、下游的屈家岭文化遗址等，原因在于至今8000年到3000年，长江流域处于末次冰期以来最湿热时期，降雨量大，洪水多，江湖演变剧烈。进入到春秋战国时期（公元前770年至公元前221年），气候开始转冷，人们才走向湖区和长江干流边生活。

长江文明的诞生不比黄河文明晚，但为什么国家建立后的发展不如黄河文明快，影响不如黄河文明大呢？长江文明的产生得益于水，发展缓慢时又受阻于水。

长江流域水系纵横交错。中下游虽然是平原，但河流众多，湖泊密布，像楚国地带洞庭湖区与湖北的江汉平原上古时期是古云梦泽所在地，长江、汉水以及湘、资、沅、澧四水注入，形成汪洋一片。

　　长江流域河流众多，湖泊湿地面积大，水网交错，造成古时交通十分不便，互相走动只能靠舟楫代步行。所以，长江流域早期人类文明开始都是受水阻挡，分片单独发展起来的，尽管独自的文明水平都很高，但由于受水网的切割，分散不集中，不像北方一马平川行动、沟通方便，从夏国家建立开始，长江文明集中度没有黄河流域高，不能形成合力，就没有办法与黄河文明抗衡。

第二章 水与沿江重要地区及城市

从万古流来的长江，流淌出物华天宝的大地，流淌出多姿多彩的山川，流淌出星罗棋布的城镇与乡村，流淌出众多民族的万种风情，流淌出纵横交错的古今文化，而沿江的城镇是长江及众多支流与湖泊对长江人最大的贡献。也就是说，是水造就了沿江城市这一个个最大的物质文化成果。

第一节 川水孕古城

四川主要河流有长江、雅砻江、大渡河、岷江、沱江、嘉陵江、乌江等，现有大小通航河流99条，水利资源蕴藏量居全国第一。四川古属巴蜀，这一地区内的重庆现为直辖市，成都为四川省省会城市，均为四川最古老的城市，它们的发展都与水有着密切关系。

一、长江、嘉陵江畔的山城——重庆

从高空看重庆，她坐拥着长江与嘉陵江，蓝色的嘉陵江在左，黄色的长江在右。金沙江以上属于长江上游，从宜宾市合江门下岷江与金沙江汇合以后，长江开始了它中游的里程。全长1120公里的嘉陵江是长江上游支流，因流经陕西凤县东北嘉陵谷而得名，在重庆市朝天门汇入长江。两条河流经数万年的切割，造成了重庆三面环水，形如半岛。另外，由于重庆位于四川盆地边缘山地，形成了"夏热冬暖，无霜期长"的气候特点，为长江三大"火炉"之一。秋多阴雨，冬多云，日照时数少，素有"雾都"之称，年平均雾日达103天。由于城是依山而建，受地形影响，气候垂直分布明显，因而又有"山城"之称。

重庆是我国古老的城市之一。早在上古时期，"巴人"就在重庆定都，史称巴国。隋开皇元年（581年）因古称嘉陵江为渝水，改称渝州，今重庆简称"渝"即来源于此。1189年，宋光宗赵惇早年驻守渝州，在此先封为恭王，后又继帝位，为纪念他的"双重喜庆"，便改名为"重庆"。

重庆的另一功能是它特殊的交通地理位置，始终作为一个水码头和川东的物资集散地，与成都齐名。过去，重庆虽有长江、嘉陵江可通中原，但出川入川都不方便。陆路多靠剑阁栈道，水路多走三峡，但两江航道均多暗礁险滩，杜甫曾用"高江急峡雷霆斗，翠木苍藤日月昏"的诗句来形容三峡对外交通的困难。可一到战争时期，它就可以成为阻止敌人的天然屏障，如不可一世的元军南征途中在这里受阻长达52年。

由于山水造成的特殊的地理位置，重庆以后又多次在中国历史上始终扮演着"重要配角"的角色，国家在危急关头，成为统治者政治逃亡的避风港。抗日战争时间，蒋介石集团偏安于这里，将重庆作为"陪都"。新中国成立60年后，重庆已成为西南地区最大、最发达的工业城市和重要的内河港。

二、岷江畔的"天府之国"——成都

四川东部地区自古又被称为"天府之国"。"天府之国"主要是指以成都为中心的成都平原，曾为古蜀地。成都自古就是四川的要邑，从开明氏治蜀时就有其名。一个城市几千年来从未改名，这在中国历史上也算是个奇迹。

成都平原大部分是岷江及其他河流冲积物形成的水稻土，这种土壤和这里的气候都十分有利于农业生产，早就有"四季有长青之草，八节有不谢之花"之誉，但在都江堰建成以前，这片土地根本不是什么乐土。

岷江全年径流中约有1/3来自6—7月，上游映秀、旋口是一个暴雨中心，这一带最大年雨量可以达到1688毫米。暴雨强度大，造成了洪水的暴涨暴落，对百姓危害很大。

自从战国蜀郡首李冰修筑了都江堰工程后，都江堰惠泽成都平原。据《汉书·地理志》的描绘："民食稻鱼，无凶年忧，俗不愁苦。"两千年来，成都平原一直维持着中国粮食生产重要基地的地位。当地具有浓郁地方特色的水文化，如清明节的官祭放水，已延续了两千多年。

历史上，成都河流与成都的关系也几次发生变化，由过去的"二江珥市"发展到现在的"二江抱城"。

自战国蜀郡首李冰使岷江改道穿城而过，郫江与检江二江就成为成都的母亲河。二江自都江堰渠首分出并开通成为成都对外界交通黄金水道。二江双流城南，之间形成繁华的商贸地带，秦时称"南市"。二江就像两条垂着珠琏的耳环挂在南市两边，人们用"二江珥市"来形容二江与成都城市的关系。

到了汉代，在二江的滋润下，当时的成都已开始成为西南重镇，与洛阳、临淄、邯郸、宛并称为"五都"。二江开通后，促进了成都的工业发展，由于织锦业发达，政府在此修建了"锦官城"。"锦官城"的美称又成了成都的代称。

三国时刘备使成都为蜀汉的都城，"既丽且崇"是当时左思对它的评价。

隋统一中国后，蜀王杨秀兴建蜀王宫时，开了一条"漂木溪"，修城取土的大坑称"摩诃池"，并开挖水道从郫江取水。

唐代，成都人开挖了解玉溪，为了防御战乱，在老城外又修建了罗城，即将原来的老城包罗在内之城。修罗城时将郫江改道，成为城东、北两面的护城河。而据考证，当时只有扬州与成都修建了罗城。"大凡今之推名镇为天下第一者，推扬、益。"（卢求《成都记序》）。扬是扬州，益是益州，也就是成都。

五代时王建、后明主孟昶等都曾在成都建都。尤其是孟昶，大兴土木、建造王宫的同时，在城中遍植芙蓉，使得秋高气爽时节花团锦簇，故成都又被称为"蓉城"。

宋代郫江故道已变良田，改道后的郫江称清远江，后称府江。检江、清远江加上新开凿的西蒙河环绕罗城，使成都成为"高城深池"之大城，更提高了水上交通与城市供水能力。二江与成都的格局由秦汉时期的"二江珥市"，变为"二江抱城"，此格局一直延续到20世纪城区改造才发生变化。

新中国成立后，清远江其支流沙河进行改造。到了20世纪90年代，二江已成为城市中心环形河道，沙河变为城市重要工业、生活用水供应渠道，形成"二江环于城中，沙河襟带城东"的格局。无论如何变化，成都还是与这两条江相偎相依。

在这块"膏腴"之地上，历代孕育了无数的文人墨客。从秦汉迄今两千多年间，人才一直没有间断过，蜀文化的传递对后世产生了深远的影响。朱德、刘伯承、陈毅、聂荣臻等进入中国革命的阵营，成为著名的四大元帅。特别是从四川走出了中国改革开放总设计师邓小平，他对当今中国社会进步起到了举世闻名的推动作用。

第二节　湘江四水、洞庭湖畔的芙蓉国——湖南

湖南全省大部分地区在洞庭湖之南，故称"湖南"；而省内最大河流为湘江，故简称"湘"。因自古湘、资、沅、澧流域广植木芙蓉，唐代诗人谭用之《秋宿湘江遇雨》诗中云："秋风万里芙蓉国"，所以湖南故有"芙蓉国"之称。

湖南省内有湘、资、沅、澧四水和长度5公里以上的大小河川5341条，这些河流除湘南一部分属珠江水系，湘东一部分属鄱阳湖赣江水系外，其余均由四水注入洞庭湖，于城陵矶汇入长江，使长沙城三面环水。

洞庭湖跨湘鄂两省，是中国第二大淡水湖，在湖南省内面积约占5/6，为"古云梦泽"的一部分。关于它的名称，都与水有关。一说"九江"，因湖水汇集了渐、沅、沅、辰、酉、淑、资、湘、澧等九条河流，所以《禹贡》中称为"九江"。另一说为"五诸"，因有长江、湘江、资、沅、澧五条大河汇诸之意。《史记》《水经注》中均称为"五诸"。春秋的时候，已有云梦一说，《周礼》《尔雅》等古书中都有记载。梦，是当时楚国方言——"湖泽"的意思，与"漭"字相通。《汉阳志》说："云在江之北，梦在江之南。"合起来称云梦。到了战国后期，由于泥沙沉积，云梦泽分为南北两部，长江以北成为沼泽地，长江以南还保持一片浩如烟海的大湖。因湖中有一个著名的君山，原来称洞庭山，故曰"洞庭湖"。汉代司马相如《子虚赋》说："云梦者，方九百里"。范仲淹《岳阳楼记》说："衔远山，吞长江，浩浩荡荡，横无际涯；朝晖夕阴，气象万千。"

湘江更是长沙的母亲河。湘江发源于广西壮族自治区兴安县海洋山脉的近峰岭，在湖南省永州市境内，西源自东安县渌埠头入境，境内流程227.2公里。湘江水量丰富，是境内最重要的水路交通，也是全市工农业生产和人民生活用水的源泉。

湖南属大陆型亚热带季风湿润气候，全省年日照时数为1300～1800小时，年平均气温16～18℃，年降水量1200～1700毫米，适于人居和农作物、绿色植物生长。湖南丰富的水资源和良好的气候条件为长沙地区的农业、渔业、交通及以后的工业发展提供了良好的条件，自古这里就是渔米之乡。据《史记·越王勾践世家》记载："长沙，楚之粟也"。在西汉时长沙地区农业就十分发达，是我国古代四大米市之一。

湖南是古楚国之地，有些王朝封疆于湖南的王子就称为楚王。楚被秦灭后，"楚有三户，亡秦必楚"的反抗精神一直在历代湖南人身上传承。自古就有"文多吴音，武多楚腔"之说。从明清以来，湖南先后出了王夫之、曾国藩、左宗棠、谭嗣同等历史名人，还杀出了"赫赫有名"的湘军。

曾国藩这个人物很复杂。对他争议最大的是他靠着能打仗的湘军，以镇压太平天国而功成名就。湘系军人对中国战争影响是不可低估的，后来也就有"无湘不成军"之说。

左宗棠是著名湘军将领，暮年收复新疆，为巩固祖国西北边防再立战功。当时侍读学士潘祖荫就称赞道："国家不可一日无湖南，即湖南不可一日无宗棠也。"

遭受甲午战败之辱，有识之士在中国发动了"维新运动"，以谭嗣同、唐才常、熊希龄、梁启超等为代表的湖南人冲在最前面。"戊戌变法"失败后，谭嗣同以身献义，名垂青史。唐才常曾自豪地转述西方的评价："振支那者惟湖南，士气勃勃有生气，而可侠可仁者惟湖南。"

几年后，有大无畏的湖南青年领袖陈天华像秦汉时代义不帝秦的鲁连仲一样在日本蹈海而死。他的灵柩运回湖南时，长沙万余人为他在岳麓山下举行了葬礼。

辛亥革命期间，湖南人黄兴历尽艰难带一旅湖南兵，在汉阳抵抗清军大队人马，为革命党人赢得了时间。

民国初年，蔡锷的"护国佳话"又轰动当时。民国成立，袁世凯窃国当上了大总统，唯恐"威高震主"的蔡锷在云南有不轨的行为，将他调往北京。蔡锷最后在梁启超与北京名妓小凤仙的配合下潜离北京，在云南组织了"护国军"，起兵讨袁。

在新民主主义革命时期，一大批湖南革命志士英勇奋斗，为推翻蒋家王朝、为新中国的诞生立下了不朽的功勋。中国共产党著名的湖南籍领导人如：毛泽东、蔡和森、何叔衡、郭亮、刘少奇、彭德怀、贺龙、罗荣桓、任弼时、林伯渠、李富春、邓中夏、李立三、陈赓、陶铸、胡耀邦、向警予、左权……

"亡清"首义之举在湖北，领导"亡蒋"的人诞生在湖南，同为楚人的后裔，这两个政权的灭亡都与楚人有着深远的历史渊源，则"亡秦必楚"，决非巧合。"绍兴师爷湖南将"，湖南武将可谓独占鳌头。1955年和1995年两次颁发军衔，十大元帅中有3位是湖南人，10位大将中有6位是湖南人，湖南人为推动中国历史的进步所做出的贡献早已彪炳史册。

第三节　长江、汉水畔的江城——武汉

长江与她第一长支流汉水冲积形成江汉平原，湖北的省会城市——武汉便位于此，是长江、汉水和古时的云梦泽造就了武汉。横贯东西的长江和北来的汉水将它切割成三部分，即武昌、汉阳、汉口，整个城市的形成与发展都和这两条江息息相关。由于这里是远古时云梦大泽的一部分，位于千湖之省中部的武汉，至今还残留着许多湖泊，武昌境内的东湖是其中最大、最美的一个。

武汉行水路方便，可西上巴蜀，东下吴越，向北溯汉江而至豫陕，向南经洞庭湖南达湘桂，故自古有"九省通衢"之称。武汉又称为"江城"，其缘于唐朝大诗人李白路过武汉时曾写下"黄鹤楼中吹玉笛，江城五月落梅花"的诗句。

早在新石器时期，就有古人类在武汉地区活动。汉口北郊5公里处，至今尚残存着殷商古城

遗迹——盘龙城，距今已 3500 多年。武汉没有在这座商代古城的基础上发展起来，说起来又与水有关：这座古城没有建在长江、汉水边，用水不便；地势低洼，汛期又深受洪水泛滥之苦，商人只好弃之迁往别处。

楚人真正地占领武汉是春秋中期，也就是楚成王时。从武汉黄陂鲁台山挖掘的东周时期的墓，以及在汉口东北部谌家矶发现的战国楚墓可见那个时期楚人在武汉地区已占主导地位。

"武昌"之名在武汉三镇中最早，始见于三国时东吴（222 年）。但是，那时的武昌城即今湖北省鄂州市。现在的武昌则创建于唐元和元年（806 年），时称鄂州，为武昌节度使治所。它当时建城于黄鹄山上，濒临长江，一方面是基于军事的考量，另一方面是为了防御水患。宋代时，武昌与钱塘（今杭州）、建康（今南京）并列为全国三大都会。

汉阳大约始建于五代周朝，公元 10 世纪中叶，当时为重兵驻守之地，兼管地方行政，相当于州府或郡县的治权。汉阳几度因大火而化为灰烬。现在遗留的古建筑多是清末张之洞在湖广任总督时兴建的。

1465 年以前，汉口还只是一片沙洲，里面只有各种水流纵横交错。大约 500 年前的一次大洪水，造成汉水改道，汉阳和汉口由此清晰地划分出来，汉口在长江、汉水边崛起，汉口也因位于汉江入长江口而得名。《汉口竹枝词》中写到："五百年前一荒洲，五百年后楼外楼。"汉口，在武汉三镇中诞生最晚，直到明朝天顺年间（1457—1464）才有集市，但发展速度极快。汉口江堤下的汉正街兴起于明代后期，因长江、汉水在汉正街紧邻的龙王庙相汇而具有得天独厚的地理条件，所以为当时商贸业发展创造了很好的运输环境，一度成为武汉商业发展的缩影。明清之际，汉口就以其商业之繁荣，为河南的朱仙镇、江西的景德镇、广东的佛山镇全国四大名镇之首，在之后 500 多年的岁月里，汉口后来者居上，引领武昌和汉阳，共同构成雄居中部的大武汉。

1858 年《天津条约》签署后，汉口也被辟为对外通商口岸，英、俄、法、德、日五国先后在汉口的长江大堤内开辟大片土地为租界，汉口沿江大道一带出现了英租界、法租界、俄租界、日租界、德租界。现在汉口沿江大道尚保留的多国风格的建筑也就是清末民初那个时代留下的印迹。1863 年，英国宝顺洋行在今天汉口天津路建宝顺栈五码头，为汉口港首座轮船码头。

洋务运动后期，张之洞在武汉不仅创办了两湖书院，还兴办包括汉阳枪炮厂在内的一大批军工企业，使"汉阳造"步枪以后成为军工产品的名牌。19 世纪末至 20 世纪初，长江流域进入了开设新式的军事学堂和编练新军为主要内容的军事变革时期，湖北的军事学堂数量居全国首位。

作为楚人的后裔,天生就有一种蔑视权威的传统。张之洞训练的湖北新军,1911年在武昌进行首义,用张之洞这位清朝重臣创办的汉阳兵工厂生产的"汉阳造"步枪,将统治中国两千年的封建王朝赶下了历史舞台。

武昌辛亥革命旧址　　　宁应城　摄

辛亥革命后,武汉已成为仅次于上海的中国第二大近代工业基地。京汉铁路、粤汉铁路先后通车,水陆交通更加便利,体现"九省通衢"的地理优势。20世纪20年代,人们称武汉为"东方芝加哥"。

由于辛亥革命的影响及特殊的地理位置,这座城市必然成为革命者频繁活动之地。到新中国成立之前,武汉留下了大量的革命遗址,如首义红楼纪念馆、武昌农民运动讲习所、二七纪念馆、八路军驻汉办事处等。

还有耸立于武昌蛇山西端的黄鹤楼,下临大江,面向大桥,收尽江汉汇流、三镇鼎立之景色,是武汉具有地标性的建筑物。

位于"千湖之省"的武汉从一座城市拥有水的量来看,中国哪一座城市也超过不了它。它首先有长江、汉江穿城而过,西湖环湖一圈15公里,而东湖环湖一圈50公里,可见它之大。张之洞到武汉时,曾修建武丰闸,把长江与东湖彻底分开,从此东湖有了自己稳定而独立的形式。晚清任桐曾说:"东湖景物之美,不减西湖,而天然韵致有过之而无不及。"

众多大小不一的湖泊,后来逐步消失与萎缩。进入20世纪90年代以后,武汉人民的亲水意识不断加强,将东湖与沙湖之间开挖了一条人工运河,将两湖联通,两岸修了两排各具形态的三层楼高的商业建筑,取名为"楚河汉街",现已成为人们游玩购物又一个好去处。

第四节　赣江畔的"客家摇篮"——赣州

谈到客家人,一定要谈到江西赣州,"客家"这个名称是在江西产生的,虽然客家人的老祖宗不是江西人。以江西赣州（今赣州市）为中心的赣南地区正是客家的摇篮。

赣江是长江的第七大支流，同时是江西省最大的河流。1989年的考古发现，在3000多年前，赣江流域曾经有一个与中原殷商王朝并存发展的古城邑，于是将赣州的文明史提前了1700多年。春秋战国时期，江西主要属于楚国。秦始皇统一中国后，开辟赣江直达南海的通道，经大庚岭南下广州，从此纵贯南北的交通干线穿过江西，尤其是赣州正处在这条古代中国南北大道的要冲，成为南方水上丝绸之路的重要结点城市。赣州始建于2100多年前的西汉，公元12世纪中叶始称赣州，秦以后就经济繁荣，是当时全国赫赫有名的三十六座名城之一。由于各种物质是用战船通过赣水往北方送去，以至于当时的中原人对"赣"字有了一个望文生义的理解，即总有贡品送来的地方。当地人的亲水意识非常强，把"赣"字一分为三，左边"章"字命名城市左边的江——章江；右边"贡"字命名右边的江——贡江；"贡"上面的"文"字仿佛是"第三条河"，既寓意着它保留了原来的文化脉络（"虔"字中的"文"字），也显示这座城市有着源远流长的文化内涵。

客家的先民原来是中原汉族的一个分支。从1700多年前开始，由于战乱、饥荒和政府移民等各种原因，在我国从北往南的三次大移民中，江西独特的地理位置成为人口迁移和商贾流通的必经之地。在经历数次由北向南的人口大迁徙后，部分中原人顺着黄河、长江水系南下，涌进赣南山区，并进而向外扩展。这些到达闽、粤、赣交界的周边山区的移民，赣南是他们选取定居下来的第一站，大量南迁的人流不少也在江西滞留下来。

赣南的丘陵虽然不太富饶，但这些大小不一的山谷盆地却给了习惯农作的中原人一片安身栖息地。"客家"，是当地人对这些从北方迁进来的外来户的称呼。先是别人称他们为"客家"，渐渐地中原人也自称"客家"，以区别当地土著。他们尽管在此地繁衍了许多代，生活也安定下来，而在传统和习惯上，仍然有别于当地的土著民族，不免还保留着汉族先民的习性。

梅关古驿道位于赣粤两省交界处的梅岭上，兴建于唐开元年间，沟通了内陆与"海上丝绸之路"。站在梅关楼上，一边是广东，一边是江西"一脚踏两省"。梅关古驿道历经两千余年，至今依然保留完整。明清时期，有不少外迁的客家人又回到了赣南。赣派的山城轮廓里，糅合岭南风格，让人仿佛看到了广东、福建老城的影子。

如今，当你走进赣南山村时，还可以看到一幢幢保存基本完好的围屋。客家人的屋大多坐北朝南，视野开阔，靠山临水。围屋大院内粮仓、水井、排污道一应俱全，外庭铁甲包门，固若金汤，森严冷峻。楼内房屋之间，连通着许多小门，平时各家各过各的日子；紧急关头，家家开门，就连成了一条抵抗外来入侵的大回廊。一个大围屋里，常常住着几百甚至上千人。当围屋容纳不下时，长子这一支就被留在老屋，其他各支则分出去再盖新屋。据统计，如今当地还保留了600多座这样的老屋。

第五节　新安江畔徽商诞生地——徽州

明清时期，徽州府商人已形成了一个庞大的商帮。为什么古代的徽州会出现这样一个大的商帮？除了与它特殊的地理位置和不断增加的人口有关，还应该归功于一条江——新安江。新安江是钱塘江的一条支流，发源于皖南黄山和率山一带的山区，干流全长260公里，成为山里人走向外面世界最好的水上通道，后来形成的徽商流是同新安江一起流淌出来的。

徽州位于皖、浙、赣三省交会处，是个典型的皖南丘陵山区，山清水秀，气候宜人，但山多地少，土地瘠薄。徽州最初是当地土著山越人的聚集区，因这里重峦叠嶂的闭塞环境，后成为中原士族南迁落脚的"世外桃源"。与胡适先生同年诞生于皖南山区歙县黄潭村的教育家陶行知先生就很为自己的家乡自豪，他说："察看它的背景，世界上只有一个地方和它相类，这个地方就是瑞士。"每遇天下大乱，就有一些官宦与士族举家向徽州迁居，他们把徽州作为避难所和理想的徙居地。几次中原大批人口迁入，人口的急剧上升，人均土地的相应减少，于是他们把眼光放在了新安江的尽头，当时中国最富裕、发达的苏杭地区。

不少头脑灵活的人，就从事往山外贩卖山货的经营。由于这一带气候湿润，高山多雾，对茶叶、竹子生长十分有利，就可以做些茶叶、干笋和竹器之类的生意。久而久之，有些货物便成了品牌。穿行于徽州崇山峻岭中的新安江也为商旅往来提供了方便，沿新安江顺流而下可以到达杭州，由祁门沿昌江可直达鄱阳湖区，再向北又可出鄱阳湖口，进入长江后就到了更广阔的天地——长江中下游平原，他们的经营范围遍及全国各地，甚至还有"无徽不成镇"的说法。

明清时，徽州腰缠万贯、富比王侯的巨商大贾比比皆是。清道光年间，江南六大富豪之一、皖南西递村的大典当商胡学梓，有当铺36家，商业资本折合白银600万两。晚清时期富可敌国的"红顶商人"胡雪岩也是从新安江上游的故乡扬帆起航，历经艰辛才成就了终身辉煌。

徽商带来了徽州的繁荣，也带动了徽州文化的崛起。徽商贾而好儒，其中一个重要的因素就是中原人的进入与影响。

更多的徽商都把自己人生的归宿，依附于他们终身依恋的故土。徽商衣锦还乡后，多在家乡大兴土木，为徽州留下了一片既有异域风格又富有当地特色的各种形式的建筑。现存的明清祠堂、民居、佛寺、道观、牌坊、桥梁、路亭、园林，还随处可见，十分可观。

徽州是当之无愧的"徽商之源"，新安江更造就了一条徽商流。沿江两岸的许多古埠码头至今犹在，渔亭、渔梁、漳潭、屯溪、万安等处都曾是徽商们出没的地方。位于歙县城南有着1300年历史的渔梁坝是徽州古代最大的水利工程，也是新安江上最大的古水路码头之一。新安江水电站是我国第一座自行设计、自制设备、自己施工的大型水电站。1957年开工，1960年4月第一台机组开始发电，同年9月，已正式向长江三角洲上海、南京、杭州供电，至今仍在发挥作用。大坝修好后，曾经的礁石、险滩没入水底，取而代之的是辽阔静谧的能蓄水178亿立方米的水库，那里更是游人最爱去的地方——千岛湖。

第六节　雄居长江三角洲内的名城

一、长江边、秦淮河畔的帝王之都——南京

"六朝金粉地，金陵帝王州。"南京位于长江南岸，北靠江淮平原，东接太湖平原，地理位置十分险要，素有"龙盘虎踞"之称。南京已有2400多年的历史，与安阳、西安、洛阳、开封、杭州、北京并称为中国的"七大古都"。

南京城的发展与水密不可分，从紫金山俯视，长江从城北缓缓流过，是长江与苏浙那纵横交错的河流湖泊，尤其是秦淮河孕育了她。秦淮河流域是松软肥沃的冲积平原，土地肥沃，宜拓荒、耕作。这里气候宜人，雨量充沛，又有取水和捕捞之便，远古时期就有人类活动，发现的距今三四千年的湖熟文化遗址就有100多处。

春秋时期，吴王夫差最早在南京建立过冶铸作坊，冶炼铜铁，制造兵器。公元前472年，越王勾践灭掉吴国，在这里筑起了土城，称为"越城"。由于这座城池直接用来对付楚国，由范蠡把守，后又称"范蠡城"。当时，秦淮河到了这座土城后，便分为两支，内秦淮穿城而过，外秦淮成为护城河，最后同入长江。

公元前333年，楚威王挥师南下，一举灭掉了越国。在楚威王的治理下，一座新城在石头山

下建成了。包括南京在内的今江苏大部分地区在越国灭亡后全部并入楚国。

229年，孙权在南京建都，名为建业，取建立功业的意思。孙权修都城于此，山水可设防，秦淮河为捍卫都城的一道防线。孙权是一个善于治国的君王，南京很快就成为长江下游一个繁荣的城市。他主政时，挖通的运渎、破岗渎两条运河，沟通了太湖流域与首都的联系，使物资源源不断地运送到此地。秦淮河两岸及支流青溪两岸为居民集中区域，其中长干里最为著名。

317年，司马氏家族建都建康（今南京），史称东晋，西晋的名门望族绝大多数迁到此地。接着是南朝时期的宋、齐、梁、陈四个王朝相继在南京建都。南京作为都城从孙吴、东晋到南朝前后共320年，所谓的"六朝古都"即由此而来。

秦淮河在六朝时已是保卫都城建业的屏障，共有浮船桥24处，一旦有警，舟撤路断，成为护城河。统治者还沿秦淮河修建了东府城等一系列城堡，许多战争都在秦淮河两岸进行。秦淮河之于建业，除了军事上的重要意义外，在漕运、水利、商业等方面的作用也越来越大。

隋朝以后，由于破岗渎被废，漕运改道，加开外秦淮河作为护城河，这是秦淮河的一次变迁。唐代时，长江已经西徙，莫愁湖为长江的夹江遗址。统治者建城时将它纳入城内，因下游两岸居民增多，秦淮河已明显变窄。从那时起，秦淮河因起不到护城的作用，已不再用于战争，统治者必须更好地利用石头城。

368年，朱元璋在此建立明王朝，称应天府。他原想迁都开封府，便把开封命名为北京，把应天府称为南京，此名从此沿用至今，南京第一次成为中国空前统一的首都。朱元璋定京后，"四方贡赋，由江以达京师。"但由于长江江面宽阔，风大浪恶，再次将秦淮河纳为漕运线。秦淮河又得到多次疏浚，在西城外开挖了上中下三条新河，秦淮河的水运再次繁忙起来。

从古繁华至今的秦淮河　　宁应城　摄

明朝仅存54年，南京却又恢复了往日的繁华。秦淮河两岸为城内商业集中区，设有府学、贡院、教坊司、妓院、酒楼，形成了畸形繁荣景象。夫子庙附近的"江南贡院"是江南最大的考场，有考试号舍两万多间，宋代民族英雄文天祥曾在此考取了第一名的好成绩。安徽全椒人吴敬梓也曾在此角逐过，对周围的环境十分熟悉，他在《儒林外史》里不仅描写了秦淮河两岸的景观，更描写了考生的畸形人生。考生在夫子庙贡院里考完以后可以到秦淮河边放松一下，于是就留下了许多才子佳人温情脉脉的故事。

在南京国子监读过书的人有成千上万，其中有多少人想通过读书做官这条路出人头地，名垂青史，但也只有安徽全椒人吴敬梓、江苏淮安人吴承恩被后人知晓。后人将吴承恩的《西游记》与明初的《水浒传》《三国演义》并称为"才子书"。而《水浒传》的作者施耐庵是江苏兴化人，《三国演义》的作者罗贯中是浙江杭州人。中国四大古典名著有三部是在明代从江南产生，这绝不是巧合。以后，浙江人屠隆取材于《水浒传》创作了长篇小说《金瓶梅》，江苏长洲人冯梦龙创作了《三言》(《喻世明言》《警世通言》《醒世恒言》)，浙江湖州人凌蒙初创作了《二拍》(《初刻拍案惊奇》《二刻拍案惊奇》)，冯梦龙还创作了《东周列国志》等，这些较著名的古代长篇历史小说的作者都位于长江下游。明代以后，长江三角洲市民阶层已经形成，长篇小说的产生是安逸闲散的市民文化发展的必然结果。

明代万历以后，在长江下游的江南地区还诞生了不少传奇作家，最著名的代表作家是江西临川人汤显祖的《临川四梦》(《紫钗记》《还魂记》《南柯记》《邯郸记》)，尤其是《还魂记》，又名《牡丹亭》，至今还是戏剧中的保留剧目，可见影响深远。

到了清代，秦淮河与南京的另一个支柱产业——染织业发展关系更加密切。由于秦淮河水中含有单宁酸，适合织造一种被称为"纳失石"的织金锦。为了保证织工们漂丝纱段不受侵占，清咸丰、同治年间曾两次在如今的中华门外干长巷沿河立碑，标明缫丝所在段，不得他用。至今当地还有丝码头这一地名，但这种手工业用水也给秦淮河造成一定的污染。

鸦片战争，中国战败。1842年8月29日，清政府代表泊在南京长江段上的英舰"康华丽"号上，与英国代表签订了中国近代史上第一个不平等条约——中英《南京条约》。

1851年，广东乡村教师洪秀全率众起义，发动了太平天国农民运动，两年后起义军攻入南京，力图在此营造"天国"，与北京清政府对峙，又改南京为天京。洪秀全进驻南京后，在天京专门设立了"诸匠营"和"百工衙"的生产管理机构。秦淮河畔丝织业发展得特别快，后由于两岸河房水阁越来越多，秦淮河也越来越窄，污染也越来越重。

武昌起义后，宣布响应的17个省的代表来到南京开会，选举孙中山为中华民国临时大总统，同时把南京定为中华民国的首都。但仅两个多月后，袁世凯窃取了辛亥革命的成果，孙中山退位，国民政府北迁。孙中山辞去大总统后，曾对身边人说："待我他日辞世后，愿向国民乞一土以安置躯壳耳。"17年后，他安葬于此，中山陵位于钟山之上。1927年北伐战争后，南京又成为中华民国的首都，前后也仅22年。

1937年，日本侵略军占领南京，进行了震惊中外的南京大屠杀，超过30万同胞惨遭杀害，秦淮河血流成河。现在兴建的南京大屠杀纪念馆，就是为了让国人永远不要忘记日本侵略者对中国人民犯下的滔天罪行。抗战时期，南京为汪伪政权所盘踞。抗战胜利后，国民党政府还都南京。1949年，人民解放军"百万雄师"过大江，占领南京。南京作为都城的历史也宣告结束。

新中国成立后，开凿了一条新秦淮河，东起江宁东山镇，接通老河；西至金胜村入江，对市郊及有关县的灌溉及航运有一定作用。

二、太湖边上的"东方威尼斯"——苏州

苏州现位于江苏省的京沪铁路线上，姑苏是苏州的别称，因苏州西南有姑苏山得名。苏州的又一别名为"东方威尼斯"，就是因为这座城市具有江南水乡的典型特点。

说到苏州不可不提太湖。太湖位于长江三角洲的南缘，流域面积3.69万平方公里，跨江苏省、浙江省、安徽省和上海市，其中江苏省占52.6%，浙江省占32.8%，上海市占14.0%，安徽省占0.6%，是中国五大淡水湖之一。太湖、阳澄湖、淀山湖等湖群原先是与海相通的大海湾，由于长江与钱塘江向东延伸，致使部分海面被环抱于内，逐步成为内海，两侧诸山水流不断注入，冲淡了其内海的水成为长江三角洲内最大的淡水湖——太湖。

太湖下游水系中的吴淞河，到了上海段称苏州河，在上海入黄浦江。太湖东、北、西沿岸和湖中诸岛，为吴越文化发源地，有大批文物古迹遗存，比较著名的有春秋时期的阖闾城——越城遗址、隋代大运河等。太湖流域仅治水的历史就绵延3000年之久，流域的兴衰与治水息息相关，太湖流域早已是我国产业最集中，经济、文化最发达的区域之一。

苏州城区里，河道纵横，桥梁多达300多座。不少河道、街道互相平行，东西、南北对称，使这座水乡城市形成排列整齐的棋盘式格局。四通八达的水上交通更为各方交流提供了方便。明初永乐三年（1405年），郑和率水手、官兵2万多人，从苏州刘家港（今太仓东浏河镇）出发，远航西洋让中华声名远扬。

苏州是太湖逐渐淤积形成的，城中最大的湖除太湖外，还星罗棋布地散落了许多小湖泊，这为园林的创建创造了条件。苏州园林最早应是王室宫苑，但追求小巧、雅致。在极盛的时期，苏州共有园林200多处，近代有迹可觅的仍有上百处。"江南园林甲天下，苏州园林甲江南"。苏州

古典园林已经被列为世界文化遗产。

园林盛，首先要地区盛。清代中期，乾隆六次下江南。江南诸省为了讨皇帝的欢喜，纷纷大张旗鼓地打造园林。园林之盛产生在江南，其原因是秀丽的自然风光，尤其是众多的湖泊为建造园林提供了良好的自然条件。随着由北向南的移民，江南成了"人文荟萃之邦"，也集中了大量造园的能工巧匠，使得建造艺术园林成为可能。

三、伴湖连江通海的"人间天堂"——杭州

尽管杭州在战略上东临大海，南有钱塘江，北有长江，应不失为军事重镇，但从整个中国的全局来看，其局限性是非常明显的，它偏处于东南一隅，缺乏雄视天下，控制全局的地理优势。即使这样，她在历史上曾经两次做过国都：五代十国时期的吴越国和从开封逃亡来的南宋。由于她的娇柔和富有，早在唐宋时期就被称作"人间天堂"，13世纪就扬名海外，意大利古代大旅行家马可·波罗称她是"世界上最美丽华贵之城"，在当时的确是当之无愧的。

杭州历史悠久，大约在5000多年前，杭州的先人就在这里繁衍生息，创造了"良渚文化"（良渚今为杭州西北郊的一个市镇）。新石器时期，良渚人已在此定居。

"杭州"之名传说与大禹有关，更与水有关。流传最多的是公元前21世纪，夏禹治水曾从这里舍舟登陆——"杭"就是方舟的意思，也有说是浮桥的意思。后人把大禹登陆处称"禹杭"，"禹"与"余"同音，发展到后来演变为"余杭"。

在春秋战国时期，这里大部分属于越国。它的北部是吴国，吴、越两国在这里龙虎相斗，最后楚人得利。秦始皇统一六国后在杭州设县，称钱唐县。"杭州"之名在历史上第一次出现应该是在隋文帝时期，他平定了南朝陈后，才把钱唐郡改为杭州。

杭州的发展得益于几千年来对钱塘江海塘工程的维护，还得益于一湖一河，即西湖与京杭大运河。西湖，可以说是杭州的生命之源，正是因为它的存在，杭州才人文荟萃，富比天堂。

唐代，杭州赋税的岁入已达50万缗（1000文为一缗），占当时全国财政岁入的1/24。在杭州为什么留下白居易和苏东坡的大名，不光是他们的诗和词，更有他们为杭州人做的实事，西湖的白公堤、苏堤就是这两位大诗人在杭州为官时修建的。

白居易到杭州当刺史的那一年，正赶上杭州大旱。他让当地衙门放西湖水，缓解了旱情，并且在西湖边修了一道堤，造了一座石涵闸，借以提高西湖的水位，把湖水蓄起来，既可以遇旱时用以灌溉，平常又可以作为城市生活用水。他怕后代的地方官不了解堤坝对人民的利害关系，

还写了一篇《钱塘湖石记》，刻在石碑上，详细写明堤坝的用处，以及蓄水、放水和保护堤坝的方法。千百年来，杭州人一直把原来的一道湖堤——"白沙堤"，改叫"白公堤"，以纪念这位诗人。

五代吴越国王钱镠在杭州建都。最早的钱塘江堤，就是钱镠时期修筑的。他做的另一件得民心的事，就是保护西湖。当时，一位方士劝钱镠把西湖填平，在上面建造王府，可以有千年的天下。他没有采纳，还说："百姓借湖水以灌田，无水即无民，岂有千年而天下无真主者乎。"事后，他还派一千士兵做"撩湖兵"，专门疏浚西湖。此外，他修建了沿海的堤塘、钱塘江的石堤，并建造堰闸，旱涝都能蓄泄。杭州人没有忘记这位国王，现在杭州还有钱镠墓、功臣塔、婆留井等古迹纪念他。

北宋熙宁二年（1069年），苏轼来杭州任通判（州府的副长官），在任三年，对杭州地区的水利设施进行了广泛的整修与新建。1072年，他离任而去。16年后，当他第二次到杭州任知州的时候，西湖因淤积已缩小了一大半。如果再淤下去，整个西湖将被淤死，苏东坡决心挽救西湖，对西湖进行了一次大规模的疏浚，又将挖出来的巨量葑泥在湖中建筑了一条长堤；堤上又修建了六座石桥以通湖水，并遍种芙蓉、杨柳各种花草，使西湖的景色更加婀娜多姿。后人为纪念苏东坡的功绩，将这道长堤称为"苏堤"。"水光潋滟晴方好，山色空蒙雨亦奇。欲把西湖比西子，淡妆浓抹总相宜。"苏东坡的诗将西湖的神韵概括到了极致。

四、运河畔、长江北岸的名城——扬州

扬州，位于长江北岸，北依高邮湖，京杭大运河将其沟通，并穿城而过。有人说，扬州的江南韵味是靠京杭大运河运过来的，其实中国最早的运河应当出自扬州。

扬州有2500年的建城历史，春秋时期的吴王夫差，揭开了扬州筑城史的首页。当时，吴王夫差为了运粮运兵和齐国打仗，引长江水北上，开挖邗沟，沟通了长江与淮河两大水系，它就是长江三角洲乃至中国最早的运河。有了这条运河后，吴王就在邗沟边修建邗城，也就是历史上最早的扬州城。到了隋代，隋炀帝在此基础上开凿了大运河。运河的南北两端是杭州和北京，而苏州、扬州等作为运河沿线的重镇，自然也繁华起来。南北大运河的开通更使得扬州因四通八达的交通成为江淮要冲和人文荟萃之地的繁华之城。

开挖运河之初，隋炀帝赞同植柳，因柳树有迎风飘扬之态，遂取"扬"的谐音，赐柳为"杨柳"，扬州也从此有了"绿杨都城"的美誉。运河开通后，隋炀帝乘龙舟3次下扬州，更使扬州风光无限。

到了唐代，已有"扬州庶，甲天下""扬一益二"之说。也就是说，那时已经相当繁荣的"天府之国"益州（今成都）也只能屈居第二。当时，扬州与宁波、广州并称为中国的三大对外贸易港口。扬州在唐代迎来了第一个发展高峰，"淮左名都"。因为扬州的富裕，吸引才子佳人，使扬州成了他们梦中的故乡。"烟花三月下扬州"，李白这句诗也就是出自那个时候。当时扬州已名扬海外，与海外已有经济、文化方面的交流。唐天宝年间，扬州大明寺主持鉴真率弟子、工匠多人应当时日本政府的邀请，东渡日本，为两国人民的文化交流做出贡献。元代初期，意大利人马可·波罗到达中国后，曾在扬州任总管三年，可见当时扬州已吸引了世界的关注。

运河为帝王提供了巡游的便利，又引来了四面八方的名士富商。明清的时候，扬州的发展进入了第二个辉煌期。如果没有这条运河，淮南、淮北的盐山也没办法变成盐商的"金山"，明清时的扬州就不会有这般繁华。

扬州平山名胜区瘦西湖最具观赏价值。瘦西湖原名"保障河"。后有一个文人从杭州到扬州来，在扬州题诗"也是销金一锅子，故应唤作瘦西湖。"从此，"瘦西湖"也就取代了"保障河"，一直流传至今。

扬州的确是一座水城，城内除了大运河穿城而过和瘦西湖外，还有一条小秦淮河，那是扬州古城唯一留存的一条

瘦西湖　　　　　　宁应城　摄

内河，在清代这里及两岸街区也是扬州最繁华的地段。

扬州并不总是鸟语花香，杨柳青青，在大敌当前时，扬州人同样是同仇敌忾，英勇无畏，最典型的就是"史可法血战扬州"。史可法（1602—1645年）为明亡前的南京兵部尚书。清军进关南下后，扬州已是一座岌岌可危的孤城。史可法与扬州军民一起进行了顽强的抵抗，城破时，为清军生俘。

清将多铎以高官厚禄为诱饵劝降，史可法大义凛然地答道："我既为明朝第一忠臣，当然不会降清；降清，也就不是明朝第一忠臣。我史可法临终前能有第一忠臣的头衔，其愿足矣！"多铎恼羞成怒，遂立杀史可法，时年仅44岁。扬州人在史可法精神的感召下，坚持巷战，无一兵一卒

投降。清兵入城后，烧杀 10 日，遍城尸体，血染运河。事后，多铎在其腰刀柄上，镌刻了 8 个大字："此刀曾杀第一忠臣"。

扬州到了清代已走上了鼎盛期，现存的扬州个园就是清代嘉庆、道光年间由盐商修建的。随着盐商的衰败，以及京杭大运河东段的堵塞，漕运改海运、铁路取代水运成为交通动脉等一系列对扬州的不利条件出现，扬州在经济、政治、文化方面逐渐开始衰退。

第七节　长江入海口、黄浦江畔的国际大都市——上海

上海，地处在太平洋西岸、长江三角洲的边缘、太湖尾闾、长江的最后一条支流黄浦江入江口、长江入海口所在地。长江口多年平均入海的输沙量丰富，不断使长江三角洲向外海缓慢延伸，给上海海岸带来了源源不断的滩涂资源，扩大着上海陆地面积。此外，比杭州西湖大 11 倍，面积约 66 平方公里的淀山湖距离上海仅 50 公里，是上海的另一颗明珠。它不仅兼备提供水源、农田灌溉、水上运输、水产养殖、风景旅游等多种功能，对上海还有减轻洪水灾害和调节气候的功能。

没有水的冲刷，江沙湖沙的淤积，海潮的顶托，就没有大上海，水造就了上海。无论是过去、现在，还是将来，水仍然在改变着大上海。

"上海"的由来有三种说法，都与水有关：第一种说法是上海"地居上洋"，故名"上海"；第二种说法出自东汉袁康的《越绝书》："娄东十里坑者，古名长人坑，从海上来。""长人坑"就是上海地区，故称"上海"；第三种说法认为，吴淞江南岸原有两条支流，一条名叫"上海浦"，另一条名叫"下海浦"，宋代上海建镇时，地点就在"上海浦"附近，故定名"上海"。时至今天，上海浦早已淹没在黄浦江中了。官方正式用"上海"这个地名，是在 1000 年前的宋代。

上海简称"沪"，也与水有关。早在六七千年前，吴淞江在今上海青浦区北部出海，其水域一望无际，烟波浩渺。现在的上海市所在地当时还只是一块由浅海沉积和长江泥沙冲积而成的小陆地，充其量不过是一个捕鱼捞虾的地方。当地渔民创造了一种捕鱼的工具叫"扈"，演变为"沪"，故得此简称。

上海又有"申"的简称，也与水有关。春秋战国时先后成为吴国、越国的属地。吴越归楚后，现上海西部地区又成为楚国春申君黄歇的封地，他为了改善当地的水利，率民众拓宽了一条江。为了纪念他，这条江曾叫黄歇浦，又名"申江"通称黄浦江。黄浦江哺育着上海人民，给他们提

供生活用水，提供灌溉和航运之便，黄浦江被称之为上海的母亲河。

公元前3000年左右，上海先民一直以捕鱼捞虾为主，发展缓慢。唐天宝十年（751年）始设上海镇。五代时，吴越王钱镠在此搞圩田水利，促进了该地区的农业发展，也带动了手工业及商业的发展。后由于海线东移，吴淞江逐渐淤积，黄浦江成为太湖入江通道，青戈镇被上海滩所取代。

上海的市标也与水有关，与海运有关。它由几种图案组成，其中有一只平底三桅的沙船。沙船是我国古代的一种大型航海木帆船，最早得名于上海的崇明沙。元至元二十九年（1292年）设上海县。从元代开始，沙船就被朝廷选作南北漕运的主要运输工具。清初重开"海禁"以后，上海港很快成为沙船的集中地，拥有沙船3000多艘，素有"沙船之乡"的称号。"海运"为上海带来了舟楫之兴，商贸之便，更促进了其他手工业的发展。元代，上海乌泥泾人黄道婆从海南带来了纺织技术，促进了上海纺织业的发展。

明清时期，上海人在煮盐、种稻、海运的同时，已由植棉开始从事棉纺织手工业。纺织品的流通也带动了商品的交流，那时的上海已经显示出追赶江南苏杭、江北扬州的势头，得到了"小苏州"的雅号，但与苏州相比上海仍是一个后起的小镇。

"小苏州"变成"大上海"是开埠以后的事。英军打开了长江门户后于1842年7月攻克镇江，8月兵临南京城下，迫使清政府签订了丧权辱国的《南京条约》。1843年11月17日，根据《南京条约》，上海正式开埠，成为对中国进行多方侵略的主要据点。

上海由于有通江达海的地理优势，到20世纪20年代人口已达到200多万，成为当时中国最大的移民城市。1927年，南京国民政府正式设立上海特别市。人们怀着对财富的向往海潮般地从苏、浙、皖、鄂、湘、广、闽等内地涌入上海，更有不少人从国外向上海汇集。在西方人的眼里，上海有"冒险家的乐园"之称。上海也就成为中国近代工业、商业、科学技术的发祥地。

上海除了在推动中国近代社会的进程中发挥了重大作用外，还对中国革命的发展作出了突出贡献。19世纪末20世纪初，上海成为近代重要的革命城市，先后荟萃了近代中国一批最杰出的革命人士，如康有为、梁启超、孙中山、章太炎、邹容、陈天华、秋瑾等。

上海是马列主义最早被引进传播的地方。如1899年在上海出版的广学会刊物《万国公报》上刊登的李提摩太译著、蔡尔康撰述的《大同学》一文，首次提到了马克思主义，称马克思是"百工"领袖。由于刊物在全国发行，马克思主义从此走向中国。1917年，俄国爆发了十月革命，上海《申报》等报纸就进行了介绍。"五四"运动后，陈望道翻译的《共产党宣言》、李汉俊翻译的

《资本论入门》先后在上海出版，上海已成为马列主义在中国的策源地。

1919年，孙中山将中华革命党改组为中国国民党，早期总部设于上海。1920年12月，上海成立了中国社会主义青年团，团中央旧址位于淮海中路567弄渔阳里6号。1921年7月，中国共产党第一次全国代表大会在上海一个普通的弄堂（现兴业路76号）召开。1920—1924年，孙中山居住在上海位于香山路7号的寓所，他在此撰写了《实业计划》等著名论著，三峡工程最早从这里提出。

抗日战争时期，上海民族资产阶级为免受战火的破坏，保护国家抗日力量，许多民族资本企业艰难地完成了中国近代工业史上第一次由上海到内地的大迁移，为抗日战争中在后方坚持生产发挥了巨大的作用。

中华人民共和国成立前夕，上海的工商企业开始萧条，大量企业倒闭。新中国成立后，上海迎来了新生。经过60多年的发展，上海人口已达2425万人，拥有中国最大的工业及商业基地，更成为国际经济中心、金融中心、贸易中心和航运中心。上海作为中国最大外贸港口，仅从水上交通运输方面看，因连接湖河江海而四通八达。上海远洋运输公司所拥有的船舶数量和集装箱位都已跻身于世界四强之列。上海开辟国际定班航线39条，可到达世界上150多个国家和地区的600多个港口，形成了环太平洋的远洋运输网络。上海与日本大阪、神户之间还通航"鉴真"号定班客货轮，极大地方便了中日两国人民的交往。除此之外，上海港还连接祖国南北各港的沿海运输，连接长江经济带航线，同时还连接密如蛛网的内河航线。

上海浦东　　　　　　　　宁应城　摄

改革开放以来，不仅是上海，整个长江流域经济、文化的强势越来越明显，用"龙"来比喻长江经济带，要"建设以上海为龙头的长江三角洲及沿江经济带"。中国最大的区域经济体系构想就此提出，并付诸实施。

第三章 长江与社会经济发展

长江对流域内社会、经济发展产生的直接、间接的影响不可低估,农业、工业,及水上运输和长江上的桥等,都与长江这条"黄金水道"息息相关。与人类历史上许多河流一样,长江也曾多次被开辟为战场。

第一节　流域内农业、近现代工业概述

长江上、中、下游的五大平原,即长江上游的成都平原,长江中下游的两湖平原、皖中平原、鄱阳湖平原和长江三角洲平原,自古以来就是我国粮、棉、油重要生产基地。

成都平原,面积约9100平方公里,大部分是岷江泥沙形成的水稻土。这里地势平坦,属于亚热带湿润季风气候,温和多雨,常年有青翠作物生长。成都平原河流众多,且密集交错,水源丰富,形成了自流灌溉系统。早在公元前320年,就有了初步防御岷江洪水泛滥的工程。公元前256年,李冰又修筑了都江堰工程,这些工程既可以防洪又可以灌溉。所以,成都平原从秦汉时期就成为"天府之国",富比江南。

长江中下游平原地势低平,河道纵横,湖泊成群,气候温暖湿润,土壤肥沃。由于受东南风影响,这里平均年降水量1000～1600毫米。农作物生长期长,多在220天以上,能种双季稻,农作物可以一年两熟或者三熟。除了盛产稻米外,还有小麦、棉花、油菜、桑蚕、麻类等,为全国有名的稻棉麻产区。这里也是我国淡水渔业面积最广的地区,一般年产量占全国淡水鱼产量的60%以上,自古就是"鱼米之乡"。中国历史上著名的四大米市:长沙、九江、芜湖、无锡全出自长江中下游平原。这种局面的形成,除了因为长江中下游平原是我国农业的主产区外,长江这条黄金水道所提供的便利也是促其繁荣的原因之一。

长沙位于古代四大米市最上端,这一带种植粮食的历史十分悠久。20世纪,在洞庭湖区澧县发现了世界上最早(距今约8000年)、数量最多的驯化稻遗存,在时间上有取代下游河姆渡稻遗存之势;还发现了世界最早(距今6500年)的古稻田实体(城头山遗址)。这些说明长沙这一带已有近8000年的水稻栽培历史,《史记·越王勾践世家》里说:"长沙,楚之粟也。"另外,长沙湖江相联,四通八达的水运条件为农作物的运输与交换创造了有利的条件,所以它能够成为农作物商品集散地。洞庭湖平原的气候、土壤及灌溉条件适合粮食生长,进入明清时期,民间已流传"两湖熟,天下足"的谚语。

大量出土于鄱阳湖滨和赣江中下游地区的磨制石器与红陶器表明至少在四五千年前这片土地上的

稻谷的栽培已经普及。江西有句民谚"金丰城,银鄱阳",丰城距离省会南昌不到 70 公里。南昌的命名与 2000 多年前西汉一位名叫灌婴的大将军有关。灌婴带兵南下驻军这里,希望以这块"南方昌盛"之地为根据地,进而平定南越,"昌大南疆"。鄱阳湖区另一个"粮仓",是古代交通比南昌更为发达的九江。北宋以后,鄱阳湖平原的塘堰灌溉和丘陵山区的梯田大量兴起,大量的稻谷作物都是通过水运经鄱阳湖到达湖口附近的九江运出去的。仅北宋崇宁年间(1102—1106)东南各路漕运 600 万石,江西为 120 万石。明洪武二十六年(1393 年),江西征粮 259 万石,占全国总数的十分之一。九江自明代起就成为江西省北部的物资集散地。到了清乾隆时期,出入九江关的粮船平均每月为 6600 多艘,载粮 150 多万石。除了粮食外,棉花、茶叶和其他土特产也从九江市场发往全国各地;上海、武汉等地的商品也经过长江进入九江,再发往江西全省。

素有"皖南门户"之称的芜湖,位于长江南岸青弋江入江处。江南的青弋江流域与江北的巢湖流域,都是皖中平原著名的稻米产地。芜湖因长江与青弋江之汇集,水上交通极为便利。长江下游的米市原在镇江七濠口。芜湖开埠以后,在李鸿章的倡导下,米市迁到芜湖,更为兴旺,持续了半个世纪之久。芜湖的米市,促成了芜湖十里长街的兴旺。始于明代的长街,沿青弋江北岸向长江边延伸,直到江河汇合处,延伸至 10 里,清咸丰(1851—1861)时为兵火所毁。只要有米市在,长街很快恢复,而且比过去更加繁华,街道两旁店铺林立,"市声若潮,至夜不休"。到了雍正(1723—1735)时,每年输出大米已达 500 万石。

无锡位于最为富裕的太湖平原,古时京杭大运河纵贯南北,早已是江南的一座名城。相传在战国时,无锡西郊锡山附近发现锡矿,并大量开采,到汉高祖时锡矿已开采殆尽。据说,有人在锡山脚下挖出一块石碑,上刻"有锡兵,天下争;无锡宁,天下清"等字,于是这个地方就取名"无锡"。无锡地处江南水乡,气候温和,土地肥沃,水运发达。因得运河漕运之利,无锡为我国古代四大米市之首。大运河的北岸,是米市最兴旺的地段。运河上停泊着来自全国各地的粮船,真是桅杆如林。岸上大大小小的米行,最多时有 150 多家,加上其他商店,鳞次栉比,一片繁华。到民国初年,无锡已成为中国重要的棉纺基地,而米市依然兴旺。

"人间天堂",古代在广义上泛指以杭州、苏州为主的太湖流域,狭义上专指杭州与苏州,所谓"上有天堂,下有苏杭"。北宋时,太湖地区水旱灾害频繁。北宋以后,官方重视太湖地区水利建设,重点解决农田的排灌和航运问题,修建了不少筑堤、开塘、置闸等工程。由于塘堰灌溉的发展,特别是太湖地区劳动人民在长期的实践中创造出圩田,沿江与湖区垦田面积迅猛增加。不仅耕地面积扩大,耕种技术也提高了。北宋时就有人说"天下之利,莫大于水田;水田之美,莫过于苏州",便有了"苏湖熟,天下足"的美誉。依靠便捷的水运优势和对太湖地区农业的着力经营,南宋在半壁国土上征集的粮赋竟与北宋相等。从那时起,苏杭就被视为"人间天堂"。

新中国成立后,长江流域农业总产值约占全国的40%。流域人均占有耕地面积低于全国平均水平,人多地少的矛盾较为突出。

长江流域地跨我国东、中、西三大地带,由大江把十省两市联结起来,东临大洋是通往世界的通道,西部是资源丰富的地区,河流流向与经济开发的方向一致。它既有占全国内河70%航运里程,每年有1亿立方米的入海量为工农业生产和人民生活所必需的巨量的淡水资源,尤其拥有理论蕴藏量占全国40%的水力资源,还拥有丰富的矿藏和森林资源,同时是我国最发达的农业区,这些都是便于工业布局的有利条件。

长江对流域工业发展的影响主要在近现代。长江流域,尤其是上海,是我国近代工业的发祥地,是我国工业较发达的地区。新中国成立后至改革开放前,长江流域的工业已形成相当雄厚的基础,一系列轻工业、重工业部门已建立起来,工业结构以冶金、纺织、机械、电力、石油化工等为主。流域内建立攀枝花、重庆、武汉、马鞍山、南京、上海六大钢铁基地,昆明、清镇、黄石、株洲、贵溪、铜陵等有色金属基地,武汉、上海、重庆、南京、成都、十堰等机械工业基地,上海、南京、仪征、临湘、安庆等石油化工基地。流域内华东、华中、西南三大区拥有水、火电装机约占全国的44%;轻纺工业基础雄厚,各类轻纺工厂遍布长江上下,尤以中下游地区最为发达。此外,建材、化肥、食品、造纸等工业亦较为发达。改革开放后,以微电子工业为首的高技术产业群已经发挥巨大作用,同时第三产业也有较大发展。目前,全流域工业产值约占全国的30%,为进一步在长江沿岸建立产业密集带提供了物质基础。

第二节　长江的交通运输

一、古代长江航运

发达的长江航运,是长江流域经济繁荣不可缺少的条件。有了长江这条"黄金水道",才有舟楫之兴、航运之利和百业之发达。

"南船北马",简洁形象地描述了古代南北方因河流航运能力的大小而形成的截然不同的交通工具；北方主要靠陆路，南方主要靠水路，而南方最长的水道是长江，所以长江才有"黄金水道"之称。它不仅是中国最大的内河运输网，更是我国南方经济腹地的重要交通动脉。

长江干流全长 6300 公里，目前通航里程已达 3600 多公里，有 700 多条支流有通航能力。再加上京杭大运河和洞庭湖、鄱阳湖、巢湖、太湖四大湖的湖区航道，与干流纵横交织，组成了巨大的树枝状航道网，占全国内河通航里程的 70%，内河航程居世界首位。长江航道还有终年不冻的特点，适合四季通航。在古代，长江通航里程没有现在这样长、这样畅通，尤其是没有整治前的长江三峡，暗礁险滩极多。新中国成立后虽然整治了川江航道，但三峡航道还是不能夜航，即便在白天轮船上下，也有不少单行段航道。现在情况则大为改观，三峡大坝五级船闸已经开始运行，万吨船队可以直接从上海开到重庆。

长江航道，包括主要支流航道和运河，通航的历史都很悠久。我们的祖先攀附在浮木上，顺水向前，或者用手和竹木板片划动而逆行，这恐怕是最原始的渡河工具了。河姆渡遗址发现了制作精美的船桨，说明在六七千年前，河姆渡人就开始使用船桨了。四川省梓潼县和长江三角洲地区都曾出土过独木舟。

殷商时代，长江人已知道制造木板船。周成王时，居住在江浙一带的越人，曾向周天子敬献了一大批较大的舟船。可子孙周昭王正因为长江人"献"的船而丧命，"昭王征而不返"的故事在当时广为流传：楚国势力强大以后就开始不断骚扰周朝。周昭王自恃国力雄厚，决定消除南部边境隐患，亲自统率兵马南征伐楚。征楚大军浩浩荡荡地直抵汉水边。昭王下令抓来一大批当地船夫，强迫他们撑船，运送周军过江。那些被抓来的船夫，便暗地里用胶粘结了一条大船。周昭王的船驶至水中央时，大船立刻解体，昭王遂落水淹死。

舟楫之利促成了运河的开发。春秋时期，楚令尹孙叔敖在江汉平原上开凿了当地最早的人工运河——江汉运河。从此以后，船只不需绕道大江，就可以由汉水经运河到达楚国的郢都。春秋时期，楚国又开通了楚国境内江淮水系之间的重要通道，后世称巢肥水道。

楚怀王六年（公元前 323 年）赐给封地在鄂（今湖北鄂城）的封君鄂君启一组铜节，名"鄂君启节"，作为经商的通行凭证，规定了鄂君经商的水陆路线、途径地名及舟车数量和有效期限等。其路线是沿汉水北至谷城和唐白河的南阳南境，西经今沔阳入西夏水到郢都（今江陵北）；东顺长江到今安徽省枞阳，还可经彭泽入鄱阳湖；由长江西行荆江到达郢都；经洞庭湖入今湖南境诸水，沿湘水上溯最远可达今湖南郴县。可见当时楚国商业水运规格和航行范围已相当可观。

吴国先开凿了中国最早的人工运河——邗沟。越国在航运发展上同吴国旗鼓相当。越国河流多船多，《越绝书》说越人"以舟为车，以楫为马"。越国不仅有"船宫"（造船厂），还有"木客"（造船工）。公元前473年，越王勾践灭吴之战中，动员了"习流"（水师）2000人、好几百艘戈船（战舰），但越国最后还是被楚国所灭。

灵渠的开通也是为了战争。秦始皇兼并六国后，发兵50万，分五路向岭南进军，其中有一路经过今广西兴安地区。为了解决军需供应问题，秦军在湘江与漓江分水岭之间"凿渠通粮道"，从而沟通了长江与珠江两大水系的航运。

长江，战时用于军事，和平时期便用于民运，孙权更看中了这一点。孙权迁都建业（现南京）后，在建宫殿时坚持要用武昌的建材，就派出大批的船只上溯武昌，把建材运到建业。

长江的航运发展到隋代，又有一件大事载入了中国航运的史册，那就是开通了南北大运河，沟通了五大水系。至唐以后，江南成为国家的财赋之源，长江与运河成了王朝的生命线，唐王朝将长江中下游各地的粮食、丝织品及其他各种物资大量北运长安。当时运输这些物资的船只在运河上川流不息。

唐朝时期号称天下最繁华的扬州、益州，常有"商贩千艘"往来其间，运送粮、盐、茶、丝，其他港埠也都有"商舟辐辏""舸舰迷津"之盛，尤其是扬州已崛起为全国最大的江海港口与内外贸易中心。长江中游的襄阳为江汉重镇，是南北物资交换的集散地，夏口（今汉口）也成为江汉交汇和洞庭湖流域农产品转运的必经之地，这些地方港埠的航运皆盛况空前。唐广德元年（763年）一个夜晚，夏口发生了火灾，一下子就有3000多艘船只在大火中化为灰烬，足见长江航运的繁盛。

到了宋代，全国经济重心南移已经完成，形成了"国家根本，仰给东南"的局面，通过江淮及南北运河的漕粮年运量最高时达800万石，开创了历代漕运的最高纪录。

明代，说起航运上的大事都会提起郑和下西洋的壮举。明永乐三年（1405年）六月，郑和首次出使西洋，率队27800多人，分乘在长江流域建造的"宝船"62艘，从今江苏太仓浏河镇出发，此后，郑和又接连6次率队下西洋，历时28年，一共到过30多个国家和地区，最远一次到达非洲东岸、红海和伊斯兰教圣地麦加。哥伦布发现新大陆在世界航运史上是划时代的，而郑和下西洋比前者约早半个世纪。历史学者万明认为："数百年过去了，东南亚各种郑和庙宇香火不断，美好的传说历久不衰。中国航海稳定发展模式与西方的暴力掠夺发展模式形成了鲜明的对比。"这就是郑和下西洋的最终意义。

二、近现代长江水运

鸦片战争前夕，全国通航里程已达到 5 万公里以上，其中长江水系占到 80%；全国内河共有各种木帆船 20 余万只，长江水系约有 17 万只。

鸦片战争后，外国舰船开始出入长江干支流 10 多个港口。抗日战争前，中外航运业的船舶总吨位为 29.5 万吨，其中外轮却以 47% 的吨位揽运了 62.4% 的货物。

抗日战争期间，从上海至宜昌南津关为沦陷区，日军与中国军队仅一溪（即三游洞所在之下牢溪）之隔，长江航道也在此中断。抗战胜利后，国民党又开着军舰忙着在江上打内战，长江航运与国民经济一样，陷入停滞不前的状态。当百万雄师越过长江天险，国民党的旗帜从南京总统府上降下来后，长江才开始恢复它正常的水上运输。

"一条长江等于 40 条铁路。"这是被称为"长江王"的长江水利委员会第一任主任林一山，在 20 世纪 50 年代谈到长江运输能力时说的一句话。他是这样解释的，长长的一列火车，载货不过 1000～2000 吨，而长江中行驶一个拖驳船队，就可以载货 10000～20000 吨，等于 10 列火车。在广阔的江面上，万吨船队只不过是一叶扁舟，长江航道可以同时容纳许多船队同时上下。

1949 年，长江干线客运量仅 155.5 万人次，客运周转量 3.5 亿人公里，货运量仅 191 万吨，长江干流全线才有 17 个码头，约 90 个泊位，库房面积仅有 3.8 万平方米，而且没有装卸机械，货物装卸全靠码头工人肩挑背扛。

新中国成立 60 年来，长江黄金水道实现了历史性跨越。长江干线港口万吨级以上泊位已达到 275 个，长江干线货物吞吐量为 12 亿吨，是 1949 年的 630 倍。仅到 20 世纪 90 年代末，旅客吞吐量为 1.12 亿人次。

随着铁路、公路、航空事业的蓬勃发展，昔日千帆竞发、熙熙攘攘的江面和码头繁忙的景象渐渐消失，"黄金水道"的作用似乎被人遗忘。长江的水量是莱茵河的 6 倍，而现运输量却占不到莱茵河的 1/6。

进入 21 世纪后，随着油价上涨，公路、铁路、航空运输成本加高，这就使低耗能、低成本的长江水运优势又突显出来。长江"黄金水道"的联合开发已被提到国家和沿江各省市的议事日程。

2009 年，三峡工程全面竣工后，三峡船闸货运量 2011 年首次突破亿吨，库区港口吞吐能力从蓄水前的 0.38 亿吨提高到 2012 年的 1.45 亿吨，装卸效率明显提高，万吨船队可直接从上海到重庆。长江航运运能大、能耗小、污染轻、成本低、安全度高的比较优势逐步得到发挥，吸引了产生布局加快向长江沿江地带和中上游地区集聚，沿江城市港口吞吐能力的扩大以及上海国际航运中心的建设,都为长江"黄金水道"的振兴创造了条件。

三、长江上的桥

据记载,古代长江上的第一桥建于东汉建武九年(公元33年),是公孙述为了抵拒汉军在湖北荆门建的一座浮桥。974年,宋太祖赵匡胤讨伐南唐时,在金陵(今南京)的江面上用几千艘大船相连建成的一座浮桥,是古籍中记载的长江上最长的浮桥。另外,清咸丰三年(1853年)太平天国攻克武昌后,从现在武汉市汉阳晴川阁—武昌汉阳门搭的一座浮桥。浮桥使用巨缆大木,并在上面铺上了木板,不久,在太平军东征后,浮桥被烧毁。

在长江上建固定的桥是中国人民几千年的梦想,直到新中国成立后,才将这一梦想变为现实,在武汉建成长江第一桥。之所以选在武汉兴建长江第一桥与武汉特殊的地理位置有关。武汉被称为"江城",与水的关系极为密切,有长江和长江第一大支流——汉水两大河流穿城而过。武汉被长江、汉水隔为三镇,汉口与武昌隔江相望,汉口与汉阳隔河相望。江城人在受水的好处的同时,还要受到水的限制。古时,武汉人只能凭木船渡长江、过汉水,既受风吹颠簸,又缓慢费时。直到民国初年后才有轮渡过江,可为了安全起见,对轮渡有许多规定,"夜间不渡,大雾不渡,涨潮不渡,台风不渡",给两岸人们的往来带来很大的不便。

京汉铁路、粤汉铁路分别在20世纪初和抗日战争前夕先后建成,只是因为武汉长江上没有桥,南北两段铁路被江水隔断。粤汉、京汉铁路都止于武汉,从广州到北京和从北京到广州的乘客都要在武汉乘轮渡过江换车。

为了建设新中国第一座长江大桥,1955年9月,全国各路建桥精英云集武汉,成立了新中国最早的国家级建桥企业,并同时开工兴建武汉长江大桥,到1957年10月15日建成通车。

有人统计过,新中国成立后,毛泽东主席第一次来武汉却是为了视察武汉长江大桥桥址。那是1953年2月18日,毛主席在蛇山上听取了武汉长江大桥的选址汇报后,就亲自踏勘了线路,肯定了龟山蛇山的线路,并在一次视察时提出了"一定要建成学好"的口号。

1957年9月6日,即将通车的武汉长江大桥已将两岸连成一线。毛主席在随从的陪同下从桥面走过时问随行的专家:"今后没有苏联专家,我们自己可不可以修建这样的长江大桥?"专家想了一下回答:"可以。"毛泽东听后非常高兴地说:"今后,我们要在长江上修他二三十座桥,还要在黄河上修上二十几座桥,到处都能走走!"

多少年来,长江天堑有船无桥的历史,随着"一桥飞架南北,天堑变通途"而结束了。长江大桥建成后，将武汉江南、江北连成一体。不久，大桥又与在汉江上建的汉水桥相连，将武汉三镇连成一体。尤其是它将京汉铁路、粤汉铁路终于连成了一线，纵贯中华大地的京广铁路大动脉从此形成了。从20世纪50年代起，南粮北运，北煤南运，各种物资都是通过这条铁路上的"咽喉"运往南北各地。据有关部门概算，武汉长江大桥通车50年，创造经济效益逾百亿。

武汉长江大桥是国人的骄傲，更吸引了世界的目光。大桥建好后，曾有150多位国家元首、政府首脑、议会议长前来参观，其中包括时任越南主席胡志明、印度尼西亚总统苏加诺、柬埔寨国王西哈努克、联邦德国总理科尔、日本首相中曾根康弘等。所以，有人说武汉长江大桥像是一座外交桥。

现在，长江上何止二三十座桥。《桥梁》杂志在2007年第一期曾刊登了《长江主干上现有主要桥梁一览表》，表上统计的已建、正建、拟建桥梁有97座。像南京、武汉、重庆这些大城市，每个城市都有好几座长江大桥，这还不包括长江支流上建的桥。在铁路、公路蓬勃发展的今天，长江大桥又成了陆路交通运转的重要枢纽，它在国家建设与人民生活方面的作用日益突出。

第三节　长江与古今战争

由于水的特殊属性及功能，可以以水代兵，以水阻兵，在战争中自然会作为防御或进攻的载体。从古至今，作为中国第一大河——长江上就多次发生过战争，黄金水道一次次成为群雄争霸的战场。

春秋战国时，吴、越、楚许多地区"一日不可废舟"，"习于水斗，善于用舟"特点，决定了他们一旦发生战争必与水结下不解之缘。春秋战国时，楚、吴、越等国多次发生过大规模水战。

公元前512年，吴国筑坝雍水灌徐城，徐国灭亡。在公元前525年的一次水战中，吴、楚双方都出动了大批战舰，在今安徽裕溪口一带江面上开战，结果吴国战败，楚国还缴获了吴国公子光乘坐的帅舰。后来，伍子胥为报楚平王杀父之仇，由楚国逃到吴国，把战船的制造方法及水战经验带到吴国后，吴国的造船水平有了很大提高。孙武就在今天的九江建立了造船基地，他所坐的"飞云"楼船，可载士卒3000多人，是当时最大的楼船。

楚康王十一年（公元前549年），楚军出师巢湖水城（今安徽省舒城一带）攻伐吴国。在以后的66年间，楚国又6次出动大批战船向邻国发动水上战争，多次与吴国交战，楚国胜多败少，主要是楚国的战船优于吴国。

在经常狼烟四起的江面，北方人与南方人打水仗，总是以失败而告终，其中最著名的战例应该算赤壁之战了。汉建安十三年（208年），汉水流域与长江中游部分地区被荆州刘表所控制。8月，刘表病死后，曹操攻下江陵，夺得了刘表的军备和水军，率师30万人，向孙权杀来。与此同时，被曹操在当阳战败的刘备直奔汉津（今湖北钟祥县附近），与关羽会合后，退屯夏口（今武汉市汉阳）。经诸葛亮与鲁肃的努力，实现了孙刘联盟。10月，古代历史上规模最大的一次水战——吴蜀联军与曹军在长江上的赤壁（今湖北省赤壁市）之战开始了。当时，双方都投入兵力约30万，各种战舰数千艘。

两军交锋，曹军的弱势就暴露出来了。首先是从北方来的将士很多人没打过水战，大多晕船呕吐，而且还不服南方水土，多染疫患病。曹操也不懂水战，为了战船稳定，竟用绳缆连舟并舰，反而为后来联军火烧战船提供了方便。吴蜀联军首先利用吴国大将黄盖的"苦肉计"向曹军诈降，又借助于风力，让装满燃物的小船接近曹军战船后点燃，分头冲向曹船。顿时，曹军战舰陷入火海，只落得"樯橹灰飞烟灭"。面对吴国强大的水上武装力量的防卫，曹操始终未敢越雷池一步，从而使得长江中下游保持了相对的安宁，形成了三国鼎立的局面。

《晋书·王濬传》中还记载了这样一个战例：晋朝太康年间，龙骧将军王濬从成都发兵，沿长江顺流东下征伐东吴。吴人在长江要害之处横贯铁锁链，并把一丈多长的大铁锥暗藏于江底，以阻挡王濬的船舰。王濬得知秘报后，便另造几十只大木筏，上面绑着草人，让习水性的军士驾着在大船前面行驶。木筏碰到铁锥，铁锥扎进木筏被拖走。王濬又做长十多丈的大火把，灌注麻油，安在船前，遇到拦截的铁锁就点燃火把，铁锁烧断，王濬的船队畅行无阻。以后"铁锁沉江"也就成为阻止长江水上交通的战例。

鄱阳湖水战是中国古代历史上规模最大、历时时间最长的水上大战。1363年，陈友谅率60万大军和几百艘战船包围了位于洪都（今南昌）的朱文正，朱元璋率20万舟师解救。面对巨大的战船，朱元璋两次采取火攻战术，纵火焚烧战舰数百艘。当陈友谅率部向湖口突围，朱元璋切断退路，陈友谅在突围中中箭身亡，为期36天的鄱阳湖水战，以朱元璋获胜而告终。

到了现代，长江上发生的最著名的战役是解放战争时期伟大的渡江战役，国民党是占江而守，共产党是渡江而攻。

淮海战役结束后，国共两党开始划江为界。经过几个月的准备，国民党军队修筑了自以为"固若金汤"的长江防线。当时，国共两党正在进行和平谈判。我军积极做好了两手准备，一旦和谈失败，就要渡过长江，消灭江南之敌。中国人民解放军为渡江积极展开相关各项准备工作及水上练兵活动。

为了渡江的需要，广大指战员利用内河、湖泊和长江北部江面抓紧了水上练兵。当听说解放军要渡江，追打国民党反动派时，沿江一带的老百姓都积极支持，不少渔民将自家的渔船贡献出来，还积极为解放军教授长江行船的经验和方法，还帮助指战员寻找制作救生器材的材料。当时，不管是葫芦，还是木料、竹子、干稻草，老百姓们都毫不吝惜地提供出来。解放军渡江时基本上每一名参战的指战员都配备了简易的就地取材的救生器材，这些简单易行的救生器材对于增强北方籍战士的安全感可起到不小的作用。

4月20日晚，人民解放军按照中央军委的命令，发起渡江战役。在强大炮兵掩护下，在解放区群众的大力支援下，成千上万只木船装载着解放军东西两突击集团战士，以排山倒海之势，横渡长江，粉碎了国民党南岸守军江防防线。至22日，百万雄师胜利渡过长江。

毛泽东同志当时已在北平，闻讯后即兴写下了诗篇《贺人民解放军占领南京》："钟山风雨起苍黄，百万雄师过大江。虎踞龙盘今胜昔，天翻地覆慨而慷。宜将剩勇追穷寇，不可沽名学霸王。天若有情天亦老，人间正道是沧桑。"

自伟大的渡江战役后，长江上再也没有发生过战争。但古代的赤壁之战与现代的渡江战役已像奔腾不息的长江一样，名存千古。

第四章 长江与水利工程文化

长江流域优越的水资源环境和自然条件有利于发展农业和兴修水利。从古至今，人们在长江流域内修建了大量的水利工程，创造了丰富的水利工程文化，都江堰、大运河、江堤海塘等古代水利工程已惠泽千年，至今还在造福人民。三峡工程、南水北调工程等当代水利工程正在为中国经济的腾飞发挥巨大作用，是水造就了这些水利工程文化。

第一节　古代水利工程

在几千年的生产实践中，广大劳动人民围绕着灌溉，修建的塘、堰、陂、渠几乎遍及长江流域各地。统治者出于战争扩疆和运输的考虑，开凿了以南北大运河为代表的诸多运河。为了防御洪灾、海潮等自然灾害，历代劳动人民还不断兴建和维修大量的江堤和海塘。水利工程对社会经济发展的影响是巨大的，对文化发展的影响是深远的。现举几个古代水利工程的成功范例，从灌溉、水运、防御灾害等方面来说明水利工程对社会经济发展的影响。

一、惠泽千年的都江堰

成都地区有一句谚语："天府美自古堰来"，是都江堰造就了"天府之国"。时过千年，她还在惠泽子孙。"川主"李冰，至今仍被世人怀念。

春秋战国时期，诸侯称雄吞小凌弱。秦国终于以雄厚的军事力量，并吞蜀国，占据了成都平原。公元前277年，为了解除成都平原的水旱之灾，生产更多的粮食，秦孝文王派当时上通天文下知地理的中原人李冰任蜀郡太守。

李冰到蜀后，看到当地百姓深受岷江水旱灾害之苦，下决心治理岷江。李冰将当时懂水利的人提拔为自己的助手，先察看地形，再广泛听取民意。在吸取前人治理岷江经验的基础上，因地制宜地主持了设计施工，修建了都江堰。成都平原从此有了"水旱从人，不知饥馑，时无荒年，天下谓之'天府'也"这一令人称羡的情景。

若遇重大灾害，都江堰可起到减灾的作用。1933年8月25日，岷江上游茂县叠溪发生了7.5级的地震，地震引起的山崩将岷江截断为许多大大小小的堰塞湖，而震后45天一直没有采取任何疏导措施。10月9日，随着上游排山倒海的洪水下泄，堰塞湖溃决了。洪水到了成都平原后，水势顿减，都江堰网状水系将洪水一分二、二分四、四分八地分入农田，既获灌溉之利，又使灾情大大减弱。

最早赞赏都江堰的设计理念和维修方法及其巨大效益的外国人,是美国人文地理学者、英国皇家地理学会会员威廉·埃德加·盖洛。1909年,他来到了都江堰。据他所了解的西方水工原理,要将从峡谷出来的岷江分流到平原上,必须筑坝拦水。令盖洛没有想到的是,聪明的中国人——李冰竟然利用弯道原理和劈山的办法解决了。因为水流进入弯道,再汹涌的急流也会自然减缓,锐气大挫,这样就可以施以工程将水害转换为水利。盖洛是当时被公认的中国通,他面对都江堰除了连说"very good"外,没想到还用了一句道家的语言——"四两拨千斤",一语点中了都江堰的奥妙。

都江堰被誉为"独奇千古"的镇川之宝,历代统治者都重视对都江堰的维修。唐宋时期,都江堰灌溉面积扩大到了成都平原的14个县,并逐步形成了冬季断流、春季淘淤的岁修制度。元明两代,都江堰堰工技术和工程结构得到了进一步完善并趋于成熟。清代,在治理和维护都江堰的同时,还形成了水费征收制度,并在整理治水经验的基础上,最终形成了"深淘滩,低作堰"和"遇弯截角,逢正抽心"的"三字经""六字诀""八字格言"等治水的理论、经验与诀窍,这些都蕴含着"天人合一""道法自然"的文化底蕴。

都江堰也是无数名人墨客的精神殿堂。从秦至今,历代慕名探胜而来的人从未间断过,并留下了大量的诗章和图片,从不同角度展示了都江堰。第一个用文字将都江堰介绍于世的是司马迁。在《史记·河渠书》里留下了对李冰和都江堰的最早记载:"蜀守冰凿离碓,辟沫水之害,穿二江成都之中",并描绘了都江堰灌溉万顷良

都江堰　　　　　宁应城　摄

田,百姓安居乐业的太平景象。历代诗人杜甫、岑参、苏轼、陆游、范成大等又都为都江堰留下珍贵的诗文。意大利旅行家马可·波罗在《东方见闻录》里向世界介绍了都江堰,说那里船舶往来甚多,稻香鱼肥,民多富裕。新中国成立后,大量的诗人、作家都对都江堰进行过描绘和歌颂。

第一个将都江堰摄入镜头,以图片的形式将古堰介绍给世界的是英国旅行家伊莎贝拉。1898年,她在65岁的时候,最早用照相机为世人留下了100多年前的古堰风姿。

中华人民共和国成立以后,有不少国家领导人到过都江堰,毛泽东主席一行最令当地人印象

深刻。1958年3月中共中央成都会议以后,毛主席在参观都江堰时说:"如果我们能建成十个百个都江堰,我们就有十个百个天府之国,全国五亿人的粮食就没有多大问题了。"

毛主席还说道:"修建都江堰,李冰的功劳是很大的,秦王封他为蜀郡太守。太守的官有多大呢?就是今天的省长、省委书记,是一个大官啊!他是封建社会的大官,做了一件很了不起的大事,那就是修都江堰。李冰是中国历史上的第二大禹,功不可没啊!"然后,毛主席总结道:"都江堰水利工程全国只有一个,全世界也只有一个。依我看,李冰不仅是一个太守,也是一个大工程师,大知识分子,是个懂科学技术,有真才实学的人。"

毛主席在谈到封建社会的皇帝给李冰父子封了王号时说:"千百年后,人民记不记得你,主要是看你为人民做没做过好事。"

2000多年过去了,都江堰灌区经过扩建,现在已能灌溉1000万亩以上良田。"清明放水节"是自古以来,当地人民喜迎春耕、祭祀李冰的庆典活动,至今仍延续着。

1974年3月,在对都江堰渠首工程整修时,施工人员在外江河床下几米深处发掘出一尊石像。根据石像的前襟与双袖处刻的字断定,这尊石像为东汉灵帝建宁元年(168年)时,蜀人为纪念李冰所凿。诚如石像上那"治水万世焉"几个字所启示,建造都江堰的水利先辈们的业绩将与岷江同在,万古流芳。

二、运河波澜连古今

中国的运河最早诞生在长江流域,已成为不可争辩的事实。早在公元前5世纪的春秋末年,吴王夫差就在今扬州市南开渠引江水入淮,以缩短南北运输里程的江淮航道——邗沟,这可是世界上最早的人工运河。

南北大运河虽不是最早的人工运河,却是中国古代最伟大的运河。它南起杭州,北达北京,贯穿浙江、江苏、山东、河北、北京、天津等省(直辖市),全长1794公里,连通了我国的钱塘江、长江、淮河、黄河与海河五大水系,又称京杭大运河。

京杭大运河是隋炀帝时期修建的,有人评价这位以后被谥为"炀帝"的人极像

京杭大运河　　　　宁应城　摄

南方的纨绔子弟。江南的江山如画，使他一度打算迁都丹阳（郡治在今南京）。因迁都不便，于是下令修一条由南向北可以下江南的运河。因为有先王25年的积蓄，他才能下决心做出如此大的举动。当时参加大运河建设的多达300余万人，"年十五以上五十以下的男丁"都在应征之列，所征劳工占全国男丁的1/3以上。这些挖河的劳工由于劳累、病痛折磨至死的达150多万人，"下寨之外，死尸遍野"[1]，造成"天下人死于役而家伤于财"的惨痛局面[2]。光修运河还不算，隋炀帝还让人从长安至江南，沿运河为他修筑40余所离宫，造4艘超豪华的龙舟供他下江南。隋炀帝三次下扬州，每次出巡的场面都大得惊人，随行的船只就有数千艘，为他拉船的纤夫8万人，"舳舻相接200里"，沿途享受不尽。

到了唐代，因为有了大运河，唐王朝便能顺利地将长江中下游各地的粮食、丝织品及其他货物大量北运长安。元、明、清三代，每年通过运河运达北京的漕粮300万石到500万石。"半天下之财赋，悉由此路而进"。近千年来，南北大运河就是历代王朝的一条黄金线和生命线。大运河，这条南北交通命脉，使北国与江南相连，让历史与现在相连。

19世纪南北大运河因南北海运的兴起，津浦铁路通车，吸引了大宗的货物与商旅。再加上黄河下游改道后，山东段运河水源不济，河道淤积，难以全线贯通。

中华人民共和国成立后，大运河又进行了全线整治，拓宽疏浚，裁弯取直，增建船闸，并在江苏淮安、江都等地新建了水利枢纽，使之不仅可以全线通航，还成为南水北调东线调水的主要通道。1988年建成的京杭大运河和钱塘江沟通工程，则又一次将长江、淮河、黄河、海河与钱塘江连接起来，大运河真正成为连接古今的南北大命脉。如今，大运河申遗成功，当代人应更加精心维护老祖宗留下的这条运输通道，让她继续惠泽子孙。

三、大堤抗江涛，海塘御海潮

江堤、海塘，一个在江畔，一个在海边，却有相同的功能，共同抵御着水的侵犯。为了抵御江洪海潮，从湖北江陵起，下至皖苏，古人就修建了防御洪水的大堤，在江浙沿海修筑了海塘。它们都是抗江涛、御海潮的水上长城。

长江流域所发生的大范围的水灾，主要集中在中下游地区。因为这里地势低洼，湖泊众多。

---

[1] ［宋］汪若海，等.麟书·炀帝开河记.北京：中华书局，1991.

[2] ［唐］魏征.隋书.北京：中华书局，1997.

大约到公元4世纪的东晋时，随着中原人口的大量南移，长江中游湖北荆州沿江一带人口增多，为了解决这一带的长江水灾问题修建了沿江大堤。随着人口的增多、农田的扩大，洪水对人们的危害愈演愈烈，大堤不断地向下游延伸。五代十国时期，在湖北江陵江段又修筑了寸金堤。宋代，又修了黄潭堤和沙市长堤，同时还增修了金堤，是荆江大堤的雏形。诗人陆游在《入蜀记》中就提到这一带："堤防数坏，岁岁增筑不止。"到了明代，在黄潭堤段，用块石砌护外坡，防止冲刷溃决，荆江大堤护岸工程也就从这时开始的。

明嘉靖皇帝在位时，为了长生不老求仙问道不上朝是经常的事，但他对荆江的防洪不敢怠慢。嘉靖二十一年（1542年），堵塞郝穴口，加修郝穴堤，荆江大堤从此连成一线。

清代，荆江大堤在1788年大水以后由民堤改为官堤。当时清政府拨库银200万两，命沿堤12个县修复20多处溃口，这次修筑长达半年之久。此外，为了不断提高堤防质量，还规定了承修堤防的保固期，但荆江大堤还是经常溃口，而且还不止一处。

到了近现代，堤防由于年代久远，基础太差，加上多年战乱无力整修，每到汛期，洪水常常漫堤决口，泛滥成灾。从1912年到1948年的37年间，荆江大堤曾经发生过20次大小决口，"万里长江险在荆江"之说也就由此而来。不仅是荆江段，长江流域其他堤防也不乏水灾记录：自汉初至清末的2000多年中，共发生洪水214次，平均10年一次。1931年大水，长江中下游平原受灾农田5090万亩，受灾人口2855万，淹死人口14.5万。当年，汉口闹市水深丈余，市内可以行船。

1951年，为了减轻荆江大堤的压力，防止大堤溃口，湖北省政府在加固荆江大堤的同时，又在沙市对岸修建了荆江分洪工程。这个工程的设计单位是长江水利委员会。1954年，也就是荆江分洪工程竣工的第二年，长江发生了特大洪水。荆江分洪工程3次开闸分洪，滔滔洪水迅速流入分洪区，使沙市水位下降了近一米，从而保卫了江汉平原人民的生命财产安全。这年汛期的武汉也岌岌可危，在30万军民奋力抢险固堤下，开始转危为安。汛后，毛泽东为此题词："祝贺武汉人民战胜1954年特大洪水，今后还要准备战胜更大的洪水。"武汉市为了纪念1954年抗洪斗争的胜利，在汉口滨江公园修建了防洪纪念碑，毛主席的题词已经被铭刻在纪念碑上，犹如警钟长鸣。武汉尽管通过分洪战胜了1954年长江大水，损失仍然严重：分洪溃口受灾县（市）43个，受灾农田2127万亩，受灾人口926万，灾后因瘟疫死亡3万余人。

1958年2月28日，周恩来总理迎着雨雪，登上了荆江大堤。面前是滔滔东去的江水，身后是笼罩在雪雾中的江汉平原，总理听了专家的介绍后沉重地说："我站在荆江大堤上，却感到如履薄冰。"不是杞人之忧，更不是危言耸听。汛期江面的水位常常比沙市市区高出10多米。长江水利委员会治理长江的第二步就是整治河道，以利行洪与航运的方案。从1966年开始，又对被称为"九曲回肠"的下荆江河道动了大手术，把最弯曲的两个弯道"裁弯取直"，使河道行洪更加通畅，也缩短了航程。但心腹之患远没有解除，当地百姓一年一度还要对荆江大堤进行维修加固。

1998年大水后，国家长期建设国债有290多亿元投入到长江堤防建设，其投资强度为1998年以前50年总和的10多倍。不光是荆江大堤，还从根本上扭转了湖北、湖南、江西、安徽、江苏5省长江两岸3500多公里干堤因资金不足而无法加固达标的局面。尤其是建设时采用新技术、新工艺、新材料，修筑后的长江大堤，包括荆江大堤，从根本上解决了千年老堤防洪能力不足的问题。

三峡工程已经竣工。巍然矗立的三峡大坝的防洪库容为221.5亿立方米，已经产生巨大的防洪效益，它与堤防、分蓄洪区、干支流防洪调节水库联合运用，已构成了一个完整的长江中下游防洪体系，从而可以改变长期以来年年修堤、年年溃堤抢险的被动局面。

万里长江，每年以一万亿立方米的水量注入东海。在江流、海潮汹涌澎湃双重袭击下，长江口地区与长江中下游沿岸一样，水灾同样频繁而且严重。由于这种江海作用下的水情，破坏力与长江形成的洪水大不相同，防灾的工程也不相同。在长江三角洲沿海一线，自古至今依次出现过土塘，以土、柴为材料的卷埽式柴塘和石塘这三类塘工。所谓"海塘"者，也就是海堤。

到过长江口和杭州湾北岸的人，都能见到这种与江堤不同形状的海塘工程。江浙海塘跨越苏浙两省，北起江苏的常熟，南至浙江的杭州湾，全长约400公里。

据史料记载，海塘在东汉时已有了雏形，劳动人民已经开始在这一带修建海塘了。据史料记载，江苏海塘始建于东晋咸和年间（326—334），建造年代比同始于东晋的荆江大堤要早一二十年。《晋书·虞潭传》："又修沪渎垒，以防海抄，百转赖之。"沪渎垒（今上海市宝山区），垒者，海塘也。

现在发现的最早的古海塘遗址，是第一个在杭州建都的五代吴越国王钱镠时期修建的。1982年，在杭州江城路立交桥工程施工中，在距地表5米以下，发现了一片黄色的沙积层；在11米深处，发现整齐排列着6行木桩。经文物部门考证，这就是"钱氏捍海塘"遗址，又称"钱氏石塘"。

长江海塘　　宁应城　摄

910年，为了治理海潮，当地劳动人民总结了历代修筑海塘的经验，沿钱塘江打下一百多里的6层木桩，再在6层木桩之间填满装有石块的竹笼，成为外塘。塘内又加筑石堤。用这种"夹板筑塘"法，终于驯服了海潮，保护了杭州附近的农田不再被潮水淹没，采取的新技术可以说是海塘从土塘到石塘的过渡。

海塘是维系江南安全的生命之堤，历代王朝都重视对它的维护。清乾隆皇帝6次下江南，曾4次亲赴海塘工地视察，以示对这项重要防灾工程的重视。

海塘从吴越国至明清，已经由局部连成大约现在这样的长度，并从土塘演变为石塘，历代经历了多少技术革新和改造，使得它成为抵御涌潮的水上长城。

江海安澜，天下太平，是历代人民所希望的，也是人们安居乐业的基础。现在，大堤、海塘继续在发挥抗涛挡潮的作用。

第二节 当代水利工程

新中国成立60多年来，在党中央的领导下，几代长江水利人和流域人民一道，努力推进长江治理、开发与保护各项工作，取得了巨大成就。长江流域防洪减灾体系、水资源综合治理体系、水资源及水生态与环境保护体系及流域综合管理体制逐步建立，为流域经济社会发展和人民生活幸福安康提供了保障，为流域文化的发展提供了坚定的物质基础。

首先，长江流域规划体系逐步形成，加强了流域规划的指导约束作用，为长江流域经济社会全面协调可持续发展提供了重要支撑和保障。

其次，经过60年的防洪建设，长江中下游已初步形成了以堤防为基础、三峡水库为骨干，其他干支流水库、蓄滞洪区、河道整治工程及防洪非工程措施相配套的综合防洪减灾体系。现长江流域共建有堤防约34000公里；中下游共安排了40处可蓄纳超额洪水约590亿立方米的蓄滞洪区；共建成大中小型水库4.57万座，总库容约2500亿立方米，库容1亿立方米以上的大型水库共187座（含水利、水电、航运水库），其中以防洪为首要任务的水库有三峡、丹江口、江垭、皂市等；对长江中下游1400余处圩垸实施平垸行洪、退田还湖，恢复水面面积2900平方公里，实现了千百年来从围湖造田到退田还湖的历史性转变；全面开展了河道整治，中下游河势基本稳定。

另外，长江水资源开发利用成效显著，据新中国成立60周年时统计，截止到2007年，全流域已建、在建水电站装机容量 1.32 亿千瓦，年发电量 6770 亿千瓦时；流域内已建成大、中、小型水库 4.57 万座，水库存总库存容约 2500 亿立方米；流域内已建引水工程 24.7 万座，年引水能力 568.5 亿立方米；跨流域调水工程 11 处，年调出水量 90.4 亿立方米；流域内已建灌区 15.6 万处，有效灌溉面积 1504.9 万公顷。

作为水利开发利用的代表工程——三峡工程和南水北调工程，正在为国民经济发展做出巨大贡献，是当代长江水利治理开发成就的成功典范。

一、百年梦圆的长江三峡工程

围绕着三峡工程做梦的人很多，有前人的梦，更有今人的梦；有中国人的梦，还有外国人的梦。也就是这执著的梦想，催生着坚持不懈的圆梦行动。现在，三峡大坝已矗立在峡谷大江之上，共同的美梦终于成真。

中国第一座水电站是昆明石龙坝水电站。1908 年，中国的邻国越南还在法国殖民者的统治下，当时的滇越铁路已从越南

三峡水利枢纽　　　宁应城　摄

修到了云南。铁路沿线急需电力，法国人经过勘察发现昆明滇池的出口处螳螂川上能修水电站，于是就向中国政府提出由法国出资兴建。在我国的土地上，由外国人出资修电站，所有权归谁？凭着这点爱国心，当时云南地方政府和士绅为了维护电站的权利，决定集官商股份自建。这时，昆明的一个名叫王筱斋的商人主动站出来，招募商股，集资筹建，拟预收纹银 30 万，定名为商办耀龙电灯股份有限公司，聘任德国工程师毛士地亚为电站的设计师，麦华德负责电气和线路设计，电机从德国西门子公司进口。1913 年，昆明石龙坝电站建成发电，两部电机，总装机容量为 1440 千瓦。

石龙坝水电站距今已一百多年，人们至今也没有忘记她，因为她是中国水电站的鼻祖。石龙坝水电站具有文化遗产价值，现已成为集科普、教育、工业旅游于一体的水电博物馆。

1919 年，孙中山积极谋划国家的经济建设。他撰写了对中国历史产生深远影响的巨著——《建国方略》。在此书的《实业计划》里，他考虑到了航运、港口、铁路等诸多方面的计划，其中最富

有前瞻性的是有关三峡的水电开发。他可以说是做三峡梦的中国第一人。这位美梦的勾画者可能怎么也不会想到，追梦的过程竟长达百年，有多少仁人志士为之奋斗，包括外国人——最著名的是被称为"美国水利之父"的萨凡奇先生，他一生曾设计过包括美国大古力在内的几十座大坝。

1944年5月，日本帝国主义已经占领了宜昌，日机还经常入侵三峡上空。但刚刚从长江上游考察完的萨凡奇听说三峡有好坝址，不顾危险，执意要去。

萨凡奇一生到过世界上许多大江大河，只有南美洲亚马逊河的一条支流具有与三峡相似的地形，但没有这么大的流量。他在三峡发现了世界上最好的坝址。考察回来后，他在兴奋中很快写完考察报告，并在给时为国民政府行政院经济部部长兼资源委员会主任翁文灏的一封信中说："三峡计划之初步报告，是我从事工程40年来之一大快事。我能参与研究此项空前伟大的工程，至为欣幸。"

中国政府采纳了萨凡奇的三峡开发计划，决定中美合作，由美方提供贷款和技术援助，中方派出技术人员赴美参加设计。中美合约签订后，工程的前期工作便迅速展开，除在美国进行设计外，航测的飞机、地质队员都进了三峡，建设三峡工程似乎指日可待。

遗憾的是，国民党政府一面进行三峡工程准备工作，一面在打内战，无力搞建设，三峡工程遂于1947年在仓忙中宣告结束，这便成了许多怀有三峡梦的人的遗憾。

何止是三峡梦？在新中国成立之前，中国水电事业发展十分缓慢。长江流域从首建石龙坝水电站的1908年到1949年，前后所建电站仅31座，而且都是小电站，总装机容量只有13387.5千瓦，只相当于新中国成立后的一个普通电站的装机容量。

1949年新中国成立初期，长江流域那场大洪水让毛泽东主席刻骨铭心。1953年，毛泽东主席在"长江舰"上围绕着解决长江洪水灾害的问题，询问主管长江治理开发、时任长江水利委员会主任的林一山。这次谈话后，三峡工程被重新提出来。以后，毛泽东多次过问三峡工程。

1956年夏，武汉长江大桥正在兴建中。毛主席横渡长江后，触景生情，诗兴大发，撰写了著名的诗词《水调歌头·游泳》，词的下阕充满了对三峡工程的向往："……更立西江石壁，截断巫山云雨，高峡出平湖。神女应无恙，当惊世界殊。"

在1958年的中共中央南宁会议上，毛主席听取了三峡工程准备工作的汇报以及不同意见后，对周恩来说："三峡的问题，你来管吧！""一年抓四次。"

南宁会议后，周总理立即到三峡考察。当他在三峡三斗坪坝址从长江水利委员会勘测人员手中得到坝址的一块岩心后，深情地说：

"多么好的花岗岩！感谢你们为三峡大坝找到了这样好的坝址。"他还要了一截岩心带给毛主席，让毛主席也看一看花岗岩的坝基有多坚硬。

武汉长江二桥汉口引桥一侧矗立着一座24层大楼，上悬时任中共中央总书记江泽民题写的"长江水利委员会"几个大字，这里就是三峡工程的设计单位长江水利委员会所在地。其负责长江与西南诸河的治理开发，其中三峡工程是长江流域治理开发的主体工程。半个多世纪以来，长江水利委员会几代人为三峡工程进行了接力棒似的圆梦行动，不仅是在勘测，而且是在水文、规划设计、科研诸多领域全方位的行动。

为了给三峡工程提供一个优良的设计方案并能组织实施，长江水利委员会在进行三峡工程设计的基础性工作的同时，还经党中央批准后建成了陆水、丹江口、葛洲坝等大中型的水利枢纽工程。林一山将这些工程实践称之为"爬梯子"，一级一级地爬到修建三峡工程的高度。

长江水利委员会正是因为在陆水、丹江口规划、设计、科研和施工中已有丰富的实践经验，1970年初，受周恩来总理的重托，林一山主任又担当起领导设计长江干流上第一座、也是世界级工程的葛洲坝水利枢纽的重任。在三峡工程下游不远处再建一个葛洲坝工程，主要是为了调节三峡大坝下泄的急流，稳定航道，利于航行。这样，葛洲坝工程又是三峡工程的反调节水电站，更是修建三峡工程所做的一次战果丰硕的实战准备。

1982年，改革开放的总设计师邓小平视察葛洲坝工程的时候，曾对当时众说纷纭的三峡工程给予肯定。三峡工程进入了实质性论证阶段，并迅速付诸实施。20世纪80年代，为了使三峡工程尽快上马，解决重大的技术问题，许多科研单位、工程技术部门和大专院校都配合做了大量的工作。

1989年，原国家主席江泽民来到了长江委长江科学院视察了三峡模型，最后站在三峡工程模型前发表了有关中国知识分子问题的讲话。一个水电工程被中国几代最高领导人长期关注，也只有三峡工程独享殊荣。

1992年4月3日，北京人民大会堂内的全国人大代表要对《国务院关于提请审议兴建三峡工程的议案》进行表决。一个工程，拿到中国最高权力机构全国人大上表决是否上马，这在中国工程史上是空前的，最后表决通过。2009年三峡工程全部竣工。

三峡工程按正常蓄水位175米方案设计，共需动迁移民113万，这比世界上有些中等国家的人口还多。百万大移民，这在世界水利水电工程建设史上又是一个空前。原国务院总理李鹏曾指出过："三峡工程成败的关键在于移民。"百万移民工程与三峡工程一样，同样吸引了世界的目光。长江水利委员会在完成三峡工程枢纽设计的同时，还编制完成了移民和城镇迁建地质规划报告，这些"蓝图"随着三峡大坝一节节攀升,已在三峡两岸铺展。

三峡工程具有防洪、发电、航运、水产养殖、旅游等综合效益。防洪是三峡水利枢纽的主要任务。它与上游干支流有关水库联合运用,可以控制长江上游洪水;再与中下游现有堤垸联合运用,能控制荆江河段95%以上的洪水来量,控制武汉以上洪水来量的2/3左右,特别是能有效地控制上游各支流水库以下至三峡坝址约30万平方公里暴雨区所产生的洪水,将荆江河段防洪标准由10年一遇提高到百年一遇,从而大大减轻长江中下游广大地区的洪水灾害,也减少该地区每年为防洪而投入的大量的人力、物力,改善投资环境,保障经济社会协调发展。

三峡水电站共装机32台,机组全部投产后,发电能力达到2250万千瓦,是当今世界上最大的水电站和清洁能源生产基地。三峡水电站的发电量等于建成10座大亚湾核电站,或7个装机240万千瓦的火电站,或相当于在缺能地区开发了一个年产4000万~5000万吨标准煤的煤矿,和修建两条800公里长的运煤铁路。三峡电站的建成不仅大大改善了华东、华中地区的能源供应,还将促进中国电力系统的发展及全国电力联合系统的形成,而且对实现"西电东送",减轻"北煤南运"的局面有着重大的经济意义。据统计,截至2012年,三峡电站累计发电5681.31亿千瓦时。

三峡大坝185米高的混凝土建筑物横跨峡江,库区回水已达重庆九龙坡以上,形成了600多公里的深水航道,宜渝航道获得了根本的改善,万吨级的船队可从上海直达重庆。截至2012年,通过三峡枢纽段的货运总量6.53亿吨,是三峡工程蓄水前葛洲坝船闸投运后22年过闸货运量2.1亿吨的3.1倍。

长江三峡水利枢纽工程、葛洲坝水利枢纽工程分别被评为全国旅游景点四十佳,"两坝一峡"集现代水电工程建筑、人文景观和自然景观于一体,成为新的水文化资源。三峡工程已成为中国强盛的象征。

二、缓解缺水的南水北调工程

我国北方从20世纪80年代起,经济高速增长,需水量进一步增加,使得该区域迅速进入了贫水经济运行阶段,全局性的环境干化、水质恶化、水源枯竭和城乡供水全面紧张,社会经济发展受到水资源环境的制约,农业和基础工业发展受阻,城乡频频发生水荒。

地面水量严重不足,怎么办?只好往地下寻找。像华北一些地区就开始超采地下水。到了21世纪初,由于超采地下水,地下水位严重下降。这就形成了恶性循环:水位一下降,就再往下打,打井深度从原来几十米，现已发展到几百米。邯郸三陵乡一口井已打到642米的深度！如此多的深井就造成了华北许多地方，包括北京、天津、沧州、衡水等城市的大面积的漏斗区，地面也开始下降。天津市累计沉降最大值为2.78米，沧州地面下沉最大值达1.68米，我国华北已形成世界最大的"地下漏斗"群。地面下沉导致建筑物出现裂缝、坍塌。

同时因为地面水量不足，稀释能力低，工业废水增加，相应的污水处理能力没有跟上，水质也成为困扰缺水区人民的另一大问题。华北不少地区的饮用水就是高氟水、高碘水，仅邯郸市高氟水县就有11个，氟病村900多个，涉及人口110多万，患有氟斑牙人数约占4%。当地有些大姑娘因牙黑，笑不敢露齿。

水一紧张，争水、抢水就难以避免。不少地方工业和城市生活用水不足，只好挤占农业用水，水事纠纷经常发生。如20世纪90年代，河南林县著名的红旗渠，就因为争水，有的地段已被损坏。

整个北方因水而困，盼水心切，盼调水已盼了半个世纪，现在缺水形势更为严峻。从20世纪70年代以来，黄河下游已连年发生断流，并且越来越严重。如此恶性循环，生态环境越来越恶劣。怎么办？只能向长江借水，也就是从南方往北方调水。

中国华北，尤其是作为国家政治中心的京津地区，缺水现象早在20世纪50年代就已现端倪，当时毛泽东主席即已提出南水北调的设想，从此也开始了长达半个世纪的调研与设计。

1952年的10月，毛泽东在视察黄河，听取时任黄河水利委员会主任王化云关于从长江引水补济黄河的汇报后说："南方水多，北方水少，如有可能，借点水来也是可以的。"因为王化云提出要从长江借水，这就涉及当时主管长江工作的人，中央一位领导于是向毛泽东推荐了林一山。

1953年，还是在长江舰上的那次谈话。毛泽东听取林一山关于治理长江问题的汇报时，开始没有谈三峡工程，先谈的是南水北调问题。

"北方水少，南方水多，能不能把南方的水调一部分到北方？"毛泽东就是这样开始同林一山谈起影响半个中国的水利事件——南水北调工程。

毛主席问了几条调水线路，林一山都回答不可行，只认为从汉江调水可行。

"你立刻派人查勘，有资料就直接给我写信，不一定等到系统成熟了才告诉我。"毛泽东指示林一山。

南水北调中线工程"引汉方案"由此提出，也就是从那时起，拉开了南水北调科研工作的序幕。三峡工程是百年梦想，南水北调是半个多世纪的追求。

不管形势发生什么变化，南水北调工作从来没有停止过。即使在"文化大革命"的非常时期，长江水利委员会规划设计部门始终为南水北调工作保留了一个调水室，从而一代又一代人在武汉大本营里坚持下来，一直坚持了半个多世纪。

长江水利委员会在南阳有一个勘测队，他们在野外翻山越岭跑了几十年，就是为了给中线调水寻找一个最佳的线路。

为了能让清洁干净的水引向北方，长江水利委员会还有一个水文单位坚守在"中国水都"——丹江口。他们一方面监视着汉江的水位，另一方面还监视着水源区的水质，也坚守了几十年。

丹江口水利枢纽于1958年开工，1973年建成初期规模。它是控制汉江洪水的一个关键性工程。丹江口工程的设计，除了电站、船闸、泄洪闸外，在完成第一期工程的同时，还建成了向华北引水的引水闸工程和渠首工程。

南水北调中线是先从丹江口水库引水，这就先要加高丹江口大坝。大坝一加高，水一上来又牵涉到移民，那么库区的"家底"到底是多少？当初，长江水利委员会曾进行过一次库区移民调查。转眼许多年过去了，库区的情况又发生了什么变化？2003年，长江水利委员会又会同湖北和河南有关单位联合进行调查，他们走进千家万户，终于弄清了库区最新的家底：淹没线以下人口24.95万，淹没耕地1.58万公顷（23.7万多亩）。

国务院批准的《南水北调总体规划报告》中，确认了从长江西、中、东（即上、中、下）三线引水，一个由长江、淮河、黄河、海河形成的"四横三纵"的水资源配置蓝图终于绘成。

2005年9月26日，丹江口水利枢纽又迎来了一个新的历史时期——丹江口大坝加高工程正式开工。工程竣工后，供水将上升为仅次于防洪的显著位置。也就是说，在原有162米的高度上再加高14米，为的是其面前的"小太平洋"面积更加扩大，蓄水位由现在的157米提高至170米。这样一来，就可让汉江的水经过丹江口水库南水北调工程渠首陶岔闸及8公里渠道，沿唐白河流域和黄淮海平原西部开挖渠道，经长江流域与淮河流域的分水岭方城垭口，在郑州以西的孤柏嘴通过隧洞或渡槽穿过黄河，沿京汉铁路西侧北上，可基本自流到北京、天津。受水区范围15万平方公里，以解决沿线100多个城市的生活和工业用水为主要目标，兼顾农业及其他用水。这就是南水北调中线工程的效益。

2002年，南水北调工程东线、中线相继开工。2014年5月31日，东线通水，黄河、淮河、海河与长江首次牵手。东线工程以江苏长江段水域为引水源，在充分利用已流淌了上千年的南北大运河的基础上，再进行改建、扩建。东线最佳供水范围在华北平原东部，包括济南、青岛等的大城市，以天津地区为终端。

在中线工程还没有完全竣工时，2014年下半年，河南平顶山大旱。8月22日，为了缓解旱情，从南水北调中线工程丹江口水库调水2400万立方米，解了平顶山市供水的"燃眉之急"。2014年12月12日14时32分，南水北调中线工程正式通水。长江水从丹江口一路北上，穿黄河、走中原，最终河南、河北、北京、天津4个省市沿线20个大中城市及100多个县（市）约6000万人，直接喝上水质优良的汉江水，近1亿人间接受益。南水北调东、中两条线通水，而且为中国以后实现"三横四纵"的大水网，迈出了决定性的一步。

第五章 长江流域文化聚焦

长江流域是中华文化的发祥地之一，更是重要一脉。在中华文化发展的历史长河中，长江文化更推动了中华文化的形成与发展。漫漫几千年，长江文化由无到有，由小到大。自从唐代中国政治、经济中心南移后，长江文化更由配角成为主角，傲视千年，不曾动摇。尤其到了清末，中国推翻封建王朝的伟业在此实现；到了现代，中国共产党在此诞生；到了当代，中国的许多领袖人物都是从长江流域走出，这些最终都应该从文化上寻找根源。根据时间先后从上游到下游，截取每个时段的重要地区、重要内容、重大事件、重要人物来讲述长江流域的文化成就。

第一节 巴蜀、荆楚、吴越文化——中华文化的重要一脉

春秋战国时期，长江流域形成巴蜀、荆楚、吴越文化三大文化体系，成为中华文化的重要一脉，尤其是荆楚文化对以后长江文化乃至中华文化的影响巨大。

首先与其优越的自然条件密切相关。长江流域不仅物产富饶，而且水系发达，径流充沛，支流众多。在众多支流中，流域面积超过1000平方公里的就有437条，约有湖泊面积15200平方公里，接近全国湖泊总面积1/5。巴蜀、荆楚、吴越三地拥有著名的洞庭湖、鄱阳湖、巢湖、太湖等四大淡水湖，以及许多中小型淡水湖，是中国最大的淡水湖区。

巴蜀、荆楚、吴越三地位于长江中下游，是长江流域水系最为集中、发达的地区。庞大的水系、丰富的物种，为历代人们的生息、发展和从事生产和文化活动创造了条件。他们的物质文化成果直接与水关系密切。网状的灌溉系统，造就了荆楚、吴越之地历史悠久、发达的水稻文明；纵横交错的河流与星状分布的湖泊为当地人开辟了以水生动植物为补充食物的途径，促进了渔业文化的发展；江河相通、河湖相连的黄金水道促进了当地水上运输文化的发展。随着长江流域物质、精神文化的发展，在长江流域诞生了以荆楚文化为主的巴蜀、吴越三大文化体系也是一种历史的必然。

一、巴蜀文化的起源与发展

巴蜀地区位于发达的岷江水系，物质文化最具有代表特征的是以都江堰为代表的水利工程文化。在新石器时期，以成都为中心的四川盆地出现了三星堆文化，其先进程度与同期的黄河文化比肩而立。在此基础上，后来发展为持续近千年的巴蜀文化。

巴蜀最初是指长江上游两个比较大的部落，也是两个区域名，主要在今四川、重庆、湖北西部、贵州等境内。已出土的"长阳人"化石证明，早在十多万年以前，人类的远古祖先就在长江中游以南的清江两岸活动。清江流域成为巴人早期活动的重要区域。据传，巴人最早的祖先廪君就诞生在湖北清江南岸的武落钟离山。《华阳国志·巴志》载：禹会诸侯于会稽，执玉帛者万国，"巴蜀往焉"。又载："周武王伐纣，实得巴蜀之师，著乎《尚书》。巴师勇锐，歌舞以凌殷人，前徒倒戈，故世称之曰：'武王伐纣，前歌后舞也'。"

最早的蜀王据说是蚕丛，主要活动在岷江流域，曾参加伐纣盟会，西周中期称蜀王。下传于杜宇，继让位于开明氏而迁都成都，公元前316年并于秦，置蜀郡。历代蜀王中最著名的是杜宇与开明氏。杜宇以农耕为主，相传他"决玉垒山以除水害"①。玉垒山位于都江堰所在地的岷江岸边。开明氏为蜀相，由于治水成功，杜宇氏将王位传给他。开明氏因治水有效，保证了当时农业的发展，建立了巴蜀历史上最长的开明王朝。

巴蜀特别是蜀地，矿产丰富，有铁、铜、锡、铅、盐等矿，可造青铜和铁兵器，为邻国垂涎。《汉书·地理志》载："土地肥美，有江水沃野，山林竹木疏食果实之饶。南贾滇、僰僮，西近邛、莋马旄牛。民食稻鱼，亡凶年忧"。由此可见自蜀王杜宇时巴蜀已显富裕。

整个巴蜀文化形成期，最著名的、影响千年的水文化，应首推诞生在春秋战国时期的由李冰建造的水利工程文化——都江堰，它是至今仍在大面积受益的全世界最古老的水利工程，也是古代灌溉面积最大、工程设计最为科学的水利工程。

生活的富裕必定带来文化的发展。战国时期巴蜀的艺术成就令人瞩目，从出土的战国蜀墓里的文物足以证明：其中成都市百花潭中学10号墓中出土的铜壶最具代表性，壶的周边饰满金属（铅）嵌镶的图像，表现了生产、生活和战斗的场景，有极高的艺术价值；蜀国的兵器、工具、铜印上的"巴蜀图语"较有特点，其符号为锋、日月星三辰、人物和族徽；四川涪陵市小田溪巴墓出土的错金编钟和错银铜也是珍品。

这片富裕的土地，历来是蕴孕文学艺术的土壤。仅以文学来论，西汉著名的辞赋家司马相如就是成都人。他善于辞赋，学问渊博，为汉武帝所重用。他的《子虚赋》《上林赋》开创了"劝百讽一"的赋颂传统，是汉赋里程碑式的作品。

伟大的浪漫主义诗人李白，5岁时随父迁居今四川江油县青莲乡，自号"青莲居士"。他早年在蜀中读书，25岁时"仗剑去国，辞亲远游"，开始进入创作的丰盛期。

---

① ［东汉］班固.汉书·地理志（下）.北京：中华书局，2007.

759年，唐代的另一位诗人、后世奉为"诗圣"的杜甫，告别他在陕西为官的生涯，带领一家老小，迁入成都，后来再迁居夔府（今重庆市奉节），其很多作品是在四川创作的。成都的杜甫草堂与武侯祠齐名，都是游人必到之处。陆游是宋代最杰出的诗人，也是现存诗作最多的一位诗人，有两部传世之作都与四川有关，分别是《剑南诗稿》和《入蜀记》。

四川眉山诞生的"三苏"更是声名远扬。苏洵、苏轼、苏辙，俱在"唐宋八大家"之列。尤其是苏轼，为官、为人、为文都为历代知识分子所敬仰。

二、荆楚文化的起源与发展

1. 楚文化的产生及成就

荆楚主要是指今两湖（湖南、湖北）一带。湖南有长江和湘江四水，以及中国第二大湖泊——洞庭湖；被称为"千湖之省"的湖北有长江和长江最长的一条支流——汉江，以及中国最多的湖泊。

水孕育了历代楚人，滋润了荆楚文化，其物质与精神文化无不受其影响，有着鲜明的水的烙印。因水的关系，荆楚物质文化以稻米、渔业、水上运输为特征。由于水营造的变幻多姿的环境对人心灵的浸透与影响，战国时期诞生的以屈原为代表的楚文化开创了中国文学另一大风格——浪漫主义风格，与北方文学的现实主义风格双星辉映。

荆以楚著，古国名。始祖鬻熊，约当殷商时。由于得天独厚的自然条件，先民们在这一带繁衍生息，发展成为许多的部落和氏族，《战国策》《史记》等书中提到的三苗（别称"有苗""苗民"）即此。大溪、屈家岭与湖北的青龙泉三期文化的发现，已将新石器时代的文化勾画出来。大溪文化出土的石制生产工具，磨制之精、刃部之锋利为同期石器所少见。楚国便是在这种社会经济基础上建立与发展起来的。以后的楚人将制造青铜技术学到手，就地取材，国家也迅速壮大了。当禹成为大酋长时，唯一能与他抗衡的就是三苗，所以大禹要征讨他们。殷商时期，这一带已成为一个古国。到了若敖、蚡冒，有过"筚路蓝缕，以启山林""以处草莽"艰苦创业的历程。

紧接着中游进入了持续800年的荆楚文化，也就是西周至春秋战国时期。

首先是冶炼设备与技术达到相当水平。楚的政治势力到达鄂东，从而占据了湖北省鄂州的铁山与铜绿山，有助于征战与经济的发展。湖北大冶县铜绿山铜矿遗址经挖掘后表明，当时无论是冶炼设备还是冶炼技术都达到了较高水平。楚国铁器时代的到来，对兴修水利，开发荒地，挖掘矿藏等方面带来了突飞猛进的变化。

其次是丝织业与刺绣工艺也达到相当的水平。湖北江陵马山一号楚墓出土的丝织品，几乎包括了先秦时期全部丝织品种。其中运用的纬线起花技术、纬线起花绦带技术及提花等技术，已成为传统丝织技术的重要组成部分。

这一时期，楚国的其他科学技术也很先进。《史记·天官书》和《汉书·天文志》载，战国时代的甘公和石申夫创立了二十八宿体系。湖北随州市擂鼓墩1号墓出土的漆箱箱盖上按星空的方位写着二十八宿的星名。江陵县张家山247号西汉早期墓，出土了竹简《算数书》，其内容、体例与后来的《九章算术》近似，但时间早于《九章算术》成书时间。

中国考古史上最早的两张木床都出自楚墓，其结构精巧，有一张可以折叠。中国考古史上的第一双筷子、第一批完整的衣衾也都出自楚墓。当时楚国的冶金、织帛、铸币、筑城等技艺都达到了相当的水平。

春秋晚期楚文化异军突起。春秋时期五霸称雄，楚、晋两霸相争，实质上是长江文化与黄河文化的碰撞和交融。楚国开疆拓土，所倚仗的不止是武力优势，而且还有文化优势。楚文化的扩散，大致与版图的扩大同步。当时的淮夷文化，尤其是吴越文化，从出土的文物来看，都打上了楚文化的烙印。越王勾践的剑、吴王夫差的矛，流落到楚国，这本身就是楚国胜利的象征。

2. 中国第一位浪漫主义爱国诗人——屈原

春秋战国时期的楚辞达到先秦文学的顶峰，尤其是伟大爱国主义诗人屈原的人品与浪漫色彩的创作风格，对后世知识分子人格和文学产生了深远的影响。由于他是公认的中国文学第一人，在整个古代荆楚文学史乃至当时的中国文学史上没有第二个人能超越屈原。

楚地为何能诞生以浪漫风格为主要特征的楚文化？三峡山水为何能孕育出中国第一位浪漫主义爱国诗人？这与当地恣意的江水与变幻多姿的山峦无不有密切的关系。长江到了楚地尽显其流姿的多样性。它进入三峡峡谷后，两岸峡峰将其一束，它表面波平浪缓，但实际上却是水深流急，暗涛涌动。一出峡谷楚天阔，尽力地扩展身姿，拼着全力流向前方。江山的气势风格无不对文人创作风格的形成产生一定影响，剖析楚文化的代表人物屈原以及以他的作品为代表的楚辞，就能探明其理，多少受这些山水姿态的影响。

楚文化气势迥异于中原文化，仅以诗歌为例。中国文学史先秦时期，"风骚"可谓双峰并立。"风"为黄河流域的诗歌——《诗经》，"骚"指长江流域的诗歌——《楚辞》。楚辞在汉代得名，以楚地名为前定语，足以说明它是有别于以中原为代表的北方诗歌的地域性诗体。宋人黄伯思说：楚辞是"书楚语，作楚声，纪楚地，名楚物"，显示出浓郁的楚地域色彩。楚辞与《诗经》的区别：一个是"诗缘情"，一个是"诗言志"。通俗地讲，"风骚"的文化内涵与风格区别在于，"风"不论是庙堂高歌，还是田野低吟，都与现实密切关联，展现出的是朴实的理性世界。"骚"体一出世，就水汽淋漓、芳香扑鼻、巫风弥漫，袒露的是神奇的浪漫天地。最重要的是，楚辞的代表人物屈原是中国文学史上第一位被公认的浪漫主义诗人，他的创作标志着中国文学自觉时代的到来。

以屈原为代表的楚辞在中国文学发端期就达到了一个令后人千年敬仰的高度，成为当时中国乃至世界文学的巅峰之作。屈原在自己的诗作《涉江》中希望自己和自己的诗歌"与天地兮"。果然，《离骚》一横空出世，就显示出极强的生命力，穿透两千多年，流传至今。鲁迅欣赏《离骚》的浪漫主义风格，在《汉文学史纲要》中对"骚"的评价比"风"更高："《离骚》较之于《诗》，则其言甚长，其思甚幻，其文甚丽，其旨甚明，然其影响于后业之文章，乃甚或在三百篇之上"。

屈原诞生在两千多年前的战国，20多岁便出任左徒。可是，他忠贞不二的品德与出众的才华，却遭到奸臣小人的嫉妒与诬陷，被昏庸的楚怀王放逐江南。在流放中，屈原创作了《离骚》《九歌》《天问》等不朽诗篇，这些巅峰之作都是他受迫害后写出的，由此看出他内在的终生追求与政治信仰，以及外在所处的生长环境对他气质、性格形成所产生的影响。笔直的峡峰给了他一副坚挺的傲骨，冲出三峡恣意纵横的江水赋予他桀骜不驯的气质及叛逆的禀性，三峡内变幻多姿的云雾风雨赐予他上天入地神游的能力。他最终投身汨罗江，以身殉国、殉志，成为自觉的牺牲者，在水中寻求到永恒。

首先，作为一个知识分子，屈原的伟大与精神的恒久，就在于他不仅是中国第一位浪漫主义诗人，在现实上他更是一个政治家与思想者。当时儒家文化已从中原传入楚国，屈原是积极的认同者和践行者。注重修身，以道自任，自高自贤等儒家思想精髓在屈原身上得到了充分的体现。作品及人品使品德高尚的中国知识分子第一次在精神上得到认同，为世代知识分子所景仰。

中国知识分子的爱国情怀首先由他确立。战国时期，客卿制盛行，许多士大夫认为哪个君王有道就为哪个君主服务，朝秦暮楚已司空见惯。可屈原却将自己命运紧紧地与祖国的命运捆绑在一起，与楚国共存亡。屈原也是中国知识分子中最早将乡愁纳入作品的人，"陟升皇之赫戏兮，忽临睨夫旧乡。"他的乡愁是那样深广，因为楚国才是他为此献身的故乡。

"路漫漫其修远兮，吾将上下而求索。"他始终在思索救国之策，诗中始终有一个"民族魂"在闪烁，核心思想是追继先祖，振兴楚国，实现政治理想，其始终如一的爱国精神与坚定的探索精神几千年来一直为无数仁人志士所效仿。

屈原同样是第一位将哲学思想纳入诗歌的人,如《天问》是用哲学的观点去深思命运和宇宙,这里面涉及中国哲学的天道、地道和人道,对后人思索的启发并没有随着时间的推移而消失。

屈原最值得一提的贡献就在于完成了对楚文化基础的铸造,楚文化从他开始走向繁荣昌盛,最终成为中华文化的一个重要组成部分。

屈原早已成为国际学术界公认的世界文化名人。为纪念他而兴起的端午节划龙船、吃粽子等楚俗,已成为经久不衰的文化品牌。

春秋战国时期秦灭多国而统一中国,当时楚国人立下誓言"亡秦必楚",最终果被言中。探其根源,最终应从文化上找原因,众多被灭的国家中唯独楚文化最强大、最持久、最有辐射力。

三、吴越文化的起源与发展

吴越主要指今江苏、浙江、上海和安徽、江西的部分地区,属长江下游。这里雨量充沛,气候适宜,尤其是长江、淮河、钱塘江等大江大河纵贯其中,太湖等湖泊星罗棋布,通江河道畅通,河网密集。由于处于丰富的水环境中,这一地区的人与水的关系更为直接与密切。正因为有众多的水提供客观条件,这里成为中国的稻谷文化发源地,中国船文化的发源之地,长江水生动植物养殖文化的丰盛之地。

吴越地区是早期人类活动的重要区域之一。早在六七千年前,与长江流域为邻的河姆渡人就在这一带种植水稻,植桑养蚕,建造房屋,繁衍生息,为此这一带成为中国最早的水稻种植区。良渚人诞生于钱塘江南岸,越国会稽山阴县地为新石器时代晚期良渚文化分布区。

后来这一带诞生了吴越两国,大致以太湖为界,北有吴国,南有越国。吴国建国在前,越国建国在后。由于吴越西、北两面限于江,东面面海,南面受阻于山,中间隔着淮夷,中原文化、楚文化进入较晚。总的来说,吴越却比江北晚进入文明社会。直到春秋中期,吴越才开放,吴国开国君主泰伯才从中原地区的周族而来。舜在越的时间并不长,大禹对越的影响比舜大,越人认为大禹是自己的祖先,一直有祀舜拜禹的遗俗。

长江下游经济大开发,始于社会急剧变革的春秋战国时期。随着经济的不断发展,既继承先人之传统、遗风,也吸纳中原、齐鲁,尤其是荆楚的人才,所以吴越文化能在不断发展中形成自己的特色,与当时的巴蜀、荆楚文化平分秋色。

春秋战国时期,吴越国的科学技术文化成果最值得一提的是冶金术。出土于湖北江陵的越王勾践剑是一柄"复合剑"。所谓复合剑,即剑脊和剑刃铜锡配比不同的剑。剑经过硫化处理,两面均有菱形暗色花纹,科技含量极高,实为当时天下第一剑。出土的吴王夫差的矛也是精品,可与越王勾践的剑相媲美。

由于河网纵横交错,江南一些地方更成为水乡城镇文化的展示之地。春秋时代,水乡建筑、园林文化就值得一提。江南地区开始有了供君王游乐的行宫别馆——馆娃宫,这是吴王夫差为宠爱越国进贡的美女西施而修建的园林,也是最早的位于水乡的皇家园林,对后世的依水而筑、水陆结合的江南园林有较大的影响。

受其影响,自古房屋就依水而建,江南的城镇多为一半是水一半是岸,"人家尽枕河"。[①] 不仅食物从水中获得,提水、洗衣、购物等活动常在水中进行,这样的景色现还可在位于江南水乡古镇的周庄、乌镇等地看到。

早在 20 世纪 50 年代,考古工作者已在太湖畔的吴兴钱三漾和杭州水田畈两处发掘出新石器末期的一批文物,距今 4700 年前,其中有许多木桨。这就足以说明,长江流域是中国舟船重要发源地。由于多以船代车,吴越地区为船文化的发达之地在春秋战国时已显现。

水乡除了多以船为车,以楫为马外,更多的是以桥连两岸,也就是说过马路没有横道线,全都靠桥相连。像苏州、周庄这样的城镇多水巷,处处见古桥。如果说水让江南水乡有了灵气,那么水上的桥让江南水乡彰显了个性。

《国语》中的《吴语》和《越语》是当时两部可以代表吴越最高文学水平的早期散文。这两部散文不仅描写了宏大的战争场面,更将吴越争霸场面波澜壮阔地展现出来,其人物的谋略、对话充满了智慧和激情,显现出吴越独有的创作风格,与《国语》里的其他散文有明显区分,将小说元素引入散文也是其一大特色。

灵山秀水的外部环境与精耕细作的劳作方式,久而久之使江南人的性格不仅细腻精巧,而且头脑精明灵光,江南自古就是手艺人和艺术家的摇篮。江苏武进县出土的铜礼器和铜乐器,制作精良,为吴国战国时艺术品的代表作,其中的"句鑃"是吴越特有的乐器。浙江绍兴市发掘的战国早期墓中出土的铜器是越国礼器的代表作,其中一件铜屋模型惟妙惟肖地再现了当时越国乐队演奏时的情景。另外绘画技艺也处于领先地位,清代"扬州八怪"、现代蜚声海外的徐悲鸿诞生于此绝不是偶然。

吴越文化在历史中不断演绎而发生变化,对长江下游文化产生影响,可从以后产生的海派文化中寻觅到踪迹。

---

① 引自唐代杜荀鹤《送人游吴》。

第二节 长江智者在"四大发明"中的贡献

宋代，经济、文化重心的南移已经基本完成，长江流域开始对中国做出更大的贡献。当我们的先人第一次运用指南针、活字印刷、用纸写字、利用火药的时候，可能没有想到手上的这些东西，竟推动了世界文明的进程，长江智者在"四大发明"中发挥了很大的作用，做出了一定的贡献。

宋代出了很多名人，但能跟沈括（1031—1095年）相提并论的没有第二人。他既从政，又长于百科，可谓一个前无古人的复合型人才和科技奇人。

沈括是北宋钱塘人（今杭州），曾是宋神宗的重臣，王安石变法的骨干，既勤于职守，又致力于发现与发明。宋神宗对沈括最为赏识的是他为了维护宋朝边境的安全，为国家绘制的一本全国地图——《天下郡国图》。这是当时最准确的一本地图，也是中国较早的一本地图。

沈括晚年告老还乡，回到江苏镇江。他将一生在"百工"科学技术上的记录加以整理，得以流传。由于此书是在梦溪园里编撰的，他就将书名取为《梦溪笔谈》。其内容涉及天文、地理、数学、物理、化学、水利、地质、生物、气象、农学、医药，以及文史、音乐等十几个领域，是北宋时期最新科技成就的总结。英国著名的科技史学家李约瑟先生赞誉《梦溪笔谈》为"中国科学史上的里程碑"。

在数学方面沈括第一个推导出求垛体物件总量的公式——隙积术；第一个根据扇形的已知弦、矢的长度，推求出弧长的简单实用的公式——会圆术。在化学方面，沈括首先提出了"石油"这一科学命名，并预言中国石油很多，"生于地中无穷"，"此物后必大行于世"。在天文学方面，沈括所作的《浑仪议》《景表议》是中国古代天文学史上的重要文献。他首创的《十二气历》与世界上各国通用的阳历法不谋而合。在水利方面，沈括所作的分层筑堰法和地形测量法，是世界水利史上的创举。在医学方面，沈括是世界上第一个记载了性激素（古名"秋石"）提取方法的人。他的医药学专著《良方》十卷（此书因附载于苏轼的医药杂说，传世本改为《苏沈良方》）为我国医学留下了宝贵的财富。

沈括最伟大的成就是在物理学方面。他在《梦溪笔谈》中记载了当时四种指南针（罗盘针）的装置法：即浮在水面上的磁针，搁在指甲上的磁针，放在碗边的磁针，用丝线悬挂的磁针。沈括在试验中，发现了地磁偏角，指南针"常微偏东，不全南"的现象，成为世界上最早发现地磁偏角的人。这个发现早于西欧400多年。指南针约在公元12世纪末到13世纪初，从中国由海路传入阿拉伯，然后再由阿拉伯传入欧洲。有了指南针导航，人类才可以远航，才可以将世界的海洋之路连接起来。马克思说："指南针打开了世界市场并建立了殖民地。"

沈括作为中国古代科学家杰出的代表，还在于他独具慧眼，为国家发现了一个布衣智者，这个智者的最大贡献就是发明了活字印刷，他就是毕昇（约990—1051年），后世称其为印刷史上的伟大革命家。沈括在《梦溪笔谈》"技艺"中作了如下记载："庆历中，有布衣毕昇，又为活板。其法用胶泥刻字，薄如钱唇，每字为一印，火烧令坚。……昇死，其印为予群从所得，至今宝藏。"在唐五代时期，中国已经有了雕版印刷术。雕版印刷在文化传播上，比起手抄是一大进步。但有很大的局限性，一旦定版，不容易改动。毕昇用很细的黏土，做成许多小块，刻上字后放在窑里烧硬，成为一个个活字。用这些活字排版印刷，可以一字多用，随时修版，比雕版印刷方便多了，而且节约了成本。不久，活字印刷技术还传到国外，推动了世界文明的交流与传播。

东汉时，长江流域还有一个不可多得的智者，他就是纸的重大改进者蔡伦。蔡伦是湖南耒阳人，是一个农家子弟，因家庭贫寒，在明帝永平年间入宫当了宦官，和帝时升为中常侍，掌管宫内杂务。蔡伦平时就喜欢搞一些发明创造。蔡伦经过反复试验，利用树皮、麻头、破布、旧渔网等为原料，创制出一种新的植物纤维纸。新纸不仅原料便宜，制法易行，而且质地坚韧，宜于书写。东汉和帝元兴元年（105年），蔡伦把新制成的纸献给和帝，深得称赞，被邓太后封为龙亭侯，他发明的纸被人们称为"蔡侯纸"。

公元7世纪到8世纪，造纸术传入朝鲜、日本、阿拉伯等国，又通过阿拉伯传往欧洲，对世界文明的发展做出了永恒贡献。

第三节　长江流域古代教育集锦

一、从文翁办学到书院、书市与藏书阁的兴起

长江流域的教育起步要比黄河流域晚，大概从汉代才开始。汉武帝以后，中原文化在蜀地渐渐地渗入巴蜀文化，这主要归功于一个叫文翁的蜀郡郡守。文翁在管理蜀郡时，继续注重水利建设，让"天府之国"田肥人丰。物质的丰盛，必然带来文化的昌盛。为了普及教育，他挑选一批年轻人到京城长安入太学学习。这些人回来后，文翁均委以重任，来推行中原文化。文翁还在成

都修建了石室讲堂，招收郡中弟子入学。蜀人"争欲为学官弟子，富人至出钱以求之"。在他的带动下，四川不少地区都纷纷效仿办学，迅速成为文化先进地区。文翁因对教育的贡献，与李冰一样，也长期受到蜀中人民建祠奉祀的尊崇。

中原文化与巴蜀文化相结合，使得本地区的文化得到长足的发展。在汉景帝时期，巴蜀无一人出任朝廷或地方官员，但到了西汉中期以后，巴蜀人士出任朝中要职者已经比比皆是。

从文翁在成都正规开始办学后，起于唐代的书院，其制度自宋初确立，历元、明、清三朝，越千年之久，为我国也为世界教育史谱写辉煌篇章。长江流域自宋代以后是书院最为集中的地区。据统计，宋代书院共379所，其中沿江的江西、江苏、安徽、湖南、湖北、四川、浙江七省就有272所，约占总量72%。元代长江流域书院有152所，约占67%。明代书院为1239所，其中长江流域为646所，仍居第一位，仅浙江一省就有240所。

宋代是中国书院第一个兴盛期。湖南岳麓书院、江西白鹿洞书院、江苏无锡东林书院、浙江西湖诂经精舍等，全处在长江流域，这些书院在中国教育史上彪炳史册。

湖南岳麓书院对普及教育，尤其对荆楚文化的继承与发展影响最大。岳麓书院的雏形始于唐代，由僧人智旋等人在岳麓山建立了类似于学斋一样的书院府。到了宋太宗时期，由潭州（今长沙）太守朱洞沿袭旧学斋办起了书院。最鼎盛时期是四川人张栻主持岳麓书院期间，书院的生徒达到数百人。当时的皇帝宋真宗赵恒对教育十分重视，"书中自有黄金屋，书中自有颜如玉"的名句就出自于他。他为了奖励张栻的教育成果，赐他鞍马和《九经》，并赐御题匾额——岳麓书院。写有"惟楚有才，于斯为盛"的八字楹联就悬挂在大门两边，充分显示着湖南人的文化自信。

张栻主持书院工作期间，就强调把书院的教学和经世济民联系起来。宋代理学大师朱熹生前曾两次到过岳麓书院。他第一次到岳麓书院时，还与张栻在岳麓书院进行一次会讲，慕名前来听讲的有上千人。两位大师思想火花的碰撞，对以后朱熹理学思想的形成不可低估。岳麓书院不仅有讲学，还有藏书、祭祀功能，同时出版师生的专著。清光绪年间，岳麓书院开始引进西方科学知识的书籍。余秋雨如此概括："这个庭院的力量，在于以千年的韧劲弘扬了教育对于一个民族的极端重要性。"

赣州自唐以来文风之盛，得益于书院讲学之风。据统计，到了宋代当时全国书院最多的省份是位于长江中游的江西省，共138所。庐山是北方文化向南传播的重要中转站，庐山的白鹿洞书院创建于南唐，它真正成为当时书院楷模，是从南宋朱熹主持学院工作开始。朱熹不仅提出了教学方针和培养目标，还设立了正规课程，延请名师，开展学术交流，扩大师生眼界，他所实行的教学制度相当于现今的导师制。他还向政府申请经费支持，为学院发展创造物质条件，它当之无愧地成为"天下书院之首"。

位于无锡的东林书院初建于宋代，明万历三十二年（1604年）顾宪成、高攀龙将其扩大发展，成为明末最著名的书院。东林书院以儒家正宗的面貌出现，讲究实学，反对空谈陋习。它有一套完整的讲会制度，它使东林学院成为当时的学术交流中心。东林学院最大的特点是培养学员的参政意识，使东林的政治地位与影响不断扩大。东林的政治主张对当时社会风尚产生了深远的影响，世人皆以东林之人为贤者。顾宪成、高攀龙为正义慷慨赴死，开以学问干预政治之先河。顾宪成还为学院题写著名的对联："风声雨声读书声声声入耳，家事国事天下事事事关心。"

位于杭州西湖的诂经精舍是一所特重经诂而排斥制举的书院，专重经史训古的朴学学风是清代学术的特色，诂经精舍为其培养了大量的人才，也使其成为清中叶之后最有影响的书院之一。

从文翁办学到长江流域的书院，可以看到长江流域教育从汉到清发展的脉络，众多的书院为长江流域培养了大量的人才。

我国古代采取科举选用官吏的制度，在世界上是独一无二的。在科举制度中，大量向南方迁徙的移民，中试人数远远超过北方。从隋文帝开皇七年（587年）第一次开科考试，到清光绪三十一年（1905年）宣布废止，科举盛行1318年。状元是科举考试中的佼佼者。状元时空的分布与区域经济开发过程基本吻合，南方蓬勃发展的经济、文化是培养状元的沃土。从南宋开始，状元就开始向南方集中。南宋时期，全国300位状元，南方236名，占79%；江苏一省就有状元73名，占全国的1/4强，更为辽阔的北方只有64名，占21%。

这种现象发展到清代甚至到了登峰造极的程度。清乾隆四十六年（1781年），苏州人钱棨在乡试、会试、殿试连中"三元"，成为清朝开国以来第一个连中"三元"的人。苏州的官员和百姓特意在府学之东用花岗岩筑起雄伟壮丽的牌坊，称"三元坊"，至今还保留街名。

教育的昌盛带来了书市兴起。中国到了明代书市已开始兴起。明代有四大书市，胡应麟在《少室山房笔丛》中说："今海内书凡聚之地有四：燕市（北京）也，金陵（南京）也，闾阖（苏州）也，临安（杭州）也"。可见，长江流域了占三个。

印刷业与贩书业的发展，也促进了藏书业的发展。黄宗羲曾说："读书难，藏书难，藏之久而不散，则难之难。"全国藏书之首在江南。江苏首推毛晋的汲古阁，藏书84000余册，当时被称为海内藏书第一家。

这些藏书阁也成为中国最早的一批图书馆，它们对长江文化乃至中国文化发展进程起着不可磨灭的推动作用。

二、赣江畔的读书声

从宋代开始,江西人就很会读书,读书人曾让江西风光无限。自从中国开始科举考试以来,在唐代江西仅有进士65人;至宋代,江西的进士增加到5442人,每县平均有进士80人。明代江西状元一半来自吉安府,其中5人来自吉水县。永乐三年(1405年)翰林院庶吉士28人入选文渊阁,其中,吉安府籍人占10人。在科举史上,曾出现过江西省吉安府包揽前7名的盛事,震动了全国。结果,全国的殿试几乎成了江西省的乡试,当时的吉水是名副其实的全国"状元之乡"。当我们穿越历史的隧道,再读吉安的历史,看到以大文豪欧阳修、民族英雄文天祥等为代表的近3000名进士、19名状元绘就的"隔河两宰相,十里五状元"的绚丽画卷、两度囊括状元、榜眼、探花的神话时,就会对古代江西文明产生一种由衷的敬畏。

吉安全境共有学院200多所,其中白鹭洲书院为江南四大书院之冠,阳明书院被誉为"东南邹鲁、西江杏坛"。传承庐陵文化"崇文重教,诗书传家、刚正义烈"之精髓,欧阳修、周敦颐、杨万里等名人哲士在书院的讲学研经,南宋抗金名臣胡铨、名相周必大都诞生在这里。

"翰林多吉水,朝士半江右"。读书成就了江西人,江西在政坛上显赫一时,《宋史》中有传的江西籍人物就有220余名,其中宰相、副宰相级显赫的官员有25人,王安石、欧阳修、文天祥、晏殊、曾巩、周必大等著名的人物都榜上有名。文天祥是吉州庐陵人(今江西吉安)。他的诗句"人生自古谁无死,留取丹心照汗青"已成为千古绝唱。明末清初,状元戴衢亨,一门四进士,叔侄两宰相,时称"西江四戴"。

江西人对当时的科技发展也做出了突出贡献。明末清初,江西奉新县人宋应星(1587—1664年)因撰写出系统总结农业和手工业技术的《天工开物》一书,而被英国科技史家李约瑟称为中国的阿格里柯拉①。1869年,《天工开物》被译成法文,流传到西方,译名为《中华帝国古今工业》。

明代著名的戏剧家汤显祖是江西临川人。他创作的戏剧"临川四梦"(即《紫钗记》《牡丹亭》《南柯记》《邯郸记》)可谓传奇上品。其中,《牡丹亭》更是我国古典戏剧的代表作。

明太祖朱元璋十世孙朱耷(别号"八大山人")19岁时,明朝灭亡,他由锦衣玉食的皇室贵胄一夜间沦为颠沛流离的山野难民。他或僧或道,大半辈子隐于山林,沉溺于书画之中,将满

---

① 德国自然科学家,西方文艺复兴时代的科学技术代表,现代矿物学奠基人,著有《论矿冶》。

腔悲愤与儒、释、道理念怪异而又巧妙地融通于其书画艺术中。他笔下的山水，总是槁木枯枝，残山剩水。笔墨所至，寄托了国破家亡之恨。现在，位于南昌城南梅湖边的青云谱道院相传已有近1700多年的历史，就因朱耷曾在此隐居修道，挥毫作画而闻名遐迩，现已改为"八大山人"纪念馆。

三、新安江畔"贾而好儒"的徽商

徽商带来了徽州的繁荣，也带动了徽州文化的崛起。徽商"贾而好儒"，其中一个重要的因素就是中原人的进入与影响。

迁徙到徽州定居的绝大多数是"中原衣冠"。尊孔读经、崇尚儒术是中原士族的一种传统与风尚，他们很多都是"以经传家"。如宋、元、明、清四朝，婺源沱川的余氏家族，有进士11人，著书立说的仕宦和文人多达90人，总计共有著作318部，像这样"以经传家"的家族还有不少。他们原来分布在辽阔的中原大地显得格外稀疏，但集中到仅有1万多平方公里的小小山区后，就使徽州变成了当时全国为数不多的士大夫高度密集区。这些儒家知识分子带来的中原文化与当地的土著文化结合，就形成了一种新的独特的徽州文化。在他们影响下产生的徽商也自然有了儒商的风范。徽州商人多有较高的文化修养和思想水准，重商德、商誉，以诚待人，义利结合。

"第一等好事只是读书，几百年人家无非积善。"这是现在徽州人家的一副对联，把读书放在做生意、种田前，这就是徽商。"贾而好儒"的徽商更多地将目光投向文化教育，大力出资修建书院是徽商重儒的重要表现。宋元以来，徽州建有四种类型的学校，即私塾、府县学、社学、书院。在徽州建的住宅里，不少人家都专门建有书屋。儒商世家更注重延聘名师，教授子女。在徽派文化中"耕读传家"的家风已深入人心。明清时，徽州书院林立，闻名全国。

教育的发达，为徽州培养了各种类型的人才。无论是在徽州当地，还是在徽商集中的扬州、南京等地，都有很多徽州弟子参加科举，进入仕途。据记载，宋代徽州科举中进士者多达619人，有不少在朝

徽派建筑　　　　宁应城 摄

廷为官，其中官居一人之下、万人之上的宰相即有祁门县汪伯彦和歙县程元凤两人。明代徽州有进士392人，举人298人；清代有进士226人，举人698人。仅徽州本籍和寄籍的状元多达18人，占清代状元总数的15.7%。正是"连科三殿撰，十里四翰林"，堪称科举奇观。

徽州是魁星高照、文风昌盛、人才辈出的文化之乡。在徽商强大经济实力支持下所形成的徽州文化，不仅种类繁多，而且内容丰富，仅徽州的文化典籍就浩如烟海。它们不仅大量地保存在众多图书馆和博物馆里，还有不少流传到国外。

第四节 古代长江流域主要文化学派和著名学者

一、宋代新古文运动六大家

骈文是一种贵族化文体，起源于秦汉，到了南北朝成为正宗。由于这种文体过分注重形式美，行文教条、呆板，不仅影响思想内容的表达，也不便于流传，必须进行改革。至唐代，韩愈、柳宗元等人用提倡效法先秦、秦汉散文的复古运动来改革骈文文体。可到了宋初，由于统治者需要骈文这种文体粉饰太平，骈文又兴起，对它改革的呼声日渐高涨。这时思想文化界兴起了一股新古文运动，它是相对于唐代韩愈、柳宗元倡导的古文运动而言的。

新古文运动六位大家欧阳修、曾巩、王安石三人都是江西人，欧阳修为新古文运动领袖，曾巩、王安石、苏洵、苏轼、苏辙为主将，得到当时众者响应。这六位大家都有鲜明的文学主张，如新古文运动的领袖欧阳修的"我所谓文，必以道俱"，王安石的"务为有补于世而已矣""适用为本"等，都对当时的古文运动起到了指导作用。他们同时具有丰富的实践活动，创作了许多优秀的散文作品。如欧阳修的《朋党论》《醉翁亭记》，王安石的《答司马谏书》，苏洵的《六国论》，苏轼的《前后赤壁赋》，苏辙的《武昌九曲亭记》，曾巩的《寄欧阳舍人书》等都是其代表作，有的成为脍炙人口、千古传诵的名作。

六位大家之中，苏轼的人品、官品、文品为历代知识分子所景仰。他为官一任，造福一方。在杭州任职时，由于他整治西湖有功，当地百姓命名西湖中一座堤为"苏堤"，以资纪念。他是一位儒、道、释兼收并蓄、融会贯通的思想家，一位通达古今的学者。他的诗、文、词代表了宋代文学的最高水平，均有代表作传世；他的书法也有很高的造诣，后人对宋代书法有"苏黄米蔡之说，而苏轼居首；他还是一位兼通药理、美食，懂得享受生活的乐观人。

他死后，后人将他与同代著名科学家沈括的药方合编为《苏沈良方》流传后世。他发明的东坡肘子成为当代人还在享受的美味佳肴。林语堂曾说："像苏东坡这样的人物人间不可无一难能有二的。"

总之，新古文运动对中国文化的影响不可低估，六位大家在中国文化史上必将彪炳史册。

二、明代著名学者王阳明与他的心学

王阳明是浙江余姚人①。他继朱熹之后，在江南开创和主持学派活动，成为那个时代文化的领军人物，在中国文化史中产生了深远的影响。他出身状元之家，父王华是明成化十七年（1481年）状元。王阳明少有才华抱负，但一生坎坷，晚年方才建功立业。王阳明的学说不仅涉及儒学，还涉及佛学、教育学、军事学等。

王阳明最大的成就是从朱子学出发悟出了心学。"心即理"是王阳明心学的逻辑起点，是他创立的哲学思想基础。在他的理解中，"心"已经不是物质的存在，而是精神的实体。他的"吾心"已把理性和伦理结合在一起，可以化天地万物和纲常伦理。有专家认为，王阳明的心学是中国古代哲学的最后一座高峰。

"格物致知""知行合一"是他心学的精髓。"格"是探索，"知"即知识道理、规律。探索了事物，才能明白知识道理及规律。他还提出了"知行合一"的认识论，"知是行的主意，行是知的工夫；知是行之始，行是知之成。"最后，他提出"知行合一并进"的哲学思想。

他还认为，自己一生最重要的理论发明是"致良知"，"天地虽大，但有一念向差，心存良知。虽凡夫俗子，皆可为圣贤"。作为道德修养，"致良知"是以"存天理，去人欲"为内容和归宿的。"吾心之良知，即所谓天理也"。他宣扬人人皆有"良知"，个个做得"圣人"，他的学术思想对后世产生了不可低估的影响。他不仅是一位理论家，还是一位军事家，多次立战功。平广西八寨时，天顺朝御史韩雍调兵十万，王阳明只率三千兵就平定了变乱，堪称用兵的奇才。

王阳明在我国台湾地区同样是影响深远，许多街路、学校、公园也冠以阳明。其心学还对日本、韩国乃至东南亚地区产生深远的影响。日本早已形成了日本特色的阳明学派，研究王阳明的专家冈日武彦的纪念馆内，就矗立着王阳明的铜像。由此可见，王阳明的心学能够超越时空、民族、政治，早已不是中国的，而是世界的，是全人类的。

---

① 浙江余姚虽不在长江流域，但东南沿海紧邻太湖流域，其业绩在此叙述。

三、清初"四大家"与民主进步思想

面对明朝灭亡的现实,以顾炎武、黄宗羲、方以智、王夫之为代表的清初四大家,提出了"救弊之道在实学,不在空言",将实学思潮推到了一个前所未有的高度,体现出鲜明的民主进步思想。

(一)顾炎武

顾炎武是江苏昆山人(今苏州所辖),出生于江东望族。明亡之时,他在昆山参加了武装抗清斗争。清初,他多次拒绝清政府的征召。后大臣荐其修《明史》,而他"以死自誓",决不参加。

他一生著作50余种,涉及经学、历史、地理、金石考古、音韵、诗文等领域,最主要的贡献是他最后成为清初"经世致用"之学的倡导者和实践者。

他的进步思想主要体现在批判封建专制制度方面,有明确的"明道""救世"的进步主张,提出天下"众治""利民富民"的"经世""致用"之道。尤其是他提出了"天下兴亡,匹夫有责"的口号,得到天下有识之士的赞誉,而且对后世产生了广泛而深远的影响。

注重社会调查是他"经世致用"思想最直接的实践行动。他不仅读万卷书,还行万里路,广泛进行社会调查,他所著的《钱粮论》一书,就是经过社会调查后的成果。他的这种求实作风与学风在《清史稿》一书中曾得到充分的肯定。

(二)黄宗羲

黄宗羲是浙江余姚人,清初四大家之一,是明末清初进步思想的杰出代表。他为东林后人,其父是明代大忠臣,为阉党所害。他为父报仇,被崇祯帝称为"忠臣孤子"。他先积极参加抗清,为浙东弟子的领袖,后知复明无望,便从事著述,为明朝反思亡国天下等问题,其代表作为《明夷待访录》,一生著述300余万字。他在学术上的进步思想主要体现在对封建专制的批判和积极主张变革上,《明夷待访录》开篇就探讨人类设立君主的本来目的,尤其是学术与社会"人伦日用"相结合的宗旨,有进步的经世务实的思想。明末清初,在中国思想上黄宗羲的思想呼唤民主进步,具有一定的启蒙意义,还被称为"中国启蒙思想之父"。

黄宗羲还是影响很大的浙东学派的创始人。浙东学派,指清初以黄宗羲、万斯大、万斯同、全祖望、章学诚、邵晋涵等为代表研究经学兼史学的经史学派,因这些代表人物均系浙江东部,故名。浙东学派的主要贡献在于史学,注重研究史料和以通经致用为治学宗旨。

（三）方以智

方以智是安徽桐城人，博学多才，是一位天文、数学、物理学家，更是一位有辩证思维的哲学家，代表作为《东西均》《通雅》等。

自青年起他就通晓经史百家，而且能将自然科学与哲学融会贯通，对中国近代科学思想的启蒙做出了一定的贡献。他不仅在《通雅》等书中强调了科学与哲学的辩证关系，而且还能认识到事物有"相反相因"的变化规律，同时还提出事物矛盾的主次辩证关系等，体现出朴素的辩证思想。

面对西方文化的渗入，他不盲从，在《物理小识》一书中一方面肯定了西学的质测技术，另一方面又辨其西学中的不足，总结出自己认为科学的实践成果，得出符合实际的结论。

（四）王夫之

王夫之是湖南衡阳人，生活在明末清初。清军入关后，他在家乡参加过抗清斗争，是一位力主抗清的南明遗臣。抗清失败后，他誓不剃发，坚决拒绝与清朝合作，因报国无门，而隐居在湘西石船山下著书立说。

他一生著作颇丰，多达100多种，内容涉及政治、哲学、经济、历史、天文、训诂、文学等，主要著作有《张子正蒙注》《周易外传》《思问录》等，继承楚文化的传统，最终创建了"船山之学"。"船山之学"发展了古代朴素的唯物主义和辩证法思想，形成了新的理论观，对中国古代哲学思想有较大发展。另外，从理论上，他主要从探讨明末失败原因开始，其学说具有一定的反封建性。他的理论最主要的是体现了经世致用、提倡实学的学风和精神。

尤其是他为了民族大义表现出来的凛然正气与不屈不挠的精神，与屈原体现出的楚文化精神一脉相承，后世为他编制了《王船山遗书》。《王船山遗书》以其深刻的反封建性和实用性虽屡禁却不止，为三湘四水培育了一代又一代文人志士。章太炎在辛亥革命胜利之后曾说过："船山学说"为民族光复之源，近代倡义诸公，皆闻风而起者，水源本木，端于斯。

四、安徽的"桐城派"

"五四"运动前，长江文化比较引人注目的文学流派为"桐城派"，其参与作家之众、影响之广、持续时间之久，皆为中国文学史中称道。清代人对桐城文章有这样的赞誉"天下文章其在桐城乎！"

桐城派，又称桐城文派，因其主要代表人物方苞、刘大魁、姚鼐均系桐城（今安徽枞阳县）人，故得此名。

明末清初，桐城人方以智、钱澄之、戴名世的古文理论和创作实践被认为是桐城文派的前驱。从方苞开始桐城派开始形成，到刘大魁、姚鼐时已发展成为一个声势浩大的文学流派。

方苞，出生于桐城一士大夫家庭。方苞曾举江南乡试第一，早在青年时代时就有"以八家之文，载程、朱之道"的志向。他推崇明代散文家归有光的"唐宋派"古文传统，学文从唐宋散文八大家入手，提出"义法"主张。"义"是指文章中心思想；"法"是指表达中心思想或基本观点的形式技巧，包括结构、修辞等。他认为"义"与"法"之间相辅相成，即内容与形式必须统一。方苞虽推崇古文，但反对形式上拟古的文风。这些主张是对唐宋以来古文运动创作经验的总结，对推动文学具有积极意义。方苞"义法"论的创立，为桐城文派的发展奠定了基础，他的弟子刘大魁后为桐城文派承前启后的代表人物。

刘大魁，方苞的弟子。方苞认为自己的文章不如他："如苞何足算也！邑子刘生，乃国士耳。"刘大魁主要致力于教学，著作颇丰。刘大魁在方苞的"义法"论的基础上，更重点在艺术特征上作探讨。他认为文章思想性为先，但又必须重视艺术的表现。刘大魁提出了"神气""音节""字句"为文章主要元素的理论，认为从文章的字句、篇章、结构入手，就可以体察文章的神韵与气质，看出作者思想感情的变化，这是将我国诗歌韵律学说中的理论，运用到了散文领域。刘大魁提出古文"义法"的方法应当从熟读古文入门："积字成句，积句成章，积章成篇，合而读之，音节见矣；歌而咏之，神气出矣。"这后来成为"桐城派"作文的秘诀，指导了当时"桐城派"文人创作。

姚鼐，刘大魁最杰出的弟子。他官至刑部郎中，历任山东、湖南乡试副考官，乾隆三十八年（1773 年）入四库全书馆任纂修官，后致力于教育和研究学问，其弟子遍及南方多省。姚鼐作为桐城派的第三代祖师，提出了义理、孝据、词章三者合一的主张，使桐城派文论体系更完整，而又具有特点。他提出的阴阳刚柔说，是对我国古代散文审美理论和风格特征重大论题的发展，用阴阳刚柔这个哲学概念解释文章风格的形成和散文的风格特点，极富创见性。

桐城派文章大都具有令人称道的艺术魅力，成为一代文学正宗。其中脍炙人口的散文名篇有方苞的《狱中杂记》《左忠毅公逸事》，姚鼐的《登泰山记》等。

"五四"新文化运动后，白话文学的发展，让"桐城派"慢慢自此终结。而林纾逆时代潮流而动,仍在鼓吹"尊孔读经",反对新文学,被斥为"桐城谬种",成为新文化运动的批判对象。但崛起于200余年前的桐城派古文运动在文学史上的功勋仍不可低估。

五、清朝初期的"扬州八怪"

轻风细雨,小桥流水,灵山秀水的江南,是艺术家的摇篮。艺术的发展首先要有物质的支撑。清初,扬州发展到鼎盛期,首先是一个丰富的物质与精神的港口,富裕的生活为文化的发展与交流提供了基础,当时社会上行文、作画,做艺术收藏成为了一种时尚,社会的需求促进了行文、作画的盛行。

在扬州那样一个商品经济活跃的环境下,商人、平民求画,他们新鲜、活泼、拓展的心理使这些画家的画风从过去传统的规范下略有改观。当时的扬州画坛就出现了八个风格相异,却又超越前人自成风格的画家,世称"扬州八怪"。他们是金农、罗聘、李方膺、高翔、汪士慎、黄慎、李鱓、郑燮(板桥)。"扬州八怪"不趋时媚俗,不失人品,而只管以画言志,自抒胸怀,都坚持了自己的风格。他们通过写意山水、写意人物,不仅在题材、风格上更富有想象力,而且进一步突破陈规,画松竹梅石。

他们中间的代表人物郑板桥44岁才进士及第,后他怀着为民谋利的热情开始了县令生涯。"衙斋卧听萧萧竹,疑是民间疾苦声。些小吾曹州县吏,一枝一叶总关情。"这首诗是他当时心情的反映。但仕途险恶,他不久就去官离职,直奔扬州。他笔下的兰、竹、菊、石赋予新意,成为一种光明磊落、精神挺拔的人格象征。他的诗、书、画俱佳,被赞为"三绝",对后世影响深远。

第五节 对中国社会产生深远影响的近现代长江文化

在中国封建社会末期,尤其在中国向近现代社会迈进的过程中,在长江流域诞生的湖湘文化、海派文化等推动了中国向近现代社会迈进的进程。

一、新文化运动的三主将

辛亥革命推翻了几千年的封建王朝,旧官僚袁世凯掌权后便复辟称帝,不到三个月,就因全国人民反对而被迫取消帝制。当时中国思想文化界一片混乱，戊戌变法思想、辛亥领袖思想都由于自身的弱点在实践中都得不到成功。中国呼唤新人物、新思想，新文化运动也应运而生。

长江流域不仅是新文化运动的发源地，更诞生了三位领袖人物。

（一）新文化领袖——陈独秀

陈独秀，安徽怀宁人，早期是反清人士。20世纪初他到上海后，深受海派文化的影响，并成为积极的实践者。1915年9月，他在上海成立新青年社，创办了《青年杂志》（后更名为《新青年》），上海由此成为新文化运动策源地。他在创刊号上发表的文章，针对当时中国社会贫穷落后和文化处于封建愚昧的现象，指出"我们现在认定，只有这两位先生（指德、赛两先生，即科学与民主）可以救治中国政治上、道德上、学术上、思想上一切的黑暗。"其主旨是提倡和发出了"科学"与"民主"的口号，呼吁人性的自由与解放，吹响了向封建旧文化挑战的号角，为马克思主义在中国的传播扫除了障碍，成为新文化运动的纲领性文件。同时他还在文章中提出"文学革命"的口号，用白话文代替文言文，倡导个人主义的新思想、新伦理。

1917年，《新青年》杂志社迁往北京，新文化运动中心由此北移。1918年，他又同李大钊合办《每周评论》，宣传马列主义等进步思想。1919年，北京爱国青年发起了"五四运动"，将新文化运动推向了高潮，马列主义从此也得到了进一步传播。

他除积极接受宣传社会主义思想外，还积极实践、创建共产主义小组，为共产党建立做组织准备，后成为中国共产党缔造者之一。中国共产党成立后，《新青年》一度成为党的机关刊物。在中国共产党第一次代表大会到第五次代表大会上，他都被选为中共中央总书记。此后虽然离开了中国共产党的领导岗位，但他始终没有背叛革命，最后病逝四川。

（二）中国文化界的旗手——鲁迅

鲁迅，原名周樟寿，后改名周树人，浙江绍兴人，是新文化运动的另一位主将，他是用文学做武器投身新文化运动的第一人。1918年，他在《新青年》上发表了白话小说《狂人日记》，不仅无情地揭露了封建礼教吃人的本质，"我翻开历史一查，这历史没有年代，歪歪斜斜的每页上都写着'仁义道德'几个字，我横竖睡不着，仔细看了半夜，才在字缝里看出字来，每页上写着的说是两个字'吃人'"以此吹响了反封建的号角。《狂人日记》应该是中国新文学史上第一篇现代型短篇白话小说，他还有《阿Q正传》《祝福》等代表小说。

他一生撰写了多篇杂文，这些杂文是刺向旧社会、旧制度的一把把"匕首"，体现了坚定的反帝反封建精神，更有一些改造国民性思想的命题，抒写了民族魂深层次的内涵。

以《野草》集为代表的散文，将现实、人、自我在当时社会的那种无奈表现得淋漓尽致，鲁迅用自己的文字形象地诠注了当时人与社会的关系。

他目睹了国民党的腐败无能后，将目光投向了延安的中国共产党身上，他认为中国共产党才是将中国带出深渊的希望。

鲁迅已成为中国现代文化史，甚至是世界文化史上的一座丰碑，他的作品和当时世界任何一个文学巨匠放在一起都毫不逊色。上海是他多年的活动地，也是他创作最辉煌的时期。最后他病逝上海，但他的作品永远活在中国人的心里。

（三）新文化运动的干将——胡适

胡适，出生于江苏省松江府川沙县（今上海浦东新区），后随父迁往安徽绩溪。他曾在美国留学，后任北京大学教授、校长。他是新文化运动的核心人物，是反传统礼义道德的干将。新文化运动兴起后，他不仅是《新青年》杂志的编辑之一，更是重要撰稿人。1917年，他发表了《文学改良刍议》一文，极大地影响了新文学运动。他是第一位提倡白话文、否定文言文，主张新诗创作的学者。他不仅有理论，实践中也积极践行，带头用白话文写诗、写剧本、出书。他的不少理论打击了尊孔读经的思想，成为反对孔家店的先锋，然后过渡到追求来自西方的科学与民主。他到北大后，曾创办《努力周报》，曾与蔡元培、李大钊、陶行知、梁漱溟等联合发表《我们的政治主张》一文，主张科学与民主。

同时，胡适的学术成就也颇丰。在哲学方面，他是中国较早引入西式方法来研究中国哲学的人；在中国古典小说研究方面，其成果显著，是新红学考据的创始人。不仅如此，他还研究中国禅宗、《水经注》等，都有一定的成果问世。1962年，他在台北病逝。

二、湖湘文化

湖南多水，水不仅为湖南人提供了繁衍生息的必备条件，促进了物质文化的发展，更对湖南地域的政治、经济、文化的发展也产生了不可低估的影响。

在长沙市郊马王堆发掘的西汉时期的一号汉墓的墓葬营造及其文物，以及距今2100多年保持仍比较完整的女尸等，都在一定程度上反映了当时湖南的经济文化水平。其中一件洞庭湖区的地图,图上的湘、资、沅、澧四水及其主要支流的流向、方位竟与现在的一致。

在古代,围绕着湘江曾诞生了一个美丽的传说。在4000多年前,伟大圣明的君主舜出巡来到了湖南,对这片土地表现出了极大的好感,他死后安葬在九嶷山上。他的死讯传出后,他两个美丽的妻子娥皇和女英悲痛欲绝,顺着湘江一路找来,一串串涟涟的泪水随风溅到翠竹上,这种竹子于是成了枝干上斑块横生的斑竹。娥皇、女英据说是受到楚人膜拜的湘君和湘夫人两个神灵。楚辞的代表作——屈原的《湘夫人》就是根据此题材创作的。《离骚》正是屈原在流浪行吟于湖南期间完成的,构成了楚文化的巅峰之作,而湖南的另一条江——汨罗江却成为他最后的归宿。

楚文化的影响绵长而深远,尤其是积极的参政态度及理想主义、浪漫主义精神对后世文化的发展起到了酵母作用。

百里洞庭湖水光涟涟,触动了无数古代文人墨客的创作灵感。在众作品中,宋代范仲淹在此撰写了《岳阳楼记》,留下"先天下之忧而忧,后天下之乐而乐"的千古名句。隐逸大文人陶渊明笔墨下的《桃花源记》,其理想化的情调及手法可以与古希腊喜剧作家阿里斯托芬的《鸟城》相媲美。

到了近代,此地产生的湖湘文化与南方的闽粤文化,尤其是东方的海派文化形成三足鼎立之势,推动了中国向近代社会的发展进程。

首先,湖湘文化最鲜明的特点体现在忧国忧民的情怀与为国寻求出路的意识上,其政治色彩强烈。

作为楚国子孙的湖南人的硬骨头精神远一点来说应该来自于楚国以死报国、以死殉志的屈原,近一点来说来自于一生以明朝遗者自居,拒绝与清朝满族合作的王夫之。王夫之及其学说应是近代湖湘文化的体现,应是湖湘文化的集大成者。王夫之的思想和人格在近代被人视为精神上的旗帜。维新派代表人物谭嗣同曾说:"五百年来学者,真通天下之故者,船山一人而已。"他并以王夫之的继承人自居。

中国在鸦片战争中战败,不少国人开始在耻辱的硝烟中寻找出路,前面提到魏源第一个站出来为国人寻找出路。从湘军征战开始,湖南人的足迹已遍布全国。魏源走出湖南,在沿海多省目睹了鸦片战争造成的惨状,为了探寻出路,魏源开始成为"睁眼看世界的第一人"。他从经世致用、救时救世出发,推出了《海国图志》一书。作者在书中提出"师夷之长技以制夷"的主张,由此带来了研究世界、学习世界的"洋务运动"热潮。这是湖湘文化继王夫之以后,对中国近代社会的又一大贡献。但奇怪的是,《海国图志》在腐败守旧的清政府眼里简直是大逆不道,这剂良方仍然没能拯救中国，却启发了邻国日本的有识之士。当日本维新派于1868年靠武力推翻了德川幕府制后，便开始明治维新运动，且一跃成为东亚第一强国。半个世纪后，梁启超在谈到明治维新时曾这样说，日本维新派"皆为此书（《海国图志》）所刺激"，最终完成了改革大业。

其次，湖湘文化广泛地运用经世致用思想。长江流域"清末四大家"的经世致用思想，尤其是王夫之的思想为湖南人推崇而继承并广泛地运用。受《海国图志》的启发，在经世致用思想影响下开展的洋务运动在长江流域率先兴起，长江流域的上海、南京、武汉等城市，迅速成为发展洋务事业和传播西学、西艺的重要基地。经世派人物开始办军事、设厂矿、开学校，其务实精神和甘冒风险追求西学西艺的努力，将中国古代文化与西方文化两种截然不同的文化杂糅在一起，赋予了湖湘文化新的内容。

经世致用体现在救国方面则更多。除了前面提到魏源外，甲午战败后，为了从中国根本制度层面上思索中国的道路，中国有识之士兴起了"维新运动"，而湖南人一马当先。在维新变法之时，以谭嗣同、唐才常、熊希龄、梁启超等为代表的湖南人直指封建王朝制度本身，仿效西政，为政治体制改革披荆斩棘。唐才常曾自豪地转述西方的评价："振支那者惟湖南，士气勃勃有生气，而可侠可仁者惟湖南。"

现代毛泽东提出的"武装夺取政权"理论与实践的胜利，是运用经世致用思想最成功、最直接的成果。

其三，湖湘文化还体现在革命性上，表现为不屈不挠、勇于担当的湖湘性格。

骨子里有反叛精神的湖南人，他们的文化成果上就能体现出鲜明的革命性。前面提到的湖南新化县人陈天华为了反抗沙俄的入侵，奋笔直书了《猛回头》《警世钟》和《狮子吼》等诗文，深刻揭露了清政府的腐败无能与帝国主义瓜分中国的野心。

在清末反对列强瓜分中国的呼声中，湖南湘潭人杨度的诗《湖南少年歌》向世界发出了中国人的最强音："中国如今是希腊，湖南当作斯巴达；中国将为德意志，湖南将作普鲁士。诸君诸君慎如此，莫言事急空流涕。若道中华国果亡，除非湖南人尽死"。杨度是中国近代史上绝无仅有的传奇人物。周恩来在去世前，曾把已去世杨度的秘密身份向中共组织部门作过交代："杨度是我们的同志。"为在近代历史中长期作为反面人物的杨度恢复了名誉。

"五四"运动以后，在蔡和森、毛泽东、夏明翰等新一代仁人志士的努力下，湖湘文化注入了先进思想的内涵。1918年，蔡和森、毛泽东在长沙创立新民学会，率先在湖南掀起了一股传播新思想、新文化的热潮。各种新型刊物也在湖南如雨后春笋之势成长，仅省会长沙就达10多种，以至于当时有人形容长沙为"周刊世界"。其中1919年创刊、由毛泽东主编的《湘江评论》，其思想性、战斗性最强，被誉为全国"最有分量，见解最深刻"的刊物。

湖湘文化作为具有明显地域特征的湖南地方文化，它在杂糅兼并的过程中，随着湖南自然地理环境和人文环境的变迁而不断创新发展。它既传承了楚文化的精髓，同时又受百越、巴蜀乃至中原文化的影响，后在王夫之思想做主干后，又接受了域外马列主义进步思想的影响。在新民主主义革命时期，湖湘文化对中国革命的指导与影响更加直接和深刻。毛泽东在马列主义基础上创建与发展了指导中国革命和建设的伟大思想——毛泽东思想，最终成为中国革命和建设的领导人。纵观中国革命历史的发展，湖湘文化在中国近现代史上的影响不可低估。

三、海派文化

从芦苇萧萧、牧歌田园的滨海小村，到声光化电、五光十色的国际大都市，古老的农耕生产、生活习俗在近代上海逐渐淡化，被以中西相结合的生产、生活方式所取代，海派文化随之诞生。海派文化为什么会诞生在上海？为什么会推动中国近代文明的发展？这与上海特殊的地理位置关系密切。也就是说，只有在湖、河、江、海相通、相连这样特殊的地理位置才可能诞生海派文化。

"海派"一词起源于清道咸年间上海的中国画派，上海豫园又成为"海上画派"发祥地。鲁迅等人论"海派"与当时代表中国正统位于北京的画派"院派"的区别，点到了官与商的关系。也就是说，"院派"服务和邀宠的对象是宫廷贵族，"海派"则是商业社会。发展到后来，"海派文化"已成为一个具有鲜明地域特征的文化现象。

往往文化的交流、文明的传播最早都是从商品交换开始的，而对海派追踪溯源，它与特定的商品社会有着千丝万缕的联系。

上海的发展靠水，没有发达的水系，就没有大上海。从元代开始，上海的繁荣更多依靠的是四通八达的水网而形成的贸易往来，是靠商业经济，而不是靠农业。上海一诞生，就游离于中国"重农抑商"的古老圣训。让上海产生根本变化的还不是来自国内湖、河、江的影响，而是来自更宽泛的水系——太平洋。超越国界的水域不仅方便了经贸的交流，也促进了不同国家近代文明的传播与交流。

1845年11月29日上海开埠后，成为当时全国最大通商口岸。开埠后，洋泾浜（今上海延安东路）也是公共租界与英法租界的界河，中外人士在上海最早的商品交易也是在洋泾浜进行的。南汇、奉贤等郊县的农民摇着小船，满载着农产品从浦江而来，泊在洋泾浜进行交易。

近代文明的传播给中国社会造成了利害交织、错综复杂的社会现象。近代文明舶来本是外国资本主义侵略掠夺中国的产物，但一旦被觉醒的中国有识之士认识了它的优越性时，便由被动利用到主动的引进仿造和创新，一定程度上改造了中国社会封闭、落后的状况。

中国的近代文明最早起源于明代。在上海开埠之前，明代一些身带异质文化气息的商人、外国传教士从太平洋来到上海，如耶稣会士利玛窦，他不光是传教士，更是西方科学技术的传播者。他到上海后，与当时的松江府上海县人徐光启成为朋友。徐光启当时中了解元，但十分反感当时中国知识分子一心只想读书做官、轻视实学的思想，认为这是导致当时中国科技落后的主要原因。于是，他与利氏合作，将西方的自然科学著作《几何原本》《泰西水法》等翻译成汉语，介绍给中国人。由于徐光启对上海及中国近代文明的贡献，上海人至今还没有忘记他，他曾经的居住地被命名为"徐家汇"。

后来，在半个世纪洋务运动中，海派拥有了一大批近代化的人才；西方传教士开设了一批近代学校，为近代上海及中国培养了一批创造近代文明成果的人才。另外，上海当时还汇聚着一批具有近代文明意识的实业家（如张謇、李平书、王一亭、黄炎培等）和一批文化人才（如徐枕亚、郑正秋、吴昌硕等）。早期的洋务派、维新派不少领导人都在上海活动，如梁启超就在上海主编过《时务报》，创造了时务报新文体。这些人最先接受来自太平洋的欧风美雨，成为中国近代文明的开拓者，正是通过他们推动了多姿多彩海派文化的创造。

海派文化从广义上讲，也应由物质文化、精神文化两部分组成。

首先是物质文化。上海的近代工业、近代教育、近代工商文化、近代市政文化，尤以近现代建筑、街道、市内交通等设施最为引人注目，也是上海成为中国人初步认识近代文明的窗口。

以建筑为例。从近代开始，中外建筑师在上海修建了各呈风格的建筑，形成了独特的城市建筑景观，上海当时被视为万国建筑博览地。当时，上海在许多方面几乎跟欧美同步，创造了许多中国第一：1850年开设广升祥号是上海乃至中国近代百货商业的鼻祖。1879年5月，上海开始亮起中国第一盏电灯；1981年，中国第一个自来水公司在上海成立；1882年，上海人第一个在中国开始使用电话等。

自从1847年，第一家英国资本银行——丽如银行在上海设立代理处后，到20世纪初，上海已跃为全球仅次于纽约和伦敦的第三大金融中心，"中国华尔街"就在上海江西路。由于上海当时在远东金融中心所占据的特殊地位，在外国人眼里，上海就是"东方纽约"。

从我国第一家机器棉纺织厂——上海机器织布局成立开始，木材加工、玻璃制造、面粉加工等轻工业开始相继涌现，上海从此成为中国近代轻工业的摇篮。

在推广白话文的过程中，政府的公告、先进文人带头用白话文作文固然重要，但最后决定文言文与白话文胜负的是 1902 年诞生在上海的商务印书馆。通过商业运作的方式，它印刷的向全国小学发布的教材已经采取白话文，使得白话文最终得到普及。

在中西合并、古今兼用物质文化交流下，精神文化的杂交必然出现，一种不中不西、亦古亦今的社会文化形态在上海应运而生了，这就是具有自身特色的海派文化，海派风格由绘画逐渐扩展到其他文学艺术门类，如京剧、地方戏曲、电影、小说、话剧，以至于整个文化、思想领域。

海派文化只能产生在上海这座移民城市里，它的形成有一个海纳百川的过程。作为一种带有侵略色彩的西方异质文化，它的进入必然与这里的本土文化发生激烈的碰撞与冲突，最后是兼并与融合。在中国人看来，上海中上层人士的生活方式都不同程度地沾染着非本土的"洋气"；在西方人的眼里，上海又具有西方所没有的东方文化韵味与神秘，这就是海派文化的魅力。

海派文化具有包容性、开放性和务实精神，更有敢为天下先，开一代新风的气概和精神。

首先，体现了海纳百川的包容性，具有吞吐中外古今的博大胸怀。它主要继承了中国文化传统，兼有多国文化影响，最后形成了近代文明的特征。

戏剧就用西式的新舞台上演中国传统京剧，从表演到剧情内容都增加新内容、新形式。1908 年，夏月恒兄弟还领衔上演以近代国外故事为题材的现代京剧《拿破仑》《黑奴吁天录》。李叔同是中国话剧的开创者。1906 年，李叔同和同学曾孝谷在日本新派戏的启发下，发起成立了"春柳社"。在东京，"春柳社"上演了《茶花女》，李叔同男扮女装饰演了女主角玛格丽特，在中国的首演地是上海。

在当时的上海，中国古老的汉语也在推陈出新。中国汉语发明了几千年，到 19 世纪末还没有一部专门研究汉语语法的专著。曾在法国留学并担任清使馆翻译的江苏人马建忠，精通包括拉丁文等几国文字。1898 年，他回国后参考拉丁文语法研究古汉语的结构规律，在上海商务印书馆出版了中国第一部全面系统的汉语语法专著——《马氏文通》。从日本留学回来的浙江人陈望道一回国就投身新文化运动，参加创建上海共产主义小组，任《新青年》编辑，在 1920 年翻译出版《共产党宣言》，后来还编著了兼顾中外的中国第一部修辞学专著——《修辞学发凡》。

上海话是吴语方言，文化背景却置于"洋泾浜"之上。上海人的语言里包容了许多西方商务、技术、产品和生活名词，如"凡尔"（开关）、"司不灵"（弹簧锁）、"沙发""吉普"，这也是海派文化的一大特色。近代中国的外来语大都从上海话中流入内地的。由于从国外引进多国的节日庆典及文化活动，如戏剧电影、赛马、交响乐等，使得上海人的文化思想和生活消费充满了开放的西洋味道。1926年，第一部有声电影开始在上海播放，20世纪20年代，上海公共租界的乐团还被列入世界十大乐团之一。

其次，体现出勇于拓展的开放性，具有延伸中国内地的气势与能力。由于上海处在湖、河、江、海交汇的独特地理位置，能容纳百川、吸引全国各地多种人才，而且又具有交通、经济、文化、金融等多种优势，中国近代工业、商业、交通等迅速诞生，促使了上海经济增长。海派文化是在这种经济实力基础上产生，是这种经济实力又衍生出充满活力海派文化。另一方面，借助上海经济实力把海派文化首先推向长江流域，然后陆续推向全国。如沿江的南京、武汉等大城市首先是海派文化的接收地，像武汉在20世纪初就被称为"中国芝加哥"，无不是受海派文化影响的结果。

其三，具有勇于实践的务实精神，体现在寻找救国出路上，主要表现在仁人志士寻找政治救国出路，实业家寻找经济救国出路。最主要是诞生了领导中国革命的中国共产党。寻找经济救国出路的人物应首推张謇。实业家张謇受海派文化影响最深、最具有务实精神，是一个将近代文明成果向中国内地推进的举足轻重的人物。他早期在上海接受了海派文化的影响，更认为近代化生活的成果应该引向内地。在19世纪末至20世纪初的30多年间，他以江苏南通为基地，以"实业救国""教育救国"为指导思想，坚持务实精神，不畏艰辛，克服各种困难，兴办了包括工业、农业、交通运输、水利、金融、文化教育和社会福利等诸多事业。他在教育、文化公益事业方面的作为不仅全面，而且巨大。

1902年，他开始创办通州师范学院。经过20年的不断努力发展，他仅在南通地区共创办了小学370多所、中学6所、大学3所、职业教育学校4所、特殊教育学校2所，形成了相当完备的教育体系和规模。张謇的文化眼光是开阔的，在南通还创建了博物院、图书馆、剧场、气象台、公共体育场、公园等，为南通居民提供了一个充满人文气息的社会环境。他同时还是慈善公益事业积极倡导者，设立了医院、育婴堂、养老院、残废院、聋哑学校，甚至包括不分贫富均可入葬的陵园。他以务实精神和广泛的实践成果，推动了南通近代文明的进程。

海派文化在中西文化交流中起过重要桥梁作用，为中华民族认识世界和走向世界提供了条件，也为世界认识中国提供了方便。它对长江文化乃至整个中国文化的影响是广阔深远的。

参 考 文 献

[1]   李学勤，徐吉军，等．长江文化史．南昌：江西教育出版社，1995．

[2]   陈晓卿，肖同庆，李继峰．百年中国．济南：山东画报出版社，2002．

[3]   叶书宗，马洪林，朱敏彦．长江文化与中华民族．上海：上海书店出版社，1996．

[4]   金元浦，等．跨世纪的文化变革．北京：首都师范大学出版社，2001．

[5]   万绳楠，庄华峰，陈梁舟，等．中国长江流域开发史．合肥：黄山书社，1997．

[6]   朱汝兰．长江传．杭州：浙江人民出版社，2001．

[7]   上海炎黄文化研究会．长江流域经济文化初探．上海：上海人民出版社，1999．

[8]   袁庭栋．巴蜀文化．沈阳：辽宁教育出版社，1995．

[9]   王建辉，刘森淼．荆楚文化．沈阳：辽宁教育出版社，1995．

[10] 张荷．吴越文化．沈阳：辽宁教育出版社，1995．

[11] 陈秉义．中国音乐通史概述．重庆：西南师范大学出版社，2003．

[12] 吴宏聪，范伯群．中国现代文学史．武汉：武汉大学出版社，1990．

[13] 石铭鼎，栾临滨，等．长江．上海：上海教育出版社，1989．

[14] 和文军．人文地理与中华伟人．天津：天津人民出版社，1998．

[15] 胡兆量，阿尔斯朗，琼达，等．中国文化地理概述．北京：北京大学出版社，2001．

[16] 陈桥驿．中国六大古都．北京：中国青年出版社，1983．

[17] 罗传栋．长江航运史．北京：人民交通出版社，1991．

[18] 郑爱婷，白巧鲜，朱琦雨，等．话说长江上的桥．《桥梁》杂志，2007．

[19] 刘一是，张继良．长江经济带统筹发展研究．武汉：长江出版社，2006．

[20] 刘军．长江流域文化发展史简述（长江志・人文卷）．北京．中国大百科全书出版社．2007．

淮河篇

第一章 千里走淮河

在中国的版图上,九曲十八弯的黄河与万里长江之间,有一条东西流向的大河,那就是淮河。淮河,蜿蜒千里,横贯中原腹地,古代与江、河、济齐名,并称"四渎"。与长江、黄河相比,淮河并不算长,穿越的地形也较为单一,少有大起大落的跌宕起伏,但这丝毫不影响它在中国大江大河中的地位。

第一节 淮河流域概况

淮河流域地处我国东部,位于东经111°55′～121°20′、北纬30°55′～36°20′,西起桐柏山、伏牛山,东临黄海,南以大别山、江淮丘陵、通扬运河和如泰运河南堤与长江流域分界,北以黄河南堤和沂蒙山脉与黄河流域毗邻,流域面积27万平方公里。流域内以废黄河为界,分为淮河和沂沭泗河两大水系,面积分别为19万平方公里和8万平方公里。

淮河发源于河南省桐柏山区,由西向东,流经河南、湖北、安徽、江苏四省,干流在江苏扬州三江营入长江,全长约1000公里。淮河下游主要有入江水道、入海水道、苏北灌溉总渠和分淮入沂四条出路。沂沭泗河水系位于淮河东北部,由沂河、沭河、泗河组成,均发源于沂蒙山区,主要流经山东、江苏两省,经新沭河、新沂河东流入海。

淮河流域地处我国南北气候过渡带,北部属于暖温带半湿润季风气候区,南部属于亚热带湿润季风气候区。流域内天气系统复杂多变,降水量年际变化大,年内时空分布也极不均匀。流域多年平均降水量为875毫米,北部沿黄地区为600～700毫米,南部山区可达1400～1600毫米,汛期(6—9月)降水量约占年降水量的70%,且常以暴雨形式短期集中下降,极易发生暴雨洪涝等灾害。流域多年平均水资源总量为794亿立方米,其中地表水资源量为595亿立方米,占水资源总量的75%。

淮河　　　　　　　　淮委提供

淮河流域西部、南部和东北部为山丘

区，面积约占流域总面积的1/3，其余为平原（含湖泊和洼地），是黄淮海平原的重要组成部分。淮河上游河道比降大，洪水汇流迅速，中下游比降小，洪水宣泄不畅，干流两侧多为湖泊、洼地。淮河支流众多，整个水系呈扇形羽状不对称分布。

淮河原是一条独流入海的河流，自12世纪起，黄河夺淮700年，打乱了淮河水系，淤塞了中下游河道，并使淮河失去入海尾闾，极大地改变了流域原有水系形态，加重了淮河水患。

淮河流域人口密集，土地肥沃，资源丰富，交通便利，是我国重要的粮食生产基地、能源矿产基地和制造业基地，也是国家实施鼓励东部率先、促进中部崛起发展战略的重要区域，在我国经济社会发展全局中占有十分重要的地位。流域跨河南、湖北、安徽、江苏、山东五省（由于湖北省的淮河流域面积仅为1400平方公里，通常说淮河流域地跨豫、皖、苏、鲁四省）40个地级市，160个县（市、区），

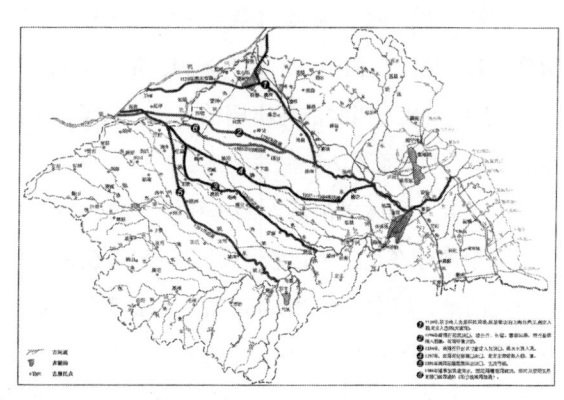

黄河夺淮路线图　　　淮委提供

人口约1.78亿，约占全国总人口的13%，流域平均人口密度为659人每平方公里，是全国平均人口密度的4.5倍。流域耕地面积约1.9亿亩，约占全国耕地面积12%，粮食产量约占全国总产量的1/6，提供的商品粮约占全国的1/4，在国家粮食安全体系中具有举足轻重的作用。流域内矿产资源丰富，种类有50余种，其中煤炭探明储量700亿吨，火电装机达5000万千瓦，是华东地区主要的煤电供应基地。流域交通枢纽地位突出，京沪、京九、京广三条铁路干线纵贯南北，陇海及新（乡）石（臼）、宁西铁路横跨东西，高速公路四通八达，主要航道有京杭大运河和淮河，大型海港有连云港、日照港，航空港有郑州、徐州、临沂、阜阳等。

淮河流域也是中华文明的发祥地之一，曾孕育了光辉灿烂的古代文化，诞生了老子、孔子、墨子、孟子、庄子等众多思想家。流域内有许多著名的古代水利工程，如春秋战国时期的芍陂灌溉工程和邗沟、鸿沟人工运河，隋唐的汴渠，元明清三代修建的京杭大运河和洪泽湖大堤等，在我国水利发展史上都具有十分重要的地位。淮河流域历史文化底蕴深厚，风景名胜众多，旅游资源丰富，现有郑州、开封、曲阜、亳州、扬州、淮安等10余座历史文化名城。淮河流域特有的地域文化魅力，在我国历史进程中大放异彩。

第二节　淮河水系变迁与水患

一、水系变迁

古籍《禹贡》《山海经》《周礼·职方》和《尔雅》中，都有关于古代淮河水系的描述。《禹贡》明确记载"导淮自桐柏，东会于沂泗，东入于海"，描述了淮河流域的轮廓。这一形势一直延续到12世纪90年代，当时淮河出桐柏山后，除了汇合沂沭泗水以外，还有汝水、颍水、涡水、濉水、汴水等支流从北面汇入。

古代沂水和沭水都是入泗水和淮河的，另外有一部分散流入海，现在泗水只剩下上游一部分，其余部分在地图上已找不到了。泗水在古时是一条相当大的河流，大致从山东省泗水县发源，经曲阜、济宁、今微山湖西下，经江苏省徐州市，由淮阴附近汇入淮河干流。

汝水是淮河古水系中五大支流之一。《尔雅·释水》："河有雍，汝有濆"，把汝水与黄河并提，充分说明了古代汝水的地位。《山海经·海内东经》："汝水出天息山，在梁勉乡西南，入淮极西北"，这确切地指出了古汝水的源头，即在今河南省嵩县西南的伏牛山下。《水经注》对古汝水的水系及流经地点作了更详细的叙述。古汝水出天息山（今伏牛山）后，东北流今汝阳、临汝，折向东南，经襄城、郾城、西平、上蔡、汝南、新蔡至淮滨县东入淮。西岸先后会滍水（今沙水）、昆水（今灰河）、醴水（今沣河）、溵水（今小洪河）、瀙水（今南汝河）、溱水（今臻头河）；东岸支分出濆水、澺水（今洪河）。现在属于颍河流域的北汝河、沙河、灰河、沣河等支流，都是古汝水的上游；现属于洪河上游的小洪河等也是古汝水的支流；洪河在新蔡班台会流口以下也属于古汝水。今天的洪河入淮口，古称汝口。当时汝水源远流长，据《汉书·地理志》记载，汝水"过郡四，行千三百四十里"。其流域面积推算起来，约达2.5万平方公里，堪称古代中原一大河流。

颍水是淮河古水系中另一条主要支流，元代以前，颍水流域面积还没有汝水大。它的正源发源于嵩山的颍河，自商水以下至入淮口的颍河河道，大致与古颍河道相似，由于长期受黄河南泛的影响，河道弯曲，河槽拓宽现象比较突出。颍河在春秋时代，自周口向东有一分支，东北至陈（今淮阳），再转向东南，经郸城以北、蒙城南至怀远涂山口入淮，名沙水，又名濊水。它的正源是发源于嵩山的颍河，自商水以下现在的颍河河道，大致与古颍水河道相近似。

古淮河干流在洪泽湖以西大致与今淮河相似，古代没有洪泽湖，淮河干流经盱眙后折向东北，经淮阴向东在今涟水云梯关入海。在古淮河流域内，还有上百个大大小小的湖泊，它们大多散布在支流沿岸和支流入淮处，济、泗两水之间的江淮尾闾之间，其中著名的古泽有荥泽、圃田、萑苻、孟诸、菏泽、沛泽和射阳湖等。

春秋战国前，淮河与长江并不相通，淮河与黄河之间，有济水和泗水通过菏水、汴水、睢水相连，当时淮河流域的范围大致和现在差不多。

春秋后期，社会处于大变动时期，由于政治和经济的要求，人工运河相继出现。历史记载最早的一条人工运河出现在淮河流域，这就是"通沟陈蔡之间"的运河，但这条运河没有留遗迹。有史籍可考的是公元前486年开挖的邗沟，使淮河与长江沟通了，这是苏北里运河的前身，接着又开挖了鸿沟沟通了黄河与淮河，开挖了菏水沟通了济水和淮河。到了汉代，已形成沟通江、淮、河、济的水运网。

淮河水系的巨大变迁最根本的原因是黄河的侵袭，汉元光三年（公元前132年）黄河开始较大规模地侵淮。由于黄河不断侵淮，鸿沟和菏水被黄泛所侵袭淤废。自汉迄南宋一直依靠汴渠、泗水沟通黄河、淮河和长江的航运。我国迄今保存完好的全国行政水系古地图《禹迹图》和《华夷图》中的淮河流域水系反映的就是黄河夺淮以前淮河水系的状况。汴水、沂水入泗水以后入淮，当时由于长江以北被金所占，长江到淮河段运河一度毁坏，漕运受阻。当时也还没有正式形成洪泽湖、南四湖和骆马湖等湖泊。

从南宋开始，黄河夺淮愈演愈烈，使淮河水系遭受了巨大的破坏。由于黄河长期在淮北、苏北地区滚动，形成了泗水、汴水、濉水、涡河、颍河等5条泛道，淮阴以下的淮河故道，徐州以下的泗水故道，被黄河所侵夺，特别是淮阴以下的故道，成为各泛道黄水入海的门户。由于黄河泥沙历年的淤积，垫高河床，不仅把淮北的淮河支流被淤废改道，特别严重的是把淮阴以下淮河深广的河道，淤成"地上河"，大量泥沙通过淮河下游河道排入黄海，使淮河河口海岸线向外延伸了50公里左右。由于黄强淮弱，黄高淮低，淮河和沂、沭、泗水的排水出路受到阻碍，终于在江苏省盱眙和淮阴之间的低洼地带，逐渐形成了洪泽湖；由于徐州以下泗水河道被袭夺，在山东下游的泗水也被废黄河阻隔，在山东境内的泗水沿岸的洼地和小湖泊上逐渐形成了南四湖；在泗水和沂水交汇处逐渐形成了骆马湖；此外由于黄泛，淹没了为数众多的湖泊和洼地。

淮河下游故道被淤积成地上河后，使淮河不得不另寻出路，淮河洪水原来被拦蓄在洪泽湖里，抬高水位后，采取所谓"蓄清（即淮河泥沙含量少的清水）刷黄（用淮河清水去冲刷含泥沙量大的黄河浑水）"的治理方略，毕竟黄强淮弱，淮河敌不过黄河，到了清咸丰元年（1851年），洪泽湖水盛涨，冲坏了洪泽湖大堤南端的溢流坝——礼河坝，使淮水沿三河（即礼河）入高邮湖，经邵伯湖及里运河入长江，从此淮河干流由独流入海改道经长江入海。但是当时入长江水道太小，遇到较大的洪水就排泄不及，历代统治阶级不是积极地扩大下游洪水出路，而是在运河堤上设置了五道所谓"归海坝"，每当运河超过一定水位时，就开归海坝，使里下河地区被洪水淹没。

到了清咸丰五年（1855年），黄河在河南铜瓦厢决口，黄河改道由山东入海，使700余年的黄河夺淮历史终于结束了。但是过去深广的淮河入海故道已经积成一条高悬于地面的废黄河，成为淮河干流和沂沭泗河之间的分水岭。沂、沭、泗河都失去了入海河道，就横冲直撞袭夺苏北的排泄河道入海，每遇洪水，苏北徐海地区一片泽国。沂、沭、泗河也由于黄河夺淮夺泗，失去了排水出路，洪涝灾害极为严重，废黄河两侧的地理形势改变很大，两岸盐碱地大量增加。由于黄河洪水泛滥，使颍河、涡河和泗河中下游的地形、河道、土壤也都发生了显著的变化。淮河水系从此被破坏得千疮百孔，淮河流域成为多灾地区。

历史上很少受黄泛影响的汝河，由于上承伏牛山区的大量洪水，具有山洪河道的特点，历代人为改道，河道变迁很大。元朝初年，由于汝水泛滥，蔡州为患（即今西平、上蔡、遂平、汝南一带），为了解决这个问题，在郾城截断汝水，使武阳以北、汝水上游向东经濆水入颍。对这次汝水人为改道，顾祖禹在《读史方舆纪要》中写道："元以汝水泛滥，截断上流，水患得宁。"到了元末，截去主流之后的汝水仍然泛滥，于是在舞阳再截当时汝上源干江河，使之归醴河。这时的汝水变成以洪为源了。

明嘉靖九年（1530年），西平县的周家陂为汝水泥沙所淤塞，汝水上源也在西平附近淤断，汝水再次截流易源，这时汝以源出泌阳，经遂平县的古瀙水（即今南汝河）、濯水（今石羊河）为上源，以后西平的汝水（即古瀙水下段）虽然疏通了，但不再南流，改入溵水（今洪河）。到清代，溵水、澺水通称为洪河，瀙水与濯水改名为南汝河。南汝水至新蔡南与洪河会流，新蔡以下河段仍称汝水。到了民国时期，正式将新蔡以下的汝水，改称洪河。至此，汝水成为洪河的支流，汝水改称汝河，变成淮河的二级支流，汝河长度缩短到223公里，流域面积缩小到7390平方公里。

从1851年淮河改道入江到1949年的近100年间，清朝封建统治阶级、北洋军阀和国民党政府，虽然曾多次提出"复淮""导淮"，但对于淮河治理没有做出通盘的规划，因此虽然耗费人力、物力兴办一些水利工程，但尚未从根本上解决淮河水患问题。1938年，花园口决口造成了黄河又一次夺淮惨剧。黄河在淮河流域泛滥肆虐达九年之久，使淮河流域的洪涝灾害进一步加剧。

二、淮河水患

淮河原来是一条出路通畅，直接入海的河流。在12世纪以前，淮河流域的水旱灾害记载很少。但是12世纪黄河夺淮以后，淮河成为我国水患灾害最为严重的一条河流。

据统计，黄河夺淮初期的12世纪、13世纪，淮河平均每百年发生水灾35次；14世纪、15世纪平均每百年发生水灾75次；公元16世纪至新中国成立初期的450年间，平均每百年发生水灾94次。新中国成立以来，1950年、1954年、1957年、1975年、1991年、2003年、2007年等年份淮河发生了较大洪涝灾害，1966年、1978年、1988年、1994年、2000年、2009年等年份发生了较大旱灾，均为10年左右发生一次。

新中国成立后，在党和政府的领导下，军民团结抗洪，充分发挥水利工程的重要作用，先后战胜了1954年流域性特大洪水，1991年、2003年、2007年等流域性大洪水，最大限度地减轻了洪涝灾害损失。

1954年6—8月，淮河发生新中国成立以来最大流域性洪水。6月4日起淮河流域普降大雨，其中7月雨量最大，安徽史河上游吴店最大雨量为1265.3毫米。1000毫米等雨线达1600平方公里，700毫米等雨线达66500平方公里。淮河水系最大30天面平均降雨量516毫米。淮河干流正阳关、蚌埠最高水位分别为26.55米、22.18米，洪峰流量分别为12700立方米每秒、11600立方米每秒。据分析，淮河干流正阳关最大30天理想洪量达330亿立方米，约50年一遇。流域各级党委、政府组织近300万人投入抗洪斗争，克服防洪体系不完善、防洪能力不足等困难，对淮河干堤、洪泽湖大堤、苏北灌溉总渠南堤等进行了加高、加宽、加固，合理调度使用已建成的山谷水库和沿淮行蓄洪区，保证了淮河重要堤防、津浦铁路、工矿区、淮南市、蚌埠市及苏北里下河等广大地区的安全。

1991年6月中旬和7月上旬，淮河流域发生两次特大暴雨过程。淮河水系最大30天面平均降雨量389毫米，仅次于1954年，淠河横排头以上最大3天、15天、30天雨量及里下河地区最大7天、15天、30天雨量均为新中国成立以来最大降雨量。受降雨影响，淮河干流正阳关、蚌埠最高水位分别为26.51米、21.98米，均居新中国成立以来第三位，最大流量分别为7480立方米每秒、7840立方米每秒。据分析，淮河干流正阳关最大30天理想洪量达202亿立方米。各级防汛部门正确调度，数十万军民全力抢险，保证了淮北大堤、洪泽湖大堤、里运河大堤和蚌埠、淮南两城市圈堤及沿淮工矿铁路安全。

2003年，淮河发生了新中国成立以来仅次于1954年的第二位流域性大洪水。淮河水系30天最大平均降雨量为475毫米，比1991年最大30天平均降雨量偏多两成。受暴雨影响，淮河干流正阳关最高水位为 26.80 米,居新中国成立以来第一位,蚌埠最高水位 22.05 米,居新中国成立以来第二位;最大流量分别为 7890 立方米每秒、8620 立方米每秒。经过广大军民团结奋战,顽强拼搏,依靠新中国成立以来,尤其是 1991 年以来建成的防洪工程体系,精心组织,科学调度,确保了人民群众生命安全,确保了淮河干堤安全,确保了沿淮城市和交通安全,取得了淮河防汛抗洪救灾的全面胜利。

2007 年,淮河再次发生流域性大洪水。淮河水系最大 30 天平均降雨量 446 毫米,比 1991 年偏多 14.7%。受降雨影响,淮河干流正阳关、蚌埠最高水位分别为 26.40 米、21.38 米;最大流量分别为 7970 立方米每秒、7520 立方米每秒。王家坝至润河集河段水位均超过 1954 年、1991 年、2003 年,润河集站 7 月 11 日 18 时出现历史最高水位 27.82 米,超历史实测最高水位 0.07 米。经过依法防洪,科学调度,充分发挥防洪工程重要作用,保证了重要堤防无一决口,水库无一垮坝,行蓄洪区群众转移无一伤亡,最大限度地减轻了洪涝灾害损失。

特别是在防御 2003 年、2007 年淮河洪水中,采取"拦、泄、蓄、分、行、排"等综合措施,实现了由控制洪水向管理洪水的转变,洪涝灾害损失大幅减少,社会安定程度明显提高。据统计,1991 年、2003 年、2007 年大水中,受灾面积、人口和直接经济损失均呈逐步减少趋势,2007 年成灾面积 2380 万亩,分别比 1991 年、2003 年减少 60.5% 和 38.8%;转移人口 80.9 万,分别比 1991 年、2003 年减少 145.2 万和 126.1 万;特别是在流域经济快速发展、经济总量大幅提高的情况下,2007 年直接经济损失却分别比 1991 年、2003 年减少 54.3% 和 45.7%。

新中国成立以来,淮河流域先后发生 10 余次较大旱灾。流域各级水利部门依靠修建的水利工程,科学实施水资源调度,成功战胜历次较大旱灾,取得了良好的经济、社会和生态效益。

南四湖　　　　　　　　淮委提供

2001 年,为缓解淮河旱情,实施引沂济淮,跨水系调度沂沭泗洪水 8.08 亿立方米补济洪泽湖,大大缓解了洪泽湖地区的旱情,改善了洪泽湖水生态环境。2002 年,为拯救濒临干涸的南四湖的生态,国家防总、水利部组织淮河水利委员会与江苏、山东两省防汛抗旱指挥部,实施南四湖应急生态补水，历时 86 天，从长江调水 1.1 亿立方米补济南四湖，有效挽救了湖内宝贵的动植物资源。2004 年，为避免苏北地区受水污染影响，淮河防总科学调度，紧急输水 2.3 亿立方米，保障了生产生活用水的安全。2009 年初，淮河流域持续百余天无有效降雨，流域各省冬麦主产区冬春连旱，部分地区出现人畜饮水困难，全流域奋力投入抗旱保苗，充分利用水利工程蓄水、引水、抽水，实施应急水量调度，保证了淮河流域粮食生产连续第 6 年获得丰收。

2014 年，淮河流域南四湖地区持续干旱少雨，湖区蓄水不足历年同期的两成。南四湖上、下级湖水位均为 2003 年以来同期最低值，低于最低生态水位，特别是南四湖下级湖蓄水量不足 2 亿立方米，较历史同期偏少 73.9%。部分区域湖底裸露干裂，湖区渔业损失巨大，航运严重受阻，生态濒临危机。面对沂沭泗地区局地严峻旱情，实施南四湖生态应急调水，自 8 月 5 日起，历时 18 天，累计从长江调水 8069 万立方米注入南四湖下级湖，及时缓解了因干旱造成的生态、航运、养殖等严重问题，维持了多种生态链最低用水需求，避免了湖区生态遭受毁灭性破坏，取得了显著的生态效益和社会效益。

第三节　一条大河的新生

新中国成立后，淮河开始了它的新生。党和政府高度重视淮河治理，一直把治淮放在国民经济发展的重要位置予以推进。伴随着共和国的成长，新中国治淮走过了 60 多年光辉历程，取得了举世瞩目的成就。

一、重大决策历程

60 多年来，国务院 12 次召开治淮会议，对淮河治理作出一系列重大决策部署，多次掀起治淮热潮。

1950 年夏，淮河发生严重水灾，毛泽东主席连续 4 次对淮河治理作出重要批示。同年 8 月政务院召开第一次治淮会议，10 月 14 日颁布《关于治理淮河的决定》，确定了"蓄泄兼筹"的治淮方针。1950 年 11 月 6 日，直属于中央人民政府的治淮机构——治淮委员会成立。1951 年 5 月，毛泽东主席发出"一定要把淮河修好"的伟大号召。由此，掀起了新中国第一次大规模治理淮河的建设高潮，在当时国民经济异常困难的情况下，建设了一大批水利工程。1957 年、1969 年、1970

年、1981年、1985年国务院又先后5次召开治淮会议，推进治淮工作。1969年10月，国务院成立治淮规划小组，1971年设立治淮规划小组办公室，加强对治淮工作的统一领导。

1991年9月，针对淮河、太湖发生严重洪涝灾害所暴露出的问题，国务院及时召开治淮治太会议，作出《关于进一步治理淮河和太湖的决定》，提出要坚持"蓄泄兼筹"的治淮方针，近期以泄为主，实施以防洪、除涝为主要内容的治淮19项骨干工程，再次掀起治淮建设高潮。1992年、1994年、1997年，国务院又先后3次召开治淮会议，加快治淮步伐。

2003年淮河大水后，国务院于10月召开常务会议和治淮工作会议，要求把治淮作为全国水利建设重点，加大投入，加快步伐，2007年底基本建成治淮19项骨干工程。这一重大决策，再一次极大地推动了淮河治理进程。

2007年淮河大水后，时任国家领导人的胡锦涛总书记、温家宝总理等中央领导同志多次对淮河治理作出重要指示。2008年1月，胡锦涛总书记在安徽考察期间，要求继续实施治淮工程，建立较为完善的流域防洪除涝减灾体系，确保淮河流域防洪安全和沿淮人民安居乐业。2007年7月，温家宝总理在视察淮河防汛抗洪时，要求全面评估治淮19项骨干工程建设成效，科学论证淮河下一步治理问题。

2009年12月，在治淮19项骨干工程完成之际，国务院第95次常务会议专题研究淮河治理，要求继续把治淮作为水利建设重点，加大投入力度，进一步推进治淮工作。2010年6月，国务院召开治淮工作会议，要求用5至10年时间着力解决好淮河洪涝干旱等突出问题，为流域经济社会又好又快发展提供更加有力的支撑和保障。2011年1月26日，温家宝总理主持召开国务院常务会议，研究部署进一步治理淮河工作，会议提出用5年至10年时间，基本完成进一步治理淮河的主要建设任务，为淮河流域经济社会可持续发展提供更加有力的支撑和保障。2011年1月29日，《中共中央、国务院关于加快水利改革发展的决定》将进一步治理淮河摆在继续实施大江大河治理的首位。2011年3月27日，国务院办公厅转发国家发改委和水利部《关于切实做好进一步治理淮河工作的指导意见》，提出用5至10年时间基本完成38项进一步治理淮河主要任务。2013年6月18日，国家发改委办公厅、水利部办公厅联合印发《进一步治理淮河实施方案》，确定了新一轮治淮38项主要任务，提出了各项工程前期工作和实施安排意见。

二、重大规划历程

60多年来，国家始终坚持规划先行，先后编制了一系列流域治理规划，科学指导治淮工作。

1951年，我国编制了以防洪为主要内容的《关于治淮方略的初步报告》，这是新中国第一个治理淮河的规划。针对1952年淮河流域涝灾严重问题，编制提出《关于进一步解决淮河流域内涝问题的初步意见》。1954年淮河发生流域性大洪水，根据国民经济发展和淮河治理的需要，1956年和1957年先后编制完成了《淮河流域规划报告（初稿）》和《沂沭泗流域规划报告（初稿）》，这是两个以防治水旱灾害为主，兼顾航运、水产、水电和水土保持的综合规划。1964年起开始重新研究编制淮河流域治理规划，确定了沂沭泗河水系治理的总体布局和新汴河等排水骨干工程。1971年完成的《关于贯彻执行毛主席"一定要把淮河修好"指示的情况报告》，提出要修建一批"蓄山水""给出路""引外水"的战略性骨干工程。自20世纪80年代初起，组织开展淮河流域综合规划编制工作，1992年完成《淮河流域综合规划纲要（1991年修订）》，成为1991年后大规模治淮工作的重要依据。

进入21世纪以来，治淮规划工作得到进一步重视，我国先后编制完成10余项重要综合规划和专项规划，并获得批复。2002年初，国务院批复《南水北调工程总体规划（2001年修订）》。同年，国务院办公厅批转了《关于加强淮河流域2001—2010年防洪建设的若干意见》。2009年3月，国务院批复《淮河流域防洪规划》。此外，2003年12月，水利部印发《加快治淮工程建设规划（2003—2007年）》；2009年7月，联合江苏省、安徽省人民政府批复《淮河干流行蓄洪区调整规划》；2010年3月，批复《淮河流域重点平原洼地除涝规划》。2013年3月2日，《淮河流域综合规划（2012—2030年）》经国务院批复，这是淮河流域综合规划史上第一个获国务院正式批复的规划。

近年来，淮河水利委员会会同流域各省水行政主管部门还编制完成淮河流域及山东半岛水资源综合规划、淮河流域水资源保护规划、淮河流域水中长期供求规划、淮河上游水土保持规划和行蓄洪区建设与管理规划等。完善的水利规划体系，为推进进一步治淮奠定了坚实基础。

三、重大建设历程

治淮作为新中国大规模治水事业的开端，60多年来，历经四个重要阶段开展淮河流域治理。

1950—1958年，在新中国第一次大规模治淮高潮中，修建了佛子岭、南湾等一大批上游山区水库，整治和修建淮河中游河道堤防，兴建三河闸、苏北灌溉总渠等下游入江入海工程，实施沂沭泗地区导沭整沂、导沂整沭工程。

1958—1977年，兴建了淠史杭等大型灌区，建成江都水利枢纽，建设了昭平台等一批大型水库，开挖了新汴河等人工河道，开工建设沂沭泗河洪水东调南下等一批战略性骨干工程。

佛子岭水库　　　　　　　　　　　　　　　　淮委提供

1977—1991年，实施淮河干流上中游河道整治及堤防加固、黑茨河治理、新沂河治理等工程，开展了流域水污染防治、淮河清障、水土保持小流域综合治理试点等。

1991—2010年，实施治淮19项骨干工程，开工建设南水北调东线、中线工程，开展淮干行蓄洪区和滩区居民迁建、农村饮水安全、大中型病险水库除险加固、大型泵站改造等一大批民生水利工程建设。尤其是2003年淮河大水后，国家加大投入力度，治淮骨干工程建设步伐明显加快。目前，淮河干流上中游河道整治及堤防加固、临淮岗洪水控制工程、入海水道近期工程、沂沭泗河洪水东调南下续建等19项骨干工程已全面建成。

2010年9月，淮河流域重点平原洼地治理外资项目正式启动实施，标志着进一步治理淮河拉开序幕。截至2015年底，进一步治理淮河38项工程已开工建设23项，其中淮河流域重点平原洼地治理世行贷款项目、淮河入江水道整治、洪泽湖大堤除险加固、分淮入沂整治、江苏省重要支流治理5项工程基本完成，淮河行蓄洪区及淮干滩区居民迁建、淮干蚌埠—浮山段行洪区调整和建设、出山店水库、前坪水库、重点平原洼地治理、重要支流治理等一大批在建工程加快实施。基本完成，淮河行蓄洪区及淮干滩区居民迁建、淮干蚌埠至浮山段行洪区调整和建设、出山店水库、前坪水库、重点平原洼地治理、重要支流治理等一批工程正在加快实施。

经过60多年的治理，目前淮河干流上游防洪标准达到10年一遇，中下游重要防洪保护区和重要城市的防洪标准提高到100年一遇；沂沭泗中下游重要防洪保护区的防洪标准总体提高到50年一遇；淮北重要跨省支流的防洪标准除洪汝河防洪标准为10年一遇外，其他均提高到20年一遇；部分易涝洼地的排涝条件得到有效改善，重要排水河道的排涝标准达到或接近3年一遇。

今天的淮河流域，已基本建成了防洪、除涝和水资源综合利用体系，基本理顺了紊乱的水系，减灾兴利能力得到显著提高，实现了淮河洪水入江畅流、归海有路，可以防御新中国成立以来发生的流域性最大洪水。流域水资源配置格局初步形成，城乡供水保障能力显著提升，水资源和水生态得到保护。治淮在保障流域防洪安全和粮食安全、促进能源开发利用、发展工农业生产、提高人民生活水平等方面，充分显示出基础地位和"命脉"作用。新中国治淮60多年来，让淮河流域告别了"大雨大灾，小雨小灾，无雨旱灾"的落后面貌，实现了彪炳史册的辉煌跨越，铸就了除害兴利、造福人民的巍巍丰碑。但是，由于淮河流域水问题的复杂性和特殊性，以及经济社会快速发展不断提出新的更高要求，淮河治理仍然是一项长期而艰巨的任务。

党的十八大以来，以习近平同志为总书记的党中央高度重视水利工作，从战略和全局高度，对保障国家水安全作出一系列重大决策部署，明确提出"节水优先、空间均衡、系统治理、两手发力"的新时期水利工作方针，为加快水利改革发展提供了科学指南和根本遵循。党的十八届五中全会把水利作为推进五大发展的重要内容，摆在八大基础设施网络建设的首要位置，纳入九大风险防范的关键领域，对做好新时期水利工作提出明确要求。当前和今后一个时期，我们将深入学习贯彻习近平总书记重要治水思想，立足现代化建设全局和"两个一百年"奋斗目标，不断增强保障国家水安全的思想自觉和行动自觉，坚持"蓄泄兼筹"的治淮方针，坚持以人为本、人与自然和谐相处的理念，从淮河流域水情和流域经济社会可持续发展对水利的需求出发，继续推进淮河治理，进一步完善流域防洪除涝抗旱减灾体系，统筹解决好防洪、除涝、水资源开发利用与水生态环境保护问题，以更加强烈的使命意识、责任意识和担当意识，肩负起时代赋予的历史重任，努力在新的起点上把治淮事业不断推向前进，为淮河流域经济繁荣、人民富足、生态良好作出新的更大的贡献。

水利是社会经济发展的重要基础，也是文化生存、传播、繁荣的必要条件。从历史走向今天，淮河百年安澜的梦想已经实现。伴随着淮河的全面治理，它造福于人类的不仅是富饶的物产，繁荣的经济，同时也包含了丰富多彩的精神硕果。源远流长的淮河文化与现代文明融为一体，正以其独特的魅力展现出熠熠风采。

第二章 追寻千年流淌的印迹

文明因河流孕育，与河流共存。淮河流域是中华民族的发祥地之一，在几千年的民族融合和社会自然发展中，产生了灿烂辉煌的历史文化，在人类文明史上有着十分重要的地位。

第一节 灿烂的古代文明

一、旧石器时代的远古文明

淮河流域最早的人类活动，根据现有的地下发掘资料，按照考古学的惯例，被称作山东省的"沂源人"，是由1981年在沂河上游沂源县骑子鞍山的一个石灰岩裂隙中发现猿人化石而得名。这次发掘的猿人化石计有：一块头盖骨（包括大部分顶骨、部分枕骨和额骨），六颗牙齿，一块肱骨，一块股骨，一块肋骨，两块眉骨。另外，还发现了大量哺乳动物化石，计有肿骨鹿、李氏野猪、梅氏犀牛、马、熊、鬣狗、虎、巨河狸等十几种。经古人类专家对猿人化石从颜色、牙齿的磨蚀程度和不同的出土地点等研究论证，认为它们可能是两个成年猿人的骨骼。从眉脊的粗壮程度和牙齿的原始性质分析，与北京猿人在体质上极为相似，而他们猎获对象中的肿骨鹿、李氏野猪、巨河狸等，又恰恰是北京猿人动物群中的常见动物。沂源人与北京人，属同一时代的人，距今已有四五十万年。另外，在山东省沂源县奥陶系石灰岩中，发现一处洞穴遗址，在河南省颍河上发现的许昌灵井遗址，在安徽省淮北平原发现的五河西尤旧石器文化遗址，在江苏省泗洪县下草湾遗址，沭河下游连云港桃花涧等发现的旧石器文化遗址，距今均在一万年以上。

二、新时期时代的古代文明

淮河流域人类活动是中华民族生存发展的重要组成部分，除经历若干万年的古人类生活外，在公元前1万年以后，出现了农业和畜牧业、制陶业和磨制石器，氏族制度逐渐发达起来。在新石器时代，淮河流域新人类活动更为昌盛，现已发现散处在淮河流域各地的新石器文化遗址就有千余处。其中，1977—1979年在河南省新郑县三次发掘的裴李岗文化遗址，属于中原地区早期农耕文化。据碳14测定，距今已8000年左右，早于仰韶文化1000多年，填补了我国新石器时代仰韶文化前期的空白。1986年在安徽省蚌埠市郊双墩小面积试挖一处距今约7000年左右早期新石器时代文化遗址，出土的有石器、骨器和陶器，器物底部有内容丰富的各种刻画，如猪、鱼、鸟和蚕图形，反映了淮河中游渔猎经济的特征。发现的几十种刻画符号，明显含有记事意义，创造了原始文字。在山东省滕县发掘了北辛文化遗址，出土的遗器有打制的石斧和磨制的石铲等，先民们主要依靠这些石器，开垦土地，从事农业生产。出土的大量陶器，器物类型由简到繁，由小到大，直到高50厘米、口径60厘米的大鼎。遗物有少量碳化的粟类粮食和大量的猪骨、兽骨，表明当时农业得到了发展，人们除了食用外，已有富余储存起来；除渔猎外，家畜饲养也已发生。北辛文化属于山东汶河、泗水流域一带的新石器时代早期偏晚至中期阶段的文化，距今7000~6000年，大约延续了1000余年。

　　从以上新石器早中期文化遗址的发掘，充分说明淮河流域母系氏族社会的经济已相当兴盛，为中华民族大家庭重要成员之一。

　　随着农业和畜牧业的进一步发展，淮河流域的人类活动也进入父系为主的氏族社会。以现有资料分析研究，在淮河流域属于这个时期的氏族部落文化遗存，有青莲岗文化、大汶口文化和龙山文化。

　　青莲岗文化遗址是由1951年首次在淮河下游江苏省淮安市宋集乡青莲岗村挖掘而命名。先后挖掘发现的有长方形和圆形居住遗址和氏族公共墓地，出土有碳化籼稻、猪牙床、骨镖、芦席、石犁、石斧、石凿、纺轮以及段石锛和有肩石铲。对其考证发现，早期陶器以夹砂红陶和泥质红陶为主，中期灰陶增多，少数陶器表面著有陶衣，内壁施红色彩绘花纹，器盖上有压印纹、画纹、附加堆纹。其器种有杵、纺轮、网坠、钵、杯、鼎等。从出土文物可以看出，当时已经有原始方式的农业、渔业、畜牧业、纺织和手工业，青莲岗文化遗址处于母系氏族向父系氏族的过渡阶段，距今已有5000多年的历史。

　　大汶口文化遗址是由于1959年首次在山东省泰安南部大汶口一带挖掘而命名。这一文化主要分布在汶、泗、沂、沭等流域的广阔地带，南至徐淮平原，北达黄河北岸，东至山东半岛，西抵河南中部。在许多遗址中都发现氏族公共墓地，各墓之间随葬品多寡悬殊，晚期墓葬中且有男女合葬的现象，这时已进入父系氏族社会。1989年秋季开始，中国社会科学院考古研究所安徽工作队在安徽省蒙城县东北许町镇毕集村挖掘尉迟寺文化遗址，经过十余年的连续挖掘，揭露面积近1万平方米，出土了大量文物，并清理出大汶口文化时期的房基52间，墓葬168座，灰坑149个，还发现一南北跨度为230米、东西跨度为200米、宽20米、深4.5米的环形大围沟，又发现有平整的活动场地、祭祀坑、兽坑等重要遗址，被誉为"中国原始第一村"。经考古专家研究认定，这一遗址属于大汶口文化晚期类型，距今 4500～5000 年。

龙山文化是我国新石器晚期文化。生产工具有很发达的磨制石器，出现了石镰、蚌镰。陶器已开始用轮制，特别是山东省沿海地区龙山文化遗址挖掘出一种薄而有光泽的黑陶更为有名。如在山东省日照市龙山文化遗址中挖掘的黑陶，就是使用比较进步的陶轮，运用先进的轮制技术，烧制成薄如蛋壳的精美黑陶器。他们用坚硬而光滑的鹅卵石等在半干的陶坯上进行精工打磨，使陶器表面平滑而带有光泽。由于烧成晚期封窑严密，用烟熏法进行渗碳，烧出的陶器呈乌黑色。他们在快轮制坯过程中，还顺手做出几道凹凸的弦纹，有时把杯的高圈足做成竹节形或在上面穿镂孔眼，间或刻画各式各样纤细的纹饰。这些陶器在器形上也有所增多。除陶器外，还出土了一些玉器、青铜器和卜骨。据碳14测定的数据，大约在公元前 2400 年至公元前 1900 年之间，已处在原始社会开始解体的时代，人类社会的文明曙光已经出现。

三、传说和史书记载的古代文明

在我国古代传说时代，传说中三皇之首的太皞，又称太昊，号伏羲氏。《左传》昭公十七年载："陈，太皞之墟也。"陈在今河南省淮阳县，地处淮河流域，应为淮河流域氏族部落的祖先。《易·系辞传》说："古者包羲氏之王天下，仰则观象于天，俯则观法于地，观鸟兽之文与地之宜，近取诸身，远取诸物；于是始作《八卦》，以通神明之德，以类万物之情。作结绳而为网罟，以佃以渔，盖取诸离。"《尸子》亦说："伏羲氏之世，天下多兽，故教民以猎。"《帝王世纪》将此解释为："取牺牲以共庖厨，食天下，故号曰庖牺氏。"这些传说反映出，太皞之时，渔猎经济大为发展，而且产生了较结绳记事更为进步的记事符号——《八卦》。随着经济、文化的进步，婚姻形态也发生了向一夫一妻的转化。《通鉴外纪》记载："上古男女无别，太皞始制嫁娶。"传说他的妻子就是女娲氏，女娲氏手拿矩尺，炼石补天，积芦灰以止淫雨，是我国远古第一位治水女英雄。我们将这些神话传说与考古材料印证，太皞之时，正是从母系氏族制社会向父系氏族制社会转变时期。

同太皞相关联的是少皞（又称少昊）的传说，"少皞之墟"在今山东省曲阜市。据说少皞"以鸟为官"，有凤鸟氏、玄鸟氏、赵伯氏、青鸟氏、丹鸟氏、祝鸠氏、䲢鸠氏、鸤鸠氏、爽鸠氏、鹘鸠氏，还有"五雉"和"九扈"。这全是鸟的名字，共二十四种，当是二十四个氏族，合起来就是一个完整部落。从《左传》的记载来看，由于这时农业的发展，人们对于直接关系农作物种植的历法节气有了初步认识,已经发现春分、秋分、夏至、冬至、立春、立夏、立秋、立冬等节气变化更替的规律。"九扈"即是九种农官,以教民事。"五雉",根据《左传》记载,为"五工正,利器用,正度量,夷民者也"。即出现了管理手工业的人,提高了产品质量,又注意统一规格。所有这些记载和传说,正是反映了淮河流域大汶口和龙山文化以父系为主的氏族社会部落的生产和经济发展情景。

传说中的蚩尤亦是东夷人的首领,有"兄弟八十一人",当为八十一个氏族,又有九黎之说,即为九个部落,居住活动在今山东省曲阜一带,由于蚩尤势力从东向西发展,与炎帝一支的共工氏发生冲突,双方战于涿鹿之阿。据《淮南子·天文》记载:共工"怒而触不周之山,天柱折,地维绝。天倾西北,故日月星辰移焉;地不满东南,故水潦尘埃移焉"。共工无奈,只好求援于黄帝,与黄帝联盟。接着黄帝和蚩尤之间又发生了一次大战,结果蚩尤战败,被黄帝擒杀,黄帝的前锋势力扩展到今山东一些地方,才有黄帝"封泰山,禅亭亭"的传说。

传说中的远古时代,我国氏族社会分为华夏、东夷、苗蛮三大集团。据考证,淮河流域地处三大氏族集团之间,今河南省淮河以北邻近黄河的地区为华夏氏族集团,淮河以南的豫南和皖西南大部分地区属苗蛮集团,其余的地区均属东夷集团,其中淮河中下游沿岸地区又称淮夷,属东夷集团的分支。这三大集团在漫长的历史岁月中,互相往来交流,更由于连年战争,逐步融合,共同创造了中华民族的灿烂文化。

四、开创东方古代文明

公元前21世纪,夏王朝的建立,标志着我国奴隶社会的建立,从此进入了阶级社会。夏禹的父亲鲧,《国语·周语下》称他为崇伯,崇即今嵩山,说明鲧为嵩山一带部落联盟的首领。他是我国远古时代的治水专家。他治水采用的是"堙塞"办法,《淮南子·原道训》又说他曾"作三仞之城"。由于鲧在治水中采用堙塞洪水的办法,以致九年都没有成功,触怒了舜,遂派祝融把鲧放逐到羽山(今山东蓬莱东南)而死。

此后,舜又派鲧的儿子禹负责治水。在四岳、后稷、皋陶和伯益等部落首领的协助下,禹吸取了他父亲鲧治水失败的教训,采取了"高高下下,疏川导滞,钟水丰物"的办法,把河道加宽加深,疏导归下,并辅以湖泊蓄水以分判水陆,使陆地种植五谷,水地用以养鱼虾,通舟楫,各为人用,以起到"水由地中行"的效果。同时禹还"左准绳,右规矩""行山表木,定高山大川",利用原始测量工具,在木上刻画尺度,作为测量的标桩,治水技术也有很大进步。相传大禹导治淮河，曾三至桐柏，身执耒锸，以为民先，股无胈，胫不生毛，足迹遍布淮河流域的山山水水。在治水过程中，大禹娶妻于涂山（今安徽省怀远县淮河南岸的小山），当其子启呱呱坠地时，他就离开家乡，八年于外，三过家门而不入，至今涂山坡上还矗立着一块天然石像，形似一位妇女，相传就是大禹的妻子涂山氏。她十年盼夫心切，终日伫立山南，望夫归来，故名望夫石。由于大禹治水有功，受到舜的禅让，成为各部落的首领，享有极大的威望和权力。他曾"会诸侯于涂山，执玉帛者万国"[①]，已俨然成为名副其实的国王了。大禹晚年又培植他儿子启的党羽和势力，以父子相承代替了原始社会部落的"禅让"制，公天下变成了家天下。启建都在阳城（今河南省登封市告成镇），后又迁都阳翟（今河南省禹县）。从此，我国进入了奴隶社会。

夏朝自禹始建，到桀灭亡，约471年左右，即从公元前2070年至公元前1600年之间。与夏王朝同时平行而存在的还有商族。商族的祖先契，为东夷氏族部落首领，曾都于蕃（今山东省滕县）。契的孙子相土，东逾泗水，在泰山脚下建立东都，并向东扩展到渤海岸。这时的商业经济发达，传说相土作乘马，王亥作服牛，畜牧业有了很大发展。相土的三世孙冥是一位领导治水的英雄，不幸身死，受到后世隆重祭祀。商王自上甲微以后都以日干为名号，这说明商关于历法的认识已大为提高，农业已有了很大发展。从契到汤，商经过400余年的发展，在淮河流域艰苦创业，到了夏朝末年，已成为东方势力强大的方国，在汤的领导下，积极准备推翻夏王朝统治。汤王建都于亳（今河南省商丘北），以此为根据地，启用伊尹和仲虺为左右相，兴兵伐夏王桀。夏、商两军会战于鸣条（今河南省封丘东）之野，桀战败南逃，死于南巢（今安徽省巢县东北），夏朝灭亡。自汤建立商王朝后，直至盘庚，共传十代二十王，虽先后迁都5次，但绝大部分时间仍在淮河流域的亳、庇（今山东省鱼台县境）和奄（今山东省曲阜市）等地建都。淮河流域鲁西南和豫东一带一直是商王朝政治、经济中心。自盘庚以后，才将国都迁到殷（今河南省安阳西北），政治中心移至黄河流域。

商朝的统治区域远远超过夏朝，商朝的经济、文化水平也远远高于夏朝。发达的农业、畜牧业，各种各样的手工业，以及在此基础上出现的精美的青铜器，成熟的文字——甲骨文，规模宏大的都邑，丰富的天文历法知识等，都为世人所瞩目。淮河的"淮"字也在甲骨文中首次出现。

夏、商王朝的兴起，创造了代表世界东方文明的灿烂文化，与埃及、印度、巴比伦古文化相媲美，被誉为世界四大文明古国。这时淮河流域夷人后裔与居住在黄河流域的华夏族已融合起来，进而统治了中国。

---

① [春秋]左丘明.李炳海，宋小克 注评.左传·哀公七年.南京：凤凰出版社，2009.

第二节 中华文化杰出的奠基者

春秋战国是我国奴隶制纷纷瓦解和封建制开始形成的时期。但是，淮河流域地处中原，各诸侯国无不在此问鼎角逐。在这种剧烈的大变革、大动乱中，反映在意识形态领域，出现了"诸子百家"和"百家争鸣"的盛况，学术气氛空前活跃。直到汉初，在淮河流域这块土地上，先后诞生了一大批政治家、思想家，开创了异彩纷呈的流派，奠定了我国古老传统文化的基础。

一、儒家学说的创立

孔子（公元前551—前479年），名丘，字仲尼，出生于古淮水最大支流泗水岸边的鲁国陬邑（今山东省曲阜市）。他是我国春秋末期儒家学派的创始人。其先世原是宋国的贵族，因政治变乱，迁居鲁国。孔子年轻时，做过管理仓库的"委吏"和看管牛羊的"乘田"。中年以后，担任过鲁国的司寇，但不久即去职。后率弟子周游卫、陈、宋、蔡、楚等国，晚年回到鲁国，继续从事整理和传授古籍的文化教育事业。他编订了《诗》《书》等古代文献，还删修了鲁史官所记的《春秋》，使其成为我国第一部编年体的历史，是儒家重要经典之一。孔子逝世后，他的弟子辑录其言论编成的《论语》一书，是研究孔子思想学说的重要资料。

孔子是我国历史上第一个形成系统学说的思想家，由他开创并形成了中国历史上第一个大学派——儒家学派。较之以往那种单薄而又封闭的"学在官府"的局面，有了很大突破，对后世影响极大。

孔子对水的品格予以很高评价。在《荀子·宥坐》中有："夫水，大遍与诸生而无为也，似德。其流也埤下，裾拘必循其理，似义。其洸洸乎不淈尽，似道。若有决行之，其应佚若声响，其赴百仞之谷不惧，似勇。主量必平，似法。盈不求概，似正。淖约微达，似察。以出以入，以就鲜洁，似善化。其万折也必东，似志"。

孔子死后，到了战国时期，出生在今山东省邹县的孟轲，《史记》中称其为"受业子思之门人"（子思是孔子的嫡孙）。孟轲思想渊源是通过子思上继孔子的，为子思孟轲学派。他学成后，也曾周游列国，先后到过齐、梁、鲁、邹、滕、薛、宋等国游说，"后车数十乘，从者数百人，以传食于诸侯"，后一度又曾任齐宣王客卿。晚年退居于邹，与弟子万章等人著《孟子》七篇，"述仲尼之意"，对后世封建社会产生巨大影响，被统治阶级尊为"亚圣"。孔子与孟子学说并称为孔孟之道，为儒家学派的经典。

二、墨家学派的创立

孔子去世前后，鲁国又出一位政治思想家墨子，他创立的墨学与孔丘儒学齐名，直到战国时期，墨家子弟仍"充满天下""不可胜数"，史称"孔墨显学"。

墨子名翟，也生于古泗水流域的鲁国。他出身于鲁国的手工业者家庭，是一名出色的能工巧匠。在动荡不安、社会急剧变动的春秋战国时期，他敢于踏进思想领域，高举墨学旗帜，与儒学抗衡。墨翟早年亦曾"学儒者之业，受孔子之术"，但"以为其礼烦扰而不悦，厚葬靡财而贫民，（久）服伤生而害事，故背周道而用夏政"。他受古典文献和传说的影响，把大禹视作能与人民共甘苦的形象而立为墨家的楷模，并身体力行，"摩顶放踵，利天下而为之"。

三、老庄道家学派的创立

春秋战国时期，淮河支流涡河岸边诞生了两位伟大的思想家——老子和庄子，开创了中国道家学派。老庄哲学思想，在中国传统文化中具有特殊地位和重要影响。

老子，约生活于公元前571年至公元前471年，姓李名耳，字伯阳，又称老聃，春秋时楚国苦县厉乡曲仁里（今河南鹿邑县）人。曾任周朝管理藏书和档案的史官，相传孔子曾向他问礼。后见周朝衰微，他遂隐退回到家乡，传说最后骑青牛西去，不知所终。著有《老子》一书，又名《道德经》，成为道家学说的经典著作。

老子所处的时代正是中国社会大变革的春秋时期，周王朝已名存实亡，各诸侯国互争霸主，在中原地区问鼎角逐，战乱不断，各国先后实行繁杂的税赋制度敛取大量钱财，以满足统治阶级的奢侈淫乐和军事战争经费的需要。广大劳动人民生活困苦，流离失所，纷纷铤而走险，起而为"盗"，以反抗统治阶级的残酷剥削。统治阶级力图加强"政刑"来消灭"盗寇"，先后出现了"刑书"和"刑鼎"。在这种政治背景下，就产生了老子思想。老子出生于涡河岸边，家乡的涡河水流、劳动人民的衣食住行器物和习俗，对年幼老子的心灵留下了不可磨灭的印痕，为他尔后的《道德经》积蓄了营养。后来他又到周朝做了柱下史，学习并掌握了周王朝的大量档案和图书典籍，丰富了知识，尤其深受古代《诗》《书》《易》的影响。他在《道德经》中提出"天之道"的哲学观点和"人之道"的政治主张，以实现他的社会理想。

《道德经》虽只有 5000 余字，但它思想深邃，内涵极其丰富，从天道观、辩证法、认识论、人生观、政治主张、社会理想等高度，阐明了老子的哲学思想，创立了中国的道家学派。在中国漫长的历史长河中，它尽管不是官方正统哲学，但在中国传统文化的众多方面，诸如政治、经济、军事、科技、文学艺术中都产生了影响，它规定着中国传统文化深层结构上的哲学框架，制约着传统文化的发展。

老子非常崇敬水，把它提高到几乎同于"道"的地位。在《道德经》中有 6 章谈到水，指出："水善利万物而不争，处众人之所恶""天下莫柔于水，而攻坚强者莫之能胜，以其无以易之""江海所以能为百谷王者，以其善下之，故为百谷王"。论述了水的三大特性：第一是滋养万物而不居功；第二是本能柔弱，顺自然而不争；第三是蓄居流注于人人所厌恶的卑下地位而不惑。老子还把水的三大特性进一步哲理化，把水喻为最大公无私；性虽柔弱，但它的功能却不能用其他东西代替，它可以攻克最坚强的金石；虽处卑下，但它却能容纳百川，为百谷王。

老子之后的战国时期，涡河岸边又出生了一位思想家庄子，他继承发扬了老子的思想，为道家学派后继者。在中国历史上，老子与庄子并称，他们的思想学说联在一起，称为老庄哲学。

庄子，姓庄名周，蒙（今安徽省蒙城县）人。一生中曾做过蒙漆园吏，但不久便隐居故里。楚威王慕其才华，以重金欲聘为相，遭到拒绝。他终身不仕，靠编织草鞋维持生计，生活极为贫苦。庄子生活在社会大动荡的战国中期，正是燕、韩、赵、魏、齐、秦、楚七雄争斗，相互兼并最激烈的年代，也是劳动人民受苦最深、受难最重的年代。他目睹山河破碎，黎民涂炭，自感力不从心，没有改变现实的勇气，故而力图避开阶级斗争锋芒，去追求一个顺应自然，与世无争，逍遥自在，无为而治的思想王国。他一生继承老子哲学，著有《庄子》一书，后人又称为《南华经》，现存 33 篇，是中国早期道家的主要著作，也是中国道教的经典之一。

庄子不仅是一位出色的思想家，而且是一位杰出的文学家，"汪洋辟阖，仪态万千"，不仅"晚周诸子之作莫能先"，秦汉以来的一部中国文学史多是在他的影响下发展的。他的著书体例，他自己说是"寓言十九"，即十分之九是寓言。而《庄子》这部书差不多是一部优美的寓言和故事集。书中的语言、用典多半来源家乡故里人民的生活世俗，具有浓厚的涡河流域的乡土气息，加上他丰富的想象力构造出来，立意每异想天开，行文多铿锵有韵。汉代的辞赋分明导源于这儿，散记文学家也大多推庄子为鼻祖。

四、管仲农本思想的形成和发展

春秋时期淮河支流颍水岸边诞生了一位伟大的政治家、思想家管仲。他所开创的事业和思想形成了管仲学派，在古代诸子百家中占有重要地位，《管子》一书是中国传统文化的瑰宝。《管子》一书内容丰富，涉及政治、经济、军事、哲学、伦理、自然科学等诸多方面。其中尤以关于水及农本思想的论述蕴藏许多哲理，有些至今仍熠熠生辉，值得我们借鉴。

管仲是一位朴素唯物主义者，较早地摆脱传统宗教迷信的束缚，提出了水是万物根源的学说。他在《管子·水地》篇中说："水者，何也？万物之本原也，诸生之宗室也。"在他看来，"水"不仅是宇宙万物生命的基础，也是一切生物发生和成长的泉源。他认为草木得到了水，就长得茂盛；鸟兽得到了水，就长得肥壮。他特别指出，水的最精华的部分凝集起来就形成了人，人的"九窍五虑"都是从水产生的。他甚至认为人的体质、容貌、性情和道德品质也是由水的性质不同所决定的。他说，污浊的水使人愚笨，清凉的水使人简洁正直。因此，他认为"水"是治理国家和教化的关键。

管仲的"农本"思想是在西周重农思想的基础上形成的，他在《管子》一书中作了详细的论述。他把农桑或耕织定为"本业"，而把商贾或技巧定为末业。在《五辅》篇中指出："强本务，去无用，然后可使民富"，又在《治国》篇中指出："舍本事而事末作，则田荒而国贫"。管子的这种农本思想不只是一种重农的纯经济思想，而是具有经济的、政治的、军事的多种思想内容。他认为农业是国富民足之根本，农业是政治安定之本，农业是战胜守固之本。提出"仓廪实则知礼节，衣食足则知荣辱"的论点，并把礼、义、廉、耻看作国之四维，认为"四维不张，国乃灭亡"。

管仲的"农本"思想，对后世影响极大，汉代发展为重农贵粟论，魏晋南北朝时期，进而提出了"国以民为本，民以食为天"的重农思想体系。

五、荀况和韩非、李斯的法家学说

荀子（约公元前313—前238年），名况，时人尊而号为"卿"，汉人避宣帝之讳，称为孙卿。他虽出生赵国，但一生中却长期在齐国首都临淄和楚国兰陵（今山东省苍山县兰陵镇）等地活动，曾三为齐国稷下学宫祭酒，后由于楚国春申君黄歇的保荐，出任兰陵令。黄歇遇刺身亡后，荀子遂废，仍居兰陵，在此讲学并著书立说。著名法家代表人物韩非和李斯都是他的学生。

《荀子》一书是他留下的传世之作，现存32篇，内容丰富广泛，涉及政治、经济、军事和哲学等各个方面。荀子死后，葬于兰陵，后人在兰陵建有荀子庙和荀子墓，现庙已废圮，尚存有墓碑。

韩非（约公元前280—前233年），我国法家集大成者。韩非出身韩国贵族，当时韩国的都城在颍水支流洧水岸边的郑（今河南省新郑县）。韩非在自然和历史观上继承了荀况的辩证唯物主义传统，尤其在政治思想上，更接受了前期法家代表人物商鞅重法、申不害重术、慎到重势的三家思想，提出了以法治为中心的法、术、势相结合的法学理论体系，集法家之大成。他的这套法学理论传到秦国，秦王政如获至宝，赞叹说："我得见此人，和他在一起，死也甘心了。"后韩非出使秦国，李斯怕韩非得到秦王的信任，进谗言而使其身陷大狱，被迫自杀而死。他的著述被后人辑成《韩非子》一书。

李斯（？—前208年），楚上蔡（今河南省上蔡县）人。秦庄襄王三年（公元前247年）入秦，后说秦王政以统一六国之策，被任为长史，佐秦王政先后兼并六国，统一中原，任丞相。力主废分封制，推行郡县制，建议焚毁私人所藏《诗》《书》、百家语和《秦纪》以外的各国史书，并禁绝私学，又参与统一法律、文字和度量衡等工作，对秦帝国的统一和实行中央集权做出了一定的贡献，成为我国重要的法家代表人物。

韩非、李斯法家学说进一步完善后，对我国封建社会的发展影响很大，西汉以后的封建统治者虽然"罢黜百家，独尊儒术"，但仍采用"外儒内法"，儒法兼治的方法。历代不少政治家、军事家和改革者，更是以法家人物为标榜。

第三节 诗情词韵咏淮河

淮河是华夏的血脉，文化是淮河的吟唱。淮河被称为"华夏风水河"，夏商开始，历代帝王都派大臣祭祀淮神，祈求风调雨顺，国泰民安。《诗经》曾有诗赞曰："钟鼓将将，淮水汤汤""钟鼓喈喈，淮水湝湝"的诗句描述了淮河的风采。自《诗经》始，生于淮水之畔和在淮水之滨游历的文人墨客，用他们的生花妙笔歌咏和赞美淮水，借水抒情，以水传情。唐宋以后，关于淮河的诗词歌咏更是洋洋大观。

一、展现淮河姿态万千的自然风光

淮河在诗人笔下呈现出姿色万千的自然风光，既不同于黄河那浑阔惊涛的剽悍，又不同于长江烟波浩渺的雄风。古淮河在黄河与长江中间悠悠东流，有时融汇着黄河，有时偎依着长江，在更多更美好的季度，则是带着轻盈的欢歌和笑语，投向大海的怀抱。

"春风吹,春风洗。青如蓝,绿染指。潋潋滟滟天尽头,只见孤帆不见舟。我曹尽是浩歌客,笑声满面春风和。残阳欲落可奈何。"这是北宋诗人徐积描写的淮河景色:经过春风的吹拂和淘洗,淮河水色青如蓝,水绿能染指,宽阔的水面闪烁着潋潋滟滟的光芒,远处帆影点点……此情此景,怎不令人开怀欢畅,欢歌笑语呢?如果说这是一幅声情兼备、色彩鲜明的水粉画,那么唐人徐敞的《月映清淮流》就是一幅素笺淡雅的水墨丹青:"遥夜淮弥净,浮空月正明。虚无含气白,凝澹映波清……"这是写淮河明月之夜的景色。诗中的"遥夜""浮空""虚无""凝澹"则淋漓尽致地勾勒出淮河月夜的朦胧美、幽静美。

泗水古为淮河最大支流。朱熹的"胜日寻芳泗水滨,无边光景一时新。等闲识得东风面,万紫千红总是春。"这首诗写出泗水之滨的春天,那万紫千红的芬芳景色,已成为脍炙人口的春景绝唱。淮边的渔家风情也为诗人所乐道,郑谷《淮上渔者》描写道:"白头波上白头翁,家逐船移浦浦风。一尺鲈鱼新钓得,儿孙吹火荻花中。"老翁逐船漂移淮浦,让儿孙吹荻柴之火煮新钓出的鲈鱼,多惬意!

北宋秦少游的《邗沟》:"霜落邗沟积水清,寒星无数傍船明。菰蒲深处疑无地,忽有人家笑语声。"这里写的是星夜之美,虽是幽静,但没有"空""虚"之感。后两句:在菰蒲深处,疑无陆地,忽然传来笑语,原来附近住有人家,静中忽动,情趣盎然。这与陆游"山重水复疑无路,柳暗花明又一村"有异曲同工之妙。秦少游的《泗州城东晚望》诗:"渺渺孤城白水环,舳舻人语夕霏间。林梢一抹青如画,应是淮流转处山。"这里既没有写白日,也没有写黑夜,而是写夕阳之时的淮河美。画面既不明丽,也不朦胧,像是一幅稍作浅色的山水画:以白水铺垫,水际天边有远山、孤城和那林梢上淡淡青色的一抹;近处是夕霏(黄昏轻雾)中的舳舻人语。秦少游是高邮人,长期生活在淮河下游水乡,深得水乡景色传神之旨。怀远县荆山望淮楼的一副楹联:"片帆从天外飞来,劈开两岸青山,好趁长风冲巨浪;乱石自云中错落,酿得一瓯白乳,合邀明月饮高楼。"也不失为淮河山水美妙篇章。

淮河景色随季节而变化。冬天淮河景色在诗人笔下则另有一幅佳丽画面。苏轼《正月一日,雪中过淮》的前一首:

"十里清淮上,长堤转雪龙。冰崖落屐齿,风叶乱衾茸。万顷穿银海,千寻渡玉峰。从来修月手,合在广寒宫。"这是苏轼从泗州渡淮时所见的一片白色,"雪龙""冰崖""银海""玉峰"是清淮两岸冰封雪盖的世界。后两句是赞叹这银色世界只有在月亮的广寒宫里经过修月手的雕塑才能出现。

如果说这冰雪覆盖两岸的淮河是素洁美，那么大风掀浪的淮河又显出雄险美。再看苏东坡的另一首："今朝雪浪满，始觉平野隘。两山控吾前，吞吐久不嗌。孤舟系桑本，终夜舞澎湃。舟人更传呼，弱缆恃菅蒯。"这是苏东坡记述自己乘舟东下在怀远荆、涂二山峡口南，离涡口五里地遇风，只得把舟挽在桑树根上，把缆绳拴在水边菅蒯（草）上，"终夜舞澎湃"，折腾了一夜。

淮河的洪瀑在诗人笔下也很雄险。苏轼游泗水的《百步洪》："长洪斗落生跳波，轻舟南下如投梭。水师绝叫凫雁起，乱石一线争磋磨。有如兔走鹰隼落，骏马下注千丈坡。断弦离柱箭脱手，飞电过隙珠翻荷。四山眩转风掠耳，但见流沫生千涡……"他把百步洪的雄险描写得极为生动、逼真，让读诗的人都为之捏汗。

明人乔宇写的《沂山瀑布》："丹崖陡绝三百丈，宛如白龙身倒垂……人间琼液岂浪雨，天上银河真在兹"，陈凤梧写沂源瀑布泉诗："百丈崖高锁翠烟，半空垂下玉龙涎"，清人杨三杰写淮源水帘洞诗："何年悬挂此山头，冰玉帘拢万壑秋。树色远从千尺落，岚光横界数条浮"等都写出了淮河瀑布的非凡气势。

淮河的自然水态，不仅有姿色秀丽和瀑泻奇险的一面，还有雄浑壮阔的一面。白居易《渡淮》："淮水东南阔，无风渡亦难。孤烟生乍直，远树望多圆。春浪棹声急，夕阳帆影残。清流宜映月，今夜重吟看。"这里写出的雄伟壮阔就足以使淮河堪居"四渎"的行列，不失为大江大河非凡气概。

588年，隋文帝派晋王杨广（即后来的隋炀帝），统率51万大军伐陈，杨广大船经颍河出淮河东下，好不威风，在渡淮时，他写出了描摹淮河自然风光的《早渡淮》："平淮既渺渺，晓雾复霏霏。淮甸未分色，泱漭共晨晖。晴霞转孤屿，锦帆出长圻。潮鱼时跃浪，沙禽鸣欲飞。会待高秋晚，愁因逝水归。"

这位灭陈有功，还没有变成荒淫无道的皇帝之前的杨广也能写出淮河的壮阔景色，这固然是杨广好大喜功，他要通过写淮河壮大自己军威；同时也说明淮河景色不能让人禁笔。与杨广同行的几位大臣也纷纷写诗应和，这与陈国腐朽政局相比，确是一呼百应，有压倒对方的气势。大臣们的和诗有："波长泛淼淼，眺迥情依依"，"清流含日影，奔浪荡霞晖"。他们也赞美淮河的壮阔美。然而这个暴君赞美淮河和平常人心理不一样。隋炀帝即位不久，就三游江都，最后只落得个"君王忍把平陈业，只博雷塘数亩田"，死于江都，葬在雷塘罢了。

二、抒发反对战乱分裂的情怀

唐初"四杰"诗人骆宾王独具慧眼，从战略高度来认识淮河。有一次，他乘舟沿淮东流而下，经过秦晋淝水之战附近峡山口,穿过禹王治水的荆山峡和浮山峡,到了被当时人称之谓"淮口"的地方,眼前一片壮阔水面和远处的盱眙城,启迪了他的哲人智慧,他想象着淮河这地方真是"天赐"之地,不由叹息吟咏:"养蒙分四渎,习坎奠三荆。徙帝留余地,封王表旧城。岸昏涵蜃气,潮满应鸡声。"

千里淮河　　　　　淮委提供

从大自然主宰,写出淮河非同其他一般江河相与之比附的非凡气势。并以淮河流域历史上"徙帝""封王"的事实而发出感慨,这是从治国安邦的战略高度来抒发诗人忧国情怀。

北宋抗金将领李纲在《喜迁莺·长江千里》词中也写出淮河雄险的战略地位:"长江千里,限南北。雪浪云涛无际。天险难逾,人谋克壮,索虏岂能吞噬!阿坚百万南牧,倏忽长驱吾地。破强敌,在谢公处画,从容颐指。"当时是北宋末年面对金人南侵,朝廷官员一部分主战,一部分要退让。李纲的抗战主张,组织两河(黄河、淮河)义军收复失地,但受到排斥。在这首词中,他用了东晋大将谢安率晋军打败了苻坚统领前秦的百万大军的故事,来说服宋军要坚定信念。他说,淝水之战能胜,即是"人谋克壮",又是"天险难逾"。他描述的天险,就是千里淮河把我国分成南北的界限,淮河的雪浪、云涛无边无际,再加"人谋",北方的强虏哪能逾越这条界限?

实际的情况也没出李纲所料。金与南宋的对峙就是以淮河为天堑的。南宋诗人杨万里则很痛心疾首地写下淮河这条南北对峙的界限:"船离洪泽岸头沙,人到淮河意不佳。何必桑乾方是远,中流以北即天涯。两岸舟船各背驰,波痕交涉亦难为。只余鸥鹭无拘管,北去南来自在飞。"

诗人从不同角度抒发了这种忧国之情。杨万里时为金国贺正旦使的接伴使而初到淮河的。虽是使臣,而心绪不佳,他想到原来宋金边界在桑乾河,而现在却在中原腹地的淮河。他羡慕淮河水面的鸥鹭能北去南来自由自在飞翔,其失国沉痛心情尽溢于诗里行间。

这些愤慨之情,许多诗人在诗词中都有表露。爱国诗人陆游说:"楼船夜雪瓜洲渡,铁马秋风大散关",他主张从瓜洲和大散关出兵去收复失地,最后却是"塞上长城空自许,镜中秋鬓已先斑"而未能如愿。诗人葛长庚在"武昌怀古"诗中自叹"非不豪似周瑜、壮如黄祖"。周瑜是指挥赤壁之战、打败曹魏的英雄，黄祖是拥汉反曹的壮士。本想收复北方失地，结果亦未能如愿，只是随秋风一年又一年过去。因此，他就奇想："汉江北泻，下长淮，洗尽胸中今古恨。"恨不能竖起汉江，让其北泻。汉江支流澧水与淮河源头是一同发于桐柏山太白顶，所以诗人想汉江倒流进入淮源，下泄长淮，就能洗雪胸中今古的国家仇、民族恨了。

宋末文天祥不顾妻子儿女被俘北廷，仍抵抗元军，最后也被俘，在被押解路过淮安阚石时，感慨吟诗："北征垂半年，依依只南土。今晨渡淮河，始觉非故宇"。他在渡淮河时才感觉到进入之地非故宇。在押解鱼台时，看到东部的山水立即又念念不忘南土："疑是江南山，烟雾昏不见。岂知此中原，今古经百战。英雄化为土，飞雾洒郊甸"。诗中洋溢着为国为民的赤子之情，不愧为后人称颂的伟大民族英雄。

三、感叹民生多艰

淮河流域原是美丽富饶之乡，由于北邻的黄河自西汉以来经常南决，造成淮河北部大面积被黄水淹没，汉武帝刘彻的《瓠子歌》就是反映黄河南侵淮河，造成大面积水灾，在一定程度上反映了水灾给国家人民带来的灾难。

西汉元光三年（公元前132年）五月，黄河在瓠子决口"东南注钜野，通于淮泗"洪水遍及淮北十六郡。当时宰相田蚡因为他的食邑在鄃，位于黄河北岸，而瓠子决口后黄河改向东南流，由泗入淮，不再对鄃构成威胁。他在汉武帝面前乘机散布"江河之决皆天事，未易以人力为强塞，强塞之未必应天。"竟置决口不顾。造成连续二十三年黄水在淮北泛滥横流，泛区灾情极为严重，引起劳动人民强烈不满。为稳住汉王朝统治地位，到元封二年（公元前109年）汉武帝亲率官民赴堵口处，沉白马、玉璧祭祀河神，并命从官将军以下皆负薪堵口，又作了《瓠子歌二首》以告神灵。这两首诗言词恳切，感情真挚，悲天悯人。参加这次堵口的司马迁深受感动地说："余从负荷塞宣防，悲瓠子之诗而作《河渠书》"。司马迁在史记中首创《河渠书》专篇体例，而成为中国第一部水利专史，是与瓠子决口堵复有直接关系。

反映黄河夺淮造成的大水灾的诗篇还有北宋苏轼的《河复》（并叙）："熙宁十年秋，河决澶渊。注钜野，入淮泗，自澶魏以北，皆绝流而济。楚大被其害，彭门城下水深二丈八尺，七十余日不退。吏民疲于守御。十月十三日，澶州大风终日。既止，而河流一支，已复故道，闻之喜甚，庶几可塞乎？乃作《河复》诗，歌之道路，以致民愿而迎神休，盖守土者之志也。"当时苏轼在徐州做太守，黄河在澶渊决口，他目睹当时黄河南泛的惨景："河涨西来复旧洪，孤城浑在水光中。忽然归壑无寻处，千里禾麻一半空"(《登望洪亭》)。水淹至徐州城下，苏轼率领全城军民日夜守城护墙，才保住了徐州城内安全。《河复》这首诗既写了汉武帝曾经堵口使黄河复归故道，又写了现在堵口不用淇园竹亦能堵复的情景，还写了河复后楚人在河淤地抢种麦子的农事。字里行间流露了诗人对黄河复归故道的喜悦。

水灾有时是自然灾害，有时是官方所为。如元明清六百多年时间里，为保住京杭运河漕运，甚至打开归海五坝放水，淹没里下河地区几百万人民生命财产。清人夏晋实诗："一夜飞符开五坝，朝来屋上已牵船。田舍漂沉已可哀，中流往往见残骸。"直接反映出清王朝为保漕运不顾里下河地区人民死活，夜里紧急命令打开五坝，到早上大水就能屋顶牵船。不仅田舍淹没，人民生命也难保。

诗人用笔记录了水旱灾荒与贪官暴政必然的联系。明万历人潘桂就写出1607年发生在沙河、淮河流域的旱灾和蝗灾；清诗人宋湘记述淮北1799年大旱："十日河南路，年荒不忍看。青苗收蒿易，黄土葬人难。不雨何日，有田同一叹。""乞钱中妇跪，贱卖小儿号。……恨不冥相见，人间竟尔曹。"陈沆的诗："救荒古有良有司，今者逃荒官不知。一路嗷嗷男挈女，纷纷逃荒如避虎。……官府捉人牛马驱，慎莫乞食门前呼。"明乃贤《颍州老翁歌》指出："河南年来数亢旱，赤地千里黄尘飞。""黄堂太守足晏寝，鞭扑百姓穷膏脂。"这些诗都深刻地揭露了官府同水旱灾荒一样残害人民，流露了对灾民深刻同情。当然人民群众对官府也表示极大愤怒，他们用歌谣诅咒官府。西汉歌谣《颍川歌》说"颍水清，灌氏宁；颍水浊，灌氏族。""灌氏"指汉初大臣灌夫，曾任太仆，家财数千万，食客数千人，权倾颍川，横行不法，颍川人民故作歌咒骂。

四、借水感事警示规鉴

"诗言志"，这是古人写诗的主旨。吟咏淮河的诗篇，许多是借水景来感怀，提出仕途、人生和治国安邦的规鉴。抒发对人生、仕途的感叹，如孟浩然："向夕问舟子，前程复几多。湾头正堪泊，淮里足风波"。孟浩然是盛唐著名诗人，他四十岁前闭门苦学，熟读经书，以便报效国家，然而这位饱学之士到长安求仕而不可得，传说是唐玄宗看到他的诗句："不才明主弃，多病故人疏"，愤愤地批评了一句："卿不求仕，朕何尝弃卿？"皇帝金口玉言，孟浩然求仕无望，游历江淮吴越，最后归隐襄阳。这首诗是其游历淮河时写的，仍反映他见了淮河风浪而心有余悸的心理。诗人顾况曾因诗嘲讽权贵被贬，在淮河边遇到风浪也自嘲："苇萧中辟户，相映绿淮流。莫讶春潮阔，鸥边可泊舟"。有一种"权事不可惹，春浪暂可避"的心情。一向以雄浑为特色的卢纶，他写的《送魏广下第归扬州》却借淮浪春帆鼓励人上进，一反那悲天悯人的情感："淮浪参差起，江帆次第来。独归初失桂，共醉勿停杯。汉诏年年有，何愁掩上才"。劝导登科落第的魏广只要不灰心，机会总会到来。

有的诗借淮河流水抒发自己仕途无常、人生无定的生活。白居易直到四十四岁贬为江洲司马时都是仕途坎坷。有一次途经淮水，发出内心感叹："自嗟名利客，扰扰在人间。何事长淮水，东流亦不闲"。由东流不息的淮水，想到那些追求名利之客把好端端人际扰得不安宁。另一位晚唐大诗人杜牧因秉性刚直，被人排挤，常年在外为官，他在《汴河阻冻》里写道："浮生恰似冰底水，日夜东流人不知。"就很形象地写出自己萍踪不定的仕途生活。北宋苏东坡仕途大起大落，飘忽不定。在知颍州不久又去扬州上任，感情颇为沉重。苏东坡早在十三年前由徐州移任时，往来经淮河三次，写了"好在长淮水，十年三往来"。虽有感慨，心情还开朗。然而就在这年八月，他被诬关进天牢。第二年被贬出京去黄州，到1085年仅七年又有四次往来淮河，第七次经过淮河去文登。登州是海滨之州，苏轼过淮河时写道："吾生七往来，送老海上城"。心情虽沉重，但语句还不十分肯定。这"默数淮中十往来"是经过政治上大挫折写的，"此生定向江湖老"，在思想深处则更进一层。

诗人的感慨多数都是为自己和友人而发的，但有的诗为人民而发。北宋诗人梅尧臣看到沿淮人民困苦生活："淮阔洲多忽有村，棘篱疏败漫为门。寒鸡得食自呼伴，老叟无衣犹抱孙"，随即发出感叹："嗟哉生计一如此，谬入王民版籍论"，慨叹皇恩雨露不能使沿淮老百姓得到恩惠，流露出对沿淮人民困苦生活的无限同情。明诗人沈应乾目睹凤阳府大水灾，向府尹潘云山呼吁："生民此日生无计，抚字还须仗邑侯"，希望邑侯多多抚恤这些生民。这两首都提醒当局关心人民疾苦。清初孔尚任曾随工部侍郎孙才丰到扬州办理疏浚淮河口工程，他看到使臣们花天酒地、游乐人生："皇华亭下使臣舟，冠盖逢迎羡壮游。箫鼓欲沉淮市月，帆樯直蔽海门秋"，写到这里诗人又沉痛地诘问："为何琼筵诸水部，金尊倒尽可消愁？"对官场腐败进行了抨击。

第三章 古今的军事战略要地

在中国历史上，凡属于北方立国者，均视淮海平原为肘腋；凡以南方立国者，必守江控淮。

揭开历代争战的帷幕，抹去频繁的战火烟尘，黄淮平原古战场上留下的是什么？诚然，作为兵祸，它必然给社会发展和黎民百姓留下巨大的创伤，但就文化意义而言，无论是以水代兵的诸侯争战，还是以人心较量的楚汉相争，以弱胜强的淝水之战，都为我国丰富了军事科学宝库。

第一节　兵　家　必　争　之　地

淮河流域介于长江、黄河两大水系之间，东濒黄海，西接豫西山地，南以江淮丘陵为邻，北以黄河为界。其地理结构特征是西部及南部为山地丘陵所环绕，东北有沂蒙山，中间为辽阔的黄淮平原。从而在军事上构成嵩山、外方山、伏牛山屏蔽于西，桐柏山、大别山及江淮丘陵列障于南，黄河天险横亘于北，沂蒙山阻于东北，中部黄淮平原地势平坦，交通便利，构成"四战之地"的军事战略地位。

淮河流域西部山地褶皱起伏，山岳盘结，军行险阻。山地之南，由方城至唐河、邓州，溯汉水河谷通道而西抵南郑（今陕西汉中地区）。山地北麓，黄河之滨，有一著名洛河通道，西自潼关，东迄虎牢关（含河南省荥阳县西北汜水）为天下之咽喉。虎牢关，山岭夹峙，犬牙交错，是关中东出黄淮平原之锁钥，黄淮平原东进西取的门户。在我国历史上由西据关中而东出潼关，占虎牢，控河洛咽喉，然后逐鹿中原，灭群雄而统一中国，从秦汉至唐，尽皆如此。自东入虎牢关，据潼关，攻陷长安者，既有东晋刘裕灭秦之例，也有唐末黄巢兵陷长安之举。南北朝时，东西魏及北齐、北周，皆血战于河洛咽喉地带，终因互有胜败而不得东进西取，形成东西对峙的局面。

淮河源头——桐柏山　　　　　淮委提供

桐柏山地为江淮分水岭，西与武当山相望，其间山地丘陵既是湖广平原北部之屏障，也是黄淮平原与湖广平原的结合部。在桐柏山与大别山会合处，有直辕（武胜关）、冥厄（平靖关）、大隧（九里关）三个关口，称为义阳（今河南省信阳）三关。三关地当南北要冲，可通豫楚，自古为兵家所必争。桐柏山与伏牛山之间的方城缺口，也是秦汉以来豫楚交通重要通道。

大别山地位于江淮之间，山地在六安以西尽是崇山峻岭，其东侧则为江淮低山丘陵地带，谷地与平原相接，河谷纵横，湖泊交织，南有长江天堑，北以淮河为固，东有邗沟是南北交通之航道。我国封建割据时期为南北争战的主要战场。凡在江南立国者，即以江淮为中心，以南北嗓喉的淮阴、全淮门户的盱眙、建业肩背的凤阳、地控淮颍的寿阳等重镇为护江防线。对于北方立国者，亦常视江淮地区为肘腋，东南之屏蔽，故与江南争雄者，无不虎视眈眈而用兵于此。若据而有之，长江天堑则失其作用，南北对峙之僵局即被打破，成为天下统一的前奏。北周武帝伐陈而据江淮之地，为隋文帝杨坚代周后能顺利地消灭陈国而用天下的重要条件。后周世宗南征南唐，江淮等地尽削，为北宋赵匡胤"陈桥兵变"后击灭南唐及江南诸国，使分裂之局复归一统打下了基础。

黄淮平原占流域面积的三分之二，平原地势北高南低，向东南倾斜。淮河自桐柏山蜿蜒东去，横贯全境，两岸支流众多，其中主要有颍河、涡河、浑河、泗河等。历史上均有通航之利，其颍、涡、泗入淮的颍口、涡口、清口是河运交通的要镇，《方舆纪要》中称"淮东要害在清口，淮西要害在涡口、颍口，欲固两淮，先防三口"，为兵家必争之地。淮河地处黄河与长江之间，为沟通南北交通，历代均注重开挖和疏浚运河，如春秋战国时期的邗沟、鸿沟，隋、唐、北宋的汴渠，元、明、清的京杭大运河等，都纵串淮河流域南北。沿运的大梁（今河南省开封市）、睢阳（今河南省商丘）、彭城（今江苏省徐州市）、济宁、淮安、扬州等重镇，均为群雄"逐鹿"的场所、战略决战的主战场。

由于淮河流域地处中原，中国的帝王将相、英雄豪杰多在此角逐，向有"得中原者得天下""逐鹿中原，问鼎中原，胜者为王，败者为寇"的预言。我国历史上的许多著名战争在这里发生。早在春秋时期，齐楚争霸时，齐桓公率鲁、宋、郑、陈、卫、许、曹等国联军伐楚，观兵召陵（今河南省郾城东），不战而盟。宋楚争霸，曾在泓水（今河南省柘城西北）决战，由于宋襄公"不鼓不成列"之师而大败，失去霸主地位。晋楚争霸，曾在卫国城濮（今山东省鄄城县临濮集）会战，晋文公以"退避三舍"（九十里），避楚军锐气，乘其将骄兵疲，打败楚军，取得这次战争的胜利，晋文公继齐桓公之后成为中原霸主。春秋末期，吴国崛起于江南，吴王阖庐任用伍子胥、孙武伐楚，联合唐、蔡二国，由淮河西进，首先占领了信阳三关，五战五胜，攻下郢都（今湖北省江陵北）。后吴王夫差又进兵中原，与晋军争霸，曾大会诸侯于黄池（今河南省封丘县西南）。

战国时期，崛起的齐国与魏国中原争霸，齐威王启用军事家孙膑，委任为军师，为了解除魏国对赵国的围攻，采用"批亢捣虚"的战法，于桂陵（今山东省菏泽）魏军大败，解了赵国之围，"围魏救赵"作为攻其必救、以逸待劳的著名战例，一直受到军事家的推崇。稍后，魏军攻韩，齐国攻魏救韩，次年齐用孙膑"增兵减灶"之计，以逐日制造齐军大量逃亡的假象，诱敌深入，待魏军追至马陵（今河南省范县西南）险要地区，全歼魏军十万，魏将庞涓被迫自杀，魏军彻底失败。1942 年 4 月，在山东临沂银雀山西汉古墓中，发现了失传一千多年的《孙膑兵法》，它是我国继《孙子兵法》之后又一部伟大兵书，丰富了我国军事文化的宝库。

秦始皇以关中为基地，在"奋六世之余烈，振长策而御宇内"的统一战争中，用张仪连横之谋，行远交近攻之策，蚕食河洛咽喉之地，然后东出，逐鹿中原，北灭燕赵，东取淮河流域的韩、魏、齐、楚之地而据中原，继而南征百越（今岭南地区），北逐匈奴，而得天下，建立我国第一个统一的中央集权国家。

秦末群雄割据，楚汉相争，主要战场亦在淮河流域展开。著名的成皋（今河南省荥阳西北）之战，就是楚汉一次决定性的大战，结果强大的楚军，损兵折将，汉高祖刘邦却以弱胜强，取得了这次战争的胜利。此后项羽被迫东撤垓下（今安徽省灵璧县东南），陷入汉军三十万众的重重包围之中，这时张良令汉军各营都奏起楚歌，使楚军更加军心涣散，项羽也怀疑汉军已经尽得楚地，不能入眠，与美人虞姬对饮帐中，慷慨悲歌："力拔山兮气盖世，时不利兮骓不逝。骓不逝兮可奈何，虞兮虞兮奈若何！"虞姬起而和唱："汉兵已略地，四面楚歌声。大王意气尽，贱妾何聊生！"歌罢抽剑自刎而死。项羽泣下数行，携姬首突围，传说将虞姬首葬于今灵璧县城东七里半处，现虞姬墓尚存。项羽继续南逃至乌江（今安徽省和县东北），自刎而死，结束了长达五年之久的楚汉战争，汉王刘邦遂成为西汉的开国皇帝。

西汉末年，王莽篡夺西汉政权，改国号为"新"。王莽实行复古倒退的"改制"政策，使阶级矛盾更加突出，爆发了大规模的农民起义，汉宗室刘玄及刘演、刘秀弟兄等，混进了绿林军农民起义队伍，改称为汉军。汉军和王莽新军在昆阳（今河南省叶县北）发生昆阳之战，汉军以少胜多，粉碎了号称百万新军的进攻，为推翻王莽政权，建立东汉王朝创造了条件。

东汉末年，曹操和袁绍为了争夺中原，于汉献帝建安五年（200 年）在官渡（今河南省中牟东北）发生曹袁官渡大战，曹操以二万左右兵力，出奇制胜，粉碎了袁绍十万大军的进攻，进而统一了中原，为曹魏政权的建立奠定了基础。

西晋王朝灭亡后，我国出现了南北对峙的大分裂局面。晋孝武帝太元八年（383年），东晋与前秦在今安徽省寿县淝水之滨发生秦晋淝水之战。弱小的晋军依靠正确的指导，利用对方的弱点、错觉和不义，变被动为主动，打败了九十万秦军的进攻，"风声鹤唳，草木皆兵"，就是形容秦军惨败、惊慌失措和自相惊扰的情景。从此，前秦一蹶不振，终至灭亡。到了南北朝时期，北朝先后建立的有北魏、东魏、西魏、北齐、北周等国家，南朝先后建立的有宋、齐、梁、陈，淮河流域地处南北冲要。南朝虽"国势衰微，苟安江南"，但也不乏"复土报仇"北上中原争雄的国君和志士。北朝立国者不仅"问鼎中原"，而且具有扫荡江南之志。他们的南侵北上，首先逐鹿用兵的主要战场均在淮河流域。宋元嘉七年（430年）文帝刘义隆北伐，主将领王仲德、竺灵秀率舟师五万由淮入泗，转战淮北。元嘉二十七年（450年）魏军南下，渡淮攻盱眙，直趋瓜步（今江苏省六合县境），由于江淮人民奋起抗击，刘宋才幸免于难。尔后，魏、齐和魏、梁对峙时，也多次在淮河两岸用兵，淮河峡山口的东西峡石为南北军争夺的据点。

淝水古战场遗址　　淮委提供

唐代中叶以后，安史之乱和藩镇割据时，淮河流域沿汴渠城镇，是唐代漕运咽喉，为双方争夺的要地，发生了张巡据守睢阳（今河南省商丘）和藩镇李正己、田悦叛乱，重兵占领徐州，庞勋取都梁城（今盱眙县北都山）等，战乱连年不断。徐州的战略地位十分重要，素有"自古彭城列九州，龙争虎斗几千秋"的说法。

金灭北宋以后南下，淮河南北成为南宋和金王朝用武争夺之地。南宋著名爱国将领刘锜在顺昌（今安徽省阜阳市）、韩世忠在山东和江苏海州（今江苏省东海县）、岳飞在河南蔡州（今河南省汝阳县）、郾城、临颍、朱仙镇（今河南省开封南）等地击败金兵的进攻，取得了节节胜利。由于秦桧的屈膝投降和南宋王朝的苟安偷生，签订了以淮河为界的南北和议，引起南宋朝野的不满，南宋诗人杨万里写下了"船离洪泽岸头沙，人到淮河意不佳。何必桑乾方是远，中流以北即天涯"的悲愤诗篇，淮河成为金宋共管的河流，形成"两岸舟船各背驰，波痕交涉亦难为"的分裂局面。

元太祖成吉思汗,创建蒙古帝国,西征西域,地跨欧亚,旋即回师和林,欲图中原而定天下,遂兴兵西夏(今宁夏),解除侧翼之忧,并定下假道灭金的策略。认为"金精兵有潼关,南据连山,北限大河,难以遽破,若假道于宋,宋、金世仇,必能许我,则下唐(河)、邓(今河南省邓县),直捣梁都(今河南省开封市)"。然成吉思汗病殁于击西夏之途中,未能如愿。至金大定三年(1231年)十一月,元太宗窝阔台为实现这一战略目标,用骑兵三万,由宋之南郑下汉水,出武关趋唐、邓,越方城,渡沙河(今汝河),次年元月与金兵十五万决战于三峰山(今河南省禹州市南),与北路蒙古军会师于钧州(今禹州市),破汴梁、蔡州(今河南省新蔡县),金亡。至此,淮河流域悉为蒙古军所有。至元十六年(1279年),元世祖忽必烈攻占临安,南宋亡而天下一统。

顺治元年五月,清军攻陷北京后,即兴兵南下,突破黄河防线,在淮河流域与南明朱由崧政权展开殊死的斗争。顺治元年(1644年)十一月,清兵一度攻陷宿迁,又转攻邳县,被南明名将史可法击退。清睿亲王多尔衮,致书史可法诱降未成。次年元月,清军又纠集10万人马南下,二月攻占山东、河南,追进淮南,四月,围攻泗州,史可法急由燕子矶回至扬州。清军随即进攻扬州,四月二十二日城破,史可法被俘,慷慨就义。后清军血洗扬州,屠杀10日,战死与被惨杀的80万人以上。扬州失陷,清兵长驱渡江,南明小朝廷覆灭。

第二节　农民战争策源地

我国两千多年封建社会中,农民战争接连不断,推动了社会历史的发展。这些农民战争的领袖多出生淮河流域,主要战争也多在淮河流域展开。秦末我国第一次农民起义就在大泽乡(今安徽省宿州城西南西寺坡附近)揭竿而起。起义军首领陈胜(今河南省登封人)、吴广(今河南省太康县人)于公元前209年占领大泽乡后,分兵两路,先后攻占了铚(今安徽省濉溪县临涣集)、谯(今安徽省亳州市)、酂(今河南省永城市)、苦(今河南省鹿邑县东)等地,起义队伍迅速发展到兵车六七百乘,骑兵千余人,步兵数万人,在攻占陈县(今河南省淮阳县)后,陈胜即自立为王,国号"张楚"。这支农民队伍,虽然很快被秦军镇压下去,陈胜、吴广均遇害,却在淮河大地上响起了抗秦的春雷,从此抗击秦国暴政的斗争风起云涌,不到两年(公元前206年),秦王朝就被消灭。至今宿州境内仍存有陈胜、吴广设坛而盟,聚众起义的"涉故台"遗址。今河南省永城市芒砀山南麓,建有陈胜墓葬,墓前竖有郭沫若题写的"秦末农民起义领袖陈胜之墓"的墓碑,供人凭吊。

西汉末年,全国爆发了赤眉绿林农民大起义。其中赤眉军首领为樊崇,他首先于天凤五年(公元18年)在莒县举起义旗,反对王莽政权,青、徐一带灾民立即响应,年余发展几万人,琅琊东莞(今山东省沂水县)人逄安和东海(今山东省郯城北)人徐宣、谢禄、杨音等人也聚众数万归附樊崇,起义军提出"杀人者死,伤人者偿创"的口号,屡克官军。天凤六年(公元19年),樊崇率义军迎战北海太守田况军,在姑幕(今山东省莒县东北)获大胜,歼敌万余,并乘胜进军青州、兖州等地。地皇三年(公元22年)二月,义军两次获胜,全歼前来围剿的王莽军,又杀死主帅景尚,王莽大震。两个月后,又派更始将军廉丹和太师王匡率十几万精锐大军由长安直扑山东,义军在成昌(今山东省东平县西)大败王莽军,并乘胜追击到今东平县东,杀死廉丹,王匡狼狈逃窜。从此,赤眉军转入进攻,迅速发展到今山东、河北、安徽、江苏诸省交界地区,对推翻王莽政权作出了重大贡献。起义军的另一支绿林军,虽起义江南,但后来主要活动地区亦在河南和湖北的江淮之间,在昆阳(今河南省叶县北)与王莽军进行了决战,取得了决定性胜利,但胜利的成果为汉宗室刘秀等篡夺。这两支农民起义军,由于刘秀的分化瓦解而相继失败。

东汉末年,黄巾农民大起义,淮河流域的山东、河南、江苏、安徽四省亦是重要活动地区,东汉王朝除派中郎将卢植前往河北镇压起义军首领张角外,并派左右中郎将皇甫嵩、朱儁赴颍川(今河南禹县)讨伐以波才为领导的另一支黄巾军,在颍川战场上,波才先后打败了朱儁和皇甫嵩。后来皇甫嵩利用刮大风的天气,进行火攻,农民起义军牺牲了几万人,波才战死。再加上河北战场上失利,起义军的主力被消灭了,主要领导人牺牲了。但农民起义军仍在不断兴起,青州(今山东省淄博市临淄北)成为各地分散的黄巾军的集结地,组成著名的青州黄巾军,后又与徐州黄巾军会师,有三十万人之众,因此又称青徐黄巾军,转战于青、兖、冀三州间,攻入兖州,杀任城(今山东省济宁市)相郑遂,在东平附近消灭了兖州刺史刘岱主力,杀死了刘岱。后被曹操等地方豪强镇压失败了,但摧毁了东汉皇朝的统治秩序,使之从此陷入苟延残喘的局面。

隋末杜伏威、辅公祏于大业九年(613年),率众参加长白山(今山东省章丘、邹平、淄博交界处)农民起义,后率部南下,途中合并了下邳和海陵(今江苏省泰州)两支农民起义军,势力大盛。杜伏威转战淮南,自称将军,屯兵六合,威胁江都(今江苏省扬州)。大业十二年(617

年），游幸江都的隋炀帝严令右御卫将军陈棱率兵进剿杜伏威义军，结果大败溃退。义军乘胜破高邮，据历阳（今安徽省和县），杜伏威自称总管，分遣诸将占领各县，江淮的农民起义军都来归附，成为江淮一带最大的一支农民武装。

唐末，冤句（今山东省曹县北）人黄巢，当王仙芝农民军攻占曹州时，聚众数千人响应，与王仙芝合军转战山东、河南、湖北、安徽等地，给唐政权以沉重打击。后王仙芝战死，余部由尚让率领投归黄巢，黄巢义军发展十多万人。黄巢称黄王，号"冲天大将军"，年号黄霸。同时又率军南征，渡长江，下江西诸州、浙江，开山七百里入福建和岭南，攻克广州，众至六十万人。后又兴师北伐，广明元年（880年）十一月克东都洛阳，十二月五日攻克长安，在长安称帝，国号大齐，年号金统。后因部将朱温叛变降唐，唐统治者勾结沙陀酋长李克用合攻长安，义军各路失利，被迫撤出长安，进围陈州（今河南省淮阳），屡战失利，尚让投敌，黄巢退走泰山虎狼谷（今山东省莱芜东北）为唐军追及，不屈自杀。

北宋末年，山东郓城人宋江，在宋徽宗宣和元年（1119年）结寨于梁山泊，举行农民起义，转战京东、河北、楚、海等地，官兵数万莫敢抗拒。宣和三年（1121年）二月，南下沭阳（今江苏省沭阳县）、海州（今江苏省东海），被知州张叔夜伏兵袭败。今山东省梁山县仍有水泊梁山遗址。

元末农民大起义，起初主力是红巾军，组织者和领导者为韩山童和刘福通，首义地点在颍州（今安徽省阜阳市），起义后连续攻下河南南部一些州县，众至十余万，淮河流域和大江南北响应的很多。当刘福通攻占了亳州（今安徽省亳州市），立韩林儿为小明王，建国号"宋"。后刘福通分兵三路，进行北伐。刘福通在安丰（今安徽省寿县）力战牺牲。当刘福通红巾军节节胜利的时候，郭子兴在濠州（今安徽省凤阳县）起兵响应。朱元璋投奔郭子兴，得到很大的信任。郭子兴死后，朱元璋成为这支起义军首领。他于元至正十二年（1352年）年攻占集庆（今江苏省南京市），并以此为根据地，依靠出生两淮的文臣武将，剪灭群雄，北上直捣大都，推翻了元王朝的统治，成为明代的开国皇帝。

明末农民起义军虽从陕西开始，但很快就扩展到淮河流域，特别是闯王李自成，主要活动地区在河南中原一带。李自成在早期起义军失利时，仅率十八骑，逃至伏牛山区，又重新聚集力量，突围中原，饥民争先参加，在杞县李岩和卢氏县牛金星等辅佐下，提出"迎闯王，不纳粮"的口号，声势日益壮大，改旗帜为"奉天倡义大元帅"，攻破洛阳、襄阳、西安，建国号"大顺"，自称大顺王，后过黄河，攻陷北京，明崇祯皇帝登煤山（今北京景山）悬树自尽，结束了明王朝的统治。

清咸丰年间，在淮河两岸爆发了捻军起义，起义军在亳州、蒙城间的雉河集（今安徽省涡阳县义门集），提出"劫富济贫"等口号，夺取了一些地方政权，全歼了僧格林沁的封建统治武装。它是太平天国的同盟军和后继者，历时十六年，加速了清王朝的覆没。

第三节 以水代兵的争战

渠堰堤坝等水利工程原本是用来兴利的。但是，自古以来，用水作为战争工具，以水代兵的事件却层出不穷。淮河流域也不乏以水代兵的战例。特别是我国南北割据战乱时期，以水代兵的争战更是连年不断，一场人为的水灾就有数万甚至数十万军民死于非命。

春秋时期，淮河流域诸侯国林立，其都城多建在淮河干流及其重要支流上。在淮河干流两岸先后建国的有息（都城在今河南省息县）、蒋（都城在今河南省固始县蒋集）、钟离（都城在今安徽省凤阳县临淮关）、徐（都城在今安徽省泗县境内），在汝水岸边建国的有胡（都城在今河南省郾城县南）、蔡（都城在今河南省新蔡县），在颖水旁边建国的有许（都城在今许昌市东）、顿（都城在今河南省商水县东南）、项（都城在今河南省沈丘县），在洧和沙水旁边建国的有密（都城在今河南省密县东）、郑（都城在今河南省新郑县）、鄢（都城在今河南省鄢陵县西北）、陈（都城在今河南省淮阳县），在濉水岸边建国的有滑（都城在今河南省杞县东）、宋（都城在河南商丘），在丹水岸边，建国的有萧（都城在今安徽省萧县西北），在泗水岸边建国的有鲁（都城在今山东省曲阜）、滕（都城在今山东省滕县西北），在沂水上建国的有郯（都城在今山东省郯城县北）。同时，丹水、泗水以北还有曹国和齐国，淮河以南和东南还有楚国和吴国，这些诸侯大国在淮河流域内也有它们的辖地。

当时，淮河以及汝、颖、沙、濉、丹、泗、沂等支流都是跨诸侯国的河流。各诸侯国争战不休，为了军事上需要，任意在各自管辖的河流上筑堤打坝，以水代兵，以邻为壑。其中最为突出的是楚成王熊恽，在兴兵攻打郑、宋两国时，在宋国境内的濉水、丹水（汴水）上筑坝挡水，"要宋田，夹塞两川，使水不得东流。东山之西，水深灭垝"使地处上游的宋淹没了四百里。为了阻止这种人为的灾害，齐桓公称霸中原时，用管仲之策，先后在淮河流域的召陵（今河南省郾城县东）、葵丘（今河南省民权县境）等地与各诸侯国会盟，提出"无障谷""毋曲堤""毋壅泉""毋曲防"等盟约，反对以水代兵，成为千古佳话。

东汉末年，曹操东征吕布，决泗水、沂水灌下邳（今江苏省邳州市西南古邳镇），月余城降，吕布战败。

南北朝时期，南北双方利用淮河水系以水代兵战例增多。天监十三年（514年），梁武帝萧衍采纳了北魏降将王足的建议，在浮山筑坝，阻断淮水，令淮水倒灌，淹没寿阳（今安徽省寿县），以攻魏军。大通元年（527年）二月，梁北豫州刺史成景隽欲堰泗水，灌魏辖彭城（今江苏省徐州市），但未能如愿，被魏军击退。大同元年（535年）东魏娄昭攻魏将樊子鹄，久不下，以洙水灌瑕丘（今山东省兖州市西），樊子鹄被杀城降。太清元年（547年）九月，梁南豫州刺史萧渊明北伐攻东魏，在离彭城十八里处断泗水筑寒山堰，灌城，但为魏援兵所败。太清三年（549年），东魏尚书左仆射慕容绍宗等攻西魏王思政于颍州，堰洧水灌长社县城（今河南省长葛县东）。城中泉涌，堰三决，又筑成。六月大风吹水入城，城坏。城内人死十之八九。尔后陈代出了专门以水攻城的军人程文季。所谓"前后所克城垒，率皆冱水为堰。土木之功动逾数万"。太建五年（573年）十月，随陈将吴明彻攻北齐，堰肥水以灌寿阳，城中死者十之六七，城破。太建九年（577年）十月，又随吴明彻攻北周，堰清（泗）水灌彭城，列舰攻城不下。次年二月又决堰乘水势退师，为周将所虏。

浮山堰　　　　　淮委提供

在以上以水代兵的争战中，其中以浮山堰规模最大。浮山堰南起浮山，北抵巉石，依岸筑土，合脊于淮河中流，由梁太子右卫康绚督率淮上诸军战士及徐、扬民夫等20万人，于514年开始修筑，历经酷暑严冬，士卒死者十之七八，于公元516年堰成。堰长九里，下阔140丈（约366米），上广45丈（约108米），高20丈（约48米），深19丈5尺（约46.8米）。其工程规模和坝高，在当时世界上都是第一位的。浮山堰筑成后，淮水逆河道而上，自钟离至寿阳沿淮被大水淹没，魏军撤退到八公山，梁军以水代兵，取得胜利。由于浮山堰设计施工时没留溢洪道，当年汛期，淮水猛涨，洪水冲毁大坝，吼声如雷，吞噬了无数村舍、田园，数十万无辜人民葬身大水。

淮河流域紧靠黄河，黄河下游是举世闻名的地上悬河，在历次争战中，利用黄河以水代兵南决屡见不鲜，淮河流域人民身受其害。早在战国时期，秦将王贲率军攻打魏国，"引河沟（水）灌大梁，大梁城坏"，魏王请降。金太宗天会六年（1128年）冬，金兵南下，宋东京留守杜充"决黄河，自泗入淮，以阻金兵"，黄河泛流豫、鲁之间。金哀宗天兴三年（1234年），蒙古兵南下"决黄河寸金淀（在今开封市城北）之水，以溉南军，南军多溺死，遂皆引师南还"。明崇祯十五年（1642年）四月，李自成起义军围攻开封，六、七月间，明守军掘朱家寨河堤，企图水淹起义军，李自成反"决马家口以陷城"。当时因水量较小，未达目的。九月十四日，黄河水涨，"水头高丈余，坏曹门而入，南北门、东门相继沦没"。城内"举目汪洋，抬头触浪，其存者仅钟鼓二楼、周王紫禁城、郡王假山、延庆观，大城止存半耳"。

民国27年（1938年）6月，为了阻止日军西进，国民党军事当局指使驻郑州守军新八师，在郑州花园口掘开黄河南堤，滔滔洪水穿堤口门，奔腾直泄，泛水一股沿贾鲁河经中牟、开封、尉氏、扶沟、西华、淮阳、周口入颍河，至阜阳由正阳关入淮；另一股自中牟顺涡河经通许、太康至亳县由怀远入淮。河南、安徽、江苏3省44县市受灾。在9年泛滥中，造成5.4万平方公里的黄泛区，有390万人外逃，89万人死亡，是近现代我国以水代兵最严重的一次惨祸。

第四节 新民主主义革命战争主战场

在中国共产党领导的中国人民革命战争史上，淮河流域人民写下了光辉篇章。早在第二次国内革命战争时期，大别山区就是革命的摇篮。1929年5月，在党的领导下，河南商城爆发了商南立夏节武装起义，开辟了豫东南革命根据地。此后不久，安徽六安、霍山又相继爆发了暴动起义，开辟了皖西革命根据地。这两个革命根据地与先前的鄂东北革命根据地连成一片，开创了鄂、豫、皖区根据地，建立了红四军革命武装，成立了鄂、豫、皖苏区工农民主政府和中共中央鄂、豫、皖分局。当时鄂、豫、皖苏区面积仅次于中央苏区。1932年，红四方面军转移川陕边境，这一地区又建起了红二十五军。1934年红二十五军长征到陕北，这里的人民在党的领导下继续坚持游击战争，他们同日本侵略军、国民党军队进行顽强斗争，取得一个又一个胜利。在长期革命斗争中，河南的新县和安徽的金寨县均成为新中国成立后全国出百名将领以上的将军县。

抗日战争时期，山东人民在中国共产党地方组织的领导下，发动了游击战争，开始以泰山和沂蒙山区为中心，建立了鲁中根据地。1938年5月徐州失守后，八路军115师奉命挺进山东。8

月，115师主力进入沂蒙山区，打开了鲁中、鲁南抗日局面。此外，山东省还先后开辟了渤海和胶东等抗日根据地。1940年7月，在中共山东分局领导下，于鲁南区青驼寺召开了山东省"联合大会"，选举产生了山东抗日根据地最高行政机关。在日本侵略军"扫荡"中，山东敌军曾于1941—1942年出动千人以上的"扫荡"70多次，其中万人以上的9次，山东军民对敌人的"扫荡"进行英勇反击，度过了抗日战争最困难的时期，取得了一次又一次的胜利。与此同时，山东民兵利用手中的各种武器，采取各种斗争形式，打击敌人，保卫家乡。1939年11月，鲁南人民组织铁道游击队，活跃在徐州到滕县、临城到枣庄、台儿庄到枣庄的铁路线上及微山湖区，机智灵活地破坏交通，使敌人为之胆寒。1942年夏末，铁道游击队还掩护许多党政军领导干部，往来津浦铁路东西，其中包括刘少奇、陈毅等老一辈无产阶级革命家。1943年护送当时新四军军长陈毅过湖去延安，参加党的"七大"时，陈毅挥笔写下了《过微山湖》的壮丽诗篇："横越江淮七百里，微山湖色慰征途。鲁南峰影嵯峨甚，残月扁舟入画图。"

1941年1月皖南事变后，以刘少奇、陈毅为首的新四军军部奉命在苏北盐城正式成立，随后又将全军改编为7个师，分别活动于苏中、淮南、苏北、淮北、鄂、豫、湘、皖、苏南、皖中等解放区，继续坚持两淮及大江南北的抗日斗争，粉碎了蒋介石军队多次袭击和日伪军的"扫荡"，取得了抗日战争的胜利。

抗日战争胜利后，国民党在全国挑起了内战，淮河流域成为推翻国民党政权进行决战的重要战场，从中原突围、苏北七战七捷、孟良崮战役、挺进大别山到震惊世界的淮海战役等先后30多次较大战役，加速了蒋家王朝的覆灭，为解放全中国、建立中华人民共和国做出巨大的贡献。至今，淮海大地到处留下了解放战争的古迹，著名的有徐州市淮海战役烈士纪念塔、山东莱芜战役遗址、山东孟良崮战役遗址、安徽濉溪县淮海战役总前委旧址、河南商丘县淮海战役总前委旧址等。

第四章 淮河水利与沿河城市兴衰

淮河流域的经济繁荣和都市的兴起，多靠淮河和运河水利作保证。诸多都市，有的在淮河、运河及其支流岸边，有的位于两河或数河的交汇处，借水利工程的兴修及舟楫之利而兴盛发达。但由于黄河夺淮影响，淮河和运河水系变迁剧烈，一些都市随着水系变迁而变化，如古代邳州就建在古泗水和沂水交汇处，南宋以后黄河夺泗入淮日久，泗水下游河道淤废，随着清代中运河的开挖，古邳州逐渐北移于中运河岸边，成为新的邳州城。有的城市更随着水系变迁而淹没，如唐宋繁华一时的泗州城，于清康熙年间沉于洪泽湖底。从此，泗州城就在中国地图上消失。

第一节 沿淮城市兴衰

淮河古称淮水，与河水、江水和济水并称四渎，淮河流域沿岸经济开发较早，早在春秋时期淮河沿岸相继兴起了一批繁华的都市。当时的寿春（今安徽省寿县），位于淮水与淝水交汇处，水运四通八达，又有城南芍陂灌溉之利，农业富庶，楚考烈王于公元前241年迁都于此，成为楚国的政治经济中心。三国、南北朝军事对峙，寿县又是兵家必争之地，历经战乱，元、明、清时，由于受到黄河夺淮的影响，淮河河床淤高，灾害频仍，寿县虽有水运之利，但经济仍较落后，早已失去昔日都会的繁荣景象。从寿县溯淮水而上，有一正阳关古镇，相传远古时仅为一个牧羊的河滩村落，由于位于颍河、

寿县古城　　　　淮委提供

淠河与淮河的交汇处，向有七十二水归正阳之说，水运交通便利，兼有鱼盐之利，商旅往来，四方辐辏，便逐渐发展成为商船云集的大码头，淮河中游一个重要的物质集散地。东汉末年在正阳筑城，明代成化元年（1465年）设立关卡，岁征税银达6.24万多两，素有"淮南第一镇"之称，又有"银正阳"之誉。但正阳关一带地势低洼，每到汛期暴雨洪水成灾，方圆数十里水天相连，浊浪排空，一望无际，连年的洪水灾害，特别是1938年的黄泛，黄水经颍河下泄，顶托了淮河本干，使黄水带来的泥沙把正阳关以上河床淤积几十里，大码头也被淤废，正阳关更是每况愈下、

日益萧条。

位于淮河北岸的古泗州城，南与盱眙隔河相望。古泗州城的兴起，是与隋代开挖的通济渠息息相关。通济渠在唐宋两代又称汴渠或汴河，它从洛阳西苑，引谷、洛水到黄河，再从板渚引黄河水东南流，至古泗州城注入淮河。长江、钱塘江等流域的漕粮、货物，也都通过扬州到淮安，转淮河，到这里后，再由淮河出汴渠北上，运往都市长安、洛阳和汴京。船到这里，有的需要休整，有的需要转运，古泗州城很快兴盛起来，到了唐代达到十分繁荣的黄金时代。那时的泗州城，跨汴渠东西两岸，中有虹桥相连，水运交通四通八达，来往商贾行旅云集。相传泗州还有一个风景区，城中有禹王台晓月、挂剑台秋月、浮梁练月、淮水浮烟等九大景色，城外还有灵瑞塔朝霞一胜，为文人雅士吟风咏月之所。这座古城，由于地

正阳关北门 淮委提供

势低洼，到了北宋年间，在汴河东西各建一座坚固城墙，后又在城外修筑一圈外堤，把城墙围在里面。金代，南北对峙，汴河不再运输长江以南的货物，泗州城的重要地位发生动摇，加上伴随而来的黄河南徙，夺淮入海，使淮河水排泄通路受阻，逐渐形成了洪泽湖。自元代京杭大运河开通以来，运河由会通河入泗，至清江浦入淮转运，泗州城已失去昔日的航运地位，每况愈下，转入维持生存阶段。明初，把东西两城合而为一，把土城改为砖石结构。这时城的周长九里三十步，高二丈五尺，除有五座城门外，还有由闸门控制的水门，以备排水。明后期潘季驯大筑高家堰，洪泽湖水位提高，淹没线上移，泗州城更岌岌可危。淮河尾闾不畅，经常泛滥，城根长久在水中浸泡，石墙基址日见崩坏，护城河水高于城内，水门无法开启，城市东、西、北三座门通路已不通行，只有南门勉强出入，西南水门还可以放水出城。由于泗州城西北13里处建有明祖陵，为了护陵，泗州城在明代才免灭顶之灾。到了清康熙年初，进一步抬高洪泽湖水位，于1680年，泗州城终于被滔滔湖水淹没消失了。

位于古泗水与淮河交汇处的淮阴，自古以来即有舟楫之利。远有秦代即设有淮阴县，城居淮水南岸而得名。古泗水流至泗阳县以下，称为清河，到三汊口分二支入淮。西支为汊流，入淮处为清口，东支为主流，入淮处为大清口，大、小清口相距5里（1里=0.5公里）。小清口为淮、泗交通通道，淮阴城位于小清口对岸，为淮河东西向和淮、泗间的航船必经之地。南宋以后，受到黄河夺淮的影响，古泗水和淮河下游河道日渐淤高，淮河下游诸支，如沂水、沭水、濉水等，都

逐渐失去入淮的流路。运道改由大清口北上，淮阴古城一则受日益扩大的洪泽湖的威胁，再则失去了原来扼运道咽喉的交通地位，逐渐衰落。为控制大清口的交通，南宋度宗咸淳九年（1273年）于大清口置清河县，取代古淮阴城。元文宗天历中（1328—1329年），大清口淤断，黄河改由小清口入淮，再移清河县于小清口，即淮阴古城的对岸。

明永乐十三年（1415年），陈瑄总理漕运，循宋乔维岳所开沙河故道，开清江浦渠。渠自淮安城西管家湖，导引湖水由鸭陈口入淮，然后到小清口转黄河北上，沿岸建移风闸、清江闸、福兴闸和清庄闸。又在清江闸附近创建了当时全国最大的清江浦船厂。从此，清江浦就开始兴盛起来。明代中叶以后，黄河屡决开封、归德（今河南省商丘）、夺颍、夺涡、夺濉南下入淮，清江浦、徐州间的黄河河道及其以北的山东运河均感水量不足，为了保证漕运，明代政府禁止官商民船在这些河道航行，南来北往的官、商、客旅均在清江浦及其对岸的王营镇舍舟乘车，清江浦和王营镇又成为南船北马的交通要冲。迨至清初，原驻山东省济宁的河道总督院又移至清江浦。清康熙十六年（1677年），开挖了中运河，北起宿迁骆马湖，南止清江县仲家庄运口，以后运口又移至清江浦的杨庄。清江浦随后迅速发展为"舟车鳞集，冠盖喧闐，两河市（街）栉比数十里不绝。北负大河，南临运河，淮南扼塞，以此为最"的通商大埠。当时，每年漕粮过境数量为400万石，漕船1.2万多艘，漕军12万人。清乾隆二十六年（1761年）更迁清河县治于此，这时清江浦的发展达到鼎盛时期。

随着清江浦的发展，与清江浦隔河相望的王营镇和杨庄镇，也先后发展为重要市镇，形成了鼎足而三的形势。根据明代政府的禁令，两淮以北的船只，除漕船照章通行外，其余船只一律禁止通行。清江浦和王营镇就为南北水陆码头。大抵沿运河北上京都的商旅，都在清江浦舍舟登陆，渡黄河经王营镇北上，计18站达到北京。据《王营志》记载，清乾隆以后，王营镇商业最盛时期，居民共2000余户，镇中粮行、旅舍、轿车厂、大车厂、骡厂等林立镇上。

杨庄为镇始于清康熙四十二年（1703年）移仲家庄运口于此，岁漕400万石，均由此过闸经中运河北上，千樯万轴，熙来攘往，设中河主簿，专司其事。清道光十一年（1831年），原设于淮安河下镇的淮北盐堆栈，也移来王营镇和杨庄镇之间的西坝。清康熙年间开凿盐河，北通淮北盐业中心新浦镇，西达杨庄。淮北盐经盐河南运经西坝到杨庄过坝，另装大船，溯淮西上，出洪泽湖再转淮河，运往安徽、河南等省销售。当杨庄漕粮和淮盐运输最盛之际，沿河市街，绵延三余里，居民600多户。清光绪二十六年（1900年）废除漕运，但由于淮南废盐兴垦，淮北盐运最盛，清江浦又成为运盐的中心，长盛不衰。1911年还修筑了连接清江浦、西坝、杨庄的14里轻便铁路。

淮北盐船到西坝后，一部仍通过杨庄转洪泽湖溯淮西运安徽、河南等省，大部分则通过轻便铁路运至清江浦转今里运河入江，输往安徽、江西、湖南、湖北4省沿江各地销售。当时，每年盐税收入可达1500万银元以上。

清咸丰五年（1855年）黄河北徙山东利津入海，冲击了山东境内的运道，大运河从此已不能全线通航了。漕粮改由海运，后又废除漕运，清江浦水上运输地位发生动摇。清江船厂接着停办。随着1911—1925年津浦和陇海铁路完成通车，淮北盐也改为铁路运输，加上淮阴地区连年水灾，民生凋敝，淮阴完全失去昔日繁荣景象，更加衰落。

淮上蚌埠，原为凤阳县属的滨淮小集，以淮河水中多蚌，古来为"采珠之地"，因此得名。蚌埠境内，淮河水面宽阔，河床深广，具有航运和建设内河港口的天然条件。这里是淮河上下和淮河两岸广大地区水上运输的必经之地。清光绪三十四年（1908年），皖北正阳关商务总会董事李德琪、王锦芳等人创办利淮河工小轮有限公司，购置济淮、皖北、正阳三艘轮船，从事淮河航运。不久津浦铁路动工兴建，1911年全线通车，蚌埠一跃成为水陆交通枢纽，皖北城乡物资交流的集散地。北京、天津、南京、上海各大都市的工业品、日用品，通过铁路运来蚌埠，再由蚌埠转运到两淮的广大城镇和农村；淮河流域出产的小麦、大豆、麻、竹、林等土特产品，通过各条支流汇入蚌埠，再由蚌埠南下北上。蚌埠港逐渐发展成为千里淮河的大港，四季通航，逆行西上可达河南省的淮滨县，顺水东下穿过洪泽湖，经大运河，可通长江沿岸各地。仅仅30多年时间，到1949年新中国成立前蚌埠已成为拥有20万人口的皖北最大商业都会了。

蚌埠市东60里的临淮关，因位于濠水与淮水交汇处，水运交通便利，为淮河中游重镇，其历史发展远比凤阳县悠久。早在春秋时期，钟离子国就在此建都，现镇东仍存有故城遗址。战国时我国大思想家庄子与惠子在此观赏游鱼，谈学争辩，后建有观鱼台。"濠梁观鱼"为凤阳八景之一。同时这里更是历代兵家必争之地，军事地位重要，晋朝在此设钟离郡，隋朝改为濠州郡，以后又称临濠府。只是到了明朝，因为朱元璋出生于临濠府城南，幼年又在家乡于皇寺当过和尚，做了明代开国皇帝。朱元璋认为"临濠前江后淮，有险可据，有水可漕"，决定把临濠府改为中都，在此大兴土木，兴建都城。营造6年之久"功将尽成"而罢建，改建今南京为国都。中都城罢建后，才设凤阳府，临濠府改为临淮县，清朝废县，属凤阳县管辖。由于这里地理优越，水陆交通便利，清朝户部在此设关榷课和巡查，临淮关由此得名，仍为安徽省凤阳、五河、定远及江苏省盱眙、泗洪县物资集散地。

第二节 沿运城市兴衰

春秋战国时期,由于邗沟、菏水、鸿沟的开凿,淮河流域沿运河两岸,相继兴起了一批繁华的都市。位于鸿沟西南的大梁(今河南省开封市),为战国时魏国都城。菏水、济水之交的陶(今山东省定陶县),"号称天下之中",富极一时。越国大夫范蠡弃官到陶经商,19年中三致千金。范蠡死后,子孙继业,家聚巨万,号称陶朱公。沙水与鸿沟交汇处的陈(今河南省淮阳县),为陈国都城。丹水(后称汴水)与泗水交汇的彭城(今江苏省徐州市),自鸿沟开通后,成为江淮通往中原的水运枢纽,介于齐、鲁、吴、楚、宋诸侯国之间。战国时,宋国在魏国的威胁下,宋国弃睢阳而迁彭城。以后随着菏水和鸿沟的淤废,有些都市就衰落下去,如陶由于失去水运条件而萧条,成为一般普通的定陶县城。

隋唐北宋时期,随着通济渠(唐宋时称广济渠、汴渠、汴河)的开挖,山阳渎的疏通,形成了以洛阳为中心的大运河,淮河流域的扬州、开封等成为全国举足轻重的商业、手工业和文化旅游的名城。

扬州位于大运河西岸,北览淮河,南靠长江,隋唐时发展为鼎盛时期。隋炀帝曾三次沿大运河游幸扬州,大修江都宫,继而又筑迷楼,辟隋苑、上林苑、长亭苑、萤苑等,又筑扬子津临江宫,在此大会群臣。唐初设扬州大都督,与淮南节度使同治扬州。当时扬州分子城和罗城两大区域,子城居蜀冈上,原为隋炀帝"官城"所在,唐为扬州大都督府以下官衙集中的地方,故又称牙城或衙城,为扬州的政治中心。

罗城居蜀冈下向南东抵运河西岸,为一长方形的商业城。两城紧接,南北十一里,东西七里,周四十里,位于运河交通要冲,工商业发达,经济文化繁荣,"江淮之间,广陵大镇,甲富天下",成为一方都会。由于扬州在交通、经济方面的有利条件,一些从中原来的富商大贾都来扬州经商发财,国家也派盐铁转运使在扬州兼理漕运和盐运。另外,南方各地的茶叶、江西的木材、四川的"蜀锦"等,也多沿江先运到扬州,然后沿运河北上。扬州向来采矿业和手工业有着悠久的历史传统。早在西汉刘濞做吴王时,就采铜铸钱。到了唐代,扬州的铜器更多而精美。铜器中以青铜镜最负盛名,所谓"铸镜广陵市,菱花匣中发","扬州青铜作明镜,暗中持照不见影"。这些铜镜的制作都需要高超的冶炼技术和工艺美术水平。另外还有金银器和各种玉雕刻。扬州也是产丝织品之地,所贡绫锦品就有24种之多。唐中叶刘晏还在扬州设置10个造船工场,造大船运输江淮财物。天宝二年(743年)鉴真第一次从扬州出发,东渡日本,带了一批"工手",其中有玉作人、画师、雕檀、刻缕、铸写、绣师、修文、镌碑等共85人。从这个"工手"名单中,可以看到唐代扬州手工业人才之齐全,分工之细密,这就为商品交换提供了广泛的基础。唐时扬州不仅是国家的商业都会,又是一个国际贸易港。当时,从东南亚诸国及波斯、大食(阿拉伯)等国商人均来扬州经商,有的还在扬州定居。唐中叶军阀田神功在扬州大掠,胡商大食波斯商旅死者以千数。同时扬州还是国际文化名城,日本派了留学生和学问僧到扬州等地留学和传经。日本僧人圆仁于838年随唐使船西来,于次年在扬州登陆,在我国共住了10年,著有《入唐求法巡礼行记》。我国名僧鉴真,也从扬州东渡日本,为中日文化交流做出了巨大贡献。

　　扬州在中晚唐达到鼎盛时期,"夜桥灯火连星汉,水郭帆樯近斗牛",正是扬州市容的写照。唐末以后,扬州历经战乱的破坏,渐趋衰落,到了宋代,它在国内和国际贸易上已失去原有地位。到了元代由于京杭大运河的开通,元初建大都督府置江淮等处行中书省,治扬州,扬州仍不失为一重要城市。明清时期,扬州有大运河绕其东南,为主要水上交通线,市内也有河道纵横交错,城北有柴河,西有保障河,城周有城濠,从小东门经大东门一段称"小秦淮",旧城中部有市河,皆通舟楫,水上交通极为方便。扬州的社会经济得到恢复和发展,商业再次呈现繁荣景象,手工业由于技艺的提高也进一步兴旺起来,再加上扬州又是淮盐的集散地,经营盐业的商人往来扬州的甚多,更促进了扬州的繁荣。那时的扬州仍是全国的文化中心之一,一些文人墨客会聚扬州。清代中期画坛上的"扬州八怪"更是蜚声中外。他们不仅擅长书画,而且有的文章写得也很优美,是古城扬州的杰出代表。另外,一些豪绅盐商先后在扬州营造别墅,形成以园亭叠石为独特风格的林园建筑。著名的有个园、寄啸山庄(何园)小盘谷等数十处。

　　清朝末年,由于黄河改道的影响,废漕运而取海运,大运河中断,加以津浦、京汉两条南北铁路干线相继建成,漕船不再由扬州北上或南下,扬州从此失去了昔日的繁荣。

　　隋唐时期的汴州(今河南省开封市)位于汴渠的上游,处于水运交通的咽喉位置,唐代中期以后,一些军阀占据汴州,即可扼断长安和洛阳的漕运通道,而皇帝则以占领汴州,打通漕运通道为追求目标。北宋建立,为避免唐代在漕运上的困扰,遂建都汴京,又称东京(今河南省开封市)。东京地处平原,除有汴河作为主要骨干漕运通道外,还疏浚了蔡河,开挖了惠民河、广渠河(五丈河)、天源河等,构成了以东京为中心,四通八达的水运网络。汴河自东京西城水门入城,从东城水门流出,在城内流经商业中心的相国寺前。每年,有大量漕粮自江淮流域运来,市内运河沿岸,有装卸繁忙的码头和50余处仓库。《清明上河图》就是以清明时节的市内汴河为主线,描绘了汴河两岸店铺林立、市民熙熙攘攘的热闹场面。当时的东京有三重城墙，中心为皇城，是皇宫所在，周围九里十八步；第二重为里城，周长二十里五十步；第三重为外城，周长四十余里。北宋末年，市内拥有住户26万，估计人口可达100万~130万，加上十几万驻军，成为当时最大都城。后来，由于金兵的破坏，黄河夺淮，屡冲开封，汴河的淤废，特别是元王朝的建立，全国政治中心北移大都（今北京市），开通了以大都为中心的京杭大运河，开封失去了航运中心地位，一改昔日繁华面貌。

开封市南23公里运河畔上的朱仙镇，亦为南北水陆要冲，是西北土特产和东南杂货之集散地，明代中叶最兴盛时，人口达30万，与汉口、佛山、景德镇齐名，并称为我国四大名镇。由于清代黄河决口，河道淤塞，水运继绝，商贸渐衰，遂失盛况，沦落为鲜为人知的荒凉小镇。

位于扬州运河（今称里运河）入淮口的江苏省淮安（古称山阳、楚州），地处南北交通要冲，经济长期持续繁荣。自唐代开始，淮城漕运已初具规模，漕舟如流，每年湖广、江西、浙江等地的千万艘漕船衔尾到达淮城，由城北末口入淮北上。北宋时期，经运河北运的漕粮达600万石，高峰期达800万石。至清代漕运渐衰，但每年仍有400万左右。与此同时，淮城还是北盐南运的中转站。淮北盐场的海盐，由板浦经盐河运抵涟水的安东坝，辗转达淮城河下，再转运河南下。据史料记载，明、清以来，每年经由淮城转运的正纲盐达140万引（每引约200斤）。由于淮城的地位重要，隋唐以后，封建王朝就在这里设置官署，掌管运输。宋时设淮南转运使，元代置总管府，明清设漕运总督署和盐运分署，负责漕运、盐运。淮城俨如省会一般，被誉为运河线上的四大都市之一。

随着水利和航运的发展，淮安的商业亦迅速得到繁荣，成为商贾云集的商业都会。淮安城外的河下镇，濒临运河，是漕运枢纽，镇上店铺营业，通宵达旦，史称"市不以夜休"。

元代以后，京杭大运河改线，以北京为中心，在山东和苏北境内，先后开挖了济州河、会通河、南阳新河、泇河、中运河，沿这些运河也兴起了一批都会，除淮阴、清江浦诸城市已在前面叙述外，淮河流域内较著名的还有济宁古城。自元代济州河、会通河开通后，济宁一跃成为运河重镇，它位于大运河中段，南通江淮，北接京城，被誉为"闭则锁钥，启则为通关"。济宁很快成为商业口岸，意大利旅行家马可·波罗来华考察，在他著名的游记中，就记载了济宁的繁荣景象。到了明中叶，济宁已发展成为"百贾云集""郡货充牣"的商业重镇，明后期，济宁商贾居民不下10万人。清雍正七年（1729年），分设江南与河南山东两河道总督，河南山东河道总督驻济宁设总督府，济宁继续得到发展，成为工商业都很发达的城市。济宁的商业和手工业大都集中在各条街道上,如棉花市太街、瓷器胡同、果子巷等商业性质的街道。还有如船厂街、打铜街、竹竿巷、纸坊巷等手工业性质街道,到鸦片战争前,济宁已拥有105条街道的工商业大城了。到了清末,黄河再次北徙冲决运道,京杭大运河不能全线通航,济宁城从此失去昔日繁华景象。

第五章 异彩纷呈的治淮文化

千百年来，为了淮河岁岁安澜，上至朝廷百官，下至黎民百姓，展示了无穷的治水智慧。从文化视角认识淮河的治理，具有寻根求源的重要意义。

第一节　壅防百川与疏川导滞

大禹治水是我国流传最广的历史传说之一。传说在距今4000多年前的尧、舜、禹时代，已是母系氏族的末期，正处于原始社会瓦解向奴隶社会过渡的阶段。传说当时中国大地上接连不断地发生大的洪水。"洪水横流，泛滥于天下"，先民们忧苦不堪。为了征服洪水，最早负责治水的是共工。传说中的共工是人名，也是一个氏族名。他采取"壅防百川，堕高堙卑"的治水办法。

在原始社会，先民们对洪水灾害主要采取逃避的方式，就是所谓"择丘陵而处之"，那时人们的生活资料主要靠采集天然种子、果实。随着人口的增加，生产力逐步发展，采集为生已不能满足生活需要，农业生产已经成为社会的主要生产活动。农业生产要有固定的地区，而农业和其他生产活动的发展，又使人们的生活来源有了更大的稳定性，于是原始人就移居到河流和湖泊旁边。在自然条件良好的地区，村落的分布可能比较密集，洪水对原始人类生存的威胁就是不可避免的了。"壅防百川，堕高堙卑"，就是用土修筑堤埝一类的工事，或者从较高的地方取土、石，垫高较低的地带，以防洪水泛滥的危害。先民们对待洪水的态度，从"择丘陵而处之"的逃避洪水，转为防御，这是农业生产发展到一定程度的必然结果。这种治水方法的产生，是广大劳动者在与洪水搏斗的实践中创造出来的。

共工治水，只在村落或部分农田修筑简单的围堤，只能拦阻一般的洪水，而防御特大洪水就不行了。共工治水失败后，相传尧举行氏族部落会议，讨论了治水的人选问题。大家都推荐鲧去担任治水的任务。鲧的居地在崇，古代嵩山称作崇山，故鲧又称作崇伯。鲧在治水中因循守旧，完全继续共工氏"壅防百川，堕高堙卑"的传统，继续采用了"作城""堙洪水"的办法，也就是在城邑及村落附近修筑了许多土围子，以阻挡洪水。但由于当时洪水很大，单靠低薄的堤防是不能解决洪水灾害问题的，以致九年都没有成功，触怒了舜，遂派祝融把鲧放逐到羽山（今江苏省东海县西北）。

鲧被放逐以后，舜帝又派鲧的儿子禹主持治水工作。关于大禹治水的过程，据《中国水利史纲要》记载："大致是先划定地区，在高处标出山河位置，再用'准绳''规矩'和计时器做测量，由助手伯益焚烧山泽，驱逐禽兽，再疏导河流排入长江大河，分泄入海……他利用各种交通工具，陆行乘车，水行乘船，泥行乘橇（泥中拖车），山行乘樏（一种登山鞋），走遍了全国。有的已说禹劳累致残，成了跛子。终于开成九川（多数大河）通海，疏通畎浍（沟洫）通川，水土平定，人们得以'降丘宅土'。他的助手后稷教民种植五谷，才恢复了正常生活。"

据《史记·夏本纪》载："禹乃遂与益、后稷奉帝命，命诸侯百姓兴人徒以傅土。行山表木，定高山大川。……左准绳，右规矩，载四时，以开九州，通九道，陂九泽，度九山。令益予众庶稻，可种卑湿。"从这里我们可以看出，大禹团结治水的思想。伯益、后稷等都是东夷部族的领袖人物，各路首领不仅能率领群众治水，而且还协助大禹研究、制定治水方略和实施办法。

大禹接受父辈的教训，采取了"疏"与"导"的办法治河，如《尚书·禹贡》所记，"九川涤源，九泽既陂"，使许多大河畅通入海，把一部分洪水引入沼泽洼地，蓄水滞洪，减轻河道行洪负担。在低洼聚水的地区周围，又采取"作城"的措施，即修筑障水工事，这既可防范水的扩大，又起着滞蓄洪涝的作用。从这里又可以看出，在原始社会后期，以大禹为首的部族领袖，已认识到"因水以为师"的道理，就是向水学习，探求水的客观规律，认识自然，改造自然。从水的自然流势，逐渐认识到要根据山川、沟壑、丘陵的地形，选择流势顺畅的河道除去水流的障碍，增多泄水的去路。这些认识虽然是初步的、原始的，但是对于后人治水的发展必然产生启迪和推进的作用。

第二节　团结治水与以邻为壑

春秋时期，大小诸侯国先后有170多个，他们割据一方，互相争霸。当时诸侯国之间，战争频繁，各自为了本国的利益和军事上的需要。敌对双方还利用河流筑堤打坝，以邻为壑，以水代兵，攻击对方，保全自己。

淮河流域地处中原，不仅诸侯国林立，也是诸侯争霸逐鹿的战场。淮河以及北岸许多支流，如汝、颍、濉、涡、丹、泗、沂等河，是当时20多个诸侯国的跨国河道。在当时生产力水平不高的情况下，战争和自然灾害都要给人民带来灾难。其中最为典型的战例是发生在公元前671年，楚成王熊恽在兴兵攻打郑、宋两国时，不仅放火烧了郑国的城镇，还在宋国境内濉水、丹水上筑坝挡水，使地处上游的宋国淹没了四百里。当时水利矛盾的加剧，给沿河地区带来深重灾难，广大人民迫切希望能够制订水利盟约，消除和限制这种阻塞河流、以邻为壑的事件发生。

春秋时期，周天子已名存实亡，无能力制止各诸侯国破坏水利的行为。齐桓公即位，在管仲的辅佐下，充分利用齐国地理有利条件，奖励农商，重视水利的开发利用，发展生产，使齐国很快富强起来。同时，他们对外又首先提出"尊王攘夷"的口号。联合燕国打败了北戎，联合其他诸侯国制止狄人的侵扰，"存邢救卫"，提高了威望。周釐王三年（公元前679年），齐桓公成了"挟天子以令诸侯"的霸主。他为了巩固其霸主的地位，针对各诸侯国之间存在的尖锐矛盾，适应人民的愿望，曾三次与诸侯会盟，假借周天子的名义，提出"四禁""五禁""七禁"等禁令，把水利盟约列为重要的内容，企图解决诸侯国之间的水利纠纷。

第一次会盟在公元前657年秋，齐桓公为了与楚国争霸，召集各诸侯会盟阳谷，参加会盟的不仅有宋国，还有不召而至的远国江人、黄人，商讨对付楚国的策略。据《春秋公羊传》记载，在这次盟会上，齐桓公首次提出了"无障谷"等四项禁令，并把"无障谷"（即不许打坝壅塞河道）放在第一条。

第二次会盟在公元前656年，齐桓公和管仲亲率齐、宋、鲁、陈、卫、郑、曹、许八国军队南下抗楚，收复了蔡国后直到陉（今河南郾城附近）的地方，才驻扎下来，与楚国对峙。楚成王被迫议和。齐桓公命令军队移至召陵（今河南堰城县东），齐楚两国在召陵订立了盟约。据《管子·霸形》篇中说，管仲向楚国提出"毋曲堤"（即不许筑堤挡水）等四项禁令，这就是历史上有名的"召陵之盟"。然楚国没有信守修复郑国城镇和拆除淹没宋国的阻水堤坝的盟约。齐桓公决定退师七十里，指挥军队帮助郑国修筑城镇，拆除宋、楚边境上的阻水工程，从而缓和了齐、郑、宋、楚各诸侯国之间的矛盾。

不久，齐桓公和管仲又把"召陵之盟"的四项禁令补充改为七项，仍把"毋曲堤"作为重要内容。并约定一年以后进行检查，各诸侯国如有违反者，要加以处罚。公元前651年，齐召集鲁、宋、卫、郑、许、曹等诸侯国，第三次到宋国葵丘（今河南民权县境）会盟。据《春秋·谷梁传》《孟子》等书记载，齐桓公又提出"毋雍泉"，亦称"无曲防"等五项禁令。最后参加会盟的各诸侯国宣誓："凡我同盟之人，既盟之后，言归于好。"这就是历史上有名的"葵丘之会"。

齐桓公三次会盟，先后在盟约里提出"无障谷""毋曲堤""毋雍泉"等条款，文字虽有不同，但其意思没有多大区别，都是指参加盟会的各国诸侯，不许只顾自己，不顾全局，损害别国，不许沿河滥筑堤防或拦河筑坝，堵塞河道，以邻为壑。

齐桓公和管仲在2600多年以前，就提出了解决水利矛盾的主张，反对互相挡水，反对以水代兵,来缓和并解决当时的水利矛盾,虽收效甚微,却是一次有历史意义的尝试。毛泽东曾对齐桓公三次会盟曾给以极高的评价。1964年,他到郑州视察时,针对豫、皖两省在淮河干流治理上的水利矛盾,向两省省委书记讲述了春秋时期"葵丘之会"制定水利盟约的故事,教育淮河流域人民要统一治水,团结治水。

第三节 蓄泄与灌溉

由于受气候和地形土壤条件的影响,远古时期黄淮平原的农业生产遇到的主要问题:一是天旱祈雨;二是雨涝排水。据《周礼·地官·司徒》记载:"通水于田,泄水于川",农田水利建设开始出现了新方式——农田沟洫系统。

农田沟洫肇始于夏,发展于商,至周代逐渐趋于规范化,在井田制最典型的地域,形成了纵横棋布的农田沟洫系统。这种大小方块田和大小排水沟相应配套的沟洫农业,体现了利用水土资源、趋利避害的精神,促进了当时农业生产的发展,并影响了社会、经济等多方面。

沟洫,是我国古代的行水设施,起源很早。传说大禹治水时已经开凿沟洫,以宣泄水涝。《论语·泰伯》称:"禹卑宫室,而尽力乎沟洫。"这是"沟洫"一词的最早记载。《史记·夏本纪》也说,禹"浚畎浍而致之川"。汉代郑玄注:"畎浍,田间沟也。"近年来考古工作者在豫西第二期文化煤山类型遗址中,发现了水沟,证明夏代确有沟洫的存在。到了商代,沟洫工程在甲骨文中已有明确记载。在河南新郑一带考古发掘中,也有沟洫遗址的发现。农田沟洫发展到周代,技术水平有了新的进步,逐渐臻于制度化、规范化。

到春秋时期,浚沟洫,除水涝,继续为各国所重视。《孔子家语·致思》及《辩政》称:"子路为蒲宰,为水备,与其民修沟渎",经过三年经营,"田畴尽易,草莱甚辟,沟洫深治",孔子称其"恭敬以信"。又《管子》载:齐桓公向管仲"请问备五害之道",管仲对以除水害为始,提出:"决水潦,通沟渎,修障防,安水藏。使时水虽过度,无害于五谷。"这些情况反映我国古代确实存在过排水除涝的农田沟洫系统。

沟洫制度主要消除涝灾,虽也有部分湿润土壤的效益,但不是引水灌田,无法满足干旱年份农作物对水的需求,沟洫农业的局限性迫使人们去发展灌溉农业。从我国现存最早的农学著作《氾胜之书》等著作记载中可以看出,农田灌溉肇始于西周时期。到春秋时期,各诸侯国为了增强经济实力，致力于政治、经济上的改革与发展，地处淮河流域的郑国、齐国两国农田水利已发展到相当的水平。子产在郑国执政时，提出"田有封洫，庐井有伍"的农田水利区划建设并取得成功，使郑国国力增强，长期跻身春秋列强而维持不坠。后来占据郑国故地的韩国，曾派遣水工郑国赴秦，在陕西关中建设规模宏大的郑国渠灌溉工程，这个事实也间接说明，原郑国有当时杰出的水利专家。据《水经注》记载："水出于巨公之山，西南流，旧竭以溉田，东西二十里，南北十五里"。再结合《周礼·职方氏》记载"青州……其浸沂、沭……其谷宜稻麦"来看，竭沭水溉田，以利稻麦生产的灌溉事业，在春秋战国之际，已经开始。在这个时期，淮河流域最大的灌溉工程，就是楚国在安徽省寿县城南创建的芍陂。据《后汉书·王景传》说：芍陂为"楚相孙叔敖所起"。《淮系年表》称赞："芍陂既纳淠水，又通肥水，津渠交汇，古饶农利，垂两千数百年不敝。"灌田万顷，灌排自如，蓄泄兼筹，可誉为淮河水利之冠。

两汉是我国封建社会巩固和发展的历史阶段，也是我国古代农田水利大规模建设的重要时期。汉朝初年，为了恢复社会经济，稳定封建统治，推行"以农为本"的休养生息政策，大兴水利，动员大量的人力、财力，在各地兴修了一大批灌溉工程，出现了"用事者争言水利"局面，形成了我国历史上第二个农田水利建设高潮。陂塘工程绝大多数分布于淮河流域和汉水流域，据《水经注》记载，汉代兴建20项陂塘工程，有14项分布在河南、安徽两省的淮河流域。在河南省汝河两岸，沟渠纵横，陂塘星罗棋布，形成一个灌溉网。由于这一带灌溉兴盛，种植水稻，经济富庶，西汉曾在汝南地区设"富陂"县。

到了西汉末年，可能淮河流域降雨过多，豫东涝灾连年。据《后汉书·翟方进传》记载，成帝宰相翟方进以"关东数水，陂溢为害"为由，奏请废除了汝南地区最大的鸿郤陂灌区工程。若干年后，这个地区连年大旱，失去了陂水灌溉之利，农业生产受到极大损失，民不聊生，怨声载道。当地人民编写一首《陂当复》童谣，把修复鸿郤陂说成是神仙的旨意，这反映当地人民要求恢复陂塘灌溉的强烈愿望。到了东汉初年，从巩固政权，发展农业生产的需要，于建武十八年（公元42年），汝南太守邓晨委任许扬主持修复了鸿郤陂。据《后汉书·许扬传》载："起塘四百余里，数年乃立，百姓得其便，旱岁大稔"，自此，这项引水灌溉工程重新发挥经济效益。

东汉末年，农民起义的风暴摧垮了东汉王朝的统治，豪强地主乘机组成军事集团，拥兵割据，连年争战，闹得民死田荒，十室九空，流尸盈河，饿殍遍野。淮河流域是黄巢起义的策源地，也是各路军事集团征战的战场。在黄淮平原上出现大面积土地荒芜，人口流失，这为曹魏屯田提供了条件。

曹魏时期的两淮水利建设，应归功于邓艾。据《三国志·魏书·邓艾传》记载："时欲广田蓄谷，为灭贼资，使艾行陈、项以东至寿春"进行考察。邓艾巡视后，提出一份屯田与水利建设的规划，他认为要征服东吴，必须扩大两淮屯田，广积粮食；而淮河南北"田良水少，不足以尽地利"。因此，他建议开河渠，兴水利，既可以引水灌田，又可以通漕运输。如能在淮北屯二万人，在淮南屯三万人，除一万人轮休外，"常有四万人且佃且守"。如此，"岁完五百万斛以为军资，六七年间，可积三千万斛于淮上。此则十万之众五年食也。以此乘吴，无往而不克矣"。

邓艾计划被采纳后，从正始二年（241年）起，在淮河南北展开大规模的治水屯田运动。在淮北以许昌为中心的农田水利工程，据《晋书·食货志》记载，"修广漕、淮阳、百尺渠，上引河流，下通淮颍，大治诸陂于颍南、颍北，穿渠三百余里，溉田二万顷"。有一百多处陂塘得到了修治、开发和利用。在淮南，东至扬州，南至合肥，西达溠河两岸，濒淮四百余里土地上的陂塘，大力修治和经营。经过邓艾几年经营，淮南、淮北屯区棋布，皆相连接。史称"自寿春到京师，农官兵田，鸡犬之声，阡陌相属，每东南有事，大军出征，汎舟而下，达于江淮，资实有储，而无水害"。两淮呈现一派兴盛景象，使两淮成为当时重要的农业经济区。

263年，司马炎夺取曹魏的政权，建立了西晋王朝，结束了三国鼎立的局面。西晋初年，由于雨水过多，豫、徐、兖等州连年大水，给淮河流域局部地区造成大面积的洪涝灾害。在这个多水年代，曹魏时期在淮北屯田所修的许多陂塘，由于年久失修"陂塌岁决""洪波泛滥"，水利转变为水害。晋武帝面对这种形势，便诏令主事者拿出对策来。咸宁四年（278年），度支尚书杜预提出废除兖豫界内陂塘的建议。他说："今者水灾东南特剧，非但五稼不收，居业并损，下田所在停汙，高田皆多硗埆"；"而陂塌岁决，良田变成蒲苇，人居沮泽之际，水陆失宜，放牧绝种，树木立枯"；"陂多则土薄水浅，潦不下润，故每有水雨，辄复横流，延及陆地"。这就是说，由于陂塘过多，而且工程质量低劣，一遇大水，则陂塌决溢，洪波横流，低田长期积水形成沼泽，高地地下水位上升引起返碱，不仅五谷不收，也影响渔业和农牧的发展。

杜预计算了兖、豫二州实需的用水量，每年需要用水的田亩不过七千五百余顷，三年也只有二万余顷，而现在所蓄的水量，不仅大大超过了实际需要，而且"水涝瀚溢，大为灾害"。为此，他提出"宁泄不蓄"。做法是：凡"汉氏旧陂、旧堨及山谷私家小陂，皆当修缮以积水，其诸魏氏以来所造诸陂因雨决溢蒲苇、马肠陂之类，皆决沥之"。

杜预所以主张保留汉代旧陂旧堰，以及山谷私家小陂，可能是因为这些工程做得比较坚固实用，占地面积也较小；而魏以后所建的陂堰，大多是在战争环境中应急之作，不但工程粗糙，而且占地面积较大。西晋以后,人口渐增,雨涝过多,耕地短缺。因此,杜预主张把魏以后所建的陂堰废弃,加以垦殖。杜预的奏疏被批准执行以后,兖、豫二州废掉了不少曹魏以后建立的陂堰、塘坝。

西晋时期的兖、豫二州,基本上就是现在的淮河流域的豫东、皖北、鲁西南和江苏徐州地区。这个区域降雨量时空分布不均,地表水资源短缺,旱涝时有发生,对农业生产影响很大。在治水思想和策略上,如何处理好蓄与泄的关系,古人有过多次经验教训。而在1700多年前,杜预就认识到这个问题,并力求加以解决,实在难能可贵。

第四节 蓄清刷黄与分黄导淮

南宋绍熙四年(1193年),黄河在河南阳武决口,洪流经长垣、曹县南、砀山北至徐州入泗水,再到淮阴注入淮河,揭开了黄河长期夺淮的局面。从此,黄、淮、运交织在一起,形成三河息息相关,治淮、治黄、治运关系极其复杂。从治理方针看,淮河处在被牺牲的位置上。

元、明、清三代建都北京,政治中心在北方,而当时的经济中心在江南。保漕重于治河,为了南北大运河的畅通,明朝中叶以前多采用北堵南疏、抑河南行夺淮的方针。如果黄河从徐州以西决口北流,不仅要冲击山东运河,而且徐州至淮阴的黄、运合流的航道得不到黄水资助、影响漕运。明孝宗皇帝朱祐樘认为,黄河南流,"坏民田庐"算不了什么,要是北溃,一旦淤运,就关系"国计",并再三告诫他的王公大臣说:"朕念古之治河,只是除民之害,今日治河乃是恐妨运道,致误国计,其所关系,盖非细故"。

为了抑河南行,受命治河的刘大夏,在对河南、山东沿河地势调查后于弘治八年(1495年),在西起胙城(河南延津县境),东至徐州的黄河北岸筑堤三百六十多里的太行堤,迫使黄河南决走涡、颍二河入淮。到明嘉靖以后,由于黄河南泛,泗州水患加剧,明祖陵受到威胁,总河刘天和等大臣,竭力主张封堵南流,引黄河入贾鲁故道,经曹县、砀山、萧县至徐州以济运河,但屡浚屡淤,使河官们束手无策。

一、蓄清刷黄

明万历六年(1578年),潘季驯第三次被朝廷任命为总理河漕提督军务。他上任后,亲自到沿黄、淮、运各地调查研究，在总结前人治水经验的基础上，大刀阔斧地实施"筑堤束水，以水攻沙"，大筑高家堰（洪泽湖大堤），"蓄清刷黄"的治河、治淮方略。他认为"水分则势缓，势缓则沙停，沙停则河饱"，而"水合则势猛，势猛则沙刷，沙刷则河深"。他视"高堰，淮、扬之门户，而黄、淮之关键也。欲导河以入海，必借淮以刷沙。淮水南决，则浊流停滞，清口亦堙，河必决溢。上流水行平地，而邳、徐、凤、泗皆为巨浸，是淮病而黄病，黄病而漕亦病，相因之势也"。把筑高堰作为治淮、治河的首务。于万历六年九月，他派郎中张誉指挥俞尚志等人率锐士和民夫动工修筑。潘季驯也深入险工地段，入冬则"冲冒风雪，暴露堰上，与徭夫同辛苦"；至次年春季大风雨时，"则又与百执事，往来泥淖中，飞涛扑面，矻矻不少休"。堵塞大涧等决口，筑北起武家墩，南到越城，长六十里的高家堰。又筑洪泽湖北岸的归仁堤四十里，整治徐州到淮安河段堤防等。经过潘季驯三年的整治，在淮河下游出现了"清口方畅，流连数年，河道无大患"的良好局面。

潘季驯第一次把黄、淮、运联在一起，提出"通漕于河，则治河即以治漕；会河于淮，则治淮即以治河；合河、淮而同入于海，则治河、淮即以治海"的思想。反对以前抑河南行夺淮的消极保运方略，他能把除害与兴利结合起来，统一规划，综合治理。这种措施，在当时一定程度上减慢了清口的淤积，延缓了清口至云梯关以外海口河床的抬高速度，保证苏北京杭运河的通畅起到积极的作用。

但是，也应当看到，潘季驯治河只限于河南以下的下游一带，对于泥沙来源的中游地区未加治理。源源不断而来的泥沙，只靠"束水攻沙"这一措施，不可能将泥沙输送入海，势必有一部分泥沙淤积在下游河道里。同时，由于黄强淮弱，黄水往往倒灌清口各引河。要使黄水不倒灌清口，就得年年耗费巨资，修筑洪泽湖大堤，抬高洪泽湖水位，并在清口附近修筑各种挡水、束水、引水闸坝工程，使运河在杨庄、淮阴之间曲折成"之"字形，这样反而增加了航道长度，使运河水流速变缓，给泥沙的沉淀、淤积创造了条件。清口淤塞，淮河洪水进入洪泽湖没有出路，必然造成高家堰不断决口、泛滥，冲击宝应、高邮一带运河，危害苏北里下河地区。"蓄清刷黄"还造成洪泽湖的淤积和水位的提高。这样就出现了淮河下游河床高于中游的倒比降反常现象。每到汛期，淮河泄洪缓慢、各条支流入淮受阻，造成淮北平原大面积涝灾。淮河干流水位抬高后，给两岸堤防带来威胁。淮河在历史上的多灾多难，除黄河长期夺淮因素外，与各代治水政策的局限性也有很大关系。

到了清代，继续推行潘季驯"蓄清刷黄"政策的突出人物是河道总督靳辅和他的助手陈潢。

康熙十五年（1676年），黄河、淮河同时涨水，黄河倒灌洪泽湖，决开高家堰大堤三十四处，淮扬七州县被淹，清口以下河道被淤，漕运严重受阻。面临这样严峻的局势，康熙下决心治理黄河。于是，第二年命令当时任安徽巡抚的靳辅为河道总督。

靳辅上任后，即由其幕友陈潢陪同，对黄、淮两河及决口、灾区进行实地考察，详细了解河情水势、堤防状况、水患灾情。他虚心向当地人民请教，在调查研究基础上，靳辅、陈潢提出了治理黄河、运河的基本主张，他们认为"治河之道，必当审其全局，必合河道、运道为一体，彻首尾而合治之，而后治可无弊"。并且，尖锐地指出了河道日坏、河患日多的根本原因是重漕运不重治河，是治河服从漕运的治河方针所造成的。他从八个方面系统提出了治理黄、淮、运的全面规划和实施步骤，这就是：①取土筑堤，使河宽深；②开清口及烂泥浅引河，使得引淮刷黄；③加筑高家堰堤岸；④次第堵塞周桥至翟家坝决口三十四处；⑤深挑清口至清水潭运道，增培东西两堤；⑥淮扬田及商船货物，酌纳修河银；⑦裁并河员以专责成；⑧按里设兵，画堤分守。朝廷基本同意了他的计划，在陈潢的协助下，靳辅立即组织施工，在黄、淮下游千里河岸，展开了一场声势浩大的修堤、筑坝、疏河工程。

靳辅十分重视堤防建设是与陈潢的主张分不开的。陈潢认为："治河者，必以堤防为先条。""堤成则水合，水合则流迅，流迅则势猛，势猛则新沙不停，旧沙尽刷，而河底愈深。"靳辅敬重陈潢的博学多才，但也不掠人之美，屡次向朝廷举荐陈潢。陈潢横遭诬陷后，含冤去世，靳辅还义正词严地要求朝廷为他平反昭雪。

靳辅的治河思想和实践，反映了他能"因势利导，随时制宜"为主的朴素唯物主义思想。他任河督十年，继承了潘季驯的治河思想，但又有所发展。他增建洪泽湖大堤上的减水坝，扩大宣泄淮河洪水的能力。另外提出"黄淮相济"的主张，让部分黄水经过洼地沉淀泥沙变成清水，再注入洪泽湖，一可增大蓄清刷黄能力，二可减轻对洪泽湖的淤积。靳辅还强调在蓄清刷黄的同时，还要辅以人工挑浚，提出了"寓浚于筑"的思想。即用疏浚之土，用于筑堤，而为一举两得之计也。

二、分黄导淮

分黄导淮的主张起于万历初年。万恭曾有过导淮入江的设想，但未正式提出。明万历四年（1576年），漕运总督吴桂芳提出了"分黄"的意见。他说："淮扬洪潦奔冲，盖缘海滨汉港久堙，入海止云梯一径。"因此，他认为："如草湾及老黄河皆可趋海，何必专事云梯哉？"吴桂芳主张让黄河尾闾段多支分道入海。同时，给事中汤聘尹又建议"导淮入江以避黄"。此后，"分黄"与"导淮"两种方案便逐渐联系起来，形成"分黄导淮"的方略。但在潘季驯主持治河期间，这些意见都只是个别人意见而已。潘氏去职以后，"分黄导淮"的呼声才日渐高涨。但是，对"分黄导淮"的具体做法认识也不尽一致。张贞观主张，"泄淮不若杀黄"，而杀黄应在与淮合流之前。张企程则认为，导淮入江是急救泗州祖陵的最好方案。经过一番争议之后，明朝皇帝采纳了张企程和杨一魁的"分黄导淮"之策。于是在万历二十四年（1596年），征调山东、河南、江北丁夫二十万人，开挖桃源黄坝新河，自黄家嘴经周伏庄、渔沟、浪石两镇，至安东五港、灌口，长三百余里，分泄黄水入海，以抑黄强。辟清口各引河淤沙七里，导淮会黄。在高家堰建武家墩闸，泄淮水，由永济河达泾河；建高良涧闸，泄淮水由岔河达泾河，经射阳湖入海。建周家桥闸，泄淮水由草子湖、宝应湖经子婴沟，下广洋湖入海。又浚高邮茆塘港，引水入邵伯湖，开金家湾下泄淮水经芒稻河入江。

杨一魁"分黄导淮"工程，虽一时收到"泗陵水患平，而淮扬安矣"的效果，但是，时隔不久，黄河又在徐州以上决口南泛，由溮水入洪泽湖。这样，清口航道淤积不仅没有解决，明祖陵也时时受洪水威胁。杨一魁的"分黄导淮"之策在一片反对声中宣告失败。

第五节 复淮与导淮

从1194年至1855年，黄河夺淮长达660多年，使淮河干支流普遍受淤，破坏了淮河水系正常的蓄泄功能。尾闾不畅，全流域洪、涝、旱自然灾害频繁发生。严重的自然灾害，不仅使广大人民身受其害，统治阶级的利益也受到影响。因此，治理淮河，已成为数百年来历代统治者不可忽视的一件大事。

一、清末复淮

在清末掀起一股复淮运动，最先主张"复淮"的代表人物是苏北山阳绅士丁显。他于1866年发表了"黄河北徙应复淮水故道有利无害论"，提出"堵三河、辟清口、浚淮渠、开云梯关尾闾"四项工程缺一不可的主张，并拿出"复淮"故道施工章程。接着他又联合淮扬绅士裴荫森、蔡则云提出"复淮"故道报告，上书两江总督曾国藩。这一年，淮河流域发生严重水灾。面对巨大的灾害和人民要求治淮的呼声，十月，两江总督曾国藩在清江浦开设"导淮局"，由淮扬道主持办理治淮事宜，一面向清政府转奏，终因经费无源未获批准。

光绪七年（1881年），江苏总督刘坤一设立"导淮局"，要求清政府拿出淮北盐税的十分之二，作为"导淮"经费。同年二月初至四月，在徐州道程国熙督工下，雇募两万民夫，开挖疏浚杨庄至涟水一段淮河故道，由于河床淤泥太深、渗水大、施工困难，加上连续阴雨，民夫生活艰苦，只挑浚四十华里，就被迫停工。两年后，两江总督左宗棠，要求清政府拿出淮北盐税收入的全额用于"复淮"。

1906年，苏北民族资本家张謇提出"复淮浚河，标本兼治"的建议，上书两江总督端方。要求在发放急赈的同时，救灾结合治淮，实行以工代赈。张謇的要求，遭到端方的谢绝后，他利用自己是江苏省咨议局长的声望和办实业的经济能力，创办了江淮水利测量局，测量淮域各河道，为"导淮"做准备。

二、北洋政府时期导淮

民国元年（1912年），安徽督军柏文蔚提议裁兵导淮方案，公布导淮兴垦大纲。主张淮水四分入江、六分入海，这是近代治淮史上较早提出的江海分疏方案。

1913年，北洋政府在北京成立了"导淮局"，张謇任督办、柏文蔚为会办。这时张謇发表《导淮计划宣告书》，提出淮水三分入江、七分入海，淮、沂、沭、泗分治的原则。1919年，张謇依据多年导淮测量资料，以及他聘用的外国工程师的意见，发表了《江淮水利施工计划书》，提出淮水七分入江、三分入海的正确主张。当时淮河最大洪峰流量是每秒12500立方米，入江流量为每秒7000立方米，入海为每秒3000立方米。所以，张謇解决淮河洪水出路的规划思想是符合实际的，也是他实地勘测淮河洪水状况后得出的科学论断，并为后人治淮实践证明是正确的。

1920年，美国广益银公司派水利工程师费礼门来华洽谈南运河治理借款问题，在南京搜集到一些淮河历史资料，回国后不久发表了《导淮计划书》，主张淮水全量入海，并进行河湖分家的入海路线。入海路线西自安徽省五河县，向东经洪泽湖北端开一条直河，向东穿运河、盐河、六塘河到灌河口入海。1921年，淮河又发生大水，灾害不仅使人民遭殃，一切"导淮"计划，因经费无着落而告吹。这是近代"导淮"运动的第二个阶段，在这历史阶段，倡导治淮的主角是张謇，他为"导淮"奔走呼号二十多年，他的主张和"导淮"计划，没有一件工程得到实施。但是，他从事的导淮事业已功垂青史。尤其他为治淮而创办的"河海工程学校"，用西方现代技术培养出我国近代史上第一批水利及土木工程建设专门人才,他对淮河中、下游各河道、地形、测量图表和水文、气象观察记录的资料,为后人治淮提供了有价值的科学依据。

这个时期各方人士提出的"复淮""导淮"方案,与清末相比有较大进步,近代西方水利技术已应用到导淮方案中。由于受我国封建社会传统治水思想的影响,河臣、士绅们,总把疏川导滞当做千古不变的治水策略,他们制定的各种导淮方案,大都局限在唯"泄"的传统治水方法上,并把目光集中下游,缺乏上、下统一规划,洪、涝、旱统一治理的思想。

三、国民政府导淮

1925年,国民政府面对日益严重的淮河自然灾害,对南京政府来说是一个潜在危机。蒋介石在受聘为导淮委员会委员长就职演说中也承认这一点,他说:"居以淮河人民在八千万以上,如浚导成功,则民生问题可以解决。从历史上观察,由于淮河流域人民之不能安居乐业,而引起纷争者甚多,故今后对导淮工作,当特别注意","淮河之安危,动为治乱之关键。"所以,导淮问题不仅是水利问题,而且是一个重要的政治问题。孙中山先生在他的《建国方略》中,把导淮作为"培国本,纾民困,裕民生","刻不容缓"之问题。而国民政府官员中不少人以孙中山的继承人自居,执行孙中山的导淮主张,也是政治上的一个动机。加上前人为导淮创造了条件,为了减少政府赈灾负担,平息民怨,收买人心,增加税收,国民党政府毅然决定导淮。

1928年,南京国民政府建设委员会设立"导淮图案整理委员会",为导淮方案制定作前期准备工作。1929年7月1日,成立了国民政府导淮委员会。除导淮机构外,还制定了一些法规性的导淮政策。如"导淮委员会组织法""涸出土地管理法""工程施政纲要""办事规程""水文站组织规程"等。

20世纪20年代,从西方留学回国的一批爱国知识分子,抱着救国救民的思想投入了治淮工作。我国近代著名的水利科学家李仪祉和汪胡桢是其中杰出的代表。他们利用所掌握的近代水利、土木工程理论和技术,借鉴前人导淮方案的长处,又亲自深入淮河流域各水系查勘,然后在分析研究的基础上,于1931年4月制定出《导淮工程计划》。该计划采用江海分疏,沂、沭、泗分治的原则,对淮河上、中、下游进行全面治理。既有修堤防洪的除害工程,也有兴利灌溉、航运、发电工程。从现在的眼光来看,20世纪30年代制定的治淮工程计划及举办的工程项目,不仅标准低,规模也较小,根本不能与新中国治淮工程相比。就是这样一个低标准的治淮方案,由于当时政府腐败,经费难筹,工程计划也难于实施。1931年夏季,淮河流域发生百年不遇的大水灾。灾后在全国各界人士要求赈灾治淮的呼声下，国民政府救济水灾委员会，从中英庚子赔款借1000万元作为导淮基金，又从拍卖苏北新涸出的土地等筹得一部分导淮经费，这样才艰难地迈开第一期导淮工程的步伐。这一期工程仅在中、下游培修了部分干支流堤防，在苏北运河上兴建了四座小型船闸。当抗日战争的烽火蔓延到淮河上，导淮委员会西迁四川后，导淮工程也就此止步。从此，淮河流域人民陷入了水深火热的苦难深渊。国民党政府把千疮百孔的淮河，"十年倒有九年荒"的穷地方留给了新中国。

第六节　淮河流域古代水利工程

淮河流域内有许多著名的古代水利工程，如邗沟、鸿沟、汴渠、期思雩娄灌区、芍陂、浮山堰、京杭大运河、洪泽湖大堤、归海五坝等，在我国水利发展史上都具有十分重要的地位。

一、邗沟

邗沟是联系长江和淮河的古运河，是中国最早见于明确记载的运河。又名渠水、韩江、中渎水、山阳渎、淮扬运河、里运河。邗沟南起扬州以北的长江，北至淮安以北的淮河。

春秋时期吴王夫差北上争霸，于公元前486—前484年筑邗城（今扬州市），开通邗沟，南起邗城（今扬州）以南的长江，北经樊梁湖（今高邮附近）等一系列湖泊，折向东北，入射阳湖，以较短的人工渠道相连接，航道弯曲，再向西北经淮安入淮河。东汉时期向西改道取直，由樊梁湖直接向北，经津湖、白马湖、北入淮。东晋永和年间，南段江水已不能引入运河，从今仪征引水。魏晋南北朝时期（220—581年），由于自然条件的变化，江水已不能引入运河，于上游开支河从今仪征引江水通航，并在运河口建堰埭、水门节水，河上也建有多处堰埭。隋大业元年（605年），炀帝开挖通济渠时，又开邗沟，自山阳至江都入扬子江，沟通江、淮，成为隋代大运河的重要组成部分。

在唐代（618—907年），长江中的沙洲扩大，并与北岸相连。唐代开元二十二年（734年），在扬子镇以南接开伊娄河，经瓜洲入江。从此，瓜洲运口与仪征运口并用。北宋时期（960—1127年），在邗沟上建有数十处闸、坝、涵等建筑物，并且出现了世界上最早的船闸——复闸。元代（1279—1368年）开通京杭运河，邗沟成为其中的一段，南口在瓜洲和仪征，北口仍在淮安北。

邗沟开挖之初是用于军事，末口扼邗沟入淮之口，为江、淮、河、济四大水系的枢纽，不但是交通运输的要冲，且江淮地区发生战争，必争淮安。长期以来，淮安一直"南必得而后进取有资，北必得而后饷运无阻"的军事重镇。但随着历史的变迁，邗沟逐渐成为我国东部平原地区的水上运输大动脉。东汉末期，邗沟即用于漕运。其后，经济中心逐步移向东南，邗沟漕运量不断增加。隋唐以后，邗沟是保障朝廷供给的生命线，当时漕运很艰苦，漕船容易失事，损失量很大。官僚们采取重刑，惩罚押送人员和船工。当时规定漕米从江南运至长安，损失十分之一的是死罪，但仍然还要损失半数以上。遇大灾之年，沿途饥民掏漕河中的剩米吃，可见漕米损失之多，绝非单纯为押运者偷盗。北宋时由于漕粮自江淮至汴京每年多至 800 万石，少亦不下 600 万石，为当时最重要的运道。明清两代，邗沟的漕运地位更显重要，每到运粮季节，有 12000 艘漕船，12 万漕军"帆樯衔尾，绵亘数省"。此后，邗沟入淮处末口迅速出现一个重要城镇——北辰镇。经过秦汉、魏晋、南北朝时期发展，北辰镇迅速繁荣起来，到隋唐时期成为楚州治所，并随着大运河的南北贯通，而成为漕运要津，商业贸易很兴旺，吸引海内外商人，白居易有诗句盛赞此地为"淮水东南第一州"。

新中国成立后，京杭运河苏北段经过多次整治，古邗沟范围内建成了江都和淮安两个梯级水利工程枢纽，成为南北运输的重要环节，而且集流域防洪、排涝、灌溉、调水、航运、城乡供水等综合效益于一体，成为促进苏北区域经济发展的水上黄金航道。今里运河上承中运河，北起淮阴水利枢纽的淮阴船闸，南到扬州市邗江区六圩入长江，过江在镇江市谏壁口与江南运河相接，长 197 公里。为苏北航运干道，亦为江水北调工程中的主要输水线路。

二、鸿沟

鸿沟是中国古代最早沟通黄河和淮河的人工运河，起点在古代荥阳成皋一带，今河南省郑州荥阳。东周末期战国魏惠王十年（公元前 360 年）开始兴建。修成后，经过秦代、汉代、魏、晋、南北朝，一直是黄淮间中原地区主要水运交通线路之一。西汉时期又称狼汤渠。该地北临万里黄河，西依邙山，东连大平原，南接中岳嵩山，是历代兵家兴师动众、兵家必争的古战场。

战国时魏惠王十年（公元前 361 年）为了战争需要，曾两次兴工，开挖了鸿沟。它西自荥阳以下引黄河水为源，向东流经中牟、开封，折而南下，入颍河通淮河，把黄河与淮河之间的济、濮、汴、睢、颍、涡、汝、泗、菏等主要河道连接起来，构成鸿沟水系。鸿沟有圃田泽调节，水量充沛，与其相连的河道，水位相对稳定，对发展航运很有利。它向南通淮河、邗沟与长江贯通；

向东通济水、泗水，沿济水而下，可通淄济运河；向北通黄河，溯黄河西向，与洛河、渭水相连。

鸿沟的开凿，为后来南北大运河的开凿创造了条件。秦始皇统一中国后，充分利用了鸿沟水系和济水等河流，把在南方征集的大批粮食运往北方，并在鸿沟与黄河分流处兴建规模庞大的敖仓，作为转运站。汉武帝元光三年（公元前132年），黄河决口于濮阳，泥沙淤塞了菏水和汴水河道，鸿沟水系遭到破坏；特别是汉平帝时（公元1—5年），黄水冲入鸿沟，淤塞更为严重；汉明帝永平十二年（公元69年），王景和王吴共同治理黄河、汴水，汴河水运能力有所恢复，但其他河道未治，鸿沟水运逐渐湮废。

三、汴渠

汴渠也称汴河，又名通济渠，是我国古代沟通黄河和淮河的骨干运河，全长650公里。自河南荥阳的板渚出黄河，至江苏盱眙入淮河，共历现今三省十八县（市），顺序为：河南省的荥阳、郑州、中牟、开封市、开封县、杞县、睢县、宁陵、商丘、虞城、夏邑、永城；安徽省的濉溪、宿州、灵璧、泗县；江苏省的泗洪、盱眙。在汉代和南北朝时都是重要运道。

汴渠是公元605年开掘的隋唐大运河的首期工程，连接了黄河与淮河，贯通了洛阳到扬州，作为中华帝国最鼎盛时期的交通大动脉，"枢纽天下、临制四海、舳舻相会、赡给公私"。历经隋、唐、五代、宋、辽、西夏、金、元八个朝代，通航了720年。唐建都长安、洛阳，北宋建都东京（今河南省开封）都依靠这条运河运输江南的粮食和各种贡品。《宋史·河渠志》载："漕引江湖，利尽南海，半吴下之财富并山泽之百货，悉由此路而进"。唐每年漕运粮食400万石至长安、洛阳，宋代每年运粮600万石至东京，是南北交通的大动脉。南宋时期，随着政治中心南移，汴渠的漕运地位逐步减弱，再加上每年缺少清淤治理，运河河床逐渐淤塞断流。元、明、清时期，朝廷再修大运河的时候，将河道直接取直，由北京直通苏杭，新的京杭大运河比绕道洛阳的隋唐大运河缩短了九百多公里。

四、期思雩娄灌区

楚庄王九年（公元前605年）前许，孙叔敖主持兴建了我国最早的大型引水灌溉工程——期思雩娄灌区。在史河东岸凿开石嘴头，引水向北，称为清河；又在史河下游东岸开渠，向东引水，称为堪河。利用这两条引水河渠，灌溉史河、泉河之间的土地。因清河长90里，堪河长

40 里，共 100 里，灌溉有保障，后世又称"百里不求天灌区"。经过后世不断续建、扩建，灌区内有渠有陂，引水入渠，由渠入陂，开陂灌田，形成了一个"长藤结瓜"式的灌溉体系。这一灌区的兴建，大大改善了当地的农业生产条件，提高粮食产量，满足了楚庄王开拓疆土对军粮的需求。因此，《淮南子》称："孙叔敖决期思之水，而灌雩娄之野，庄王知其可以为令尹也。"楚庄王知人善任，深知水利对于治理国家的重要，任命治水专家孙叔敖担任令尹（相当于宰相）的职务。

五、芍陂

芍陂是我国古代四大水利工程（芍陂、漳河渠、都江堰、郑国渠）之一，创建于春秋楚庄王时（公元前 613—前 591 年），距今已有 2500 多年的历史。据《后汉书》和《水经注》记载，芍陂为楚相孙叔敖所建。芍陂在安丰城（今安徽省寿县境内）附近，因水流经过芍亭而得名。今安丰塘北岸有孙公祠，即后人为纪念孙叔敖而立，祠内殿阁俨然，碑石林立。

芍陂（安丰塘）——天下第一塘
淮委提供

据《安徽通志·水系稿》载，芍陂有三源："一淠水，今湮塞；一肥水，今失故道；一龙穴山水。"芍陂承蓄南来充沛水源，居高临下，向西、北、东三个方向灌溉田地，衔控 1300 多平方公里的淠东平原。蓄溉关系考虑十分周到。它的创建，为后起的大型水利工程提供了宝贵的经验。1959 年，安徽省文化局工作队曾在安丰塘越水坝附近，发掘出汉代水利工程——草土混合结构的堰坝遗址。出土遗物中有"都水官"铁锤，证明至少在汉代就曾设官管理此陂。

芍陂陂径及灌溉面积，古代记载多不相同。《后汉书》《通典》《太平御览》《太平寰宇记》《无和郡县志》等书都说："陂径百里"，或"凡迳百里""芍陂周二百二十四里"，或"周二百里"。郦道元《水经注》则说"芍陂周一百二十许里"。夏尚忠《芍陂纪事》亦载"周围凡一百余里，此孙公当日之全塘也。"郦注和夏纪所载陂周相当，考之地望，较为可信。芍陂灌溉面积，在籍所载，也多分歧，多数是"灌田万顷"，最多的说"数万顷"，少的说"五千余顷"以至"数百顷"。

芍陂兴建后，历代都有修治，东汉王景、刘馥，晋刘颂，南北朝刘义欣，隋时赵轨，以及其后宋、元、明、清各代均有修竣。由于历代豪强抢占，战乱频繁，到建国前夕芍陂灌溉面积已不足 8 万亩。

新中国成立以来，芍陂灌区人民在党和政府的领导下，艰苦奋斗，对芍陂进行了综合治理，沟通了淠河总干渠，引来了大别山区的佛子岭、磨子潭、响洪甸 3 大水库之水，建成了淠史杭灌区一座中型反调水库，蓄水 1 亿立方米，灌溉面积 63 万亩。灌区粮产量 6 亿斤以上。1983 年被列为国家商品粮基地重要水利设施后，越来越受到世界各国的注目，美国、罗马尼亚、德国及联合国大坝委员会的专家、学者前来参观。1986 年，安徽省人民政府公布芍陂遗址为安徽省重点文物保护单位。1988 年，国务院将其公布为全国重点文物保护单位。

六、浮山堰

浮山堰是南北朝时期淮河上修建的拦河大坝。位于安徽省五河、嘉山及江苏省泗洪三县交界的淮河浮山峡内。是淮河历史上第一座用于军事水攻的大型拦河坝，也是当时世界上最高的土石坝工程。梁天监十三年 (514 年)，梁武帝萧衍为与北魏争夺寿阳（今安徽省寿县），派康绚主持在浮山筑坝壅水以倒灌寿阳城逼魏军撤退。据史书记载这次工程动用军民 20 万人施工。南起浮山北抵巉石（今潼河山）从两端开始填筑土方，准备在中间合龙。由于种种波折，浮山堰历时两年才最终建成。这个水利工程对魏军的威胁确实很大。蓄水不久，寿阳城即被水围困，魏军被迫弃城上山。浮山堰筑成后淮河被切断，上游几百里内一片汪洋，水位还不断上涨，几乎与堰顶相平，于是开始威胁下游地区。梁军一方面对付魏军的骚扰一方面要设法防洪，并利用魏军怕淹的心理，向魏军宣传说梁军不怕打仗就怕有人把水泄掉。魏军果然开始凿山泄水，于是浮山堰水库就有了两条溢洪道，其中一条在泗洪县峰山乡塔河村前。这两条溢洪道在我国水库建设史上也是记载最早的。

为了筑浮山堰，梁朝付出了重大代价。他们从徐、扬二州征发民夫，每 4 户出一人；浪费铁器几千万斤；伐树做木笼；施工中死人无数。浮山堰的典型之处在于它以进攻敌人开始，却以害己告终。因其造成的影响巨大，所以记载最为详细，也就为后人了解当时的情况提供了有利条件。

浮山堰工程的规模在当时是举世无双的，据估算，其主坝高 30～40 米，形成的水域面积估计约有 6700 多平方公里。总蓄水量在 100 亿立方米以上。浮山堰主副坝填方约达 200 多万立方米。这几项指标在当时都是世界的一位。坝高往往是水利工程技术水平最直接的表现。国外的土石坝至 12 世纪才突破 30 米高度，比浮山堰晚了 600 多年。浮山堰的建成突出反映了古代中国人民惊人的力量和气概。限于当时的历史条件和人们对自然认识的深度，浮山堰只存在了 4 个月就被冲垮，但它在世界水利史上留下了不可磨灭的一页。

七、洪泽湖大堤

洪泽湖大堤始建于东汉建安五年（200年），由广陵太守陈登主持建筑，初为30里，始称"高家堰"。明永乐年间，河漕督运陈瑄在武墩至周桥之间兴工修堤，明万历年间，总理河漕潘季驯将大堤延筑至蒋坝，至此，洪泽湖大堤基本建成。

洪泽湖大堤从明万历八年（1580年）起，洪泽湖大堤的迎水坡就开始增筑直立式条石墙护面，时称"石工墙"，历经明清两代171年形成规模。石工墙使用千斤重的条石及糯米石灰浆砌筑，共用条石6万多块，且规格统一，筑工精细，充分显示了我国古代水利建设的高超技艺。

洪泽湖大堤石堤全长百余里，雄伟壮观，蜿蜒曲折共108弯，犹如"水上长城"。长堤沿线有众多的名胜古迹，如高良涧青龙庵、三国时大将邓艾饮马池遗址、九龙湾、周桥大塘、乾隆御碑、滚水坝、黄罡寺、三河闸等。

如今，千年古堤两侧遍植树木，宛如游移欲飞的巨龙依水而卧，人行其中，倍觉"浩渺云烟笼细浪，空蒙雨色入重渊"，是一处天然大氧吧。洪泽湖大堤被江苏省文物局纳入江苏省申报世界文化遗产的推荐名单。2006年5月25日，洪泽湖大堤作为汉至清古建筑，被国务院批准列入第六批全国重点文物保护单位名单。

八、归海五坝

明后期以来由于淮河水不能通畅地由洪泽湖东出清口会黄河，万历中开始由里运河分减一部分入江。清初，运河屡次决口。从康熙十九年（1680年）开始，靳辅建通湖22港，和建归江归海减水坝，归海坝共8座，都是土底草坝。后20年张鹏翮改建为石坝，共5座，从高邮至邵伯依次为南关坝、五里中坝、柏家墩坝、车逻坝和昭关坝。后柏家墩坝废，别建南关新坝，统称归海五坝。高家堰上的仁、义、礼、智、信五坝称上五坝，归海五坝称下五坝。二者上下相承，过水总长度也基本相同。归海坝经过多次改建，一直使用到清咸丰以后只剩下南关坝、南关新坝和车逻坝，共3座。归海坝下泄洪水入里下河地区，没有相应的较大排水入海河道。里下河区西有运河东堤，东有范公堤，中间低洼，实际成了滞洪区，常被淹没。靳辅治黄曾建议开一宽大水道，两岸高筑堤防，未实行。到清中期以后，淮水不能出清口，全由上五坝下泄，归海坝经常开放。里下河水灾更重，始终没有治理办法，直到1949年以后根治淮河才消除了里下河水患。

参 考 文 献

[1] 水利部治淮委员会,《淮河水利简史》编写组.淮河水利简史.北京：水利电力出版社，1990.
[2] 水利部淮河水利委员会,《淮河志》编纂委员会.淮河人文志.北京：科学出版社，2007.
[3] 《淮河文化概观》编委会.淮河文化概观.合肥：安徽文艺出版社，2000.
[4] 康复圣.淮河沧桑.北京：中国科学技术出版社，2003.

海河篇

第一章 海河的生命历程

海河是我国七大江河之一。历史上,经过大自然与人类能动改造河流双重伟大力量的共同作用,海河水系逐渐形成了由北运河、永定河、大清河、子牙河、南运河五大支流和海河干流构成的海河水系。现代意义的海河水系则由海河干流和蓟运河、潮白河、北运河、永定河、大清河、漳卫南运河、黑龙港运东诸河组成。各支流分别发源于黄土高原、蒙古高原和太行山、燕山深处,地跨京、津、冀、晋、鲁、豫、内蒙古等省、自治区、直辖市。

天津海河畔　　　　靳怀堵 摄

第一节　广义的海河——海河水系

提起海河,很多人的脑海里便会浮现出天津海河——海河干流——从天津三岔河口到塘沽大沽口"一条大河波浪宽"的奔腾身影。其实,海河有狭义和广义之分,狭义的海河即指海河干流,从天津市区三岔河口到海河进入渤海的入口——大沽口这段河道;广义的海河指海河水系,由五大支流和海河干流组成。

海河水系由上游五大支流——北运河、永定河、大清河、子牙河、漳卫南运河,形成辐辏状态,在天津三岔河口汇入海河干流,东流注入渤海。现代海河水系(经过自然的作用和人工的改造)流域面积为234613平方公里;河长20公里以上的支流367条。如果按照"河流惟远"的原则,以漳卫南运河水系的漳河之浊漳南源为源,从浊漳南源的源头——山西省长子县的方山算起,翻山岭、越平原,蜿蜒抵达海河干流入渤海湾处的大沽口,全长1122公里。

战国中叶以前,今海河平原的主角是黄河。而海河平原的形成,主要是黄河以及永定河、滹沱河、漳河等多泥沙河道挟裹大量泥沙滚滚而下的伟大造陆运动的结果。据统计，从春秋时的周定王五年（公元前602年）到1949年以前的2500多年间，黄河下游发生的漫、溢、决口和改道达1593次，较大改道26次，重大改道6次，洪流浊水奔突的范围，北至海河，南达淮河，有时还逾淮而南，波及苏北里下河地区，纵横25万平方公里。每次改道，不仅吞噬无数百姓生命财产，也给黄泛区生态环境带来较大的破坏性影响。

那么，战国中叶以前，黄河的行水路线究竟是怎样呢？好在黄河流进了先秦文献中，让我们顺利地检索到两条"黄河"：一是见于《山海经·北山经》中的《山经》河；二是见于《尚书·禹贡》中的《禹贡》河（又称"禹河"）。

《山经》河的行水路线，大致从今河南荥阳广武山北麓起，经新乡、滑县、浚县，再沿太行山东麓北流，又折而东北至永定河冲积扇南缘，再折而东流，至大清河北线，途经今安阳、邯郸、深州、高阳、徐水、安新、霸州，从天津以东注入渤海。

《禹贡》河的行水路线，在今河北深州以上与《山经》河混一，自今河北深州以下折向东北，流经今武强、交河之北，又向东北流至今黄骅以北注入渤海。

由此看来，《山经》河的位置在《禹贡》河以北，且先于《禹贡》河。据有关学者考证，从《山经》河到《禹贡》河，与发生在龙山文化时期（距今4350～3950年）洪水灾害频繁有关。其时的华夏大地，"四极废，九州裂，天不兼覆，地不周载……水浩洋不息"，"当尧之时，水逆行，氾滥于中国，蛇龙居之"，由于气候异常，洪水横流，直接导致了黄河下游的大改道。另外，有地质学家分析，在全新世中期，太行山东麓、南麓整体隆起，沉陷中心向东、南方迁移，孟津—黑羊山断裂也发生了继承性掀斜运动等，当是黄河下游向南、向东滚动的地质原因。

《禹贡》两次提及"九河"：一是"济、河惟兖州，九河既道"；二是大禹导河"至于大陆，又北播为九河，同为逆河入于海"。《尔雅·释水》认为，所谓"九河"是指徒骇、太史、马颊、覆釜、胡苏、简、絜、钩盘、鬲津等九条河①。入海之处因有潮汐迎送，涨潮时甚至出现水倒流，故称"逆河"。《汉书·地理志》说：成帝时，许商（西汉著名经学家和水利专家）推定，"古说九河之名，有徒骇、胡苏、鬲津，今见在成平、东光、鬲界中。自鬲以北至徒骇间，相去二百余里"，"余者既灭难明"。清代著名地理学家胡渭在《禹贡锥指》（卷三）中进一步推论道："许商上言三河，下言三县，则徒骇在成平（治今交河故城东北），胡苏在东光（治今县东），鬲津在鬲县（治今德州东南），其余不复知也。《尔雅》九河之次，从北而南，既知三河之处，则其余六者，太史、

---

① 古汉语中"九"为多的意思，未必是指具体的九条河。

马颊、覆釜在东光之北、成平之南，简、絜、钩盘在东光之南、鬲县之北也。"据谭其骧等学者考证，《禹贡》中的"九河"，乃是《禹贡》河和《汉志》河分别在其尾闾地区形成的两个扇状分流系统。徒骇河以北，为《禹贡》河分流区；徒骇河以南，为《汉志》河分流区。

需要说明的是，"河"，在唐宋前本是黄河的专称。但据历史文献记载，河北平原还有十多条称为"某某河"的河流，如清河、漳河、滹沱河、笃马河、商河等。这些河流之所以也称"河"，原因在于它们曾一度为黄河的干流或岔流所经，以后黄河"喜新厌旧"，改道而去，而其故道又涌来新的水流，故生活河畔的人们依然称之"河"，于是清、漳河等称谓便被保留下来。

到了周定王五年（公元前 602 年），"河徙"——黄河下游发生了一次大改道（这是黄河有文献记载的第一次大改道），直接导致了西汉大河——《汉志》河①的形成。

"盖堤防之作，近起战国。"战国中期黄河下游河道全面修筑堤防后，固定下来的就是后来的西汉大河。当时，黄河下游奔涌于齐与赵魏之间，东岸为齐，西岸为赵、魏，为了防备黄河的泛滥，齐赵魏三国均大修堤防，各距河床二十五里，遂形成了两堤相距五十里（一汉里相当于今 414 米）的黄河下游干道。从此，黄河有固定的单一的下游河道，诸岔流也逐渐消失，结束了多股分流的局面。

《汉志》河的行水线路，在今河南浚县西南古宿胥口以上与《山经》河、《禹贡》河相同；自古宿胥口以下，东北流经今濮阳、高唐，并以高唐为分流顶点，在今黄骅至利津一线入海。

应当指出，不论是《山经》河还是《禹贡》、《汉志》河，其分流的北界，当以白洋淀—文安洼这条东西走向的构造凹陷为限；此线以北，即为永定河、潮白河联合冲积扇的前缘。

到了王莽始建国三年（公元 11 年），黄河在魏郡元城（今河北大名东）决口，泛滥清河郡以东数郡。新朝皇帝王莽以"天命"为借口，听任其泛滥近 60 年，从而造成了黄河下游的第二次大改道。因这次改道发生在王莽执政期，故历史上本称为"王莽河"或"王莽故渎"。

东汉明帝十三年（公元 70 年），王景治河，采用筑堤、护岸和疏浚等方法对漫流的黄河下游进行了全面治理，筑起了一道"自荥阳东至千乘海口千余里"的新堤防，形成了黄河下游新道。新道的形成和稳定，为海河水系的形成奠定了重要基础。从此，海河水系诸河基本摆脱了黄河的干扰，开始步入独立水系的时代。

东汉末，一代枭雄曹操用他的雄心和智慧催化了海河水系的形成。先是在建安九年（204 年），"遏淇水入白沟，以通漕运"。当年，淇水本是黄河的一条小支流，她从太行山深处蜿蜒而来，流

---

① 因记载于《汉书·地理志》中，故称之为《汉志》河。

至今浚县淇门注入黄河。白沟本是一条不大的小河，上承淇水的岔流荡水，下游利用黄河宿胥故渎入内黄。曹操在淇水上筑枋堰后（从此淇河脱离黄河，加入到清河水系），将淇水全部引入白沟，增加了白沟的水量，东北流与清河相接。《水经注·淇水》记载："东过内黄县南，为白沟⋯⋯又东北过馆陶县北，又东北过清渊县西，又东北过广宗（今河北威县境）东，为清河。"此后白沟及其下游清河成为海河平原的主要水运通道。

建安十一年（206年），曹操为北征乌桓运输方便，"凿渠自呼沲水入泒水，名平虏渠"。平虏渠，因平虏城而得名。平虏城即西汉时参户县治，东汉称参户亭，遗址在今河北青县西南的木门店一带，此处正是两汉呼沲水（今滹沱河）流经之地。曹操在滹沱水与泒水之间所开凿的平虏渠，大体相当于今河北青县至天津静海独流镇之间的南运河。正是由于平虏渠的开凿，才使清河"东北过漂榆邑（今天津津南泥沽一带），入于海"。《水经注·沽河》说，沽河"又东南至泉州县与清河合，东入海。清河者，泒河尾也"。所谓"沽河"，即今白河及其下游北运河的前身。就是说，自西南向东北流的清河，与自西北向东南流的沽河在泉州县境汇河，通过"泒河尾"东流入海。

这里需要费些笔墨说一下"泒河尾"。当雏形的海河水系形成时，泒河水势盛于沽河，故合流后泒河尾相当于今之海河。而当平虏渠开通后，清河会同今子牙河水系诸河在天津与泒、沽二河汇合，这时，清河不但盛于沽河，也盛于泒河，故合流后的海河尾闾段又被《水经注》的作者改称为清河。

郦道元在《水经注·沽河》中对这一汇流局面的形成，有十分精确的描述："清、淇、漳、洹、滱、易、涞、濡、沽、滹沱，同归于海。"后世学者据此推断，今海河五大支流汇聚天津，经海河干流入海的局面，形成于东汉末的建安十一年，即206年。

在此之后，曹操继续开凿了泉州渠、新河，将冀东地水道与海河水系沟通，使海河水系向东北扩展到今蓟运河和滦河流域。

由于各天然河道靠人工运渠联系的结构不很稳定，300年后的郦道元时代，海河水系不仅与濡水（今滦河）、鲍丘水隔绝，也与沽水告别。正如北魏郦道元在《水经注》所云："沽水又东南与清河合，今无水"；"鲍丘水自雍奴县故城西北，旧分笥沟东，今笥沟水断，众川东注，混成一渎，东经其县北，又东与泃河合"。就是说，由于雍奴、泉州间沽水下游的笥沟断流，沽水东合鲍丘水，由今蓟运河入海，从而退出了海河水系。如此一来，完整意义的海河水系暂告解体。

到了隋大业四年（608年），隋炀帝开永济渠，让分崩离析的海河水系又一次汇聚成为一体。

隋代，永济渠的开凿，将海河水系西南界扩展到沁水流域。大业四年（608年）正月，隋炀帝"征发河北诸郡男女百万，开永济渠，引沁水南达于河，北通涿郡"[1]。发源于山西沁源县霍山的沁水，在河南武陟附近注入黄河。为了打通黄河以北地区的航道，在沁水下游东北岸开渠，引沁水东北流入白沟，循白沟、清河故道北上，抵今天津西南（今天津静海县独流镇一带），又沿笥沟（沽河下游段，北运河前身）溯流而上，大致在雍奴（治今天津市武清区泗村店镇旧县村）附近转入桑干河（今永定河前身，故道偏北），抵达北部的军事重镇涿郡的治所蓟县（今北京城区西南）。

永济渠开成后，基本上恢复了东汉末年海河各水系在天津汇流入海的形态，而且自此以后，进入了长期的稳定期。

自从东汉王景治河，由于黄河中上游地区生态环境总体较好，下泄泥沙减少，使黄河出现了近千年基本安流的局面。但到北宋中期，黄河发生了历史上第三次大的改道，北上夺御河（今南运河）、界河（海河）入海。海河水系再次被纳入黄河水系，时间为60余年。

北宋庆历八年（1048年），黄河在澶州商胡埽（今河南濮阳东北）决口，北流今滏阳河至南运河之间，经大名（治今河北大名东北）、恩（治今河北清河县西）、冀（治今河北冀县）、深（治今河北深县）、瀛（治今河北河间）、永静（治今河北东光）等府（州、军），至乾宁军（治今河北青县）合御河（今南运河）、界河（今海河），于今天津以东的渤海湾西岸入海，史称黄河北派（又称二股河北流）。到了嘉祐五年（1060年），黄河又在魏县第六埽（今河南南乐县西）决口，"自二股河行一百三十里，至魏、恩、德、博之境"，循古笃马河（今马颊河平原县以上段）至乐陵、无棣以东的渤海湾南岸入海，史称黄河东派（又称二股河东流）。

北宋后期80年间，黄河北流48年，东流16年，北、东两股并流15年。海河水系在黄河的强烈干扰下，又进入了紊乱的时期。

黄河真正远离河北平原，始于南宋建炎二年（1128年）。其时，面对来势汹汹的金兵，东京留守杜充想不出更好的御敌之策，便"决开黄河，自泗入淮，以阻金兵"[2]，扒口的地点在滑县的李固渡（今滑县西南，濮阳与东明之间）。这次人为的扒口造成了黄河历史上第四次大改道，开启了黄河夺淮入东海长达727年的历史的序幕。从此，黄河离开了春秋战国以来流今浚、滑一带的故道，完全脱离海河平原。这是黄河变迁史上划时代的大事。

黄河南徙夺淮入海后，海河水系终于彻底摆脱了黄河的干扰，形成独立而稳定的水系，历千

---

[1] [唐]魏征．隋书·炀帝纪．北京：中华书局，1973．

[2] [元]脱脱，等．宋史·高宗本纪．北京：中华书局，1977．

年而不易。由于黄河冲积扇的压迫，分分合合的海河水系终于形成了由北运河、永定河、大清河、子牙河和南运河五大支流汇聚天津入海的"朝宗辐辏，阙惟一途"①的格局。

五大水系汇聚天津入海的格局虽然一直保持稳定，但这种稳定并非完全一成不变。其中，由于上游河网庞大，下游尾闾狭窄单一，每当夏秋汛期，各河纷纷涨水，蜂拥至海河，由于洪水集中，互相顶托，狭窄的海河干流难以宣泄大强度的洪水，往往因此酿成严重的水患，上游堤防决口漫溢便成为家常便饭。最先发现并致力于解决这一问题的，是唐初的沧州刺史薛大鼎。唐贞观、永徽之际，薛大鼎任沧州（治今河北沧州市东南）刺史。为了解除永济渠洪水对沧州的威胁，薛大鼎组织民众在永济渠东岸，新开或重开了无棣河、阳通河、毛氏河、浮河，分泄了永济渠和漳河的洪水入海。

明清时期，为了减轻南运河、北运河的洪水压力，相继在南运河上开凿了德州四女寺减河、哨马营减河，沧州捷地减河和兴济减河、马厂减河等；在北运河上开挖了筐儿港、青龙湾减河等。

到了20世纪60年代中后期，海河水系的格局又因一次特大水患而发生重大变化。1963年8月，海河流域的漳卫南、子牙、大清河三大水系同时发生特大洪水，广大平原平地行洪，尽成泽国。为了根治海河水患，特别是解决各支流集中天津海河入海、宣泄不畅问题，新开挖了永定新河、潮白新河、子牙新河、漳卫新河和独流减河等，形成了现代海河水系既集中入海，又分流入海的格局。

第二节　狭义的海河——海河干流

作为自西而东横贯天津城区，从南北运河交汇处的三岔河口（金刚桥）到大沽海口的海河，全长只有72公里，不但是我国大江大河干流中最短的，而且也是最年轻的。

一万年前，今河北平原上的海河水系诸河，在黄河的率领下，汹涌澎湃地冲入了全新世。

全新世，为地质时代的最新阶段，始于12000～10000年前后，持续至今。全新世与更新世的界限，以第四纪冰期最近一次亚冰期结束、气候转暖为标志。全新世到来后，气候普遍转暖，高纬度的冰川大量消融，海平面迅速上升，喜暖动植物逐渐向高纬度转移，全球地理环境完全演进到现代面貌。

---

① ［清］吴邦庆. 畿辅河道水利丛书. 北京：农业出版社，1964.

全新世的海河自然史，起初完全是与黄河的自然史交融在一起的。今天海河所属的众多支流，或直接注入渤海，或是黄河的支流。在大气圈—岩石圈—水圈的交互作用下，在人类的强烈参与下，整个黄河系统进入了一个躁动、创造时期，黄河在下游不断上演着决溢与迁徙，在黄河大三角洲上，时而北突入渤海，时而南突入黄海，在奔腾于南北的过程中，这条大河进一步塑造了华北平原，哺育了中华文明，并在造陆的过程中孕育了一个新的河流——海河干流。

海河（干流）是怎样诞生的，她的年龄几何？除了史书上有些零星的记载外，一直没有明确的说法。好在近代以来，科学日益昌明，终于破译了其生命历程的密码。人们发现，在浩瀚无垠的渤海湾西岸广袤的滨海平原上，分布着一道道与现代渤海海岸线走向大致平行的"岗堤"——组成这些堤的物质，不是沙土，而是各种各样的海生介壳动物遗骸——贝壳，当地人把它叫"蛤蜊堤"，而地质和考古工作者则把它叫做"贝壳堤"（天津古贝壳堤与美国圣路易斯安纳州贝壳堤、南美苏里南贝壳堤并称"世界三大古贝壳堤"）。就是从这一道道贝壳堤的存在中，揭开了有关海河生成的秘密。

所谓贝壳堤，是由海生贝壳及其碎片和细沙、粉沙、泥炭、淤泥质黏土薄层组成的、与海岸大致平行的堤状地貌堆积体。它是海潮涨落的"杰作"——每当大海涨潮时，湍急的潮流和激浪便将蛰伏于海底泥沙中的贝壳及其碎片抓起，急速推向岸边并堆积在高潮线附近；而退潮时，软弱无力的回流再也无力把涨潮时推上岸边的贝壳带回大海。天长日久，越来越多的贝壳逐渐筑起一道道长堤，不但成为古渤海海岸线停顿歇脚的可靠标识，也成为古渤海留恋陆地的痴情记忆。

大约在距今260万年的时候，地球进入新生代的第四纪。从第四纪开始，全球气候出现了明显的冰期和间冰期交替循环的现象（地质上称之为"回旋"）。在地球上的最后一个冰期（距今11万年到12000年左右，极盛期距今约18000万年前后）到来时，海河流域的气温比现在低3～5℃，在冷空气的作用下，地球上的水特别是广阔海洋的水凝聚起巨大的冰川，总量比现在多出4000多万立方千米，导致海洋面积萎缩，海平面急剧下降（最低海平面为-150米左右），出现了全球性的海退。大约距今12000年左右，冷冰冰的地球忽然来了个华丽转身，随着全新世的到来，地球上暖风劲吹，气候逐渐由寒变暖，伴随着雨量的增多和冰川的大面积融化，海平面逐渐上升，到了距今7000年左右，达到高海时期（海面比现代高3米左右）。伴随海平面高涨的是惊心动魄的大海浸（又称"黄骅海浸"），沿海低地尽成汪洋泽国，海岸线在今天津以西、沧州以东、潍坊以北。之后，便是海平面的下降（海退）和保持稳定（约距今4000年前后，海平面保持相对稳定），加之黄河、永定河等浊流挟带着大量泥沙向大海推移，使得陆地面积不断增大，出现了"沧海桑田"的剧变。在这场大自然自编自导自演的变故大戏中，大海就像"望娘滩"传说中的那条小龙一样，每回头一次，就留下一处滩迹，就在渤海回眸流连之际，先后形成了四道贝壳堤。

第四道贝壳堤，分布于冲积海积平原的西南部，从北向南分布于今天津市大港区甜水井、大苏庄、树园子，直到河北省黄骅市的前苗庄、翟庄子、同居一线，距现代海岸22～27公里。贝壳种属反映的为滨海河口内湾软泥滩沉积，距今4500～4700年。就是说，在5000年前，今天津市区以东的大部分区域还是一片波涛汹涌的大海。

第三道贝壳堤，分布于冲积海积平原西部，北起今天津市东丽区的荒草坨、张贵庄，向南经崔家码头、巨葛庄、中塘直至薛卫台一带，呈南北走向或北西至东南走向，为断续垄岗状分布，距今2800～3800年。这道贝壳堤上曾发现战国时代的遗址多处，文化层厚达1米，出土的遗物有铁工具、铜剑、战国刀币等。

第二道贝壳堤，分布于冲积海积平原东部，北起今天津市东丽区白沙岭、军粮城，向南经泥沽、邓岭子、上沽林、马棚口一线，距现代海岸线0～20公里。此道贝壳堤体量宏大，连续性好，以贝壳及碎片为主（无沉积物覆盖，为直接出露的贝壳堤）。经测定，这条贝壳堤是经过一千多年的时间塑造而成，约为距今1500～2600年。其上发现了唐宋时期的文化遗迹。

第一道贝壳堤，靠近现代海岸，分布于海积平原特大高潮附近，走向大体与现代海岸线直向一致，其规模较小，且多数被潮水分割成弧丘。以海河为界可分为南北二段，北段在高上堡、涧河、蛏头沽一线；南段起自东大沽，经驴驹河、高沙岭，在棚口、歧口与第二道贝壳堤重合。其堤以贝壳及其碎片为主，贝壳种属反映潮带间环境，距今500～1800年。到了明末，这道贝壳堤已达到一定的高度，曾利用它作为海防前哨。

漫延在渤海湾西岸的一道道古贝壳堤，不但写下了沧海桑田的神奇，更目睹了海河从无到有，从小到大，从短到长的奇迹，同时在不经意间记录下了海河创生的历史。

海河的孕育期，应当在战国中叶以前。那时，海河上中游的各支流大多已客观存在，但大多尚未独立门户——即形成独立的水系，而是依附于黄河，作为黄河的支流或下游尾闾的组成部分。在仰韶文化（距今5000～7000年）的末期，海河流域的气温比现在高2～3℃，处于高温多雨高海平面时期。那时，海河平原的中部和西南部，湖沼遍布，大陆泽—宁晋泊、白洋淀—文安洼、七里海—黄庄洼三大湖沼带，彼此若断若连，形成浩阔的水域，发源太行山东流的诸水，皆汇注于其中，并在地势最低的白洋淀——文安洼东部注入渤海。今天津附近的海岸线在津西的霸州、文安一带，天津以东尚未成陆，贯穿今天津市区的海河干流当然也是虚无缥缈的梦。

距今3800年左右，渤海西岸的海岸线已推进到今张贵庄—巨葛庄一带，海河开始孕育。到了西周和春秋战国时代，由于气候转冷变干，植被稀疏，中上游地区水土流失加剧等因素，使河流含沙量骤增，黄河决溢改道频仍。于是，黄河带领永定河、滹沱河、漳河等河流携带着大量泥沙在天津以东塑造陆地的步伐加快，大河尾闾依地势自然向东延伸，形成海河河段，雏形的海河干流即宣告形成，时为春秋战国时期。其时，今天津以东海河两岸的海岸线，已从张贵庄—巨葛庄一线推进至军粮城—泥沽一线。

战国中叶，"汉志河"下游两岸修筑了绵亘数百里的堤防。此后，"山经河""禹贡河"下游相继断流，黄河专走"汉志河"（自今濮阳、高唐、德州至孟村入海），一直延至西汉末。这时，发源于太行山和燕山的一些河流，开始汇于泒河尾（即后来的海河）入海。

正当"泒河尾"撒着欢地茁壮成长的时候，西汉中叶渤海西岸发生了一次大海浸，让小荷才露尖尖角的她陷入了灭顶之灾。有《汉书·沟洫志》为证："王莽时，征能治河者。……大司空掾王横言：河入渤海……往者，天尝连雨，东北风，海水溢，浸数百里；九河之地，已为海所渐矣。"

王横所言的"海水溢"之事，正是对这次海浸的具体写照，且已被现代历史地理、考古、生态等多学科的研究所证实。这次大海浸的范围，大致在渤海湾西岸海拔4米的等高线附近，相当于今天津、宁河、宝坻、武清、静海和河北黄骅等地的部分或大部分地区。这正是"禹贡河"尾闾"九河"流经之地，周围数百里。受这次大海浸的影响，今天津城区以东的又成一片汪洋，刚刚长出来的海河沉沦于海波之中。直到东汉后期，海浸结束，大海的波涛又退回到海浸前的地方，海河才又露出自己的身段来。

王莽始建国三年（公元11年），黄河又一次大改道，入海口从天津一带移至渤海南部的今山东利津一带。此后的千余年，泥沽海口一带不再有黄河的泥沙光顾，虽然海河上游的永定河、漳河、滹沱河等多泥沙河道还在源源不断地将泥沙输送到海河河口一带，但其数量远不能和黄河相提并论。

北宋中叶以前，天津东部的军粮城和泥沽尚孤悬于渤海边，每天都和大海的涛声作伴，也看惯了大海的潮起潮落。但到了庆历八年（1048年），这种情况又被黄河的又一次大改道打乱了。这一年夏，黄河在商胡决口，形成二股河，北股自乾宁军（今河北青县）夺御河（今南运河）、界河（今海河）至泥沽一带入海，前后63年。大量泥沙在黄河的携带下滚滚而来，使海河三角洲以平均每3年1公里的速度向前延伸,今天津塘沽逐渐从汪洋中探出头来,并迅速发育长大,海河口亦从军粮城推移至塘沽。南宋初,黄河掉头南去,起初,河分南北两股,北股夺大清河(今黄河)入渤海;南股势大,经泗水入淮河。后来,北股河断流,黄河全溜夺淮入海。黄河离开河北平原后,海河三角洲除河口部分缓缓向前延伸外,天津一带的海岸线基本保持了南宋初的面貌。

关于海河的名字,北宋以前有泒河尾、直沽河、大沽河、沽水、沽河等称呼,北宋时,因与上游的大清河水系一起成为宋辽的边界线,又被人们称为界河。"海河"之名,最早见于明万历四十一年(1613年)著名农学家徐光启的《粪壅规则》中。他发现,海河直通渤海,每天潮汐不断,而其以前诸名大多较俗,故别出心裁,给它起了一个响亮的名字——"海河",并写入自己所著的"农书"中。但海河之名被人们普遍接受,是到了清康熙中期以后。至于"海河干流"之称,则始见于1966年编制的《海河流域防洪规划(草案)》中。

历史上的海河干流蜿蜒曲折,自天津市区南运河与北运河汇流处的狮子林桥至大沽口长达百余公里。20世纪以来,经过多次裁弯取直,目前的海河干流西起金刚桥,东到海河闸,全长72公里。

第三节 现代海河流域及水系

按现代海河流域概念的界定,除了海河水系(包括潮白河、蓟运河及黑龙港运东地区诸河)外,还将邻近的滦河水系(包括冀东沿海诸河)和徒骇、马颊河水系纳入其范畴,形成了广义的海河流域。

一、自然地理

海河流域位于东经111°59′至119°36′、北纬35°10′至42°42′之间;东临渤海,南界黄河,西靠云中、太岳山,北倚内蒙古高原;横跨高原、山地、平原三大地貌单元;行政区域包括北京、天津两个直辖市,河北省绝大部分,山西省东部,山东省、河南省北部,内蒙古自治区及辽宁省的小部分,总面积318017平方公里,占全国总面积的3.3%。

海河流域(自北而南)包括滦河水系、蓟运河水系、海河水系以及徒骇与马颊河水系,他们分别从流域的北部、西部和西南部向渤海湾汇集，形成典型的扇形分布和辐辏形态。其地理特征表现在以下几点。

（一）地形特征

海河流域具有山地、高原、盆地、平原等地貌形态。西部为山西高原和太行山区，北部为内蒙古高原和燕山山区。山地和高原面积 18.94 万平方公里，占流域面积的 60%；东部和东南部为广阔的平原，面积 12.84 万平方公里，占 40%。平原地势自北、西、西南三个方向向渤海湾倾斜。北部有东西走向的燕山山脉，西部有东北—西南走向的太行山脉，二道山脉的地形上构成"厂"字形的天然屏障。

（二）气候特征

海河流域属温带半湿润、半干旱大陆季风气候区。冬季受西伯利亚大陆气团控制，气候干冷，多刮偏北风。春季在变性的极地大陆气团控制下，海洋暖湿气流不够强，降水稀少，气温回升快，蒸发量大，往往形成干旱天气。夏季受海洋气团的影响，比较温暖，气温高，降雨量多；但因历年夏季太平洋副热带高压的进退时间、强度、影响范围等迥异，故降雨量变差很大，旱涝时有发生。秋季为夏秋的过渡季节，一般年份秋高气爽，降雨量较少。

海河流域的降水量较小。据观测，1956—2000 年平均降水量为 535 毫米，其中山丘区（含山间盆地）523 毫米，平原区 552 毫米。降水量自南向北、自东向西呈递减态势，其中西北部长城一线（包括内蒙古大部、大同盆地、忻定盆地、张宣盆地、蔚阳盆地、涿怀延盆地）多年平均降水量在 400 毫米左右。全年降量的 80% 集中在汛期（6—9月）。大水年份，全年降水量甚至集中在几次大的暴雨过程。与此同时，降水的年际分配也不均匀，丰水年与枯水年的降水量可相差三四倍甚至更多。春旱、秋涝、旱年、涝年经常交替出现，严重影响河川径流的稳定性。

（三）水系特征

流域水系呈扇形分布，上宽下窄、上大下小，上游支流水系繁多，下游干流单一集中。经常出现各河洪水集中而下，至下游汇集时相互顶托的现象，尤其是海河干流容量有限，尾闾不畅，上下游的泄洪能力相差可达数十倍甚至一两百倍，极易造成下游地区严重的洪涝灾害。

流域内行洪骨干河道的下游，多为地上河，且二河之间多分布河间洼地。每到汛期涨水的时候，干道只能行洪不能除涝，使平原地区容易形成渍涝，同时抬高地下水位导致土地盐碱化。

二、现代海河水系

海河水系是海河流域最大的水系。它在历史时期形成与演变过程最为复杂（前边已述）。由于自然和人为的干预，目前海河水系除了北运河、永定河、大清河、子牙河、漳卫南运河五大支流外，还包括潮白河和蓟运河。因此，就现代意义的海河水系而言，包括漳卫南运河、子牙河、大清河、永定河、北运河、潮白河、蓟运河及黑龙港运东地区诸河。

（一）漳卫南运河

漳卫南运河水系地处海河流域最南部，位于太行山以东，滏阳河、子牙河以南，黄河、马颊河以北，地跨山西、河南、河北、山东、天津四省（直辖市）。以漳河上游的浊河南源为源，至海河干流的起始处的天津三岔河口，河长为1050公里。

漳卫南运河上游有漳河、卫河两大支流，二河在今河北馆陶县徐万仓汇流后称卫运河，至山东武城县四女水利寺枢纽；四女寺水利枢纽以下至天津南北运河交汇处的三岔河口称南运河。从漳卫南运河水系的形成与演变的历史来看，早期与漳河无关，而以卫河为其正源和主流。卫河发源于山西陵川县夺火乡的南岭，上源称大沙河，流经今河南新乡、鹤壁、安阳等地，沿途纳淇河、卫运河等，至河北省馆陶县徐万仓与漳河相会，河长394公里。但历史上多以卫河上游支流之一——百泉河的源头百泉（即坐落于河南卫辉市西北苏门山下的百泉池）为其源头。卫河，秦汉以前称清河，三国时称白沟，隋代称永济渠，宋、金、元称御河，明清时称卫河。漳河上游有浊漳河与清漳河两支，均发源于太行山的背风山区，在河北涉县合漳乡合漳村汇而为漳河，经岳城出太行山，于徐万仓与卫河相会后称卫运河，河长460公里。漳河古称泽水、胡卢河，又称漳水、衡漳、衡水等。关于"衡"字的释意，一说，衡者横也，指漳河散漫无常，迁徙靡定。一说："衡即古衡字，漳水横流入河，故云衡漳。"① 意思是说，古大河（黄河）自南而北流经今河北南部，漳水自西而来东注之，故称衡漳（古人谓水之东西流为"横流"）。

20世纪70年代初，在原四女寺减河的基础上疏浚扩挖而成的一条人工河道（泄洪流量达每秒3650立方米），河长257公里，于山东省无棣县大口河入渤海。目前，漳卫新河已成为漳卫南运河

---

① 曾运乾 注，黄曙辉 校点. 尚书·疏. 上海：上海古籍出版社，2015.

主要泄洪河道。

（二）子牙河

子牙河地处海河流域南部，西起太行山、东临渤海湾、南邻漳卫南运河、北界大清河，地跨山西、河北、天津三省（直辖市）。子牙河如以滹沱河为源，从河源至天津市区大红桥的河长为726公里。

子牙河又名沿河，相传"子牙河者，以太公（姜子牙）游钓得名"（《畿辅通志》）。现今的子牙河水系由两大支流组成，一为滹沱河，一为滏阳河，两河在河北省献县八里庄汇流后称子牙河，东北流至天津市静海县独流镇与大清河汇合，又东至于天津市区大红桥与北运河汇流后注入海河，干流河长175公里。滹沱河古称恶池、滹池水，源于今山西繁峙县泰戏山，蜿蜒奔腾于恒山、五台山峡谷，出山之后，奔向沃野平原，至献县八里庄河长587公里。滹沱河在历史时期，南北摆动幅度较大，南达宁晋泊，北至白洋淀、文安洼，今滏阳河、潴龙河、唐河下游的河道，都曾是滹沱河流经的故道。滏阳河，古称滏水，为漳河支流。魏晋南北朝时期，滹沱河下游改走北路，加入大清河水系；滏阳河上游诸水纳入漳河水系。直至清康熙四十五年（1705年），为引水济运，引漳河至馆陶入卫河，滏阳河完全脱离漳河水系，并得以独专漳河故道。

到了清雍正年间，子牙河才得已形成。正如陈仪在《直隶河渠书》中所概括的那样："滏阳旧合漳流，故多冲溢。今漳水东徙经魏县、元城抵馆陶入卫，遂与滏合。滏水独行，贯宁晋而出，至衡水界，滹沱河出焦冈合流，经冀州、武强、献县、河间、青县、大城入淀，名子牙河。"至1881年滹沱河改从臧桥合滏阳河，延续至今。

（三）大清河

大清河水系地处海河流域中部，西起太行山，东临渤海，北邻永定河，南界子牙河，地跨山西、河北、北京、天津四省（直辖市）。现今的大清河始于白沟河与南拒马河汇合处，于天津静海县第六埠与子牙河汇流，河长110公里。若以南支潴龙河为源，大清河自源头到第六埠的河长为409公里；若以北支拒马河为源，大清河自源头到第六埠的河长为430公里。

大清河古称泒水、界河等，因水质较清，故有大清河之名。大清河分南北两支，历史上称南支为赵王新河水系，北支为白沟河水系。大清河主干流经之地，为河北平原中部地势最低的槽形洼地。大清河的支流众多，河道多变。现今的大清河中下游为白洋淀、东淀、文安洼、贾口洼构成的沣淀群构成。历史上，白洋淀（旧称西淀）与东淀相连，以张青口为界，分为东、西两淀，凡入东淀者为北支，入西淀者为南支。北支拒马河，自北京房山区张坊镇出山后分流为南拒马河、北拒马河。南拒马河在北河店纳中易水后，至河北定兴县白沟河镇西与白沟河汇合；北拒马河在东茨村以上纳大石河与小清河后称白沟河，至白沟镇西与南拒马河汇合后称大清河，东南流至河北霸州市王疙瘩村入东淀。南支以白洋淀为汇集区，纳潴龙河、孝义河、唐河、清水河、府河、漕河、瀑河、萍河等支流，经白洋淀调蓄后，下接赵王新河（在老赵王故道基础上拓展而成）入东淀，与北支相汇。

为了减轻天津海河的防洪压力，1951—1953年开挖了独流减河，1966—1970年又对独流减河进行了扩挖。扩建后的独流减河起自静海县独流镇，流经天津的静海、西青、大港三个区（县），至海口防潮闸，全长67公里，设计行洪流量3200立方米每秒。独流减河主要承担宣泄大清河洪水，兼泄部分子牙河洪水。

（四）永定河

永定河水系地处海河流域的中北部，西接黄河流域，南界滹沱河、大清河，北邻内陆河、潮白河，东北邻北运河、蓟运河，东濒渤海。若以桑干河为源，至天津市北辰区屈家店，河长747公里。

永定河，西汉以前称治水，东汉至南北朝时期称㶟水，隋唐宋时称桑干水，金元称卢沟河、浑河，明末清初称无定河，清康熙三十七年（1698年）康熙皇帝赐名"永定"后，才有了后来的河名——永定河。永定河上游有两大支流，一为桑干河，一为洋河，二者在河北省怀安县夹河村汇合，称永定河，至今天津市北辰区屈家店附近入北运河。

永定河上游的水系呈树枝状。其支流之一桑干河，上游为恢河，在山西朔县马邑镇附近纳子河后称桑干河，东北流纳黄水河、御河、浑河、壶流河，经山西省山阴、应县、大同，河北省阳原、宣化进入石匣里山峡。洋河发源于内蒙古高原南缘，其上游分东洋河和南洋河两支，于河北省怀安县柴沟堡附近汇流，在张家口市南纳清水河。桑干河与洋河在河北怀来县朱官屯汇合后称永定河。

永定河自北京门头沟区三家店出山进入平原后，其下游为游荡河道。距今七八千年前，其行水路线沿今北京北郊的海淀、清河至沙子营而行，再沿温榆河下行。之后，永定河便逐渐南徙。隋代，永定河称高梁河，其下游流路基本仍循㶟水河道至雍奴至入潞水（今北运河）。唐代，桑干河下游分北、中、南三支分流，北、中二支入潞河，南支分流入今大清河水系。辽金时期，永定河称卢沟河，下游开始筑堤。元代永定河因含沙量大，又有浑河之称，且分南北两派，北派从今北北京大兴县流经东安州（今廊坊西），入武清；南派走永清、信安、固安、霸州一线。明清时，永定河泛滥频繁，以今天津北辰区三角淀一带为属闾归宿。清康熙三十七年（1698年）以后，固安以北河段筑堤，河身开始固定（康熙皇帝赐名为"永定河"），至屈家店入北运河。

为了解决永定河的尾闾不畅问题，在天津市区的北部，于1970—1971年开挖了一条由屈家店至天津北塘入海的永定新河，全长66公里，成为永定河、潮白新河和蓟运河的共同的入海通道，设计行洪能力1400～4620立方米每秒。

（五）北运河

北运河位于潮白河与永定河之间，为一窄长的平原河流。北运河两汉称沽水，辽代称白河，金代称潞水，元代亦称白河，明代称白漕，清雍正四年（1726年）始称北运河。现今的北运河水系，地处海河流域北部，东邻潮白河，西南与永定河接壤，地跨北京、河北、天津三省（直辖市）。北运河上承温榆河、通惠河及北京城区各河，下纳凉水河、龙凤新河。北运河干道始于北京通州区北关闸，至天津三岔河口附近入海河干流，全长160公里。若以温榆河为源，长约250公里。

在20世纪70年代潮白新河未开挖前，北运河水系包括潮白河和温榆河两大支。另外，从水系关系而言，永定河水系在相当长的历史时期，也属于北运河水系。但因永定河源远流长，水量较大，习惯上则将北运河与永定河水系分列。

在北运河水系中，潮河、白河，尤其是汇流后的潮白河，在历史时期变迁最大。先秦时期，北运河称沽水，其下游已从今武清至天津由海河入海，因其行水于《山经》河故道，又称沽河。西汉后期至东汉前期，出现一次大的海浸，海河干流消失，沽河至天津市区一带入海。东汉中期海退后，海河干流再现，沽河仍循海河入海。东汉末年，曹操开平虏渠，沽河与清河在天津市区合流，由海河入海。北魏时，沽河下游筍沟断流，沽河和鲍丘水（潮河）、灅水等汇流，从今武清之北改注蓟运河入海。隋代永济渠开凿后，沽河与鲍丘水成为永济渠筍沟河段的供水河道，再次纳入北运河水系，直到现今。期间，沽河与鲍丘水汇合点逐渐北移，辽代已从今通州北移至顺义东北的牛栏山麓，明代移至今密云县西南的河槽村。元代以后，通州至天津的潮白河下游河段，成为京杭运河的北段（北运河名称自此而来）。

（六）蓟运河

蓟运河位于滦河以西，潮白河以东，自古即为独流入海的河道。由于历史上一度加入海河水系，且自天津北塘一带入海，故后来将其纳入海河水系。

蓟运河上游由州河与沟河两大支流组成。州河古称庚水，发源于河北兴隆县燕山南麓的罗文峪；沟河古称沟水，发源于河北兴隆县燕山南麓的青灰岭。州、沟二河在今天津宝坻九王庄汇合后始称蓟运河（蓟运河之名始于明代）。向南流左岸依次有金水河、兰泉河、双城河、还乡河、津塘运河和煤河注入，再南流至天津北塘入海。以沟河为源，河长316公里。

东汉末年，庚水与沟水通过曹操开的泉州渠和新河而加入海河水系。隋唐以后，鲍丘水纳入北运河水系，庚水与沟水纳入蓟运河水系。历史时期，鲍丘水、潮白河与蓟运河有着不解之缘。明嘉靖三十四年（1555年），为了北运河漕运用水的需要，将鲍丘水上游潮河于密云县城南合于白河，从此鲍丘水完全脱离蓟运河。1912年潮白河发生大水，在顺义县李遂镇决口，奔流东南夺箭竿河入蓟运河。1925年在顺义苏庄建水闸，并下挖引河使潮白河重归北运河水系。1939年汛期苏庄闸被冲毁，洪水再次冲向东南入蓟运河。1946年，在河北省香河县潮白河右岸开凿牛牧屯引河入北运河，结束了潮白河入蓟运河的历史。

（七）潮白河

潮白河位于蓟运河以西，北运河以东。上游有潮河、白河两支，分别发源于河北省丰宁县和沽源县，两河于北京市密云县城西南的河漕村汇流后始称潮白河。历史上的潮白河，曾长期是北运河上游的支流。1950年在河北省香河县吴村闸以下开挖了潮白新河，才成为独立的水系。

潮白新河沿途纳城北减河、运潮减河、青龙湾减河分泄北运河洪水，纳引沟入潮减河分泄沟河洪水，穿黄庄洼、七里海等分滞洪区，于天津北塘宁车沽入永定新河入海。

（八）黑龙港运东地区诸河

黑龙港运东地区位于滏阳新河、子牙新河以南，卫运河、漳卫新河以北，为平原排沥河道，主要有两条干道——南排河和北排河组成。南排河，为1965年冬至1966年春开挖的一条排沥河道，其支流包括老漳河—滏东排河、索卢河—老盐河、老沙河—清凉江、江江河等。西起沧县乔官屯，东至黄骅市李家铺入海，全长98.6公里，主要承担黑龙港流域排沥任务。北排河，为1959年开挖、1965年扩挖的一条排沥河道，起自河北省泊头市冯庄节制闸，上承滏东排河之水，至天津大港马棚口入海。

经过自然和人工的双重作用，自20世纪50年代以来，海河水系逐渐形成了统一入海与分流入海并存的新格局。统一入海的海河水系，仍由干流海河及其五大支流（北运河、永定河、大清河、子牙河、漳卫南运河）组成。目前，海河干流主要作为大清河和永定河部分洪水的入海尾闾，同时兼泄北运河、永定河、子牙河、南运河的少量洪水。而且，海河干流原为潮汐河道，自1958年在入海口处建海河闸后变为泄洪、防潮、蓄淡、排沥、生态等多功能河道，设计行洪能力为1200立方米每秒（1997年海河干流治理后，设计行洪流量调整为800立方米每秒）。分流入海的河道则主要有：永定新河、独流减河、潮白新河、子牙新河、漳卫新河等组成。这两个系统通过水闸枢纽的控制，既可互不干扰、各自独立，又能互相调控，互通有无，从而极大地减轻了洪涝灾害对海河平原和位于九河下梢的天津市区的威胁。

三、其他独流入海的河道

现代意义的海河流域水系，除了海河水系（包括潮白河、蓟运河）之外，还将地处流域最北部的滦河及冀东沿海诸河、最南部的徒骇河、马颊河纳入其范畴。

（一）滦河及冀东沿海诸河

滦河，位于华北平原的最北端，隋唐以前称濡水，因濡、滦相近，唐代演化为滦，元朝时又称御河和上都河。滦河发源于河北丰宁县，流经河北沽源，内蒙古多伦，河北隆化、滦平、承德、宽城、迁西、迁安、卢龙、滦县、昌黎、乐亭等地入渤海，全长877公里。

秦汉至宋，滦河下游均处在乐亭以南，基本上随着海岸线的后退而延伸，河道摆动幅度不大。据《水经》载："濡水从塞外来，东南过辽西令支县（今迁安西）北，又东南过海阳县（今滦县南）西，南入于海。"说明三国前后的滦河下游行水路线位于今河道以西，由乐亭南入海。《水经注·濡水》则说："濡水又经牧城面分二水，北水枝出，世谓之小濡水也，东经乐安亭（今乐亭东北1公里左右）北，东南入海；濡水东南流，经乐安亭南，东与新河故渎合。"说明北魏时的滦河下游已在乐亭南北分流，但主流仍在乐亭以南入海。

元代以来，滦河下游河道决溢改道频繁，其主流基本上循今乐亭以东的老滦河故道入海，并在乐亭城西分流出青河东支，南下经任各庄、汀流河、杜林、刘海庄子，于古河附近入海。明清时，滦河下游多次迁徙，入海河口也多有变化。1915年滦河决于昌黎史家口，下游海口段东徙至乐亭县南兜网铺入海。

冀东沿海诸河位于滦河下游两侧，为若干单独入海的小河，统称为冀东沿海诸河，均发源燕山东部山区，属今河北秦皇岛市或唐山市境。主要有：发源于河北省青龙县马尾巴岭南侧的石河（古称渝水、大石河等），于秦皇岛市山海关区石河口附近入海；发源于河北省抚宁县中部山区的戴河（古称榆河、戴家河等），于河东寨村西南入海；发源于河北省青龙县隔河头乡界岭村的洋河（古称阳河等），于洋河口附近入海；发源于河北省迁安市蔡园镇郝树店村北灵山的沙河（古称缓虚水等），与黑沿子排干河交汇后，南流入海；发源于河北省唐山市丰润区王官营镇上水路村的马蹄泉的陡河（古称封大水、唐溪），于涧河入海。

（二）徒骇河、马颊河

徒骇马颊河水系位于漳卫南运河以南，黄河以北，海河流域的东南端，由徒骇河、马颊河、德惠新河组成。

徒骇河源于山东省莘县观城南文明寨，流经莘县、阳谷、聊城、茌平、高唐、禹城、齐河、临邑、济阳、商河、惠民、滨县，至沾化县东北入海。徒骇之名，最早见于汉初的《尔雅·释水》。先秦时的徒骇河，为禹河下游九支最南派的主干道，流经今河北省献县、沧州、青县之间，后为滹沱河下游所经。《汉书·地理志》说："虖池河（滹沱河）民曰徒骇河。"今徒骇河与《尔雅》中的古徒骇河没有关系。

今徒骇河虽与古徒骇河无涉，但考其身世，当为早期黄河下游分流入海的故道之一。东汉至唐末五代，黄河下游的流路大体即在今徒骇河沿线左右，有的甚至与其重合。到了明代，徒骇河称土河，其后经过多次疏浚，至清代始称徒骇河。1931年再次疏浚开挖行骇河，运河以西的金线河与运河以东的徒骇河连为一体。新中国成立以后，运西、运东的河道统称为徒骇河。

马颊河发源于河南省濮阳市西，向东北经河南省南乐，山东省莘县、聊城、高唐、平原、陵县、庆云，至无棣东北入海。古马颊河与徒骇河一样，也是早期黄河下游分流入海的通道之一，与今马颊河无关。《汉书·地理志》说："有笃马河，东北入海。"笃马河的流路大致与今马颊河一致。北宋时黄河下游东派分流，其流路大体循今马颊河而行，所以《大清一统志》引《舆地志》说："笃马河即马颊河也。"明清时，经过多次疏浚、挑挖，河道流路与今相同。1933年再次挑挖时，使马颊河上游延至濮阳县以西，形成今之流路。

德惠新河，西起山东平原县凤楼村，东至山东无棣县下泊头与马颊河汇流后入海。此外，沿海一带还有若干独流入海的小河。

第四节　海河流域的洼淀

先秦时期，海河流域存在着一个黄河"九河"下游分流区，位于今海河流域中部和东部地区。在分流区内，由于黄河及其下游的一些支流决溢频繁、迁徙不定，留下了废河床、牛轭湖和河间洼地，成为湖泽发育的温床。比如，中全新世（公元前7500—前3000年），在太行山东麓与黄河下游冲积平原之间，形成了一个自西南向东北延伸的巨型洼地。由于当时气候温暖多雨，海平面上升，巨型洼地几乎连接成一体。后来，由于气候趋冷变干，海平面下降，湖泽面积萎缩，同时在滹沱河与永定河两大冲积扇向前推进的前提下，断续相连的统一湖群逐渐瓦解，并形成大陆泽—宁晋泊、白洋淀—文安洼、七里海—黄庄洼三个湖群。这些湖泽对于调节河川径流，改善气候环境，发展农业和渔业生产等方面，都起到了重要作用。后来，随着黄河、永定河、滹沱河、漳河等多泥沙河道的决溢改道，加之人类围湖造田等开垦活动的开展，不少湖泽水面大幅度缩小乃至消失，给海河平原的生态环境造成很大影响。

一、大陆泽—宁晋泊洼淀群

大陆泽—宁晋泊洼淀群，位于今滏阳河前洪积扇的前缘，南北分别为漳河冲积扇和滹沱河冲积扇，东为黄河、漳河古河道高地。中全新世，大陆泽—宁晋泊的范围最大，西自任县，东到广宗，北抵束鹿，南至曲周，南北长约120公里，东西宽约50公里，面积约6000平方公里。后来，由于泥沙的充填，大陆泽变浅，洲滩密布，成了野生动植物繁衍生息的天堂，也成为所在的诸侯国田猎的好去处。比如，鲁定公元年（公元前509年），晋国大夫魏献子在狄泉召集诸侯的大夫们，曾到大陆泽田猎。

大陆泽在东周以前为黄河（《禹贡》河）所灌注，春秋后期黄河迁徙后，大陆泽汇集太行山东麓今邯郸的一些县市的地表径流，由于来沙骤减，尚能保持汪洋大湖的气象。但唐代中期以后，由于滹沱河冲积扇前缘扇体的发展，面积大幅度萎缩，主体仅"东西二十里，南北三十里"[1]，且原

---

① [唐]李吉甫. 贺次君校. 元和郡县图志. 北京：中华书局，2008.

来浑然一体的大陆泽被分成东北和西南两部分。自五代以后，东北部陆泽、鹿城之南的大陆泽消失，西南部的巨鹿、昭庆间的大泽，也因北宋时期黄河多次决溢、改道（一度夺御河即今南运河、直沽河即今海河入海）所波及，泥沙淤积使湖底抬高，湖水向下游低洼地带下泄，潴成宁晋泊。明初，宁晋泊为滹沱河汇，湖面不断扩大，而上游的大陆泽则继续萎缩。明中叶以后，洪水季节，大陆泽与宁晋泊尚能连成一片，合称大陆泽。枯水时节，则分为南北两部分，南部的大陆泽称为南泊，北部的宁晋泊称为北泊。到了清末，由于泥沙淤积和围湖造田的双重作用，南北二泊相继成陆，从而宣告历史上著名的大陆泽的消失。后来，这片洼地因防洪的需要，被开辟为蓄滞洪区。

二、白洋淀—文安洼淀群

白洋淀—文安洼淀群位于海河平原中部的构造地陷带，由断断续续的条形湖泊群组成。全新世纪中期，白洋淀为滨海沼泽洼地，文安洼则处在浅海地带。商周时，这里是黄河行水的通道。由于黄河泥沙的灌注，致使白洋淀—文安洼淀群逐渐解体。黄河迁徙后，留下一串湖沼。据郦道元《水经注》记载，北魏时期比较有名的湖泽有大渥淀、小渥淀、狐狸淀、大浦淀、阳城淀等。《水经·滱水注》这样描述阳城淀：博水"又东径阳城县（治今望都县东），散为泽渚，渚水潴涨，方广数里。匪直蒲笋是丰，实亦偏饶菱藕。至若娈婉丱童，及弱年崽子，或单舟采菱，或叠舸折芰，长歌阳春，爱深绿水……世谓阳城淀"。阳城淀在今河北省望都县东面，如今已不复存在。但在北魏时，水面有方圆数里，不止生长蒲苇，更盛产菱藕，是人们放船采菱游乐的好去处。

北宋时，宋辽对峙，以界河（上游为今拒马河、白沟河，下游为今海河）为界。北宋为了阻止契丹人南下，充分利用河北中部凹陷带白洋淀—文安洼一带的湖泽，人为地将滹沱河、胡卢河（今滏阳河前身）、永济渠等河流引入其中，筑塘蓄水，形成了一条西起保州（今保定），东达于海（今天津东部）的淀泊带，南北最宽达一百四五十里，深达三尺至一丈三尺不等的塘泺。由于人工的干预，白洋淀—文安洼淀群迅速扩张，出现了湖淀相连、水面浩渺的场景。今保定与白洋淀之间，有大莲花淀、洛阳淀、牛横淀、唐池淀、畴淀、白洋淀、边吴淀、齐女淀、劳淀等。今白洋淀与文安洼之间有小莲花淀、黑羊淀、百世淀、粮料淀、回淀等。今文安洼与贾口洼之间有鹅淀、陈人淀、燕丹淀、大光淀、孟宗淀、水汶淀、得胜淀、大兰淀等。

后来，由于导入塘泊的"漳水、滹沱、涿水、桑干之类，悉是浊流"[①]，加之自庆历八年（1048

---

① [北宋]沈括.施适校点.梦溪笔谈·杂志.上海：上海古籍出版社，2015.

年）以后，黄河三次北决，流经海河平原中部夺御河（今南运河）入海，并侵入塘泊，"浊水所经，即为平陆"①，使得白洋淀—文安洼间的塘泺解体，不少湖淀淤废。南宋建炎初年，黄河南徙后，由于白洋淀上游发源于太行山中的诸水，如博水（今九龙河）、卢水（今府河）、徐水（今漕河）和易水（今瀑水）等汇入，使白洋淀—文安洼间的一些淀泊又呈现出扩大的趋势，至明代为盛。

明代的西淀（大体为今以白洋淀为主体的湖群），"跨雄、新安数邑之境，既广且深，西北诸山之水皆汇焉"。东淀（大体上即今文安洼和东淀），"延袤霸州、文安、大城、武清、东安、静海之境，东西绵亘一百六十余里，南北二三十里及六七十里不等"（陈仪《直隶河渠书》）。但清代康熙三十七年（1698年）以后，情况又发生变化，直隶巡抚于成龙（小于成龙）疏筑兼施，将永定河之河之水导入东淀，伴随着大量泥沙的输入，东淀、西淀湖群大多"尽变桑田"。不过，这些区域毕竟低洼，每到丰水之年，东、西二淀仍会出现大水汪汪，"弥漫数百里之间"，"淀水汪洋浩渺，势接天际"。但由于泥沙的淤积，东西二淀总体上仍呈现出逐渐缩小的趋势。

需要指出的是，文安洼自宋以后从白洋淀—文安洼淀群中分离出来，其名字一直未见史书记载。到了清光绪年间，滹沱河与滏阳河在献县合流后，循子牙河东北流，河间高地又将文安洼一分为二，始有文安洼、贾口洼之名。由于子牙河多次决溢，又将其分割成许多小的洼淀，如文安洼中的大烧淀、牛台淀和麻洼淀等，贾口洼中的千金淀、刘家洼、凤台洼等。

至清末，东淀湖泊群仅剩下文安洼；西淀湖泊群仅剩白洋淀，且面积也比明代缩小了十分之七左右。现在的白洋淀，是华北地区最大的淡水湖，由13个大小不同的淀和3700多条壕沟组成，总面积366平方公里，有"华北明珠"之誉。

三、黄庄洼—七里海洼淀群

黄庄洼—七里海洼淀群位于永定河—潮白河冲积扇之间，为全新世中期高海平面退去遗留下来的滨海泻湖洼地。早期，这一洼淀群的最大者当属雍奴薮。

雍奴薮在中全新世大海浸时为浅海地区，海退后由海湾泻湖演变成沼泽，其范围在今天津宝坻以南蓟运河与北运河之间的广大区域。《水经·鲍丘水注》说："自是水（鲍丘水，今潮河，至今天津市宝坻区一带汇入蓟运河）之南，南极滹沱，西至泉州（治今天津市武清区城上村）、雍奴

---

① ［元］脱脱，等.宋史·河渠志.北京：中华书局，1977.

（治今武清旧城），东极于海（今天津市宁河县以东），谓之雍即雍奴薮，其泽野有九十九淀，枝流条分，往往迳通。"可见，雍奴薮位于今天津宝坻以南、海河以北、北运河以东、宁河以西之间，水域相当广阔。

后来，由于海河下游水系的变迁、泥沙的淤积，使得雍奴薮有变小的趋势，其位置也逐渐偏向了西南部的潞河（北运河）下游。到了明代，雍奴薮之名被三角淀取代。《读史方舆纪要》说："三角淀在县（武清县）东南，周回二百余里，古雍奴水也，其源曰范瓮口。王家坨河、掘河、越深河、刘道口河、儿鱼儿里河，皆汇于此。"《明史·地理志》也说："武清，有三角淀，在县南，即古之雍奴，周二百里，诸水所聚。"这里所说的诸水，主要是指潞河、永定河、拒马河及其支流。

清代前期，三角淀仍为巨浸大泽，"袤延霸州、永清、武清，南至静海，西及文安、大城，绵亘七州、县，凡清河、子牙河诸水正流及永定支流咸注于此。"但到了雍正四年（1726 年），由于多泥沙的永定河全部以三角淀为尾闾，数年过后，"其淀形不过王庆坨一角十余耳"。到了乾隆二十五年（1760 年），"三角淀全淤"[①]。

清代，七里海、黄庄洼的名字出现。七里海一带曾经是古退海之地，分布着三道较为显著的贝壳堤。海水退去，形成泻湖，演变泽。据《宁河县旧志》记载："七里海在县（宁河县）西南五十里，地势洼下，行潦所归，宽二十里，长四十里；后海宽八里，长十八里；曲里海，宽四里，长十里。"又说："当夏秋雨水多汇，沧波浩渺，极目无涯，故以海名。"目前的七里海，与潮白河和蓟运河相通，分为东海与西海，为典型的沼泽湿地。

四、督亢泽及其他洼淀

除了上述著名的洼淀群外，历史上还有位于太行东麓冲积扇前缘与《山经河》北岸之间的河间洼定上发育而成的湖泽，面积最大和最为著名的当属督亢泽。此泽位于巨马河与圣水（又称大石河）下游间的洼地地带，今河北涿州、固安、新城之间。先秦时，督亢泽烟波浩渺，到了北魏时期，仍"径五十里"（《水经·巨马河注》）。因为有了督亢泽（又称督亢陂）的存在，使得这一带灌溉系统十分发达，到战国时期成为燕国最富饶的地区。

---

① [清]李鸿章，张树声，黄彭年等纂修.畿辅通志.光绪十年（1884 年）版，商务印书馆民国二十三年（1934 年）影印.

除了督亢陂之外，较大湖泽还有夏谦泽、阳城淀、天井泽等。夏谦泽在鲍丘水（今潮河）、沟水（今沟河）与潞河（今北运河）间的洼地上发育而成，由夏泽与谦泽两部分组成。由《水经注》"眇望无垠也。"的记载可知，应为一个较大天然湖泽。而人工陂塘，主要集中在南北易水之间，如金台陂、范阳陂、故大陂、梁门陂等，面积较小，这些陂塘主要用于水产养殖和农田灌溉。唐代以后，由于河流源头区农业开发的加剧，水土流失日甚一日，河流泥沙大增，导致位于下游地区的湖泽逐渐被泥沙充填淤高，湖泽面积变小、萎缩，终于消失在人们的视线中。

第二章

上游河畔燃起远古文化之火

水是生命之源，河流是孕育人类文明的摇篮。河流不但为人类的繁衍生息源源不断地提供饮用和舟楫、灌溉之利，还以自身丰富的水产品为人类提供着大量果腹之源。与此同时，河流还以滚滚的动力和不舍昼夜的坚持，形成的面积巨大的洪积冲积扇，造就肥沃的平原，为人类的生存与发展开辟出更为广阔的空间。考古表明，海河流域上游作为中华文化重要发祥地，在河流之畔多处燃烧起远古文化之火，留下光彩夺目的篇章。

第一节 开辟洪蒙

一、人类从桑干河畔走来

今海河上游古老的桑干河两岸，是人类祖先最早繁衍生息的摇篮之一。对于这一说法，考古学家在今河北阳原县泥河湾找到了证据。泥河湾遗址位于阳原县东部的石匣里乡，桑干河北岸。泥河湾盆地东西长60余公里，南北宽约10公里。在距今200多万年前后，这里是一个较大的湖泊，湖泊的周围，水草丰茂，是各种动物繁衍生息的天堂。后来，由于沧海桑田的变化，湖水干枯，湖底裸露。在河流侵蚀的作用，干枯的古湖平原变成了丘陵、台地、盆地，泥河湾盆地为其遗存之一。由于这里气候温暖湿润，盆地周围山地森林茂密，众多的野生动物纷纷涌来，在这里安家落户。逐水而居的"小长梁人"见这里十分适宜生存，便在这里停下了奔波的脚步，过着采集和渔猎生活。

为了方便渔猎，他们就地取材，将石头做成各种生产工具，将树木制作成木棒。这个遗址沉睡了一二百万年后，终于被现代人逐渐揭开了神秘的面纱。

1935年，法国考古学家步日耶为寻找亚洲古人类化石，不远万里来到中国。他在原阳泥河湾村一处被称为更新世早期的"泥河湾组"地层的下部采到了一块石头。经过研究，确认为石器——"粗糙的物斧"。他还观察了与石器相伴的哺乳动物化石，认为其中有些骨骼有人工打击的痕迹，有的鹿角好像被人工制成了匕首。于是，他将这次考古发现写成论文，发表在法国出版的《古人类学》杂志上，文中称：泥河湾一带曾经生活过比北京猿人更早的人类。自此，泥河湾开始受到考古界的关注。

1972年，中国科学院古脊椎动物与古人类研究所的两名年轻的考古工作者沿桑干河调查旧石器遗址，在泥河湾之西700米的下沙嘴"泥河湾组"的粗砂层内找到一件具有清晰的人工打击痕迹的石器，以及与之相伴生的相当完整的纳玛象化石（更新世纪晚期的象化石）；之后，他们又在不远处的同一层位中找到数件小型长薄石和若干曾经人工打击但尚未成型的石器，伴生的动物化石有披毛犀、马、鸵鸟、鼠、兔等。

1978年8月，古脊椎动物与古人类研究所"第四纪组"的研究人员又一次到泥河湾实地考察，于阳原县关村附近的小长梁发现一处内涵极为丰富的旧石器时代遗址。在这里，共出土了800多件石器，若干打击过的骨片，以及食后被丢弃的三趾马、马、羚羊、牛、虎、象、鹿等动物残骨和牙齿。经考古鉴定，石器与动物群的时代是一致的，也与"泥河湾组"地层的时代相同，距今约为100万年左右。此遗址位于"泥河湾组"下部的地层中，被称之为"小长梁遗址"。

1996年6—8月，美国印第安大学和河北文物研究所等单位组成的中美联合考古队，对泥河湾遗址进行了为期两个多月的发掘研究工作，获得了一大批珍贵的动物化石和旧石器等实物资料，进一步证实泥河湾盆地是中国人类起源的摇篮，是古人类的发祥地之一。

2001年10月，在泥河湾马圈沟遗址发掘中，又有了令人震惊的新发现：几百件石制品、动物骨骼重见天光，将泥河湾旧石器的年代向前推进了四五十万年，达到了距今200万年左右。

更让考古专家惊喜的是，在泥河湾一带发现了多处旧石器时代文化遗址。其中，百万年以上的遗址就有18处，这在世界上是独一无二的。因此，泥河湾被考古工作者视为"旧石器考古的圣地"，因为"那里遍地都是宝"。

一连串石破天惊的考古发现，使泥河湾遗址文化价值不断飙升："小长梁遗址"作为中国古人类最北端的见证，被镌刻在北京中华世纪坛的青铜甬道上；在中华世纪坛的中国版图上，明确标识说：中国最早有人类活动的遗址就在阳原县泥河湾的小长梁。

二、周口店的"北京人"

在今北京城西南房山区有个叫周口店的地方，这里有一座峰峦起伏的龙骨山，为太行山的余脉。就在龙骨山一带，曾是距今70万～20万年左右北京猿人、距今20万～10万年左右早期智人、距今4万年左右田园洞人、距今3万年左右山顶洞人繁衍生息的家园。

考古表明，在漫长的旧石器时代，这里一度气候温和、湿润，生态状态良好。东南山前是河流湖沼，水草丰美，有水獭、河狸、水龟、水牛等嬉戏追逐；西北山上怪石嶙峋，森林密布，有猕猴、剑齿虎、肿骨大角鹿、梅花鹿、野猪、犀牛、三门马等奔走出没。就在这个动植物众多的热闹世界中，还有一个智力超群的种族——"北京人"，他们就住在山上的岩洞中，采集渔猎在山上山下、水滨泽畔。在这里，考古学家们已找到了 6 件头盖骨、15 件下颌骨、157 枚牙齿和大量的骨骼碎块化石，分属 40 多位北京猿人个体。此外，还有丰富的石器、骨器与用火遗迹。

周口店遗址　　　靳怀堾 摄

猿人洞是一个天然石灰岩溶洞，从大约距今 70 万年前开始，"北京人"就在这里断断续续地生活到 20 万年。在日积月累中，"北京人"遗骨、遗物、遗迹和洞顶塌落的石块和洞外流入的泥沙等，在洞内一层一层地填充起来，形成了厚 40 多米、多达 13 层的堆积物，同时也留下数十万年间他们生命生活的密码。据测定，"北京人"的脑量平均达到 1088 毫升（现代人平均为 1400 毫升），头部特征比较原始，但已有明显的蒙古人种特征，其中男性身高约 156 厘米，女性身高约 144 厘米。处于蒙昧时代的"北京人"，他们的食物是通过狩猎和采集获得的。

在周口店遗址第一个猿人洞第四层的堆积物中，考古工作者还发现了火塘、原地烧结土、烧石、烧骨等古人类用火的遗存。它表明，在距今四五十万年前，"北京人"已经知道使用火和控制火了。

火的使用对茹毛饮血的原始人而言，具有里程碑的意义。因为，火可以取暖，在冰天雪地的日子里，"北京人"可以围坐在火堆旁拥抱温暖；火可以烤熟生冷的动物肉体和植物块根，让"北京人"享受美食的同时，还能摄入更多的营养，从而强壮体魄，增长智力，延长寿命。

第二节　磁山——粟文化的发祥地

距今约 1 万年左右，人类开始步入新石器时代。新石器时代是人类历史上具有划时代意义的转折点，从这个时期起，人类不再像漫长的旧石器时代那样，以采集渔猎作为果腹的手段，而是发明了农耕和畜牧，用种植、养殖来获取食物，从而开创了人类发展的新纪元。由于生产和生活方式的变革，为人类告别野蛮迈入文明时代奠定了坚实的物质基础。

磁山文化是中国华北地区新石器早期的重要文化，因首先在河北武安磁山村发现而命名。磁山文化遗址位于河北武安县西南 18 公里处的南洺河北岸的一块开阔的台地上。这里地处太行山东麓的山前地带，东北依鼓山，南临南洺河（为滏阳河支流），台地面积较大，地势平坦。7000 多年前，磁山先民在这块风水宝地上劳作生息，创造了辉煌的"磁山文化"，并创造了许多中国乃至世界的"第一"。

磁山这个在地下沉睡了 7300 年之久的原始村落，是 1972 年冬当地群众挖水渠时意外发现的。后经考古工作者的多次挖掘，在约 5000 多平方米的遗址中发现了贮存粮食的窖穴及腐烂的粟谷。在出土的万余件文物中，其中有石、骨、蚌、陶器和祭祀品，还出土了猪、狗、鸡等家畜、家禽遗骸等。

类似粟、黍之类的野生植物，早在数万年前就已生机勃勃地遍布中原的黄土地上了。而粟的最早种植者，当是"磁山人"。他们用自己的勤劳和智慧，开创了北中国谷子（即粟，俗称小米）文化的先河。

在磁山遗址中，发现了大量的粟的遗存。这说明种植粟作物已成为当时先民们最主要的劳动产品。粟是一种耐旱的作物，生长期短，果实具有坚实的外稃，极耐储藏。在相当长的历史时期，一直是黄河、海河流域普遍种植的农作物，也是北方人的主食。粟遗存的出现，修正了国际上认为粟起源于印度的观点，把植粟年代上溯了 2000 年，它向世人宣布：中国磁山才是粟的发源地。

据考古人员共发现了 189 个储存粮食的"窖穴"。这些"粮仓"形似袋状，窖口直径大都为 1～2 米，深浅不一，最深的达 5 米。这些窖穴里堆积着大量的"粟灰"，一般堆积厚度为 0.2～2 米，有 10 个甚至达到了 2 米以上。如果按照比重、体积推测，这 189 个窖穴中储存的粟，至少应在 5 万公斤以上。这个信息表明，当时这一带是一个粟的王国，而且粮食收获得数量相当可观。自从种粟以后，他们逐渐获得了较为稳定的食物来源，于是磁山人不再为果腹的事发愁，也告别了迁徙不定的"流浪"生活，过上了较为安定的定居日子——磁山遗址虽然未发现大面积的村落遗址，但大批粮食窖穴的出土完全说明他们进入了定居时代。而人类一旦定居下来，就有了闲暇的时间，便可让一部分人从事文化事业，进行多方面的发明创造。

磁山人发明了种粟以后，发现这种颗粒状的淀粉物质，不像野兽肉那样便于在火上烧烤食用，而是要加水蒸煮才能熟。这就迫切需要创造出一种能汲水、煮饭和储存用的器皿。经过反复地试制，终于制成了能盛水煮饭贮藏用的器具。在磁山出土的陶器，具有比较原始的性质，皆为手制，胎薄不均，烧成温度低于仰韶文化时期。磁山陶器以素面为主，绳纹较多，也有少量的篦纹、划纹和乳钉纹等。种类不少，有大平底筒形盂、倒靴状支架、三足钵、深腹罐、长颈壶、平底钵、圆足罐，以及盘、碗、杯等。

  磁山遗址中猪、狗、鸡等家畜骨骸的出现，宣告早在磁山文化时期，家畜饲养就伴随着农业的兴起应时而生了。磁山人将捉来的野猪、野狗、野鸡等进行驯化，从事家庭饲养业。家鸡在世界各地出现的时间，一般认为以印度为最早，距今4000年左右。但磁山遗址中家鸡骨的出现，把家鸡饲养的年代提到距今7000年前，这是目前国内外已知最早家鸡出现的记录。

  在遗址中发现了两处房屋基址，均为半地穴式——半地穴建筑是因地制宜的产物，适宜于干燥的北方。可以想见，这里曾经有过磁山人挡风遮雨的"家"。当然，这种屋舍已不是最初的"窝棚"，而是经过改进提高的房屋了。在文明曙光初露的时代，磁山是海河上游的一道美妙动人的风景线，它对后世文化的作用和影响，还有待于我们进一步去研究。

第三节　千古文明开涿鹿

  大约在距今5000年前后，中华大地逐渐形成了若干部落（族）集团，其大者有：生活在今黄河中下游一带的华夏集团，生活在今泰山以东至大海之滨的东夷集团，生活在今河南省中南部以及洞庭、鄱阳湖一带的黎苗集团。

  两河交汇之处往往是钟灵毓秀的宝地。作为海河水系重要一脉的永定河，其上游有两大支流——桑干河与洋河交汇的三角地带，有个名叫涿鹿的地方，这里有华夏第一都——黄帝城，这里是中华文明肇始的摇篮，这里是炎黄子孙的根。5000年前，中华三大始祖——黄帝、炎帝、蚩尤共同在这片热土上演绎出开创文明的伟大历史壮举。

  被中华民族奉为人文初祖的炎帝、黄帝，相传是原始社会末期两大氏族的首领，"有熊国君"少典氏后裔。当时，炎、黄两大氏族繁衍生息之地都在黄河中游的支流——渭水的上游地区，黄帝氏族生活在渭水支流的姬水之畔，故有"黄帝以姬水成"的说法；炎帝氏族生活在渭水的另一支流姜水之畔，故有"炎帝以姜水成"的说法。

  在后世子孙的眼中，我们伟大的先祖无疑是睿智绝伦、智勇无双的——"生而神灵，弱而能言，幼而徇齐（伶俐），长而敦敏，成而聪明。"[①]黄帝成为部落首领后，为了给氏族寻找一块更开阔、肥沃的土地，实施了举族迁徙。那时的部族迁徙非常简单，因为几乎没有什么家当，稍稍收

[①]　[西汉]司马迁. 史记·黄帝本纪. 北京：中华书局，1975.

拾一下便可拔腿就走。天当房，地做床，风餐露宿，沿路采食。沿河而行，至少有以下几方面的好处：一是可以取用水方便；二是可以采食水中鱼虾蚌蟹和河流两岸的果实及獐狍鹿兔等猎物；三是不会迷路走失。黄帝部族沿北洛河南下，到达今陕西大荔、朝邑一带，不久又东渡黄河，顺着中条山和太行山麓进入汾河谷地，再沿桑干河向东，来到今河北涿鹿一带。

炎黄时代，地处太行山和燕山山脉环卫的涿鹿一带，不但有由桑干河和洋河冲积而成的宽阔谷地，而且气候温湿，林木茂盛，绿草如茵，流水淙淙，禽鸟成群，是宜农宜牧的好地方。太史公在《史记》中说："轩辕黄帝北逐荤粥（匈奴），合符釜山，而邑于涿鹿之阿。""荤粥"，又名猃狁，其时就活动在涿鹿以北一带的游牧部族；"涿鹿之阿"是说轩辕黄帝建在涿鹿山脚下的平地上。

就在黄帝氏族东迁的时候，居于姜水流域的炎帝也率领他的部族走在了寻找理想家园的路上。炎帝部族迁徙走的路线与黄帝部族不同，他们先是沿渭河东下，抵达今河南西南部，再顺黄河东下，到达现在的河南中部一带。这里地处中原，沃野千里，气候温和，可耕可牧，是部族繁衍生息的理想之地。

原始社会末期，由于农业和畜牧业的发展，使劳动产品出现了剩余，这就为私有制的产生打下了基础。伴随着私有财产的出现和氏族制度的瓦解，部落的酋长逐步掌握了一定的特权。部落之间为了争夺生存空间、掠夺财富和互争雄长，经常发生战争。面对战争的威胁，具有血缘关系的亲近部落便互相联合起来，结成联盟乃至范围更加广大的联合体。

当时，不但炎帝、黄帝部族迅速发展壮大，生活在中国东部的东夷族——九黎部落也在其首领蚩尤的治理下日益强大起来。九黎酋长蚩尤，不但孔武有力，勇猛异常，而且拥有当时最先进的青铜兵器。《世本·作篇》说："蚩尤作五兵：戈、矛、戟、酋矛、夷矛。"《太白阴经》也说："伏羲以木为兵，神农以石为兵，蚩尤以金为兵。"

蚩尤用先进的青铜武器，大举向炎帝部落进攻。防御能力不足的炎帝抵挡不住蚩尤的攻势，节节败退，领地尽失，只好向居于涿鹿一带的黄帝部落靠拢并寻求援助。

黄帝与炎帝本来是兄弟，且唇亡齿寒，黄帝岂能坐视不救。于是，炎黄两大部落结成了联盟，与蚩尤部落展开了空前规模的大战，史称"涿鹿之战"。战争初期，蚩尤的九黎氏族人数众多，个个骁勇善战，加之使用铜斧、铜剑等精良武器，使炎黄联军受到了重创。《太平御览》卷一引《黄帝玄女战法》有"黄帝与蚩尤九战不胜"的记载。在三年的时间里，双方共打了50余仗，而且战况异常惨烈，以致"血流漂杵"。战场北至桑干河畔，南到灵山脚下，西达今河北蔚县，东至今北京地区，涿鹿一带方圆几百里的广大区域到处弥漫着战火硝烟。后来炎黄联军才扭转局面，转败为胜,将蚩尤斩杀。

蚩尤兵败被杀后,他的部族四处溃散,一部分退到今山东、河南、河北三省交界一带避难定居(这一地区到汉代还有黎县、黎阳、黎山等地名);一部分被黄帝部族俘虏、同化,成为炎黄部族的黎民[①],古代把百姓称为黎民或黎元、黎首、黎庶、黎氓,即源于那时;还有一部分逃向西南方,在今湘、黔一带繁衍生息,成为后来的苗族。

黄帝与蚩尤涿鹿大战之后,炎黄两大部族之间为争夺中原又展开了一场规模很大的战争——阪泉之战。西汉贾谊《新书·制不定》说:"黄帝行道,神农不德,故占于涿鹿之野。"《列子·黄帝》说:"黄帝与炎帝战于阪泉之野,帅熊、罴、狼、豹、貙、虎为前驱,雕、鹖、鹰、鸢为旗帜。"其实,那场所谓的驱兽大战,并不是用真正的猛兽来参战,而是以猛兽命名的一些"战斗团体",也就是说,是以猛兽为图腾的不同氏族之间的大战。

涿鹿之战和阪泉之战后,黄帝得到华夏各部族的拥戴,周围一些其他小的部族也纷纷归顺,尊奉黄帝为共主。这样,四方安定,各部族活动的区域相对固定下来。农耕定居生活,为全方位的文明创造开辟了道路。考古表明,这一时期,生产力水平有了长足的进步,农业方面发明了许多翻耕工具和收割工具,中原和北方地区农作物种类增多,不但广种粟、黍,还种植菽(大豆)、高粱之类农作物。家畜饲养也发达起来,不仅数量增多,而且种类上也达到了"六畜俱全"。手工业也有了新发展,制陶时已开始使用陶轮,大大提高了劳动生产率。还发明了蚕桑,出现了纺织品,黎民百姓开始告别兽皮、树叶遮体的时代。建筑业也开始兴起,普通百姓开始建筑简陋的房屋以避风雨严寒,黄帝及其他部族酋长开始营建宫室。定居、农耕、畜牧,生活生产方式的历史性变革,必然引发家庭观念、亲缘关系、交往方式、生活习惯的改变。

第四节 治 水 传 说

距今4000年左右的龙山文化时期,由于气候温暖,雨量充沛,致使包括海河流域中南部地区在内的黄河中下游河地区经常洪水泛滥。传说为了平定水患,先后有共工、鲧、禹等治水英雄挺身而出,带领人民与滔天洪水进行了顽强的抗争。

华夏大地出现了第一位治水英雄——共工。共工,既是人名,也是氏族名,相传为炎帝后裔,

[①] 地位在百姓之下,后随着时间的推移,黎民与百姓的差别越来越小,统称为黎民百姓。

所居之所为"共",大约在今卫河上游的辉县一带①。共地处于太行山前平原,每到汛期,多暴雨洪水,尤其是流经这里的黄河,经常决溢泛滥,使共工部落深受其害。正是由于水灾的频仍,逼得共工氏族奋起抗击,涌现出共工这位大名鼎鼎的治水人物。

相传共工的治水方法是"壅防百川,随高堙庳"②,即把高处的泥土、石头搬下来,筑起简单的围堤,把氏族聚落和田园保护起来。这种"水来土挡"的办法对抵挡中小洪水确实起到了一定的作用,也为共工赢得了巨大的声誉。"共工氏以水纪,故为水师而水名"③,后世连水官的官职也以"共工"称之,可见共工的影响之大。共工在长期的治水斗争中积累了丰富的经验,也成了治水世家。相传共工之子句龙,能平水土,名声赫赫,死后被奉为"后土"之神。又相传共工之孙四岳,曾佐禹治水,立下汗马功劳。

到了尧舜时代,洪水来势更猛,量级更大,灾害更甚。据《尚书·尧典》记载:"汤汤洪水方割(害),荡荡怀山襄陵,浩浩滔天。下民其咨。"汹涌的洪水淹没了平原,包围了丘陵和山岗,吞噬了人们的田地和房屋。大水经年不退,农耕生产无法进行,人们被迫"择丘陵而处之"④,无奈地回到了采集渔猎时代。

为了降伏滔天的洪水,先是鲧被推举为部落联盟治水的总首领,鲧沿用共工治水的老办法,采用"障"洪水的办法,即筑堤挡水,把人们居住的聚落和田园保护起来。但由于洪水太大,"九载绩用弗成"⑤。"九",古代泛指多的意思,就是说他治水多年没有成功。虞舜继唐尧成为部落联盟的领袖后,又任用鲧的儿子禹主持治水事宜。

禹吸取了其父治水失败的教训,以水为师,针对水往低处流的特点,采用"决九川距(到)海,浚畎浍距川"的办法,即通过"疏"的办法,导河川之水入海,同时在河流的两岸开挖若干排水沟使洪涝水迅速回归河漕。为了治水,大禹"劳身焦思,居外十三年,过家门不敢入"⑥,经过多年艰苦卓绝的奋斗,终于率领民众平息了经年不息的水患。

大禹的治水足迹遍布大河上下。据《尚书·禹贡》载:"(禹)导河积石,至于龙门,南至

---

① 徐旭生.中国古史的传说时代.南宁:广西师范大学出版社,2003.
② [春秋]左丘明.李德山 注评.国语·周语下.南京:凤凰出版社,2009.
③ [春秋]左丘明.李炳海,宋小克 注评.左传·昭公十七年.南京:凤凰出版社,2009.
④ [西汉]刘安,等.淮南子·齐俗训.长沙:岳麓书社,2015.
⑤ 曾运乾 注,黄曙辉 校点.尚书·尧典.上海:上海古籍出版社,2015.
⑥ [西汉]司马迁.史记·夏本纪.北京:中华书局,1975.

华阴，东至于砥柱，又东至于孟津。东过洛汭，至于大伾；又北过洚水，至于大陆；又北播为九河，同为逆河，入于海。"即是说，大禹疏导黄河从积石开始，一路来到龙门，又来到华山的北面，再向东又到了三门峡砥柱山、孟津及洛水入河处，然后到了今海河流域的地盘——第一站是"大伾"，即河南浚县的大伾山。第二站是"洚水"，即今漳河，时为黄河支流。第三站到了大陆（古大陆泽，在今河北邢台境）。黄河在大伾山的东北纳漳水之后，向北流入大陆泽，在此始分为"九河"，因九河处于下游海口段，受到海潮的顶托倒灌，故又称之为"逆河"。大禹带领民众疏通了大陆泽以下的黄河尾闾，办法是将其"分播为九"[①]，使洪水通过多条道路排入大海。

经大禹疏导形成的"禹河故道"，大概循今滏阳河、子牙河河道，至天津附近入海。

文明产生于挑战！大禹治水的时代，由于治水斗争的需要，造就了华夏大地大创造、大发展的局面，产生了一系列石破天惊的伟大发明，开创了文明发展的新纪元。

首先，大禹治水的成功，催生了中国历史上第一个君位世袭的国家——夏王朝，华夏大地由此告别了传说时代，华夏文明由此迈入了一道极为重要的门槛。其次，在治水的过程促进了文字的发明和使用。著名历史学家徐旭生认为，文字的普遍运用始于鲧禹治水时期，他在《中国古史的传说时代》中写道："到了尧舜时代，治理洪水是刻不容缓、超过一切的大事，各氏族间的往来、商酌一定很频繁，不但算工计数需要符号帮助记忆，就是召集、约束恐怕需要符号帮助……因为事的促迫，它被推广使用，成为各族间的信号。文字的比较普遍运用和统一，就在这个时期开始的。"第三，大禹在治水实践中发明了原始测量工具和原始数学。《史记·夏本纪》说，大禹治水"左规矩，又准绳"，"行山表（刊）木，定高山大川"。"规矩"和"准绳"，无疑是那时最基本的测量工具。"行山表木"，说的是通过原始的水准测量，测定河流地势之高低、位置和方向。有了测量数据，还要对这些数据进行记录和比较、分析和运算——后人藉此推断，大禹和民众在治水的过程中，逐渐创造了古测量学，并催生了原始数学。《周髀算经》说："故禹所以治天下者，此数之所由生也。"汉代人赵君卿注释说："禹治洪水，决疏江河，望山川之形，定高下之势，除滔天之灾，释昏垫之厄，使东注于海而无浸逆，乃勾股之所生也。"就是说，"勾三股四弦五"这种关系，是在大禹治水时发现的，这大概是原始数学的由来。

[①]《尔雅·释水》称"九河"，分别是指徒骇、太史、马颊、覆釜、胡苏、钩盘、鬲津、简、絜。也有学者说"九"为虚数，代表多，并非确指九条河。

第二章 水利与文明进步

中华先民能动地改造水环境——水利活动，肇始于鲧禹治水之时。大禹治水的成功，促进了国家的形成、文字的发明和城邑的诞生以及青铜器的使用，使中华跨入了文明的大门。在文明时代，由于中国是一个以农业为主的社会，而水利关系到五谷是否丰登，所以水利成为中华民族能动改善生存环境的核心内容之一。纵观整部中华文明史，从一定意义上也是中华民族与水害斗争中谋生存与发展的历史，同时通过兴水利除水害，又对中华的文明进步产生重大而深远的影响。历史昭示：水利兴，则经济兴，国家兴；水利衰，则经济衰，国家衰。

在海河流域，历代有为的统治者特别是那些执政一方的贤牧良守，无不把兴修水利作为自己执政的要务，并通过治水活动，促进了经济的发展和社会的进步。

第一节 防洪保平安

海河流域历史上就是水旱灾害频仍的地区，洪水猛兽一直是威胁人们生命财产安全的心腹大患。为了平息水患，流域人民采取疏堵结合的办法，与洪水进行了顽强的斗争。

据专家考证，"黄河自进入历史时期起，直到战国时代开始在下游两岸修筑堤防的长达数千年的岁月里，基本流向大致都是流经河北平原（包括豫北、冀南、冀中、鲁西北），在渤海西岸入海"[①]。由于黄河长期流经今海河流域南部和中部地区，故其时的防洪治水活动，多与黄河有关。

周初的黄河，由于下游一带没有堤防束缚，便在今海河平原中部一带纵横泛滥。到了春秋战国时期，各诸侯国"雍防百川，各以自利"（班固《汉书·沟洫志》），争相在黄河下游的干支流上修筑堤防。黄河、漳河等河道堤防的形成，加之铁器工具的广泛使用，使河道两岸的肥田沃土得以开发，大大拓展了人们的生存空间。人们已开始越过太行山麓洪积、冲击地带，向黄河及其支流的中下游平原进军。于是，在河流两岸乃至滩地上，涌入了不少拓荒者，定居耕作，聚落始繁。

然而，由于黄河是多泥沙河流，天长日久，泥沙淤积于两堤间的河床，逐渐形成地上悬河，漫溢决口的风险与日俱增。汉武帝元光三年（公元前132年），黄河在瓠子（今濮阳西南）决口，淹及东南十六郡，泛滥长达23年之久。直到元封二年（公元前109年），汉武帝亲临瓠子指挥堵口会战。堵口采用平堵之法，即以竹木为桩，充填草、石和土，层层夯筑而上，经过十万军民的奋力鏖战，终于获得成功。汉武帝作《瓠子之歌》悼之，并在堵口处修建"宣防宫"以示纪念。

---

① 中国科学院《中国自然地理》编辑委员会. 中国自然地理·历史自然地理. 北京：科学出版社，1982.

之后，黄河又多次决口，甚至到了王莽始建国三年（公元11年），黄河在魏郡元城（今河北大名东）决口，造成黄河历史上的第二次大改道。直至东汉永平十三年（公元70年），王景治河，筑堤疏浚，形成了一条从荥阳至千乘海口的新河道。王景治河后，黄河进入了一个相对安流时期，一直到北宋。黄河安澜800余年，不但促进了海河水系的形成，同时更为海河流域经济社会发展创造了条件。

北魏中期以后，海河许多支流由于河道狭窄弯曲，水流不畅，朝廷在清水（今卫河）、漳水、滹沱水、泒水（上游为大沙河，中游为大清河，下游接海河）、易水（上游合滱水，今唐河）、湿水（今永定河）、沽水（今北运河）等河流上先后筑起了堤防。隋唐时期，海河水系完全形成。这一时期，为了保证永济渠汛期的堤防安全，除了在重要河段增筑堤防外，在永济渠两岸利用自然洼淀开辟了多处蓄滞洪区，并在永济渠以东开凿了多条通海的减河，以"导永济渠之涨溢"。如在沧州一带，开凿了阳通河及毛河。此外，在海河流域中下游平原地区还开挖疏浚了不少排涝工程，如在黎阳（今河南浚县）整治了新河，在衡水（今河北衡水县西）整治了羊令渠，在沧州清池（今河北沧县旧州镇）附近整治了无棣沟、阳通河，在东光县南整治了靳河等，从而构成了平原地区排洪除涝系统。

辽金和元明清三代，北京实现了"三级跳"——从辽朝的陪都（辽南京），到据有半壁江山金朝的首都（金中都），再到元明清三代全国的京师（明初除外）。政治地位的提升，使得历代统治者对卧榻之旁（横穿北京西南地区）的永定河治理愈加重视。为了保护北京城免受洪灾，从辽代开始，拉开了永定河筑堤的序幕。金代以北京为中都，逐步建起了北京附近的永定河堤防。元代，加固和加长永定河堤防工程持续不断，从石景山金口一直延续到武清县以下，堤防总长度已达百余里。明代，永定河堤防工程规模更加扩大，堤工质量也有了提高，特别是在卢沟桥以上筑起了坚固的堤防。清代，为了治理永定河水患，清廷投入了大量人力物力和财力。首先是完善和强化了石景山段的堤防，"石工数倍于前，固若坚城，历久无患"。接着又大力整治修筑下游两岸堤防，特别是康熙三十七年（1698年），"自良乡老君堂旧河口起，迳固安北十里铺、永清东南朱家庄，会东安儿狼成河，出霸州柳岔口三角淀，达西沽入海，浚河百四十五里，筑南北堤百八十余里"[①]。大功告成之时，康熙皇帝赐河名为"永定"，表达了他对"无定河"（永定河因经常溃决迁徙，又被称之为"无定河"）岁岁安澜的渴望。之后的雍正乾隆两朝，在加固堤防的同时，还对永定河的下口进行了大规模改造，即从东淀改"经三角淀达津归海"，并"筑三角淀围堤"，使之与永定河

---

① [清] 赵尔巽，等. 清史稿·河渠志. 北京：中华书局，1977.

两岸堤工相接。此外，还在永定河两岸修建了减水引河，以下泄洪水。

清同治末年，李鸿章出任直隶总督。鉴于坐落于九河下梢的工商业都会天津水患严重，先后疏浚或开挖了金钟河、卫津河、新开河等泄洪排涝河道，从而减轻海河干流的防洪的压力，提高了天津城市防洪安全的系数。自清末至民国期间（1900—1927），为了提高海河干流的防洪和航运能力，有关当局先后六次实施了海河裁弯工程，使海河干流从原来的百余公里缩至70多公里。

第二节 灌溉促发展

海河流域地处半干旱的区域，干旱缺水是制约农业发展的瓶颈。为了弥补"雨养"农业的先天不足，便有了灌溉事业的兴起。

据史料记载，海河流域的大规模灌溉系统的出现，始于战国时期。战国初期魏文侯以西门豹为邺令，西门豹上任伊始，便以霹雳手段严厉破除了为河伯娶妇的陋习，并"发民凿十二渠，引河水灌民田，田皆溉"。由于漳河是一条多泥沙河流，引漳十二渠通水后，既可以解田之旱渴，又可以改良土壤，增加土地的肥力，大大提高了粮食产量（亩收一钟，约为250斤），使邺地成为河内最富庶的地方。百年以后的魏襄王时期，史起为邺令，重修引漳十二渠，民大得其利，作歌颂之："邺有贤令兮为史公，决漳水兮灌邺旁，终古舄兮生稻粱。"① 如此一来，便有了"西门溉其前，史起灌其后"② 之说。后来，邺地靠着引漳灌溉工程，成了海河流域农业最发达的地区之一，并延续千年之久。

战国时的燕国最富庶的地区当属督亢地区（今河北涿州、新城一带），原因在于督亢陂（属今大清河分支拒马河水系）。水利灌区的兴起。据《史记》记载，古督亢原为沼泽之地，农业并不发达。后来燕国在这里大兴农田水利，建成了督亢陂灌溉系统，使此地一跃成为燕国的一大粮仓。后来，荆轲刺秦王，就曾以割让督亢之地作为晋见礼。

西汉时，关中地区灌溉系统最为发达。到了东汉，农田水利遍地开花。比如，光武帝建武十五年（公元39年），渔阳太守张堪在今北京顺义北小营一带（今属潮白河上游）利用潮白河和泉水，种植水稻八千余顷，使"百姓得以殷富"。与由同时，由于水田不利骑射，又成为阻止匈奴

---

① ［东汉］班固. 汉书·河渠志. 北京：中华书局，1962.

② ［西晋］左思. 魏都赋. 北京：中华书局，1977.

的一道屏障，"视事八年，匈奴不敢侵塞"。吃上稻米，过上平安富裕生活的百姓们对张太守感恩戴德，遂作歌谣称赞他："桑无附支，麦穗两岐，张君为政，乐不可支。"①

魏晋南北朝时期，中国虽然分裂长达三百年之久，但由于海河流域在相当长的时间内统一于一个政权之下，故农业生产也再现过繁荣。

曹操统一北方后，建都于邺，大兴水运和灌溉工程，促进了海河流域经济社会的发展。比如，建安九年（204年），曹操攻取邺城后，鉴于漳水灌溉体系废弛，"又遏漳水回流东注，号天平堰，（二十）里中作十二墱，墱相去三百步，令互相灌注。一源分为十二门，皆悬水门"②。灌溉的兴起，使邺地呈现出一片富庶的景象，王畿一带物产丰饶，人烟稠密，"邺县甚大，一乡万数户"。再如，嘉平二年（250年）驻守蓟（治今北京市西南）的镇北将军刘靖推行屯垦戍边政策，兴建了当时蓟城（今北京）地区有史以来最大的灌溉工程——戾陵堰和车厢渠。渠道位于蓟城西的梁山（今石景山）西麓的湿水（今永定河）上，"立遏于水，导高梁河，造戾陵堨，开车厢渠。水流乘车厢渠，自蓟丁北迳昌平，东尽渔阳潞县"③。渠成后，"水溉灌蓟城南北，三更种稻，边民利之"。到了景元三年（262年），进一步扩大了引水量和范围，灌田达百余万亩。

由于灌溉工程的兴盛，曹魏时期的海河流域，一度成为全国重要的基本经济区。当时有一位叫卢毓的大臣在所著的《冀州论》中称冀州："天下之上国也。……东河以上，西河以来，南河以北，易水以南，膏壤千里，天地之所会，阴阳之所交，所谓神州也。"

西晋时，海河流域（尤其是南部地区）仍是富饶之区。《晋书·束晳传》说："土狭人众，三魏尤甚。"三魏相当于今河北、河南二省交界地带。晋初太康年间，冀州有31.6万户，占全国总户数约13%，仅次于首都洛阳所在的司州，占第二位。人口众多，折射出其此地的殷富。

公元5世纪，鲜卑拓跋氏入主中原建立北魏后，实行劝课农耕、计口授田政策，使被"五胡乱华"摧残的海河流域重新恢复了生机，有"魏之资储，唯籍河北"之说。北朝所建的不多的水利工程，也大多集中在河北平原上。如北魏幽州刺史裴延儁，修复了战国以来的督亢陂和幽州附近的戾陵堰，溉田百万余顷，为利十倍④。北齐天统元年（565年），幽州刺史斛律羡引高梁水（今

---

① [南朝·宋] 范晔. 后汉书·张堪传. 北京：中华书局，1965.
② [北魏] 郦道元. 水经·浊漳水注. 长沙：岳麓书社，1995.
③ [北魏] 郦道元. 水经·鲍丘水注. 长沙：岳麓书社，1995.
④ [北齐] 魏收. 魏书·裴延儁传. 北京：中华书局，1997.

永定河）东会于潞（今北运河），沿途灌溉农田，使"边储岁积"①。北齐皇建元年（560年），平州刺史稽华重修督亢陂，屯田耕种，"岁收稻粟数十万石"②。另据《隋书·地理志》记载，东魏建都邺，"出粟一百三十万石，以赈贫人"；信都、清河、河间、博陵、恒山、赵郡、武安、襄国为当时重要产粮区。上述所列中足以证明，在重视水利，劝课农耕政策下，海河平原成了北朝农业最发达地区。

隋唐时期，海河流域各地得到全方位开发，特别是水利建设的全面开花，使这一区域的农业经济发展到历史的顶峰。

唐代，河北道（太行山以东地区，今河北大部及河南北部、山东北部，下辖怀、邢、沧、魏、冀、幽等20多州）之所以"财力豪瞻，货殖繁滋"，成为名副其实的"基本经济区"，是同这一区域水利尤其是农田水利兴盛息息相关的。据水利史专家姚汉源统计，《唐书·地理志》所记水利以河北道为最多，共56处；其次为江南东道50处，关内道25处，河南道24处，剑南道19处，江南西道18处。在河北道兴建的56处水利工程中，最多的为农田水利工程，共26处；其次为防洪工程为19处，主要为漳河、永济渠堤防；航运工程5处；灌溉兼有航运之利工程5处；以水代兵的御边工程1处③。

唐代所兴农田水利工程，主要分布在河北平原的永济渠及滹沱河沿线。如相州（治今河南安阳）有天平渠、高平渠、万金渠、金凤渠、菊花渠、利物渠，贝州（治今河北清河西）有张甲河，赵州（治平棘，今河北赵县）有广润陂、毕泓、新渠、千金渠、万金堰、泙水渠，镇州（治真定，今河北正定）有太白渠、大唐渠、礼教渠，冀州（治信都，今河北冀县）有通利渠、羊令渠、堂阳渠、葛荣陂，景州有靳河、毛河，瀛洲（治今河间）有长丰渠；沧州（治清池，今沧州东南）有无棣沟、阳通河；莫州（治莫县，今河北任丘北）有通科渠；幽州（治今北京）有引芦沟水（今永定河）的灌溉渠网等，这些水利工程的出现，让河北平原不少地方织成了灌排有序的水网（还有不少河渠兼有水运功能），在汩汩流淌中让肥沃的土地绽放出绚烂的富庶之花。

唐玄宗《谕河南河北租米折留本州诏》云："大河南北，人口殷繁，衣食之源，租税尤广。"天宝十四年（756年）安史之乱爆发前夕，颜杲卿在给朝廷上书时也说："今河北殷实，百姓富饶，衣

---

① ［唐］李百药. 北齐书·斛律羡传. 北京：中华书局，1972.
② ［唐］魏征，等. 隋书·食货志. 北京：中华书局，1973.
③ 姚汉源. 中国水利史纲要. 北京：水利电力出版社，1987.

冠礼乐，天下莫敌。"①贞观末年到总章之际，多次用兵辽东，粮秣绝大部分取自河北、河南二道。开元年间，运往关中的漕粮（最高达七百万石）主要来自晋、绛、魏、濮、邢、贝、济、博等州，其中魏（治今河北大名东北）、濮（治今河南濮阳）、邢（治今河北邢台）、贝（治今河北清河西北）四州均处海河流域。

值得指出的是，唐天宝末期，盘踞在"河朔三镇"的安禄山、史思明之所以在敢于在河北地区起兵，与这里的农业经济发达、兵精食足有直接的关系。

中唐以后海河流域经济的衰退，到了北宋中期以前非但无大的改观，反而更加恶化。原因在于：一是海河流域天气转冷，降水减少，对农业生产产生严重影响；二是海河流域处于宋辽争战的前线，战乱频仍，水利湮废，农田荒芜，加之下黄河、漳河、滹沱河经常发生决溢泛滥，生态环境恶化，使得经济一蹶不振。宋代虽然对在河北中部一带开辟出一条阻挡契丹人南下牧马的塘泊防线，并利用塘泊开辟了一些水田，但由于打理的劳动力有限，加之北宋中期以后，黄河屡屡北犯，塘泊水田受到黄河淤灌达60余年之久，"浊水所经，即成平陆"，因而屯田"在河北虽有其实，而岁入无已，利在蓄水以限戎马而已"②，效果并不十分理想。

宋真宗时，宁辽签订澶渊之盟，以界河为国界，百余年无大战事。在和平环境下，河北经济逐渐复苏。宋仁宗时期，河北的农田水利再掀高潮，引水灌溉地区遍布界河以南广大地区。宋神宗年间，王安石为相，大力推行变法，在"灌溉之利，农事大本"的指导思想下，北宋农田水利达到鼎盛，仅在河北东西路兴建的农田水利工程就达45处，灌溉面积6万余顷。值得一提的是，北宋还在今黄淮海平原实施了大规模引浑淤灌，即引多泥沙河道淤灌以改良土壤，增强地力，以提高粮食产量。据沈括《梦溪笔谈》记载："深、冀、沧、瀛间，惟大河、滹沱、漳水所淤，方为美田，淤淀不至，悉为斥卤。"深（治今深州市南）、冀（治今冀州市旧城）、沧（治今河北沧州市东南）、瀛（治今河间）等州，皆属今海河流域，可见当时淤灌的面积不小，"美田"的效果也十分显著。

元明清三代，以北京为都，鉴于漕运的巨大开支，为了减轻南粮北运的压力，不断有人提出并尝试在北方特别是畿辅一带发展水利营田，以期粮食自给。如元代的脱脱，明代的徐贞明、汪应蛟、左光斗、董应举和徐光启等，清代的蓝理、允祥等，他们在低洼多水的天津等尝试水利营田的尝试，收到一定的成效。

---

① [北宋]司马光.资治通鉴考异·卷十四.上海：上海古籍出版社，1997.
② [元]脱脱，等.宋史·食货志上四·屯田.北京：中华书局，1977.

不过，明清以来畿辅地区的水利营田取得了局部的成功，但总体效果并不理想。对此，乾隆皇帝曾尖锐指出其中的问题："倘将洼地尽改作水田，雨水多时，自可藉以储用；雨泽一欠，又将如何救旱？从前近京议修水利营田，始终未收实济，可见地利不能强同。"诚如斯言。相对于南方而言，海河流域的气候寒冷，降水不足，确实不适合大规模发展水田——稻作农业。

第三节　运河孕育发达经济文化带

海河流域大规模人工运河的开凿始于东汉末，其时曹操大开河北运河，与天然水系形成了四通八达的水上交通网。到了隋代，隋炀帝开永济渠，在海河流域形成纵贯南北的运河干道。元明清三代都于北京，京杭运河的贯通，不但成了三代王朝赖以生存的生命线，也使包括海河流域在内的运河沿线成为经济文化发达的区域。

曹操在海河流域开运河始于建安九年（204年）。当时，为了消灭盘踞在北方的袁氏集团，"遏淇水入白沟，以通粮道"。白沟上以淇水为源，下接清河，成为一条水运干线。曹操打败袁氏集团后，以邺城（今河北临漳县西南）为根据地，为北征乌桓，于建安十一年（206年）又相继开打挖了平虏渠、泉州渠和新渠，打通了北上的水上交通。到了建安十八年（213年），为了加强邺城与周边的联系，曹操又"凿渠引漳水，东入清、洹，以通河漕，名曰利漕渠"①，沟通了白沟与漳河。

白沟运河航运网的形成，促进了沿运地区经济社会的发展，兴起了多座运河城市，如"漕运四通"的邺城、"遏淇水入白沟"之地的枋头城等。

隋朝建立后，特别是在隋炀帝时期，大干快上，在短短几年的时间中便完成了一条横贯东西、跨越南北大运河的构建。这条大运河以洛阳为中心，东南至余杭（今杭州），西北抵大兴城（今西安），东北达涿郡（今北京），沟通了钱塘江、长江、淮河、黄河、海河五大水系。其中，地处海河流域的永济渠，是在曹魏旧渠的基础上，利用自然水道疏浚拓展而成。

据《隋书·炀帝纪上》载，隋炀帝大业四年（608年）春正月，"诏发河北诸郡男女百余万开永济渠，引沁水，南达于河，北通涿郡"。永济渠起自今河南武陟沁水左岸引沁水东北流，下接曹操所开白沟故道，再接屯氏河故渎（汉时黄河故道之一），又接曹操所开平虏渠故道，至独流口（今静海县独流镇境）折向西北，经信安（今河北霸州东）、永清、安次（今廊坊市安次区旧州

---

① ［北魏］郦道元.水经·浊漳水注.长沙：岳麓书社，1995.

镇境)与桑干水（今永定河）连接，达于涿郡治所蓟县城南（今北京市西南）。永济渠与通济渠一样，也是一条既宽且深的河道，全长两千里，可以航行大的龙舟巨舰。其后，隋炀帝三次用兵辽东（攻打高丽），每次都利用永济渠作为运兵粮的通道。

金代迁都燕京（称中都，今北京）后，为了把淮河以北广大地区的粮食财赋运往中都，致力于打通通州至中都的运道。先是于大定年间开金口河，自今北京石景山北的金口，凿渠引卢沟水（今永定河）东流，经中都北城濠向东至通州城北入潞水（今北运河），一度使漕运畅通。因卢沟水浑浊且运渠落差过大（为防止淤积，又不能建闸），运行数年后归于失败。后又于泰和年间重新开河，引白莲潭水（白莲潭即后来的积水潭，水源来自玉泉山）济运，即所谓"金都于燕，东去潞水五十里，故为闸以节高良（梁）、白莲潭诸水，以通山东、河北之粟"。这次重开通州至中都的一段漕渠，称通济渠；因渠道上设五六座水闸调节水流，又称闸河。这条"闸河"一度通航效果不错。但后来因为水源不济，经常处于水少浅涩、舟行如蜗牛爬动的状态，"船自通州入闸，凡十余日方至京师"。"其后亦以闸河或通或塞，而但以车挽之矣"，后来又以陆运为主了。

蒙古人入主中原，在燕京营建大都城（今北京）。不过，"元都于燕，去江南极远，而百司庶府之繁，卫士编民之众，无不仰给于江南"。为了把江南的粮食运到北方，元廷将前代运河进行了裁弯取直，为了解决南粮北运问题，通过新开济州河、会通河，将以洛阳为中心的隋唐运河裁弯取直；又自大都至通州间开凿了通惠河，从而打造出一条南至杭州、北达大都的京杭运河。

会通河是元代新开运河的关键段。据《元史·河渠志》："会通河，起东昌路须城县安民山之西南，由寿张西北至东昌，又西北至临清，达于御河。"这段起自今山东省东平县安民山镇，经聊城、临清，汇入卫河的运河，其线路最早由郭守敬勘测规划，后由漕运副史马之贞等主持开凿。

至元二十八年（1291年），郭守敬主持开凿了一条自通州至大都的新运粮河——通惠河："疏凿通州至大都河……于旧闸河踪迹导清水，上自昌平县白浮村引神山泉，西折南转，过双塔、榆河、一亩、玉泉诸水，（汇瓮山泊），至西水门入都城，南汇为积水潭，东南出文明门，东到通州高丽庄（今张家湾东、皇木厂村南一带）入白河（今北运河），总长一百六十四里一百四步。塞清水口一十二处，共长三百一十步。坝闸十一处，共二十座，节水以通漕运"。

明代对前朝留下的运河进行了疏浚、改造，特别是科学解决了山东段运河的水源问题，使京杭运河得以真正全线畅通，从而把北方政治中心与南方经济中心连接起来，极大地促进了南北经济、文化的大交流与大发展。值得指出的是，京杭运河不但是明清两代漕运的命脉，而且也是商运、客运的黄金水道，使条状的大运河沿岸地带，成为全国最富庶、物资最集中、人口最稠密、交通最发达、文化最昌明的区域。

在海河流域，当时最发达的城市几乎都在运河沿岸，自北而南，主要有聊城、临清、德州、沧州、天津、通州、北京等。这些城市与众不同的是商业文化和市民文化的勃兴。流动的运河，载着经济文化之舟驶向沿岸各地，让沿运区域的人们眼界洞开，观念大变，不少人冲破了传统封闭的小农经济的藩篱，涌向城市，从事商业活动，营造出重商重利的文化氛围，"好色""好货"成为一种社会风尚。伴随着运河城市的发展壮大，出现了庞大的市民阶层，刺激了市民文化的繁荣，如元杂剧（主要发祥地在北京）、明清通俗小说（如《金瓶梅》等），就是以临清等运河城市为背景写成的，都带有明显的市民（市井）文化色彩。

第四章 依河而兴的城市

城市是人类文明进步的产物。城市与河流与生俱来的亲和性，使得水道成为支撑城市生存与发展的最重要生态系统。古代城市的选址、供排水系统、交通、防御、生态等都与河流有着密切的关系。城市的人口密集，市民的"日子"须臾离不开河流的濡养。在古代陆运不发达的情况下，河流不但是城市交通的重要通道，还是托起城市繁华的重要载体。纵观海河流域的古代城市，无论是全国性都城，还是区域中心城市，都与河流有着至关重要的关系。特别是运河的开凿，漕运的兴盛，使得运河两岸崛起了不少繁华的工商都会。

第一节　早期城市与河流

人类的迁徙轨迹呈由高到低的"低地向情结"，这与人类的生产方式密切相关，一般的走向是：高山丛林（适应于渔猎、采食经济）、山前洪积冲积扇组成的台地（新石器时代发明了原始农业）、河流冲积平原（进入文明社会以后）、滨海地带（近代工业文明社会以后）。海河流域的情形也是如此。

海河流域的早期（秦汉以前）城市，主要位于太行山东麓、燕山南麓一片洪积、冲积扇构成的台地上。究其原因，是因为太行山的以西、燕山以北为连绵起伏的高山峻岭，太行山以东、燕山以南则是一片广阔的平原。春秋战国黄河下游筑堤以前，黄河经常摆动泛滥在这片平原上，湖泊沼泽众多，不适宜人类生存。只有山麓台地自然条件良好，既利于采集渔猎，又利于发展农业生产，同时又有水陆交通之便（太行山东麓，自古以来就是一条南北交通要道，山麓以西还有山口通向山西高原，北部通过燕山山脉的山口可通往内蒙古高原）。

就太行山东麓的城市而言，南部有洹水之畔的商都安阳、漳水之畔的邯郸，中部有易水之畔的燕下都武阳、滹沱之畔的中山故都灵寿，北部有永定之畔的燕上都蓟城等。下面简介商都安阳、赵都邯郸、燕下都武阳的情况。

一、商都安阳

安阳，中国七大古都之一。地处海河流域的南部的洹河（今安阳河）两岸，今安阳市北郊小屯一带。据相关考古发掘，这座被称为"殷"的古都，就位于洹河两岸，东西长6公里，南北宽4公里，总面积24平方公里。其中，中心是王宫区，洹河北岸为王陵区。北、东两面和洹河弯曲处相连，西面和南面各有一条人工挖成的壕沟，宽约 7～12 米，深约 5～10 米。基本可以断定，北、东两面是利用天然的洹河为护城河，西、南两面则是由人工开挖的城濠，从而形成了四面城河的防御系统（考古未发现城墙遗迹）。

据史料记载，商朝在此建都前，这里曾称"北蒙"，又称"殷"。公元前 1300 年前后，商代第 20 位国王盘庚率领臣民从奄（今山东曲阜一带）迁都于此，且"自盘庚迁殷，至纣之灭，更不徙都"[①]。就是说，自盘庚以后，共有 8 代 12 商王以此为都，历时 255 年，直到周武王灭商。商亡之后，武王曾封纣之子武庚在这里，"以续殷祀"。后因武庚叛乱被镇压，商朝遗民也被迁走，此地荒芜，沦为一片废墟，故后人称之为"殷墟"。

盘庚之所以迁"殷"为都，主要是因为这里位居"天下之中"，西依太行，东控东夷，北扼土戎，而且地势平坦，气温适中，土壤肥沃，水量充沛，为人们的生存发展提供了优越的自然环境。与此同时，筑都城于洹水之畔，既可以利用洹水作为都城护城河的一部分，又可以利用洹水作为城市生活用水和排水的通道，并作为与外界交通的水上通道。

以殷为都的商王朝，在此站稳脚跟后，东拓西扩，南征北伐，成为号令四方的泱泱大国，而且创造了灿烂辉煌的古代文明。正如著名考古学家夏鼐先生所言："殷商文化实在是一个灿烂的文明，具有都市、文字和青铜器三个要素。"在殷商宫殿区 7.15 公顷的区域内，80 多座宫殿建筑基址无声地诉说着当年都城建设的恢宏气度。甲骨文是商王朝占卜的记录，是目前中国最早的成熟文字，被称为中国古代最早的"档案库"。殷墟出土甲骨文大约 15 万片，4500 多个单字，其中约有 1500 个单字被释读。出土的上万件精美的青铜器，其中后母戊大方鼎至今仍是世界出土的青铜器之冠。

二、赵都邯郸

赵国原都于晋阳，公元前 425 年迁都于中牟（今河南省鹤壁市西）。赵敬侯元年（公元前 386 年）迁都于邯郸，为赵都长达 158 年之久。

战国时邯郸故城遗址，位于今邯郸市区西南郊，王城（又称赵王城）和"大北城"两部分组成。王城为宫城，呈品字形，由东城、西城和北城三个小城组成，为王室宫殿区。大北城为郭城，位于宫城东北，面积比赵王城大，平面呈不规则长方形，为当时的商业、手工业作坊和

[①] ［西汉］司马迁. 史记·殷本纪. 北京：中华书局，1975.

居民区。据考证，宫城建于赵国迁都邯郸前后；郭城在春秋时已有一定规模，赵敬侯迁都于此后又加以扩建。

邯郸古城的南面，从近及远，与滏水、漳水、黄河相邻。而邯郸故城的北面，则有的洺水穿过。洺水发源于太行山，流经武安，在邯郸北入广平，最后注入大陆泽。邯郸周边密布的水道，为其发展对外的水上交通创造了得天独厚的条件。而距邯郸最近的河流有：发源于钦山附近的白渠水，发源于武始的拘涧水（今渚河），发源于堵山的牛首水。三条河的源头距邯郸城都不远，像一个"三"字一样流向邯郸城方向，成为邯郸城供排水系统的有机组成部分。此外，由于城池地势较高，即使遇到暴雨洪水，也不会产生灾难性后果。

到了秦汉时，邯郸靠着水陆交通畅达的优越地理位置，在全国仍具有重要地位，特别是两汉时期，邯郸"带大河，篆四通神衢，当天下之蹊，商贾错于路，诸侯交于道"，成为与长安、洛阳、临淄、成都齐名的"五都"之一。东汉末，位于其南部的邺城兴起，遂取邯郸而代之。

三、燕下都武阳

武阳城（燕下都）遗址在今河北易县东南五里处的北易水和中易水之间。一般认为，燕下都始建于春秋晚期，到燕昭王时完建并达到高峰。称燕下都为武阳城，因其紧傍易水（又名中易水、武水，为拒马河的支流）之北而得名。而它的北面、西面和西南面山峦环抱，东南面向广阔的海河平原，堪称形胜之地。燕国之所以在此建起一座以军事为主要目的的陪都，主要是为了争雄中原。武阳城作为燕上都蓟南下到赵、齐的咽喉地带，因有山水作为屏障，既便于防守，又利于进攻——进可以此为基地，伺机向东南扩张；退可以以此为坚城，阻遏赵、齐等诸侯国的进攻。

考古表明，燕下都故城呈长方形，东西长约 8 公里，南北宽 4～6 公里，总面积约 40 平方公里。城池坐落于北易水和中易水之间（城北临北易水，城南临中易水），且城中水系发达。据《水经注·易水》记载："（濡水在城西北）分流后，一水径故安城西，侧城南注易水，夹塘崇峻，邃岸高深，左右百步，有二钓台，参差交峙，迢递相望，更为佳观矣。其一水东出注金台陂，陂东西六七里，南北五里。侧陂西北有钓台高丈余，方可四十步；陂北十余步有金台，台上东西八十步许，南北如减。北有小金台，台北有兰马台，并悉高数丈，秀峙相对，翼台左右，水流径通……"《水经注》所称濡水，即北易水；所称易水，即中易水。为了使武阳城水脉贯通，在北易水上筑堰开渠，引水入城。入城后渠分两支，一支向南，纵贯全城，出城后注入中易水；另一支折而东流，流注内城之水面宽阔的金台陂（陂之北即巍峨的宫殿区）。

另据考古发掘，在宫殿基址上发现了陶质的下水管道。可见当年燕下都应有一套完整的供排水系统，统筹解决了城市居民生活、航运、宫廷陂池用水和排水问题。与此同时，由河道、陂池构成的水系，还以粼粼波光装扮着城市，营造出亭台流水交相辉映的园林风景。

第二节 "魏都"与河流

中国历史上，带"魏"字的王朝有曹魏与拓跋魏（北魏）之分，其早期都城都在海河流域，一名邺城，坐落于漳河之畔；一名平城，坐落于桑干河支流如浑水（御河）之畔。

一、漳水之畔的邺城

邺城，位于今河北临漳县西南的邺镇一带，漳河之畔。邺城最早为春秋时期的五霸之首齐桓公所筑，战国时为魏国重镇。到了两汉时，邺为魏郡治所，东汉末移冀州治于此，地位上升。后曹操打败袁氏集团后，以邺城为都，"挟天子以令诸侯"。因此，汉末的都城表面上是许（今许昌），实际上则是魏都所在的邺，并在此作为北方政治中心达52年之久。从东汉末年起，历经两晋十六国、南北朝，先后有曹魏、冉魏、前燕、东魏、北齐等6个王朝在此建都，时间长达126年。直到北周大象二年（580年）被杨坚焚毁，才淡出了历史舞台。

曹魏时代的邺城建设，在我国古都史上具有开拓意义。邺城的规划布局首次出现中轴对称布局，对后世都城的营建产生了深远影响。邺城北临漳水（老漳河以南，现在的漳河以北），其平面呈"东西七里，南北五里"的长方形，有郭城和宫城两重城垣。为了满足城市用水的需要，在邺城西北的漳水上作堰（名漳渠堰），引水自城西入城，过铜雀台下，东注，谓之长明沟，至文昌殿前分为两支，夹道而流，穿街过巷，满足了居民生活的汲用，也美化了城市环境。另外，曹操还在邺城西开了一个大池沼——玄武池（与漳水连通），原为操练水军之所，后来改建为一座大型园林——玄武苑，在苑中广植花木，并建有鱼梁、钓台、竹林、葡萄园等。

为了方便邺城的航运，曹操还开利漕渠，"凿渠引漳水入白沟"，使邺都成为"漕运四通"之地——由漳水经利漕渠进入白沟，向北可达河北平原北端，向南可由黄河抵达江淮。

二、如浑水之畔的平城

平城坐落在如浑水（今御河）两岸，遗址在今山西大同市东，为拓跋天兴元年至孝文帝太和十七年（398—493年）的都城。其城池北靠方山，南临蜿蜒东去的桑干水（今桑干河），又有如浑水自南而北穿城而过。拓跋鲜卑虽然出身游牧，但观其平城建设，主要取法中原汉族城池尤其是邺城的建设布局和风格。

平城分为内城（宫城）和外城（郭城）。如浑水于东郭自北向南流，出郭城，流注远方的桑干水。为了方便城中引水，在如浑水入北郭城之前，还开了一条人工引水渠（称"枝渠"），先西转，经过称"北苑"的皇家园林（开小渠若干，引水注入园林中的多个池沼）；再由北城墙入城，南行东折，自内城外傍御道南折，出郭城，再汇如浑水。这样，就有两条水道一东一西纵贯南北，从而满足了城中汲引和美化环境之用。据史料记载，城内河道"河干两湄，累石结岸，夹塘之上，杂树交荫"，"水夹御路"，把城市打扮得清新雅致。如浑水及其枝渠出南郭之后，还用于园圃的灌溉，即所谓"公私引裂，周用园溉"，可以说是水尽其用了。

第三节 运 河 名 城

东汉以前，黄河以北的海河流域基本上没有人开凿的运河。但到了东汉末，曹操经略北方，由于军事和漕运的需要，大开运河，从此海河平原进入了运河时代，随着汉末白沟运河、隋代永济渠、元代京杭运河等人工水道的开凿，打破了海河平原南北水上交通的壁垒，促进了南北经济文化的交流，也催生了沿运河两岸一批城市的崛起。

一、永济渠沿线城市的兴起

永济渠南段的前身是东汉末曹操所开的白沟—清河运河。白沟—清河运河系统形成后，促进了沿运城市的发展，兴起了枋城、邺城、阳平郡（治馆陶城，今山东冠县东古城镇）、建兴郡（治广宗，今威县东北）、浮阳郡（治今河北沧州市东南）等城邑。

隋代永济渠开成后，刺激了沿岸经济都会的兴起与繁荣。唐时，永济渠畔的重要都会有魏州（治今河北大名东北）、贝州（治今河北清河西）、幽州（治今北京西南）等。

魏州的繁荣始于唐开元年间连接永济渠的西渠开通——"西渠，开元二十八年（740年）九月，刺史卢晖移永济渠自石灰窠引流注于城西，夹水制楼百余间以贮江淮之货，故有西渠之名"。这里所谓的"移"，是指将永济渠与魏州沟通之意。正是由于西渠的开凿，成了魏州西部永济渠与魏州沟通的桥梁和纽带，使得江淮等地的粮米百货得以源源不断地运入魏州，魏州货畅其流，工商业随之大兴，城市一派繁荣。大诗人高适有诗赞道："魏郡十万家，歌钟喧里间。"

唐代的贝州（治今河北省清河城关旧城西北），因处于永济渠之畔，很快成为南来北往的水上交通枢纽，并一度成为唐帝国在北方地区的粮食物资储备基地。唐王朝在这里屯集了江淮、河南的钱粮，以供北方边镇的军需，有"天下北库"之盛誉。据史料记载，到天宝十四年（755年），清河聚"布三百余万匹，帛八十余万匹，钱三十余万缗。昔讨默（墨）啜，甲兵贮清河库，今有五十余万事，户七万，口十余万"①。大诗人王维有诗赞曰："郡邑千万家，行复见城市。"

幽州（今北京城区西南广安门一带）作为永济渠北部的终点城市，唐代时的繁华度和知名度与南方的荆州（今湖北江陵）、扬州（今江苏扬州）不分伯仲。房山云居寺《大般若经》石经题记述说：天宝至元和年间，幽州范阳郡工商业繁盛，服务行业齐全，举凡米行、屠行、肉行、油行、五熟行、炭行、磨行、绢行、布行、绵行、幞头行、宝行、生铁行、杂行……应有尽有。至于旅馆酒肆，更是鳞次栉比，"皆有店肆，以供商旅，远适数千里"。

二、南、北运河沿线城市的兴盛

京杭运河贯通后，坐落于海河流域的南、北运河涌现出多座运河名城。自南而北，主要有临清、德州、沧州、天津、通州、北京等。因京、津两大城市情况特殊，需要单节论述，下面由南自北简述临清、德州、沧州、通州四座城市与运河的关系。

（一）临清

临清之名，始于十六国后赵建平元年（330年），因临近古清河（大体相当于今之卫河、卫运河，位置偏西）而得名，治所在仓集镇（今河北临西县仓上村）。后屡经兴废和迁徙，至金天会年间为避水患，迁县城至曹仁镇（今临清青年办事处旧县村，曹魏大将曹仁封亭侯于此，故名）。因

---

① ［北宋］司马光.资治通鉴·卷一十七.上海：上海古籍出版社，1987.

地处偏僻,"无商业可言",是鲁西北地区一座普通的小县城。

元泰定二年(1325年),会通河开通后,引汶水通于卫河。汶河(因会通河以大汶河为水源,故又称"汶河")与卫河交汇处的"中洲"一跃成为风水宝地,逐渐形成一个集镇——会通镇,虽隶属于临清县,但繁华已不亚于县城。

洪武二年(1369年),"徙县治北八里",即临清县治由曹仁镇北移至中洲(县衙在今临清市区考棚街纸马巷一带)。但是,当时会通河水道窄浅,行船困难,运力有限。运河不给力,临清的商业自然也没有大的起色。到了明永乐年间,工部尚书宋礼疏会通河,临清作为卫、汶交汇之地,"挽漕之咽喉,舟车水陆之冲",迅速发展起来。

弘治二年(1489年),临清升格为州,伴随着城市地位的提高,工商业的发展,临清"生聚日繁,城居者不能什一",商贾纷纷列市肆于城外,运河与砖城之间遂成为繁华的街市。

嘉靖二十一年(1542年),因商人的强烈要求,又修筑了以商业繁华的中洲为中心,"延袤二十里,横跨汶、卫二水"的新城(因城墙用夯土筑成,故又称土城)。新城虽是土筑,但高大结实。为了方便出入,设陆门六个、水门三个,城门上都建有戍楼,派兵把守。新城与砖城连为一体,称玉带城。新城的修筑,完善了城市的功能,实现了国家在政治、军事、经济、交通等多种需要,同时也形成了界线分明的两个社区:一是砖城之中以官署、粮仓为主体的行政社区;二是土城之中以商业为主体的经济社区。到了万历年间(1573—1619),临清已成为运河线上北方最大的商业都会,也赢得了"南有苏杭,北有临张(临清、张秋)"的赞誉。

水运不仅带来了临清商业的繁荣,也刺激了手工业的发展。其中,官办手工业多分布在运河两岸,贡砖烧制和船只修造为主;民间手工业多集于城内,以竹林加工、酿造和皮毛加工等为主。明代,全城81条街巷中,以手工业命名的街巷就达31条。清代,临清的手工业得到了长足的发展,达26个行业之多。"临清宝,真不少,瓜干枣脯千张袄。陈家剪子毕家刀,王一摸镰刀不用挑。竹油篓,柏木筲,桑家秤杆灵又巧。甜酱瓜,百籽糕,晋京腐乳味道好。"这首传唱了300年的歌谣,道出了临清有许多名特优产品的经久不衰。

明代中叶,不计无名街巷,临清城内有街二十三、市十二、巷二十九、厂七,有各种店铺千余家,其中:布店73家,绸缎店32家,杂货店65家,纸店24家,典当铺100多家,粮店100多家,辽东货店13家,瓷器店数十家,客栈数百家。明末,临清城市编户人口23098人,其中宦游的侨商10649人,占总人口的46%。这些外来商贩最多的是徽商,其次是晋商。

（二）德州

德州，地处黄河故道之畔、京杭运河之滨。自夏代至南北朝时期，德州一直以"鬲"为名，或称有鬲氏之国，或称鬲邑、鬲侯国，或称鬲县。现在的德州城区，在北魏太和年间，属于鬲县，北齐时废鬲县并入安德县；隋唐至宋初，先后称安德县、广川县、长河县；宋金元称将陵县、陵州。直到明洪武七年（1374年），撤陵县置德州，并将州治移至御河（今南运河）之畔，才是今德州城市的开始。

德州城最初因仓储而建，亦因仓储而兴。金朝建立后，占有淮河以北广大区域，为储存河南、山东地区的漕粮，于金天会七年（1129年）在德州置"将陵仓"（仓址在今德州北厂一带），是为德州设置国仓之始。元代，京杭大运河凿成后，德州成为大元帝国的漕粮储存基地，改将陵仓为"陵州仓"，承担向大都（今北京）供粮的任务。明洪武七年（1374年），将陵县升置为德州，筑城于御河西岸。洪武九年（1376年）将守御千户改为德州卫。洪武三十年（1397年），运河裁弯取直，卫城所在地由西岸变为东岸，并"易土城为砖城"，周长十里，城的形状既不是方形，也不是长方形，从平面上看好像一只靴子，当地人称"靴子城"。建文元年（1399年），都督韩观筑十二连城于卫城北，以护北厂仓厂。"靖难之役"爆发后，由于德州屯集着大量粮食，成了燕王朱棣的北军与建文帝的南军必争之地，干戈扰攘，烽火不断。

为了保护漕运和仓储安全，永乐五年（1407年），又置德州左卫，加上洪武年间的正卫，德州共设二卫11200名官兵驻防。永乐十三年（1415年），京杭大运河全线贯通后，明政府在运河沿岸设立了淮安、徐州、临清、德州、天津五大水次仓储转运基地，"置德州仓名广积，以户部司员仓事"，同时设立了"常丰仓"作为预备仓库。

德州因得漕运之利，迅速从鲁西北军事重镇变成一个"巨舻列河干，官商舶鳞集"的运河大码头。漕运盛时，德州运河上帆樯林立，拥挤不堪，每年递运漕粮量达400万～600万石左右。明弘治时礼部侍郎程敏政在乘舟路过德州段运河时感叹道："出逢漕船来，入逢漕船去。帆樯密于指，我舟无着处。"嘉靖、万历年间，城池内外特别是靠近运河的西门外已成为繁华的商业区："南关为民市，为大市；西关为军市，为小市；马市角南为马市，北为羊市，东为米市，又东为柴市，西为锅市，又西为绸缎市。中心角以北为旧线市，南门外以西为新线市……小西关军市货物皆自南关拨去，故市名类以小字别之……万历四十年（1612年）御河西徙，浮桥口立大小竹竿巷，每遇漕船带货发卖，遂成市廛。"（乾隆《德州志》）。

明永乐以后至清代中叶，是德州鼎盛期，为全国著名的33个商业都会之一。在商贸业的带动和刺激下，德州的手工业、加工业、服务业得到迅速发展。德州五香脱骨扒鸡就是食品加工业的佼佼者。另外，竹木器、铜铁器、纺织、酿酒等行业的勃兴，无不与运河有关。

（三）沧州

沧州因濒临渤海而得名，意为沧海之州。北魏熙平二年（517年）始置沧州，治饶安（今河北盐山旧县镇），辖浮阳、乐陵、安德三郡，为控制渤海地区的重镇。北周时，置长芦县，治所在今沧州市境，据清《沧县志》载，长芦故城在州北十里。隋初又置景州于长芦。唐代在沧州设横海镇，治沧州（今沧县东南），辖德、棣、景诸州。北宋时，宋辽对峙，沧州成了宋朝御辽前线的军事重镇。元延祐元年（1314年），徙州治于长芦，坐落于御河（今南运河）之畔。元至正十八年（1358年），因红巾军攻陷长芦，州治又还清池（今沧县旧州镇）。明洪武二年（1369年），沧州治由清池迁到长芦故城，一直沿袭至清末。明永乐年间，京杭运河全线贯通，自此以后，在大运河的哺育下，沧州成为运河上的一颗明珠，地位虽没有天津、临清、德州显赫，但也堪称运河沿线的一座大码头和经济都会之一。

据清乾隆《沧州志》记载，清代的沧州城周长约八里，城墙高二丈五尺。城墙四面筑有五门，南曰阜民，北曰拱极，东曰镇海，北曰望瀛，另有一座小南门曰迎熏。小南门一带濒临运河，是沧州的商贸中心，有缸市街、书铺街、鸡市街、锅市街、菜市街、晓市街等，十分热闹。清代沧州籍画家、诗人刘梦在《述沧州》诗中称："工商如云屯，行舟共曳车。漕储日夜飞，两岸闻喧哗。"

（四）通州

通州（今北京市通州区），位于京杭大运河北端，北运河（古称沽水、潞河、白河）之滨。古代的通州因临潞水，称潞县。金代，因潞县为漕运中转站，地位重要，遂于海陵王天德三年（1151年）升县为州，取"漕运通济"之义，始称通州。元朝建都北京（称大都），通州成为漕运仓储重地和"左辅雄藩"（京师的卫星城），地位更加重要，先后在通州建有十六仓，并在通州设漕运司衙门，专司漕运之事。明初，燕山侯孙兴祖重筑通州城，在旧城基础上南扩一倍，"砖甃其外，中实以土，周围九里三十步，连垛墙高三丈五尺"[①]。明正统十四年（1449年），为拱卫京师和确保漕运安全，在旧城之西重筑新城（实际是为了将位于旧城外的最大仓廒——西仓保护起来，

[①] ［清］梁悦馨，等修，季念诒，等纂. 光绪通州志·城池. 上海：上海古籍出版社，2010.

在西仓周围修筑了一座新城池),新旧二城东西相连,相隔60米。嘉靖七年(1528年),监察御史吴仲重修惠通河,把河口从张家湾北移到通州北门外迤东,并在通惠河入北运河口处石坝一座,作为漕粮转运码头。同时,在通州城东设土坝,在这里卸货的漕粮,通过陆运运至通州和北京的仓库中。这样一来,自通州运往京师的漕粮实行水陆并运。

通州作为漕运仓储重地,早在金代这里便设有"天仓"(国仓、皇仓),直至清末。元代通州城设有13座国仓,明代通州城中设有中、东、西、南4座大型仓群;成化年间,通州仓群储粮量占漕粮总数的十分之六。明清两代,朝廷在北京设仓场总署,在通州设户部分司、坐粮厅公署、监督主事公署、巡仓公署、巡漕公署等多个办事机构。

据清人吴锡麟的《南归记》说:"国家岁转漕数百万,咸会于此,加以仕宦出入,商贾往来,舟楫告臻,帆樯如栉。"漕运的繁忙,给通州带来了百业的兴旺。康熙《通州志》记载,明清时通州城中属于商业贸易型的行业即有煤、布、油、茶、米、酒、鱼、灰、果、柴等不下二三十种。由于通州一度是漕运的终点,各种货物的运抵量极大,使得装卸搬运行业尤为发达,杂粮车行、脚行、杂粮跳板行、抬卖猪行、交通会盐行、抗脚行、剥盐小船行、钱粮小车行、下水驾船行、行李小车行、上水写船行、南酒小车行、盐行、叫盐车行,等等,不下二十余种。值得指出的是,因商贸的繁荣,通州的牙行成为炙手可热的职业,仅明代这里的牙行(经纪人)就有150余家。

第四节　永定河畔的大城——北京

北京,坐落于海河平原的北部,是一座具有3000多年建城史、800多年建都史的历史文化名城,同时也是一座典型的因水而生、因水而兴的城市,其发展始终与河湖水系的治理与变迁息息相关。以河湖为核心的北京水脉,作为城市与大自然保持互动关系的脐带,不仅造就了古城北京的城市生态,成为北京独特风貌不可或缺的组成部分,而且以生生不息的律动和神奇,濡养着北京,承载着北京的文脉,诉说着北京的故事。

一、北京的母亲河——永定河

说永定河是北京的母亲河,不仅在于她源远流长,蜿蜒千里——全长747公里,流经内蒙古、山西、河北和北京、天津,为海河北系的最大河流、贯穿北京地区的第一大河,更主要的

永定河畔　　靳怀堾 摄

是她孕育、催生、抚养了大城北京：第一，北京古城坐落于永定河冲积扇脊部的台地上。永定河因其发源于晋西北的黄土高原，是一条高含沙河流，又有"浑河""小黄河"的别称；因其出官厅山峡后像一匹脱缰的野马，在平原上自由狂奔，因其迁徙无常，又被称为"无定河"，历史上曾留下多条故道。滔滔河水从中上游搬来大量的砾石泥沙，经过亿万斯年的不懈奋斗，终于完成了沧海桑田的神话，造就了肥沃的"北京湾"，这就为北京的起源和成长提供了优越的地理空间。第二，北京城是古永定河渡口的基础上发展形成的。远古时代，永定河渡口是北京先民南北交通的必经之地，由渡口而聚落，由聚落而城邑，再到后来耸立于古蓟丘之上的大城北京，皆与永定河结下不解之缘。第三，永定河是北京城赖以生存的重要水源地之一。古永定河曾流经今北京城区一带。据考证，大约距今7000年前，永定河出山以后并不像今天东南流，而是在今石景山一带折向东北，大体沿今清河东行，经巨山村、南坞、海淀、清河，至沙子营一带，再循今温榆流路奔腾而下。大约在距今四五千年的时候，受地质构造变化的影响，永定河主流开始向东南摆动。商周时，主河道迁移到今紫竹院一带，由今北京衙门口东流，经田村、紫竹院，至德胜门附近入诸"海"，转向东南，经正阳门、鲜鱼口、红桥流出城外。东汉以后，永定河再次南徙，由蓟城北转流蓟城南，留下的故道称高梁河，又名"三海大河"。唐代以后，永定河在今卢沟桥一带分为两支，一支大致走今凉水河线路，一支折向东南行，逐渐形成今之永定河的主流。现在的积水潭、什刹海、北海等，都曾是永定河奔腾激荡后留下的脚印。同时，北京地下水资源之所以丰富，亦在很大程度上得益于永定河渗透形成地下泉脉的补给。另外，永定河还是灌溉和济运的水源地。比如，金元时，相继开金口河，引卢沟河（永定河），"以通京师漕运"。

二、"得水为上"的城址选择

老祖宗有言：吉地不可无水；又言：风水之法，得水为上。北京城址的选择，正是体现了这种"得水为上"的精神。

北京，自西周起便先后成为诸侯国蓟和燕的都城。秦汉至唐，虽不为都，但一直是北方的军事重镇。辽代在前代蓟城和幽州城的基础上建起了南京城。北宋灭亡后，秦岭—淮河以北的广袤疆土成了金朝的版图。坐拥中华半壁江山的完颜亮慧眼识珠，看中了地处华北平原北端的"北京湾"，于贞元元年（1153年）把都城从偏远简陋的上京会宁府（今黑龙江省阿城市白城子）迁至繁华的燕京，改称中都。中都城是在辽南京基础上扩建而成，"既是在北京原始聚落旧址上发展起来的最后一座大城，又是向全国政治中心过渡的关键；同时对北京城的发展来说还起到了承上启下的作用"[①]。

在营建中都城时，海陵王下令以北宋京都汴梁（今河南开封）为蓝本，且要求宫殿必须与悠悠碧水相伴。这样，由西湖（莲花湖）和洗马沟（莲花河）构成的莲花池水系，便成了中都城的宠儿。

莲花池在今广安门外（北京西站南广场东侧的——那片水面，便是古莲花池的遗存），由于坐落于古蓟城的西侧，又称西湖。海陵王迁都燕京后，在西湖广植莲花，易名莲花池，其下流淌的洗马沟又称莲花河。

作为北京城的"摇篮"，从周初至春秋战国的蓟城，到汉唐的幽州城，再到辽南京城和金中都城，无不吸吮着莲花池这一脉甘甜的乳汁茁壮成长，故有"先有莲花池，后有北京城"之说。

金代的莲花池，方圆十余亩，中有泉水汩汩涌出，东流为洗马沟，为四季长流之不冻河。建设中都时，特意将洗马沟圈入城中，引入皇城，灌注皇家苑囿——同乐园（又称西华潭、太液池）的水域中，其下游渠道又与中都的南护城河相通。同乐园中有瑶池、蓬瀛、柳庄、杏村等景致，美不胜收。其遗址位于今北京市西城区广安门外南街青年湖一带，在元明清历代地图上这里都标有一个马蹄形的水面。

需要指出的是，洗马沟还担负着中都城雨水、生活废水的排泄任务。为了避免水冲城垣，建设者在洗马沟出城处设了一座水关（遗址位于今丰台区右安门外玉林小区、凉水河北岸，20世纪90年代，北京文物部门在此建了一座辽金城垣博物馆），通过暗涵将城中雨水、污水导入南护城河（水关以外50米处的金中都南护城河，即今凉水河的一段）。

金和南宋王朝被蒙古所建的大元王朝取代后，至元四年（1267年），元世祖忽必烈命心腹谋臣刘秉忠在今北京一带营建大都城。刘秉忠在大都城选址建设时，对水的问题格外重视。经过精心的勘察，选定以金中都城东北郊大宁宫所在的一片湖泊（今北海公园一带）为中心，修筑一座方

---

① 侯仁之.北京城市历史地理.北京：北京燕山出版社，2005.

圆六十里的宏伟新城——大都城。

元大都的兴建，在北京城市发展史上具有划时代的意义。

从城市供水的角度而言，城市中心的位移，实际上是以高梁河水系取代了莲花池水系。尽管莲花池水系在元代以前一直是北京故城的命脉，然而时过境迁，目光如炬的刘秉忠看到了她的力不从心和疾病缠身：一是"水流涓微"，远不能满足规模庞大、人口众多的大都城的用水需求；二是"土泉疏恶"——由于此地设邑建城达2000多年，地表水水质恶化，地下水苦涩难饮，与风水宝地已然渐行渐远。于是，刘秉忠果断放弃了莲花池水系上历代相沿的城池旧址，而在它的东北郊水量丰沛、水质上佳的高梁河水系上重建新城。

从水环境的角度而言，新城址是以金大宁宫为几何中心，有高梁河水聚结的宽阔水域，早已形成了一个环境优美的皇家苑囿。这个以水体为中心得天独厚的自然环境，是建设都城的理想场所。另外，北京一带泉水资源丰富。元大都的位置，是引取和利用泉水的最佳处，充足的水源不仅可以满足都城用水的需要，而且还可以为水运提供补给水源。

从防洪排涝的角度而言，金中都的位置靠近卢沟河（今永定河，当时行水在今凉水河一线）。由于卢沟河水居高临下，且该河具有善淤、善决、善徙的特点，使中都城极易遭受洪水的袭击，而元大都的位置恰在永定河和潮白河冲积扇的脊部，地势较高，有上佳的防洪排涝条件。

由此可见，元舍弃蓟城、辽南京、金中都沿袭了2000多年的旧城址而选择的新城址，是我国古代长期城址选择理论与实践发展的结晶，显示出高超的科技水平。

明代北京城是在元大都旧址上加以改造和扩建而成的。洪武二年（1369年）八月，大将徐达攻占大都后，为了便于防守，将大都北城墙南移至今德胜门、安定门一线。明成祖朱棣以北京为都，"拓北京南城，计二千七百余丈"，将元大都的南垣从今东西长安街一线，拓展至今前三门（崇文门、正阳门、宣武门）一线。

由于整个城址南移，宫城——紫禁城也随之南迁，为了让一泓秀水不离不弃，又在紫禁城西南部开挖了南海。"液池只是一湖水，明季相沿三海分。"这样，南海与原来的北海、中海共同构成皇家西苑，亦按惯例统称为"太液池"。与此同时，出于压胜前朝的王气方面的考虑，将凿南海和宫城护城河起出的泥土，堆于元帝后宫的主体建筑——延春阁之上，形成一座高大巍峨的土山，命曰万岁山，又称"镇山"（清初改为景山），取代大都旧城的"中心台"，成为北京新城的几何中心。

到了明嘉靖三十一年（1522年），为防御蒙古铁骑的突袭，明世宗下令增筑北京外城。这样，就在平面上使北京城呈"凸"字形轮廓，形成宫城、皇城、内城、外城四道城池构成的宏大格局。北京城内外城合计总面积达 62 万平方公里，远远超过元大都的规模。

满族人入主中原后，仍以北京为都，他们没有改变前朝城池和宫殿的格局，只是对一些建筑进行了局部整修和改建。比如，撤销了内廷供奉的衙署，将西苑大片土地改为民居，同时在北海、中海、南海三海周边设置"内红墙"，将御苑圈入红墙之内，并在中南海一带修建殿阁馆轩，作为避暑听政之所。

三、漕运支撑起北京的繁盛

自从北京成为都城以来，不论是城池的营建和修缮的物料，还是宫廷的消费，王公大臣的俸禄，军资的调配，民众的口粮和商品供应等，主要靠水路运输来解决。这就有了运河的开凿和漕运的兴盛，有了"漂来北京"的说法。

金朝在北京建中都，为了把淮河以北的粮食财富运往京师，致力于人工运河体系的营建。但由于水源问题没有解决好，运输能力受到很大限制。

元代是北京成为全国首都之始，对漕运的需求远大于前代。在郭守敬的主持下，先后开凿了坝河、通惠河，并引昌平白浮泉及西山诸泉济运，从而畅通了北京对外联系的漕路。特别是惠通河开成后，南来的漕船溯白河至通州高丽庄后，经通惠河西行，至文明门与丽正门之间入大都城，沿皇城东墙外北行、西折，经海子（澄清）闸驶入积水潭。元朝通过大运河运往大都的粮食，每年高达数百万石，而粮食以外的其他物资，亦不可胜计。一时间，满载着南方地区粮食物资的漕船首尾相衔，浩浩荡荡，直抵大都。大都积水潭（今什刹海、后海、前海）成了繁华的码头，舳舻蔽水，帆樯如林，盛况空前。明清时，漕运终点改到了城外的大通桥一带，不过漕运需要比元代有增无减。

作为元明清三代帝国首都，北京可谓一座巨大的"销金锅子"，没有及时足量的粮食和商品供应，"日子"一天也过不下去。因此，后人也把元、明、清三朝的北京称为"漂来的城市"。事实也正是如此：如果没有大运河每年四五百万石的漕粮的转输，北京就会被饿得东倒西歪；如果没有大运河把苏州的金砖、临清的青砖运来，北京就不会有金碧辉煌的故宫、巍然耸立的城墙；如果没有大运河浮来南北百货奇珍，北京的繁华与美盛也就无从谈起。

时至今日，北京的不少胡同还保留着与大运河割舍不断的联系："南河沿儿""骑河楼""银闸儿"，是当年运河流经之处；"缎库""瓷器库""灯笼库"，是当年漕运而来的南方物品卸船入库所在地;"北新仓""南门仓""北门仓""禄粮",是当年存储漕粮的官仓所在。

第五节 "海河明珠"——天津

　　天津,位于海河平原海河五大支流汇流处,东临渤海,北依燕山,海河在城中蜿蜒而过。天津从一个小渔村拔地而起,最终崛起为中国著名的特大都市,是海河及与之相接的大海,孕育和滋养了她,并赐给她文明基因与蓬勃发展的动力源泉。

　　追溯起来,天津的前身不过是一个被称为直沽的小渔村。唐代,由于天津东部(今军粮城一带)是漕运江南粮饷转运北部边防的港口,才使兼有河海航运之便的天津以"三会海口"之名见于史册。直到金人迁都燕京(今北京),出于拱卫首都的需要,在今大直沽一带设立军事要塞——直沽寨,才使天津的地位渐渐重要起来。而"直沽"则为天津历史上最早的正式名称。元朝定都北京,随着京杭大运河的全线贯通,地处九河下梢的直沽一跃成为京都门户和水陆交通的枢纽,并以海津镇之名成为漕船北上入京的重要码头。

　　真正让天津发生质变,由聚落、军事寨(镇)而成为完整意义的都市是明清时期,而作为这一转折的重要标志是明永乐二年至四年(1404—1406年)间的设卫筑城。永乐二年十一月乙未(1404年12月23日),明成祖朱棣下令在直沽三岔河口一带设卫建城——"命工部尚书黄福、平江伯陈瑄、都指挥佥事凌云、指挥同知黄纲筑城浚池"(《天津卫志》),并赐名天津(因建卫之地是明成祖朱棣当年发兵"济渡沧州"南下的福地,故起名天津,意为天子经过的渡口),天津城市史自此肇始。

　　根据明代兵制,"卫"是独立于行政系统之外的一级军事建制。天津卫的设立,主要是为了保护漕运和拱卫京师。据大明《一统志》记载:"天津卫、天津左卫、天津右卫俱在静海县小直沽。永乐二年(1404年)筑城,三年调天津卫并天津左卫,四年复调天津右卫以守备。"就是说,卫城筑成后,天津卫和天津左卫、天津右卫于1405年、1406年先后设立,三卫的指挥机关皆设在城中。

　　天津临河滨海,既有舟楫之便,又有鱼盐之利。于是在漕运和盐业的双轮驱动下,到了明清之际,天津终于冲破了单纯军事要冲——"卫"的地位,成为"镇城百货交集"的要埠。所以,清顺治十二年(1655年)荷兰使节赴京路过天津时,为这里"人烟稠密,交易频繁"而惊奇,把天津与广州、镇江视为中国三大港口。所以,康熙十四年(1675年)天津道薛柱斗编修的《天卫志·序》用浓墨重彩对其赞誉有加:"天津去神京二百余里,当南北往来之冲,南运数万之漕,悉道经于此。舟楫之所咸临,商贾之所萃集,五方之民所杂处……名虽为卫,实则一大都会莫能过也"。

经过康乾盛世的大发展,到了嘉庆初年,天津的繁盛又达到新的高度:"喤呷喧哗,洋船咸聚","瑰货方至,朱绿相毕,蠙蠙、玳瑁、绮、贝、绣、螺之属,交贸互易,虽博望陈西域之富,平子论蜀都之饶,不是过也"。鸦片战争以前,欧洲各国的舶来品也梯海而来,进入了天津市场。对此,天津诗人崔旭的《竹枝词》对东门外的洋货街有这样的描绘:"百宝都从海舶来,玻璃大门比门排。荷兰琐伏西洋锦,怪怪奇奇洋货街"。

如果说经过明清的发展,天津实现了从丑小鸭到大美鹅的转变,那么1860年天津开埠后,天津则实现了大美鹅到白天鹅的又一次飞跃,而且一飞冲天,一鸣惊人。

1860年英法联军占领天津、北京后,先后迫使清政府签订了城下之盟——《天津条约》和《北京条约》。其中《北京条约》规定:天津被辟为通商口岸。12月10日,清政府批准在天津设立三口通商衙门,任命崇厚为通商大臣,管理天津、牛庄(后改营口)、登州(后改烟台)等口岸的通商和外交事务,天津正式对外开埠。

天津成为通商口岸以后,英法列强凭借强权圈占土地,建立租界。这些租界享有完全独立于中国主权之外的行政、司法、警务、税收等种种特权,形同"国中之国"。

从1840年到1842年第一次鸦片战争到1900年八国联军入侵中国的近60年的时间里,列强先后在上海、天津、汉口、广州等12个城市设立租界30处,其中唯有天津集中了英、法、美、德、日、俄、意、比、奥等九国租界。

各国租界基本上都选择了利于空间发展的海河沿岸。最早在天津设立租界的是英法,他们以天津城东南海河西岸的紫竹林一带作为租界地,并沿河筑港,修建了租界码头。紫竹林码头位于海河西岸,早在开埠前便是"商货往来的水路交通要道",英法之所以选择这里建租界,还因为"紫竹林占据二英里多的沿河地带,河阔水深……便于大型轮船进出和停泊"[①]。随着各国来津船只的增多,各国洋行纷纷在海河两岸建造海运码头。随着大型轮船的出现和外国航运业的侵入,天津港的规模和职能都发生了质的变化——传统的内河漕运、商运逐渐被海运取代,单一的以漕粮、"土宜"(土特产品)为主的货物逐渐被多样为主的外贸杂货(洋货)取代。紫竹林港区和对外贸易的发展,带动了天津工商业及其他各业的兴旺,城市中心也从老城厢一带向以海河为轴线的租

---

① 李华彬.天津港史:古、近代部分.北京:人民交通出版社,1986.

界区转移。

19世纪末，一个按照欧洲城市模式建设的新式城区已初具规模——狭长的租界被垂直交叉的道路划分为一个个方形的街区。这种方街区不仅有利于交通，而且便于城市管理和丈量土地进行买卖，彰显出西方城市商业化的理念。如英租界的中央大道——维多利亚路（今解放北路南段）两旁遍布不同风格的西式建筑如洋行、银行和住宅等，位于中心街区的有市政厅、教堂、公园、俱乐部、运动场等。19世纪80年代寓居天津的文人张焘在《津门杂记》中这样描绘英租界："街道宽平，洋房整齐，路旁树木葱郁成林，行人蚁集蜂屯，货物如山堆垒，车驴轿马辄夜不休，电线连成蛛网，路灯列若繁星。制甚得法，清雅可观，亦俨如一小沪渎焉。"租界侨民以洋行经理、商人为主。与老城区"官"的一统天下社会样式不同的是，这里是一个以侨民为主的自治社会。而且，侨民们还将欧美的文化和生活方式大量"移植"到租界中来，诸如工作之余出入俱乐部、读欧洲报纸、喝威士忌；打网球、棒球、游泳、滑冰、赛马、踢足球等；听音乐会、看歌剧演出、参加化装舞会等，都是他们热衷的活动。另外，法租界西部即"紫竹林"地区也发展较快。这里设有海运客货码头，流动人口多，故旅馆业尤为发达，同时也是华人移民（主要是广东人）聚居的新区。由于此地没有老城区的传统势力，后来也成了李鸿章洋务活动的中心，许多洋务机构和洋务学堂都设在这里，如中国铁路公司、大清邮政局、马大夫医院、北洋医学堂等。

海河津门建筑群　　魏建国　摄

1900年八国联军占领天津后，组建了联合军事殖民统治政权——都统衙门，作为天津的临时管理机构。在都统衙门统治的两年中，西方列强在天津又掀起了一轮强占租界的高潮，原来没有租界的俄罗斯、意大利、奥地利、比利时等四国强行取得了租界，原来已设立租界的英、法、德、日等四国在原有租界的基础上竞相向外扩张。1900年以前，天津租界面积约为5282亩，而到1903年底已增至22874.5亩，增长了3倍多，相当于当时天津老城面积的8倍。到1931年，法国租界再扩充476亩，使天津租界的总面积累计达到23350.5亩[①]。

---

① 陈卫民．天津的人口变迁．天津：天津古籍出版社，2004．

1911年以后，伴随着清王朝的垮台、民国初年频繁的政争和军阀混战，天津的城市发展进入了新的历史阶段。租界作为动荡年代的"安全岛"和优越的生活环境，吸引着大量清室贵族、军阀、官僚和各地有钱人纷至沓来。由于数量众多，以致形成了"寓公"阶层。同时，频繁发生在老城区的兵变、动乱，又将天津老城区以商人为主体的社会中上层不断"赶"入租界，构成租界社会中的华人中产阶级。城市财富在租界的聚集导致了租界的繁荣和老城区的衰落，城市中心进一步向租界转移。可以说，进入20世纪以后，天津租界已不仅仅是西方文化传入的"窗口"，而是多元文化的总汇之地，成为近代中国城市的独特类型。近代西方文化在租界中有了全方位的体现，举凡市政制度、建筑、生活方式、时尚、艺术、价值观等，无不打上了西方文化的烙印，并以各种方式渗透传播到老城区。与此同时，租界独特的物质和文化环境也吸引着来自京城宫廷文化、老城区的本地文化、华北腹地的农耕文化以及随南方移民而来的江南文化的涌入与融合，构成了中西合璧的租界文化。到30年代，随着近代城市中心在租界的形成，租界文化已成为天津城市文化的主体①。

租界是近代中国屈辱的象征，同时也使中国人逐渐摆脱了传统政治、经济和文化的束缚，看到近代世界文明的新气象。尽管租界是西方列强对中国进行军事威胁、政治控制、经济掠夺、文化侵略基地，但不可否认的是，租界的存在客观上促进了天津向城市近代化的过渡。租界作为"西方文明"的"窗口"，全方位地涌入了西方的文化观念与世界思潮，西方的宗教、教育模式、医疗技术、传媒手段、音乐艺术乃至社会生活，通过租界的传播逐渐进入天津的文化生活领域。与此同时，西方的城市基础设施建设与市政管理等方面，也为天津城市的发展提供了新的模式与示范。

1902年，袁世凯以直隶总督的身份接管了都统衙门的权力，参照西方的模式在天津实行"北洋新政"，并在新开辟的河北新市区引进了租界建设模式。这些变革无疑拉近了老城区与租界的距离，大大加快了整个天津城市的近代化步伐。后来，随着租界的扩张，天津城墙的拆毁、道路交通的改善和以电车为主体的近代公共交通系统的形成，又把租界与老城从空间上连接起来，城市从分离走向整合，文化的"藩篱"也在这种渗透和整合中逐渐被破除了。

可以说，近现代的天津，靠着海河与大海的联系，开始拥抱世界，走向世界，并向世界绽放出自己独特的魅力与风采。

开埠后的天津，在欧风美雨的熏染下，"洋务"和"实业"如雨后春笋般出现在津城各地，从

---

① 刘海岩.空间与社会——近代天津城市的演变.天津：天津社会科学院出版社，2003.

而带动了城市性质发生了根本性的变化，即由供应京师的漕运基地和传统的商业城市逐渐向近现代工商业大都市转变，天津也一跃成为我国北方最大的通商口岸和向国内外开放的大市场。

开埠后的天津，西方异质文化与中国传统文化在天津碰撞激荡，引发了传统观念和社会风气的改变，形成了新的社会风尚。当时，天津出现了许多开中国北方风气之先的事物，公路、电车、电灯、电影院、戏院、舞厅、跑马场、饭店、西餐、新式邮政、报馆等，如雨后春笋般出现，昭示着天津的文化特质已发生了深刻的变化，整个社会已逐渐由封闭走向了开放，从落后走向了文明。

开埠后的天津，人口剧增，面积扩张。1860年开埠到1949年新中国成立，天津人口由20万后增加到200万（清末为60万，并在1925年突破了100万，跨入特大城市的行列），城市面积由9平方公里扩展到50平方公里，从一个中小城市迅速发展为中国北方最大的沿海城市和经济中心城市。

"南有上海，北有天津。"开启中国近现代铁路、电报、电话、邮政、采矿、军事、教育、司法等诸多先河（有学者统计创造了近代中国百个第一）的天津，与第一大工商城市上海一南一北，双峰并峙，遥相辉映，各显神通，各呈风流，成为中国近现代大都市的执牛耳者。

第五章 海河与燕赵文化

燕赵文化是在海河流域腹地产生的一种区域文化，它和齐鲁、三晋、荆楚、吴越等文化一样，形成于"人类文明轴心期"的春秋战国时代。

大体说来，古燕赵区域南界黄河，西界太行，北界燕山。就流域而言，今天的燕赵大地，基本属于海河流域；就行政区划而言，燕赵文化的地理范围包括河北、北京、天津全境及山东、山西、河南、辽宁、内蒙古的部分地区。在京津文化形成前，今京津地区也属于燕赵文化的范畴。

纵观燕赵地区的历史，抛开北京人、山顶洞人以及磁山文化、仰韶文化、龙山文化等新石器时代文化不论，反就有文字记载的历史而言，大禹治水是其文化的重要开端，此后再到战国时期，胡服骑射、完璧归赵、毛遂自荐、昭王招贤、荆轲刺秦……一个个壮怀激烈的历史壮剧，最终奠定了以"燕赵悲歌"为主旋律的文化特质。

燕赵这种文化特质的形成，与燕赵之地所处的自然和文化环境密切相关。首先，燕赵文化的形成从根本上来说取决于这一区域的古代生态环境。古代黄河以北的河北平原，洪水横流，草木畅茂，禽兽繁多，这种生态状况是农业发展的一大阻碍，给人们带来了有待整治、开辟的艰难逆境，也给人们带来了一种蓬勃的生命动力。后来，燕赵地区变得干旱少雨，土地贫薄，天气苦寒。这种生态环境必然要影响到这一区域人们的生产生活以及心理情感，影响到这一区域的风俗习尚以及文化学术。可以说，没有北方生活环境的艰难苦寒，就没有燕赵人的勇武任侠，也就没有燕赵文化的慷慨悲歌。燕赵地区靠近胡人，经常受到侵扰，师旅屡兴，所以那里的人民擅长骑射，惯见刀兵，剽悍难制，慷慨任侠。正因为如此，燕赵地区的风俗古朴厚重，更近于古。

第一节　燕赵文化的形成

历史上"燕赵"并称，是在战国时期。燕赵文化虽然并称，但由于燕地与赵地的自然环境、历史文化传承不同，其风格特点也不尽相同；与此同时，燕赵文化的发端远在战国以前，别有源头。

一、燕文化的形成

燕国是公元前 11 世纪西周初年周王朝分封的诸侯国之一，疆域相当于今天的河北省北部和辽宁西部。早在西周以前的商代，燕地就名扬天下，有相当长的兴盛史。但终西周至春秋之世，燕国在全国的地位并不高，远不如后来崛起的赵国。

据有关学者考证，商部族起源于燕山一带，即后世所称之燕地。帝舜时，商契"封于商，赐姓子姓"。"天生玄鸟，降而生商"，"玄鸟"即燕，燕山之所以以"燕命"名，很可能是由于商人的祖曾在燕山南北活动并以"燕"为图腾。商族子姓之"子"之含义即是燕卵，契"以玄鸟子生"，故姓子。在商代，燕山南北、易水流域和漳水流域，是商人活动的主要区域。商代晚期，盘庚迁殷，建都今安阳一带。西周实行分封制，在当时今海河流域最大的封国是燕国。不过，到周初召公奭被封的姬燕出现，商人子姓燕国已存在上千年的时间。就是说，燕国早在西周以前，已有相当长辉煌而繁荣的历史了。召公受封于燕，承接的是在殷商民族子姓燕国千余年经营的深厚基础上的。

在商代辉煌一时的燕国，在西周以后逐渐衰落。究其原因，主要是西周定都丰镐后，全国的政治中心已由黄河下游殷墟、朝歌一带远迁到了西部的关中地区。燕国不再是商时畿服内的封国，而成周王朝边远北地的一个无足轻重的小国，以至于在其他各国的史籍记载中，涉及燕国的情况少之又少，甚至《诗经》中的十五国风也没有燕风吹来。

周初实行封建亲戚以藩屏周室的制度。武王灭纣，封召公于奭于燕。但召公奭与周公旦共辅成王，并未就国，只好让其元子代之，成为第一代燕侯。西周时新封燕国的都城在今北京房山区琉璃河董家林的商城旧址上建立的，燕国在此为都约三百年左右。与燕国相邻的还有一个诸侯国——蓟国，建都蓟丘（今北京旧外城的西南部），亦周初武王所立。后来蓟国衰微，被燕国所吞并。燕昭王前后，建燕下都武阳城。武阳城因位于中易水（又称武水）之北而得名，其地在今河北易县东南五里处。

战国时，自燕文公（公元前358—前330年）始，燕国国力有所上升，跻身七雄之列。尽管如此，燕国仍是七雄中最为弱小的一个。何以见得？当年，燕文侯曾对苏秦说："吾国小，西迫强赵，南近齐。"燕易王对张仪说："寡人地狭民寡。"司马迁也说，燕"外迫蛮貉，内措齐晋，崎岖强国之间，最为弱小，几灭都数矣"。燕地不但"民寡"，而且人才匮乏，即使在燕昭王、太子丹两代燕国史上最为显赫的时期，活跃在政治、军事舞台上的风云人物都差不多是他国之人。燕国在六国中最后为秦所灭，主要原因是有赵国做屏障，以及距离秦国较远。

燕王哙在位时，燕国发生一件震惊天下的大事件。哙为燕文公之孙、燕易王（燕国称王自其始）之子，是个政治昏庸的谦谦君子，他在位时信用相国子之。后来竟效法上古禅让之法，将王位禅让给子之，导致燕国大乱，齐宣王乘机伐燕，攻下燕都。

燕昭王继位后，为报家国之仇，励精图治，招揽贤才，使燕国逐渐强大起来。燕昭王是对燕地文化风格的形成与成熟起到关键作用的一位君主。

为了更加接近中原，方便招揽各国人才和组织训练燕国军队，燕昭王在前人的基础上建起了巍峨的燕下都——武阳城。在燕下都，燕昭王为了表达招揽天下贤才的决心和诚意，拜郭隗为师，给他优厚的俸禄；筑黄金台，置千金于台上……于是，苏秦、苏代、乐毅、乐闲、邹衍、剧辛等贤才纷纷而来，很快，燕国形成了人才济济的局面。燕昭王还吊死问孤，与百姓同甘共苦。经过28年的苦心经营，燕国财力殷富，士卒乐战。燕昭王见时机成熟，便任命乐毅为上将军，又联合赵、魏、韩、楚五国发兵，合力攻齐。六国联军在胶西打败齐国之后，先后班师，只有乐毅率领燕国军队乘胜进军，一举攻克齐都临淄，接着又占领了齐国除聊、莒、即墨三座城池之外的七十二城。齐湣王逃到莒城，被楚大夫淖齿杀死。燕国一战成名，天下为之震动。

燕昭王死后，燕国人亡政息，不但所占齐地尽失，而且迅速盛极而衰。到了末代国君燕王喜为王时，燕国的国势更是每况愈下。燕王喜二十三年（公元前222年），在秦国作人质的燕太子丹逃回燕国，并亲自导演了一场"荆轲刺秦王"的历史大戏。可以说，太子丹是继燕昭王之后又一位对燕地文化形成与成熟产生非凡影响的人物。

太子丹回国以后，为报复秦国，便着手谋划"收天下勇士，集海内英雄"之壮举，并不惜举全国之力而蓄养武士。在田光的举荐下，太子丹终于遇到智勇绝伦的侠客荆轲。荆轲是中国古代一位著名侠士，《史记·刺客列传》记载了五位侠士，荆轲位列其中。

燕喜王二十八年（公元前227年），荆轲踏上了刺秦的征程。太子丹送荆轲于易水之上，宾客中知此事的人皆着白衣白帽送行。高渐离击筑，荆轲慷慨悲歌道："风萧萧兮易水寒，壮士一去兮不复还！"荆轲为变徵之声，复为羽声，悲歌慷慨，闻者皆瞋目，发上冲冠。在宫、商、角、徵、羽五音中，羽音最高，徵在其次。可知慷慨悲歌是一种高亢悲凉的曲调。

为了成全荆轲刺秦王的壮举，"智深而勇沉"的田光在推荐荆轲之后，为解除太子丹之疑，伏剑自刎；荆轲为得秦王信任，欲求秦国降将樊于期人头，樊于期知情后，执刀自刎；为壮荆轲行刺秦王行色，勇士夏扶车前刎颈……这些义士不惜以牺牲生命为代价，演绎得难道不是一曲惊天地泣鬼神的"慷慨悲歌"吗？

荆轲至秦国入宫见秦王，取督亢（今房涞涿灌区，北京以南自涿县至新城一带为古督亢地区，先秦以来因农田水利兴盛，成为有名的富庶区）地图献给秦王，图穷而匕现，荆轲拿起匕首奋力搏杀嬴政，终未成功，身死秦宫。荆轲以燕国的兴亡为己任，明知行刺成功的可能不大，也要义无反顾，拼命一搏。千载之下，仍令人景仰。

太子丹的精诚与荆轲的勇武契合在一起，促成了燕地文化由苦寒和局促而产生的激变，奠定了燕地文化"慷慨悲歌"之独特风格的基础。宋人袁褧、袁颐父子在《枫窗小牍》中感慨道："秦威太赫，燕怨太激，威怨相轧，所为白虹贯日，和歌变徵。"此番言论深得"慷慨悲歌"之真义。

二、赵文化的形成

战国时，赵国的疆域主要位于今河北省的中西部、山西的北部。赵国文化源于三晋。三晋原为嬴姓，与秦同出为伯益之后。伯益，称柏翳，又称大费，因协助大禹治水有功，被帝舜所重，并赐为嬴姓。伯益后代在商、周时一直是显赫家族。周穆王时，伯益之后造父在平定徐偃王叛乱时有功，被封在赵城，子孙由此为赵姓。赵城在今山西省洪洞县北。到造父和七世孙叔带时，鉴于周幽王无道，叔带弃周入晋，事奉晋文侯，从此赵氏迁往晋国。到叔带的五世孙赵夙时，为晋献公将，因公被封在耿，其地在今山西省河津南。

赵夙的弟弟赵衰，是跟随晋文公重耳流亡在外的五名贤士之一。晋文公继位后，赵衰等人因功被封为大夫。赵氏从此成为晋国重臣，显赫一时的人物有赵盾、赵朔、赵武、赵简子、赵襄子、赵献侯、赵烈侯、赵敬侯等。赵襄子时，与知氏、韩氏、魏氏四卿共灭范氏、中行氏，尽有其地；不久又与韩氏、魏氏联手灭知氏。赵敬侯时，与韩氏、魏氏灭亡晋国而三分其地，史称"三家分晋"。赵敬侯元年（公元前386年），都邑由晋阳（今太原）迁往邯郸。自此，赵国在邯郸建都共158年，直到公元前286年被秦所灭为止。

赵国文化的显著特点，一是勇武任侠，一是豪雄狂放。

赵人勇武任侠的传统源于三晋。春秋时，晋国为"五霸"之一，是中国古代法家与豪侠勇士的发源地。晋景公时，赵氏（赵朔）惨遭灭族大难。赵氏门客中有公孙杵臼和程婴二人，义薄云天，不惜以生命为代价保护赵氏孤儿，先是公孙杵臼慷慨赴死，以掩护程婴。程婴则带着孤儿赵武隐匿山中，含辛茹苦十五载，终于等到冤案昭雪，赵武重新被立为晋国大夫。又过了几年，赵武长大成人，举行了加冠礼，程婴见目的达到，便毫不迟疑地自杀而死，赴九泉之下向公孙杵臼复命。到赵武的曾孙赵襄子时，晋国出现了一位叫豫让的勇士。豫让为知伯荀瑶的家臣。赵襄子与韩、魏两家联手灭掉知伯而三分其地。豫让为给主人报仇，吞炭漆身，先后两次刺杀赵襄子。行动未果，伏剑自杀。豫让身死之日，赵国士人皆为之垂泪，就连赵襄子也感动得喟然叹息而泣。

赵武灵王时，胡服骑射，大兴变革，剽悍之风日盛。赵武灵王即位的时候，赵国正处在国势衰落时期。当时的赵国,北有燕国,东有东胡,西北有林胡、楼烦,而且又与强秦和韩国相邻,中间还有一个比较强大的中山国(疆域大致相当于今保定和石家庄地区)。由于赵国的积贫积弱,经常受到周边较大的诸侯国和林胡、东胡、楼烦侵犯,甚至中山那样的小国也多次向其发难。没有强大的军队无以立国,身穿长衣肥袄不便骑射。赵武灵王发现胡人身着窄袖短袄,生活起居和作战都比较方便。作战时用骑兵、弓箭,与中原的兵车、长矛相比,具有更大的灵活机动性。于是,赵武灵王力排众议,实行"胡服骑射"改革,并带头穿胡服,教习士兵骑马射箭。不出数年,赵国兵强马壮,所向披靡,北伐燕、代,灭中山;西北伐林胡、楼烦,新置云中、雁门、代郡,开疆拓土千余里。疆域覆盖除今河北西部、西南部外,还延伸到山西北部、陕西东北角和内蒙古河套地区。

后来,赵武灵王干脆将王位禅让给少子何——即后来的赵惠文王,自号主父,专事统兵打仗,开拓疆土。他还计划出云中、九原偷袭秦国。为了探明秦国的虚实,赵武灵王竟不畏风险,冒充使者入秦去见秦昭王。秦昭王不知真假,随后觉得使者气度不凡,不像臣子,便命人追赶,但赵武灵王已出关而去。秦昭王得知是赵武灵王来访,惊愕不已。

赵武灵王死后,赵惠文王任用廉颇、赵奢为将。廉、赵二人均为赵国良将,他们南征北战,大破秦、魏、齐等国军队,威震天下。在赵武灵王和赵惠文王时,赵国的国力最强,国土最广,"地方二千里,带甲数十万,车千乘,骑万匹,粟支十年"。完璧归赵、负荆请罪、围魏救赵、毛遂自荐等中国人耳熟能详的历史故事均出自当时赵国。

赵国人不但勇武任侠,而且豪雄狂放。这种赵地性格的形成,除了受尚武任侠之风影响外,还与赵国都城邯郸的繁华富庶有着关。战国至秦汉,邯郸是中国最繁盛的城市之一。战国时,邯郸是黄河以北最大的政治、经济、文化中心;西汉时,邯郸与洛阳、临淄、宛(南阳)、成都并称"五都"。作为当时有名的经济大都会,邯郸的商品经济十分发达,商界奇才,后来当上秦国相国的吕不韦就是在邯郸经商发达的。邯郸人家境殷富,志高而扬,具有大都市人特有的自信和高姿态。邯郸有不少男子终日以弹琴放歌、斗鸡走犬、六博、蹴鞠、饮酒、狎妓等为能事,尤其以六博和狎妓最为风行。司马迁称邯郸男子相聚游戏,悲歌慷慨;女子多美貌,为倡优(做歌舞演员),鼓琴瑟,游媚富人,或入宫为妃为嫔,遍布各诸侯国。

三、燕赵文化的合流及其影响

燕赵文化虽是一个整体,但燕文化相对于赵文化而言,二者特质有较大的差别。赵地文化源于三晋,是由经济社会的繁荣而导致的一种文化,洋溢的是踌躇满志、志高意扬的大国之风,表现出慷慨豪放的风格。燕地则正好相反，燕地苦寒卑弱，因而它的文化上显现出的是一种浓重的忧患意识、自伤自怨情结和刚烈悲壮的举动，表现出一种慷慨悲凉的特质。如果说赵文化为雄健文化，那么燕文化则是一种苦寒文化。

燕赵文化的形成，先是赵武灵王成为旗帜性人物，继之又有燕昭王的养士伐齐，最后是燕太子丹与荆轲风云际会，演绎出刺秦王的悲壮之举，终于激变升华，化为慷慨悲歌的性格。

历代在提到燕赵文化时，都反复强调"慷慨悲歌"为燕赵独有的文化风格。司马迁在《史记·货殖列传》中说，邯郸、中山、沙丘"丈夫悲歌慷慨"；种地（今山西灵丘一带）和代地（今河北蔚县）靠近胡人，经常受到侵扰，兵旅屡兴，故那里的矜持、慷慨、嫉妒、好气、任侠为奸。韩愈《送董邵南序》说："燕赵古称多感慨悲歌之士。"清初大学者黄宗羲《马雪航诗序》说："彼知性者，则吴楚之色泽，中原之风骨，燕赵之悲歌慷慨。"

自秦汉起，燕赵成为大统一帝国的郡县，赵地与燕地一样，都具有近边和尚武的特点，在地域文化上逐渐合流成为一个整体。2000多年来，"慷慨悲歌"成为燕赵之地延续而不改的独特文化风格，成为燕赵文化的独立标志和主要特征，古往今来一向受到人们的仰慕。

秦汉时，取代前朝宗法贵族而起的是豪族大姓。豪族的生活富有、奢侈，作风豪纵，称雄一方。东汉末年的豪族割据中，黄河以北的冀州占有重要地位。他们先是依附于袁绍集团，如魏郡的审配、巨鹿的田丰；后又依附于曹操集团，如清河的璀琰、涿郡的卢毓，成为呼风唤雨的人物。从秦汉到隋唐，豪族、世族迭起，这些豪族、世族中的所谓名士，当时被称作"衣冠人物"，不但在政治上影响巨大，在文化上也是"文化学术、经学家法、道德门风"的主流，并一度形成了"自古勇侠者皆推幽并，然涿郡自前代多文雅之士"的局面。

唐宋以前，河北名士如星汉灿烂，如大儒荀子、董仲舒，大学者公孙龙、韩婴、慎到、高诱、刘邵、崔骃、郦道元、杨衒之、孔颖达、邵雍，文学家张载、张华、卢思道、柳开、刘筠、赵秉文，大诗人卢照邻、卢仝、高适、刘长卿、贾岛，大科学家祖冲之、一行，大画家展子虔，大书法家王次仲，大音乐家李延年，帝王赵武灵王赵雍、燕昭王姬职、南赵武王赵佗、蜀汉昭烈帝刘备、北齐文宣帝高洋、后周太祖郭威、后周世宗柴荣、宋太祖赵匡胤、宋太宗赵光义，名臣蔺相如、赵胜、高允、魏征、宋璟、李吉甫、李德裕、赵普，名将乐毅、赵奢、廉颇、李牧、窦婴、张飞、赵云、程普、张郃、祖逖、刘琨、曹彬、张世杰，名士豪杰蔡泽、姬丹、田光、高渐离、卓王孙、卫满、张角、田畴、褚飞燕、格谦、窦建德、刘黑闼无不彪炳史册，成为一代风流。

燕赵世族、豪门的兴盛与这一区域自古以来相对于其他区域地位卑弱、忧患沉重有关，河北世族崇尚经学、史学与燕赵文化一向具有的古朴、敦厚、务实的传统有关。燕赵的世族组织及其文化与燕赵"慷慨悲歌"的性格一脉相承,是"慷慨悲歌"这一特质文化的进一步发展。与此同时,世族大家所构建的强大经济文化堡垒,成了汉文化的保护伞,对抵御游牧民族军事、政治、文化的冲击起到了重要作用。

在隋末唐初的史籍中,经常见到"山东豪杰"四个字。在相当长的历史时期,山东是指太行山以东,包括黄河以北的地区在内。隋末唐初的山东豪杰起义,其中最重要的一支就是以窦建德、刘黑闼为首的河北豪杰,他们的社会基础最雄厚,势力最强大,持续最长久。唐代中后期,北方藩镇割据,"河朔三镇"的将帅中有不少人(包括胡人)世居河北,他们能够保持自古以来尚豪侠、工骑射、务农业、崇儒学的传统。

河北的沧州,自古代以来一直传承着尚武之风,这里是豪杰好汉们驰骋的舞台,这里是孕育一代代武林侠士的摇篮。

近代的武林大侠霍元甲,祖籍河北东光,出生于河北静海县小南河村(今天津市西青区精武镇);大刀王五(王正谊),河北沧州人,后成为京师武林名侠。霍、王二人皆以武功高超和侠义精神名扬天下。霍元甲于1909年创办精武体育会,目的是为了扬我中华国威,美国和日本许多武林高手都在霍元甲面前俯首称臣,大长了中国人的志气,体现出崇高的民族气节。大刀王五则是光绪年间的一名义侠,他身怀绝技,名震江湖,燕赵大地上的绿林好汉皆听命于他。大刀王五与近代维新运动的著名人物谭嗣同友善,谭被捕后,王五舍命营救,可谓侠肝义胆。

近现代燕赵著名的人物当属李大钊。李大钊,字守常,河北乐亭人。他是中国最早的马克思主义者和共产主义者,伟大的革命家。他是中国共产党的主要创始人之一,和南方的陈独秀素有"南陈北李"的盛誉。作为中共建党时的两巨头之一,他不像陈独秀那样个性张扬,很早就成为职业革命家,而是长期以学者身份开展工作。他为人正直、诚实、谦和,儒雅而质朴,不喜欢出风头。作为中共的主要创始人,他既没有参加党的一大,在中央委员会里也没有担任显赫的职务,给后人留下了一个难解之谜。实际上,这个答案可以从燕赵文化中去寻找。他"铁肩担道义",忧国忧民,勇于献身,为了追求真理,就像勇士一样,一往无前,义无反顾。他为真理而死,死的悲壮,洋溢着侠士气概。1927年4月28日,面对军阀张作霖的绞刑架,他"态度极从容,毫不慌张"。视死如归,舍生取义,何等慷慨悲壮!他死时年仅38岁。

抗日战争全面暴发后,华北沦陷,日寇在河北一带实行疯狂的"三光"(杀光、抢光、烧光)政策,河北大地狼烟四起,满目疮痍。日寇的暴行没有吓倒燕赵儿女,他们挺身而出,用血肉之躯与侵略者进行了殊死的搏斗，平原游击队、敌后武工队、雁翎队、地道战、地雷战、小兵张嘎……许多可歌可泣的抗日故事就发生在燕赵大地这块热土上。

说到壮士，狼牙山五壮士的英雄壮举更是为中国现代革命历史增添了悲壮而光彩夺目的一页。抗日战争时期，八路军的一个班为了掩护党政机关和群众转移，主动把敌人吸引到坐落于河北易县狼牙山的悬崖绝壁一带，据险阻击，连续打退了日伪军多次冲锋，最后只剩下马宝玉、胡福才、葛振林、宋学义、胡德林等5人。在打完最后一颗子弹后，他们摔毁枪支，宁死不屈，纵身跳下悬崖，3人壮烈牺牲，2人身负重伤，充分体现了大无畏的英雄气概。

如果说燕赵男子刚烈侠义，那么燕赵的女子同样巾帼不让须眉，如不畏太守权势、严词拒绝太守无理要求的罗敷，替父从军上战场的花木兰，敢于向天地发出质问的窦娥，替姐申冤的杨三姐，都是燕赵大地养育出的奇女子，在她们身上充溢着英雄之气和侠义之胆。

燕赵之地的风俗勇武任侠，形之于诗文，就有了慷慨悲歌的诗风、文风。

东汉末年，社会动荡不安，沛国谯（今亳州）人曹操"挟天子以令诸侯"，统一北方，封魏王，其都城设在漳河侧畔的河北邺城（今河北临漳县东南）。曹氏父子酷爱文学，在他们的倡导和影响下，在邺城聚集了一大批文人，其文学创作具有慷慨悲凉的艺术风格，因发生在汉献帝建安时期，故后世称之为"建安文学"。由于曹操集团常年生活在北方的燕赵一带，燕赵地区的文化性格必然会在他们身上打上深深的烙印。加之世间征战不休，曹氏父子于鞍马间为文，横槊赋诗，其诗风悲凉、雄峻、古朴。特别是建安文学的开创者和主将曹操的诗作"如幽燕老将，气韵沉雄"，其代表作《薤里行》《蒿里行》《苦寒行》《短歌行》等，最能反映他的诗风。在曹氏父子的带动下，当时北方文学作品都有一种昂扬悲烈的风格，既有昂扬雄健的志向，又有大悲大愁的忧心，慷慨多气，被称为"建安风骨"。

在汉代乐府歌辞中，有不少是以边塞、军旅、游侠、远别为曲目的，如《燕歌行》《出自蓟门行》《幽州马客吟》《邯郸少年行》等，反映出燕赵区域文化在音乐和诗文上的特点，与江南山柔水媚为主题的《竹枝》《柳枝》《长相思》等风格迥然不同。如唐代大诗人高适，他是渤海蓨人（今河北沧县人），为盛唐著名的边塞诗人，其诗风雄厚浑朴，悲壮苍凉，笔势豪放。高适二十岁到长安求官未成，就北上蓟门（今北京一带），漫游燕赵，后又浪迹于梁宋之间，十分同情边塞将士的痛苦生涯，崇敬士兵英勇报国的精神。他在《燕歌行》中吟道："大漠穷愁塞草衰，孤城落日斗兵稀。身当恩遇恒轻敌，力尽关山未解围。……少妇城南欲断肠，征人蓟北空回首。……"

明代戏曲家王骥德曾说："东晋以后，文辞分为南北。南音多艳曲，北俗杂胡戎。南词主激越，其变也为流丽；北曲主慷慨，其变也为质朴。北主劲切雄丽，南主清峭柔远。"这种定评是切实和精当的。由此也表明，慷慨悲歌的风格在燕赵大地一脉相承，贯穿始终。

即使到近现代，燕赵大地的文学艺术也多展现的是阳刚之美。"京剧的味，梆子的劲"，河北梆子字字铿锵，句句有力，慷慨激昂，它适合表现那些昂奋悲凉、壮怀激烈的内容，《杜十娘》《铡美案》《辕门斩子》等曲目均为河北梆子的保留剧目。燕赵的吹歌，音色嘹亮，高亢激昂；燕赵大地的民间舞蹈，刚劲挺拔，粗犷奔放；燕赵的剪纸，对比强烈，棱角分明；燕赵现代文人多产《红旗谱》《烈火金刚》《地道战》这样体现刚阳悲壮之美的金刀大马之作——正所谓"燕赵悲歌事未消"。

第二节　燕赵文化形成的原因

燕赵区域文化的产生和形成，决非无源之水，无本之木，而是有其自然和历史原因。就燕赵文化产生的原因而言，首先要从其所处的自然生态环境来寻求；其次要从燕赵地区所处的人文环境来探究。

一、自然环境对燕赵文化的影响

地理环境和生态条件是锻造文化的重要因素，即所谓"一方水土养一方人"。在古代社会，由于生产力水平的低下，自然地理的相对封闭，绝大多数人都要固守脚下的土地上"生于斯，长于斯"，故这片山川水土对人的性格和体貌的影响更为强烈。

燕赵的山水极具力度，充满着雄壮的阳刚之美。北部的燕山，怪石峥嵘；南部的太行，巍峨挺拔，均是雄壮有余而秀美不足。燕赵所处的海河平原介于黄河下游以北，燕山以南，太行山之东。这片由次生黄土构成的大平原，一望无际，亦无温柔乖巧、曲径通幽之貌。平原上河道纵横，沼泽众多。南部多黄河故道，由西南流向东北；中部河流源出太行山脉，多为西东流向；北部河流为北南流向，发源于燕山山脉。这些河流的共同特点是源短流急，丰枯变化大，通常是汛期河水汹汹，呼啸而来，甚至决溢泛滥；汛期一过，不少河流水量锐减，甚至干涸。就气候而言，则属于半干旱半湿润的大陆季风气候，春天干燥，夏天高温多雨，冬天寒冷。如果要用一句话概括燕赵的自然环境，那就是"水深土厚，风高气寒"。

根据现代地质学的描述，在遥远的太古代和古元代，海河北平原是一片苍茫的大海。到距今约四亿年的时候，海河大陆才逐渐从海水中显露出来。在距今两亿多年的中生代，经过剧烈的地壳运动，北部和西部的燕山、太行山多次抬升，海河大陆的地貌方始初具现在的雏形。

距今300万年前至160万年前，青藏高原曾发生三次大的抬升，其地块边缘发生断裂褶皱，形成阶梯状地貌，古湖泊水下切，形成河流。之后，这条河穿峡越谷，形成一条泱泱巨川——黄河。黄河横贯西北的黄土高原，一路奔涌一路挟带着大量的泥沙，横流于今黄淮海大地。经累月地铺洒着、覆盖着，终于使黄淮海平原（华北平原）成为广袤的次生黄土地。可以说，海河流域的形成，是与中华民族的母亲河——黄河有着密切的关系。在相当长的历史时期，黄河一直流经河北平原，后来的海河流域诸河，或汇入黄河入海，或单独入海。直到东汉时期，黄河南徙，从山东利津一带入海，加之曹操在河北地区大开运渠，才使海河逐渐形成独立水系。

据我国著名气象学家竺可桢等学者研究，自距今五六千年的仰韶文化时期开始，至东汉前期，我国的气候总体上是温暖、湿润的。当时海河流域的气候，除了西北部之外，大多与于今江淮之间相仿。由此可见，在2000多年前，海河流域一度气候温暖，雨量充沛，河湖密布，草木繁茂，生态环境远比现在好。

黄河入海口海河交汇　　刘月良　摄

相传4000多年前的尧舜时期，黄河中下游地区（包括今海河流域）洪水泛滥，给定居于平原地带的人们带来了极大的威胁。洪水横流所带来的草木畅茂、禽兽繁殖的状况，是农业发展的一大阻碍，但是丰沛的水源和活跃的生态同时也是农业发展乃至整个文明发展的最基本的原动力。尽管这种生态环境本身还不是文明，本身并不构成一种人文创造，而恰恰是人类文明的阻碍，但是它给人们提供一个活跃的环境，提供了一个挑战的对手。洪水横流的环境给人们带来了亟待整治、开辟的艰难和逆境，也给人们带来了一种特殊的蓬勃生命力。从大禹治水开始，一代又一代海河人民便与水旱灾害进行着顽强斗争，他们筑堤防洪，修渠引水灌溉，凿运河以济不通，为这一区域的水文生态环境平衡作出了重要贡献，也为这一区域经济发展和社会进步奠定了坚实的基础。

战国以前，由粟、黍组成的"小米群"，始终是燕赵区域农耕作业的基础。但河北平原不是

"经典型"的黄土，而是"次生"黄土，其不利条件是土地较硬、植被茂密、耕作困难。与此同时，由于黄河游荡在河北中部一带，下游分支很多，经常泛滥摆动，并留下从多沼泽洼地，故在当时人口稀少，人多避水而居，加之生产力水平低下的情况下，对海河平原的开发还相当困难。战国时赵人称："今吾国，东有河薄洛之水，与齐、中山同之，而无舟楫之用。"①河即黄河，薄洛即淀泊。故从仰韶时代直到西汉，国家的经济与政治中心都在黄河中游的黄土高原一带，燕赵区域虽然在旱作农耕方式和宗法血缘制度等方面都属华夏系统，但是和中心区域相比还是落后的。

秦汉以后，海河儿女不断应对水旱灾害带来的挑战，改造环境，发展经济，推动社会进步，特别是唐代，由于水利的兴盛，使海河流域一度成为中国重要的"基本经济区"。但北宋以后，由于北方气候进一步转冷，降水减少，且时空分布不均，涝则汪洋一片，旱则赤地千里，加之战争的破坏、政治的高压，使燕赵经济每况愈下，许多地方粮食都难以自给自足，民生日渐艰难。燕赵文化在生成时，本来就伴随着苦寒的因子，而自然环境的严酷使燕赵人慷慨悲歌的性格一直持久地延续着。

二、农耕与游牧文化的碰撞交融对燕赵文化的影响

纵观中华的历史，主要由两种文化形态构成，一是以中原文化为中心的农耕文化，一是以北方草原为中心的游牧文化。这两种文化此消彼长，相生相克，最后交融为一，共同构成气魄恢弘、博大精深的中华文化。

一个值得玩味的现象是，作为农耕人护卫发达农业经济和先进中原文化防线的长城，其线路的走向，几乎与400毫米等降水线相重合。这恰恰说明，长城是湿润区与干燥的边界，也即农耕区与游牧区的边界。而燕赵之地尤其是北部地区正处在农耕区与游牧区的过渡地带。

春秋至北宋，北方农耕区与游牧区的分界线沿着今燕山南麓，西南到达恒山脚下，再越过太行山到达汾水上游。战国和汉代的中山，西汉的右北平、唐代的幽州（今北京）都位于这条分界线附近。

展开中国地图，不难发现燕赵区域的地理位置还有一个显著的特点，由北向南，由"关外"向"关内"，先后梯级地显示草原、山区、平原和海洋。尤其是燕山山脉，横贯燕赵全境，仿佛就是一道游牧民族与农耕民族分界的天然屏障。燕赵之地就处在这两种文化之间的缓冲地带。由农

---

① [西汉]刘向. 贺传, 侯仰军 点校. 战国策·赵策二. 济南: 齐鲁书社, 2005.

耕生产方式化育的"汉文化"与游牧生产方式化育的"胡文化",在燕赵大地交汇,必然会产生互摄性关系,冲突、碰撞和交流、融合,对燕赵慷慨悲歌的文化性格形成与发展影响甚大。难怪有人说,燕赵文化是"混血"文化。

从远古时炎黄时代起,中国大地上因农耕与游牧不同生产方式间的冲突和部族这间融合而引起的战争不断,从一定意义上讲,战争本身也是文化互补、民族融合的一种形态,只不过它的表现形态是一种激烈型的。

春秋时期,活跃于北方游牧区的戎狄便异常强大,经常纵横侵掠中原各国,特别是燕、赵等国。战国时期,燕赵的北方又有林胡、楼烦和东胡的威胁。赵武灵王实行"胡服骑射",不但使赵国迅速强大起来,也铸就了燕赵汉胡文化兼容的文化品格。

秦汉时,燕赵的北部边境有匈奴、乌桓、鲜卑、辽东高句丽等游牧或半牧半农民族,农耕人与游牧人的冲突不断,但由于秦汉强大,游牧民族很难突破长城而南下牧马。

魏晋南北朝时期,是中国历史上胡汉文化急剧冲突的时期,也是胡汉文化融合的黄金时代。燕赵大地为这一时期中国文化的大融合提供了广阔的舞台。由于天气变冷,中原内乱,北方匈奴、羯、氐、羌、鲜卑等游牧民族纷纷大举南下,先后在河北一带建立割据政权,并加快了汉化进程。耐人寻味的是,这一时期,在燕赵大地建立的民族政权多以"燕""赵"作为他们的国名。如318年,刘曜建国,史称前赵;次年,石勒在河北称帝,史称后赵。337年,鲜卑族建立的前燕,后相继又有后燕、西燕、南燕、北燕等政权。"五胡"在进入中原建国前后,已普遍接受农耕生产方式,这就大大减轻了民族之间的冲突。北方各民族融合的特点是先接受汉族的影响,再逐渐融合;先汉化,再进入中原。如拓跋珪在建立北魏前后,曾经强徙山东六州汉族吏民36万口到平城(今大同),计口授田,配给耕牛,重用汉族士大夫。孝文帝的改革更是全盘汉化,力度空前。

可以说,北宋以前,燕赵地区农耕与游牧民族彼此冲突、交往、融合不断,这就使得胡汉杂糅亦成为燕赵文化的一大特色。燕赵人融入了大量剽悍北方游牧民族的新鲜血液,使得孔武豪迈、敦厚务实、轻视生死的慷慨悲歌性格得以延续不衰。

从北宋开始,东北契丹、女真等半农半牧民族兴起,农耕民族与游牧民族冲突交往的重点区域已从长城西段转至长城东段。宋辽对峙,双方以界河(上游白沟河,下游海河)为界,燕赵北部的幽蓟十六州成了契丹人的领地;宋金对峙,双方以淮河这界,燕赵之地全境都是女真人的统治区。到了元明清时期,中国的首都北移至燕赵北部的北京,燕赵成了"直隶"和京畿重地。这一时期,在海河流域上发生的战争往往是拉锯式的,互相攻伐,连年不息,因而它对经济、文化的破坏性更大。南宋庄季裕《鸡肋编》说："自古兵乱，郡邑被焚毁者有之。虽盗贼残暴，必赖室庐以处，故须有存者。靖康之后，金掳侵陵中国，露居异俗，凡所经过，尽皆焚爇。中原之祸，自书契以来未之有也。"金末元初的文坛盟主元好问《遗山文集》说赵州在蒙古攻金战争中"焚毁尤甚，民居官寺，百不存一"。战争还造成田园荒芜，人口锐减。《清世宗实录》称，清初直隶"极目荒凉""百姓流亡十之六七"。

第三节　京津文化对燕赵文化的影响

自金代建都燕京（今北京），特别元明清三朝以北京为京师后，燕赵地区不但没有"近水楼台先得月"，反而成为可有可无的"鸡肋"——燕赵文化既与京都政治中心隔离，也与南方经济相距甚远，处在政治、经济两极分置和两弃的地位，换言之，燕赵是代为承担了政治经济两极分化带给全国的压力。

就经济而言，从元代开始，全国的政治中心虽处在燕赵，由于经济上主要依赖于南方（通过漕运来实现），统治者对燕赵地区的经济发展一直重视不够，加之气候等客观原因，使燕赵经济不但没有发展，相对于全国各地特别是南方而言，反而一直处于落后的状态。

就政治而言，虽然传统的农耕生产方式得以维持，但经过多次强烈外部刺激，使得政治权力更加集中。京都虽建于燕赵区域之内，但京都是"五方杂处"的文化，它代表全国，而不代表燕赵。与此同时，自元代建都北京以来，燕赵作为畿辅之地长期处于中国封建统治的核心地区，对燕赵人文的控制异常严格，长期生活在天子脚下，没有"天高皇帝远的自由"，燕赵人的人性在政治的挤压下日益萎缩内敛。尽管燕赵人从祖先那里遗传下来的豪放野性仍潜藏于心中，但这片土地上充满血性的激越古风已不多见了，"顺民""良民"越来越多了。

近代以来，燕赵的地盘上又崛起了一个天津。和西安、北京、南京等具有千年以上的历史文化名城相比，天津是地地道道的后来者。距今 600 年前，天津才真正出现在人们的视野中。明永乐二年（1404 年），天津作为畿辅重地正式设卫（卫所是明代的军事建制），"天津卫"之称自此而来。天津建卫后，因其拱卫京师和河海兼备的漕运枢纽地位，迅速从一个人烟稀疏的"海滨荒地"成为北方军事和经济重镇。传统时期，天津的经济主要是依赖漕运发展起来的，经济活动的重要内容之一是保障首都的粮食、物资等供给。在漕运的刺激下，天津逐渐成为华北地区重要的商品集散地和工商业都市。尽管如此，从全国的范围来说，当时的天津不过是个普通的中等城市。

天津真正步入辉煌是在第二次鸦片战争以后。1860年秋，根据中英、中法《北京条约》的规定，天津被辟为通商口岸。在屈辱中，天津迎来了欧风美雨的洗礼，逐渐成为我国近代工业、商贸、金融、文化、教育、军事的重要发祥地，从一个中小城市迅速发展为中国北方最大的沿海城市和经济中心城市，成为仅次于上海的全国第二大工商业重镇。

自从京津文化独树一帜后，河北沾光不多，贡献却不小。河北的人才、资源（如水资源）纷纷流入京津，就连防汛抗洪，河北的口号也是："一保京津，二保铁路，三保油田，最后保自己。"

京津在燕赵的怀抱中，燕赵人对京津有一种特别的亲近感，同时又充满了陌生。京津文化冲淡了燕赵文化，使燕赵文化在中国区域文化的骄子——京津文化面前显得相形见绌。

燕赵人尚武、悲壮精神的衰落，也与人文环境不无关系。千百年，燕赵一直处于农耕与游牧民族冲突交融的最前沿，燕赵人的悲壮性格，更多地是来自游牧民族的基因。这种文化性格展示的最佳舞台是金戈铁马的动荡年代。一旦和平成为时代的主旋律，这种文化性格丧失了用武之地，便会在太平的日子里被消磨殆尽。而且，这种文化性格的遗存反而会在经济建设中体现出一定的不适应。

燕赵文化曾有过海纳百川、兼容并包的开放历史，无论是赵武灵王的胡服骑射，还是北魏孝文帝的汉化改革，都是光彩夺目的一页。但元代以来，由于受大一统专制政治的"驯化"，燕赵文化中鲜明的个性被逐渐扼杀，形成了政治、思想等方面的保守主义，反对异端，拒绝变革。不但没有了祖先那种开放进取、大开大合的气魄，反而是保守、压抑、平淡，自甘平庸成为习以为常，"守"有余而"变"不足，久而久之，竟演化为不思进取的惰性。

近代以来，与其他区域文化相比，燕赵文化的个性已不十分明显了。在当代人的视野里，燕赵的风骨没有了，燕赵的悲壮也没有了。到20世纪上半叶，林语堂用"简单的思想和艰苦的生活"来描绘这一区域的人民。

有人说，与现代具有工业文明气息的京津文化、海派文化和岭南文化相比，燕赵文化就像一个老实得忠厚农民形象，带着"土味"。

作为一种现实的文化，燕赵人的脾气秉性和燕赵的经济一样，给人的感觉是"一般""还行"——其实这就是所谓的"平淡"——平淡成了现代燕赵文化的特征。

今天，在改革开放和京津冀一体化大趋势下的燕赵文化面临着革故鼎新的选择，我们期待着燕赵文化凤凰涅槃，重生升华！

参 考 文 献

[1] 海河志编纂委员会.海河志(第一至四卷).北京:中国水利水电出版社,1998.

[2] 邹逸麟.黄淮海平原历史地理.合肥:安徽教育出版社,1997.

[3] 靳怀堾.中华文化与水(上下卷).武汉:长江出版社,2005.

[4] 张京华.燕赵文化.沈阳:辽宁教育出版社,1995.

[5] 史念海.中国古都和文化.北京:中华书局,1998.

[6] 《可爱的河北》编写组.可爱的河北.石家庄:河北人民出版社,1984.

[7] 侯仁之.北京城市历史地理.北京:北京燕山出版社,2005.

[8] 天津社会科学历史研究所《天津简史编写组》.天津简史.天津:天津人民出版社,1987.

[9] 《中国河湖大典》编纂委员会.中国河湖大典·海河卷.北京:中国水利水电出版社,2013.

[10] 白寿彝.中国通史.上海:上海人民出版社,2013.

珠江篇

第一章 珠江水系的特点和岭南文明的形成

我国文明发展进程中，珠江流域为主的岭南文明的形成，要迟于黄河文明和长江文明，在中原文明已发展到春秋战国时，处于南方的珠江文明尚处于蛮荒状态。但百越地带对华夏文明也有自己的贡献，如水稻种植和稻作文化在许多方面曾领先于北方的中原文明。

第一节 珠江流域概况

珠江是我国七大江河之一，是西江、北江、东江和珠江三角洲诸河的总称。主干流西江发源于云南省曲靖市马雄山东麓，在广东省佛山市三水区思贤滘与北江相汇后入珠江三角洲网河区，经西江干流水道磨刀门水道注入南海，干流长2214公里。地理位置东经102°14′~115°13′、北纬21°31′~26°49′，涉及云南、贵州、广西、广东、湖南、江西6省（自治区）和越南的东北部。

流域北面以五岭和苗岭与长江流域分界，西南以乌蒙山脉与红河流域的元江和长江流域的牛栏江分界，南以云雾山、云开大山、六万大山、十万大山等与广东、广西沿海诸河分界，东以莲花山脉和武夷山脉与韩江流域相隔。流域面积45.37万平方公里，其中44.21万平方公里在中国境内，1.16万平方公里在越南境内。

一、地质地貌

流域地层岩性多样，沉积岩、岩浆岩、变质岩均有分布，以前两种为主；流域地质构造体系分为纬向构造带、经向构造带、山字型构造带、巨型的多字型体系等，自西向东划分为滇东陷区、黔桂准地台区、黔东南—桂北地盾区、南岭准地槽区、粤东南准台区5个地质区域。

流域北靠南岭山地、南临南中国海，西部为云贵高原，中部为两广丘陵、盆地，东南部为三角洲平原，东部为丘陵地带，总的地势是西北高，东南低。上游处在云贵高原及黔桂高山峡谷地区，海拔超过1000米；中游为山地与丘陵相间；下游为珠江三角洲冲积平原。流域内山地面积超过60%，以海拔1000~1500米的褶皱山脉为主。众多山脉中，以南岭山脉规模最大，东起武夷南端，西至八十里南山，东西绵延600公里，南北宽约200公里。

丘陵占流域总面积的20%以上，主要分布于流域的东南部，多在山前地带或盆地周边和河谷两侧。代表性的丘陵类型有郁江丘陵区、右江丘陵区、丹霞丘陵和花岗岩丘陵。郁江丘陵区包括左右江下游和南宁盆地一带，顶面高程低于300米，是珠江流域最大的丘陵区；丹霞地貌分布不广，北江上游的丹霞丘陵为其典型代表；花岗岩丘陵在流域东部较多，主要分布在广州北部、东江下游及西江德庆一带。流域的平原既有数量不多的云贵高原坝子、岩溶盆地小平原，又有中下游河谷平原，以及著名的珠江三角洲平原。流域碳酸盐岩广布，岩溶发育，有大量岩溶景观。

二、河流水系

珠江由西江、北江、东江和珠江三角洲诸河组成。西江、北江在广东省佛山市三水区思贤滘，东江在广东省东莞市的石龙分别汇入珠江三角洲网河区，经虎门、蕉门、洪奇门、横门、磨刀门、鸡啼门、虎跳门及崖门八大口门入注南海。

西江是珠江的主要水系，发源于云南省曲靖市沾益县乌蒙山余脉的马雄山东麓，自西向东流经云南、贵州、广西、广东4个省（自治区），至广东省佛山市三水区思贤滘西滘口，长2075公里，平均坡降0.58‰，流域面积35.31万平方公里，约占流域总面积的77.8%，其中我国境内34.15万平方公里。西江水系支流众多，流域面积大于1万平方公里的一级支流有北盘江、柳江、郁江、桂江及贺江5条。流域内分布有抚仙湖、星云湖、阳宗海、杞麓湖、异龙湖等高原湖泊。

西江从源头至与北江汇合口，自上而下分为南盘江、红水河、黔江、浔江和西江5个河段。

自源头至贵州省望谟县蔗香村双江口为南盘江，区间集水面积56880平方公里，长914公里，河道平均坡降1.74‰。流域面积大于1000平方公里的一级支流有海口河、巴江、华溪河、泸江、甸溪河、清水江、黄泥河和马别河8条，最大支流为黄泥河，其次为清水江。

自蔗香双江口至广西象州县石龙三江口为红水河，区间集水面积81460平方公里，长659公里，河道平均坡降0.38‰。区间集水面积超过1000平方公里的一级支流有北盘江、濛江、牛河、布柳河、清水河（南丹河）、盘阳河（赐福河）、良岐河、平治河、刁江、北之江，最大支流依次为北盘江、濛江和牛河。

自三江口至广西桂平县郁江口为黔江，区间集水面积60480平方公里，长122公里，河道平均坡降0.06‰。流域面积最大的支流为柳江。

自郁江口至梧州桂江口为浔江，区间集水面积110440平方公里，长172公里，河道平均坡降0.1‰。流域面积1000平方公里以上的一级支流有郁江、北流河、蒙江、白沙江等，以郁江为最大。

自桂江口至广东三水市思贤滘西滘口为西江，区间集水面积43860平方公里，长208公里，河道平均坡降0.09‰。流域面积1000平方公里以上的一级支流有桂江、贺江、罗定江和新兴江，以桂江最大。

北江干流浈水发源于江西省信丰县石碣大茅山，涉及湖南、江西、广东3个省，干流在思贤滘与西江汇合后流入珠江三角洲，长468公里，平均坡降0.26‰，流域面积4.67万平方公里，1000平方公里以上的支流有武水、连江、滃江、潖江、滨江和绥江等。

东江干流发源于江西省寻乌县的桠髻钵，由北向南流至广东省东莞市石龙镇进入珠江三角洲，长520公里，平均坡降0.39‰，流域面积2.70万平方公里，较大支流有定南水、新丰江、西枝江等。

珠江三角洲网河区包括西江、北江思贤滘以下和东江石龙以下河网水系及入注三角洲的潭江、高明河、沙坪河、流溪河、增江、深圳河、茅洲河等中小河流，包括香港和澳门半岛，总面积2.68万平方公里。其中，西北江三角洲网河区8370平方公里，东江三角洲网河区1380平方公里，其他中小河流17070平方公里。三角洲地区河道纵横交错，相互贯通，通过八大口门入海，形成"诸河通汇，八口分流"的格局。

流域支流众多，流域面积在10000平方公里以上的支流8条，其中一级支流6条，二级支流3条；1000平方公里以上的支流120条，其中一级支流49条，二级支流53条，三级支流15条，四级支流3条。

三、气候水文

流域气候温暖多雨，多年平均气温在14～22℃，多年平均湿度71%～82%，多年平均日照数1282～2243小时，多年平均风速0.7～2.9米每秒，多年平均水面蒸发量900～1400毫米，多年平均年降水量1470毫米。降雨分布由东向西递减，降雨量年内分配不均，汛期4—9月降水量超过1000毫米，占全年的80%以上；年内变化不大，流域变差系数0.19，地区分布变化较大，东部高于西部；流域属少沙河流，年平均含沙量0.28千克每立方米，年输沙量9210万吨。

流域多年平均降水总量6293.02亿立方米，多年平均水资源总量3230.46亿立方米。其中，地表水3223.98亿立方米，地下水783.2亿立方米；出海河川径流量2997.52亿立方米。径流的地区分布与降雨的空间分布基本一致。[①]

流域水量充沛，河流自然落差较大，水力资源较为丰富，理论蕴藏量3969万千瓦，年发电量3477亿千瓦时。单站装机容量0.01万千瓦及以上的技术可开发水电站共9473座，总装机容量

---

① 《2000—2012年水资源公报统计》

3837万千瓦，年发电量1581亿千瓦时。①

四、自然资源

流域土壤种类繁多，黄壤、石灰土、砖红壤、赤红壤、红壤等地带性土壤，主要分布在各水系的中、上游地区；风沙土、滨海盐土和水稻土等非地带性土壤，主要分布在台地、阶地、河谷平原及三角洲一带。

流域地处亚热带，有利于植物生长，森林覆盖率为28%。以常绿阔叶林为主，其次为针阔叶混交林。流域内有许多特有、珍稀和濒危植物，其中活化石多歧苏铁、望天树、云南穗花杉、金花茶、董棕、桫椤等均为国家级保护植物。

流域水环境适合鱼类生长，水产资源丰富，有鱼类380多种，经济鱼类100多种，主要有青、草、鲢、鳙、鲤、鳊、鲫、鲈、鳡、鳗等，还有中华鲟、珠江鲥、北江唇、云南倒刺鲃等20多种珍贵鱼类。珠江三角洲网河区是我国主要的淡水鱼类产区之一。

流域矿产资源丰富，主要矿藏有煤、铁、硫、锡、钨、铝、磷、锰，还有金、铀、钛、铌、钽等珍贵矿藏。著名的矿区有云南个旧锡矿、贵州六盘水煤矿、广西南丹煤矿、平果大铝矿、大新下雷锰矿、象州重晶石矿、德保钴磷矿、岑溪钛铁矿和梧州东南金矿，广东云浮硫铁矿等。

流域旅游资源丰富，自然景观千姿百态，名山、秀水、奇峰、异洞等自然风光和文化遗址及名胜古迹众多，漓江的桂林山水、南盘江的路南石林、陆良彩色沙林、北盘江的黄果树瀑布群、马别河的马岭河峡谷风光、红水河大化的红水河百里画廊、西江的肇庆七星岩和鼎湖山、北江的丹霞山、东江的万绿湖和惠州西湖等，各具特色，名扬中外。

五、社会经济

流域涉及云南、贵州、广西、广州、湖南、江西6个省（自治区）46个市（地区、州）和越南的东北部，香港、澳门特别行政区也在其范围内。各省（自治区）占流域内的面积和比重为：云南占13.09%、贵州占13.3%、广西占44.62%、广东占24.52%、湖南占1.13%、江西占0.7%。2008年总人口11723万人（未计港澳，下同），其中云南和贵州、广西和广东、湖南和江西人口比例分别占17.6%、81.1%、1.3%；平均人口密度为265人/平方公里，高于全国平均水平，但分布

---

① 《珠江流域综合规划（2012—2030年）》

极不平衡，西部欠发达地区人口密度小，东部经济发达地区人口密度大。2008年全流域城镇人口6146万人，城镇化率52.4%，其中广东省城镇化率最高，达72.7%。

流域内居住着众多的少数民族，约占流域总人口的25%。少数民族以壮族最多，瑶族次之，还有苗族、布依族、毛南族、彝族、哈尼族、土家族、白族、侗族等民族。流域内华侨人口超过2300万人。

流域大部分地区四季如春，宜林，宜农，宜牧，加上"三江汇集，八口出海"的独特水系特征，造就了大片肥沃富饶的网河平原，工农业昌盛，经济繁荣。

流域耕地面积809.07万公顷。农作物以水稻为主，其次玉米、小麦及薯类；经济作物主要有甘蔗、烤烟、茶叶、蚕桑和龙眼、荔枝、芒果、柚、橙等。

珠江流域2008年GDP为38954亿元，占全国的比例为13.0%。区域经济发展不平衡，主要工业城市有广州、深圳、佛山、东莞、韶关、江门、南宁、柳州、梧州、开远、安顺等市，涉及冶金、化工、机械、煤炭、电力、食品、纺织、建材、家用电器、电子、医药、玩具、服装、造船等工业。

流域内水路与陆路、空中运输四通八达，已形成多层次全方位的"陆水（海）空"立体交通运输网，对内通达各省（自治区）、各地区、各市（县）和大部分乡镇，对外通达全国和全世界。流域内河道水量充沛，含沙量少，河道稳定，终年不冻，具有良好的航运条件。通航河流1088条，长年通航里程15146公里，货运量约占全国内河运输货运量的20%，是仅次于长江的黄金水道。

六、水旱灾害

流域的水资源时空分布不均，水旱灾害比较突出。流域东部水多，西部水少；沿海水多，内陆水少；下游水多，上游水少；夏秋水多，冬春水少。中上游山区旱灾频繁，局部受山洪危害较大；下游三角洲洪涝较多，也常遭台风暴潮的侵袭。据统计，自汉代至1949年，流域发生过大水灾408次，大旱灾77次。1949—2000年，发生流域性大洪水14次，平均每两年发生一次小洪水。1950—2000年，流域发生洪水受灾面积4842万公顷，平均每年受灾面积96.2万公顷；受灾总人口4.94亿人，平均每年受灾人口968万人；死亡2.59万人；倒塌房屋921万间。1986～2000年，登陆影响流域中心风力在8级以上的热带气旋68个。

1915年6月下旬至7月上旬，流域发生200年一遇的大洪水。珠江三角洲受灾农田面积43.2万公顷，失收30万公顷，灾民382万人，死伤10多万人，广州市受淹7昼夜，粤汉铁路中断1

个多月。

1988年，发生流域性旱灾，贵州、广东和广西旱情严重。广东受灾面积129.04万公顷，其中绝收面积6.127万公顷；广西71个县受灾面积140.85万公顷，受灾人口884.91万，粮食减产134.48万吨；贵州受灾面积114.08万公顷，成灾面积80.05万公顷。

1994年6月，西江北江同时发生50年一遇洪水，广东广西受灾人口1776.5万，受灾农田面积114.4万公顷，直接经济损失282亿元。

1998年6月，西江发生100年一遇洪水，梧州、桂林等沿江市县和西江下游珠江三角洲部分河道出现约100年或超100年一遇洪水。广东广西受灾人口1555.53万，受灾农田面积88.87万公顷，直接经济损失160亿元。

2005年6月，西江中下游发生超100年一遇的特大洪水，北江出现约10年一遇洪水，东江出现近20年来最大洪水，珠江三角洲遭遇特大洪潮，广西广东受灾人口1263万，受淹城市18个，直接经济损失136亿元。

七、治理开发

流域的治理开发始自秦代，由最初以交通为主的航运水利的开发，逐步发展到农田水利、灌溉、防洪，主要代表工程有沟通长江与珠江两大水系的灵渠，沟通桂江与柳江两大水系的相思埭。

近代，民国中央政府于1914年设立珠江流域水利机构——督办广东治河事宜处，引进近代西方治水技术和设备，流域的治理开发被提上议事日程。新中国成立后，国家非常重视珠江的治理开发，先后设立珠江水利工程总局（1949年10月）和珠江水利委员会（1956年12月设立，1957年在其下设立珠江流域规划办公室，1958年撤销），逐步系统地建立了从中央到地方的各级水利行政和事业管理机构，设立了勘测、规划、设计、科研院（所），流域内从事水利建设的队伍逐步发展壮大。各级水利部门多次对流域水资源进行普查和规划，开展了有计划的大规模治理开发工作，建设了为数众多的大、中、小型水利工程，流域治理开发得到较快的发展。

改革开放后，水利部珠江水利委员会于1979年8月成立，强调宏观的按流域水系进行综合治理、开发、利用与保护，科学治水，团结治水，依法治水。流域内各级政府领导各族人民兴利除害，投入大量的人力、物力、财力，开展了有计划的、大规模的水利建设，对江河实行综合治理，修筑江海堤防长2.28万公里，水闸8500座；修建水库1.7万座，总库容862.69亿立方米；建成农村水电初级电气化县128个，单站装机容量0.5兆瓦及以上的水电站957座，总装机容量1810

万千瓦，年发电量 785.77 亿千瓦时；除涝面积 53.3 万公顷，固定排灌站装机容量 200 万千瓦，万亩以上灌区 784 处，有效灌溉面积 446.8 万公顷；蓄水、引水、提水工程年供水 931 亿立方米；治理水土流失面积 5 万平方公里。还兴建了大批航运和水源保护等工程。这些水利基础设施发挥了防洪、灌溉、供水、发电、航运等综合效益，使流域免除了一般的洪、涝灾害的威胁，重点城市和重要工业区得到可靠的保护，耕地得到有效的灌溉，水能资源得到较好的开发，改变了珠江水利事业落后面貌。

第二节　流域片内各水系的形成和演变

一、西江的演变

经研究认为，珠江上中游流经高山峡谷或丘陵地带，河道比较稳定，历史上变化很少。三榕峡以下地势渐降，又受潮汐影响，在全新世（约 12000～11000 年前）初期，三江下游已属河道交错地区。经历若干个世纪的演变，才形成珠江今天的模样。

在新石器到战国时期，存在四条洪水汊道，北面有大沙古河道和羚羊峡旱峡古河道，南面有东门坳古河道和白土古道。这四条古河道都从三榕峡峡口呈放射状分散下流，为西江下游河口区域。

汉代，西江在三水县以下分两汊道入海，北江为西江支流。

晋代北方人民从中原南迁，西江下游不少河滩地河汊于此时截断，作屯垦之用。至唐代，旱峡已淤塞，东门坳古河道亦淤。

宋代人口大量南迁，沿江开始筑堤防洪，截断大沙、白土古河道。自此时起，西江才固定在三榕、大鼎、羚羊三峡之间流动，其余旱峡、东门坳、白土、大沙等四条古汊道尽数截断。西江流过高要到青岐后，到达思贤滘区。

元代沿江筑堤增多，绥江三角洲向南延伸，思贤滘区日渐淤浅，西江和北江汇流区变狭。王公、蔡坑（镇南堤）、大路等围筑成，使西江正干东流不畅，水多南出。

明代绥江三角洲向南发育形成汊道，即今青岐涌和南津涌。青岐涌带来的泥沙形成西江的琴沙，南津涌带来的泥沙形成老鸦沙，琴沙和老鸦沙成为当时思贤滘的滘口沙。绥江冲下泥沙，积成竹洲沙、灶冈沙和三水沙。形成五沙纷立五沙成片状态。由于兴筑大量堤围固定河道，西、北两江分流形势逐渐明显，河系开始定型。清代以后，思贤滘水流转向，大量北江水经思贤滘流入西江，西江主流改向南，出马口峡，五沙也合并成围。由竹州至思贤滘间残留了竹洲、青岐、小海、沙嶤、二滘五条古河道，这些古河道已成为低田或长塘。

二、北江的演变

北江切过罗平山脉（罗定至连平的褶皱山脉）后，地势低平，河道常变。北江主流的东侧，在清远市旧横石圩和石碑坑处产生汊道，流入潖江。出飞来峡后，又向南分出条条汊道，入大燕水。清远以南，西岸又汊出花塘、黄塘、册塘三条汊道。石角以下，汊出石角河（下游为白泥河）、永平、芦苞等各涌。随着北江河口的延伸入海，各条汊道依次淤塞，成为断流的古河道。

秦汉时期，北江是条深水河道，石角白坭河尚未淤断，北江正干当时是西江一条支流。晋代白坭河已淤，因此，北江到广州改以芦苞涌为主道。官窑处的江心洲——灵洲，此时已成为交通要地。当时官窑处水道分成多支南下广州。北江正干流向南伸至葛岸。

唐代北江河口伸至顺德南部简岸以南。南汉时，芦苞涌为北江一大支流，斜出广州入海，路程短，比降大，成为广州的主要航道。宋代芦苞涌南段、北江正干已筑堤围，思贤滘因王公围已成洲滩垦区，日渐淤狭。南岸围将北江正干一汊道截断，成为丹灶的小海，使西南（三水区）以下北江正干变狭1/3。西江水从此不会大量东流，补充北江水量。

明代北江各汊河多被淤塞，飞来峡以下六条汊道，淤塞了两条。石角围建成后，白坭河上游遂断。芦苞北面长岗堤建成后，永平、芦江断流，芦苞涌被堤夹束，由1000余米变为500米宽，把芦苞涌原来的放射形汊道变成单一水道。思贤滘由于五沙建围，变狭至200米；河口魅冈围建成，北江三水河道也只宽250米。北江水西流出入西江，致芦苞水在枯水期干涸，北江主航道下移至西南涌，由于西南涌筑堤截断分散汊道，水流归入西南涌，官窑以下汊道如平地等即在此时断流。由于大量北江水入西江，使西南以下北江正干沙淤日增。

清代北江下游汊道多淤，台西南涌清初已"沙淤水涸"，主航道下移至佛山涌。北江沿岸不少沙洲，由于筑围开垦，汊道被人工断流。例如，山塘处金亭基建成，苏公洲又并入西岸，使黄塘、花塘、山塘三条汊道截断。北江水大量西流入西江，大变古代西江东流形势，故三水以下洲滩发育，江心洲不断形成扩大，清远飞来峡前的小汊道亦变浅为洪水期水道，为后来筑围截流提供了有利条件。

三、东江的演变

东江下游系指田螺峡以下河段。东江出田螺峡后,至苏村分出龙溪汊道,向西流入沙河。在罗阳汇马嘶水道,并分出汊道经水口、泊头流至石龙。东江干流在苏村以下,在永平分汊入司马涌,由企石入横沥、茶山,形成放射状的东江三角洲网河区。

秦汉时代,东江下游尚无大片田地开垦。三国和晋代东江下游沿岸多有盐场。南朝时东江下游已有大片田地开垦,在企石和司马乡汊道合流后向西流出的东江汊道上,茶山已是南朝东江交通要道,据传当时已成聚邑;附近有田地开垦。

至唐代,东江河口平原发育,但当时河口尚宽广,三角洲还未形成,故《元和郡县图志》称:"南海在东莞县西二里"。宋代东江开始兴建堤围,不少河道被截断。东江南岸于1088年建成东江堤后,旋即固定,围内汊道亦被断流。司马河流向横沥、茶山等汊道均被截断。正干北岸苏村堤建于宋代,截断东江向龙溪汊道。礼村围也截断流入苏礼龙围的汊道。到元代东江正干在企石以上,因兴建堤围,被固定在苏礼龙围之南,只留马嘶汊道与龙溪沙河汊道相通,唐宋以来东江呈放射状的汊道,转变成为单一正干水道。由于筑堤后水流归槽,由河槽主流线变动造成的侧向侵蚀加强,横向环流作用下正干逐渐由直道向弯道演变,曲流发展,两侧堤围受冲。

到了明代,三角洲已经发育,边缘在麻涌、大步、道滘一线。石龙建成三村围,使三角洲分汊河道被固定在石龙南北两水道。东江下游河道仍被南北岸堤固定向曲流演化。北面支流与增江连接,这时建有张洲围,把增江下游汊道固定下来。清代两岸堤围夹束更紧,迫使东江向弯道变形。苏礼龙围深湖老围(古汊道)之外,在曲流岸处发育出新围,使东江正干南移。而在下游礼村,又成岸,使礼村对岸曲流又发育出突岸的河滩,淤成五八围。清末又淤同五村围,亦因弯道南迁,中心洲北汊道淤浅并岸,正干南弯。冲蚀上南、下南的结果,又使福隆汊道向北弯。鲤鱼洲于清末并入南岸。黄家围正当凸岸,成淤浅之地,于清道光年间向南围成田地,从而使东江正干由宽变狭,由直变曲。人们利用河道曲流的发育进行围垦,渐成东江正干今天的形状。

四、三角洲的演变

珠江三角洲西、北、东三面由山地、丘陵围绕,南面向海,构成一个马蹄形的港湾形势。三角洲外围的西、北、东三河岸冲积平原,以多汊道及积水洼地为特色。腹地平原上有160多个岛丘突起，表现为丘陵、台地、残丘地貌类型。腹地平原由四种地貌类型组成，即高平原（当地称高围田及高沙田）、低平原（当地称中沙田、低沙田）、积水洼地（当地称垦田）、基水地（由鱼塘和桑基或果基组成）。网河十分发育，但仍可分出纵向河道和横向河道，横向河道比纵向河道更为弯曲。珠江上游来沙在各口门形成大面积的浅滩。下伏基岩主要是砂页岩、石灰岩，基底顶面大都覆盖有红色壤土。

根据研究，珠江三角洲的地貌轮廓，是燕山运动的产物，北东向及东西向两组断裂控制着早第三纪前的三大盆地（三水、新会、东莞盆地），实际上也是控制着珠江三角洲的轮廓。喜马拉雅山运动特别是它的第二幕（上新世）的断裂运动，对珠江三角洲的沉积基础起着奠基作用。三角洲基底地貌的发育阶段可初步定为晚第三纪至晚更新世早期。此后进入三角洲沉积阶段，构造上表现为平原区深降、边缘地区抬升；同时，随着晚更新世晚期至全新世的海浸，在海面升降变化影响下，出现三次沉积回旋。

历史时期以来，水下三角洲逐渐出露水面成为水上三角洲，三角洲的滨线逐步向外海推移。新石器时代中晚期（距今约5000年）的滨线，西北江三角洲大约为黄埔、广州、石碣、佛山、深村、石湾、紫洞、西樵、大同、九江一线，东江三角洲此期滨线的位置大约到达三角洲的边缘。秦汉时期（距今1700～2200年），西北江三角洲的滨线位于安教、逢简、富裕、紫坭、沙湾、石楼、茭塘附近，东江三角洲的滨线约在潢涌至莞城以东。唐代（距今1000～1400年）西北江三角洲的滨线大致推进到南华、昌教、龙涌、桂洲、石棋、庙头（墩头基北）一线，东江三角洲的滨线则大致在莞城以西、中堂以东。宋代（距今700～1000年），西、北江三角洲的滨线外推移到双水、小冈、礼乐、外海、古镇、曹步、小榄、大黄圃、潭洲、乌沙、石楼，东江三角洲的滨线初步推定在中堂以西、道滘以东。明代（距今400～600年），西北江三角洲的滨线外推至上横、西安、石岐、港口、横档、南顺沙一线，东江三角洲的滨线可能位于麻涌以西及厚街以南。清初（距今约300年），西江下游的滨线大致在沙堆、六乡、坦洲，蕉门至横门之间的地区的滨线大致在张家边、民众、万顷沙北，东江三角洲的滨线约在漳澎以西。近200年来，三角洲滨线显著向海推移的地区是万顷沙和灯笼沙，最后形成目前的三角洲滨线。

珠江三角洲平原的伸展速度，发展总趋势是越来越快。唐代是一个分界，唐以前平均伸展速度小于10米每年，唐宋期间则约大于15米每年，宋明以后则约在于20米每年。秦汉至唐期间滨线推进缓慢，可能与当时气候趋冷及相应的海退有关。宋明期间滨线的推进速度显著加快，是唐代以前的3倍左右，这显然是受宋以后岭南加速开发的影响。宋以后人口迅速增加，流域内各地区加速垦殖使珠江的输沙量增多，加快了三角洲的堆集。下游三角洲地区竞相围垦，大量兴修堤围，固定河床，限制洪泛，泥沙集中淤积在口门，也加快了平原的发展。另外，不同地区的伸展速度的变化也有差异。东江三角洲明清以后，由于狮子洋的限制，大部分泥沙被珠江水流及退潮流带出虎门，发展速度递减。西北江三角洲的发展速度自唐宋以来则一直是递增的，因为它未受地形的限制，其中西江干流磨刀门方向速度最快（平均达 52.5 米每年），西北方向（横门方向）次之，平均为 32.4 米每年，反映了珠江三角洲的发展有总体偏右的趋势。

第三节　秦征百越与岭南文明的形成

一、秦征百越前的岭南

古代珠江流域，秦征岭南前，岭南属百越一部分。百越中居住在今广东的越族称为南越或南海，广西一带的称西瓯，广西海南和越南境内的称雒越，福建一带的称闽越，与浙江一带的越，各自为国。

因有五岭阻隔，相比于吴越和闽越，与中原联系不强，在中原地区文化向南扩展时，因地理环境原因，这里成了化外之境。南越以番禺（今广州）为活动中心，西瓯以广西贵县为活动中心。由于两广地区位于五岭山脉之南，又称岭南。越人的主要特点是断发文身，错臂左衽，部落之间好相攻击，多为穴居，从事渔业和简单的农业生产，整体处于尚未开化的野蛮状态。

从历史传说中，湘妃哭寻舜之所葬地九嶷山来看，至少，中原人的影响已达珠江流域边沿地带。春秋时与相邻的楚国也有着政治和军事联系。楚共王曾经"抚有蛮夷，奄征南海以属诸夏"，把珠江下游地区纳入楚国的势力范围。这是最早中原与岭南发生的文明碰撞。蜀王杜宇也曾以"南中为园苑"作为射猎场所，将统治势力伸入到珠江上游地区。

楚威王时，楚国将军庄蹻"将兵循江上，略巴、蜀、黔中以西"。身为"故楚庄王苗裔"的庄蹻，"以其众王滇，变服，从其俗，以长之"。庄蹻称王于滇，这是中原文化第一次征服珠江上游。就当时的情形说，珠江流域仍处于散居和刀耕火种时代，其组织生产的能力、技术水平、生产效率显然无法与中原成熟的农耕经济相比，文明程度更是相差甚远。其被北方中原先进的文化所征服，并且从善如流地主动融合于主流文化之中，是一种社会的进步。

楚悼王用吴起曾一度"南平百越",吴起平百越这次战争,将楚国的边界向南推到了今天的北江第一大支流——连江上游。因为楚国有将征服的地区设县的传统,这时设置了桂阳(今连州)县。《山海经·海内东经》载:"肄水出临晋西南,而东南注海,入番禺西。潢水出桂阳西北山,东南注肄水,入敦浦西。"

这为后来的秦汉顺利攻取南越创造了有利条件。后来的秦汉"处番禺之都"和"遣伏波将军路博德出桂阳、下湟水"的两次南征珠江流域的战争都利用了连江这个有利条件,并最终确定选广州为郡治。因为连江当时水量相当大,并且这路可直下番禺(郡治,今广州),成为控制番禺的要地。

二、秦征百越的基本过程

秦对岭南的战争前后经历了三个阶段。第一阶段为对峙和试探进攻阶段;第二阶段为充分准备阶段;第三阶段为全面出击阶段。

从公元前221年秦灭六国统一中国后,到公元前219年,为第一阶段,这时在北方,因奏录图书,曰"亡秦者胡也",秦始皇乃使将军蒙恬发兵三十万人北击胡,掠取河南地。

秦始皇二十七年(公元前220年)已经夺得部分区域,设苍梧县。约在秦始皇二十九年(公元前118年)苍梧县代理县尉徒唯向西瓯发起强悍的进攻。开始,因为秦军有先进的装备和组织手段,在面对散兵游勇的西瓯人作战中发挥出极大的优势。很快攻城略地,俘获并杀死西瓯王译吁宋。但秦军虽然每攻必破,但面对地广人稀、忽聚忽散的越人,秦军陷入无法巩固胜利,疲于奔命中。而且在作战中无法获得及时后勤保证,常常处于饥饿和瘴疠之气中,很快来自于北方的士兵出现了各种传染性疾病和大量死亡,最终因首领徒唯在越人的暗袭中死亡,不得不退兵。双方重新处于对峙中。

第二阶段,秦的这次试探性进攻虽然最终铩羽而归,但秦终于找到了彻底征服越人的办法,这个办法就是屯兵,这可能是中国历史上最早的屯兵制度。为了彻底解决征服越人问题,拿下天下最后一片域外之地,秦王朝在五岭的几个要隘调集了大量人马。为了解决粮草问题,部队在各个战线都充分地利用了水运。

其中大庾岭一路,从赣江上源章水河谷越大庾岭,进入北江上源浈水谷地的南雄和始兴,下龙川。

越都庞岭沿连江而下的一路,利用连江的载运功能,直下番禺。

唯有从越城岭下桂江的原徒唯率领的这一路,无法运送粮草。这时史禄又凿通灵渠,引湘江水入漓江，为军队的粮草运输提供了方便。渠成之后，史禄也代替徒唯成为这一路的首领。（有资料说，后来史禄成为揭阳第一代县守，其后人世代袭揭阳守）。

第三阶段，在经过精心准备后，秦王朝便于秦始皇三十三年（公元前214年）毅然决定向南越发起全面的进攻。

这次进攻和三年前不同的是，秦王朝和秦军将领吸取徒唯在征战中的教训，在战略上采取了"发诸尝逋亡人、赘婿、贾人"随大军行进，每当秦军占领一地便将部分移民留驻此处，这不仅使秦军有了较稳定的后方根据地，同时也使秦军的兵力消耗得到补充，而大批的商贾在岭南的经营，也为军队粮饷的补给创造了条件。

在这种优势条件下，秦军凭着充足的粮草和精良的武器装备，在百越战场上开始了大规模的征伐，大军所到之处，兵锋凌厉，势如破竹，很快就击溃了越人的反抗力量，占领了岭南大部分地区，并定郡治番禺。随后任嚣、赵佗又挥兵南下，乘胜进击，一举占领了今越南中、北部的雒越地区。将自己的势力范围扩大到今老挝与越南交界处的长山山脉以东地区。至此，秦王朝于公元前218年发动的征服岭南的战争，以秦军彻底征服岭南越族的胜利而宣告结束。

三、秦征百越后的制度安排

秦军占领岭南后，秦始皇很快在该地区设立了桂林、象郡、南海等三郡，把岭南正式纳入秦王朝的版图。为了巩固其占领区，防止越人反抗力量死灰复燃，加强对越人的控制，秦王朝采取了军事管制性的戍守政策，并"置东南一尉，西北一侯"，以加强对该地区的管控。所谓"东南一尉"，就是在岭南三郡"置南海尉以典之"，由掌兵的南海尉专断一方，加强其军事应变能力。南海郡治设在番禺。

秦王朝任命任嚣为南海尉，并不设郡守，只设监御史主管一郡事务。这相当于现在的建设兵团，实行的是军事化管理，从已发现的乐昌、龙川、广州等地的万人城来看，当时秦军的管理基本上实行的是平战结合的管理体制。此外，沿五岭南北还设有很多戍守据点，各郡县治所及水陆关隘也驻有大量戍卒。这一切措施，目的是巩固秦王朝对岭南的占领，加强对该地区的统治，并防止越人逾岭北犯。

秦王朝除实行戍守政策外，对于尚处于相对闭塞、落后的岭南地区，还采取了建立郡县制；有组织地大量向岭南移民；开新道，凿灵渠等等政治经济措施。

秦统一以前，从中原到岭南没有人工开凿的道路，人们沿着五岭山脉南北分流的河道往来。

这些地方山高岭峻，鸟道微通，不能行车，成为阻塞南北的天然障碍。随着秦向岭南进军，差遣大量戍卒、罪人等修筑沟通岭南的道路。秦始皇三十四年发配有罪官吏在岭南从事的苦役，主要是筑路，所筑的陆路就是岭南"新道"。秦末农民大起义时，任嚣嘱赵佗"兴兵绝新道"，目的正是阻止起义军进入岭南。赵佗"即移檄告横浦、阳山、湟溪关曰：盗兵且至，急绝道聚兵自守。"可见秦末岭南"新道"已成为非常重要的交通要道。

第四节　广州与海上丝绸之路的形成与发展

一、海上丝绸之路的开辟

广州古称番禺，位于南海之滨，凭借自身拥有的海上交通中心的优越条件，成为中国古代海上丝绸之路的发祥地。在广州南越王墓的出土文物里，有一捆来自非洲的象牙和一件来自公元前5世纪的波斯银盒。

秦始皇统一岭南时的番禺（今广州）已经成为了犀角、象牙、翡翠、珠玑等奇珍异宝的集散地，而秦始皇进军岭南，据说也有取得岭南这些主要来自海外的珍宝之意。

最早、最详细记载海上"丝绸之路"航线的是《汉书·地理志》。西汉初年，汉武帝平南越后，即派使者沿着百越民间开辟的航线，从广州出发，带领船队远航南海和印度洋，经过东南亚，横越孟加拉湾，到达印度半岛的东南部，抵达锡兰（今斯里兰卡）后返航。汉武帝时期开辟的航线，标志着海上丝绸之路的发端。

魏晋南北朝时期，是海上丝绸之路的拓展时期。在这一时期，广州已成为计算海程的起点。通过广州来中国经商的国家和地区大为增加，有15个之多。广州成为当时商贾及朝廷命官发财致富之地，有"广州刺史但经城门一过，便得三千万钱"一说。

二、唐朝时海上丝绸之路的繁华

唐朝由于对外贸易的繁荣，海运事业也更加发达。官方坚持实行开放政策，除了官方积极经营对外贸易外，又允许私人出海贸易。同时，还大力鼓励外国来中国进行贸易，并在广州设立了市舶使专管外贸事务。当时中国与南洋和波斯湾地区有6条定期航线，这些航线都集中在广州，其中最著名的一条航线叫"广州通海夷道"，广州起航，越南海、印度洋、波斯湾、东非和欧洲，途经100多个国家和地区，全长共14000公里，是当时世界上最长的国际航线。每年到广州的外国船舶有4000多艘。从此，广州成为当时闻名全世界的中国对外贸易第一大港。鉴真和尚东渡日本，遇风暴而漂流海南岛，北归经广州时，其弟子元开在《大唐和上东征列传》中记下了当时看到的情景。"江中有婆罗门、波斯、昆仑等舶，不知其数，并载香药珍宝，积载如山，舶深六七丈。狮子国、大石国、骨唐国、白蛮、赤蛮等往来居住，种类极多。"其时，我国也有不少商船远航南海诸国。唐代大诗人刘禹锡也为珠江口的"大舶参天"和"万舶争先"壮观的贸易景象所感动，而赋诗曰："连天浪静长鲸息，映日帆多宝舶来"。

三、唐朝以后海上丝绸之路的发展

南宋时政治中心南移至临安（今杭州），随之海上丝绸之路的终点和主要目的地也北迁至离京城临安更近的泉州，广州遂成为其一重点中转站，地位也仅次于泉州。

历隋、唐、宋数代，广州海上丝绸之路已发展到空前繁荣的阶段。

明清两代，政府实行海禁政策。但广州成为中国海上丝绸之路唯一对外开放的贸易大港，广州海上丝绸之路贸易比唐、宋两代获得更大的发展，形成了空前的全球性大循环贸易，并且一直延续和保持到鸦片战争前夕而不衰。这一时期，从广州起航的海上丝绸之路的航线迅速增加到7条，抵达世界7大洲、160多个国家和地区。如此之多的外国商船和商品来广州进行贸易，使珠江之滨的广州呈现出一派外贸繁荣的景象。英国人威廉·希克为之惊奇，而发出了广州珠江的商船可以与伦敦泰晤士河相媲美的感叹："珠江上船舶运行忙碌的情景，就像伦敦桥下泰晤士河，不同的是，河面的帆船形式不一，还有大帆船，在外国人眼里再没有比排列着长达几英里的帆船更为壮观的了。"

而且外国商人认为在广州做生意比世界任何地方都好做。正如道光十年（1830年），英国议会对在广州进行贸易的商人进行调查后得出结论说："绝大多数在广州进行贸易的商人都一致声称，广州的生意几乎比世界其他一切地方都更方便做。"

1949年，中华人民共和国成立之后至改革开放前的1978年，这段特殊的时期，由于种种原因，广州很难发挥出它曾是海上丝绸之路第一大港的历史优势，但仍然是中国首屈一指的对外贸易的重要港口。改革开放后，广州对外贸易进入一个新的发展时期。

第二章 各具特色的地域文化

第一节 梅江、汀江与客家文化

一、客家人的形成

客家人的祖先源自中原,是从中原迁徙到南方的汉民族的一个分支。客家文化一方面保留了中原文化主流特征,另一方面又容纳了所在地民族的文化精华。

广义上的客家人是集体南迁的中原人,包括从沿海一带南迁的海系和陆路、水路南迁的陆系。因为集体南迁的中原人在南迁的过程中,更易保留其习俗和语言,故到新居留地后,便自然地形成独特的文化特征的族群。狭义的客家人则专指历代从中原迁至江西和福建一带,又从陆路迁入广东的中原人,后这些人又部分向四川、贵州、云南等地迁移。客家人的主要聚集地在赣南、闽西、粤东,那里有29个县是"纯客县"。宋末以前,宁化是客家人南迁的集散中心;明末清初,嘉应州(现梅州市)是客家人的集散中心。客家人以此为轴心向我国南方逐渐扩展并形成了一个独特的民系——客家民系。

由于客家人行走天下,移民世界,且在海外商界不乏成功者,因此有"东方犹太人"之称。客家人除了秦征百越的50万"发诸尝逋亡人、赘婿、贾人"外,后来南迁基本上的迁徙路线都是北江与韩江。

珠玑巷 张孝南 摄

北江又分两路:一路为主要从武水和连水南下的中原人,主要来自于湖南,时间以宋以前为主。秦汉时连江水道通行较容易,应是中原人南下的主要通道,应以官军为主。东汉以后到张九龄开凿大庾岭道前,武水到岭南的人较多,商贾人员应更多。另一路是从大庾岭南下浈江到南雄和始兴的,特别在宋以后逐渐成为主要通道。到唐朝时实际上北江流域北部主要已是中原南迁人口为主。当时张九龄等一批朝中重臣的出现,又推动了中原人南下开拓的欲望。特别是宋以后,大批中原人成族群地南下,以躲避战乱。今天客家人把南雄珠玑巷视为客家祖庭。往往南下的客家人先在珠玑巷找到落脚点,看准了发展方向后再继续沿墨江或浈江南下。这一路南迁的中原人有的留在了江西境内，落脚生根；有的则翻过大庾岭进入北江流域。这些人统称为客家人。

韩江这一路因大山阻隔不严重，因而路径也较多。梅江这一路过来的大约为翻山越岭而来，汀江一路，则顺汀江而下者多。其中宁化石壁乡是重要的中转站。因为唐时汀州（今长汀）成为重要商埠和物资转运地，因此从这里南下的中原人也特别多。

从时间上讲，客家人虽然从西晋永嘉年间，即从黄河流域南迁渡过长江，但至唐末宋末才大批到达闽赣等地，然后再入粤东粤北。当时福佬人已入主潮汕多年，占有平川沃土，交通方便。客家人不得不在山区居住。但山区也早有居民，畲族。所以，他们对于畲族来讲也是"客"，客家人名称由此而得。畲族一度人数很多，但终因文化不如来自中原的"勤俭重学，富团结心"的客家人，所以终于渐为客家人所汉化。

居住在北部山区的客家人，也是从中原迁徙而来。但由于时间有先后，路线不同，所以与潮汕人形成两系。由于长期交错转涉，客家人与潮汕人逐渐混同，据统计，梅、潮一带只有大埔纯客家县，澄海纯福佬县，即所谓的"大埔无福，澄海无客"。其余潮梅各县，则都有福、客杂处的情况。

二、客家人的南迁

据考证，客家人的先民，有过六次大规模的南迁：

第一次南迁是在秦始皇时代。公元前221年秦始皇统一中国后，为了政治和军事的需要，"三十三年，发诸尝逋亡人、赘婿、贾人略取陆梁地，为桂林、象郡、南海，以適遣戍"。三十四年，適治狱吏不直者，筑长城及南越地。秦亡后，南下南海郡六县的军民都成了第一批客家人。

第二次南迁是在东晋"五胡乱华"时期。当时，为了避难，一部分中原居民辗转迁入闽粤赣边区。稍后，由于南北对峙，又有大约96万中原人民南迁至长江中游两岸。其中一部分人口流入赣南，一部分经宁都、石城进入闽粤地区。

第三次南迁是在唐末黄巢起义时期。先是唐代"安史之乱"给百姓带来巨大灾难，迫使大量中原汉人南逃。唐末黄巢起义，又有大批中原汉人逃入闽粤赣区。如宗室李孟，由长安迁汴梁，继迁福建宁化石壁乡。固始人王绪、王潮响应黄巢起义，率光、寿二州农民起义军五千下江西，致使闽赣边一带人口激增。

第四次南迁是宋南渡及宋末时期。金人入侵，建炎南渡，一部分官吏士民流移太湖流域一带。另一部分士民或南渡大庾岭，入南雄、始兴、韶州；或沿走洪、吉、虔州，而后由虔州入汀州；

或滞留赣南各县。南宋末年，元军大举南下，又有大量江浙及江西宋民，从莆田逃亡广东沿海潮汕至海南岛。

第五次南迁是在明末清初时期。其时，生活在赣南、粤东、粤北的客家人因人口繁衍，而居处又山多地少，遂向川、湘、桂、台诸地以及粤中和粤西一带迁徙。这次大规模的迁徙，在客家移民史上被称作"西进运动"。四川的客家基本上来源于这次"西进运动"。当时四川人口因战乱、瘟疫及自然灾害锐减，清政府特别鼓励移民由"湖广填四川"。

第六次南迁是19世纪中叶太平天国时期。当时为避战乱，有一部分客家人迁徙到南亚，有的被诱为契约劳工，被押往马来西亚、美国、巴拿马、巴西等地。

除以上六次大规模的南迁外，中原汉人也有因旱灾水患逃荒而南迁者，另有历代官宦、贬谪、经商、游学而定居闽粤赣边地区的，但并不是所有南迁的汉人都成为客家人，他们中只有闽粤赣系和源自这一系的人，才被称为客家人。

据统计，现在生活在我国的客家人，主要分布在广东、江西、福建、四川、湖南、湖北、贵州、台湾、香港、澳门等地区，总人口达5000万以上，占汉族人口的5%。在国外，客家人主要分布在东南亚的泰国、马来西亚、印度尼西亚、新加坡，东亚的日本、朝鲜，美洲的美国、加拿大、巴西，欧洲的英国、法国、荷兰、比利时、卢森堡、德国和奥地利等80多个国家和地区，有3000万人之多。

客家人到达新居留地后在辛勤耕耘创立新的家园的过程中，一方面保留了中原文化主流特征，始终崇尚华夏正统文化，崇尚诗礼传家，极为注重对传统、文化、语言、习俗的完整保存，并以共同的生活样式、习俗、信仰和观念将自己紧密团结在一起；另一方面，又善于从当地少数民族中汲取养分，容纳了所在地民族的文化精华。

三、客家文化的特点

崇尚华夏正统文化。客家人从心底以来自中原而感到自豪。在迁移和开发的过程中，一代又一代的客家人正是靠着"崇正"精神，战胜了各种艰难困苦，建成了自己的新家园。以台湾客家新移民为例，他们一方面依赖与弘扬客家原乡文化，如"宁卖祖宗田，不卖祖宗言"，顽强地沿用方言乡音，并按原乡的家族和宗族形式重新组织家族和宗族；另一方面，恪守中华文化共有的礼乐教化，弘扬爱国家爱民族的优良传统。当荷兰、法国、日本侵犯之时，他们坚持民族大义，高举爱国保种的旗帜，与入侵者展开拼死抗争，涌现了刘永福、丘逢甲等一大批仁人志士，为客家人增了光。现在,许多创业有成的客籍华侨,在总结自己何以成功时,也觉得是得益于客家崇正精神。为了让子孙后代永远接受和发扬客家崇正精神,他们一次次携儿带孙回到大陆原乡祖籍地乃至中原发祥地寻根认祖。

崇文重教,耕读传家。客家人特别看重读书人,有"茅寮出状元"之谚。在客家人看来,要想改变境遇,唯一办法就是晴耕雨读,金榜题名,走仕途之路。只有通过读书实现"朝为田舍郎,暮登天子堂"的梦想,跻身于官宦行列,才能实现其"修身、齐家、治国、平天下"的理想。为了光耀门楣,客家人往往集中全家族、全宗族的力量来培养子弟读书。到过客家地区的人往往发现,在其客家围屋或家族祠堂前立有许多石旗杆,那是族中子弟中举人、中进士的标志,有多少石旗杆,就说明族中有多少人获得了举人、进士之类的功名。族中人都以此为自豪,一人考中,全族光荣。

守望相助,崇尚节俭。客家人讲究一个"义"字,即有福同享,有难同当。要想在新的客居地立足,面对重重困难,团结互助显得尤为重要。所以,他们提倡"天下客家是一家",要求客居他乡的同族人或同宗人精诚团结。由于客家人崇尚团结,直到今天,在客家人的婚丧红白帖中还保留了用"帮"字的古风。客家人还有崇尚节俭的美德。他们秉持一分钱也要省着花的信念,往往是一件衣服新三年、旧三年、洗补洗补又三年,在艰难困苦的条件下顽强生存下来。

源于中原的独特语言。章太炎在《客方言·字》中从语言学的角度,证明客家话源于中原,保留河南中州音韵,是河南的官话,也是土话。但是,也有人认为它起源于原始阿尔泰民族的"通古斯语"。但是,无论它属于哪一个语系,有一点可以肯定的是:它来源于最远古的中原语言,因为时至今日,在客家话中仍能找到很多古音。

四、客家人的成就

客家人对男人的评判标准,就是创大业,谋大事。成就大事业,忠心报国,成为每一代客家人追求的最高目标。

客家人历代皆出英贤。唐代时宰相张九龄在朝即得到客家人的崇敬,有所谓九龄风度之称,包括他的行事和姿态都被岭南人所模仿。

宋朝有唐宋八大家之一的曾巩、赣南第一位状元郑獬、南宋丞相文天祥等。明朝有抗金统帅袁崇焕等。清代有被称为画坛"扬州八怪之一"黄慎等。

近代因为岭南处于对外交流的最前沿,各界有成就的客家人更是英雄辈出。政治人物有太平天国洪秀全、洪仁玕，外交家黄遵宪，抗日保台义军副统帅丘逢甲，洋务运动先驱丁日昌，民主革命家廖仲恺，辛亥革命北伐军总司令姚雨平。

这些优秀的客家儿女为国家为民族的发展作出了卓越的贡献，正是他们把客家人精神不断发扬光大，让世人刮目相看。

第二节 韩江与潮汕文化

一、潮汕人的来源和潮汕文化的形成

自秦以来，已有中原人民迁居潮汕地区的记载。秦始皇在统一百越的过程中，因为采取的是边占领边巩固的策略，曾迁徙50万中原军民到岭南定居。此50万军民中就有南海郡六县之一的揭阳县，据传第一代县守就是修造灵渠的史禄，这个官职在史家数代承袭，当时揭阳县所辖区域基本涵盖现在潮汕人的祖居区域。

西汉末年在反对王莽的斗争中，也有大量人口南迁，其中一部分也进入潮汕地区。中原人民大量移居潮汕，是从西晋永嘉之乱以后形成第一次高潮的。晋朝永嘉年间(307—313年)。中原地区发生了八王之乱，晋朝统治者为了争夺统治权进行了连年战争，民不聊生，河南人民纷纷南下避难，经福建而后入潮。唐朝末年，又再次形成南迁的高潮。由于中原战乱频仍，当时山西、河南以及先期从北方辗转到福建莆田、漳州、泉州一带的人民，再向南迁徙到潮州地区。

初时从福建迁来的，称为"福佬"；从山西（因地处黄河河套以东，旧称河东）、河南来的，称为"河佬"，以示与潮州原有土著相区别。"河佬"没有"福佬"人数众多，所以"福佬"一词逐渐变为潮汕人的泛称。"福佬"开始有新族旧族之分。旧族指迁自莆田者，新族指迁自漳、泉者；后才逐渐混为一体。

潮州韩文公祠　　胡耀均 摄

在福建定居后辗转入潮的中原汉人,主要来自河南洛阳一带。在时间上可算始于晋朝永嘉年间的八王之乱。今福州又称晋安,泉州又称晋江,都是晋时南迁时得名。从隋唐开始,"福佬"人成为潮汕人的主干。

潮汕文化除了受迁居此地的中原人原有文化影响外,有些朝廷贬官到潮汕后也对潮汕文化的形成产生了重大影响。唐朝时韩愈是对潮汕历史文化产生深远影响的人,虽然他只在潮州做了八个月的官。原因之一是其为古文运动领袖,在全国的影响太大;原因之二是潮州人办了治理韩江(当时称鳄溪)、关心农桑、赎放奴婢、延师兴学等于民生关系密切的好事。他走后,当地人民仍然非常崇敬他,甚至为了纪念他将鳄溪改称为韩江、附近的山也改称为韩山。唐代以前潮汕地区没有受到朝廷重视,自韩愈后,越来越受到重视,以至于后来潮商被称为中国的犹太人。

宋以后,潮汕人将中原带来的文化与当地文化融合,形成了独特的文化体系。

明代朱元璋采取奖励移民的政策,将农民从人多田少的地方移到人少地多的地方。潮州在明代已成了重要州县,而人口却不多,于是人们纷纷从北方南迁。为了使这些移民能得到严格的管理,朝廷设立了管理机构,让那些想移民的百姓,先在朝廷指定地点集中,编排队伍,等候官府发给川资凭照。这些移民领到凭照后,才先入潮。这些潮汕先民南移的中转站,就是福建莆田。莆田在明朝,一度成为朝廷"设局驻员"的移民管理机构的驻地。

二、潮汕特色文化

潮汕文化是一个具有完整的独立体系的文化,特色十分鲜明,与古代中原文化有着显著的传承关系,但又结合当地地理环境有了新的发展。它包括潮汕话、潮汕工艺、潮剧潮乐、潮汕民俗、潮商文化等。

潮汕人是由中原入闽南后,又大规模迁移入潮州地区的。因为大规模迁徙,迁徙后又聚居在一起,因交流的需要,而发展出自己独有的潮汕话。它既保留有古中原语言的一些特点,同时又有新的变化。因为他们由闽南迁入潮州地区,因此一般将它归为闽南话的一个分支。据考证,现在的潮汕话定型于明中叶闽人大批入潮汕后。

潮汕工艺既有中原文化的承传性、原发性,又有鲜明的地域特征。

潮汕工艺品是潮汕人民为了满足自己生产、生活的需要,按照自己的审美观,就地取材制作的,常常表现出它的独创性。

其特色门类主要有潮绣、潮州抽纱、潮州陶瓷、潮州木雕、潮州剪纸和潮州花灯等。其中以潮州木雕最为著名，也最具代表性。主要用于建筑装饰、神器装饰、家具装饰、案头装饰等，往往经精雕细琢后贴上纯金箔，显得金碧辉煌，所以又叫潮州金漆木雕，其与东阳木雕并列为中国民间两大木雕体系。

最具代表性的是穿透、镂空、多层次的"通雕"。它吸收了圆雕、浮雕、阳刻及绘画的某些长处，能把曲折复杂的故事情节集中在一个画面上，有条不紊地联系起来。既做到叙事明了完整，又能使造型单纯概括，经得起玩味观赏。金漆木雕对人物和环境的处理，亦虚亦实，构图不受透视法的约束，常加以适当变形，讲求疏密匀称，穿插联结紧凑结实。因而对于建筑物，不但收到了装潢富丽之功，还保持了外壁的平面感，显得更加浑厚、坚牢、层层叠叠、剔透玲珑。广东省博物馆、民间工艺馆、美术学院分别收藏了 20000 件金漆木雕作品。

1982 年，汕头市木雕厂为广州东方宾馆制作的总面积 54 平方米的巨型挂屏《大观园元宵》，有 200 余人参加了制作，整幅作品用 300 多片樟木片组成，耗金箔 50 万张，工时 3 个多月。作品场面宏伟、气势磅礴、构思新颖、布局合理，径路曲折而分明，层次重叠而剔透，体现出潮汕传统工艺的特点，是目前世界上最大型的金木雕屏，于 1982 年获得了轻工部优秀创作设计一等奖（希望杯奖）。由于木雕作品工艺精湛，因而深受广大东南亚地区的华裔所喜爱。

潮剧由南戏演变而来，新中国成立后正式命名为潮剧。潮剧是潮汕的地方戏，也是广东三大地方剧种之一，全国十大剧种之一，距今已有 500 多年历史。潮剧也被称之中国艺苑奇葩，获得海内外广泛的好评。其突出特点是：优美抒情，潮汕味浓，表演独特，雅俗共赏，深受群众喜爱。

流传于潮汕地区的民间音乐统称为潮州音乐，包括锣鼓乐、弦诗乐、笛套乐、细乐、庙堂音乐等品种，是一种既有独特艺术风格和浓郁地方色彩、又有深厚群众基础和高度艺术价值的古老乐种。目前广泛流传于粤东、闽南、台湾、港澳及东南亚各地。

潮州音乐古朴、典雅，其源可以追溯至唐、宋时代，潮州音乐既源于唐、宋中原古乐，又承袭融汇了"正字""昆腔""西秦""外江"诸剧种及地方民间乐调。至明代中叶潮州音乐已形成一种曲目丰富、形式多样、自成体系的民间音乐艺术。

潮州音乐传谱，用"二四谱""工尺谱"以及简谱。其中"二四谱"系潮州音乐最古老谱式，也是中国稀有的乐谱。从"二四谱"及潮州音乐特殊音律进行研究，均可见唐、宋音乐文化对潮州音乐的影响。

潮州音乐的演奏方式和乐器组合种类多样，是一种雅俗共赏的群众性民间艺术形式。潮乐的基本调式有五种，即：轻六调、重六调、活五调、反线调、轻三重六调。最具特色的乐器是二弦和打击乐。在演奏上除锣鼓乐外，都由二弦领奏和指挥。演出形式灵活多样，有几十人以至上百人的大锣鼓演奏，也有二五人组成的弦乐演奏，是雅俗共赏，群众性自娱自乐的艺术形式，具有强大艺术生命力。

潮汕民俗繁多，且保留着很多中原传统文化，这也是潮汕人一直骄傲的地方。除了传统的节日外，他们还保留着盂兰节、中秋烧塔、新年烧龙等中原已消失的习俗。另外较有特色的还有"人节"食七样羹，澄海赛大猪，盐灶拖神等习俗。

潮商也带有潮州文化的独特气息。潮商是明清以来与晋商、徽商并称为影响最远的"三大商帮"。古代的潮商不如晋商、徽商著名，但到了近代，由于外国经济势力的侵入以及中国缓慢地迈开近现代步伐，潮商伴随着近代海外移民的高潮而崛起于东南亚和香港，涌现出李嘉诚、陈弼臣、谢惠如等一批世界级巨商，在世界范围内影响深广。与当代改革开放后新崛起的温州商帮并称为"中国的犹太人"。

潮州文化中在当代最驰名的当数潮州菜，潮州菜亦称潮菜，香港称"打冷"，是汉族传统饮食文化的重要组成部分。潮州菜可追溯到汉。盛唐之后，受中原烹饪技艺的影响，发展很快。时至今日，潮州菜已经发展成为独具岭南文化特色、驰名海内外的名菜之一，属中国八大菜系中的粤菜。

2010年潮州菜代表粤菜参加上海世博会。2014年8月，潮州成功入选由中国国际广播电台国际在线主办的"2014中国城市榜——全球网民推荐的最中国美食城市"。潮州菜以昂贵著称，其选料考究、刀工精细，且烹调方式多样，着意追求色香味俱全，有中国最高端菜系之称。潮州菜烹饪的最大特点是借重海鲜、讲究原汁原味和精工制作。以清蒸为主的烹调方法与广州的煲炖法共同构成粤菜的主要特色。

第三节　珠三角与广府文化

一、广府文化概述

广府人是汉族中以粤语为母语的一个民系，主要分布于广东珠三角、西部，香港，澳门，广西东部、南部及东南亚、欧美、澳洲等地区。以粤语为母语，有着自己独特的文化。

广州是广府文化的核心区域,越秀区是广州建城 2000 多年来未曾变更的中心城区,是广府文化发源地、千年商都核心。20 世纪 90 年代初期统计,广府人约有 5100 多万。

广府民系的母语为粤语,即广东话。使用范围遍布海内外众多地方。而在学术界,也是唯一除了普通话外在外国大学有独立研究的中国汉语分支,在中国,有 1.2 亿人以粤语为母语。粤语含完整的九声六调,较完美地保留古汉语特征,拥有完善文字系统,可以完全使用汉字(粤语字)表达。

粤语以珠江三角洲为分布中心,在中国的广东、广西、香港、澳门、海南,东南亚的新加坡、马来西亚等以及北美、欧洲和澳大利亚、新西兰、圣诞岛等华人社区中广泛使用。在粤语核心地区——广东省 8000 万本地人口中,粤语使用者近 4000 万人。粤语也是香港、澳门的官方语言,美国、加拿大第三大语言,澳大利亚第四大语言。粤语承载着上古汉语的遗风,是岭南文化的最重要载体。

广府文化,除了语言上的相对独立体系外,主要还包括在建筑、饮食、绘画、曲艺、工艺等方面。

广府民居通常指大珠三角地区、粤西地区的建筑,跟粤东的客家建筑、潮汕建筑有很大的区别。岭南气候炎热,风雨常至,民居一般为小天井、大进深,布局紧凑的平面形式。广府早期的民居建筑,因官僚地主常常是四五代人聚族而居,建立封闭的建筑群,所以珠江三角洲民居的大中型住宅基本格局为"三间两廊"。有地位人家以镬耳风火墙为特色。砌墙材料有三合土、卵石、蚝壳、砖等,清代以后多用青砖。内部布局紧凑,间隔灵活,正立面之门以"三件头"(脚门、趟拢和大门)、水磨青砖墙面、花岗石墙脚等构成其外表风貌。清末在广州的西关民居密集的环境条件下,形成的独特风格的西关大屋民居是典型的广府民居。

广府民居通常符合通风与阴凉的要求;其次就是体现出的防潮、防晒的特点;还有就是大量吸取西方建筑精髓,体现了兼容并蓄的风格。除此之外,典型的广府民居还有一个很大的"镬耳",以其屋两边墙上筑起两个像镬耳一样的挡风墙而得名。明清两代,只要有了钱,发了财,就会建造一所镬耳屋来显示其富有与气量。近代受西方文化影响,在侨乡出现有异国风格的碉楼,在城市出现别墅式居宅,在商业繁华的城镇街道两旁出现骑楼,均是开南国建筑风气之先。

广州的饮食文化享誉海内外。粤菜是我国的四大菜系之一,其特点是用料广博,选料珍奇,配料精巧,品种繁多,五味俱全。飞禽走兽、山珍海味、野菜山花,皆可入肴。粤菜善于博采众长,根据广州的气候、物产条件进行改造,体现了岭南文化融通善变的特点。炖和煲是粤菜中两种最显著的特色。

广式饮茶兴起于19世纪末的广州，至20世纪二三十年代大众化茶楼兴起，随后渐成风气，扩展至珠江三角洲城镇及西、北江流域沿江城镇。茶楼的点心精美而又丰富，常见的如蛋挞、蛋盏、蛋散、干蒸、烧买以及各类粥品。改革开放以后，引进许多西点，使食品更为新潮、精美。

粤剧以粤方言演唱，是广东流行最广、影响最大的地方戏曲剧种。粤剧是由多种外来戏曲声腔和本地土戏、民间说唱艺术不断融合而形成、发展起来的。以后又在伴奏乐器上大胆加进了一些西洋乐器，大大增强了烘托唱腔和戏剧动作的效果。红线女所创的"红腔"近半个世纪以来影响最大。以粤语演唱的曲艺品种，有粤曲、木鱼歌、龙舟歌、南音和粤讴等。

广东音乐是产生、流传和发展于珠江三角洲一带以及粤西广府方言区的纯器乐演奏的民间音乐。19世纪60年代起，严老烈等代表性人物，运用带规律性的使用装饰音和"加花"的旋律发展创作改编出《旱天雷》《倒垂帘》《连环扣》《饿马摇铃》《雨打芭蕉》等有独特风格和地方色彩的著名乐曲，标志着广东音乐作为乐派的形成。

岭南画派是中国各大画派中影响较大的一个流派。创建于20世纪初，其创始人高剑父、高奇峰、陈树人均为番禺人。他们主张以倡导艺术革命、建立现代国画为宗旨，以折衷中西、融会古今为途径，以形神兼备、雅俗共赏为审美标准，以兼工带写、彩墨并重为艺术手法。独树一帜，成为在国内外有影响的美术流派。现代，继承和发展这一画派艺术的，有方人定、黎雄才、关山月、赵少昂、杨善深等。

广府工艺是广府民系的工艺美术，品类繁多，有的在国内外享有很高的声誉。如广州的象牙雕刻、玉器、红木家具、积金彩瓷、朱义盛首饰和广绣等；佛山陶瓷、木版年画、剪纸、金银铜锡箔、染色纸、狮头、彩扎灯色；新会葵扇；东莞和南海烟花爆竹以及各地在建筑装饰中的木雕、泥塑、灰塑、砖雕等。其中，以端砚、粤绣、雕刻、陶瓷最具特色。

二、广府文化的特色

广府文化与客家文化和潮汕文化有很大不同：

其一，它代表的是各个朝代以广州为代表的都市文化和官方文化。自秦朝建郡治以来的2000多年，广州一直是岭南政治、经济和文化中心，历代的行政机构和朝廷驻军都对它产生或大或小的影响，无论语言还是习俗都具有正统性。所以其影响面也更大，也更加具有广适性，不断地随外界环境的改变而改变是其最显著的特点。

其二，其族群不固定。广府人的族群相当复杂，从来源分，有历代派驻的官员及其家属以及其后代，有驻军的军官及其家属，有各地来此做生意的商贾及其家属，有下层打工的服务人员，有各国的商人及其家属，还有中外通婚的后代。据唐朝统计，仅广州城里外国人就达12万，占总人口的1/3。

其三，市民性和休闲性。因为其区域内多是历代官僚与外来经商的家属和后代，以及为其服务的都市市民，因此其具有明显的市民文化的特点，茶楼、饭馆、说唱等富有休闲性的文化较为丰富。而且不但受到本国本地的官商影响，还因自唐朝以来一直是对外贸易的窗口，外国人必然带来原生地的生活习惯，所以广府文化还融进了许多外国元素。

其四，广府文化更具开放性。广府文化的包容性是众所周知的，特别是广州，从无排外现象，每一种文化习俗，只要不侵犯他人权利，都可以在这里找到土壤，并能自由生长。民国之前的沙面（今天的小北一带），各国的习惯和风格都在这里有充分的展示。

广府人由于最早受到海外影响，尤其是近代西方先进文化思想的影响，得风气之先，加上不断求变、创新的特质，因而在中国近代史上，精英频出。在推翻封建帝制、建立新中国以及改革开放、发展经济中，有一种"敢为天下人先"的最为宝贵的性格特征。无论容闳、康有为、梁启超，还是孙中山等，都体现了广府人的这一特点。

第四节　郁江、红水河与壮文化

郁江和红水河流域，在地理上是两条平行东流的河，历史上有相当长一段时间人们把郁江看作为西江的主源。因为郁江下游的郁江段和红水河在地理环境上相差不大，又都属于传统上的壮文化区，所以这两个地区的文化和习俗都有很多相似性。

一、古壮族与壮文化

古代的壮文化包括的范围较广。一般认为是以郁江流域为主，北到红水河和西江中游，南至越南、老挝、缅甸、泰国这一广大区域。其特征为：一是区域内基本为稻作生产为主的农耕生活模式；二是古代以铜鼓作为特征的祭祀和作战等工具；三是语言上有自己较为统一的通用语言。

壮族人与泰国的泰人，老挝的老人，越南的岱侬人、缅甸的掸人以及印度的阿含人，共约9000万人口，这些民族又称为壮侗语族，如地点命名用"那"。而在壮文化的发展过程中形成了以南宁为中心的壮文化文化圈。

从广义上来讲，不仅是郁江流域，整个岭南，甚至整个长江以南都适宜水稻的生长。以水稻为主食成为必然选择。据考证，壮族是最早种植水稻的民族，1993—1995年，在湖南道县紧靠广西边境的寿雁镇玉蟾宫，发掘出了四粒炭化稻壳，兼具野生稻和人工稻混合特征，说明其驯化不久的栽培稻，初步测定为12000年，后来经国家文物局再次测定为18000～22000年，消息刊于1990年4月3日《人民日报·海外版》。国内史学家论定苍梧部是壮族祖先一个强大的部落，其分布范围北到洞庭湖之南，西到广西今贺州市和桂林市东部，东到广东西北部的西江、北江的肇庆、韶关、连山一带。

以铜鼓为祭祀和战争的工具，是壮文化中独特的现象。据考证，铜鼓最初是用来做饭或盛食物的，后来打仗中发觉铜鼓的敲击可以传出明确信号，告诉部落里的人要怎么做，后来渐渐主要用作打仗中指挥军队和召集会议或大的祭祀活动。虽然各地的铜鼓形制上有差异，习俗和功用都基本一致。

壮族作为一个民族，它重要的基本特征就是有本民族的共通语言——壮语。壮语是一种有着悠久历史的优美语言，它是壮族人民千百年来在共同的生活、生产和斗争中创造的。由于长期与汉人相处，壮语不断地吸收汉语的用语来丰富自己。但壮族人民非常懂得珍惜保护自己的语言，所以壮语在基本语汇和基本语法方面都有自己的特征。壮族后来分布到西南不少地方，语言都是大同小异，语根词汇变化很少。

二、壮族的特色文化

（一）饮食

壮人主要栖居于岭南潮湿的山区丛林地带，一般以粳米和糯米为主食。而粳米因黏性小，食后不易在体内产生湿热而成为主食，而糯米则主要用于酿酒。薯类以芋头、木薯等为主，区别于北方的红薯和白薯。在菜肴制作上，以喜生制河鲜为其特色，如明朝的徐霞客在他的游记中记载了壮族人吃鱼片的情形。"乃取巨鱼切为脍，置大碗中，及葱及姜与盐醋拌食之，以为至味。"除生鱼片外，壮人也吃生虾。其种植以八角、花椒、茴香等为主，水果以南方多汁的龙眼、荔枝等为主。

（二）壮歌

壮族因居于山地，交流诸多不便，由此而产生了唱山歌的娱乐方式。壮族的山歌很有名，无论男女恋爱，还是赶圩、节庆，都以唱山歌交流感情。山歌的特点是可以借助山的回音传得很远。即便隔着山崖，还是隔着深河，也可唱山歌交流感情，既可自娱又可娱人，是极适合居住于山峦叠嶂地带的壮人交流的方式。能即席对唱山歌，既可显示自己丰富的知识，又可显示自己气足体健，无疑是判断对方学识和健康状况的一种好方法，因而也是选择伴侣的一种好方法。

（三）壮锦

壮锦又称"僮锦""绒花被"，较厚实，为中国四大名锦之一。壮锦用棉线或丝线编织而成，图案生动，结构严谨，色彩斑斓，充满热烈、开朗的民族格调，体现了壮族人民对美好生活的追求与向往。《广西通志》载："壮锦各州县出，壮人爱彩，凡衣裙巾被之属莫不取五色绒，杂以织布为花鸟状，远观颇工巧炫丽，近视而粗，壮人贵之。"壮锦是在装有支撑系统、传动装置、分综装置和提花装置的手工织机上，以棉纱为经，以各种彩色丝绒为纬，采用通经断纬的方法巧妙交织而成的艺术品。

据传壮锦约起源于宋代。以棉、麻线作地经、地纬平纹交织，用粗而无拈的真丝作彩纬织入起花，在织物正反面形成对称花纹，并将地经纬组织完全覆盖，增加织物厚度。其色彩对比强烈，纹样多为菱形几何图案，结构严谨而富于变化，具有浓艳粗犷的艺术风格。用于制作衣裙、巾被、背包、台布等。主要产地分布于广西靖西、忻城、宾阳等县。传统沿用的纹样主要有二龙戏珠、回纹、水纹、云纹、花卉、动物等 20 多种，近年来又出现了"桂林山水""民族大团结"等 80 多种新图案。

（四）壮舞

壮族舞蹈源于对狩猎的模仿，但它常与巫师酬神的活动密切相关。巫师敬神总是边跳边唱，消灾祈福。最早记录壮族舞蹈的花山壁画，实际是当时壮族先民对蛙神的颂歌。这种舞姿的形状是两臂张开弯肘上举，两腿蹲成弓步，动作粗犷有力，被称为蛙形舞姿。魏晋时代，僚人祭鬼神时，跳鬼鼓舞。宋代桂林及桂北民间有傩队，戴假面具跳酬神舞。

巫舞一直流传到 1949 年前，分为师公舞和巫觋舞，是迷信活动的一部分。师公舞戴鬼脸壳，每个神一个，多达 30 多个，且每个神有不同的动作和唱词。巫觋舞是巫婆装神弄鬼时跳的，手舞足蹈，作神附身之状。与酬神有关的舞蹈还有其他，如铜鼓舞、春牛舞、贺新年舞等。

壮族民间其他舞蹈，多模仿劳动动作。据统计，表现劳动和爱情生活的舞蹈多达几十种。著名的有春堂舞、扁担舞、蜂鼓舞、采茶舞、戽斗舞、绣球舞、捞虾舞、桃叶舞、斑鸠舞等。

（五）壮医药

壮医药是中医药宝库中重要一部分。因为壮人多居于岭南湿热多瘴的山区，除一方水土养一方人外，一方药草也治一方病。壮人在长期与自然的斗争中，通过反复实践、总结，找到许多以当地药草和器具治当地病的办法，从而形成了现今代代相传下来的壮医药。

壮医药于先秦时期开始草创萌芽，经过汉魏六朝的发展，约略于唐宋之际，已大抵形成了草药内服、外洗、熏蒸、敷贴、佩药、骨刮、角疗、灸法、挑针、金针等 10 多种内涵的壮医多层次结构，并逐步具有理论的雏形。著名的壮医药线点灸疗法是流传于广西壮族民间的一种灸法方法，该疗法是通过以壮医秘方浸泡过的苎麻线点燃后直接灼灸在患者体表的一定穴位或部位，以疏通气道、谷道、水道，从而达到治疗疾病的目的。

第三章 珠江古代水利和古代水利名迹

第一节 古代珠江水利发展的特点

珠江水利发展史，见于文献记载的已有2000多年。由于其特有的地理环境、地貌特征、民族渊源、历史开发进程等，珠江水利的发展过程具有其自身的若干特点。总的来说，它是伴随着流域的开发而逐渐发展起来的。在时间上，呈现出一定的阶段性；在空间上，由于地形地貌的多样性，各地区的水利发展内容别具特色，水利门类也由单一的航运发展到包括航运与航道整治、农田水利、防洪与基围、城市水利等多门类的综合体系。近代技术的引进则标志着珠江水利的发展进入一个新的时代。

一、流域开发与水利发展

珠江流域水利的发展，是随着流域的开发而发展的。青铜文化时代的珠江上游，其文化发展及水利开发曾处于领先地位，这是因为上游地区水系比较稳定，人类活动开发较早，拥有同一历史时期的先进文化。秦代建立统一的封建中央集权制度，对珠江流域进行开发，中下游地区的社会形态趋前发展，科学文化技术后来居上。秦始皇在统一岭南的过程中，不仅开凿灵渠，从而开拓了珠江的航运水利；而且迁北人与越人杂处，设置郡县，这对珠江的开发和水利发展提供了极有利的条件。

珠江水运交通的发展，和流域开发紧密联系在一起。牂牁江航道的开辟，北江的整治，灵渠的不断续修，相思埭运河的开凿，以及一系列的江河整治工程，无一不是为了开发珠江流域。正是珠江流域的开发，促进了全流域的通航。

在流域开发中实施的垦殖、屯田制度，又带来了较大规模的农田水利开发。汉代及三国时期在上游的垦殖，唐宋时期中游地区的屯田，元明时期全流域性的屯田，都使与之相适应的农田灌溉水利得到发展。奖励农耕，必定兴修水利。山地丘陵的陂塘堰坝、井泉地下河水利，高原湖泊水利，三角洲的堤围、基塘水利，都得到发展。流域的开发，带来水利的发展，经济的繁荣，沿江城市也繁荣兴起，城市水利也逐步发展起来。历代所推行的垦殖、屯田制度，对珠江水利的开发起了积极的促进作用。

明清时期，资本主义经济的萌芽对下游三角洲的影响很大，随着基塘的发展，下游地区的经济、水利已很发达，高度发展至没落时期的封建经济中，已渗透着先进的资本主义的经济因素。

封建商品经济的发展，促进了工商业和对外贸易的兴盛，这一时期不仅新县设置不少，而且还有大量墟镇在沿江河岸蓬勃兴起。社会经济的发展，进一步促进水利事业全面发展。

鸦片战争以后，我国向半殖民地半封建社会转化。清政府腐败无能，割让珠江口的香港并开放广州等5个通商口岸，从此帝国主义的经济和文化侵略由沿海沿江伸入我国内地，两广首当其冲。东渐大潮中，两广也首受其益，率先接触、接受西方近代科学技术。民国初年，建立起专职水利机构，引进西方近代水利科学技术，做了相当数量的水文、勘测和规划设计等基础工作，之后兴建一批近代水利工程，提出防治流域洪水及整治河道的种种设想，为现代珠江水利事业的发展打下了一定的基础。虽然由于当时历史条件的限制，一些有价值的水利建设规划方案或建议无法付诸实施，但这一时期水利事业的发展仍是一个划时代的进步。

二、时序上珠江水利发展的阶段性

珠江水利的发展，在时序上呈阶段性前进。先秦至五代十国时期，珠江流域尚不为封建中央政权所重视，被视为瘴疠疾疫之地，开发速度较缓，水利发展受到影响，处于初步开发阶段。主要是航运水利发展较多，其他如农田水利有一定发展，防洪、城市供水等水利则刚刚起步。

进入宋元时期，全国经济重心南移，加之汉族政治中心一度南移，中原人口大量南迁，相当一部分人进入珠江流域，使流域开发速度显著加快，特别是中下游地区更是如此，珠江水利进入一个蓬勃兴起和发展的时期，各种水利形式都已出现。在下游三角洲有防洪堤围；中下游等地，航运与航道整治、农田灌溉、水力机具、城市水利等都取得了引人注目的进展。明清时期，珠江流域获全面开发，珠江水利进入了一个全面发展时期。下游三角洲地区堤围建设、基塘水利及海坦围垦取得重大成就，为世人所瞩目。农田灌溉水利的发展，因其工程规模小而为时人所忽视，正史中少见记载，然而却是这一时期珠江水利建设的另一重大成就。其单项工程规模虽小，但总体数量却极大，遍布流域各地，特别是中游山地丘陵的陂塘堰坝及井泉岩溶地下水的开发利用，尤为突出。这一时期，航运与航道整治、高原湖泊综合开发治理、城市水利等都取得了很大进步与发展。

鸦片战争以后，西方资本主义经济文化的侵入渗透，带来了西方近代科学技术，使珠江水利的发展起了一个划时代的变化。水利工程勘测、设计、施工等开始由传统定性向科学量化转变，流域内建立起专门治水机构，掌握珠江流域兴水利除水害的各项事宜。珠江水利的发展随着时代科学的进步而步入一个全新的阶段。

三、地域上珠江水利发展内容的差异性

珠江流域各地地形地貌千差万别，因而造成各地水利在民族形式、内容上有很大的差别。地形地貌的多样性，主要体现在流域内部以丘陵山地为主，兼间有谷地和盆地，又有蜿蜒交错的干支水道，流域西北部则是拔地隆起的云贵高原，而东南部却为低平濒海的三角洲平原，地貌景观差异极大。

历代各地人民在开发当地水利的过程中，根据当地的自然地理条件，开发出多种水利形式，用水之利，避水之害。在南盘江上中游，不仅有各高原坝子进行农田灌溉建设，而且还有对高原湖泊的综合开发治理，发展水产、航运、灌溉等水利事业。下游三角洲地区，则以堤围建设为主，并从原先的堤围防洪逐步发展到筑堤围垦。珠江上游南盘江地区开发的闸坝引排，中游、中上游山地丘陵地区开发的陂塘涵窦、井泉溶洞地下水引灌，下游山区开发的水陂山塘等农田水利工程，具有各地特色，小型但大数量，几乎遍布全流域山区。各地一般都有航运之利，然而那些依靠较发达城市的干支流地区，城市水利、航运航道整治发展较多，流域北部边缘的几条支流（柳江、桂江、北江等）的航运水利发展也很显著。

四、航运事业的兴起和发展

春秋战国以后，历代中央集权封建王朝对珠江流域的管控，促进了珠江流域以水运交通为主的初期水利开发。云南、广西出土的铜鼓，刻有众人划船的完整形象，反映出战国到秦汉时期，珠江中上游已从简单的独木舟发展到集体竞渡的航运水平。

秦汉两代岭南用兵，促进了珠江水系航运事业的发展。秦始皇统一岭南的战争，兵分五路，其中四路军都和珠江水道、航运有着密切关系，特别是"塞镡城之岭"一军，跨过越城岭，从长江支流湘水谷地进入西江支流漓水谷地，而后开凿灵渠沟通湘漓二水，开发了南北水运交通的航道。灵渠的开凿及其工程实践，显示出先进的水利科学水平，是中原先进文化与岭南文化相结合的结晶。两汉时期，珠江的水道航运已渐趋昌盛。汉初，珠江中下游为南越王赵佗所据有，上游地区还保持着分裂割据、各自为政的状态。汉武帝时，为征讨南越丞相吕嘉的叛乱，汉军兵分五路，南下番禺。这五路军全是利用珠江的航运线，其中有四路是沿秦时统一岭南的进军线。东汉建武年间，伏波将军马援出兵交趾，又"具车船，修道桥，通障谿"。这几次大规模的军事运输促进了珠江流域多水道通航。此后，历代用兵多加利用。唐代随着封建经济的发展，竭力经营桂

管（治今桂林）。武则天长寿元年（692年），开凿了沟通柳江和桂江的相思埭运河，成为联结西南和中原的一条纽带。宋元时期，地处珠江中下游的广南西路，已有多条航运和水陆联运线。而广南东路，由于对外贸易和商贸北运的需要，北江水陆联运更加发达。明清时期的珠江，不论干流、支流、高原湖泊、三角洲网河区，都有航运交通，构成一个多层次开发的航运体系。

随着内河航运的逐步发展，航道整治也受到重视。灵渠沟通南北，自东汉马援第一次整治后，历代都加以增修利用，保持其畅通无阻，长久不衰。珠江的天然水道，有的谷深滩险，有的礁多流急，为适应航运的需要，凿礁、治滩、疏浚等治理航道工程不断。汉代北江已成为"商旅所臻"的南北通商要道，东汉桂阳太守卫飒和周憬先后对武水作过大规模整治。宋代连州太守杨榕疏凿楞伽峡、疏通连江水道，使"舟自番禺来集城下"。明清时期，相思埭运河、南盘江、府江（桂江）、浔江、驮娘江、都柳江等水道都先后得到整治，使珠江水系成为"带荆楚，襟两粤，达滇黔"的纽带。

五、农田水利的发展

农田水利的开发，与青铜文化和铁制农具的发展有着不可分割的联系。战国至秦汉铁器的使用，流域的开发，带动了农田水利的发展。汉代珠江流域已有牛耕和水田，夜郎地区已出现水利设施。隋唐时上游"其它沃壤，惟业水田"，湖泊、岩溶水自流灌溉已得到利用，山区水田也有了发展。宋元时期，珠江流域不少地方兴建陂堰、山塘，提引水的水力机具如水车、水碓等已在许多地方出现。明清时，农田灌溉水利更是得到一个前所未有的大发展，趋于传统农田水利发展之鼎盛。不仅水车、水碓等得到广泛推广，更重要的是陂堰山塘、闸坝涵窦、井泉岩溶地下水的开发利用，几乎遍及全流域各山地丘陵地区，数量极大。

促进珠江农田水利大规模发展的，莫过于移民、劝民垦辟及屯田。早在秦始皇统一岭南之后，便迁移一部分中原人民到五岭以南，和南方各族人民杂处，共同开发了珠江流域。自东晋南渡以来，中原南迁人口不断增加。入宋以后，岭南人口又得倍增，加速了珠江中下游的经济开发和农田水利发展。至明代，更是大量从中原移民到滇、黔、桂屯垦。历代大量的移民，不仅输送来大批劳力，促进南北民族间的融合，而且中原地区的先进文化和生产技术、水利工程建设经验也得以在珠江流域传播，加速了珠江农田水利的发展。

垦殖和屯田，是历代封建王朝在珠江流域推行的发展农业生产的两项政策。垦殖、屯田的发展，促进了水利的开发。汉武帝为了供应驻戍士卒的食粮，招募内地大商人到"西南夷"地区垦荒,让他们把垦殖的收获缴给当地的官吏,而在长安支付粮价。三国时期,诸葛亮在南中推行和抚政策,其中一项就是奖励农耕,发展农业,兴修水利,实行垦殖。这一政策的实施,使各族山民"渐去山林,徙居平地,建城邑,务农桑",农田水利也得到发展。唐代着力经营岭西,王晙任桂州都督时,率领军民兴修水利,拦河筑坝,引水灌溉,开屯田数千顷。韦丹任容州刺史时,也大力发展屯田。元代在中、上游大规模实行军屯和民屯,南北盘江两岸"所系民田,募人耕作,岁收其租",同时还发汉军置立屯田,与之相适应的水利得到较快发展。属湖广行省的广西,也招募当地土著居民屯田,兴修水利,特别是乌古孙泽任广西两江道宣慰副使时,更提倡开垦荒田,兴修水利,把屯田、水利、军需同边防建设结合在一起。明代推行奖励耕种、大兴屯田、移民垦辟、大兴水利的政策。屯田的形式,一是"天下卫所,一律屯田"的军屯,二是移民、募民和徙罪屯田的民屯,三是称为"中盐法"或"开中法"的商屯。这种军屯、民屯、商屯相结合的大规模屯垦,促进了水利的开发,涌现了许多水利工程,如汤池渠、石屏湖引水工程、交水坝等。清代除继承明代的屯田制度,又实行"更名田",对垦熟田地不准原主"认业",并把垦荒和兴修水利作为地方官的才绩标准。随着珠江流域的开发,历代所推行的垦荒和兴修水利的发展产生了深远的影响。

另外,明清时期以农田灌溉及防洪工程为主的高原湖泊整治利用取得了较突出的成绩。这些湖泊蓄水丰富,是四周农田灌溉之源,人们多加以利用,如明初阳宗海的汤池渠引水灌溉工程即为其代表。这些湖泊一般泄水较难,遇暴雨易水涨为患,因此又兴修了不少防洪排涝工程,如明清时便有抚仙湖海口河的治理。同时,人们还利用湖泊的各种自然条件,发展水产、航运等。可见,湖泊水利开发内容颇为丰富。

六、防洪与堤围的发展

珠江流域的防洪工程开发较晚,见于史籍记载的最早防洪措施是唐代邕州(今南宁)的分洪工程及桂州(今桂林)的回涛堤。此后,流域各地防洪问题逐渐突出,特别是下游三角洲地区,随着流域开发的进一步深入,防洪堤围开始兴起并得到迅速发展。五代至两宋期间,下游三角洲人口大量增加,而三角洲的不断发育,顶部的冲积平原淤积出成片的肥沃可耕地,为堤围的发展提供了必要的社会条件和自然条件。唐代的甘竹右滩、东村、光华、西诸、东马宁、龙涌、桂洲、容奇一线及其以北,已有许多居民点。宋代为了捍卫居民点和已垦农田的安全,在三角洲顶部主干河道两岸及各支流沿岸筑起了堤围,而且几乎是呈现自上而下地发展。

宋元时期，在羚羊峡以东的西江左右岸，高明河沿岸，思贤滘以南、甘竹滩以北的西北江夹峙地区，以及东江下游两岸，均先后出现堤围。堤围的长短不一，大多利用丘陵高地作联结点，逐步延伸，使有的干堤与支堤相连，形成大小不一的堤围圈，把土地圈了起来。这种基围，能有效地抵御洪水，捍卫农田。与此同时，东莞近海处又出现防潮堤，抵御咸潮上涌侵袭。明清时期，随着下游三角洲农业和家庭手工业的发展，资本主义经济因素萌芽，经济作物的商品化生产日益增多，佛山已成为全国四大名镇之一。经济的迅速发展加上人口的剧增，以及三角洲平原的冲积不断向口门扩展，使三角洲的堤围发展到海坦围垦的新阶段。早在明代，滨海已浮露出许多沙嘴，并出现小规模的海坦围垦。清代的珠江口淤积加快，掀起了大规模的海坦围垦浪潮。在对海坦（滩涂）进行围垦的同时，西北江三角洲和东江三角洲的滨海地带又进行人工筑坝，拦堵河汊，蓄聚未成之沙滩进行围海造田。明清时的堤围，已从单纯的防御洪水，发展到海坦滩涂围垦，兼顾排涝、灌溉、航运的综合开发，构成完整的堤围体系。护堤制度和岁修制度也日臻完善。

七、城市水利的发展

珠江流域早期城市水利，主要是凿引井泉及溪涧水流。直到宋代，城市水利建设才开始逐渐丰富起来，包括供水、防洪、航运、排水、防御及美化城市环境等多项内容。流域内的城市大都依山傍河兴建，这给城市水利建设及对外航运带来许多便利。宋元时期，城市水利建设比较突出的是广州、南宁、桂林、惠州等地。在广州，不仅较好地解决了港口建设、供水问题，出现了早期广州城自来水原始规划设计，而且还利用濠池沟通城内外水运交通，促进了广州商贸经济的发展。这一时期桂林城防水利比较突出。宋代通过人工凿朝宗渠，使桂林环城有水，构成护卫桂林城的重要屏障。南宁则以城市防洪取胜，经历几次大洪水的考验，积累了丰富的城市防洪经验。惠州城市水利的特色是西湖的建设。通过治理西湖，不仅收灌溉、水产之利，而且给惠州增添无限风光。

明清时期，随着社会经济发展，人口增加，各地城镇相继扩展，城市水利建设相应进一步发展。广州城扩建时，将宋元时沟通内外水上交通的濠池改造整修疏浚，最终演变成为著名的六脉渠，为广州城市水利一大特色。惠州古城，这一时期在前代建有城池、西湖堤闸和渠道设施的基础上，进行扩建、维护和管理，进一步构造成了一个以西湖为主，具有城防、供水、灌溉、排水、防洪等多种功能的城市水利简易系统。桂林城市水利由城防发展到多方面建设。通过扩城开濠导江，加固城防，并有分洪防洪之利，又建造起许多桥梁以利交通；还开挖阳塘，营造园林，为秀丽山水增色。

八、近代水利技术的引进

长期以来，广州一直是我国对外交往的重要口岸，近代珠江流域和西方资本主义国家接触频繁，形成了文化交流及引进近代科学技术的有利条件。民国3年（1914年）底，珠江流域专职治水机构——督办广东治河事宜处成立。并引进应用西方近代水利科学技术，从此珠江水利开始逐步能够从河流、流域综合治理开发的角度来进行和发展，这是一个划时代的进步。这一时期，珠江流域的水利工作者采用近代水利工程技术，开展水文测验、河道查勘测量、水利规划设计等基础工作，提出许多有关河道治理开发的计划以及工程设计，同时也兴建了一批各种类型的水利工程。

这一时期，下游三角洲地区洪水威胁日益严重，防洪事业继续有所发展。三角洲在继续修建防洪堤围的同时，逐步整理堤防系统，堵塞支流河汊或修建涵闸，缩短防洪堤线，取得了一些成效。珠江河口的自然淤积和人工围垦，使珠江三角洲沙田继续发展，不断扩充大三角洲的面积。南盘江上游是云南省经济比较发达的重要地区，水利建设得到一定的重视。南盘江上游对洪泛的治理，中游对坝子区洪涝的治理，采取以泄为主的措施，获得一些成绩。珠江水系各主要河流的航运也获得进一步发展，珠江三角洲及西江一部分河流的航道并获疏浚与整治。然而，在民国时期，当公路及铁路有较多的发展以后上中游一些河道的航运事业有所衰退。这一时期，流域各地包括下游三角洲堤围区，还兴建了一批采用近代技术的引水和机械提水排灌工程，灌溉效益可观，然而流域内多数地区的农田灌溉依然要靠农民自建的小型水利工程解决。此外，还兴建起几座小型水电站，开始有了对水力资源的开发利用。

第二节 古代水利名迹

从秦代史禄开凿灵渠起，岭南的开发在中国的历史经济中，扮演着越来越重要的角色。特别在唐朝，随着大庾岭道的开凿而沟通了北江和赣江两大水系后，广州北连中原南接海上丝绸之路，成了名副其实的水陆大通道，为南北交通提供了便利，更加快了岭南的开发，中原人南迁的速度也更快了。大量的中原人带来先进的文化和技术，加速了岭南的水利发展和治理。并在明清以后赶上和超过了中原地区的发展。其历代代表性的治水人物有很多，其当初留下的水利工程有很多至今还在发挥着作用。

一、灵渠

灵渠，又名湘桂运河、兴安运河、陡河，位于广西兴安县境内。初名秦凿渠，后因漓水上游为零水，亦称零渠、澪渠，唐朝以后改今名。是连接湘江与桂江的一条人工开凿的古代运河，也是中国古老的跨流域调水工程。1988年被列为全国重点文物保护单位。

灵渠是秦始皇为开拓岭南，统一中国，命监御史禄率军队于公元前214年凿成通航。灵渠在开凿前，灵河支流始安水与湘江相隔最近处仅1.7公里，其间隔着宽约

灵渠大小天平　　　张柳钢　摄

300米、高30余米的越城峤（又称始安峤、临源岭），为湘漓二水分水岭。古人就利用这有利地形，开挖越城峤上的太史庙山，同时疏浚改造始安水，将湘漓二水连接起来，形成湘江北去、漓水南流的格局。

灵渠的引水水源为湘江上游海洋河，由大天平、小天平、铧嘴、南渠、北渠及陡门、泄水天平和其他附属建筑物组成。大天平与小天平是拦截海洋河的拦河坝，全长474米，其中大天平坝顶长344米，小天平坝顶长130米，为重力式砌石溢流坝，最大坝高2.24米；坝顶平均宽度约2.0米，用条石平铺，两块条石接缝处，凿有楔形槽，嵌以预制铁锭扣紧；上游坝坡为阶梯式，用石灰黏土砌条石；下游坝坡（即滚水部分）为斜坡式，坡度1∶10，用长条形片石直竖嵌砌，形如鱼鳞，称"鱼鳞石"；坡脚以木笼框架干砌石护坡。大天平与小天平衔接成"人"字形，夹角为108°，中间连接部分即为铧嘴，铧嘴前锐后钝，方向正对海洋河主流，四周用大型条石砌成，长52.6米，下部最宽处为22.8米，形似犁铧，劈水分流，将湘水引进灵渠（称水高下），三分入南渠进漓江，七分入北渠导归湘江，起着平衡水量和向南北进水口导航的作用，以利舟楫航运、水利灌溉。

大天平右瑞设有北陡，小天平左端设南陡。湘江水在分水塘经铧嘴分流和大小天平引流，大天平的水由北陡进入北渠，经打渔村、花桥，在水泊村与湘江相会。北渠，亦称为湘江新道，全为人工渠道。因"人"字形拦河坝修建后，船只无法过坝，故以新水道连接海洋河与湘江，湘江故道则仍是洪水期溢流排洪的通道。北渠大致与湘江故道略成平行，其水位高过湘江故道，渠槽在田畴间，全长 3.25 公里，宽 10～15 米，中间开挖有 2 个 S 形弯道，以降低比降，利于行舟。

为解决渠道上滩陡流急、水浅而影响船只航行，灵渠沿途多处设有陡门，用于壅高水位，起船闸作用。由于有了陡门这种设施，故使灵渠能浮舟过岭，成为我国古代的一大奇观。《徐霞客游记》中记载："渠至此细流成涓，石底嶙峋。时巨舫鳞次，以箔阻水，俟水稍厚，则去箔放舟焉"。

在南、北渠上，另建有四座泄水天平和溢流堰，属于分水堤堰，起宣泄洪水、调节水流的作用。水大时，渠水可漫过石堤经斜坡而下，流进湘江故道；水小时，堰堤就成了护水石堤。

灵渠除通航外，同时也使沿渠两岸农田得到了灌溉效益。据调查，1949 年以前渠上建有堰坝 35 座、水涵 24 座，可自流灌溉农田 348 公顷；筒车 190 架，提水灌溉农田 215 公顷。最大灌溉效益 597 公顷，如遇干旱或工程失修，仅能灌溉 227 公顷。

中华人民共和国成立后，1952 年开始对灵渠进行全面修复，至 1990 年，国家采取了一系统配套措施并持续加大投资，使灌区的有效灌溉面积增加到 2689 公顷。

灵渠的作用甚大，历代对它的治理维修都比较重视。据史料记载，汉代维修 2 次，唐代 2 次，宋代 7 次，元代 3 次，明代 6 次，清代 16 次，民国 3 次，共 39 次。其中清代光绪年间修南渠陡门 19 座，北渠陡门 3 座，泄水天平、黄龙堤等石堤 5 道，新建滑石、鸾塘、牛角 3 陡，并将侧堤改建成天平式以利于泄洪，新筑各陡海底，凿开石门坎、倒脱鞋、黑石坝、标滩等 4 处碍舟滩石。历时 4 年（1885—1888 年），共用银 10676 两，为规模最大的一次，现今所见灵渠，大致就是这次维修后面貌。

中华人民共和国成立后，1954—1955 年春，在灵渠大小天平上游 3 公里处，改建仙人渠拦河坝，取代北渠筒车 24 架；1956 年，新建向灵渠补充供水的支灵（即灵湖）、泥堰 2 座水库和新开三支渠；1957 年新建金沙冲水库，以补充三支渠水量；1965—1966 年又建成南岔塘、落塘 2 座水库，使灵渠的供水不断增加，灌溉面积比 1949 年增长了 3.5 倍。1952—1987 年，对灵渠的大天平、小天平、渠道、道路和古迹等治理、开发、维修共投资 241.96 万元，使灵渠在农田灌溉、供水和旅游等方面，发挥了巨大的作用。

二、梅岭古道

梅岭又称大庾岭。梅关，古称秦关，又称横浦关。坐落在广东南雄县城北约30公里的梅岭顶部，两峰夹峙，虎踞梅岭，如同一道城门将广东、江西隔开。

梅岭古道从梅关向南北两边蜿蜒而下，北接江西章水，南连广东浈水，好像一条彩线，把长江和珠江连接起来，形成了一条水陆连运的交通线。

梅岭古道是唐开元四年（716年）张九龄奉唐玄宗诏令而开的。在此之前，虽有山道，但因年久失修，不堪行走。正如张九龄《开大庾岭路记》所说的："岭东路废，人苦峻极"，"以载则曾不容轨，以运则负之以背"。这样的交通孔道与当时经济文化发展的要求已很不适应了。

梅关梅岭古道　张孝南　摄

梅关　张孝南　摄

开元年间的唐王朝，经贞观以来近百年的励精图治，与海外通商日益频繁，岭南以其沿海之利，商业已相当发达，那时的广州已是拥有六万多人口的最大商港。东南亚、阿拉伯诸国商人、使者，多从海上到广州，越梅岭而上长安。在这种情况下，开凿梅关古道以利南北交通，显得非常迫切。

开元四年（716年），在朝廷门下省任左拾遗的张九龄，因直言得罪当朝者，辞病告归原籍始兴。当他路过梅岭时，见岭路"峭险巉绝"，行走困难，便给唐玄宗上了一道奏章，建议开辟岭道，改善南北交通，以充分利用岭南的"齿革羽毛之殷，鱼盐蜃蛤之利"，这样"上足以备府库之用，下足以赡江淮之求"。唐玄宗看了他的奏章，很是赞赏，当即诏令张九龄开岭道。

张九龄奉诏之后，行动很快。当年十一月，他亲自攀登梅岭，作出了施工规划，"岁已农隙"

动工,"役匪逾时,成者不日,则已坦坦而方五轨,阗阗而走四通"。工程进展很快,从勘测到完工,不过两个多月时间,就打开了一座约长二十丈,宽三丈,高十丈的大山凹,开通了一条宽一丈余,长三十多华里的山间大道。

驿道成功开凿后,大批物资及朝廷从岭南地区收取的租赋都可以从广州出发,沿水路往北至今韶关南雄县,由陆路经过大庾岭,再转入水道沿赣江、鄱阳湖至各地,水路贯穿可至长安。

这样一来,不仅保证了岭南地区的贡赋交纳,提高了漕运的速度,且交通可直达海上,使得商品交流日益发达。

南海及南亚地区的特产由广东进口上岸,沿北江溯流至韶州,又经陆运过大庾岭,复由章江入赣江,经鄱阳湖东下长江,折入运河而达京都。

伴随着大庾岭交通的改善,拓通了珠江和长江水系之赣江之间的联系,江西越发成为南方的交通要地。特别是唐代经"安史之乱"后,经由河南的江淮路不太畅通,始于虔州溯赣水而上越过南岭至广州的交通路线显得尤为重要。

古道的重要地位,使历代官府人士对古道都很重视,多有增建补修,工程较大的要算1446年,即明正统十一年,南雄知府郑述用石砌古道,并在道旁补植松梅。明正德年间,布政使吴廷举也很积极增植路松,自称"十年两度手栽松","种得青松一万株"。到明末清初,经八百多年的不断增植松树,古松夹道,形如虬龙,竟成雄州一景,称之为"官道虬松"。陈嘉谟咏梅岭松诗云:"郁郁凌云气,岩岩耸壑材"。

近百年来,特别是粤汉铁路、雄余公路开通之后,梅岭古道为现代交通线所代替,失去了南北交通孔道之作用,已废置,而梅岭两侧毗邻乡村走亲串戚的人,来往于古道的还不少,节日尤多。

三、相思埭

相思埭,现名古桂柳运河,又名陡河、桂柳运河、南陡河、临桂运河,与兴安灵渠相对,也称西渠,是桂林市重点文物保护单位,离桂林仅有30公里。

古桂柳运河开凿于武则天皇后于长寿元年(692年),距今已有1300多年的历史。目的是为了进一步开拓岭西,加强封建王朝对西南边疆的控制。唐代是我国封建社会的鼎盛时期,其政治、经济、文化得以高度的发展,为开凿运河准备了条件。

古桂柳运河位于桂林市临桂县境内,主要工程有分水塘、滚水坝、东西渠、陡门等。东渠全为人工开凿，东渠全长约 15 公里；西渠则以原有沟渠加以疏浚，西渠全长约 13 公里。运河贯穿桂林全境，古为中原与西南往来的重要通道，是连接漓江、柳江水系的重要人工运河。发源于会仙狮子岩，汇入分水塘后，一条东流至桂林南郊相思江，入漓江；另一条西折于永福江、洛清江，汇柳江，全长 15 公里。为调节水位，减少落差，便于通航，设泥湖陡、磨盘陡等 22 处陡门。为便于行人往来，在渠上建良丰桥、庙门桥等 10 余座桥。现存陡门、石桥及碑刻文物 20 余处。

运河区面积广袤，大小湖泊星罗棋布，纵横河汊密如蛛网。湖光山色，芦塘彼连，鹭鸟成群，河道四通八达，是广西独一无二的"江南水乡"和"湿地"。古桂柳运河是历史上朝廷通过西南重镇桂林联系少数民族地区的纽带和军需通道，沟通了漓江和柳江水系，与灵渠并称为桂林东西渠。旧《临挂县志》曰："北有灵渠，南有陡河"，据史书载："临桂陡河与兴安陡河（灵渠）并称为桂林府东西二陡河。兴安陡河居桂林之东，又称东渠；临桂陡河位于桂林府西南，称西渠，亦称南渠"。

《广西通史》曾这样记载："（桂柳运河）沟通漓江（桂江）柳江之航运，为桂林通往柳州的水路捷径。开凿前，桂林至柳州的水路运输，系由漓江经梧州，溯西江上桂平，北上黔江，又经象州入柳州，航程千余里。运河开通后，从桂林至柳州全航程仅三百里，故称桂柳运河。"

清雍正七年（1729 年），清政府曾大规模重修该古运河。重修后的古运河，既用于军事，又成为商贾通道，是当时贯通桂林柳州的交通大动脉。此外，还兼有灌溉沿岸大量农田作用。该古运河工程，使桂北进桂中桂西、进而入黔（贵州）的水路里程缩短七八百里。1987 年，它被公布为桂林市文物保护单位。

四、陈公堤

陈偁（1015—1086 年），字君举，福建沙县人。

陈偁为官以治行闻，善于惠政著称。陈偁出任福建罗源县令时。就曾发动民众凿渠引泉，兴修水利，上千亩农田得以灌溉，深得当地民众爱戴。

惠州位于珠江三角洲的东北端，北边与河源相接。当地居民多以捕鱼为业，是一个穷乡僻壤之地。惠州西湖是一半天然、一半人工所成的湖泊。湖址原是东江南岸的一块洼地，山溪性小河沙在此汇聚成湖。由于湖底地势较高，湖水"注江如建瓴"。若不在湖出口筑堤拦蓄，湖面是很小的。宋前期已有人筑堤拦湖。治平三年（1066 年）陈偁知惠州，"时丰湖之防废，水已涸而税犹存，偁始筑长堤以捍水"。由此可知，治平三年之前，已有西湖湖堤，湖内可种藕养鱼，有税收。

陈偁到任后，见防（堤）废水涸，即着手修复，决定扩大湖的规模。陈偁修筑的湖堤比原堤长，"东起中廓，西抵天庆观，延袤数里"。由于湖区扩大，"湖之润，溉田数百顷，苇藕蒲鱼之利岁数万。民之取于湖者，其施已丰"，故西湖双称"丰湖"。

陈偁不仅加长了湖堤，并且吸取了原堤溃圮的教训，在堤上"设置水门备潦，迭石为桥于其上"，使山溪洪水有宣泄之处；还在堤两旁植竹，既能固堤，又增景色。

惠州百姓十分感激陈偁为惠州百姓所做的贡献，把这条堤称作"陈公堤"，据志载广东省惠州还建有一座祀祠奉祭陈偁。

自陈偁修复湖堤后，西湖湖堤一直为后人所重，多次进行维修，湖区也得到进一步建设。宋绍圣三年（1096年），惠州人民又筹建南堤——横贯湖心的长堤。当时，苏轼正谪居惠州，慨然捐款资助。湖堤筑成后，将西湖一分为二，从湖东岸惠州到湖西的风景点孤山，有了一条捷径，也给西湖增添不少景色。因苏轼曾捐款兴建，故后人又称该堤为"苏堤"。

五、堤围与桑园围

（一）堤围的兴起和发展

珠江三角洲地区江河堤围众多，区内河道纵横交错。自古以来，珠江三角洲人民就在这块肥沃的土地上耕作、生息，当地人民利用堤或围的形式与江海争田、和水作斗争。在历代开发利用的过程中，有的则是沿着河流两岸，顺河道水流的方向修筑成单向的较大堤防；但有的则圈筑成闭口的小围。靠近珠江三角洲上部地区，在一些已经开垦的冲积平原上，以修成堤的形式为多；而汉河和滨海附近地区，包括了一些未垦的荒坦，或即将浮露的水下沙坦，大都是筑成围形式。随着珠江三角洲的发育扩展和当地人民的开垦利用，原来海坦圈筑的小围，又演变发展成沿河的大堤围，而主要江河两岸修筑的堤防亦可延伸到干流的各支流小河里，干堤与支堤相连，使堤防又闭合成围。堤围更成为保护当地珠江三角洲地区经济发展的重要防洪障碍。

珠江三角洲樵桑联围　王玉龙　摄

珠江三角洲的堤围，由于河网交错，堤防多闭合成围，高度一般从2～3米到10米，堤顶宽度约1～3米，捍卫面积大的有20万～30万亩，小的则只有几百亩甚至几十亩。但是，各江堤围修筑都由上游渐及下游，由分散小围逐渐并成巩固的大围，由河岸平原发展至滨海沙坦，筑堤和围垦的速度愈来愈快。南海、顺德两县间的桑园围是当时比较著名的堤围。

唐代，珠江三角洲的成沙范围已到南海，当时人少地多。兴建的堤围规模不大，数量亦不多，不少地区还是以潮田方式进行生产，尤其以靠近丘陵边缘和三角洲顶部。成沙时间早，坦地高程一般在潮峰(涨潮)、潮谷(落潮)水位之间，有些到达这个水位之上，故不筑堤也可以利用。当地人民为了防御一般的潮、洪灾害，在靠近丘陵的边缘，居民聚集点附近，兴建一些短小的、零星分散的、用泥筑的拦水小基，即如今所说的"秋栏基"，用以捍护田地，从事农业生产，这些小围基为后来宋代堤围兴建打下了基础。

广东堤围发展是"私基以起，逐后村族日众，联全组织，扩大圈筑，遂成公基，进而联防合作之统筹"。而联筑成大围的，据史料记载，宋至道二年(996年)，珠江三角洲的堤围才开始建筑的，至今已有千年历史。

宋代修筑的堤围是当时人们巧妙地利用地形、河床等自然条件，针对不同的地貌特点，将一些堤围修成堤的形式，有些则筑成围的形式。宋代的堤围多沿东、西、北三江两岸修筑，以筑堤为多，极少修成围，一般能顺水势，不和水争地，且堤大而直。如《南海县志·舆地图)(1910年)记载：桑园围内，有古基围和古闸和遗迹。古基围和古闸位于南海西樵山南的波斯庵前，据当地老农反映，认为当地的吉庆围是在北宋末，桑园围修筑之前就已经存在。由此看来，宋代有些堤围是有可能在宋以前兴筑小围的基础上逐渐联筑而成的。

自修堤围固定了河床后，水流加速，减少泥沙在河床上的停积，对水道的流畅和加速珠江三角洲平原的发育是有利的。由于大规模兴修水利，宋代珠江三角洲农业发展很快。其耕地面积大为扩大，且有堤围捍水护田，"潮田无恶岁"，因而粮食生产得到大幅度的提高。据史志记载，宋代堤围共28条，堤长共达66024丈余，捍卫农田面积达24322顷。自宋代堤围兴建之后，对促进珠江三角洲农业生产发展起到极大的作用，繁荣了当时的社会经济。

元代修筑的堤围只是对宋代的一些堤围加高培厚扩大。随着珠江三角洲平原的发育，面积扩展，河道的延长，河床的淤浅，加上古时未设水利专业机构，缺乏全面规划，堤围在没有经常保养的情况下积弊日深。绝大多数堤围都是矮小单薄，不能抵御较大的洪水。因此，在相同的流量下，水位一般是抬高的，原来堤围防洪能力因而减弱，有需要"扩大围之范围，加高培厚。"故元代对一些矮小的旧堤加以培修扩大，使其达到当时一般堤围的高度。

明代堤围较前代有了较大的发展。当时河岸堤防，筑堤总长达220399丈，约共181条，捍护耕地面积达万顷以上，在西、北江干道及其支流沿岸基本上筑上捍水的堤围。当时除了江河两岸堤围有较大的发展外，在海坦围垦同样得到极大的发展。据粗略估计，屯垦和民垦包括在内，围垦的面积亦达万顷以上。充分体现了珠江三角洲地区人民在制服水患、征服自然过程中，与江海争田，扩大了耕地面积，提高了粮食产量，对促进当时的农业生产和社会经济的发展起到了巨大作用。

清代，珠江三角洲平原面积迅速扩大，河岸平原的堤围修建迅速向滨海地区扩展，在小围或潮田基础上发展成较大的堤围；海坦围垦的发展速度也极快，由"新成之沙"又扩展到"未成之沙"上。因此，清代珠江三角洲的堤围和围垦发展进入较盛的时期。如南海的堤围修筑从西北部河岸平原向东南的河网地带发展，集中在佛山涌以下至平洲水道两岸和桑园围内九江一带。堤围扩展的特点是：速度快，规模小，堤系凌乱。清末，现有堤围规模基本联成。

（二）何执中创建桑园围

桑园围是珠江三角洲著名的大型堤围，位于广东省南海和顺德境内珠江干流之一西江的下游，是西、北江干流主要堤围，分东、西围，抵御西、北江洪水。

桑园围创建于宋徽宗时期，由时任宰相何执中领导民众创建，分为东、西两堤，东自吉水上金鸡坦起下至晒莒墩止，西自凤窝界起下至甘竹止，俱为土堤，捍护田宇底宽十二丈，面宽六丈，围形如箕，腹在北，箕口在南即甘竹与龙江、龙山三堡。堤成四年后，因大路狭决堤漫溢，便添筑吉赞横基以抵御上游水流冲击。分别分为沙头中塘围、龙江河澎围、桑园围、甘竹鸡分围。至明、清年间陆续筑保安围等14条小围。顺德县龙江段至民国初期才加高并联成围，1924年增建歌、龙江、狮颔口三座水闸后，成为一条较完整的闭口桑园围。桑园围全长68.85公里，围内面积133.75平方公里，捍卫良田1500公顷，因有不少桑树园而得名。

六、六脉渠

宋代，广州进行了轰轰烈烈的城市开发建设，一是兴建了东西两城，二是开挖了六条排水、防洪、兼可防火、通航的大水渠，即明清"六脉渠"的前身。它是宋代以来广州城的主要水系网络。

之后历经各个朝代修治、改造、完善，在明洪武三年（1370年）三城合一和洪武十三年扩筑北城并建成较完整的老城区之后，形成今日的用砖石砌筑上盖石板的大方渠的六脉渠系统。

六脉渠的分布与走向，大致上分成"左三脉"和"右三脉"。第一脉，从越华路向南流经华宁里、吉祥路、七块石、中山五路、南朝街、教育路，至仙湖街，穿城出南胜里入玉带濠。第二脉，文溪自城隍庙分南北二支，南流经长塘街，由贤思街出城入玉带濠；北支经豪贤路与另一支从大石街来的水道汇合，从越秀桥出铜关，流入东濠。第三脉，从东华里南流至越秀北路，折入东濠。第四脉，从人民公园西侧，经雨帽街、桂香街、马鞍街，由孚通街前出城入玉带濠。第五脉，从六榕寺至中六电脑城附近分南北流，南流经擢甲里、光塔路，由大水关（西澳）出城入玉带濠；北流经豆腐巷、海珠北路，与来自三元宫的另一支水道合流，由北水关出城，流入西濠。第六脉，从光孝寺向南，流经纸行街、诗书街，折向城西，由小水关入西濠。

六脉渠基本分布在越秀区范围之内，这与越秀区是广州的中心有关，在很长历史时光里，越秀区就是广州城。此外也与文溪的流向有关，六脉渠有些地段就是利用文溪水道疏浚拓宽的。六脉渠水出城后，汇入东、西、南濠后排入珠江。

《羊城古钞》说："古渠有六，贯串内城，可通舟楫。使渠通于濠，濠通于江海，城中可无水患，实会垣之水利。"还有人形容广州："青山半入城，六脉皆通海"，可见有了六脉渠，广州城的经脉就通了，就有了水城的生机。

六脉水网的构造，使得商船能够直接进入羊城，从事商业活动，对广州商业的繁荣功不可没，其情形尤如清明上河图。

今日广州东濠涌　　张孝南　摄

六脉渠定型后，明清两代又多次整修。

清乾隆时，总督福康安饬勘修挖，仅存五渠，因民房占据渠身全塞。嘉庆年间重新梳理，把五渠分成十渠。后因战乱，渠道基本淤塞。同治时，重浚整治，又继续形成六条大渠。民国时期，广州政府曾对六脉渠作过多次清浚和整理。经济压力之下，六脉渠久已失修，之后屡清屡塞。

新中国成立前夕，结合城市开辟马路，六脉渠被改建为马路渠，光孝寺街、诗书街、纸行街之右三脉渠，擢甲里、窦富巷、西濠街之右二脉渠，豪贤街脉渠、法政路脉渠等均改为混凝土马路干渠，将原流入脉渠的各街渠直接驳入大渠。此时的六脉渠全长10213米，已改建为暗渠的有2743米。

新中国成立初期，曾对六脉渠进行了全面清疏，但因渠道破损严重，事倍功半。1952年起，结合城市建设，逐步对六脉渠进行改造。有些以新建马路干渠替代，如连新路马路渠代替了右一脉渠中段；应元路马路渠代替了左二脉渠北段及右一脉渠北段；教育路干渠代替左一脉渠南段；德宣西路(今东风西路及盘福路)大渠代替左一脉渠北段及右一脉渠北段；吉祥路马路渠代替左一脉渠中段；小北路干渠代替左三脉渠东北段；德宣东天官里(东风中路)大渠代替左一脉及右一脉渠东北段。有些则结合内街下水道进行改造，如雨帽街、莲花井、周家巷、西华二巷、芒果树街、桂香街、贤藏街、马鞍南等内街下水道代替了右一脉渠的南、中、北段；长塘街下水道代替了左二脉渠南段。至1959年底，老城区六脉渠的改造全部完成。

如今市区旧的排水系统已经彻底改造，旧有的马路渠改建，内街也基本建了暗渠。古老的六脉渠也已经面目全非。到1990年底，市区的排水渠道共1117公里，其中包括明涌、渠道、分流制污水渠、内街和新建小区渠道。

从六脉渠的建造可见"水系成网"和"活水自流"这两个因素是古城广州的水利的核心思想。水系成网状分布，才能在城内兼顾各方，不至于像如今这样条条直入珠江；水自流，不但顺应自然，也节约了提水调水的巨大费用。

第四章 珠江现代水利与经济社会发展

第一节　珠江现代水利各阶段的发展特点

新中国成立后，中国共产党和人民政府高度重视水利建设，把水利事业看作是农业和国民经济的命脉。党和国家领导人毛泽东、周恩来、刘少奇、朱德等都关心珠江的治理开发。周恩来总理多次对珠江治理开发的重大项目的建设作出指示。珠江流域系统地建立了从中央到地方的各级水利行政和事业管理机构，设了了勘测、水文、规划、设计、科研等专业配套的院（站、所），颁布了一系列的管理法规。通过普通和专门的大、中院校，培养了大批专业人才。并投入了大量的财力和物力对珠江进行统一规划，综合开发，加强管理。开展了水资源的全面普查，进行了综合利用规划，建设了为数众多的大、中、小型水利工程。珠江进入有计划的综合治理开发阶段。

新中国成立以来的治理开发大致经历了以下几个时期。

一、"一五"时期（1949—1957年）

这一时期珠江的治理开发带有恢复、整理和打基础的性质，水利工程建设以小型为主并有重点地发展大中型工程。在经历了国内长期的战争和1947年及1949年的大洪水之后，珠江的堤围损毁严重，人民生产和生活缺乏保障。新中国成立初期把防治水害，恢复和发展农业生产，争取国民经济的根本好转放在首位。政务院（国务院前身）确定珠江在1951年的建设方针与任务为："以巩固东江、北江、西江堤防，保证普通洪水位不成灾为目标。汛期中，争取有记录以来最高洪水位不致成灾。"流域内各省在接收和整顿旧的水利机构与队伍的同时，普遍建立了防洪指挥机构，拟定了防汛抢险和堤围修建、管理办法，修整了各江被毁堤围和农田灌溉工程，疏浚了一些主要航道。这期间建成广东境内西、北江金安、新江、清西等较大联围，疏炸珠江三角洲的沥溶、陈村、甘竹滩等航道。修复芦苞水闸，兴建了华南第一座船闸——南海、顺德桑园围人字水船闸，续建完成贵州境内红水河涟江引水工程，至1952年年底，流域各省堵口复堤、修建小型水利工程取得很大成效，农业生产基本恢复到建国前水平。

在防洪问题获得初步缓和之后，从1953年我国社会主义建设第一个五年计划起，珠江的治理重点由堵口复堤转向提高防洪能力和解决灌溉排涝。开展了大规模的联围筑闸，修建了63公里长的保卫广州及附近地区的北江大堤和珠江三角洲的樵北大围、中顺大围，建成北江西南水闸、西江广东境内当时最大的下泰和围排灌站；西江广西境内的三渌水库，石榴沙、绿水江万亩以上灌区；南盘江云南境内的麦子河水库；北盘江贵州境内兴西湖水库等第一批中型水库和一批小型引、蓄水工程，开展了珠江流域第一座兼顾灌溉效益的中型水电站——流溪河电站的建设。这些工程为抵御普通洪水，改善和扩大灌溉、排涝，稳定农业生产和完成"一五"计划的任务创造了基本的条件。

"一五"期间珠江的治理开发，遵循有计划按比例发展的原则和基本建设程序，重视基础工作。这期间国家先后在流域内设立了珠江水利工程总局，水利部广州勘测设计院、电力部广州电力设计院、珠江水利委员会（下设珠江流域规划办公室），部署开展珠江流域规划工作。珠江水利工程总局等有关单位多次组织查勘队，对西、北、东江干支流进行查勘，开展了勘测、规划等前期工作，初步完成了水文测站网布设。同时，设立地方基层水利机构，组织水利人员培训，建立水利基本队伍。这些基础工作，在组织上和技术上为以后的建设打下了基础。

二、"大跃进"与调整时期（1958—1965 年）

这期间遵照"鼓足干劲，力争上游，多快好省地建设社会主义总路线"的精神，贯彻中央提出的"蓄水为主、小型为主、社队自办为主"和"适当地发展中型和必要的可能的某些大型工程，并使大中小型工程相互结合，有计划地逐渐形成为比较完整的水利工程系统"的水利建设方针，流域内各省（自治区）加强了组织建设。先后成立水利（电力）厅（局）加强规划前期工作，与中央有关部门互相配合，编制了《珠江流域开发与治理方案（草案）》和一批中小河流规划，同时号召和组织群众，掀起了前所未有的群众性的兴修水利的热潮，形成了全党全民大办水利的局面。在西、北、东江和三角洲各水系的干支流上，建成了流溪河、新丰江、镇海、大沙河、显岗、西津、大王滩、凤亭河、青狮潭、武思江、屯六、那板、六陈、达开、东风、独木、六郎洞等大中型骨干水利水电工程和数以万计的小型蓄水引水工程。其中，1962 年在东江支流上建成的库容 139 亿立方米、装机容量 29.25 万千瓦的新丰江水库，是珠江流域最大的水库；1964 年在郁江干流上建成库容 30 亿立方米、装机容量 23.44 万千瓦的西津水电站，是珠江流域第一个低水头河床式水电站，其船闸通航 1000 吨级船队，是当时国内最大船闸；1960 年在南盘江支流建成的装机 2.5 万千瓦的六郎洞水电站，则是我国第一个利用地下水能的电站；1960 年，在北江支流南水水库建设中使用定向爆破技术成功地筑成南水水库大坝。此外，在珠江三角洲、北江、南盘江建成了一批规模较大的机电排灌工程和向香港供水的东深供水工程，并开始设立水利科学研究机构，开展了土木、水工、结构材料和灌溉、水土保持等试验研究。

三、"文化大革命"十年及其后期（1966—1978年）

这一时期的初期，实施第三个五年计划，提出的"大寨精神，小型为主，全面配套，加强管理，更好地为农业增产服务"的水利建设方针，珠江的治理开发曾出现继续发展的势头。但不久开始的"文化大革命"干扰和冲击了上述方针的贯彻实施。水利机构一度被撤销，人员被下放，部分技术资料档案散失损毁，基建程序和技术规程规范被篡改或废弃，一度导致水利建设和管理混乱，出现了历史上最多的垮坝事故。

"文化大革命"的中后期贯彻毛泽东主席关于"把国民经济搞上去"的指示，对上述问题，特别是重建轻管的问题有所认识，在流域范围内开展了水利大检查，重点在加强管理、确保安全方面采取了一些整顿措施，使防汛和水库安全得到加强。这一时期水利工程建设仍取得一定的成绩，续建或新建成澄碧河、青狮潭、龟石、拉浪、洛东、麻石、合面狮、潭岭、南水、泉水、长湖、枫树坝等一批大中型水库、电站和北江支流连江渠化航运梯级以及东江引水等工程。山区小水电建设亦有较大的发展。在建设中应用了双曲薄拱坝、混凝土大坝防震加固、微水头发电、岩溶地基处理等工程技术。

四、改革开放时期（1979—1990年）

这一时期首先对"文化大革命"所造成的混乱和破坏进行了拨乱反正。随着1978年底党的十一届三中全会召开后全国工作重点的转移和改革开放政策的实施，流域水利工作的重点亦转移到"加强经营，讲究经济效益"上来，实行"转轨变型，全面服务"，改革水费计征办法。

对珠江的治理开发，强调了宏观的按流域水系进行的综合治理开发。1979年8月国家重新设立了流域机构——水利部珠江水利委员会，规定它的主要任务是对珠江实行"统一规划，综合开发，加强管理"。

这期间，编制完成《珠江流域综合利用规划报告》，完成北江飞来峡水利枢纽、西江长洲水利枢纽等重点工程项目的可行性研究，完成大广坝水利水电枢纽工程立项、初步设计等前期工作，开展百色水利枢纽可行性研究等工作，为"八五"计划和2000年前流域治理和水资源开发、工程建设奠定基础；以巩固提高江河防洪能力为主，按100年一遇洪水标准对北江大堤进行加固，完成广西防城港"五七"海堤工程建设，对广西南宁城市防洪堤和梧州城区防洪堤进行加固培修，开展国际河流北仑河的初步治理，结合围垦对珠江河口磨刀门、横门、蕉门、虎门等口门进行整治开发，进行海南松涛水库灌区的续建配套，完成广西大王滩水库、龙颈水库，广东高州水库，海南龙塘泵站等一批险工病库的除险加固；以水电为主，对红水河进行了大规模的梯级开发，建成恶滩（6万千瓦）、大化（40万千瓦）水电站，正在兴建岩滩（121万千瓦）、天生桥二级（一期88万千瓦，二期44万千瓦）等大型水电站，还兴建了南盘江支流黄泥河上的大寨（6万千瓦）、鲁布革（60万千瓦）、北盘江关脚、桂江昭平水电站，并在广东流溪河上游兴建装机容量占世界同类电站第二位的广州抽水蓄能电站（120万千瓦），实施完成一批农村水电初级电气化县达标建设；以发展水运为主，开展了广州至南宁1000吨级航道和可停泊3.5万吨级集装箱货轮的珠江口黄埔新沙港等航运工程建设，兴建郁江马骝滩航运梯级，整治西江干流内河主航道和出海通道；为解决以城市为重点的水资源供需矛盾，重点兴建一批供水骨干工程，采取以水还贷方式建成对澳供水工程，建成东深供水二期扩建工程，开始三期扩建，完成了引西江水供珠海、澳门的对澳供水工程；以小流域为单元进行水土保持综合治理，水资源保护提上重要的议事日程；在鲁布革、天生桥和珠江口磨刀门等工程建设中，引进了国外的资金和先进的管理办法、技术设备，在资金和管理等方面实施了一系列的改革措施，取得较好的效益。在工程规划设计和施工中还广泛应用了国内外的先进技术。与国外与港澳地区等水利国际合作与交流逐步阔步前进。但同时曾一度出现忽视水利的倾向，水利投入大幅度减少，不少工程老化失修、效益衰减，制约与影响流域水利的发展。这一情况在1989年中央作出大力加强农业和水利的决策之后开始扭转，流域水利建设又掀起一个新的高潮。

五、工业化加速发展期（1991—1997年）

进入20世纪90年代，水旱灾害加重的趋势日益呈现，连续发生"91·6"南盘江和北盘江大水、"94·6"珠江大水、"95·8"风灾、"96·7"柳江大水、"97·5"北江山洪等严重的洪涝灾害，水利作为国民经济和社会发展的基础设施与基础产业的重要地位和重要作用日益被全社会所认识。珠江片水利工作以提高经济效益为中心，除害与兴利、服务与经营结合，巩固与发展、治理与开发、建设与管理并重，加快水利发展步伐，逐步建立水利投资体系、水利资产经营管理体系、水利价格和收费体系、水利法制体系、水利服务体系等五大体系。

这一时期，"八五"计划实施，《中华人民共和国水土保持法》《中华人民共和国防洪法》和《水利产业政策》颁布实施，水利投入逐年增加，大江大河的综合治理取得重要进展，中小河流治理有所加快，对水利的发展战略、产业结构、产业组织、投入机制等进行调整与改造。工作的重点是：以国民经济持续、稳定、协调发展的方针为指导，以《珠江流域综合利用规划报告》为基础，遵循"量力而行，保证重点，稳步发展，注重效益"的原则，支持地方逐步实现《珠江流域综合利用规划》确定的近期工程治理开发目标，促进2000年国民生产总值翻两番总目标的实现。

这期间，国家批准珠江流域综合利用规划，确定堤库结合的流域防洪体系，促进广州、南宁、梧州、柳州等重点防洪城市和珠江三角洲等地区主要防洪堤的培修加固建设，进一步提高重点地区的防洪能力，战胜"94·6"珠江大水；以促进重点项目的前期工作为基础，开展飞来峡、百色、大藤峡、马鹿塘、红花、思贤滘、榕江、长洲、孟洲坝、濛里、白石窑等一批大中型水利水电工程的可行性研究、初步设计和技施设计，进行红河、澜沧江、瑞丽江等国际河流综合利用规划，飞来峡、五里冲、斗晏、左江、响水、大朝山等一批重点工程相继开工建设；鲁布革、岩滩、大广坝一期、白石窑、天湖、天堂山、珠海对澳门供水、东深供水三期、开平大沙河供水、大亚湾供水工程、三亚赤田等一批工程建成；以加快中小河流治理和改造现有灌区为重点，对瑞丽江、北仑河、澜沧江下游等国际河流进行治理，完成一批重点病险库除险加固任务，建成大广坝一期工程等，农业灌溉结束了徘徊不前的局面，新增有效灌溉面积550万亩；对珠江三角洲及珠江八大出海口门整治、港澳近海水域的治理进行深入的研究，提出了规划成果；完成一批具有学术价值、实用价值和经济效益的科研成果，为地方经济的发展发挥了积极的作用；城乡供水、农村饮水、水力发电、水土保持、水资源保护等取得较快的发展，同时在水利投入、管理体制等方面进行大胆的探索，水利的经营管理水平不断提高，水利经济得到发展。所有这些，对于战胜严重的洪涝灾害、保障粮食生产和各行各业对水的需求、改善生态环境等方面提供了保障作用。但是珠江片水利的发展明显滞后于经济和社会发展的需求，水利投入不足，水利建设发展不平衡，水利行业比较贫困，大江大河的洪水威胁依然严重，治理任务十分艰巨，除险加固、续建配套、更新改造任务仍然十分繁重。

六、开发与保护水资源并重期（1998—2008年）

1998年，发生亚洲金融危机，对中国经济发展影响较大。为了拉动内需，中国政府实施积极的财政政策。1998年，长江、嫩江、松花江、珠江发生罕见的洪涝灾害。1998年特大洪水引起党和国家以及全国人民对水利的高度重视，对水利工作也进行相应的反思和探索。党的十五届三中全会把水利摆在全党工作的突出位置，提出水利建设的方针和任务，作出关于"灾后重建、整治江湖、兴修水利"的决定，明确水利工作的要求，国家加大对水利的投入，掀起以防洪工程为重点的水利建设高潮。以水利部党组新时期治水思路为指导，珠江片水利工作认真贯彻"全面规划，统筹兼顾，标本兼治，综合治理"和"实行兴利除害结合，开源节流并重，防汛抗旱并举"的方针，坚持科学治水、依法治水、团结治水，深化改革，加快发展，珠江水利得到前所未有的发展，并随着21世纪的到来跨入一个新的发展阶段。

这一时期，"九五"计划和"十五"计划实施，西部大开发战略实施，新《水法》颁布，珠江治理以可持续发展为宗旨，以治理、开发、利用、管理、保护并重为原则，以减轻水旱灾害、高效综合利用水资源、合理调节人与自然关系、保护生态环境为目标，逐步向全面对江河综合治理的阶段转变。珠江水利事业由计划经济下的运行机制向适应社会主义市场经济转变，由以社会效益为主向实现社会、经济和环境的综合效益转变，由粗放型管理向现代管理转变，并在别具特色的珠江治水实践中，不断加深对珠江治水规律的科学认识，以"维护河流健康生命，建设绿色珠江"为奋斗目标的信念日益坚定。

这期间，社会的水患意识大为增强，国家和各级地方政府高度重视水利建设，水利投入大幅度增加，国务院批准《珠江流域近期防洪建设的若干意见》，新修订的《中华人民共和国水法》确立流域管理机构的法律地位和行政地位，水利部颁布《珠江河口管理办法》，云南省作出加快水利发展与改革的决定，广东省全面建设城乡水利防灾减灾工程，海南省颁布《海南经济特区水条例》，"泛珠三角"区域水利发展协作由务虚走向务实；以加强流域防洪工程为重点，建成飞来峡、百色、棉花滩等一批重点骨干工程，重点防洪城市和江海堤防工程的达标加固使防洪能力明显提高，河口治理加快，基本完成列入全国第二批重点病险库的除险加固，同时防洪减灾非工程措施建设取得重大进展，天生桥至广州微波防汛支线工程建成，防汛指挥系统建设逐步完善，取得"1998·6"珠江大水、"2001·7"郁江大水、"2005·6"珠江大水等抗洪抢险斗争的胜利；为解决水资源分布不均现象，缓解水资源供需矛盾，建成东深供水改造、柴石滩、麻栗坝、王二河、大隆、潮州供水、清凉山、珠海西水东调供水等水源工程，开展"润滇""滋黔"工程的建设，开工兴建桂中引水灌溉工程，解决滇、黔、桂、琼贫困山区大部分人畜饮水困难，成功实施珠江压咸补淡应急调水、珠江骨干水库调度及枯水期珠江水量统一调度等，有效应对珠江河口咸潮上溯问题，保障澳门、珠海等河口地区供水安全；国家防总批准成立珠江防汛抗旱总指挥部，珠江防汛抗旱工作跃上新台阶；水土保持走上法制化轨道，完成南北盘江中上游水土流失重点防治区重点治理工程（1992—1996年），实施珠江上游南北盘江石灰岩地区水土保持综合治理试点工程，开展中央预算内专项资金水土保持项目、"十、百、千"示范工程和水土保持生态环境监督管理规范化建设；按照大、中、小并举的方针，对许多中小河流实施梯级开发，大兴小水电，建设农村水电初级电气化县，水电得到长足发展，长洲、平班、红花、高陂、百龙滩、天生桥一级、丹竹、孟洲坝等电站投产发电；水资源保护日益加强，完成深圳河治理，建成东江水利枢纽，开工建设抚仙湖、星云湖出流改道工程；在工程建设中推行项目法人责任制、建设监理制和招标投标制，突出抓好工程质量；水利科技、水利信息化、水利国际合作和水利自身建设等方面取得新的突破。

七、水生态文明探索与建设时期（2008年以来）

随着流域经济的快速发展、人口的增加，也出现了部分地方水土流失严重，局部河段水污染严重的情况。同时还有洪水、干旱的威胁。这一时期，流域治水遵循科学发展观的总体要求，提出维护河流健康、建设绿色珠江的理念，在继续保持对水资源的开发利用，以支撑流域经济社会发展需求的同时，加大对水资源的保护和管理，注重节水和对水生态和环境的保护。

水土保持走上法制化轨道，实施珠江上游南北盘江石灰岩地区水土保持综合治理试点工程，开展中央预算内专项资金水土保持项目、"十、百、千"示范工程和水土保持生态环境监督管理规范化建设。

第二节　珠江流域影响较大的水利工程

一、鲁布革——中国第一个世行项目规范工程

（一）"鲁布革效应"

20世纪80年代，在我国西南部，在我国的工程建设领域内爆发了一场革命，这就是我们今天所称颂的"鲁布革效应"。

鲁布革效应中的鲁布革，指的是鲁布革水电工程。这样一个库容仅1亿多，年均发电量也才28亿多千瓦时的水电站，何以会产生这么大的影响呢？这与鲁布革是中国第一个利用世界银行贷款，第一个所有的操作规程全部按国际通行规则实行紧密相关。

建设时期，鲁布革工程创造了 14 项全国纪录，荣获了"国家优秀勘察（金质）奖""国家优秀设计（金质）奖"和"建筑工程鲁班奖"。

如何评价这场革命？它给工程建设管理体制改革带来了哪些变化？它至少产生五大冲击波：①对投资体制的冲击；②冲击了计划分配任务的体制；③冲击了原有的施工生产方式；④冲击了国有企业内部组织机构；⑤冲击了原有国有企业形态。

而借此发轫的工程项目管理所带来的巨变，更令当事者难以预料。它在我国工程建设领域引起了五大巨变：①使"项目法施工"由初期设想变为可操作的管理模式；②促进了企业经营机制的转换和生产方式的变革；③推动了政府职能的转变；④为企业培养和造就了一大批懂法律、会经营、善管理、敢负责、作风硬、具有一定专业知识的项目管理人才队伍；⑤工程项目管理逐步向国际惯例接轨，为我国加入 WTO 后建筑企业走向国际市场奠定了基础。

（二）工程建设过程及影响

1981 年 6 月，国家批准建设装机 60 万千瓦的鲁布革水电站，并列为国家重点工程。

1984 年 4 月，水利电力部决定在鲁布革工程中采用世界银行贷款，尽管这笔贷款只是工程总投资的一小部分。

根据使用贷款的协议，部分项目实行国际招标。鲁布革工程原由水利电力部十四工程局施工。为了使用贷款，工程三大部分之一——引水隧洞工程这块"肥肉"从十四局的"饭碗"中捞出来，投入了国际市场。在中国、日本、挪威、意大利、美国、德国、南斯拉夫、法国等 8 国承包商的竞争中，日本大成公司以比中国与外国公司联营体投标价低 3600 万元而中标。同时挪威和澳大利亚政府决定向工程提供赠款和咨询。于是形成一项工程三方施工的格局：第一方是挪威专家咨询，由十四局三公司承建厂房枢纽工程；第二方是澳大利亚专家咨询，由十四局二公司承建首部枢纽工程；第三方是日本大成公司承建引水系统工程。

随国际招标而来的是合同制管理。鲁布革工程两种管理模式并存：一种是以云南电力局为主、鲁布革工程管理局为代表的业主，日本大成公司为承包方的合同制投资管理；另一种是以鲁布革管理局为甲方，以十四局为乙方的投资包干管理。

小小的鲁布革成了个混合物，四国八方，两种模式，在这里产生了激烈碰撞。

中国施工管理人员对合同制管理是陌生的。一条运输路，合同规定由中方提供三级泥洁碎石路。由于翻修不当，造成日方汽车轮胎损失严重，于是日商提出索赔 200 多条汽车轮胎。开始管理局的人员不理解。但逐渐他们也懂得：这就是合同制管理，一经确定不可动摇。而在那种单纯强调"风格"没有确立合同关系的体制下，自家"兄弟"间反而有扯不完的皮。震撼最大的是中国工人，在大成公司管理下，创造了惊人的效率。

1987年9月，国务院召开全国施工会议提出了推行鲁布革经验：

一是鲁布革是中国第一次采用世界银行贷款的项目，是工程界迎来的第一次改革；二是鲁布革第一次采用面向全世界的公开招标；三是鲁布革第一次以低于标底的报价使日本大成公司中标；四是鲁布革中，中国公司第一次领教了什么叫网络图，什么叫进度控制、进度管理，使得先进的管理模式引进中国；五是鲁布革使中国各工程局明白，未来要发展，必须要从劳动密集型转向技术管理型。

二、龙滩水库——西江上的龙头水库

（一）龙滩水电工程及其建设过程

龙滩水电工程位于红水河上游的广西天峨县境内，距天峨县城15公里。坝址以上流域面积98500平方公里，占红水河流域面积的71%，其装机容量占红水河可开发容量的35%~40%，是国内在建的仅次于长江三峡的特大型水电工程。

龙滩水电工程规划总装机容量630万千瓦，安装9台70万千瓦的水轮发电机组，年均发电量187亿千瓦时，相应水库正常蓄水位400米，总库容273亿立方米，防洪库容70亿立方米，分两期建设。一期建设装机容量490万千瓦，安装7台70万千瓦的水轮发电机组，年均发电量156.7亿千瓦时，相应水库正常蓄水位378米，总库容162亿立方米，防洪库容50亿立方米。工程建成后，50%以上的电力送往广东，作为广东"十一五"期间的电源点纳入电力电量平衡。

龙滩水电工程主要由大坝、地下发电厂房和通航建筑物三大部分组成。主坝为碾压混凝土大坝，最大坝高216.5米，坝顶长836.5米，坝体混凝土方量736万立方米，地下厂房长388.5米，宽28.5米，高74.4

龙滩水库　　电站管理单位提供

米；升船机全长1650多米，最大提升高度179米；分两级提升，其高度分别为88.5米和90.5米。

1999年3月，由国家电力公司与广西壮族自治区政府共同协商，决定共同投资建设龙滩水电工程。国家电力公司(占33%)、广西电力有限公司(占32%)、广西投资(集团)有限公司(占30%)、贵州省基本建设投资公司(占5%)作为发起人签订了共同合资组建龙滩水电开发有限公司的协议。龙滩水电开发有限公司于1990年12月挂牌成立。2002年，国家电力体制改革后，原国家电力公司股权移交中国大唐集团公司。变更后中国大唐集团公司拥有龙滩水电开发有限公司65%的股权。

2001年7月1日，主体工程开工。

2003年11月6日，实现大江截流。

2006年9月30日，下闸蓄水。

2007年7月1日，第一台机组发电。

2009年12月，7台机组全部投产。

(二) 龙滩水电工程的经济和社会效益

中国地域辽阔，但资源分布与地区经济发展不平衡，煤炭、水能资源主要集中分布在华北和西部地区，西部的常规水能资源蕴藏量及可开发量分别占全国的82.5%和84%，东部仅占7.3%和7.2%。龙滩工程建成后50%以上的电力送往广东，作为广东"十一五"期间的电源点纳入电力电量平衡。自改革开放以来，广东经济发展很快，电力负荷急剧增长，建设大中型火电站的发电所需用煤和燃油等绝大部分需从省外调入或进口。因而龙滩水电工程在广东地区有着广阔的市场前景。

龙滩水电工程的兴建对国民经济的贡献显著，经济效益巨大。龙滩水电工程总装机容量630万千瓦，年均发电量187亿千瓦时，即187亿千瓦时电。可为广东、广西提供充分调节电力。龙滩水电工程对下游梯级电站补偿效益也是巨大的。按正常蓄水位400米计算，龙滩水电工程蓄水调节后，龙滩以下的岩滩、大化、百龙滩、乐滩、桥巩、大藤峡6级电站的总保证出力由138.79万千瓦提高到221.97万千瓦，增幅为59.9%；总电量由213亿千瓦时提高到237亿千瓦时，增幅为11.4%。龙滩以下梯级的总枯水期电量由33.87%提高到43%。龙滩水电工程建设带来的下游电站发电效益将达数十亿元之巨。

龙滩设置防洪库容70亿立方米。可拦蓄每秒8500立方米洪水，加上下游的岩滩每秒可拦蓄1万立方米以上，这样可使下游的防洪能力提高到50年一遇。多年平均防洪效益为10.16亿元。若重现1994年洪水，龙滩水库的防洪效益更为可观，可减少淹没耕地100万亩，减少淹没人口304万人，经济效益可达259亿元，是西江流域不可替代的战略防洪龙头工程。

龙滩水电工程建成后，红水河将成为"黄金水道"。广西境内红水河有300多处险滩，全长659公里河道近8成不能通航。大坝建成后，水库回水至南盘江平班坝址，将淹没龙滩坝址以上200多处险滩，使库区干流以上250公里范围内形成深水航道。北盘江回水110公里，更加改善库区的通航条件。枢纽设置升船设备可沟通上、下游航运，实现红水河全面通航，并确保500吨级船直达广州，红水河因此成为沟通贵州、广西、广东三省区通江达海的黄金航道，为贵州、广西两省区煤炭及其他矿产资源外运开辟新通道。相当于又修造了一条南昆铁路。

三、飞来峡水利工程与北江

飞来峡水利枢纽位于清远市东北约40公里的北江河段上。它主要以防洪为主，同时兼有发电、航运、供水和改善生态环境等作用，是北江流域综合治理的关键工程。

飞来峡水利枢纽主要建筑物由拦河大坝、船闸、发电厂房和变电站组成。拦河大坝高52.3米，主、副坝坝顶总长2952米，坝顶为8米宽公路。水电站是北江干支流上最大的水电站，发电站属于低水头径流式电站，厂房为河床式，厂内安装了4台单机容量为3.5万千瓦的灯泡贯流式水轮发电机组，总装机容量为14万千瓦，多年平均发电量5.55亿千瓦时，水轮机转轮直径7米，转轮直径单机容量在目前国内同类机组中居全国之冠。

飞来峡水利工程建设历程：1992年，国务院批准兴建飞来峡水利枢纽；1993年，飞来峡水利枢纽工程建设总指挥部成立；1994年10月18日动工兴建；1998年大江截流；1999年3月30日水库蓄水，10月，全部发电机组并网发电，工程全部完成。

飞来峡枢纽与北江大堤联合组成北江中下游防洪体系，水库可以起到滞洪调峰作用，使北江大堤可防御300年一遇的洪水，为下游及珠江三角洲提供了可靠的防洪安全保障。

飞来峡泄洪闸设计洪水泄洪流量为2.18万立方米每秒，最大泄洪量为2.87万立方米每秒，目前为广东省泄洪量最大的泄洪建筑物。

飞来峡船闸位于北江干流中游，是粤北山区航运的咽喉要道，是广东省目前通航等级最高的船闸。船闸由上下闸首、闸室和相应设备组成。闸室采用单线一级布置，通航最大水头为14.49米，设计年货运量为467万吨。

飞来峡水库建库以来，效果显著：在防洪方面，飞来峡水利枢纽与北江大堤组成北江防洪体系，近期可将北江下游防御洪水标准从 50 年一遇，提高到 200 年一遇（相当 1915 年特大洪水）；远期在北江大堤防御 100 年一遇洪水标准后，充分利用水库的滞洪作用，堤库联合运用可防御 300 年一遇洪水，为下游提供更高、更可靠的防洪安全保障。在航运方面，工程除结合发电调节下泄流量改善下游通航条件外，还在库区形成干、支流渠化河道 116 公里，使通航标准大大提高。在发电方面，工程距省内用电负荷中心近，有条件进行调峰运行，对缓和广东省电力供需矛盾有一定的作用。在旅游方面，水库有 70.3 平方公里的人工湖水面，可建设各类景色秀丽的水上俱乐部及渡假村等。此外，工程还可以改善库区的生态环境，是发展渔业、水生作物的理想之地。

四、新丰江水库与东江

（一）新丰江水库的经济与社会效益

新丰江水库是新丰江上的超大型水库，位于广东省东源县境内，坝址距河源市区 6 公里。

水库是多年调节的大型水利枢纽。功能以发电为主，兼有防洪、灌溉、航运、供水、养殖、压咸、旅游等综合效益。

新丰江电站由广东省水电设计院设计，新丰江工程局施工。1958 年 7 月开工，1960 年第一台机组发电，1962 年基本建成。

新丰江水库控制集水面积为 5734 平方公里，水库正常蓄水位 116 米，总库容 139 亿立方米，调节库容 64.89 亿立方米，兴利库容 64.9 亿立方米。为多年调节水库。

水库大坝由 19 个宽 18 米的混凝土大头支墩坝段和两岸混凝土重力坝段组成，建在粗、中粒花岗岩上。最大坝高 105 米，坝顶高程

新丰江水库　　易越涛　摄

124 米，长 440 米，宽 5 米。厂房位于河床左侧，为坝后式厂房，是广东省最大的水电站。电站设计水头 73 米，安装三台单机容量 7.25 万千瓦及一台 7.50 万千瓦的机组，总装机容量 29.25 万千瓦，设计保证出力为 11.9 万千瓦，年发电量 10.07 亿千瓦时。

新丰江水电站效益显著。自水电站1960年8月第一台机组投产至1987年年底，已累积发电230.43亿千瓦时，是广东省省电网主力调峰电站之一。

除发电效益外，新丰江水库还是东深供水工程的主要水源。对东江中、下游防洪作用也很大，在东江流域防洪规划中，新丰江水库是三库联合调洪的补偿调洪水库。在枫树坝、白盆珠两水库配合下，可将东江中、下游博罗控制站百年一遇洪水削减为近20年一遇洪水，配合堤防加固，可满足东江中、下游沿河惠州、河源、博罗、东莞等县市约88000公顷农田防御百年一遇洪水的要求。1964年和1966年，东江先后发生过特大洪水，水库均起到重大削峰作用，防洪效益显著。

新丰江水库具有调节东江中、下游枯水流量的显著作用。水库建成后，至1987年年底，博罗站实测最小日平均流量为180立方米每秒（1987年2月上旬），为建库前最小日平均流量31.4立方米每秒（1955年）的5.74倍，对改善航运、城镇供水、农田灌溉和潮区压咸等均有显著效益。

（二）新丰江水库的水生态文明示范意义

新丰江水库，又被称为万绿湖。新丰江水库总面积1600平方公里，其中水域面积370平方公里，是杭州西湖的68倍，蓄水量约139亿立方米，里面有360多个绿岛，总集雨面积约5800平方公里，森林大部分都是亚热带原始次生常绿阔叶林，动植物种类资源丰富，生态环境优美。1993年被国家林业部规划为国家森林公园，2001年被授予广东省环境教育基地，2002年7月被国家旅游局评为AAAA级旅游区。

新丰江水库景区是依托新丰江水库建立起来的风景区，以"水美"而闻名。

一是水域壮美，湖水总面积达370平方公里，最宽处12公里，碧波万顷，有"山中海洋"之称。平均深度30～40米，最深达80～90米。

二是水质纯美，湖水来自青翠的山林，纯净无污染，达到可直接饮用的国家一类地表水标准；用这种水做出的豆腐、酿酒以至泡出来的茶，都格外清香。

三是水性恬美，湖水的温度基本稳定在19～23℃；湖面少有风浪，显得温柔娴静。

四是水色秀美，清莹碧绿是新丰江的底色，但一天当中又有多种变化：在清晨的阳光里它像铺上了一层黄金；在正午的艳阳下它沉静得如同一块巨大的翡翠；日落时它似一道长达数里的熊熊火焰；月夜中它又是一面晶莹无瑕的白玉。

五、松涛水库与南渡江

（一）松涛水库

南渡江上游大（1）型水库，坝址位于海南省儋州市亲足口，北距那大镇10公里，是海南省最大的人工湖，也是最大的水利枢纽工程。1957年春，松涛水库由水利部广州勘测设计院进行勘测。于1958年3月提出选坝报告；经水利部审查，选定亲足口坝址，坝型选用土坝；同年5月提出《松涛水库初步设计要点》，报经水利电力部审查批准。1958年7月动工兴建，1960年填筑至185米高程，开始蓄水。1961年9月大坝停工，劳动力转到灌区开发，1964年大坝复工，1967年6月大坝建成，1970年12月水库工程竣工。

水库控制面积1496平方公里，占南渡江流域面积的20.8%，库区地跨儋州市和白沙县，总库容33.45亿立方米，调节水量13.50亿立方米，正常库面面积130.5平方公里，是一座以灌溉为主，结合发电、防洪、供水、养殖和旅游的多年调节的大（1）型水利工程。

工程由大坝、泄洪道、输水隧洞和水电站四部分组成。大坝为碾压式均质土坝，主坝1座，坝顶长730米，最大坝高80.1米，坝顶筑有高1.0米的混凝土防浪墙；副坝7座，总长4026米，最大坝高15.0米；泄洪道1座，为开敞式实用堰，最大泄洪量6300立方米每秒。

流域地处亚热带，平均气温高、日照长、雨量丰沛，降水以台风雨为主，其次是热雷雨和锋面雨。多年平均年降水量2003毫米，

松涛水库　　海南水文局提供

多年平均径流深1104毫米，多年平均蒸发量1287毫米，多年平均入库流量47.8立方米每秒，年平均入库径流总量15亿立方米。

（二）松涛水库的综合效益

松涛水库设计防洪标准为1000年一遇、10000年一遇标准校核，使水库下游地区的防洪标准提高，减缓了洪水对下游地区的安全威胁，1960—1980年受灾耕地面积累计减少9.7万公顷；

水库是松涛灌区的主要供水水源，灌溉地区包括儋州、临高、澄迈、海口等市（县），灌溉面积8.6万公顷，是海岛旱涝保收的粮、油、糖生产基地，并向儋州（那大）、海口（秀英）以及洋浦、马村、老城等城镇和开发区提供工业、生活用水，年均供水量约11亿立方米；水库担负着保护海口市和琼中、屯昌、临高、澄迈、定安等市（县）的34个乡镇、200万人、3.8万公顷农田、1条高速公路和4座国防公路大桥的安全。松涛水库被誉为"宝岛明珠""开发海南的第一把金钥匙"。

以松涛水库为主构建的松涛大灌区内含19个较大的灌溉系统。该灌区有效灌溉面积在3333.3公顷至2万公顷间的中型灌溉系统有9个；有效灌溉面积在666.7公顷至3333.3公顷之间的小灌溉系统有10个。松涛灌区有效灌溉面积7.36万公顷。其中，水田6.18万公顷、菜地2787公顷、水浇地8880公顷。

松涛水库素有"天湖"美称，水库水面面积130平方公里，库岸线长544公里，水域主要航线66.5公里，其中南丰至白沙牙叉港约39公里（上行），南丰至松涛大坝约27.5公里（下行）。库区水域辽阔，尤其是南丰洋和番加洋，酷似大海，被誉为"岛中的海"。库区峰峦驰聚，群山叠彩。平日里烟波浩渺，波光粼粼，有时巨浪翻涌，飞溅岸礁。夕照下，松涛坝区霞光灿烂，掩映着殷红的水面，水天一色，衬托着起伏的山峦和婆娑的椰林，壮美绚丽。

水库旅游资源十分丰富，主要景观有仙婆岭（卧美人）、榕岩仙迹、翠耸纱帽（纱帽岭）、猴山绝壁（猴子山）、碧漾风情、波绕雄狮（狮子岭）、进水塔、观天一线、黎王宫殿、烈日火焰、石窟水帘、巍峨大坝、松涛云雾、晨曦鱼跃、松涛晚霞、黑山幽谷、九品莲花等。2001年在库边的一座小山岗上修建木结构的六角亭，取名"好雨亭"。2002年松涛水库被水利部评为"国家水利风景区"，2006年6月又被国家旅游局评为"国家AAA旅游风景区"。海南松涛自然保护区列入国家湿地自然保护区名录。

参 考 文 献

[1] 《珠江志》编纂委员会. 珠江志. 广州：广东科技出版社，1994.

[2] 《珠江续志》编纂委员会. 珠江续志（1986～2000）. 北京：中国水利水电出版社，2009.

[3] 《中国河湖大典》编纂委员会. 中国河湖大典·珠江卷. 北京：中国水利水电出版社，2013.

[4] 《珠江水利简史》编纂委员会. 珠江水利简史. 北京：水利电力出版社，1989.

[5] 《广西通志水利志》编辑室. 广西通志·水利志. 南宁：广西人民出版社，1998.

[6] 《广西农业（史）丛书》编纂委员会. 广西水利史. 北京：新时代出版社，1988.

[7] 水利部珠江水利委员会. 中国江河防洪丛书·珠江卷. 北京：中国水利水电出版社，1995.

[8] 广东省水利志编纂委员会. 广东省志·水利志. 广州：广东人民出版社，1995.

[9] 黄镇国，李平日. 珠江三角洲形成发育演变. 北京：科学普及出版社，1982.

[10] 中国水利学学会水利史研究会，等. 桑园围暨珠江三角洲水利史讨论会论文集. 广州：广东科技出版社，1992.

[11] 广东省地方史志编纂委员会. 广东省志·水利续志. 广州：广东人民出版社，2003.

[12] 唐兆民. 灵渠文献粹编. 北京：中华书局，1982.

[13] 兴安县地方志编纂委员会. 兴安县志. 南宁：广西人民出版社，2002.

[14] 南雄县地方志编纂委员会. 南雄县志. 广州：广东人民出版社，1991.

[15] 黄佛颐. 广州城坊志. 广州：广东人民出版社，2012.

松辽篇

第一章 纵横捭阖松辽水

松辽流域泛指东北地区，流域的西、北、东三面环山，南部濒临渤海和黄海，中、南部形成宽阔的辽河平原、松嫩平原，东北部为三江平原。在广袤的东北大地上流淌着浩荡壮阔的松花江，千变万化的辽河水，一衣带水的鸭绿江，川流不息的黑龙江……那一条条流动的精灵，用无私和博爱滋养着生活在黑土地上的一切生灵。

东北地区江河湖泊星罗棋布，但内陆主要有两大水系，一个是松花江水系，另一个是辽河水系。

第一节 松 江 水 韵

在东北大地的江河中，位居"凌烟阁第一臣"的当属松花江，按其流域面积及径流量划分，松花江也位居全国第三。

松花江是黑龙江右岸支流，是我国七大江河之一。史料对"松花江"的记载最早见于《后汉书》和《三国志》，称为"弱水"；东晋至南北朝时，上游称"速末水"，下游称"难水"；隋唐时期，上游称"粟末水"，下游称"那河"；辽代，上下游统称"混同江""鸭子河"；金代，上游称"宋瓦江"，下游称"混同江"；元代，上下游皆为"宋瓦江"；自明宣德年间始见松花江之名。

松花江流域包括黑龙江、吉林、内蒙古和辽宁四省（自治区），位于我国东北地区的北部，西部和北部以大兴安岭和小兴安岭为界，与黑龙江相汇；东部和东南部以长白山、张广才岭、老爷岭、完达山和龙岗山等山脉为界，与乌苏里江、绥芬河、图们江和鸭绿江为邻；西南部以松辽分水岭丘陵地带为界，与辽河流域为邻。

松花江流域东西长 920 公里，南北宽 1070 公里，流域面积 56.12 万平方公里。松花江传统说法有两源，北源为嫩江，南源为第二松花江，两江在吉林省松原市三岔河镇汇流后称作松花江。

南源第二松花江，发源于长白山天池，纵贯吉林省中

松花江晚霞　王淑娟　摄

部，全长958公里，流域面积7.34万平方公里。北源嫩江，发源于大兴安岭支脉伊勒呼里山中段南侧，源头称南瓮河，自河源向东南流约172公里后，在第十二站林场附近与二根河会合，之后称嫩江。嫩江自北向南流至三岔河，全长1370公里，流域面积29.85万平方公里。松花江自南北两源在三岔河汇合后向东北方向奔流，沿途接纳了呼兰河、汤旺河、拉林河、牡丹江等许多支流，在穿过小兴安岭南端谷地后，于黑龙江省同江市附近注入黑龙江，全长939公里，流域面积18.93万平方公里。松花江长度从北源算起为2309公里，从南源算起为1897公里。

松花江流域的一大特点就是湖泊泡沼较多，大小湖泊共有600多个。这些湖泊大部分分布在第二松花江下游、嫩江下游、嫩江支流的乌裕尔河、双阳河、洮儿河和霍林河下游的松嫩平原的低洼地带与松花江下游地区，有些湖泊处于江道上或江道旁侧，并与江道连通，如镜泊湖、月海泡和连环湖等，这些湖泊对调节径流和滞蓄洪水起到了一定的作用。

松花江通航期为4月中旬至11月上旬，可通航500～1000吨级船舶，沟通了哈尔滨、佳木斯、齐齐哈尔、吉林等主要工业城市及黑龙江、乌苏里江国际界河，是东北地区最重要的水上运输线。

第二节 辽河变迁

辽河是平原季节性河流，具有"天旱干涸，暴雨溢槽"的特点，平时流量不大，一到汛期就如脱缰野马；辽河也是我国著名的多沙河流，流域内水沙分布因各地自然地理情况的不同存在着明显的地区差别。

辽河位于东北地区西南部，是中国七大江河之一，古称大辽水、辽水，亦称句丽河、枸柳河、巨流河，《辽史·地理志》始称辽河。辽河发源于河北省七老图山脉的光头山，流经河北、内蒙古、吉林和辽宁四省（自治区），在辽宁省盘锦市注入渤海。辽河长1345公里，流域面积23.47万平方公里。

辽河干流呈弓形，分为上、中、下游

辽河之春　　　王淑娟　摄

三段。河流源头至西拉木伦河汇入口为辽河上游，这段河流称作老哈河。西拉木伦河汇入口至东辽河汇入口是辽河的中游段，通常称为西辽河。福德店东辽河汇入口至盘锦入海口为下游段辽河。

辽河流域东以长白山脉与第二松花江、鸭绿江流域分界，西接大兴安岭南侧，与内蒙古高原的大、小鸡林河及公吉尔河流域相邻；南部及西南部以七老图山、努鲁尔虎山、医巫闾山与滦河、大凌河流域、小凌河流域毗邻，南侧邻近渤海，北以松辽流域分水岭和松花江流域接壤。

概括辽河用一个"变"字最恰当不过，辽河的河道及入海口在历史上曾多次发生变化，对相关的区域产生了一定的影响。

辽河口位于辽东湾之湾顶，所处地区是大陆海岸线的北端，具有丰富的陆海两栖资源。其内陆与海洋沟通的门户位置、发展外向型经济的优越条件，在东北地区、环渤海经济圈乃至全国的社会经济发展中有着重要的作用。辽河下游进入盘锦市区即称双台子河，辽河口段即为双台子河段。双台子河仅有100多年的历史，独流入海只有40多年。

据文献记载，辽河有一次向西的大改道，现在由辽中县西侧南流的辽河，汉唐至明朝年间是由辽中县东侧南流的，现今注入浑河的蒲河曾是辽河的支流。蒲河在汇入辽河前没有正式河床，水流呈漫散状，名曰"烂蒲河"。汉唐年间该段设有渡河要津，目前仍有多处渡口，从古籍记载分析，今"烂蒲河"是古辽河旧道，而现在辽中县城西边的辽河是改道冲刷而成。

辽河入海口双台子河闸　　赵小瑞　摄

据《辽河口演变分析》的资料记载，汉唐间辽河水系情况比较单一，以后随着河道的分合变迁，逐渐分出诸多水系。汉唐至辽金元的1000多年间，辽河干流走向大致相同，变迁不很明显；辽河下游在今辽阳附近小北河—小河口段纳入太子河，然后向南在海城附近入海。至辽代，辽河已西迁到营口县西了。洪武五年辽河在今新民东南分为两道，新道走辽中西侧；故道则称"烂蒲河"，为明朝中叶后蒲河下游，这次辽河主流西迁了8～12公里。明代辽河冲出辽中城西新道后，过长林子、古城子到营口（市）入海。从汉代到明代，辽河入海口已从小河口—海城转到牛庄—营口（东昌堡）一带，后又西迁到古城子—营口（市）；辽河下游新民—辽中段河道也由辽中县东的蒲河一带改到辽中县西。①

辽河干流在1861年前，在三岔河接纳浑、太两河后，转向西南，流经大辽河至营口入海，当时的双台河只是一条小潮沟。1861年辽河大水，下游右岸冷家窝堡溃决，洪水自缺口向西南流，在三道沟村南夺绕阳河入海，此即双台子河。清光绪年间，人工疏导双台子河，逐渐形成一条比较定型的辽河下游分水河道，至此，辽河在六间房以下称双台子河。辽河干流来水一部分通过六间房经外辽河在三岔河接纳浑、太河从营口入海，一部分经双台子河从盘山入海，形成两个入海口。②

辽河平原上原来只有辽河一个水系，大辽河是辽河入海口。1958年，在六间房处堵截了外辽河，之后改称大辽河。近百年来大辽河共发生过8次裁弯，其中，1960年为人工裁弯，其余均为自然裁弯。③1958年堵截外辽河的工程将辽河干流来水全部引向双台子河，由盘山入海，辽河又完成了一次大的西迁。

按乾隆《盛京通志》记载，辽河在铁岭段有内、外辽河分流于下塔子。可是明代的记述却说唯下塔子山东有辽河。《开元图说》卷上也说曾迟堡（今曾盛堡）以北有辽河，不见内、外两辽河分流的记载。而今铁岭附近也只有一条辽河，河道却已在曾盛堡以南，堡北仅有几处月牙湖。由此可见清初这里曾发生过分流，后来堡北旧河道埋废才使辽河改道堡南。

1959年辽河发生大水时河道变动很大，通江口上游约10公里处的大公主屯附近发生自然裁弯，如今旧河道已被淤死，水流全部涌入新河。

辽河口门自汉代在海城附近西迁到今天位置有70公里之遥，口门附近海岸线也向西南延伸了45公里左右，形成了如今宽广的辽河三角洲平原。④

---

①④ 潘桂娥. 辽河口演变分析. 泥沙研究，2005（1）.
②③ 李光华，李众望. 辽河口演变历史与趋势分析. 东北水利水电，2014（8）.

第二章 松辽流域的文明印迹

我们探寻水的踪迹，更多的是在探寻社会的发展与人类的进步。松辽流域自古就是少数民族聚居的地区，多民族多部落的特点鲜明。从先秦到明清的数千年间，在辽阔的东北大地上，有诸多的少数民族在这里繁衍生息，并以他们特有的生产方式创造了自己的历史和文明。在既可以游牧，又可以采集、渔猎，还可以农耕的松辽大地上，曾经出现过以粟末靺鞨族为主体建立的渤海国，出现过建立大辽国的契丹族，出现过消灭大宋王朝的大金政权，出现过一代天骄成吉思汗，出现过创立了大清帝国的努尔哈赤……

第一节　松花江与靺鞨族及满族文化

松花江从古代走向现代，见证了生活在流域内的各个民族的兴盛与衰微，伴随着这些民族的发展彰显了自己的博爱。在东北的历史发展中，肃慎族占有很大的篇幅，不仅历史悠久、文化丰富，而且对东北亚地区的发展与进步也产生了重大的影响，对中国历史的发展与中华民族的形成和巩固亦发挥了重要作用。

松花江带给肃慎族的是丰厚的赐予，肃慎族献给松花江的是厚重的历史。据记载，自舜禹时期肃慎族就有了活动踪迹。《竹书纪年》载："帝舜有虞氏二十五年，息慎（即肃慎）来朝，贡弓矢。"周时以其"楛矢石砮"著称于中原王朝。自先秦肃慎之后，在汉代为挹娄，南北朝为勿吉，隋唐为靺鞨，其后女真和满族皆出于此。《隋书》说："靺鞨即古之肃慎氏。"《唐书》也说："靺鞨，盖肃慎之地，后魏谓之勿吉。"从总体看，这一地区的绝大部分居民无疑都是肃慎族后裔。

肃慎族在4000多年前就居住在白山黑水间。《左传·昭公九年》记载："肃慎、燕、亳，吾北土也。"《山海经》载："大荒之中，有山名曰不咸（长白山），有肃慎氏之国。"

由于东北地区独特的自然因素影响，古代东北民族在长期的历史发展过程中形成了以游牧、渔猎、农耕三种生产方式并存的经济特征。各民族在发展渔猎农牧经济的过程中，因受到诸多社会环境与自然环境的影响，或推进或滞缓了他们的发展速度。

松花江源头地带雨量充沛、水系发达、山多林茂、物产丰饶，水中的鱼类、山林中的动物为渔猎民族提供了丰富的食物，自古就是少数民族生产生活较活跃的区域。"因江而兴"的吉林市被《三国志·魏志·东夷传》称为"秽城"，整个城市因松花江和长白山而成为诸多民族的历史舞台。殷周时期这里就有肃慎人的氏族部落，西汉时期这里是扶余国的前期都城，是当时东北地区著名的城市。东晋义熙六年，高句丽王国好太王的势力也曾扩展到吉林一带。高句丽灭亡后，勿吉王国七部之一的粟末靺鞨部首领大祚荣，于圣历元年（698年）建立渤海国，吉林市为渤海国3个独奏州（即中央直辖州）之一的涞州所。耶律阿保机建立的大辽国与靺鞨族后裔女真人建立的金国在吉林也留有遗迹，如今，在吉林市尚有辽代修建、金代沿用的规模不等的古城堡30余座。明朝时这里是海西女真四部之一的乌拉部所在地，称为"乌拉国"。清朝时吉林市成为满族人征战和朝圣的地方。

粟末靺鞨部是公元7世纪东北地区古代民族靺鞨族最南方的一个强大部落集团，因生活于粟末水流域而得名。"粟"一作"速"，《魏书·勿吉国传》载："国有大水，阔三里余，名速末水。""粟末"到明清时期转写为"松花"，粟末水就是今天的松花江，粟末靺鞨实际意思就是"松花江流域的山林部落"。

靺鞨初有数十部，后逐渐发展为七大部，主要分布在粟末水（今松花江）和黑水（今黑龙江）一带。靺鞨人以渔猎为业，并同中原地区建立了密切关系。两汉至魏晋时，肃慎后裔挹娄曾长期役属于扶余，曹魏初年摆脱扶余的羁绊，始直接通贡于中原，社会发展较为迅速，出现了私有制和贫富分化。北魏时，勿吉取代挹娄后势力更为强盛，逐渐打败扶余人并入据松花江流域，仍臣属于中原政权。隋唐之际，靺鞨已拥有粟末、白山、伯咄、安车骨、号室、拂涅、黑水等七大部落，其中以粟末靺鞨最为强大。698年，粟末靺鞨（一说白山靺鞨）首领大祚荣在东牟山（今吉林敦化）自称"震国王"（一作"振国王"），建立政权。713年，唐玄宗遣郎将崔忻摄鸿胪寺卿前往震国，拜大祚荣为左骁卫大将军、渤海郡王，并加授忽汗州都督，始"去靺鞨号，专称渤海"。①如今辽宁旅顺的"唐鸿胪井碑"就记述了这件事，此碑成为见证唐渤关系的重要物证。762年，唐朝诏令将渤海升格为国，926年渤海国为契丹国所灭，立国229年，传15位王。

渤海建国初期有编户十余万，人口约70万~80万人，后期人口逐渐增至300万左右。②渤海国的领土开国时仅限于以东牟山为中心的小范围地域。随着大武艺"斥大土宇"，到大钦茂时代，渤海国的疆域已扩大为东至今珲春，西至今吉林海龙，西南至今辽宁宽甸，东南至今朝鲜咸镜道，东北至今牡丹江下游，西北至今吉林农安等地。大仁秀时期"开大境宇"，渤海国"尽得扶余、沃沮、弁韩、朝鲜海北诸国"（《新唐书·渤海传》），奠定了渤海国全盛时代的疆域。在辽阔的渤海

---

① [后晋]刘昫，等. 旧唐书·渤海·卷一九九下. 北京：中华书局，1975.

② 魏国忠，朱国忱，郝庆云. 东北边疆研究：渤海国史. 北京：中国社会科学出版社，2006.

大地上设有5京、15府、62州、130余县。①渤海国当时所设的15府中就有9府或部分或全部位于俄罗斯远东的南部地区,渤海人在那里留下了大量的古城址、寺庙址、村落址和住房遗址。从已发现和能够确定的俄罗斯境内渤海古城遗址分布情况来看,渤海国强盛时期所统辖的疆域范围已远远超出人们的想象。这些古城实际上已经成为滨海地区最早的古代城市,这些城市、城镇、城堡的修建以及古城道路的连接和交通的开辟,使得这一地区的政治、经济、文化、军事等得到了空前的发展。②

渤海国在存世的229年间始终隶属大唐帝国,与唐王朝形成了"车书本一家"的局面。渤海统治者在政治、经济、文化诸方面全方位学习唐朝,使得渤海国在较短时间内迅速发展起来,同时"诣京师太学,习识古今制度",③大祚荣在位期间,先后6次派儿子或臣僚入唐朝拜,中原文明开始源源不断地输入渤海,促进了渤海经济社会的发展。渤海文王大钦茂在位期间对中原文化的吸收达到了高峰阶段,他在即位的第二年就派人入唐抄写《唐礼》《三国志》《晋书》等典籍,其后又多次派子弟前往唐朝学习。诗人温庭筠《送渤海王子归本国》的著名诗篇描述了渤海国与唐朝的亲密关系和交融状况:"疆理虽重海,车书本一家。盛勋归旧国,佳句在中华。定界分秋涨,开帆到曙霞。九门风月好,回首是天涯。"

渤海社会的封建化为其社会经济的繁荣开辟了道路。渤海人积极引进中原地区的先进农业技术,加速了渤海国经济的发展,白山黑水地区得到了前所未有的开发。《新唐书·渤海传》记载:"俗所贵者,曰太白山之菟,南海之昆布,栅城之豉,扶余之鹿,鄚颉之豕,率宾之马,显州之布,沃州之绵,龙州之紬,位城之铁,卢城之稻,湄沱湖之鲫。果有九(丸)都之李,乐游之梨。"渤海主要经济有农业、畜牧业和手工业等。渔猎和采集在渤海社会内仍占有一定地位。农业是渤海主要的经济,其次是手工业,而商业、交通、城市也相应发展起来。整个社会呈现出兴盛发达的景象。渤海国山环水绕,沃野起伏,资源丰富,这些自然因素也为渤海国社会经济的发展提供了有利条件。④

当时渤海国的农业生产已普遍采用铁制工具。他们使用的铁镰、铁铧、铁锸和铁铲等,在今吉林敦化、黑龙江宁安及绥芬河流域等地的渤海遗址中皆有发现。上京龙泉府遗址出土的铁铧为

---

① 孟东风.东北亚海上丝绸之路——唐代渤海国的"龙原日本道".中国典籍与文化,1993(3).
② 王禹浪,孙慧.俄罗斯滨海地区及黑龙江流域的渤海古城遗迹.哈尔滨学院学报,2009.30(2).
③ [北宋]欧阳修,宋祁.新唐书·北狄.卷二一九.北京:中华书局,1975.
④ 陈显昌.渤海国史概要(3).齐齐哈尔师范学院学报:哲学社会科学版.1983(3).

生铁铸造，长 36 厘米、重近 4.5 千克，说明渤海人翻土已由靺鞨时代"田耦以耕"，发展为由畜力牵引。农作物品种也增多了，尤其是"卢城之稻"可谓是当时社会的珍稀品种。① 渤海遗存出土了一些数量不多但富于表现力的农业经济遗物，反映了公元 8—10 世纪时期滨海地区耕作业的高度发展，"手使小磨的出现具有非常重要的意义，它证明了耕作业其中首先是谷类作物的培育在经济中作用的增长。""滨海地区的渤海居民在发展耕作业、畜牧业的同时，还广泛地从事于攫取性经济——狩猎、捕鱼、采集、森林与海洋猎取业"。②

渤海国商业繁荣的一个重要标志就是城市的兴起，当时境内有著名上京龙泉府、中京显德府、东京龙原府、西京鸭绿府、南京南海府等，尤其是上京不仅是渤海境内的经济中心，也成为当时东北亚地区的贸易枢纽。

渤海国的民俗文化呈现出纷繁复杂的特点，在渤海五京范围内，因与唐朝、新罗、回鹘、日本等周边国家的交往，外来文化几乎成为主流。上层贵族十分笃信佛教，即使死后也要将陵墓模仿佛塔建造，希望灵魂转世成佛，最为典型的是渤海文王之女贞惠公主墓，其复原后的墓葬佛塔为 7 层，高约 20 米，这在中国古代贵族墓葬中是极其罕见的。当时上京龙泉府仅佛寺即不下百所，一些佛寺至今仍在沿用，香火千年不绝。在渤海国民间，绝大多数平民仍保留了本民族的原始信仰——"萨满教"。渤海建国后经济十分繁荣，促使民间萨满教的表现手段更加丰富，近现代以来在中国东北、俄罗斯远东、朝鲜半岛北部均出土了大量渤海国时期民间萨满教使用的铜制腰牌、腰铃、鼓棒手柄、神服上的铜制镶嵌物等各种法器。③

渤海国时期来自中原的儒家文化也得到普及与发展，带来儒家文化的有少数汉族臣民，也有本土内汉化程度较高的高句丽遗民，但主要是渤海上流阶层。自高王大祚荣起，渤海官方就不断派遣学生赴唐汲取儒家文化，这些人大多数出身贵族官僚世家，有的还是渤海王室，他们精通儒家经典，汉文造诣极高。此外渤海文王时还效仿唐朝国子监设置了"胄子监"，作为传播儒家文化的重要基地。

渤海虽文化发达，但传世文献湮没殆尽，所依托的原始资料仅有当时唐朝和日本的相关记载及后世的考古发掘。渤海人的文学作品主要散见于日本史书中及出土的贞孝、贞惠公主墓志，其

---

①③ 郑永振，李东辉，尹铉哲. 渤海史论. 长春：吉林文史出版社，2011.
② [俄] 沙弗库诺夫，等. 渤海国及其俄罗斯远东部落. 长春：东北师范大学出版社，1997.

诗文受唐朝影响很深。① 渤海国音乐成就较高，不仅在当时就传入日本，后世的金朝宫廷还专门设有"渤海乐"。

渤海国在其存在的 200 多年间，不但以开放进取和善于吸收先进文明而创造出丰富多彩、富有特色的灿烂文化，并且同周边各国各族密切联系，积极开展经济文化方面的交流，因而在当时东北亚地区的国际关系中具有举足轻重的地位。渤海国通过开辟"鸭绿，朝贡道"，"龙原东南频海，日本道"，"南海，新罗道"，"长岭，营州道"，"扶余，契丹道" 5 条主要海陆交通要道，加强了同唐朝、日本、朝鲜、契丹的政治、文化和经济贸易往来，并涌现了李延孝、李光玄等驰骋于日本海、黄海和东海之间的著名渤海商人。② 鸭绿朝贡道在渤海与唐朝的联系中发挥了巨大作用，通过这条道路渤海国向唐朝朝贡 100 余次，促进了社会经济与水运的发展。而龙原日本道则被称为东北亚海上丝绸之路，在渤海国存世期间，渤海国派使者访日 35 次，日本派使者访问渤海国 13 次，如此频繁的往来影响了东北亚的战略格局，促进了唐朝文化的传播。

渤海国于存续期间在中国东北地区创造了高度的物质文明和灿烂的民族文化，定格了中国东北的基本版图，奠定了东北多民族的融合基础，拓展了东北陆路、海路交通线，对东北地区的早期开发做出了重要的贡献。

与靺鞨一脉相承的满族人也在松花江流域书写过他们的辉煌。第二松花江的东南部是我国著名的长白山区，满族人视其为祖先的发祥地，被封为神山、圣山，岁时奉祀。清康熙十六年（1677 年）康熙皇帝颁旨："长白山发祥重地，奇迹甚多，山灵宜加封号，永著祀典，以昭国家茂膺神贶之意。"开始对长白山实行封禁，并每年春秋二祭。

长白山天池北侧有一 U 形缺口，古称"闼门"，天池水由此而下，由于山高坡陡，水流湍急，一眼望去像一架斜立的天梯，人们称之为"通天河"。当池水到达海拔 2190 米的高程时飞流直下，形成高达 68 米的"长白瀑布"。离长白瀑布 300 米处有个红土山，满族人称为布库里山，在山脚下有个"布勒瑚里"湖，满语"龙驹"之意，当地人称为"圆池"，这里就是传说中的满族祖先起源地。

《三仙女》的传说是满族族源神话的代表，有清以来广为流传。神话讲述了"满洲开基之始"，《清太祖实录》对此作了记载："先世发祥于长白山"，山之东，有布库里山，山下有布尔湖里湖。"相传有天女三，曰恩古伦、次正古伦、次佛库伦，浴于池。浴毕，有神鹊衔朱果置季女衣。季女

---

① 魏国忠，朱国忱，郝庆云. 渤海国史. 北京：中国社会科学出版社，2006.

② 郑永振，李东辉，尹铉哲. 渤海史论. 长春：吉林文史出版社，2011.

爱之不忍置诸地,含口中,甫被衣,忽已入腹,遂有身。……佛库伦寻产一男,生而能言,体貌奇异。及长,母告以吞朱果而有身之故,因命之曰:汝以爱新觉罗为姓,名布库里雍顺。天生汝以定乱国,其往治之,汝顺流而往,即其地也。……其地有三姓争为雄长,日构兵,相仇杀。……"(布库里雍顺来到此,说):"我天女佛库伦所生,姓爱新觉罗氏,名布库里雍顺,天生我以定汝等之乱者。……其乱乃定,于是布库里雍顺居长白山东,俄漠惠之野,俄朵里城,国号曰满洲。"① 另外如《满洲源流考》《皇清开国方略》对此也有记载。

松花江在她的源头就与长白山一起存在于满族的传说之中,其后更是和满族的繁衍生息、勃兴沉浮紧密地联系在了一起。

"吉林乌拉"书写过 16 世纪到 20 世纪初 500 年间,东北历史与地域文化最辉煌的篇章。明嘉靖四十年(1562 年),建乌拉国。清顺治十四年(1657 年)清廷内务府设立打牲总管衙门,为三品大员督管的特产朝贡机构。天聪三年(1629 年)皇太极在乌拉设"嘎善达"(嘎善,满语,乡、村;达,满语,长)行政机构,到朝贡停止于 1912 年设乌拉旗务筹办处,历时 283 年。②

东北有"一座乌拉城,半部东北史"之说。吉林省得名于吉林乌拉,"吉林乌拉"就是现在吉林省的吉林市。由于明、清两朝在吉林造船、屯驻水军,故吉林市称为船厂,军府时期后,渐渐改称吉林乌拉。"吉林"是"沿"或"靠近"之意,乌拉是"江"或"川"之谓,也就是沿江之地、沿江之城。后来口语或行文时多将"乌拉"省略,简称吉林,清康熙二十四年(1685 年),康熙皇帝下诏"通称吉林"。

从明朝开始,吉林隶属海西女真乌拉部统辖,清朝入关后即在明代乌拉部旧地设立属于清廷内务府直接管辖的"打牲乌拉总管衙门",成为由清廷直接管理的东北采贡生产中心,源源不断地将东北独具特色的物资运往京师,直到清末。

东北是清朝的"根本重地",又与俄罗斯接壤,因此,清朝在长达 200 多年的时间里,都是以军府建置统治东北,其中,吉林将军占有重要地位。

"一个水师营,半部吉林史。"清朝初年,由于沙俄入侵的威胁,朝廷于清顺治十三年(1656年)派负责镇守宁古塔(今黑龙江省宁安市)的昂邦章京沙尔虎达在吉林设厂造船,清顺治十八年(1661 年)"设吉林水师营,以迁移人充水手"。③康熙三年(1664 年),任命吉林水师营总管等

---

① 大清太祖高皇帝实录.台湾华文书局.
② 施立学.打牲乌拉历史文化记忆及其"复活".吉林日报·东北风 14 版,2014-6-12.
③ 吉林航运史.中国水运史丛书.北京:人民交通出版社,1998.

各级官员，负责训练水军，制造船只。《扈从东巡日录》记录，清康熙十五年春，移宁古塔将军驻镇于此，"建木为城，倚江而居，所统新旧满洲兵二千名，并徙直隶各省流人数千户居此。修造战舰四十余艘，双帆楼橹与京口战船相类。又有江船数十，亦具帆樯，日习水战，以备老羌。"清康熙二十二年（1683年），派户部尚书伊桑阿带领工匠到吉林大规模造船，随着造船规模的扩大，吉林发展成为清朝边外政治、军事、经济重镇。①

长白山瀑布　　　　王淑娟　摄

清朝定鼎中原后，视长白山为发祥地，并作为清王朝的祭祖圣地。康熙两次巡视吉林，因路途遥远、交通不便，难以前往长白山，只好在松花江边临时设帐立牌，对祖宗发祥之地遥拜望祭。清朝于雍正年间在吉林市西郊的小白山上修建了望祭殿，每年派文武官员在那里对长白山进行望祭，自此吉林就成为永久的祭祀场所。

清康熙二十一年（1682年），圣祖爱新觉罗·玄烨东巡吉林。据中国文明网《清朝祭拜长白山的故事》载，康熙皇帝到达吉林乌拉，除广泛召见地方文武官员、视察两岸地势、访问民情外，还率皇太子及扈从诸王等在松花江畔搭棚设坛，望祭长白山，并写下《望祀长白山》诗："名山钟灵秀，二水发真源。翠霭笼天窟，红云拥地根。千秋佳兆启，一代典仪尊。翘首瞻晴昊，岩峣逼帝阍。"康熙还冒雨登舟巡视松花江防务，进行大规模的阅兵活动，观看了水战演习，当时游弋在松花江上的大小水师船只共有200余艘。看到松花江状如游龙环城而过，江边码头樯桅如林，吉林水师营整齐列阵江中，桅杆上的大清龙旗迎风招展，康熙激情写下了《松花江放船歌》："松花江，江水清，夜来雨过春涛生，浪花叠锦绣縠明。彩帆画鹢随风轻，箫韶小奏中流鸣，苍岩翠壁两岸横。浮云耀日何晶晶，乘流直下蛟龙惊，连樯接舰屯江城。貔貅健甲皆锐精，旌旄映水翻朱缨，我来问俗非观兵。松花江，江水清，浩浩瀚瀚冲波行，云霞万里开澄泓。"因此诗中"连樯接舰屯江城"句，吉林也被称作"江城"。乾隆皇帝也效仿祖

---

① 吉林航运史. 中国水运史丛书. 北京：人民交通出版社. 1998.

父来过吉林两次。他除了"驻跸吉林境,望叩长白山"留下诗文外,还拜祭松花江神,祭祀龙潭并在龙潭山上封神树。

满族视松花江为天河,松花江是满语"松阿里乌拉"的音译,本意是上天之河。当年布库里雍顺就是坐在佛库伦扎的筏子中顺着松阿里乌拉漂流而下,从这里渐渐走向中原大地。不论是先秦时期的肃慎族还是后期的满族,他们的生活都离不开河流高山,江河对他们的生产和生活影响很大,这种影响在满族早期的神话中多有表现。

在满族信奉的原始宗教——萨满教中传承了许多史前神话,如珲春库伦七姓的《火祭神谕》中记录了一则创世神话:从前,天上地下都是水,像一片大海,人类在水中挣扎。这时,一只小海豹救出一男一女,人类才得以绵延。天母派神鹰妈妈叼走了他俩的女儿,哺育她成为人类第一个女萨满。被洪水吞没的人中有一部分变成了人身鱼首,化身为"德立克"群体女神,把光明与生命之水送给人间,被敬为东海妈妈。后来,地又冻了,到处是白色的冰,俊秀的拉哈女神盗来了天上的太阳,她口衔太阳,将光明与火送到人间,自己被烧成怪兽,称为"托亚拉哈"。她带来的光滋养了众部落,培育了子孙,他们健壮得像小鹿一样。① 又如牡丹江富察氏的神谕中记载的一则神话:"在非常古老的年月,富察氏祖先居住的虎尔罕河突然变成了虎尔罕海,白亮亮的大水淹没了万物生灵。阿不卡恩都里用身上搓落的泥做的人只剩下了一个,他在大水中随波漂流,眼看就要被淹死了。忽然,水面上漂来一根柳枝,他一把抓住柳枝,才免于淹没。后来,柳枝载着他漂进了一个半淹在水里的石洞,化成了一个美丽的女人,与他结合,生下了后代。"②

两则神话都与水有关,有生命之水,也有洪水,满族先祖也是在大水中被海豹救出,才得以延续他们的族群。把光明与生命之水送给人间的东海妈妈,被洪水吞没后变成了人身鱼首,反映了水与鱼在他们的渔猎经济中占有重要地位,同时也反映了洪水带给他们的灾难,以及他们与灾难斗争的勇敢。

不同的生产方式会影响一个民族历史发展进程中的各个方面,满族的渔猎经济在他们信仰的萨满教中得到了充分体现。在萨满的宗教活动中有一项"祈求生产丰收"的仪式。如果满族人在狩猎时猎获不多,就会供祭萨满的"神",祭祀时先用柳条做成鹿、猪等模型,萨满披挂上阵,做拉弓射箭状,于是鹿、猪模型纷纷射倒,这时猎人便可以上山狩猎了,据说马上便能获得大批猎

---

① 刘中平. 满族民间传说及其意蕴. 满语研究, 2011(2).

② 王国学. 满族的尚柳与射柳. 松原宣传网. 2011-4-21.

物。如果遇到旱灾、虫灾或水灾，萨满又披挂起来，去祭祀"河神""虫神"，祈求风调雨顺，害虫绝迹，牲畜兴旺，五谷丰登。

自金代开始，满族先民女真人就有了"射柳"的习俗。《金史·礼记》描述说："凡重五日拜天礼毕，插柳球场为两行，当射者以尊卑序，各以帕识其枝，去地约数寸，削其皮而白之，先以一人驰马前导，后驰马以无羽横镞箭射之，既断柳又以手接而驰去者为上。断而不能接去者，次之。或断其青处，及中而不能断，与不能中者，为负。每射，必伐鼓以助其气。"《金史》中说，女真人的射柳活动"因辽旧俗"——"瑟瑟仪"。瑟瑟仪是为祈雨而举行的仪式。"柳"近水而居，常生长于潮湿水塘之滨，在沿河低地多有柳树林。所以有柳的地方就意味着有丰富的水源，柳就成为水的标记，找到柳就等于找到了水，找到了水就意味着找到了生命之源。拜柳也就是拜水，有了水，他们才能行舟楫之利，才能得到更多的物产，才能使早期的农业有所保障。另外在牡丹江富察氏的神谕及满族的许多传说中，柳是以始母神的形象出现的，反映出满族对生殖的崇拜。①

满族人崇拜鹰，把鹰看做是神鸟，这种神鸟谓之"海东青"，意为"从大海之东飞来的青色之鹰"。早在唐代，大诗人李白就曾写道："翩翩舞广袖，似鸟海东来。"《本草纲目》中记载："雕出辽东，最俊者谓之海东青。"满族先祖肃慎人很早就懂得捕鹰，驯化后，用来帮助猎户捕获猎物，俗称"放鹰"。

满族是以射猎著称的民族，鹰在空中飞行发现猎物后，迅速将两翅一收，急速俯冲而下，径直冲向猎物，驯化后是猎人的可靠帮手。海东青成为肃慎族系最高的神，不仅是图腾崇拜，同时也融入到他们的文化之中。鹰那种以少胜多，以小搏大的勇敢与剽悍也成为满族人刚强果敢的民族性格的象征。在满族萨满神谕中，用巨膀扇灭火焰的神鹰，烈火中死于海里，鹰魂化成了女萨满。所以，萨满魂就是不屈的鹰。满族著名的民间史诗《音姜珊蛮》中的女主人公尼山萨满，就是依凭着鹰神引路，为拯救青年猎人的魂灵进入地府，凭神鹰的助力救出神灵，将其带回人间。在满族民间有许多关于海东青的传说，都体现了满族勇敢、智慧、坚忍的性格。

满族这种鹰猎文化在吉林市的打渔楼等地还可以见到。自吉林设立打牲乌拉总管衙门后，打渔楼村就成了清朝狩猎八旗兵丁的世居之地，开始为清廷驯养猎鹰。鼎盛时期，全村70%以上人家成为驯鹰、养鹰户，现在村里还有50多家养鹰户，是满族鹰猎文化的传承地。

现在，在东北的一些地区仍能感受到满族文化的影响，如松花湖畔的一些地名：阿什哈达、

---

① 王项飞. 从满族射柳习俗的源流看民俗社会功能的演变. 阴山学刊，2006（2）.

奢岭、洋拉石等皆是满语音译而成的汉语名字；满族妇女穿着的优雅大气的旗袍，经过后来的加工改良一直流传到今；孩子们平时所玩的"老鹰抓小鸡"的游戏就是在模仿海东青抓捕猎物。走进吉林市龙潭区的乌拉街，更能感受到满族文化的气息。这里还保留着满族秧歌、抬花轿迎新娘、端午染红指甲、玩"嘎拉哈"、满族刺绣等满族风俗；"说部"声与萨满仪式更让人感觉到满族文化的丰富。

第二节 辽河与红山文化

"中华文明探源工程"研究发现，在中华文明起源的过程中，辽河流域是中华文明的重要发源地之一。辽河流域的古代文明有着悠久而又成熟的文明形态，在这一区域产生了兴隆洼文化、红山文化、赵宝沟文化、夏家店文化等，这些文化深刻地影响了东北地区的文明发展。

辽河流域社会组织形态从兴隆洼文化开始，经历了数千年的演变，由氏族到部落，再到"古国"，率先迈入文明的门槛。从查海、兴隆洼村落遗址看，当时的人按照血缘关系聚族而居，以平等的村落组织联系起来。到赵宝沟和红山文化时期，出现了中心聚落，并进一步形成聚落群。红山文化晚期出现由"环壕聚落"向"环壕石城"演变，这是早期城邑的雏形。至红山文化晚期，辽西地区进入到"古国"阶段。

辽河流域水草丰腴，林木茂盛，"历史上曾是商族先民的发祥地，又是东北地区四大民族系统（汉族、东胡族、秽貊族、肃慎族）争夺的主要战场，也是东胡族系和秽貊族系的发源地。东胡族系的乌桓、鲜卑、契丹、蒙古都先后以辽河流域为根据地，称雄东北入主中原。秽貊族系则在辽河流域创立了长达六百多年的扶余王国。辽河流域的开原、辽阳、沈阳、宁城、林东这5个大小不等的城市，曾经是辽河流域历史上古代民族所建立的五大都城遗址。"[①]

辽河流域的红山文化是北方地区新石器时期文化的代表，因最早发现于内蒙古自治区赤峰市郊的红山后遗址而得名，其后，在邻近地区发现有与赤峰红山遗址相似或相同的文化特征的诸遗址，统称为红山文化。现在发现并确定属于这个文化系统的遗址，遍布西辽河流域。红山文化距今五六千年左右，是在大凌河与辽河上游流域活动的部落集团创造的农耕文化，延续时间达两千年之久，全面反映了我国北方地区新石器时代的文化特征和内涵。

---

① 王禹浪.辽河流域的历史文化与古代文明.哈尔滨学院学报，2012（4）.

"龙"最早起源于辽河流域，这是专家们通过对红山文化进行研究之后提出的。著名考古学家苏秉琦先生曾提出："黄帝时代的活动中心，只有红山文化的时空框架可以与之相应。"红山文化遗址中出土的玉雕熊龙为古史中黄帝的有关传说提供了重要实证。黄帝"号曰有熊氏"，黄帝族"迁徙往来无常处"，五帝前期主要活动地域多在北方。

牛河梁红山文化遗址属于红山文化晚期，距今五千多年，这一遗址的发现将中国古代史的研究从黄河流域扩大到了燕山以北的西辽河流域。专家、学者通过研究认为，从神庙的写实女神塑像可以看出，红山先民已从自然崇拜，图腾崇拜进入到较高级的祖先崇拜，反映了当时社会的神权观念；从积石冢的大小和位置排序，反映出当时社会的等级观念；从积石冢中心大墓和随葬品，反映出当时社会的"一人独尊"的王权观念；从祭坛和大型祭祀活动看，反映了当时社会的宗教观念；从玉葬之礼看，反映了当时社会的文化观念和中国传统的礼制观念。①

牛河梁遗址中发现了大型祭坛、女神庙、积石冢和"金字塔"式建筑，祭坛遗址内有象征"天圆地方"的圆形和方形祭坛，建筑布局按南北轴线分布，有中心和两翼主次之分。牛河梁女神庙是中国首次发现的远古神殿，庙中有主室和侧室，泥塑残块证明有体魄硕大的主神和众星捧月的诸神。牛河梁遗址内大、中、小型积石冢中陪葬器物的品种与数量的不同体现了社会等级的分化，表明这是一个王权与神权合二为一的社会。《左传·庄公二十八年》中说，有宗庙先君之主曰都，无曰邑。牛河梁这种坛、庙、冢、金字塔式建筑一体的史前遗址格局，被专家确认为古国首都的雏形，为庞大史前部族的政治活动中心。红山文化把中华文明史向前推进了1000年。

牛河梁遗址中出土的大量玉器，及红山文化中"惟玉为葬"的风俗证实红山文化时期是中国用玉的第一个高峰期。红山文化的玉器已具备了夏商周三代文明中"礼"的雏形。"惟玉为葬"的实质乃是"惟玉为礼"。红山文化的玉猪龙更是引起了世人的高度关注。玉猪龙这一特殊文化现象的出现是以原始农业的发展和原始信仰的发达为其历史背景的。

辽河流域地处大兴安岭南缘和燕山北麓地带，是衔接东北平原和蒙古高原的三角地带，也是中原农耕文化与北方草原文化的交汇区域。辽河西域特殊的地理位置确定其自古以来就是多种经济文化类型交错、多种民族成分杂居和多种文化因素荟萃的中心之一。由于气候变迁、民族分布和经济方式等自然环境和人文因素的影响，这里的经济类型并不是单一的农耕或游牧，而是农耕与游牧等经济类型并存，且农耕与游牧相互转换。近万年以来，西辽河地区经历了早期的农耕文化和后期的游牧文化这两个发展时期。经济活动形式转变的主要原因是气候环境的变化。专家们经过

---

① 孟昭凯. 牛河梁红山文化遗址——中国世界遗产预备项目. 人民日报海外版，2004-6-30.

研究表明，在距今 3600 多年的北方，尤其是辽河流域曾出现了连续不断的干旱，导致了这一区域由农耕文化转为游牧文化。①

辽河流域的农耕文化时间相当于新石器时代中期至青铜时代早期，这一时期西辽河地区与我国其他地区一样，正经历着全新世中期的气候最适宜期，雨量充沛、空气暖湿、溪沼遍布、草木丛生，为农业发展创造了条件。考古专家近年来深入研究表明，在红山文化经济形态中，农业占很大比重，兼有采集与渔猎，原始农业相当成熟。

生产工具的制作水平和使用状况，是社会生产力发展水平的重要标志。在已经发掘和发现的属于红山文化时期的石器及其他器类中，有很大一部分是和农业有关系的。开辟耕地、犁田翻土、播种收割及粮食加工都需要相应的工具，从这一地区出土的大量磨制的石耜、石锄、石刀、石镰、石斧、蚌刀、石磨盘等，说明这一时期先后产生于这里的诸种早期农耕文化，都获得了长足的发展。孙守道、郭大顺先生在《论辽河流域的原始文明与龙的起源》中认为，红山文化大型石器中锄、斧、耜比较发达，尤以大型犁耜为最，从工具方面证实了红山地区农业的发达程度："红山文化具有以石犁耜为主要标志的发达的原始农业。"石耜具有松土翻地等多种功用，是当时平整土地的工具，可能为犁的一种原始形态。石锄、石镰、石刀当是用作种植和收获庄稼的农具。具有去壳脱粒功能的石磨盘和石磨棒在红山文化中个体较大，制作精细。由此看来，红山文化时期的农业已经具备了犁地、收获和加工脱粒的配套农具，证实了当时的农业生产力已达到一定水平。

龙崇拜自古以来就同农业丰歉有直接联系。所谓"云从龙"（《周易》）、"水以龙"（《周礼·考工记》）等，都反映了龙与农事、天象、祈雨活动的关系。红山文化"猪首龙"既反映了红山文化居民的龙崇拜，也反映了农耕文化在他们生活中占有很大的比重。龙崇拜与农业生产有一定的关联。

在农业社会中，人们总是希望风调雨顺、五谷丰登，但是旱灾与涝灾时有发生。人类祖先们在与自然灾害博弈的时候，只能借助神灵和上苍，"龙"就是祖先们在与自然灾害的斗争中创造出来的。在古代神话传说中或古人的祭祀中，鱼、蛇、蛙、猪、鸟、牛、河马等都被人们当做水神，每当农业生产需要雨水或发生旱灾与洪涝灾害时，人们便举行祭拜仪式，祈求这些神灵来帮助他们。在祖先们创造的神话传说中，龙是一种善于变化、能呼风唤雨、能大能小、能升能隐的神异动物，自然也就成为众多水神的代表，供人们祭拜。龙的内涵尽管博大精深，但基本内涵就是兴云布雨，司水理水。

祖先们为什么要把龙与猪连为一体呢？在古代龙与猪都被尊为水神，《毛传》郑笺："豕之性能

---

① 王禹浪. 辽河流域的历史文化与古代文明. 哈尔滨学院学报，2012（4）.

水。"郑氏注《月令》："豕，水畜也。"中国古代先民有祭祀云神的习俗，最早在殷墟甲骨文的卜辞中，就有祭祀云神的记录，商王称云神为"云帝"，如果久旱不雨，商王就会用几头猪来燔祭，在古代先民的意识中猪上天了就会向云神报信，云神就会降下及时雨，降雨就会有利于他们的生计。猪首龙身的神兽是红山文化先民用以祈雨除害的神灵崇拜物。红山文化遗址还出土了与"祈雨"有关的云形佩，四朵小云拱着一朵大云，拱着大云的小云看上去像是四条小龙。人们历来把云和雨连在一起，有云才有雨，崇拜云说到底还是在企盼雨。中央电视台探索发现栏目播出了《敖汉·旱作农业探源》，栏目对兴隆洼文化中的玉猪龙进行过分析，认为随着兴隆洼人种植业的产生，主管祈雨的神成为他们祭祀的主神。最初被兴隆洼人当做祈雨神祭拜的是 C 形石阵，石阵的头部就是一个猪首，兴隆洼人把多生多育的猪比附为主宰一切的至上神；分析认为商朝早期甲骨文上的"龙"与兴隆洼的 C 形石阵极其吻合，存在着承继关系。兴隆洼文化 C 形石阵的功能通过商代龙的功用来做反推，商代龙的功用是从甲骨文"贞乎龙"中得到答案，"乎"通"呼"，呼龙在于"应龙蓄水"，龙来了，雨就来了，雨来了庄稼就有了水的保障，人们的生活也就有了保障。随着兴隆洼人旱作农业的发展，猪就成了掌管降雨的神。到赵宝沟时期出现的猪就与天象有关了，赵宝沟文化陶尊上的鸟、鹿、猪等都代表着天象，与农耕中的春分、秋分、夏至、冬至有密切关系；甲古文中的"家"寓意有猪才有家，兴隆洼文化室内葬中有人猪同穴的现象，室内葬具有浓重的宗教祭祀意义，墓葬中的人可能生前具有特殊的社会地位或死因特殊，死后被埋在室内，成为生者崇拜、祭祀的对象，猪与其同穴可见猪的尊贵，猪正在逐步向超现实的龙的形象演化。

水不但成为兴隆洼人祭祀农业丰收时的主要内容，而且还影响到他们的生活。古人聚落选址一般都在靠近河流的二级阶地上，一是生活中用水方便，二是可以防洪，兴隆洼人的聚落布局体现出了古人趋利避害的原则。在兴隆洼文化分布的区域中，几乎每条古河道的向阳坡上都有古遗址。兴隆洼文化属"前红山文化"，其后的红山文化在生产与生活方式上必然受兴隆洼文化的影响。在红山文化中晚期，随着人口的增长及生产力水平的提高，农业经济开始成为主导性的经济，干旱缺雨历来是影响农业生产的不利因素，为求丰收，去除灾祸，牛河梁大型祭坛就成为与神沟通的场所，玉猪龙一类的器物也成为通神工具，红山文化宗教的核心是祈雨求丰收。

红山文化地区当时的自然条件、土地、水源、配套的农业生产工具等，促进了当时的农业经济迅速发展及建筑、制陶、玉雕、泥塑等手工业的兴起，推动了整个红山文化时期社会、经济的发展与进步，达到了史前文明的高峰。

第三章 水在东北地区文明发展中的作用

水是"生命之源，生产之要，生态之基"，对东北地区的生存与发展、区域的和谐与进步关系重大。东北地区在各个方面的发展与进步都不乏水的贡献。生活在黑土地上的人们在运用水、亲近水、治理水的同时，也利用他们的勤劳、智慧和血汗把水的功能扩大，使水充分发挥了它们的作用，"鞠躬尽瘁"地为人类造福。

第一节　水与水利工程的建设

人类的生存、社会的发展、灾害的存在催生了水利工程。松花江流域、辽河流域乃至整个东北，洪灾、涝灾、旱灾是主要的自然灾害。根据史料记载，松花江流域水灾发生次数多于旱灾，受灾面积没有旱灾大，但造成的损失比较多。辽河流域在自然灾害造成的受灾农田面积中，水旱灾害占到80%以上，从已有的资料看，流域水灾频繁，平均两年一次。

东北地区气候干燥寒冷，历史上一直是少数民族游牧、渔猎、征战、迁徙的场所，清朝又对其实行了长达200多年的封禁，导致水利开发严重滞后于其他地区，到清朝末期东北地区水利与水事活动才稍见记载。

近代东北地区水利发展的大背景是清末封禁弛废、东北新经济区崛起、朝鲜移民进入东北开发水田，其发展之路独具特色。

东北新经济区的崛起使水利建设成为必然。清末的开禁给东北地区的发展带来了机遇。随着封禁的弛废，大量的关内移民涌入东北，把中原地区先进的传统旱作农耕技术带入东北，并广泛传播，促进了东北地区农业的迅猛发展，农产商品相应地得到快速增长。1861年营口港开放之后，外国经济势力开始向东北渗透，使辽河流域的商品贸易发展为国际性贸易。1895年《马关条约》签订之后，外国资本竞相进入东北，铁路的修建促进了区域商贸市场的发育和近代东北各地城市的兴起与扩大，城市人口日益增加，使得粮食等农产品的需求持续增大，东北农产商品化日趋活跃。1906年之后，东北在大连和营口港之外，又主动开辟了铁岭、葫芦岛、长春、哈尔滨等商埠24处，清政府鼓励在开埠地通商的政策进一步促进了东北商品经济的繁荣。1908年东北大豆打入欧美市场，大量商人涌入东北，东北的大豆、豆油等粮豆输出贸易额成倍增长。民国后，由于东北近代铁路、航运得到了发展，民族工业也获得了发展，形成了大的商业贸易中心和城市。东北地区的经济开发因许多外来文化的影响，逐步成长为全国粮豆出口区和榨油加工出口区，缫丝工业成为第二大出口导向产业,钢铁工业、机械加工、电力等产业也逐渐得到发展。清末民初东北形成并保持着"南豆北麦"的商品贸易结构,民国初期发展为大豆、豆油、大豆粕为主,高粱、粟、玉米等杂粮出口的农产品贸易结构,东北逐渐成为世界性的商品粮生产基地。到清末,东北地区已成为全国最具活力的新兴开发区。①

东北地区自然经济逐步解体,商品经济十分活跃,对水利的需求加大,输送农产商品和移民等加大了对河川航运的需求,一时间东北地区尤其是辽河流域的航运业十分繁盛,航运业的发展使得航道的疏浚迫在眉睫,可以说东北地区水利开发是从疏浚航道开始的。《盛京时报》1908年12月4日报道:"各地请准商民集股疏浚辽河,行驶小轮,以自振兴商业。"

东北地区的经济开发是以辽河流域为中心开展起来的,商品经济及航运业的繁荣带动了油坊业、钱庄业的发达,也使其很快成为东北地区商品经济最发达地区。辽河流过东北中部,是东北南部地区的大动脉,其水运在1853年才开禁,允许航运至铁岭以北,开禁之后辽河航运日趋发达,带动了沿河城镇的兴盛,到1875年营口已成为东北第一大商港。当时辽河上航行的主要是牛船、槽船等民船。19世纪50年代自铁岭马蓬沟至下游营口的商品运转码头连成一片,码头总数达到70多个。营口开埠后,大量外国轮船驶入辽河,从而推动了辽河航运业走向高潮。虽然辽河航程在不断向上游延伸,但由于辽河河床泥沙量大,河岸土质疏松,沿岸难以停靠大型船舶,运输码头规模一直很小,河运发展受到影响。19世纪末,通江口与三江口间的360支里因流量少,积载量递减,航运船只减少,一般货物都是在营口与通江口间1000支里进行。辽河各干支流含沙过多,河身流经广漠平原的平低地,无任何人工设施,河道蜿蜒迂曲,沿岸的土质是泥土及细砂的混合土,河水溢流现象多,河床经常变换。因此随处可见自然浅滩,阻碍风船航行。1861年,辽河发生大水灾,于下游右岸冷家口(今唐家窝堡附近)溃堤决口,顺双台子潮沟分流入海,形成今天辽河的另一入海口门——双台子河。因双台子河较辽河倾斜度大,辽河的水量逐渐分流到双台子河,辽河水量大减,河道逐渐变浅,影响船只航行。1873年曾将该处堵塞,使双台子河断流。因不能分流,此后辽河水患不断。1896年辽河流域发生大水之后,冷家口堵口被挖开,使辽河水自冷家口门顺双台子河分流入海。该工程南北堤动用土方20多万立方米,历经1年多时间完成。双台子河第二次通流后,减轻了辽河水患。从此辽河的水流又开始转向双台子河,造成辽河主河道水势衰减,唐家窝堡以下航运受到较大影响。唐家窝堡至三叉河的本流25里区间因此降缓,陷入

---

① 金颖. 中国东北地区水利开发史研究(1840—1945). 北京:中国社会科学出版社,2012.

不良的河床状态，因此该河段的浅滩问题成为辽河整治的首要目标。①

辽河下游在19世纪末，因河道及河口沙洲处逐年淤浅，流沙淤积，险滩增多，航运效能大大降低，海洋轮船出入困难。1912年清政府派员调查辽河上游的河道情形，调查官员乘船至铁岭境内的张祠台时记载道："河流散漫中有淤浅，3片浅处仅有1尺，仅西边一线深水，而宽不到1丈，……加以该河浅滩河岸甚多，致碍行走，……。"

辽河当时是东北地区各省出海的主要通道，而且辽河航运关系着营口商务的盛衰，影响到外商的利益，驻营口的各国领事敦促有关方面整治辽河航道，经几方多次磋商，最后确定了英国技师提出的辽河整治方案。该工程计划包括上游与下游两个方案。上游工程计划的主要内容是：1910年在唐家窝堡分歧流点的下游双台子河上的冷家窝堡设立较低的固定堰和水闸，使大部分水量流向辽河本流，余水溢流至双台子河。1910年10月双台子河冷家窝堡工程滚水堤坝及水闸2座完成，仅有堤坝两旁的堵口堤工一段尚未完成，1911年继续修筑。当该工程临近完工时，因夏秋雨水过多，附近遭受了水患，当地人把水灾归咎于该工程，致使该堵口前后历经3年仍未修筑完毕。此时正值辛亥革命前夕，地方不安定，该工程一直未能竣工。于是上游计划被迫放弃，只好以疏浚作业来解决唐家窝堡至三叉河水路浅滩及航行困难问题。因辽河水流含沙量大，随挖随淤，疏浚效果一直不好。②

辽河下游整治计划包括：河口沙洲浅滩的疏浚、解决西水道闭塞问题、西水道附近的疏浚、鸭岛的保护工事。因横亘在航路上的河口浅滩地段在干潮时深7尺，宽180尺，满潮时的深度也只有19尺，吃水在该线以上的轮船无法进入营口港，该计划是在宽2000尺的范围内，再深挖浅滩5尺。在距营口6里下游有一个向西分流的宽1里、深6~10尺的风船水道，辽河水量有一部分流向该水路，解决西水路闭塞计划就是封闭该水道，以使水流全部集中注入河口，使河口沙洲因水势增强而达到自然洗掘的目的。西水道附近的疏浚计划是疏浚在西水道附近的浅滩。1911年7月，北京政府与驻营口领事团会议在营口签订了辽河整治临时协定，决定下游（鸭岛以下）仿天津海河工程模式进行，但在签署正式协定前清政府倒台，该整治方案又付诸流水。③

辽河防洪堤坝建设是随着防御自然灾害及水田农业发展开始的。明代以前辽河干流还没有堤防工程，仅个别支流河段有民众自发修建的民埝。清朝时，也几乎没有堤坝建设。1730年，雍正

---

①③ 金颖.中国东北地区水利开发史研究（1840—1945）.北京：中国社会科学出版社，2012.

② 水利部松辽水利委员会.辽河志·第4卷.长春：吉林人民出版社，2003.

皇帝为了保护清陵曾在福陵前修建过浑河堤防，至嘉庆年间才开始有了官修的堤坝。据《辽中县志》记载："辽河堤坝始于前清嘉庆末年，奉天将军松筠鉴于沿河居民频遭水患、流离失所，据实奏请建筑堤坝，为一劳永逸之计。"①1875年，随着封禁的解除，大量移民掀起垦荒热潮，辽河主要河道两岸陆续开始修建堤防，至晚清时两岸居民自发联合摊工筑堤、补修防水工程，但民堤并没有连成一线。清末时东北的河流开发和治理工作基本上是由当地官员上报朝廷，申请拨款，朝廷大多不予重视。进入20世纪之后，河流淤塞严重。

随着辽河流域农业的发展与洪涝灾害的发生，修筑堤防成了这一时期的治水方向。在东北地区农业开发较早的奉天省地区，水利由疏浚航道向减轻洪涝灾害方面转变，开始了以防御洪水作为直接目的的堤坝修筑。修筑堤坝时开始注重构筑较洪水位更高的连续堤防。筑堤呈现从下游开始逐步向上游发展的态势。当时浑河下游冲积平原土地肥沃、开垦渐多，但每遇洪水容易泛滥，造成灾害。沿河居民为保护开垦的土地免遭水淹，开始修筑堤坝。1850年，浑河与太子河流域开始筑堤防水，据《辽阳县志》载，辽阳县境"清道光年间，浑河、太子河下游两岸，遇水辄涝，居民苦之，遂从河道下游两岸筑堤防。人见有利，于是推广，遂逐段而上，堤坝越长，形越高"。1874年，由沿河村庄摊工逐段修筑盘山县境柳河堤岸，《盘山县志》这样记载道："北由台安来，于黑坨子起，南至常家我堡止，长50里，堤高7尺，基宽1.5丈。"②

为抵御日益严重的水患，辽河治理中开始重视水利设施的防洪作用，官督民修的堤坝建设呈普遍化趋势。1875年，群众集工修盘山县境辽河堤坝，"逐段挑挖"，首先于杜家台子挑挖河槽，分上、中、下三处。"下游由六合顺东海河起至莲花泡南口止，计长7245丈，中游由莲花泡南口起至莲花泡北口止，圈筑东西两堤，计长8418丈，上游由莲花泡北口起至七台子村西北绕阳河口止，挑挖河槽，并圈筑鲫鱼泡东、西两堤，计长7000丈"。1894年新民因无堤遭受严重水灾，经省总监许可，用所捐之款监修从鲫鱼泡村东起，越过辽中县境直达台安县十四家子冷家口的堤坝，堤长210里，宽5～7尺，高8～1丈不等。日俄战争后，从长滩至下游地区两岸可见不完全的堤防。当时筑堤几乎都是由民众自发联合修建，所修堤防堤身矮小、断面单薄，堤防标准低，且断断续续，残缺不全，每遇稍大洪水，堤防就被冲决成灾。太子河辽阳以下虽有堤防工程，但防洪标准低，1911年及1914年的大洪水使修筑过半的堤防瞬间流失。到1915年和1916年时，在官府的补助与县民的出资下才重新修筑堤坝。

---

① 水利部松辽水利委员会.辽河志·第2卷.长春：吉林人民出版社，2000.
② 辽宁省盘山地方志编纂委员会.盘山县志.沈阳：沈阳出版社，1995.

近代东北地区水利发展的另一条主线就是水田农业的广泛开展。朝鲜移民在东北试种水稻成功，为东北地区农业水利拉开了序幕。

东北地区虽然井灌历史悠久，但也只是用于菜园的浇灌，而引水灌溉的记载最早见于1764年，当时有人在锡伯河上兴建了一处无坝自流引水渠，该渠位于蒙古赤峰市的喀喇沁旗牛营子下水地。渠道长3公里，分东西两条干渠，可浇地100公顷。之后于1825年由当地绅士在老土城子修筑了长3.5公里，渠首在大乌珠门沁，可浇地86.67公顷的两条支渠，渠道遗迹至今犹存。东北地区是旱作农业区，而迁移东北的关内移民来到东北后照样重复着与在家乡一样的耕作，选择一些地势较高的土地耕种，基本上是靠天吃饭，东北地区的农业基本上还保持着北方旱作农业的基本程序和结构。

清朝末年东北地区开禁，使朝鲜移民成为东北地区新的劳动力，他们的足迹几乎踏遍东北的每一块土地，所到之处成为了水稻种植区域。朝鲜移民凭借在朝鲜半岛种植水稻的经验，以及吃苦耐劳的精神，把关内移民不予理睬的低湿涝洼地改造成稻田，他们又靠租佃土地及给人帮佣扩大了水稻种植范围，在他们的影响下，我国人民也开始了水田农业的经营，从而推动了东北地区农业水利的开展，农业水利成为当时东北水利发展的又一个主要方向。1875年迁入通化上甸子地区的朝鲜移民最早试种水稻成功后，东北各地水稻的种植呈现出连续性、稳定性的特征。

水利是水稻种植的必备条件，在降雨量少、蒸发量大、风大干旱、河川水量不稳定的东北地区，水稻种植对水利的需求很大。朝鲜移民移居中国后，开始搜寻引水便利的低洼地种植水稻，开垦原住民废弃的湿地为水田……；设法畅导水源、合伙修筑拦河坝、开凿水渠；主要依靠方便引入的山涧水兴建小规模、简陋的水利设施，零星开垦水田。朝鲜移民石洲李相龙在所撰的《石洲遗稿》中说："满洲之人亦专务旱农，尔不知灌溉之为利，……吾辈侨居此地，但契旱谷，风土殊异，尤易生病，不得不收买旷弃之废田，务种稻子，宜使熟习农业者，广审水利，丰其利益大小，工役多寡，然后雇粮筑洑。"①

随着水稻种植的发展，东北地区水田农业的基本格局已经形成，大体上是随着朝鲜移民的移居而由东部山区丘陵地带向西部平坦地区逐渐转移，从南部辽河中下游地区向北部地区逐渐展开。农田水利也是随着这一传播路线开展起来的。修渠筑堤是当时水田开发最为普遍的水利工程形式。1913年辑安县霸王朝村村民开水道长3里，引新开河水，种植水稻100余亩，获利很大，之后附

---

① [韩]李相龙.石洲遗稿.韩国高丽大学影印本，1973.

近农民争相效仿。鸭绿江下游的水稻种植，因利用丘陵中的溪水浇灌，所以发展速度很快。①

奉天（今东北沈阳）地区水田开发很广泛，最初者营口田庄台的朝鲜移民因水灾，种稻失败，但一直坚持下来，其后，来此的朝鲜移民及东北各地迁移来此的人多了起来，从营口的田庄台，到对岸的童子沟，至东北部的海城县内，形成10多个部落。

随着进入长春的朝鲜移民逐渐向周边扩散，吉林地区的丘陵低地与松花江沿岸水田农业逐渐兴起，农业水利也兴盛起来。永吉县兴修水利工程约始于1722年，从山东迁来的农民打井浇灌菜田。1821年五里河上修建引水设施，安装水动力，加工酒曲。之后三家子等地还出现水动力香坊。1903年有朝鲜移民迁入五里河、牤牛河、岔路河沿岸，利用自然河道，使用柳枝作坝，拦截河水，引水种植水稻。②

延边地区最早的灌溉工程是1906年修筑的，当时延吉县智新乡大教洞的14名农民共同开掘水渠1308米，引河水灌溉33垧水田。

北部地区水田规模不大，水稻栽培和农业水利开发一直属于零星种植和传播先导阶段，直到20世纪20年代中期引进了适合寒地种植的"北海"（札幌赤毛）稻种后，水田农业才逐渐开展起来。

进入民国时期，辽河水运状况更加恶化。疏浚辽河上游，振兴风船贸易，并疏浚下游拦江浅滩，使吃水较深的轮船方便进出营口港，成为当时的急务。1914年7月，中国政府与各国公使正式签订了《辽河改修协定》，规定首先成立指挥监督整治工程的水利机构——辽河工程局。《辽河改修协定》规划的整治工程有：辽河河口浅滩的疏浚、从河口至营口港水路的改善、堵塞风船水道支路工程；鸭岛与牛庄港下界的中间，即京奉铁道停车场附近的狭地防御工程。随后开始对辽河有计划地进行整治。

辽河整治工程自1916年5月开始实施，初时进行得还算顺利，鸭岛与狭地间的水流中断工事及筑堤工事、西水道闭塞工事都已完工，左岸筑堤工事也大体结束。当右岸工事准备进行时，整治工程因故一度中断。1919年召开工程会议，把辽河整治分上下游两部分进行。上游主要工程有唐家窝堡至三叉河间的疏浚工程、新开河与二道桥子的堰及闸门的设置工程。为使溢流双台子河的水量复归辽河本流，1921年辽河工程局决定采用挖掘二道桥子至夹心子13.8里间A线新运河计划。该计划是在双台子河的二道桥子附近新设堰及闸门，调节双台子河的水量，尽可能使更多

---

① 金颖．中国东北地区水利开发史研究（1840—1945）．北京：中国社会科学出版社，2012．

② 永吉县志编纂委员会．永吉县志．长春：长春出版社，1991．

的水量复归到辽河，便于下游航行的同时，通过调节闸门，便利双台子河的风船航行。该计划自1922年开始实施，但因该计划的实施受到当地民众的反对，工程局用了3年时间才勉强购得工程用地12694余亩，1927年工程才得以完成。A线新运河计划的实施，使辽河航运可以跳过唐家窝堡至三叉河间的泥塞区段。为保持航运所需的水深，在二道桥子以下修建1座拦河闸——马克顿闸。闸门于1928年完工，后因辽河输沙，于二道桥子河口处淤积。该工程基本达到了建闸时的目标，实现了双台子河河水还流辽河本流的目的，使营口再次成为辽河河口港湾的同时，也满足了双台子河二道桥水门下游的沿岸居民灌溉用水及饮用水需求。1929年1月A线新运河开通，但新开运河及马克顿闸未能达到设计之初的效率。

下游主要工程包括东导流堤筑造工事、东水道闭塞工事、西水道闭塞工事、鸭岛头部屈曲部的护岸工事、疏浚船疏浚河口作业。东导流堤筑造工事于1916年开工，经13年修筑于1928年筑成总长7里3分的导流堤。西水道闭塞工事于1916年动工，第二年完成。鸭岛头部屈曲部护岸工事自1916年春季开工，1919年大体上完工。疏浚河口作业因工程局购入疏浚船进行不间断的疏浚，再加上经过二道桥子水门调节的人工运河流势的增强及导流堤的自然疏浚力，河口疏浚作业取得了一定的成效。

民国时期东北地方政府逐步制定了各项调控和管理水利事业的政策与措施，突出了政府在"控制"与"发展"两个方面的作用，激励与协调水利开发，规范用水管理制度。1929年东北地方政府颁布了中国近代史上第一部全国性水权法律——《河川法》，水资源的开发利用自此从无序逐渐走向有序。

东北地区直到晚清时，还没有统一的水利管理机构，到20世纪20年代中期以后，东北地区水利建设集中分布在奉天省（辽宁省旧称）地区，奉天省地方政府逐步制定和完善了水利政策，设立了水利专门机构，并逐步完善了水利机构的管理制度。奉天省特设由省长指挥监督的奉天省水利局。

奉天省水利局系官办营业性质，除加强对水利事业的管理，征收水利税之外，还兴办并经营水利局新开河灌溉设施等。1923年度，奉天省水利局省直属灌溉稻田达5万余亩。在该局主持下，实施了引浑河水入蒲河的灌溉工程。该工程的主干线是新开河，也称水利河，此后，水渠两岸的大片涝洼地被辟成水田，新民县蒲河一带1926年已开辟水田15000余亩。1916年在奉天省水利局主持下对新开河与蒲河进行了疏浚。1921年将新开河干渠向上延伸，同时在城西增设了南北两条分干渠，供沈阳、新民、辽中三县水田用水。1923年在东陵河头碎石坝西端新开河口处，修建了东陵河头防水闸，1925年奉天水利局重新规划，将进口再移向上游，并在塔湾分流，而且翻建加固了附近的一些滚水坝与泄水筒等，至1929年该工程的灌溉面积达到1.05万亩，形成了浑蒲灌区的雏形。1935年再行修筑新开河，扩建了渠首进水闸、拦河坝、干渠工程等，当时新开河约有0.33万公顷水田面积。①

政府对水利的管理主要是对民众修堤请求及时派员实地勘察，并做出可行与否的决定，激励并协调堤防建设。1914年由政府拨款在新民县修筑了柳河堤，1921年在浑河的沈阳铁西区段修建了2670米堤防，1924年盘山县境内修筑了辽河长堤20公里，1930年新民县修筑堤坝，铁岭县修建辽河堤。修坝的款项主要来自政府拨款、银行借款、发行公债、各村屯地亩摊款等。稍大些的堤坝建设，民间还会组织坝务会等推进。

近代东北地区一直遭受日本帝国主义的经济侵略，民国时期东北地区经济快速发展，市场经济极其活跃，日本也在东北加强了投资和贸易，经济侵略势力迅速扩大。东北地方政府为防范和抵制日本势力的渗透采取了一系列的措施，于1918年制定了《提倡华民耕种水稻办法》《奖劝华人耕种水稻章程》，于1921年颁布《土地商租暂行规定》，直接抵制日本商租权。日本试图利用朝鲜移民扩张其在水田农业方面的侵略，奉天政府在劝国人种植水稻的同时，加强了对朝鲜移民的管理，限制朝鲜移民租佃土地。20世纪20年代末期，对朝鲜移民和日本侵略势力采取了更加强硬的限制、取缔措施。

战争时期，日本为本国利益的需要，强制增产稻米，引发了大规模水利工程建设的畸形扩张，于是沿着河川筑造防水堤、矫整河道，使洪水速流、植树防沙、开掘沟渠、排除恶水成为主要的工程项目。20世纪40年代，日本在紧急增产粮食的需求之下，在各地重点实施了以农地改造为目的的防排水、灌溉等农业土木工事。1940—1941年以满洲拓殖公社为中心进行的工程主要有塘堤、防水堤、排水路、用水路及其他一些设施。1942年又进行了东辽河造田工程。1943年在伪岫严县挖掘了长10公里的主水渠，8个支水渠，灌溉面积达6750亩。此外在松花江水系上实施了滨江省防水开发工程。1940年滨江省制订了水利事业十年计划，计划在呼兰河、拉林河、蚂蚁河、阿什河的上游建造一座水库，在其河岸修筑新的防水堤1136公里，并整理河道；建水田84000公顷、牧场29000公顷。该计划自1941年开始，1943年编入"紧急造成农地事业"之中，一直持续到1945年日本投降前。日本内阁通过的"满洲国紧急农地造成事业要纲案"，形成了1944—1945年大规模的水田拓展。1944年"紧急农地造成事业"中水田造成计划为47398公顷，实际造成面积

---

① 金颖. 中国东北地区水利开发史研究（1840—1945）. 北京：中国社会科学出版社，2012.

为40204公顷。这一时期较大的水利工程有第二松花江灌溉工程、新开河湿碱地改良工程、东辽河防洪及灌溉工程、盘山灌区工程、郭前旗灌区工程与查哈阳灌区工程。[①]

1934—1945年,日本人对东北河川水力资源进行了详细调查,确立45处可筑坝蓄水发电之地,水力发电站的建设成为日本掠夺东北资源的重点。1936年伪满政府颁布了开发水力发电方针,把水力发电事业置于国家统制之下。1937年伪满政府设置水力电气建设局及水力电气建设委员会,1938年发布13个河川,37个地点筑造水库,又在其选定的地点选择了最有利的第二松花江(丰满)、牡丹江(镜泊湖)、浑江(桓仁)设立了庞大的发电计划。该计划实施结果是:在鸭绿江水丰修筑的发电站于1941年8月开始送电,1942年6月镜泊湖发电站开始送电,1943年3月松花江丰满水库也开始送电。3个水力发电站的发电总量为80万千瓦时。[②]

当代东北的水利建设是在近代水利建设的基础上发展起来的。中华人民共和国成立后,为适应东北地区社会经济的发展,流域内建设了诸多水利工程,这些分布于各个流域的各类水利工程长期以来有效地调控了域内的水灾,并在防洪、发电、灌溉、城市供水、水产养殖等方面取得了一定的效益;先后编制了《松花江流域水资源综合规划》《辽河流域水资源综合规划》,在规划指导下,松辽流域进行了大规模的开发治理,初步形成了较为完善的防洪工程体系和水资源调控体系,为东北地区的社会发展和经济建设发挥了应有的作用。

第二节 水与水田农业的发展

东北地区种植水稻历史悠久,据辽宁省1988年出版的《中国考古学年鉴》记载,大连湾大嘴子遗址出土的炭化的稻子距今有2400年以上,这是东北地区有关稻的最早的记载。《新唐书》第219卷《渤海传》中提到的"卢城之稻"也表明渤海人在1000多年以前已成功把水稻栽培引种到北纬43°附近及其以北地区。据《册府元龟》记载,唐宪宗时期渤海国曾两次向唐朝进奉"卢城稻",以备唐皇室每六十年举行的"法门寺"迎奉佛指舍利之用。从"卢城稻"成为著名的特产,足以说明"卢城稻"已有相当的产量,渤海国后不知何因"卢城稻"没有流传下来,其后东北地区少有水稻种植的明确记载。

---

① 金颖.中国东北地区水利开发史研究(1840—1945).北京:中国社会科学出版社,2012.
② 满洲国史编纂刊行会,东北沦陷十四年史吉林编写组译.满洲国史.长春:东北师范大学出版社,1990.

在清朝政府对东北实行长达二百多年的封禁后，于19世纪中叶以来，以"安置流民""开荒济用""以利饷源""移民实边"为目的，逐渐放弃对东北地区的封禁政策。清政府弛禁放荒政策引发了朝鲜移民的大量迁入，东北地区的水田开发进入了一个新的历史时期，而鸭绿江流域和图们江流域的先后开放，为江对岸朝鲜移民的迁入打开了方便之门，也为东北地区的水田开发提供了条件。越过鸭绿江和图们江的朝鲜移民继续向各处迁移，那个时期在东北的每一个地方几乎都能见到朝鲜移民的身影，就连人烟稀少的虎林县乌苏里江沿岸地方，竟也有朝鲜移民的踪迹。吉林垦植分会在1912年对中俄东部边境地区调查时，得知这些移民在此地已经生息几年甚至三十几年。由此可见，到清朝末年，朝鲜移民已流布东北各地。①

早在清朝还没有弛禁之前的1845年，就有十几名朝鲜人潜入临江县。进入19世纪60—70年代，由于朝鲜连年灾歉，大量灾民涌入奉天东边封禁区。1870年前后，辑安（今吉林省集安市）一带朝鲜流民已达千余户，临江和浑江两岸山间朝鲜贫民星罗棋布。清朝末年，奉天省的通化、桓仁、兴京（新宾）、抚顺、本溪、海龙、柳河、沈阳、新民等地也陆续出现朝鲜流民，有些地方甚至出现较大的朝鲜流民聚居点。

图们江北岸也是朝鲜流民较集中的地区。在东北地区还没开禁之前，就已有朝鲜灾民越江私垦。19世纪60年代，咸镜北道连年发生自然灾害，大批灾民越江谋生。1870年10月，朝鲜庆兴郡阿吾地的一个村19户农民一夜之间集体迁入今珲春市敬信乡境内。1873年，部分朝鲜流民从珲春凉水泉子转迁到汪清县小百草沟落户。②

1880年，延边地区全面开放后，朝鲜人的迁入因公开化、合法化而数量大增。1885年，清政府"划图们江北沿岸为韩民专垦之区"，被称为"越垦区"，并设越垦局。1894年改越垦局为抚垦局，并将垦民"立社编甲"，在图们江沿岸分别设立了宁远、绥远、安

图们江畔　　　王淑娟　摄

---

① 衣保中. 论清末东北地区的水田开发. 吉林大学社会科学学报，2002（1）.
② 金东俊. 朝鲜族的迁入及其历史作用. 朝鲜民族迁入史论文集. 哈尔滨：黑龙江朝鲜民族出版社，1989.

远、镇远4个堡。清光绪末年，以上4堡朝鲜移民已达5990户，已垦耕地25501垧5亩。到1910年，延边地区的朝鲜移民总数猛增到109500人。①

吉林地区的朝鲜移民大致从两条路线迁入：一条是从南向北，即越过鸭绿江的朝鲜移民经由凤城、宽甸、桓仁、浑江、通化、桦甸、磐石、永吉诸县迁入；另一条是从东向西，即越过图们江的朝鲜移民经由延吉、铜佛寺、明月沟、敦化，迁入吉林地区的额穆、蛟河、永吉等县。进入东北部的朝鲜移民，主要经由三条路线迁入：第一条路线是越过图们江进入延珲地区，再向北沿瑚布图河、大绥芬河、大肚川河迁入东宁、宁安、海林等县；第二条路线是越过鸭绿江进入东边道地区，然后经由通化、吉林地区，进入今黑龙江省的五常、阿城、哈尔滨等地；第三条路线是移居俄国远东地区的朝鲜人，越过中俄边界，进入东北北部及东部的边疆地区。另外俄国修筑中东铁路东部线时，曾雇佣大批朝鲜劳工，1903年该铁路开通后，这批朝鲜劳工大部分定居在绥芬河、磨刀石、一面坡、阿城、哈尔滨等铁路沿线一带。②

《论清末东北地区的水田开发》的作者向我们描述了这条朝鲜移民的迁移路线，我们循着这一线路探究下去，可以看到一幅东北地区水田农业发展的区域图，看到朝鲜移民为东北地区的水田农业所做出的贡献。

旱涝灾害是制约东北地区水田农业发展的主要因素。水稻生长对土壤的要求不是很高，但对水的需求却很大。东北地区年降雨总量平均为500~600毫米，而且降雨量分布又不均匀。受季风影响，东北地区降水季节分配差异也很大，降水高峰期集中在7—8月。区域内全年60%的降水集中在6—8月，雨季河流流量剧增，水位上涨，汛期出现洪峰，甚至暴雨成灾，大小河流洪水泛滥。遇多雨年，水田地区因地势低洼洪水很难排泄，易受涝成灾。4—5月是水稻播种期，需水量很大，而这时正是东北降雨量少的干燥期，干旱少雨，有时雨量甚至达不到10毫米，远不能满足水稻对水的需求，加之充足的日照与季风又加大了蒸发量，不利于水稻播种和稻苗发芽。基于东北的气候特点，水稻的种植必须解决旱涝灾害问题，建设灌排兼备的水利设施。③

东北地区世居民族都是游牧渔猎民族，农耕虽在他们的生产中占有一定份额，却没有涉猎水田种植；清朝以前东北就有汉族人，却没有形成一个以移民为主体的社会结构，也只能在居住地附近进行旱地耕种；而随着移民潮来到东北的关内移民，虽带动了东北地区大规模的土地开发，但也都是从事着他们熟悉的旱作农业；加之东北纬度较高，无霜期短，所以水田开发较晚。朝鲜

---

①② 衣保中. 论清末东北地区的水田开发. 吉林大学社会科学学报, 2002（1）.

③ 金颖. 近代东北地区水田农业发展史研究. 北京：中国社会科学出版社, 2007.

移民具有善于耕种水田的传统，他们移居东北后，大胆地在一些稍具水利条件的地方，尤其是在一些汉族农民放弃的草甸地、苇塘地和涝洼地上开发出片片稻田；他们在气候比较寒冷的东北地区积极探索实用的水田技术，在兴修水利工程、引进和使用优良水稻品种、改良寒地水稻种植技术等方面都取得了一定的进步；在东北地区形成了以因地制宜引水灌溉、引进和推广国外早熟耐寒品种、早育早播延长水稻的大田生长期为主要特征的北方寒地水稻种植技术。

东北最早出现朝鲜移民种稻的地方，是今鸭绿江上游对岸的浑江流域。1845 年，朝鲜平安北道 80 多户越江进入浑江流域伐木的朝鲜农民，发现浑江下游两岸土地肥沃宜耕，于是进入该地私垦。后来在宽甸县下漏河太平哨一带发现了当时开发水田用的铁锹，表明当时这一带曾经种植过水稻。①

1875 年，朝鲜移民在浑江流域栽培水稻成功，之后向附近的通化、辑安、桓仁发展，再逐渐跨过长白山脉至浑江上游的兴京府旺清门附近，再向抚顺县、柳河县、海龙县扩展，当时兴京县旺清边门、柳河县三源浦一带都是著名的水稻种植区。随着水稻种植的有利性被广泛传播之后，伊通河、三通河沿岸很快形成了朝鲜移民村落。②

奉天（沈阳）地区水田开发是从沈阳城西北的吴家荒、塔湾一带和新民县的西公太堡一带开始的。1918 年以前，一部分朝鲜移民迁入本溪各地一些河流两岸平坦之地开辟水田，当时高官寨、肖家河、清河城、富家楼、马家沟一带已有水田 1100 多亩，总产量高达 1000 石，亩产 1 石左右，当地农民也稍得其利。③

沿着南满铁路线进入长春的朝鲜移民，有的从长春出发，北上伊通、怀德，进入扶余；有的沿吉长线铁路，进入吉林，再从吉林向桦甸、额穆县寻求便于引水之地；还有一部分到达东支铁路线的一面坡、海林、穆棱地方，然后逐渐向周边扩散。1890 年柳河、海龙、安图等地的朝鲜移民迁入桦甸开发水田。1903 年永吉县某些僻静的山沟里出现了种稻的"韩人"，他们在山间小河沟边开出小片水田，试种水稻。至 1905 年，从通化、桦甸等地迁来的朝鲜移民，在永吉县的鳌龙河、五里河、牤牛河、团山子一带，垦出水田 300 余垧。1908 年朝鲜移民迁移到永吉一带开发水田，后又沿松花江逐渐迁移蛟河开发水田。④ 到 1910 年以后，永吉县的江密峰、太平乡、新安屯、杨家

---

① 黄今福. 浅谈朝鲜族人民在近代东北水稻开发史上的贡献. 延边大学学生论文选编，1984.
② 金颖. 中国东北地区水利开发史研究（1840—1945）. 北京：中国社会科学出版社，2012.
③ 本溪县志编纂小组. 本溪县志. 沈阳：沈阳出版社，1983.
④ 金东林. 朝鲜族的迁入与蛟河水田的开发. 蛟河文史资料，1988（4）.

乡的大裕屯、大岗乡的东响河、西响河、三家子等村屯，皆有朝鲜移民种植水稻。[①]磐石、蛟河、舒兰等地也出现了开发水田的朝鲜移民，此后他们又向德惠、怀德、伊通等地迁移种稻，东北地区水田试种区也由东部山区扩展到东北平原的腹心地带。[②]

  东北北部地区水稻种植的起始时间并不算太晚，但水田规模不大。民国时期，东北地方政府出于对日本帝国主义经济侵略的抵制，采取限制朝鲜移民的政策，朝鲜移民就由限制比较严厉的南部奉天省向限制比较宽松的北部地区移动，20世纪20年代中后期，能够在寒地栽培的日本"北海"等稻种的试种成功，加速了朝鲜移民的迁移。水稻的种植及农业水利也随之向北部地区迅速扩展。1880年饶河县大和镇一带由俄国境内移入的一批朝鲜移民，在当地建设村庄，开田种稻。附近的小佳河地主苑福堂看到种稻有利可图，乃从俄国境内又招雇8户，引小绥芬河开发稻田。1889年从俄国远东一带有30多户朝鲜人进入密山一带，开垦了水田。1898年迁居到俄国乌苏里江以东的朝鲜移民进入穆棱县境内种植水稻，形成了新韩村而定居。在寒冷的北部地区从事水稻耕种，是世界农业开发史上的一大奇迹。

  近代东北地区在水资源的利用中几乎不利用地下水和溜池灌溉，主要利用河川水源进行灌溉，多为渠灌区，很少有井灌区及其他的灌溉方法。在水田农业开发初期，朝鲜移民克服自然、经济、技术、人力等各个方面的制约，利用在生产实践中积累的水利经验，靠拦小河流筑成"洑"，开渠灌田，或用柳条修简易的拦河坝。后来因当时水利以谁出力谁受益为原则，水利灌溉设施主要还是由朝鲜移民负责兴修。五常县朝鲜族老农回忆迁入时拦河修坝的情形：系在每年春节后，农民们割柳条（即柳树的枝条），采运石头，打草帘子和草包，江水刚刚解冻，就开始修拦河坝。人们在冰块漂动的河水里打桩子、铺柳条，然后用石头和装上土的草包把柳条压下去，这样就形成了一条简易的柳条坝。水坝筑成后，河水水位提高，便流进已经掘好的水渠里，把水引进稻田。这种引水工程比较简易，因积水量少，又易被洪水冲走，因而只适用于小规模的水田种植。[③]

  这一时期水利建设尚处于初级阶段，没能得到充分开发，但是却初步形成了近代东北特色的寒地水利开发技术，积累了很多寒地灌溉用水经验。水的利用程度和范围逐渐扩大，农业区域有较大扩充，加快了东北土地开发进程，使东北成为全国耐寒单季粳稻最发达地区。从此东北地区在旱田农业开发基础上，加入了水田农业开发方式。

---

① 马坤.昔日吉林地区朝鲜族概述——吉林朝鲜族.长春：吉林人民出版社，1993.
②③ 衣保中.论清末东北地区的水田开发.吉林大学社会科学学报，2002（1）.

朝鲜移民迁入中国东北，清末时期拉开序幕，民国时期形成高潮，中国朝鲜族就是在这一时期形成的。与此同时，东北地区的水田开发也在清末揭开序幕，民国时期进入全面开发阶段，成为我国东北地区水田开发的重要历史时期。①

进入民国时期后，东北政府采取措施，鼓励国人种植水稻，并针对我国农民不熟悉引水灌溉的现状，于1922年编辑了包括筑埂、开渠、建闸、放水、灌溉一系列环节的详细说明书《种稻浅明法》小册子，命令各县迅即照印多份，遍发各乡各村；各地县政府大力劝种水稻，1913年，奉天省在西塔湾开设了水稻试验基地；对各处新开稻田所涉及的工程及岁修工程，如经费实需太多，奉天水利局适当予以减免水利税，对易受灾的水田采取免征水利税，促进了农田水利的发展。在此基础上，东北地区水田面积迅速扩大。1924年奉天省水利局统计，各县引水灌溉工程主要有安东县第五区白菜地河道、石坝工程，耳汤池村引用天然泉水工程，安民山民间修筑引水水道工程，凤城县东太堡修筑水道并环山建堤2000多米的工程，本溪县富家楼子水利局经营的水道工程，铁岭县长达12里的大泛河工程，开源县清河与柴河两河多处修挖水道工程，抚顺县大甲帮工程等，营口地方则有利用辽河潮汐涨落的水位之差加以灌溉的工程。

稻田公司与农场的经营促进了东北地区水田成规模地开发，同时也促进了东北地区农业经营模式的转变。奉天在清末就开始设立稻田公司。民国时期政府采取政策，把官庄旗地大量转化为民地，官荒蒙地大规模丈放，形成了大土地所有者，他们出租的土地便于规模经营，而大量朝鲜移民则为稻田公司提供了具有熟练技术的劳动力，促进了水田农业的大规模开展。政府还大力奖励兴办私营的开垦公司，在实业救国的旗帜下，很多股份制稻田公司纷纷成立。当时吉林、辽宁省广泛成立了稻田公司，到20世纪20年代末，黑龙江省也开始出现了稻田公司，促进了东北地区农业经营模式的转变。这些公司通过发行股票、募集资本、集中社会资金兴办水利工程，因地制宜开渠种稻；在"谁受益，谁付费"的原则下，由受益人共同集资兴办了一批水利股份公司，有效提高了小而分散的水利工程的灌溉规模和效益，促使供水走向市场。到1930年时，水田已遍布除东北最北部一些地区之外的东北全境。

近代东北地区水田开发时期正是日本吞并朝鲜、并不断加深对东北的侵略势力与实行殖民统治的时期。这一时期东北水田农业经历了一个畸形的快速发展阶段。日本围绕本国的需求，不断加大对东北地区的经济掠夺，实行大米统制与水利统制，开展了"紧急水田造成计划"，采取了紧急增产等一系列战时"紧急事业"，东北地区水田农业得到了快速发展。1940—1941年，以满

---

① 衣保中. 近代朝鲜移民与东北地区水田开发史研究. 南京农业大学，2002.

洲拓殖公社为中心进行的开田工程主要有：伪龙江省甘南、伪三江省汤原、桦川、富锦的柳树河、通江大通河、伪东安省密山、伪吉林省敦化秋梨沟、伪锦州盘山等工程。到1942年前后，其主要工程几乎全部完工，到战争结束时，有相当面积已播种。日伪政府1936年推行"二十个年百万户移住计划案"；1940年开始实施土地改良工程，对一些地区的土地进行了改良；1943年开始"紧急开垦农地事业"，这一阶段实际开垦了35000公顷农地。《盛京时报》1943年6月27日报道，伪龙江省自甘南县之北部，经齐齐哈尔西方，至富拉尔基的甘南县为中心，对南北长150公里，东西宽约35公里，面积约为450000陌的甘南地区湿地进行了土地改良，改良都是由满洲拓殖公社直营的。[①]

1940年以前东北地区水田面积与稻米产量状况是：1927年以前每年呈增加状态，"九·一八"事变前后，多少有些低迷，而伪满洲国成立后，至1934年、1935年大体恢复到事变前的水准，此后呈现不断增长之势。

东北地区水田农业虽然起步较晚，但由于朝鲜移民的直接参与，及他们拥有的较先进的寒地稻作技术，所以并未经历漫长的发展进程，在短短70多年的时间（1875—1945年）就发生了令人瞩目的变化，东北水田农业由19世纪70—80年代开始从无到有，到1913年水田面积达到4000多公顷，1921年猛增到48000多公顷，8年间实现了约12倍增长，1931年上升为81800公顷，实现了20倍的增长。从1925—1931年东北稻米一直保持着15万~18万公吨的产量。以1924年为基准，1931年水田面积、稻米产量、单产分别实现了44%、69%、18%的惊人增长。由此超过当地需求，开始移出或出口，进口则随之减少，在1920年进口约30万石，1930年则减少到18万石，水稻成为贸易统计上独立的一个品名。1945年日本败降时水稻已成为东北第六大农作物，覆盖除东北北部一些地区之外的东北全境，栽培水稻最北界线也推到北纬50°左右。[②]

改革开放后，在国家政策支持和市场需求拉动下，东北三省水稻播种面积持续增加，产量从1978年的404万吨增加到2007年的2423万吨，30年间增长了5倍。中国工程院院士、沈阳农业大学教授陈温福说，东北地区是我国重要的秋粮和粳稻主产区，粮食种植面积和产量均占全国的1/5，其中粳稻种植面积占全国的46%，产量占50%以上。黑龙江省近几年年产稻谷在1亿吨左右，精米700万吨，其中有400万吨精米销往省外，外销率超过50%。辽宁、吉林省正常情况下年外调商品稻谷分别达到50万吨和100万吨。

[①②] 金颖. 中国东北地区水利开发史研究（1840—1945）. 北京：中国社会科学出版社，2012.

如今，东北地区已成为我国的"水稻黄金带"，这种局面的形成与水资源及水利工程的建设密不可分。我们从呼兰河流域水田农业及农田水利的发展便可见一斑。

呼兰河流域在1911年时只有1座柳条拦河坝，是朝鲜族人吴长海率人在流域的宋德先屯西北的泥尔根河上修建的。如今，当年吴长海等人修筑的柳条坝已发展成庆安县同乐干渠，该县所产绿洲精洁米、七河源大米等闻名遐迩。流域兴建和改建了大量的水利工程，现有大中型水库19座，小型水库65座，塘坝136座，中小型引水工程39处，提水工程4128处，灌溉面积达11.1万余公顷。当地人于康德五年建设的桃山灌区和韩家灌区经过不断改造，截至2005年底，桃山灌区实际灌溉面积已达1353公顷。韩家灌区已改名为王杨灌区，原来灌溉面积仅200公顷，经过不断改造，灌区实际灌溉面积达到3047公顷。始建于1935年的和平灌区，自1956年以来经过不断投资扩建，设计灌溉面积达5733公顷，实际灌溉面积6933公顷。在呼兰河与努敏河最下游的河间地上建有幸福灌区，设计灌溉面积4600公顷，实际灌溉面积3533公顷。永安灌区位于呼兰河左岸，开发于伪满洲国康德十年（1943年），1957年开始扩建，设计灌溉面积5000公顷，实际灌溉面积3333公顷。呼兰河流域水田农业发展很快，如今已是国家重要的商品粮生产基地。

第三节　水与松辽航运的贡献

《周易·系辞下》载："黄帝尧舜垂衣裳而天下治，盖取诸乾坤，刳木为舟，剡木为楫。舟楫之利，以济不通，致远以利天下，盖取诸涣。"古时，交通不便，道路崎岖，远距离货物运输十分不便，大宗运输，多靠水路，航运成为人类主要的运输生产活动。

东北航运是东北文明史的重要组成部分，它随着社会政治形势的变化而变化、随着经济因素的消长而消长，对东北地区的文明与发展产生了巨大作用。

生活在松辽流域的古代先民们围绕着他们的渔猎生活，利用江河的自然优势"刳木为舟，剡木为楫"，开创了原始的水运活动。东北地区南有辽河，北有松花江，在整个区域的航运史上都做出过重要贡献。

松花江是我国重要通航河流，是连接内地与边境地区的重要水运干线，也是一条通航里程长、水量丰富、河道稳定的优良通航河流，按通航吨公里比较仅逊于长江，居全国第二位。早在远古时代松花江就是一条繁忙的航运动脉。①

4000多年前，肃慎族已在"白山黑水"之间操舟捕鱼，并在帝舜二十五年向朝廷贡献弓矢，这是东北与中原联系的最早的文字记载。汉至两晋时，分布于松花江、黑龙江流域的挹娄人不仅善于爬山打猎，而且也惯于水上操舟捕鱼。北魏时期，勿吉族即已充分利用松花江、嫩江及其支流进行水路运输，当时勿吉可直接向中原王朝进贡。在他们的历史上最值得称道的是乙力支首次进中原朝贡。据《魏书》记载，北魏延兴五年（475年），勿吉人派乙力支去中原朝贡，乙力支一行溯松花江乘船沿嫩江西上，至洮儿河，沉船于水，南出陆行，渡洛孤水，从契丹西界达和龙（今辽宁朝阳）抵北魏洛阳城，向北魏孝文帝进贡称臣。此后的100年内，勿吉人同中原联系30多次，朝贡使团多达500余人，可见其船队规模之大。②

唐代松辽流域的"东北亚丝绸之路"得以成形，其为一条横贯东北大地，遥遥数千里的漫长交通线。这条线路沿东流松花江，连接黑龙江中、下游，直抵黑龙江入海口的鄂霍次克海和库页岛。这条年代久远的交通线，唐时为"黑水道"，辽、金时为"鹰路"，元代为"站赤"，明代为"海西东水陆城站"。东北亚丝绸之路的前身是连接中原地区山东半岛到辽东半岛的海路，即渤海国与黑水靺鞨的朝贡道。

唐朝时期以粟末靺鞨族为主体建立的渤海国充分利用了水运，加强了与唐王朝及日本的联系。渤海国时期的主要交通干线有5条，鸭绿—登州道、长岭—营州道、扶余—契丹道、龙原—日本道、南海—新罗道。

鸭绿朝贡道是一条以水路为主连接渤海与唐王朝的主要交通干线，也是通向中原内地的水陆交通要道。鸭绿朝贡道水运频繁，唐朝派鸿胪卿崔忻往渤海册封大祚荣返程时经鸭绿江水路，渤海大彝震五年，唐卢龙、幽州节度使和奚、契丹两副史张建章等出使渤海均以该水路为途。渤海国入唐使者使用该水路的记载更多，唐开元元年（713年），大祚荣遣子朝唐，请求"就市交易，入寺礼拜"，此后，渤海国年年派遣使臣朝唐纳贡，其中大都经鸭绿朝贡道进入中原。当时，唐王朝的登州地区是渤海向内地出售商品的集散地之一，这里常停泊渤海与唐朝贸易的"交关船"。渤海与中原的贸易都经鸭绿朝贡道往返于登州，这条航线一年四季都可通航。

渤海国在和唐王朝频繁来往的同时，也与隔海相望的日本建立起政治、经济与文化的联系。渤海国第二代王大武艺时，于唐开元十五年（727年）派宁远将军、郎将高仁为首的24人首次赴

---

① 曹保明，李士贤，姜智.松花江上.水文化，1997（3）.

② 吉林航运史.中国水运史丛书.北京：人民交通出版社，1998.

日，同年四月日本也派人到渤海国进行回访。随着渤海国社会经济的发展，与日本的贸易往来越来越多。在安史之乱后，渤海国外贸的陆路交通受阻，文王大钦茂就派使团从水路频频出访日本，771年经贸团队出访时大船达17只，人员达325人。① 渤海国坚持"通使聘邻"，开辟了中日两国往来的海上通道。从第一次通聘日本到最后一次出访，渤海国与日本间四十多次的交往都是通过航海完成的。

在宋金时代，当年渤海国与黑水靺鞨的朝贡道上使者、商旅络绎不绝，被称为"水上丝绸之路"。辽、金、元、明、清历代这条古道被称为海东路——"五国鹰路"，路的起点也随政治中心的变化而变化，但其沿松花江、黑龙江中、下游延伸的主干线，却是始终如一。这条交通线之所以冠以"鹰路"，则因海东青主要产于黑龙江中下游与乌苏里江流域广大地区。《吉林通志》说，辽金"五国部之东临大海，出名鹰，自海东来者谓之海东青"。而凶猛、神俊的海东青，正是通过"鹰路"进贡各个朝廷的。

辽朝的契丹族向来"以畜牧、田渔为稼穑"，而且还能自制多种木船，《吉林通志》卷五十六载："刳木为舟，长可八尺，形如梭，曰梭船，上施一桨，止以捕鱼，至渡车，则方舟或三舟。"在金朝建立以后，鹰路便成为金上京会宁府与胡里改路之间的交通要道，粮食和重要贡品都是通过松花江水路运往上京会宁府。辽代的水上活动主要是"春捺钵"。今吉林省前郭县的塔虎城就是辽朝皇帝"春捺钵"的场所，查干泡一带是其经常春猎的地方，而且还在春猎的行帐中召见宋朝使臣，处理双边关系。"春捺钵"促进了造船技术与水运的发展，沟通了与宋朝的水、陆交通。②

元代是东北地区交通网络初步形成时期，通达传递开始步入驿传时代。据《元史·兵志》记载，忽必烈统一中国之后，为"通达边情，布宣号令"，在全国实行"站赤"制度，于全国11个行省普遍设立"站赤"。"站赤"是蒙语"驿传"的译名，就是驿站。往来传递"陆则以牛以马，或以驴、或以车，而水则以舟"。辽阳行省管内的驿道共有十几条，分南线与北线，站赤120处，狗站15处。其中北线的东北路经交通枢纽西祥州（今吉林省农安东北），顺松花江水路进入今天的黑龙江省，沿松花江在岸边设驿站；贯通黑龙江省中部地区后进入黑龙江水路，直达元王朝征东元帅府所在地奴儿干亨滚河入黑龙江处。因黑龙江下游地区的少数民族冬季以狗拉爬犁为主要交通工具，早以使犬部闻名，沿江设有15处狗站。狗站从元朝直到民国，千年不变。元代的这条"东北路"不仅使朝廷的政令得以传布东北边疆，而且促进了"极边"的"水达达路"少数民族地

---

① 曹志. 渤海国与日本国的外交关系述论. 黑龙江省社会主义学院学报，2007（12）.
② 吉林航运史. 中国水运史丛书. 北京：人民交通出版社，1998.

区与松花江地区的交往，也为明清时期的东北丝绸之路奠定了基础。

明朝在东北的一系列水运活动，都是围绕着加强东北边疆建设、巩固祖国边防展开的。由于水上舟战的需要，使松花江的航运更多地表现在军运方面。《鸡林旧闻录》记载："明代东征，悉赖水师，借松花江以济，而吉林乃其航行之始。"

明朝时由于朝廷的高度重视，驿传及交通路线较元朝更加发达，辽金时期的五国鹰路，元代的站赤，在进入明代时达到了历史的巅峰。明朝初年，朝廷于东北边疆设置了辽东都指挥使司及若干卫所，永乐年间，在黑龙江下游设立奴儿干都指挥使司。奴儿干路途遥远，"地不产五谷，非舟莫至"。① 为了方便中央与地方的往来，特别是把前去建立奴儿干都司的庞大队伍及赏赉物资运送到黑龙江口，明政府恢复并加强了松花江、黑龙江水路与辽东陆路驿站。

《明实录》记载明永乐十年（1412年）十月，申令"置辽东境外满泾等四十五站。敕其提领那可、孟常等曰：朝廷设奴尔干都司并各卫，凡使命往来所经之地，旧有站赤者复设，各站头目悉恭听勿怠"。明代在置驿过程中，承袭了元代站赤，有城站30处，狗站（水狗站）24处。通往奴儿干地区的水上驿路尤其受到重视。当时从辽东都司前往奴儿干等地的交通线就是著名的"海西东水陆城站"，是一条水、陆、冰雪河道兼用的驿路。海西是元、明时从松花江大弯曲处与呼兰河（时称忽剌温江）以东松花江下游地区，即海西女真地区。这条驿路到最后一处狗站满泾站并未终止，它还继续向前延伸到黑龙江入海口，到达庙街（今俄国尼古拉耶夫斯克）然后渡过鄂霍次克海鞑靼海峡，登上时称"苦兀"的库页岛，然后折向南到库页岛南端果伙。果伙隔海就是日本的虾夷（北海道）。可以说海西东水陆城站是连通库页岛甚至日本"虾夷"———北海道的"东北亚丝绸之路"。这条线路的水路据《辽东志》载："国朝征奴儿干，于吉林城造船，乘流至海西，装载赏赉，浮江而下，直抵其地。"这条水路交通线就是从吉林松花江出发，顺流而下，直抵奴儿干。

为建造水路运输工具，明朝便在"海西东水陆城站"的枢纽站松花江畔的吉林市开设船厂。辽东都指挥使骠骑将军造船总兵官刘清于明永乐十八年（1420年）、明洪熙元年（1425年）、明宣德七年（1432年）3次领军到吉林造船。吉林市丰满区阿什村的两块摩崖刻石是刘清3次到吉林造船的实证。明代吉林船厂从永乐到正统达40余年，所建船舶为开边致远的航运提供了有力保障。

大明年间，刘清3次到吉林打造艨艟巨舰，亦失哈指挥装载着官兵、粮草、赏赉物资和贡品

---

① 吉林航运史. 中国水运史丛书. 北京：人民交通出版社，1998.

的船只往返于松花江与黑龙江之间,开辟了由吉林到奴儿干都司,经略三江流域的"东北亚丝绸之路"。这一举措直接推动了黑龙江、松花江流域的经济开发。

在永乐至宣德年间,亦失哈先后10次奉命远航黑龙江、乌苏里江流域,直至库页岛等地区。《永宁寺碑记》载:"永乐九年春,特遣内官亦失哈等率官军一千余人,巨船二十五艘,复至其国,开设奴儿干都司。"亦失哈每次远航巨船达25艘至50艘之多,所乘之船乃是刘清督造的船只。大明船只在松花江流域至黑龙江下游的奴儿干都司、库页岛之间的广阔水域内航行,为边疆开发、民族交往、经济交流、文化传播、维护明王朝的统一做出了特殊的贡献,促进了明朝海运和东北内河航运事业的发展。

为打击沙俄的侵略和巩固边防,清代也在吉林设置了船厂。清顺治十三年(1656年),高士奇在《扈从东巡日录》上卷载,镇守宁古塔地方的"昂邦章京萨尔吴代(沙尔虎达)造船于此,所以征俄罗斯也。"清康熙二十二年(1683年),派户部尚书伊桑阿带领工匠到吉林大规模修造战船,在雅克萨战役前,布置于边防沿江一带的船只据《黑龙江外记》载:"当时黑龙江、墨尔根、齐齐哈尔三城共船一百零二只,皆康熙二十二年吉林造来,水师营司之。"①

康乾两朝是吉林船厂的兴盛时期。吉林市是当时通往黑龙江地区的水陆交通要冲,1676年,康熙帝颁旨"移宁古塔将军驻乌喇鸡陵",辖地包括今吉黑两省和黑龙江下游两岸,直到库页岛,为东北边疆政治、经济、交通中心。"自黑龙江至乌喇置十驿,……由水路陆续运粮,积储黑龙江。"为递送谕令、情报、转运官兵等,清廷新辟了从吉林乌喇到瑷珲的驿路,在雅克萨战斗中,重创俄军的福建藤牌兵就是驰马自京出发,经盛京,"自盛京抵乌喇,自乌喇经新设驿站……抵黑龙江。"为顺利运粮于瑷珲,夺回被俄军所占的雅克萨城,清廷开辟了沟通辽河、伊通河、松花江和黑龙江的水上交通干线,实施大规模的水陆联运。通过这条水陆联运线,把军械和粮秣运往黑龙江前线。这条水陆联运线全长2000～2500公里,工程浩大空前,为夺取雅克萨战役的胜利做出了贡献。②

松花江也曾目睹沙俄和日本侵略者对我国的侵略和掠夺,他们把松花江变为掠夺工具,把掠夺的大量物资利用松花江等航道运回本国,或是强行把松花江占为己有,以方便其侵略和掠夺。

1945年"八·一五"东北光复,由于战争的破坏及苏联扣留中方大量船舶作为战胜日本的"战利品",导致松花江航运濒于瘫痪。1948年,东北航政局接收了船只,成立了"吉林办事处",

---

①② 吉林航运史. 中国水运史丛书. 北京:人民交通出版社,1998.

松花江水运从此开始复苏。1976年,松花江航运进入了新的历史发展时期,地方航运欣欣向荣,水上旅游业取得了令人瞩目的成就。松花江以干流为骨架形成航道网,航道里程2667公里,通航600~1000吨船舶,2000~4000吨级船队,年通航期210天左右。2000年前已建大小港口161处,具有先进的装卸设备,为客、货运的发展提供了很好的条件。①

"放木排"是生活在松辽流域的居民利用水资源的又一种形式。明清时期,江南和京城一带使用的木材多产于长白山,每年向京城进贡的大量优质木材全靠水运,松花江是重要的水上交通要道。

清道光初年在临江、通化县境内设有江岸串排放木码头8处,经营流筏业务,每年通过浑江流放到辽宁省桓仁、丹东两处的串排多达1500余筏,从事流筏运输者有上千人之多。《吉林新志》记载,清末民初,阿什哈达为木税分局之一,从春天开江到冬初封冻,木排云集,所放木排,塞满江中,行人甚至可以由此岸踏越彼岸。

新中国成立初期,大兴安岭还未大规模开发,那时木材向外运输全靠比较原始的水运——放木排。因为木排是顺水漂流,所以放木排叫"流送",放木排的工人统称"流送工"。一张木排的大小决定放木排人数的多少。一般一张木排需四五个人驾驭。其中有一名"看水工"——木排行进中的指挥员,他必须具备多年放木排的经历,有丰富的经验,对黑龙江的水系、航线了如指掌,哪里有江套子,哪里有浅滩,必须提前作出指令,以防木排搁浅和误入江界。木排的行进速度几乎与江水的流速一致,一天仅能行驶几十里路程。现在也有一部分靠江边的木材是用拖船拖着木排,或将原木装在大驳船上水运,既安全,又省力、快捷。②

辽河通航历史悠久。早在汉魏时期,辽河航运已具规模,辽、金、元以后,有关辽河航运的记载屡见不鲜,明清时期,辽河是运送军粮的主要通道。日俄战争后,随着京奉、南满、四郑等铁路相继建成,辽河运输量越来越少。1977年,田庄台辽河大桥通车后,沿河物资运输多放弃水路,到1985年,大辽河田庄台以上区段基本停航,辽河航运逐渐成为历史。

辽河河道虽长,但适合行船的航道并不长,主航道600多公里,支流太子河、浑河各约200公里,总长大致在1000公里左右。③

辽河较早的大规模航运,见于记载的是东汉三国时期。景初二年司马懿征讨公孙渊,六月,

---

① 曹保明,李士贤,姜智.松花江上.水文化,1997(3).
② 王泽林.黑龙江放木排史话.黑龙江日报·北国风12版,2006-3-27.
③ 张晓风.辽河千年航运史东吴孙权的船队直抵辽阳.辽宁日报特刊,2011-12-31.

军至辽东，突破公孙渊在辽隧的防线后，进兵襄平（辽阳），"会霖雨三十余日，辽水暴涨，运船自辽口径至城下。雨霁，起土山，修橹，为发石连弩射城中"。当时辽河尚无大堤，因此夏天雨季往往成沼泽，公孙渊被迫仓促应战，结果司马懿攻下辽阳取得了平定辽东的胜利。这次庞大的船队从渤海入辽河直抵辽阳航行的成功，说明最迟到东汉三国时，古人已具备了利用辽河将大批士兵、物资运到辽东腹地的能力。①

东晋成帝咸康四年，赵王虎遣渡辽将军曹伏将青州之众戍海岛，运谷300万斛以给之，又以300艘运谷30万斛诣高句丽，使典农中郎将王典率众万余屯田海滨，又令青州造船千艘，以谋击燕。从中可见辽河航运的规模。唐人利用辽河运输可从杜甫的诗中找到佐证，诗云："云帆转辽海，粳稻来东吴。"其含义为：辽海乃辽东郡，东吴出粳米，水道通海，泛舟转输中提到的水路应包括辽河水运在内。

辽、金、元以后有关辽河航运多有记载，从金代王寂著的《辽东行部志》以及《元史·罗璧传》中有关"运槽辽东""溯辽河以运军粮"的记载中可见当时辽河航运的发达。

明清时期，辽河是运送军粮的主要通道。明初是古代辽河航运的高峰时期，辽河航线大幅度延长，辽河及支流浑河、太子河中下游区间航线全面开通，最主要的成就是辽河入海口至老米湾之间航路的开通。

明初，朝廷在辽河一线驻有重兵，军需促进了辽河入海口至开原地区的航运。辽河入海口至开原老米湾全面通航，船只超过数千艘，运输粮饷供辽东驻军，在此基础上出现民间水上运输。山东的登、莱地区距辽东的金州地区很近，自古以来就有海船往来其间，但这条航线只到金州，即今天旅顺口一带。明嘉靖时期，龚用卿、吴希孟出使朝鲜回来，根据经过辽东时的见闻向朝廷上《会陈边务疏》，说"访得辽东地方自广宁至开原，旧有陆路不过300余里，洪武、永乐年间，海运边储船只直抵开原，今开原城西有地名老米湾是也"。明朝以前辽河的航线，见于记载的仅抵辽阳，属于辽河下游通航，而明初即抵老米湾，较之过去的航路延长了2倍多，实现了辽河中下游的通航。老米湾的位置在辽河东南，经古城子村西，又东南经丈子沟村西，在今丈沟子一带，即兴隆台西的辽河东岸。

清朝特别重视松花江与辽河的联运，康熙年间开始利用辽河运粮米，接济乌喇（今吉林市）军粮。清廷在巨流河渡口、乌喇分别修造船只，作为官船运送军粮。同时在辽河上游的邓子村、伊屯河流经的伊屯门（伊通县）等地筑仓储存军粮。辽河两岸粮米由各庄屯统一征收，分春秋两

---

① 张新清.明初辽河航运研究.辽宁大学学报（哲学社会科学版），1996（4）.

季用船运至邓子村粮库,然后再陆运粮食到伊屯门后,再次装船沿松花江运到各个军营。这一水陆联运线的开辟,不仅保证了雅克萨战斗的胜利,同时也促进了东北经济的发展。

明清时期辽河沿岸的码头众多,促进了社会经济和航运业的发展。田庄台是辽河上最大的码头,明清时期为东北内河航运最大的通商口岸,以及农副产品集散地。《清实录》载,清康乾年间,田庄台成为辽河下游商贾辐辏之地。八百里河道帆樯林立,往来如梭。当时的田庄台,南起保灵宫,北至曹家湾子,仅8里长的沿河两岸就有码头10余处,真可谓"八里河岸,泊船上千,市井繁华,铺户栉比"。繁华的港口带动了商业的发展,当时,田庄台有各种店铺300多家,常年人流不断。港口从开河至封冻,往来船只多达两万艘,台湾的运糖商船也频繁驶入。1858年,第二次鸦片战争失败后,英法等国强迫清政府签订了《天津条约》,增开港口,牛庄港口就是其中一个。牛庄即今海城市牛庄镇,历史上曾是闻名东北的港口。由于辽河下游流水平缓,泥沙淤积,致使河道变迁,牛庄便由港口变为陆地上的贸易中心,但依然管辖小姐庙、田庄台、没沟营(营口)3个码头。1861年,营口代替牛庄成为东北第一个对外开放的港口城市。营口开埠通商后,带动了辽河航运能力的不断增强,在辽河沿岸新兴了一些航运码头,延长了辽河通航的距离。当时的辽河水运由营口经田庄台、辽中、新民、法库、铁岭、开原直通三江口,形成了长达625公里的黄金水道。

日俄战争后,由于政治、经济以及自然情况的变化,辽河航运渐渐失去了原有的重要地位。京奉、南满、四郑等铁路相继建成后,特别是日本侵略者提出经营满洲商务以大连为中心的"大连中心主义"后,辽河运输量越来越少。光绪三十二年,日商承建辽河新民段巨流河桥时,有意降低桥梁高度,小船勉强通过,帆船必须放倒桅杆才能通过,大船根本无法通过。日商的蓄意破坏也是辽河航运衰退的一个重要原因。"九·一八"事变后,辽河水上运输更趋萧条。到中华人民共和国成立前夕,只剩下几百艘木帆船在辽河下游进行运输。

1949年后,交通部门对辽河运输进行了整顿。到1952年,辽河从事水上运输的船舶又增加到1000余艘。第一个五年计划期间,又相继在营口、田庄台等处设立航运机构,在巨流河成立航道工程队,对辽河中段航道进行整治,打通了卡力马至巨流河99公里的航线,辽河通航里程从新中国成立初期的103公里发展到531公里,船舶可从营口上达新民。1961年以后,由于航运很难与火车、汽车竞争,导致航运日益衰退,20世纪70年代,拖驳船主要航行于营口至田庄台、三岔河、小姐庙及盖县团山子、鲅鱼圈之间。1977年,田庄台辽河大桥通车后,沿河物资运输多放弃水路,改走陆路。到1985年,辽河下游只剩下季节性区段运输,大辽河田庄台以上区段基本停航,田庄台以下45公里仅有3艘100吨级的船舶从事运输,年货运量已微乎其微。

第四章 松辽流域的冰雪文化

"北国风光,千里冰封,万里雪飘",白雪皑皑的北疆更加丰富了水文化的内涵。"顿失滔滔"的宽阔坚硬的冰面便利了交通;松花江水与北国冰雪打造了吉林浪木与雾凇;北国的冰雪使得生活在这片土地上的人们成为"冰雪爱好者";更有一件件精美的冰雕作品彰显着北国冬天的魅力。

第一节 "乘木逐鹿"与松花江雪道

"乘木逐鹿"是古人利用滑雪与滑冰追逐动物,滑雪与滑冰比赛是由此发展起来的竞技活动。

滑雪与区域性经济发展有着一定的关系。东北地区古代严寒多雪,生活在这片土地上的人民多为游牧渔猎民族,自然因素与生产生活方式使得这些少数民族成为滑雪一族,他们在滑雪活动中还创造了与之适应的滑雪器具。

在我国古代文献中,对滑雪板最为普遍的称呼应是"木"或"木马"。《北史·室韦传》中记载,因今伊勒呼里山以北"地多积雪,惧陷坑阱",居于此地的北室韦冬季多"骑木而行"。此种"骑木"为冰雪上使用的一种滑动式工具,即滑雪板。《新唐书》载:"东至木马突厥三部落,曰都播、弥列、哥饿支,其酋长为颉斤。桦皮覆室,多善马,俗乘木马驰冰上,以板藉足,屈木支腋,蹴辄百步,势迅激。"《新唐书》还记载了同一时期的拔野与流鬼等民族的滑雪器具:"拔野古一曰拔野固……漫散碛北,地千里……俗嗜猎射,少耕获,乘木逐鹿冰上。""流鬼去京师万五千里,直黑水靺鞨东北,少海之北,三面皆阻海,其北莫知所穷。……地蚕寒,多霜雪,以木广六寸,长七尺系其上,以践冰,逐走兽……。"这里的"木""木马"均为滑雪器具。这种"木马"的称呼一直延续到元朝。《元一统志》中曾对滑雪活动作过如下解释:"木马形如弹弓,长四尺,阔五寸,一左一右繋于两足,激而行之,雪中冰上,可及奔马。"①

"察纳"一词出自蒙文。波斯史学家拉施特在所著的《史集》中描述森林兀良合惕部落(即兀良哈)人的生活时说:"因为在他们国内,山和森林很多,而且雪下得很大,所以冬天他们在雪面上打到许多野兽。他们制造一种叫做察纳的特别的板子,站立在那板上;用皮带作成缰绳,(将它拴在板的前端,)然后手拿着棒,以棒撑地,(滑行)于雪面上,有如水上行舟。他们就这样用察纳(滑雪板)驰逐于原野上下,追杀山牛等动物。"森林兀良合惕部落是蒙古族祖先中的一支。清代,人们称滑冰器具为乌拉滑子。在《清语择抄》中记载了后金天命年间,努尔哈赤命令擅长冰

---

① 张艳秋.我国古代滑雪工具名称演变.中国社会科学报,2015-8-12.

上滑行的费古烈部队北上救援遭受蒙古巴尔虎特部落围攻的墨尔根城（今嫩江城），费古烈"所部兵皆着乌拉滑子，善冰行，以炮驾爬犁，沿脑温江（今嫩江）之冰层驰往救，日行七百里。"由此可见，乌拉滑子和爬犁使得士兵加快了行军速度。赫哲人的滑雪器具被称为踏板。《黑龙江志稿》有关于鄂温克人滑雪的记载："值雪深数尺，以木板长五尺贴缚两足，手持长竿，如泊舟之状，滑雪前进，则板乘雪力，瞬息可出十余里……运转自如，虽飞鸟有所不及也。"赫哲人的滑雪板多以松木或桦木制作，其形制已与今日相差无几。

从古人记载中可见，在不同时期、不同地域、不同民族对滑雪板的称呼有所不同，但不论是"木""木马""察纳"，还是"乌拉滑子""踏板"，均反映出现在滑雪板的特质。原始滑雪器具作为冬季的代步工具，不仅简便，而且经济实用。

我们从古人的记载中可以捕捉到滑冰的信息，如"俗称木马驰冰上""乘木逐鹿冰上""以践冰，逐走兽""雪中冰上可及奔马"。等都表明滑冰已成为古人利用冰雪资源的一种方式。这些史料还向我们透露出东北地区少数民族的滑雪滑冰活动都是围绕着生产和生活进行的。当时东北地广人稀，人们之间的相互联系不便，雪深路远出行狩猎不便……而利用滑雪和滑冰就解决了这些难题。古人们为了生计在冰上雪中"乘木逐鹿""逐走兽""追杀山牛等动物"。有歌谣曰："大踏板，八尺长，阿玛穿它撵黄羊。黄羊跑到山背阴，大雪壳子二尺深。黄羊它可没了辙，四腿一撑进雪壳。动也动不得，挪也没法挪，抓住黄羊小细腿儿，抱在怀里好快活。"描写了满族人脚穿大踏板捕捉黄羊的迅疾。《通典·边防》记载，公元前7世纪左右，松花江流域的少数民族利用木制的滑雪工具追逐野兽，日可滑行160华里。赫哲人、鄂温克族人和达斡尔人滑冰滑雪也都是为了狩猎。滑冰滑雪活动后来也用于战争，据说，完颜阿骨打联合女真各部落起兵反辽，他和他的将士鞋下绑着冰滑子飞驰在松花江的冰面上，以迅雷不及掩耳之势攻下辽朝的宾州城。

冰嬉是清代对冰雪运动的统称，是北方各地传统的冬季活动，具有北方少数民族特色。满族聚居关外时就有冰嬉的习俗，并有擅长溜冰的军队。据《满洲老档秘录》记载，1625年正月初二，建州女真的首领努尔哈赤在浑河（今沈阳）举行了盛大的冰上运动会，第一个项目是冰球，然后进行了跑冰鞋（即滑冰）比赛。努尔哈赤亲自主持了跑冰鞋的比赛。滑冰比赛项目有速滑、花样溜冰、冰上射箭以及冰上武术等。其中的"双飞舞"，形似今天的花样滑冰。这是中国有文献记载的第一次冰上运动会，说明当时沈阳的冰上运动十分盛行。北京故宫博物院所藏金昆、程志道、福隆安《冰嬉图》卷就生动地反映了冰嬉的场景。满族入关后，将一些冰上运动带入了内地，其先祖创立的一支专门用于冰上作战的特殊部队——八旗冰鞋营也随之进入北京。清廷把一系列冰上活动视为军事训练，设冰鞋处专门管辖。冰嬉作为大清国俗之一，是一个军训练习项目。统称为"跑冰"。每年到 12 月，冰上活动便开始，皇帝也经常来观看。今北京北海漪漾堂，就是乾隆皇帝和后来的慈禧太后观赏冰嬉的场所。按清代规定，每年冬至到三九，清王室于太液池即北京之三海校阅八旗溜冰，冬至节后，就到瀛台等地观看冰嬉。表演的兵丁分为两翼，每翼头目 12 名，穿红黄马褂，其余的人穿红黄齐肩褂，射球兵丁 160 名，幼童 40 名，也都穿马褂，背插小旗，按八旗各色，依次走冰。除此之外，还在冰上表演射箭、打球和单人、双人表演。单人和双人表演的形式很多，技术要求也很高。有金鸡独立、蜻蜓点水、紫燕穿波、凤凰展翅、哪吒探海、双燕飞、朝天蹬等项目，与现在的花样滑冰相似。每年的阴历十月，清王室都要在北京的北海冰面上检阅八旗冰鞋营的滑冰技术，朝廷还设计了一个冰上军事体育竞技项目，叫做"大阅冰鞋"。《日下旧闻考》记载："太液池冬月表演冰嬉，习劳行赏，以阅武事，而修国俗。"清代历任皇帝对此都非常重视，每年都要举行大典，亲临检阅。后来这种军事活动逐步演变成一年一度的太液池冰嬉活动。据史料记载，清代的冰上运动大致有速度滑冰、花样滑冰、冰上蹴鞠、冰上抛球、冰上射天球、打雪挞及冰上摔跤等。

冰上游艺在元明时期初见规模，至清代而大盛。乾隆皇帝对冰上运动非常喜爱，每年冬季都从全国各地选拔近千名"善走冰"者入宫，冬至过后，开始在太液池（今北海和中南海一带）进行训练比赛。乾隆皇帝的《冰嬉赋序》曾记载："国俗有冰嬉者，护膝以苇，牢鞯以韦，或底含双齿，使啮凌而人不踏焉；或荐铁如刀，使践冰而步愈疾焉。"明代就出现的冰上拖床，到清代有了新的发展。乾隆皇帝有一座特制的冰床，供他冬日在太液池上乘坐滑行。冰床豪华气派，在众人的推动下，滑行如飞。乾隆皇帝冬季时常在太液池举行冰嬉活动，分队争球，以决胜负。清乾隆二十五年（1760 年），乾隆坐冰床前往琼华岛上的悦心殿，观看冰嬉，他为此写下《坐冰床至悦心殿》诗："笴冲锡宴有余闲，琼岛韶光暖镜间。尚可翠弯轻舵试，徐过玉𬇙一桥弯。冻酥岸觉看波漾，春到物知听雁还。今日悦心真恰当，窗凭积素慰开颜。"

受皇室的影响，冰雪运动在北京民间也盛行起来。据《帝京岁时纪胜》及《补笺》记载，每到寒冬之时，"都人于各城外护城河上，群聚滑擦"；"什刹海、护城河冰上蹴鞠，则皆民人练习者"。由于隆冬时河流封冻漕运停驶，那些牵船的船夫为了生计，自制简易冰床在什刹海、二闸、护城河等处做起拖冰床生意。乘冰床者多是为欣赏什刹海或二闸沿途的冬日冰雪风光。那时也有些孩子们穿着自制的小"滑车"在护城冰道上滑行。"滑车"是在一块一米长的木板下镶嵌上滑轮或两根铁棍磨成的利刃，木板上钉个小木椅，孩子们手持两个小木棍，借棍力在冰上滑行。东北自古是盛行冰上运动的地区，孩子们在冬季活动的主要项目就是打冰嘎（即"打陀螺"），滑冰车，溜冰等。金受申在《老北京的生活》中写道："民间的溜冰，只在鞋上绑一木板，板上安两根大铁条，平民的冰鞋，便已完成，甚至穿着老头乐的毛窝，也可一逞雄姿。有人要表演他的长跑，便脚上绑上木板，由朝阳门起，顺着通惠河，立刻溜到通州，买上几个糖火烧，来上一罐酱豆腐，马上回京。来往九十里，岂不是二十八英里的长跑？"

松花江为典型的平原河川，河道漫滩宽阔而平展，使其既有水路、陆路可通，又可利用冰雪以狗爬犁、马爬犁往来其中，路路畅达，四时咸宜。

清朝初期，吉林市是松花江边的水陆码头。冬天冰雪封江后，平滑坚硬的江面便成了天然的通道，其时，有各种马车、牛车、爬犁在江道上往来，把松花江上游的土特产汇集到吉林市。冬天，人们把锯倒的大树集中在上游的江边堆积起来，到了江水开化后，把这些木头串成筏排，顺江溜放下来，最后到吉林市靠岸贮集。现在吉林市的临江门、东大滩一带就是当年的木材集散地。

松花江上有一条特殊的航道——自吉林省桦甸市至哈尔滨市的雪道。所谓雪道，专指在封冻了的松花江冰雪上通行的商路。清朝时分为上、下两段，上段自吉林市至松花江上游的桦甸市，下段自吉林市至哈尔滨市。

史料记载，从辽金时期开始，就有满族先民"使犬部"赫哲人、费雅克人在冰冻的松花江下游的黑龙江地域，以狗爬犁运送货物。冬至节气一过，长白山大雪茫茫，松花江走船只的水道变成了跑爬犁的雪道。至明代，松花江下游雪道和爬犁帮开始兴起。随着清顺治朝与康熙朝的招民政策掀起的"闯关东"潮，催生了松花江雪道和爬犁帮的形成。

明永乐年间，每到秋末江河封冻之时，松花江舟船不通，由亦失哈运送的物资就由赫哲人用狗拉爬犁沿冰冻的松花江道运输，沿江十几里即在岸边设一驿站，史上俗称"狗站"。《辽东志》与《全辽志》载："狗站，名水狗站，夏月乘船，小可乘载。冬月乘爬犁，载二三人行冰上，以狗驾拽，疾如马。"

清顺治朝之后，汉族使役牛马的经验逐渐取代了松花江下游"使犬部"民族的运输方式，于是牛马成为松花江雪道拖拽爬犁的畜力。

清顺治年间，随着吉林设厂造船，及"吉林乌拉城"的修建，吉林遂成为东北的交通枢纽。夏季，自桦甸至吉林的松花江水道成为舟楫木筏货运的通道。冬季，来自上游山区运载木材、粮食的爬犁以及来自下游草原牧区运载皮革和肉类的爬犁，便成群结队地沿着冰冻的松花江，源源不断地汇集到吉林市。松花江雪道上有一类专为打牲乌拉总管衙门运送贡品的爬犁帮，该帮每年冬天将产自松花江上下游山林水域中的上百种贡品，在打牲乌拉衙门的牲丁与兵丁的押运下从松花江雪道上汇集到吉林市，再由打牲乌拉总管衙门的官吏分别装载到运送贡品的马车中。

辛亥革命后，各地实行新政，昔日行走在松花江雪道上威势赫赫的贡品爬犁帮从此销声匿迹。但随着吉林市城市人口的增加和松花江上下游人口密度的增大，松花江雪道上的商号、货栈组织的爬犁帮和乡间汇集而成的爬犁帮数量有增无减。每到冰封时节，松花江雪道更加生机勃勃起来。如今，冰冻的松花江上依然很热闹，依然可以运输物资，只是见不到爬犁一类的运输工具，来来往往的都是汽车之类。

第二节 松花江浪木与雾凇

松花江特产——浪木可谓历史悠久，《国语·鲁语下》载："昔武王克商，通道于九夷百蛮，使各以其方贿来贡，使无忘职业，于是肃慎氏贡楛矢石砮，其长尺有咫。"武王见到"楛矢石砮"不知何物，于是召集群臣前来辨认，有臣认出这是古老的肃慎战箭。战箭的箭杆和箭头无比坚硬，可锋利的箭头却不是金属制作，也不是石头，无法确定是什么物质。当肃慎人纳贡又一次来到朝廷时，武王问其箭何料所制，肃慎人答曰："木头"。清人阎若璩在《古文尚书疏证》载："有从宁古塔来者，询其风土，云东去一千里曰混同江，江边有榆树、松树，枝既枯，堕入江，被波浪所激荡，不知几何年，化为石，取以为箭镞，榆化为正，松次之。"松花江边的满族先民称其为"石砮""木石"，也就是现在的松花江浪木。①

浪木，是根雕的一种，又不同于根雕，虽同属于大自然给予的艺术种类，却质地十分坚硬，赛过铁和石。"木"是北方的冰雪寒冷气候所致，南方的"浪木"是不会达到石质化的。从古文献记载中推算，人们发现浪木的历史有3000年左右。当松花江两岸的树木被风吹折、被雪压断倒入水中后，被江水成千上万次地冲刷激荡，特别是一到冬日，北方的寒风整日吹刮，大江冰冻，断木被厚厚的冰层挤压，使木质纤维由柔软到坚硬。春天，大江跑冰排，小山般的冰层撞击，朔风抽干了木中的水分，将其抛上雪岸。冰雪消融，夏日暴阳的烤晒，接着大雪覆盖，春日雪水又把它冲入江中，于是又开始了对它的新的挤压和冲荡。如此往复，若干个春夏秋冬，渐渐地使这些

---

① 曹保明. 长白山下的民俗与旅游. 中国民俗·旅游丛书（吉林卷）. 北京：旅游教育出版社，1996.

树木无比坚硬，千姿百态，由树根或树枝变身为浪木。①

吉林独有的浪木是寒风和冰雪千百年的冻压和江水冲荡的结晶，如今已经成为艺术家手中的"宝贝"，经过艺术家们的创造，那些坚硬的浪木变身为一件件精美的根雕艺术品。现在吉林的浪木根雕艺术品已经远销东南亚、欧美等地，并已在我国各项根雕艺术展览中获得百余枚奖牌。

吉林雾凇是中国四大自然奇观之一，与桂林山水、长江三峡、云南石林齐名。1998年，时任中共中央总书记的江泽民为吉林雾凇赋诗："寒江雪柳日新晴，玉树琼花满目春。历尽天华成此景，人间万事出艰辛。"

第二松花江源头到吉林市之间的江段中建有白山、红石、丰满三座梯级水电站，形成了三个较大的梯级人工湖，即白山湖、红石湖、松花湖。三湖的形成，改变了这一区域原有的自然生态系统。特别是松花湖，近百亿立方米的水容量使其冬季表面结冰，但水下的温度却仍然保持在0℃以上。湖水通过水电站发电机组后温度又有所提升，江水载着巨大的热能顺流而下，于是就形成了几十公里江面严寒不冻的奇特景观，同时也具备了形成雾凇的两个必要而又相互矛盾的自然条件：足够的低温和充分的水汽。温差使江水产生雾气，江面上白雾袅袅，经久不散。由于冬季夜晚温度剧降，大地蒸气与江上雾气随风飘移，遇到物体便迅速冻结，物体上便挂上一层白霜。因树木挂上雾凇后犹如白雪挂在上面，故雾凇又俗称"树挂"。吉林雾凇持续时间长，每年十二月底到次年二月底都是吉林市观赏雾凇的最佳时节；每天从傍晚开始，随着入夜气温降低而不断加重，到第二天上午随着气温升高才逐渐脱落。吉林雾凇在江水来向的一面凝凇很厚，背向一面结成的雾凇相对要薄，有的相差十多倍，形成毛茸茸的奇美形体。吉林雾凇在雾凇家族中是结构疏松、密度最小的一种雾凇，因此，吉林雾凇成为天然的"空气清洁器"。

在松花江吉林市段，每当雾凇出现，沿江两岸便是银装素裹、玉树琼花般的世界，尤其是被雾凇装点的柳树和松树最是美丽。

看雾凇要"夜看雾，晨看挂，待到近午赏落花"。"夜看雾"是指在雾凇形成的

冬日的白山电站　　赵小瑞　摄

---

① 曹保明. 长白山下的民俗与旅游. 中国民俗·旅游丛书（吉林卷）. 北京：旅游教育出版社，1996.

前夜，观看松花江上出现的江雾景观。雾一般在夜里22时左右出现，初时松花江上有缕缕雾气出现，继而形成大团大团的雾气，翻滚着涌向两岸。瞬间，江边的街路、建筑等都被大雾所笼罩，游人也置身于浓重的云雾之中，眼前的景物在雾中若隐若现。一般情况下如果当夜的江雾越浓重，次日的雾凇景观便越壮观。"晨看挂"是说清晨起来看"树挂"（雾凇）。经过一夜的浓雾，清晨雾凇观赏区内的沿江两岸"忽如一夜春风来，千树万树梨花开"，江堤上的树木一夜之间凝结了厚厚的雾凇。"待到近午赏落花"是描述观赏雾凇脱落时的情景。一般在上午9时以后，凝结在树枝上的雾凇在阳光下开始脱落，最初只是一点一片地脱落，接着是成串成串地滑落。

吉林市从1991年起开始举办国际雾凇冰雪旅游节，现已发展成为中国东北地区冬季旅游的品牌活动之一。

第三节 冰雪艺术与滚冰节

冰雕是我国北方独具魅力的艺术，是以冰块做原料雕刻而成的立体艺术形象。松花江流域的重要城市哈尔滨被称为冰城，它是中国冰雪艺术的摇篮，其冰雪文化闻名遐迩，誉满中华。

哈尔滨的冬天，气温很低，江河结冰厚一米多，凿其冰，雕成楼台亭榭、银桥古刹，或古今人物、飞禽走兽、花草虫鱼等，生动逼真，栩栩如生。

哈尔滨冰雪节是中国第一个以冰雪为内容而组织的国际性节庆活动，于每年的1月5日至2月5日举行。节日期间，整个哈尔滨处处张灯结彩，天鹅圈着雪花图案的节徽在冰天雪地的哈尔滨格外醒目，各个冰雪活动乐园中都挤满了从四面八方赶来的游人。节日期间，主要街道旁和重要公共活动场所，都有造型各异的冰雕和冰灯，如冰楼、冰塔、冰花草、冰天鹅、冰熊猫、冰狮子等，活灵活现，煞是喜人。最热闹、最好看的地方是兆麟公园的冰灯游园会与冰封雪飘的松花江上。白天，在松花江上可以乘冰帆饱览松花江两岸童话般的风光；也可坐上雪橇在广阔江面上飞驰，还可观赏冬泳健儿精神抖擞地跃入凿开冰面的江水之中；如有兴致也可坐上狗拉爬犁领略北国的严寒。夜晚的兆麟公园是冰的世界，灯的海洋。夜幕下，万灯齐明、五彩缤纷，各种冰灯冰雕造型别致、巧夺天工。

冰灯是松花江流域一种特有的民间艺术品，黑龙江的汉、满、回、朝鲜等民族都很喜欢制作冰灯。每当千里冰封的季节，家家户户的屋檐下，便会悬挂起一盏盏别出心裁的自制冰灯。据

《黑龙江外记》载："上元，城中张灯五夜，有镂五六尺冰为寿星灯者，中燃双炬，望之如水晶。"可见，在清代就有大型的冰灯了。

所谓冰灯，是用冰制成像玻璃一样的灯罩，在里面放入烛火，是当地贫穷人家过年过节时悬挂的一种简陋装饰。现在一些乡村还举办传统的民间冰灯节，冰灯节于春节和元宵节期间进行，一般都是将自制的冰灯摆放到自家的院子里，不集中展出。最近几年，随着乡村人民生活水平的提高，也有在村子的广场或娱乐场所搞冰灯制作比赛活动的，以增加浓厚的节日气氛。现冰灯逐渐发展成为造型复杂、多姿多彩的冰制艺术品。哈尔滨于1963年创办了冰灯游园会，每年冬天在兆麟公园举行，占地面积6.5公顷，用冰量约2000立方米，冰景作品1500余件左右，是目前世界上形成时间最早、规模最大的大型室外露天冰灯艺术展。

原始制作冰灯的方法很简单，人们将口大底小的容器盛满清水，放置在室外冻结，待四周、下底、上口的冰冻结至1～2厘米厚时，将其挪回屋内待四周的冰融化，然后将冰中间未冻的水凿洞倒出，将冰灯也从容器中倒在室外的固定地方，一盏冰灯就做成了。用的时候，在冰灯的空心处放上蜡烛，小院立刻充满了柔和的光亮。现在民间的冰灯制作也越来越丰富多彩。人们事先做好各种形象的模具，灌上清澈的水或拌有染料的彩色水，冻出的冰灯晶莹剔透，五光十色。从腊月三十到正月十八，乡村农家的院子里都有几盏冰灯，白天晶莹映日，供人观赏；夜晚灯火辉煌，有一种祥和的气氛。

在东北地区还流传着一种与冰雪有关的习俗"滚冰"，也就是东北方言所说的"轱辘冰"。滚冰习俗源于满族的一个古老传说。据说很早以前，松花江江神独角龙之女与这里一位捕鱼的小伙子产生了爱情并结成夫妻，过着幸福宁静的生活。此事被独角龙发现，大年初一，独角龙用独角豁开江面，将龙女抓回，并想用瘟疫惩罚小伙子和村民。龙女就托梦给心上人，嘱咐小伙子正月十五的晚上到冰面上去打滚，左打九个滚，右打九个滚，就可以躲过瘟疫。于是元宵节晚上，全村老少都到冰面上去打滚，果真躲过灾祸。村民怕独角龙再来报复，于是每年的正月十五晚上都到冰面上去打滚，逐渐形成一种独特的民俗延续下来。

清代沈阳城中的妇女们就流行"轱辘冰"，每当正月十六晚上，妇女们就三五成群，手执灯笼，嬉笑着来到旷野，横卧于冰雪之上，左右翻转滚动，口里不住地诵唱道："轱辘冰轱辘冰，腰不痛腿不疼""轱辘轱辘冰，身上轻一轻。"接着在冰上戏闹取乐，俗称为"脱晦气"。直到民国年间，在沈阳《盛京时报》上仍可见到这种新闻报道。

在黑龙江省"轱辘冰"的习俗已演变为节日习俗——滚冰节。滚冰节在元宵节的夜晚举行。

每年正月十五的晚上,当人们吃过晚饭,不少人家扶老携幼到外面去观灯、看烟火晚会、欣赏东北大秧歌,人们在零下30℃左右的严寒中一玩就是四五个小时。当人们看完了烟花,观完了彩灯、冰灯,便陆续涌向附近的河畔,将小蜡烛点燃,在河面上摆成各种图形,或将油拌的谷糠、锯末洒成龙形,或每隔数米摆放一小堆,将它们同时点燃,之后男女老少都要到冰封的江面上打滚嬉戏。据说可以滚去烦恼,滚去灾祸;滚来好运,滚来幸福。

1991年,木兰县充分开发了这一独具风采的民俗文化,确定每年正月十五为木兰县滚冰节。木兰人自古就有"滚冰"的习俗,因其地处松花江畔,江面辽阔,城江相连,开展滚冰活动十分方便。元宵节时,将一切活动都安排在松花江冰面上举行,如扭秧歌、耍龙灯,露天电影,野台子戏,篝火晚会,冰灯彩灯会展、临时夜市等,十余万人涌向江面,载歌载舞,参加各种娱乐活动。活动的中心内容是滚冰,辽阔的松花江冰面上人海茫茫,爆竹声声,礼花璀璨。

参 考 文 献

[1] 魏国忠，朱国忱，郝庆云. 东北边疆研究：渤海国史. 北京：中国社会科学出版社，2006.

[2] 郑永振，李东辉，尹铉哲. 渤海史论. 长春：吉林文史出版社，2011.

[3] 吉林航运史. 中国水运史丛书. 北京：人民交通出版社，1998.

[4] 金颖. 中国东北地区水利开发史研究（1840—1945）. 北京：中国社会科学出版社，2012.

[5] 水利部松辽水利委员会. 辽河志·第2卷. 长春：吉林人民出版社，2000.

[6] 曹保明，长白山下的民俗与旅游. 中国民俗·旅游丛书（吉林卷）. 北京：旅游教育出版社，1996.

[7] 金颖. 近代东北地区水田农业发展史研究. 北京：中国社会科学出版社，2007.

[8] [俄]沙弗库诺夫，等. 渤海国及其俄罗斯远东部落. 长春：东北师范大学出版社，1997.

[9] 戴逸. 简明清史. 北京：中国人民大学出版社，2006.